「十四五」國家重點圖書出版規劃項目

津沽筆記史料叢刊

嚴修日記

1898—1910

（上）

嚴修 原著

陳鑫 整理

天津出版傳媒集團

天津古籍出版社

圖書在版編目（CIP）數據

嚴修日記：1898—1910 / 嚴修原著；陳鑫整理．
天津：天津古籍出版社，2025．4．--（津沽筆記史料叢刊 / 王振良主編）．-- ISBN 978-7-5528-1502-3

Ⅰ．K825.46

中國國家版本館 CIP 數據核字第 2024UC7497 號

嚴修日記：1898—1910

YANXIU RIJI:1898-1910

嚴修原著 / 陳鑫整理

出　　版　天津古籍出版社
出 版 人　任　潔
地　　址　天津市和平區西康路 35 號康岳大厦
郵政編碼　300051
郵購電話　（022）23517902

策　　劃　唐　艦
責任編輯　金　達
特約編輯　宋雨竹　王明霞　張文望
裝幀設計　天津市天辦行通數碼印刷有限公司

印　　刷　天津市天辦行通數碼印刷有限公司
經　　銷　全國新華書店
開　　本　880 毫米 ×1230 毫米　1/32
印　　張　43.25
字　　數　734 千字
版　　次　2025 年 4 月第 1 版　2025 年 4 月第 1 次印刷
定　　價　168.00 圓（上下册）

嚴修像

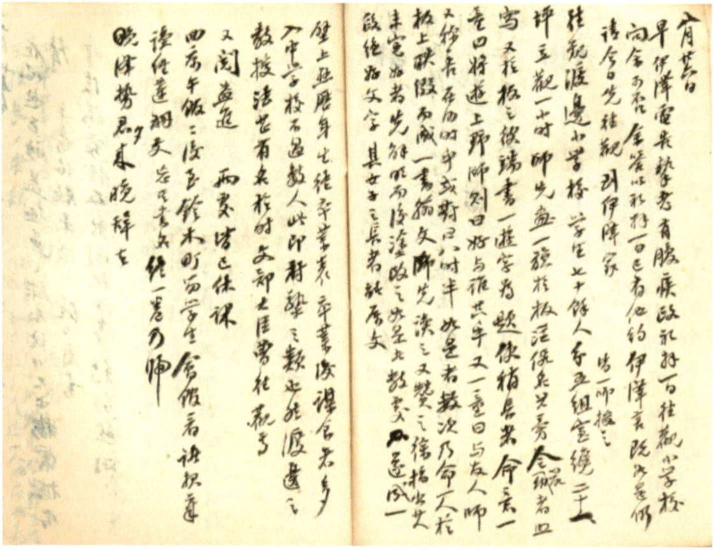

嚴修日記草稿

嚴修家人與嚴氏蒙養院、保姆講習所教師大野鈴子

一九〇五年，天津民立第一小學第一次高等畢業生合影，前排左六爲嚴修

一九〇八年，南開第一届學生畢業，嚴修在訓詞中寫道：『勿志爲達官貴人，而志爲愛國志士』

李提摩太主編《大同報》上刊登的嚴修像

清學部遺存

丙午考試東西洋留學畢業生考官暨學部堂官合影。前排右起爲學部左侍郎嚴修，同考官吴述三，考官聯芳，學部尚書榮慶，考官塔克什訥，考官唐紹儀，學部右參議孟慶榮；後排右起爲學部右丞李家駒，同考官詹天佑，同考官劉崇汾，同考官魏瀚，同考官嚴復，同考官屈永秋

津沽筆記史料叢刊總序

陶慕寧

三津之地，舊稱直沽。地當九河津要，路通七省舟車。其域在漢屬勃海、漁陽二郡，隋屬河間、涿郡、漁陽三郡，唐爲幽、滄二州地，宋爲清、滄二州地，元屬大都、河間二路。明建文初，燕王朱棣啓『靖難之役』，經三汊河口襲取滄州。越三載登基，遂敕名其地爲天津，喻『天子津渡』之意也。永樂初年，置天津三衛，屬河間府。清初設關，置總兵鎮守。雍正二年（一七二四），改天津衛爲州，至九年（一七三一）升府，領州一縣六。咸豐十年（一八六〇），天津開埠，漸成列强争逐貿易之洋場，今則巋然爲中國之直轄市矣。然則自建衛以迄於今，都六百餘年，考之地理河渠，其所以爲重鎮者實有二端：一則處畿輔要衝、海疆門户，此地不守，鼎湖危殆，故又稱之『津門』；二則處漕運樞紐，南接淮泗，北達通州，東吴之稻、長蘆之鹽，或經海路，或付漕舡，皆賴此地轉輸入京。元人王懋德《直沽》詩云『極目滄溟浸碧天，蓬萊樓閣遠相連。東吴轉海輸粳稻，一夕潮來集萬船』，即當日天津海漕之實録也。

金元以降，天津之隸屬、轄區屢經更易，而魚鹽之利、商賈之繁、居人之雜、風俗之盛，固未嘗大變。明正統初，始建天津衛學，其後科舉漸興，應進士之選者代不乏人。其早者，若汪來，嘉靖二十年（一五四一）進士，官至慶陽知府，撰有《北地紀》四卷；若張愚，嘉靖二十九年（一五五〇）進士，仕至右副都御史；若劉燾，嘉靖三十八年（一五五九）進士，仕至兵部右侍郎、右都御史。又，隆慶五年（一五七一）一科會試，即有劉鈺、張佑、任天祚三人登第。是知其地不獨商貿繁衍，人文亦頗有可稱者。逮清季民國，政局傾頹，西潮澒洞，外人雲集。大賈居豪，舞長袖而吸金；失意政客，憑租界以窺勢。而承學之士、詞客報人，亦矍然蔚起，斥清廷之昏瞀，揭時政之危局。天津乃漸成消息之淵藪、政治之策源矣。

今之天津爲工業重鎮，襟帶華北，遠接大洋，經濟之繁榮、民生之富庶，殆亘古所未嘗有。而未來之前景，正未可限量。然一地一城之聲譽，非盡可以經濟之榮悴衡之，天津若欲立於中國城市之林，尚需發弘卓然獨特之文化。而欲發弘文化，則需爬梳董理相關之史料，若人文之聚散、古迹之存堙，若張氏遂閑堂、查氏水西莊，若梅樹君之梅花詩社、嚴範孫之城南詩社，若天妃宫之遞嬗、稽古寺之重修、大悲院之沿革、楊柳青之題咏，進而長蘆鹽場之種賣、銀魚鐵脚之烹炒，甚乃方言之特异、風俗之淳澆，皆有待詳爲稽考揭櫫於世者，而後激濁揚清，乃可發揚之，光大之。

王振良君，籍屬長白，早年肄業於南開大學，後就職今晚報社。其爲人謙退揖讓，有古君子風；爲學則鈎沉索隱，爬羅剔抉，有東原、實齋之致，兼高郵、嘉定之勤。十數年來，篤志於天津文獻之搜集編訂，遍訪地方耆宿，覓求稀見古籍，焚膏繼晷，殫慮竭精，以搜羅地方先賢著述、發煌沽上人文風俗爲使命。其所編訂之《問津》《天津記憶》，本已頗具規模。復又推出《問津文庫》，更自琳瑯滿目。今《文庫》之《津沽筆記史料叢刊》又將付剞劂，屬余爲弁言。余何幸如之，草此數言爲振良君賀，亦爲天津歷史文化之彰宏賀。

甲午歲末於南開大學範孫樓

（陶慕寧，南開大學文學院教授、博士生導師）

Foreword to *Jingu (Tianjin) Collection of Historical Notes*

Translation by TIANJIN HPTRANS SERVICE CO. , LTD

Tianjin, alternatively known as Sanjin and Zhigu in ancient times, strategically located where nine major rivers of Tianjin connecting many provinces by water transports. In history, Tianjin was under the jurisdiction of different counties (Baohai and Yuyang in the Han dynasty; Zhuo in the Sui dynasty), prefectures (You and Cang in the Tang dynasty), and roads (*Dayidu* the Capital and Hejian in the Yuan dynasty). In the early years of the Jianwen reign of the Ming dynasty, Zhudi, the king of Yan, launched "the revolt of Jingnan", striking Cangzhou by using the strategic superiority of water transport. Three years later, Zhu took the throne and named this region Tianjin, meaning the "Port of the Son of Heaven". In the first year of Yongle reign, he ordered to set up three garrisons there under the governing of Hejian prefecture. In the early years of Qing dynasty, a customs administration was set up and governed by local viceroy. In the 2nd year of the Yongzheng reign (1724), Tianjin garrisons were merged into one prefecture. In the 9th year (1731), the prefecture was upgraded into a quasi-province under which were six counties and one prefecture. In the 10th year of the Xianfeng reign (1860), Tianjin grew gradually into a trade port several foreign powers coveted for as well as a metropolis infested with foreign adventurers. With the founding of PRC (1949), it became a municipality directly under the central government.

Over the past six centuries since the establishment of the garrisons, based on the survey of local geography, for instance, on rivers and canals, Tianjin remains a metropolis of strategic significance for the two factors: first, its location in the vicinity of the country's capital and by the territorial sea as a critical "port gate" that demands rigid national defense lest any risk of the nation's perishing; second, As a port hub connecting huaihai in the south and Tongzhou in the north, grain from the south and salt from Changlu will pass through here and be transferred to Beijing by way of water transport. As Wang Maode, a poet in Yuan dynasty, once wrote in his poem:

The blue sky meets the sea on the horizon,
Penglai Pavilion seems far away yet within my reach;
Grains delivered from the South to Capital through here,
Ships are summoned back to port by tide at dusk.

Wang's poem is a true portrayal of the busy scene at *Tianjin* port on that day.

During the Jin and Yuan dynasties, the jurisdiction of Tianjin changed several times, yet there was no side effect to the prosperity of fishing and salt industry, the lively exchanges between merchants, the caste of local people and the prosperity of Tianjin's life style. Tianjin Local Institution was founded in the early years of the Zhengtong reign of the Ming dynasty. Soon after that, the imperial examination system was gradually popularized, and every year there were many learners who could take the imperial examinations. Wang Lai, an earliest candidate in the 20th year of the Jiajing reign (1541), was eventually appointed Qingyang prefectural governor, who ever wrote a four-volume book of *The Chronicle of the Northern Land*; Zhang Yu, the candidate in the 29th year of the Jiajing reign (1550), vice chief censor; Liu Tao, the candidate in the 38th year of the Jiajing reign (1559), vice minister of the Ministry of War and chief censor; and in the 5th year of the Longqing reign (1571), three candidates (Liu Yu, Zhang You and Ren Tianzuo) all passed the provincial-level imperial examination of the year. This indicates that Tianjin was prosperous in not only trading but also humanity. In the years between Qing dynasty and the early Republic of China period, when the political situation fell into decadence, the western thought prevailed. Many foreigners flocked to Tianjin. Some of them built houses and settled down here, started businesses and made money. Some failed politicians also bide their time in the concessions. And many learned people choose to promote advanced political ideas. They denounced the foolishness of the Qing government and warned people of the danger of China at that time. Tianjin also became the political center of the era.

Nowadays, Tianjin is a strategic seaport and industrial metropolis in North China, which is experiencing its unprecedented economic prosperity and wealth with an immeasurably promising prospect. However, the good reputation of a region or a city cannot just be assessed in reference to its economic prosperity. The extraordinary culture should be taken into consideration as well. Tianjin is not an exception. Only with its unique culture, can Tianjin stand out among Chinese cities. To inherit and carry forward local culture, we need scholars to collect, collate, research and publish the historical literature of locality, including documents of the local talents, notes about historic relics and ruins. For example, the pedigree of the house of Zhang, the Westcanal villa of the Zhas', the Wintersweet Poetry Saloon founded by Mei Chengdong, Yan Fansun's Citysouth Poetry Saloon, the renovation of the Goddess of Sea temple, the reconstruction of the Jigu temple, the evolution of the Bodhisattva temple, as well as the ode inscriptions at Yangliuqing old town, Changlu salt business, the cuisine of silverfish on tripod, even the unique Chinese dialects and Tianjin customs. These ancient notes and materials can be sorted out by textual research for future generations to consult. This can be regarded as the development of these materials.

Wang Zhenliang, a native of Changbai, a graduate of Nankai University and a staff at the Evening Daily newspaper, impressed people as a modest gentleman like those in ancient China. He's also known, like some other scholars including Dai Dongyuan and Zhang Shizhai, for his collection, collation and research of Tianjin-specific classic literature along with his part-time services to the branches of Gaoyou, Jiading and elsewhere. In order to search and compile historic literature about Tianjin over the past decades, he has been dedicated to the compilation as his mission. Based on his extensive fieldwork to old town and interviews with elders, he finally able to complete his life work that reflects distinctive and unique Tianjin (Gushang) folklore. His works, like *Wen Jin* and *Tianjin Memories,* are already quite popular among the readers, let alone the all-embracing *Wen Jin Series* later he published. As part of the series, *Jingu (Tianjin) Collection of Historical Notes* will be put into print, to which I am invited to contribute a foreword. It is a great honor for me indeed to congratulate his publication of the Collection and publicity of the history and culture of Tianjin.

Tao Muning

Translation by Yuting Shen

導讀：日記中的教育探索、日常生活与政治生態

陳　鑫　馮爾康

近代著名教育家、清末學務改革的領導者、南開校父嚴修先生的日記整理點校，此前已出版了兩個部分。按照之前的慣例，在書前我們撰寫一篇『導讀』，和讀者分享這一部分日記整理、細閲的『讀後感』，共同欣賞這份歷史資料和文化遺産。

一八九八年至一九一〇年初這十二年間，是嚴修從四十到五十歲的年華，也是他人生的成熟時期。在這一階段，他由貴州學政卸任回京，戊戌政變後歸隱，經歷庚子之亂，又由於國難危急再度出山，他主持天津、直隸乃至全國的教育改革事業，最後因得罪攝政王、對政局失望再次退歸林下。這部分日記中，嚴修記録了大量珍貴信息，是十分難得的史料，涉及的重要人物更是不勝枚舉。我們的《導讀》將分三個部分介紹嚴修這十二年日記的主要内容。**一是**用濃彩重墨説明嚴修是中國傳統教育走向近代新式教育的探索者、宣導者，從而明瞭他的歷史地位和貢獻。**二是**梳理嚴修的日常生活。嚴修日記在記叙教育事業之外，還用大量筆墨記録日常生活，

諸如飲食、游覽、閱讀、自省以及人際交往，非常具體，能夠從一個方面呈現清朝末年的社會生態。三是展現嚴修日記中反映的晚清國運和官場生態。

一、中國近代教育變革的實踐者、領導者

教育是嚴修一生最主要的事業。在這一時期，他改革嚴氏家塾、帶領天津士紳興學、創辦南開學校、兩次考察日本社会与教育、擔任直隸學務處督辦、學部侍郎，在近代教育從舊科舉向新學校轉嚮的巨變中，做出了一系列創舉。

（一）興新學與廢科舉

在貴州學政任上，嚴修曾開展了許多教育改革的嘗試，特别是提出改革科舉、開『經濟科』的建議一度得到朝廷認可，成爲戊戌維新的一項重要舉措，可惜因變法失敗，『經濟科』未能真正施行。由於保守派官員打壓，嚴修暫别官場。但他并未放棄教育改革的理想，而是以自己的家塾進行了一場新的實驗。

嚴修深感『時事至此，所謂顯者若彼，猶復汲汲於科舉之學，以希名位，將何爲哉？』他曾反復對子姪表示，科舉得中與否無關緊要，重要的是學以致用，希望

子姪在家塾中都增學英文，以便直接從西方書籍中學習知識。（見嚴修信草）此時，他更進一步要求家塾『半日習國文，半日習英文』。（陈鑫、杨传庆整理：《嚴修集·亡姪事略》）由於原有的英文教師去海軍就職，教席一度出現空缺。親友向嚴修推薦了一位名叫許子政的老師，不過許氏也因爲有了其他工作無法就任，『又轉薦其内弟張君』，即張伯苓。（戊戌十月十五日日記）

張伯苓原爲北洋水師學堂學生，本年因在軍艦見習，親眼目睹列强瓜分中國，威海衛兩日内國幟三易，他深受刺激，決心脱離海軍，投身教育，經親友介紹，來到嚴氏家塾任教。嚴修很快發現張伯苓不僅精通英語，還擅長算學，於是請他住到家中，在晚間『谈格致之学甚久』。（戊戌十月二十九日日記）張伯苓説起自己在海軍時用數學方法目測一座山與艦船間的距離，嚴修聽後感歎『頗悟算理』。幾天後，張伯苓就在嚴館開始教授算學了。（戊戌十一月十四日日記）將體育融入家塾教育是又一創舉。據陶喆甡之子、嚴館學生陶孟和回憶，張伯苓將水師學堂做體操用的啞鈴和棍棒畫出圖樣，讓木匠定做了，給學生們練習。日記中可見，嚴修也參與到運動中，一起『習體操』『爲蹋鞠之戲』。（戊戌十一月二十五日日記等）

嚴、張合作看似偶然，其實也是歷史的必然。他們一個是最後一代士大夫中的開明者，一個是最早一批受新學教育的知識人，其合作頗具象徵意義。开明的士大夫有救國之志，但限於自身知識結構，必須依靠新知識人才能推動革故立新的事業。而新知識人要在當時做一番事業，也必須得到士紳的支持，才能獲得社會的認可。他們的思想中，家國天下的擔當精神又是一脈相承的。不僅是張伯苓，此時嚴修身邊聚集了一批有志之士，如陳璋（奉周）、陶喆甡（仲明）、趙元禮（幼梅、伯訥）、林兆翰（墨青）、王春瀛（寅皆）、陳寶泉（小莊）、陳哲甫等，在嚴修的帶領下，他們在新舊轉型中成爲天津興辦新學的重要力量。發現、匯集、培養、使用教育人才，形成教育家共同體，是嚴修在教育史上的一大貢獻。（後來成爲著名教育家的李叔同、梅貽琦、張彭春等也成長於此時，其成長歷程在嚴修日記中均有體現。）

在庚子之變的巨大衝擊中，嚴氏家塾一度停課，至辛丑三月初一才重新開館。除嚴氏子弟外，一些友人也將孩子送來就學。這時，家塾中又請來了三位日文教師：大野捨吉、足立傳一郎和岩村氏。這是因爲嚴修在戰亂中進一步認識到，只有廣開民智才能挽救國家，而廣開民智不能只靠幾個私塾，而要興辦學校，普及教育。他決定向近鄰日本借鑒教育經驗。正是在這樣的背景下，日文成爲嚴館每日常課。嚴館學生們還一同編譯出版《日本新學制》一書，作爲興學的參考。

爲了對日本教育有更直觀準確的瞭解，嚴館師生先後赴日實地考察。嚴修自己壬寅、甲辰兩次東游，考察情况在日記中有詳細的記録，他回顧日本之行的收穫，稱自己『兩度瀛山采藥歸』『歸裝滿載長生藥』。（見《严修集》中《五十述懷》《约敏姪二十初度余客海外不得劳以酒代之以诗》两詩）

一九〇二年，嚴修集合紳商力量創辦了天津第一所私立小學——民立第一小學堂，并協助地方官籌辦天津第一所官立小學堂。在他的帶動下，兩三年中，天津官、紳紛紛出力出資，形成一個辦學高潮，一時『學堂林立，成效昭然，洵爲通商各屬之冠，中外士庶靡不稱讚。』（《袁世凱奏摺專輯》）嚴修後來在《自定年譜》中寫道，這段時間與『王君寅皆、林君墨卿、張君伯苓終日討論學事』。所謂『終日』在日記中有許多生動體現。比如一九〇五年正月初三新年伊始，『梯雲、寅皆來，邀同伯苓赴工藝學堂談片刻，并約芸生相會。五人同赴新設小學一觀，晚復同來家談至夜半』。這樣的記録比比皆是，從鼓勵士紳捐資，到選址裝修、聘請師資，到定章程、擬呈文，再到招考學生、開學授課等，嚴修無不親自參與。

學堂成立起來，但適應新學堂的教師數量明顯不足、能力也有所欠缺。爲此，嚴修一方面向地方官推薦一批人才赴日本師範專科留學，另一方面開始日常的師資培養。一九〇三年，普通學社成立。據嚴修記録：『普通學社者，爲儲師材而設。張伯苓、王寅皆、林墨青三君發議而余組織成之者也。』（癸卯正月二十四日日記）學社每周六晚上在民立第一小學堂活動一次，活動内容包括爲教師開補習課、圍繞教學開展討論。由於絶大部分教師都没有接受過近代科學的專門訓練，因此學社邀請熟悉相關領域的中日學人專門講解數學、物理、化學、歷史、地理、博物學、衛生學、三育學（即德育、智育、體育）。學社聽衆一般在五十至八十左右，最多一次則達到一百六十餘人。（癸卯二月二十三日等日記）

很快，培育師資的活動引起了天津府的興趣。受知府凌福彭委託，嚴修等著手制定《師範補習章程》，討論至『夜四鼓乃散』。（癸卯二月十一日日記）這年秋天，天津成立了師範補習所。這被認爲是『北直造就師資之發端』。（陳寶泉《天津設學之發起》）它與普通學社一脈相承，并時常舉行演講，主題包括『個人與國家關係』『天演之理』（即物競天擇、適者生存的道理，言『中國人處今世勢，一線生機，舍學問别無可望』）等。（癸卯九月三十日、十月十七日等）與普通學社相同，補習仍在晚間進行，常常講至深夜十一點，嚴修幾乎每次都前往聽講，可謂傾注心血。他曾在日記中寫道：『昨夜歸自補習所，漏已三下，丑初始寢，頗覺疲倦。余當今年五六月間時患眩暈，或晨間推枕初起時，或夜間就枕將臥時，頭者昏眩，若血倒灌於腦部者，歷數日乃瘳。近數日復然。』（癸卯九月十七日）嚴修還組織了教育研究所，活動地點也在民立第一小學堂，參加研討的均爲官立、民立各學堂和家館私塾的教師。師資的建設爲辦學活動順利開展提供了保障。

後來爲嚴修贏得崇高聲譽的南開學校也創辦於此時。一九〇四年，嚴修第二次赴日本考察期間，與同行的張伯苓進一步認識到『彼邦富强，實出於教育之振興，益信欲救中國，須從教育著手』。（張伯苓《四十年南開學校之回顧》）返回天津，嚴修與張伯苓『商議立中學堂事』，（甲辰七月二十二日日記）決定由張伯苓主持創建工作，合併張伯苓執教的嚴館與王館（津邑紳商王奎章、王益孫的家塾），校舍仍在嚴宅後院。學堂監督（即校長）由張伯苓擔任。九月初八日中學堂成立。這便是南開學校的前身，時名私立中學堂。

一九〇四年初，直隸總督、北洋大臣袁世凱力邀家居已六年的嚴修出山，任直隸學校司督辦。嚴修主持的直隸教育改革成爲晚清辦學興教的典範模式之一。據統計，到一九〇六年上半年，直隸各學堂學生達八萬六千餘人，建有優級師範學堂一所，初級師範學堂及傳習所八十九所，女子師範學堂一所。

在興辦學堂的同時，嚴修還成爲廢科舉的一位重要推手。此時，舊科舉與新學校并行。但是由於科舉出身仍被時人認作仕宦的正途，不願將子弟送入新學堂，科舉與學校形成了難以兩立之勢。在這樣的背景下，支持新教育的改革者提出停廢科舉的建議，并成爲主流聲音。一九〇五年七月初八日，嚴修與學紳盧靖等面見袁世凱，力陳只有停科舉，才能排除舊觀念、舊制度的干擾，使讀書人安心入學。（日期見嚴修日記，談話見錢基博《盧木齋先生遺稿序》）很快袁世凱會商張之洞等，聯銜上奏，請停科舉，獲朝廷同意，於八月初四日頒上諭停科舉，而後正式廢除。從此中國結束了歷時一千三百年的科舉制度，教育正式進入學校制時代。

（二）構建教育行政體系

清末新政時期，興學几乎成爲一項國策，朝廷頒布的《奏定學堂章程》（即『癸卯學制』）提出構建從學前教育到高等教育的學校體系，但要將新學制落實，需要與之配套的、由中央到地方的教育行政體系作爲支撑。傳統的學務管理體系由禮部、國子監、各省學政、府州縣學等構成，主要是圍繞科舉考試和管理士子的相關事務，教育功能并不太强，很難在興辦新學中發揮作用。嚴修在傳統學務體制下擔任過學政，在轉型期擔任過直隸省『学校司』『學務處』總理（或稱督辦），進而擔任了學部侍郎，可以説對新舊教育體制都了然於胸。在他領導學務工作期間，一項重要貢獻就是積極推動建立起中國近代教育行政體系，使新學制實施、新學校興辦有了基礎的行政保障。

直隸學校司是由袁世凱創立的省級教育主管機構，具有『先行先試』的性質。嚴修上任後，根據清廷頒布的新學制將其改爲學務處，明確了『直隸學務處爲全省學校之總匯』，并爲其定下分『課』辦事的機制，設立總務、專門、普通、實業、會計、圖書、游學七課，『各課置長及員，分理課務，由總理會辦統率之』，相當於定崗定編。他還訂立《分課章程》，對教育行政進行細化、制度化。（見日記乙巳九月十六、十七日，《嚴修集·呈擬定分課章程暨改派人員稟》）隨著行政體系理順，嚴修推出一系列創新舉措，包括：派定查學人員，分赴各州府考查辦學情況；創辦《直隸教育雜誌》；派各縣紳士出洋游歷；組織編寫《國民必讀》《民教相安》等宣傳讀本及中小學教科書；開設教育研究所等。嚴修是一位務實的教育家，十分重視對省内各州府縣落實學制、興辦學校情況的督查。他强化了查學制度，將查學人員由原來的二名增加到十餘名，將直隸全省劃分爲幾個查學區，委派查學人員前往實地督查辦學情況，形成報告，進行通報。《直隸教育雜志》則是中國近代最早的省級教育行政機關刊物，其主要内容包括有關教育的上諭、奏疏，本省學務文牘以及相關的論説、講義等。結合《直隸教育雜誌》《北洋官報》中的文牘，（參見陳鑫、楊傳慶編《嚴修集》）與日記中嚴修這一時期登樓辦公、閱件批牘的情况，更可以較爲充分地了解直隸興學的過程。

根據對日本教育行政的學習，結合在天津辦學的实践，嚴修開創了勸學所制度，（乙巳九月十二、十四日日記）可以説是近代中國最早的府、廳、州、縣級教育行政機關。勸學所爲官督紳辦，是介於官紳之間的機構，其職員并非官吏，而由士紳出任，『仿警分區辦法，采日本地方教育行政及學校管理法訂定章程』。勸學所的職責包括講習教育、按户勸學、推廣學務并統計教育情况繪表造册。（參見《嚴修集·直隸學務處各屬勸學所章程》）在國家尚無法大量增加公務人員編制的情况下，勸學所依靠士紳力量推進了地方教育的普及和發展。這是清末教育行政改革的一個標誌性制度，《清史稿·選舉志》稱其『頗著成效』。

一九〇五年底學部創立，成爲中國『第一個統管全國教育事務的專職中央行政部門』。由於嚴修在直隸辦學業績突出，是當時中國學界的代表人物，朝廷破格任命他爲首任學部侍郎（先署理右侍郎，很快正式任命并兼署左侍郎，後正式轉爲左侍郎），進入到清末政壇的高層。

當時，學部尚書榮慶兼任軍機大臣、協辦大學士，不能每日到部辦公，對如何辦新學也并不甚熟悉，因此非常倚重嚴修。定章立制是學部成立之初最重要的事務之一。在嚴修的主持下，羅振玉、范源廉、陳毅等學部各員分頭起草，形成一套制度體系。其中學部自身官制的設置尤爲重要，其與舊有部門權限如何劃分是首要解決的問題，嚴修認真閱看章程初稿，修訂近一個月，終於形成了《奏爲酌擬學部官制并歸併國子監事宜等事》《奏爲會同劃定學禮兩部辦事界限事》等折。（參見丙午三月二十七日，四月十四、十六、十九、二十、二十一日等日記）

新設各部在尚書、侍郎下設有左右丞、左右參議各一名，同時學部還專門設有參事官四人，以下设總務、專門、普通、實業、會計五司及十二科，又有司務廳、圖書局、京師督學局、學制調查局、高等教育會議所、教育研究所等。又設立了參事廳，每星期在參事廳開例會一次，有要事則開臨時會議，尚、侍、丞、參議、參事及各司官出席議事。（每次開會時間，嚴修日記中都有記録，臨時會議如丙午十月二十一、二十二日連續兩天討論修改學堂章程）這在中國是一項制度創新。嚴修還舉薦選拔了一大批來自全國的教育人才到學部工作，如張元濟、范源廉、傅增湘、嚴復、羅振玉、王國維等。這些人中有些與嚴修教育思想并不一致。曾『在參事廳行走』的羅振玉對學部初立時的幾次議事討論進行過生動回憶，比如關於國子監存廢、提學使選定等，部内意見不一甚至大相徑庭。（《集蓼編》）雖然議事過程有争論，但在決策過程中擴大參與範圍，參考不同聲音，不同層級、不同觀點的教育人士有機會交流意見，在一定程度上增加了學部工作中的民主因素。

學者關曉紅指出：學部官制以日本文部省官制爲藍本，結合中國傳統官制特點，將戊戌以來教育和教育行政改革的成果以政治體制的形式肯定下來，形成了近代中央教育行政體系的基本框架，爲科舉停廢以後新舊教育的過渡銜接和全國學務的發展提供了保證。（《嚴修紀念文集·榮慶、嚴修與晚清學部》）

嚴修主持學部日常工作，著力塑造良好的部内工作作風，要求摒棄舊衙門的習氣。他手書三則『整頓事宜』：守時限、戒喧笑、崇簡樸，每條下都有具體説明與要求。（見《嚴修集·学部整顿事宜三则》）他自己帶頭執行，從日記可見，除非生病，他幾乎從不請假，夙夜在公，可謂勤政表率。日記中還常見，嚴修不時主動到丞參堂及各司局『小坐』『久坐』『議事』『談片刻』『談許久』，而不是坐等下級匯報，也可見其工作風格。

在省級層面，嚴修推動設立了新的教育行政機構——提學使司。此前清代各省學務本由學政負責。學政一般由禮部從翰林中選派，并非實缺，而是差使，主要負責與科舉等相關的事務。庚子之變後，根據實際需求，多個省份分別創設各自管理新學事務的機構，比如袁世凱奏設的直隸學校司。新學制頒佈後統一體制，規定各省設立學務處，由督撫選派通曉教育之員總理全省學務，爲督撫屬官。此後一段時間，學政與學務處雙軌并行。學政負責科舉舊學，學務處負責興辦新學、留學事務。一九〇五年科舉停罷，學政原本的事務不復存在，擔任學政的官員何去何從成爲問題。省級學務行政既涉及人事，又涉及中央與地方的職權分配，各方議論分歧。學部成立後，此事必須解決。幾經權衡，學部與督辦政務處會奏，建議朝廷同時裁撤學政和學務處，改設提學使司，『統轄全省地方學務』。提學使秩三品，比照與原來官制，位次在布政使後、按察使前，由學部揀選，但歸督撫節制，三年任滿再由學部考察，決定下一步任用。（《嚴修集·奏爲會同政務處議請裁撤學政設直省提學使司事》）

什麼樣的人可以擔任提學使，當時學部之内曾有不同意見。簡言之，嚴修認爲提學使應懂得新教育，而羅振玉等認爲提學使地位很高，應該選有資望的人，像過去的學政一樣從翰林中選。最終學部上報朝廷的奏折中，將標准描述爲『擬由翰林院人員品端學粹、通達事理及曾經出洋、確有心得，并京外究心學務、素有閱歷之員，不拘資格一體擢用』。對於現任各省學政和學務處總辦，奏折建議『果系素諳學務、辦事認真者，并由學部奏請改任提學使，或補或署，以資熟手而廣任用』。從第一批提學使的名單看，人選并非均出身翰林，體現了『不拘資格』。同時學部要求，提學使未經出洋者，要先在學部學習兩月，之後補派出洋考察三月。（嚴修親自擬出第一批提學使人選名單，與榮慶商議後，奏報朝廷。見丙午四月十七日日記）在當時的背景下，提學使司制度使學部有了可以統籌各省學務的行政系統。

與此同時，嚴修還將已在直隸施行成功的勸學所制度推廣至全國，作爲地方教育行政體系的一部分。從中央的學部官制，到省級的提學使司、再到府、廳、州、縣的勸學所，在嚴修的主持下，中國初步建立起從中央到地方的教育行政體系，『由此掀開教育高速發展的序幕』。（關曉紅《榮慶、嚴修與晚清學部》）

（三）教育實踐全面開花

在廢科舉、興教育的歷史洪流中，嚴修發揮了關鍵作用，在這一宏大背景下，他在多個方面開展教育實踐，不僅有奠基之功，許多在今天仍有啟示。這裡結合日記，略舉幾例。

一是明確教育宗旨。

嚴修在學部親手制定了中國歷史上第一個國家頒佈的教育宗旨。這一宗旨在教育史上具有里程碑意義，其精華被後繼者傳承，在很長時間裡影響著中國教育近代化進程。當時雖然很多人已經認識到辦教育的重要性，但應確立什麼樣的教育宗旨，尚未形成共識。鑒於此，學部剛剛成立，嚴修便將明確宗旨作爲第一要務。教育宗旨的核心是培養人。他結合各方意見，兼采中西教育思想，擬定了五項宗旨：忠君、尊孔、尚公、尚武、尚實，上奏請朝廷頒上諭宣示天下。五項宗旨中，前兩項體現了教育的意識形態性，是當時政治環境的產物，無疑有時代的局限性。但重要的是後三項，切中時弊。奏摺提出：『中國之大病曰私，曰弱，曰虛，必因其病之所在而拔其根株，作其新機，則非尚公、尚武、尚實不可也。』（奏摺爲榮慶、張仁黼、嚴修聯銜上奏，但實爲嚴修主持起草。奏摺於光緒三十二年三月初一日遞上，嚴修在本年二月日記中記有與陳寶泉（小莊）、劉潛（芸生）連續多日商討文稿并親自修改的情況。現存嚴修手稿中有該折的部分草稿。）

明確教育的目的是治自身之『病』，這正與嚴修『兩度瀛山采藥歸』的教育救國理念相一致。三尚實質上是强調人的全面發展，塑造現代國民。在德育方面『尚公』，培養『愛國合群』的精神，『務使人人皆能視人猶己，愛國如家』。在體育方面「尚武」，讓學生「發育其身體、嚴整其紀律、造成完全之人格」。在智育方面「尚實」，要求各門課程都要「勖之以實行，課之以實用」。「三尚」的提出，是對科舉時代傳統教育的反思，也是結合當時中外各教育學説擇善而從形成的。

二是關注女子教育。

兩次赴日期間，嚴修專門考察了多所不同類型的女子學校。（見壬寅八月十八、廿九日，甲辰五月初八、十二、十六日等）一九〇二年，他在自己的住宅中開辦嚴氏女塾，「親友之女孩多往就學者」。《大公報》讚歎：「其女學振興之起點乎！」一九〇五年，女塾改爲嚴氏女學，成爲正式的女子小學。學校由嚴修的妹妹嚴淑琳任學監，聘請有中日教師教授學生，學校仍設在嚴家。嚴修常常批閲女學生的作文、日記，親自爲女塾講課、演幻燈，不在天津時常常寫信詢問，到學部後還曾抽空「爲女學生改文」。（如癸卯九月至十二月日記、戊申十月三十日等）

正是在教育實踐基礎上，嚴修在學部主持制定了《女子小學章程》《女子師範學堂章程》等，對「癸卯學制」没有涉及女學的缺陷，加以彌補，成爲中國最早關於女子教育的國家規章。不過由於當時官場和社會對女學還心存疑慮，因此經過商討修改，正式頒佈的章程與嚴修最初設想相比是有所保留的。（嚴修在直隸學務處便曾親自「擬《高等女學章程》」，見乙卯九月廿六、十月十一日日記。這年十二月廿八日初到學部，便將《女學章程》交給尚書榮慶，但被以「正言」相規。當時存在各種不同看法，即使是友人也難免意見相左。如戊申十二月二十八日「與澂兄争論女學，齗齗如也」。）

三是開創學前教育、培養幼教師資。

在學前教育方面，嚴氏同樣開一時風氣之先。癸卯學制已經將蒙養院（即幼兒園）作爲教育體系的一環，頒佈有《奏定蒙養院章程》，但在當時中國缺少幼教師資。鑒於此，一九〇五年嚴修在家中開辦了嚴氏保姆講習所，這是中國最早培養幼教師資的學校之一。（日記中記録的籌備過程見乙巳八月初五、十九日，九月初六日等）講習所從日本聘請教師大野鈴子任教。學員包括嚴氏女塾學生和一部分新生，共二十餘人，學制三年，畢業後大多分配在京津兩地蒙養院及小學堂任教，成爲北方最早的一批幼教工作者。一九〇五年嚴宅中還開辦了蒙養院，即天津私立第一蒙養院，是天津最早的幼稚園。蒙養院的教師主要爲保姆講習所的師生，招收四至六歲男女兒童。蒙養院後改名嚴氏幼稚園。

四是强調社會教育、職業教育。

教育是一項系統工程，不僅要靠學校，同時需要家庭教育與社會教育并進。嚴修投入到社會教育的精力不亞于興學辦學，希望以此廣開民智、改良社會、移風易俗。爲普及文化、提高識字率，嚴修積極支援研究、使用拼音字母。他的好友王照創制的『官話合聲字母』是清末最具代表性的拼音字母之一，即日記中多次提到的『王字母』。（如甲辰五月十二、二十、六月廿九日等）王照因在戊戌變法中與守舊派發生激烈衝突，政變後成爲通緝要犯。潛逃日本期間，他看到日本的强盛與教育普及有很大關係，而『言文爲一』、使用拼音字母有利於教育普及。受日文假名字母的提示，他準備發明一套漢字字母。一九〇〇年他冒險回到天津，潛心創制。據王照記述：『一日余正凝坐執筆審音，嚴範孫先生持來一書示之』『余亟盥拜讀之，欣抃舞蹈，不能自已。』（王照《官話合聲字母原序》）嚴修拿來的是雍正時的《御定音韻闡微》，這是一本在滿語拼音啟發下編著的漢文音韻書。這本書不僅給予王照音韻方面的參考，也爲方案尋到官方依據，避免私制字母的指責。嚴修是王照最重要的支持者，不僅組織全家學習『合聲字母』，爲王照開辦的合聲字母義塾尋找捐款（癸卯三月二日日記），還將字母推薦給直隸總督袁世凱、巡警部尚書徐世昌等，通過官方途經大力宣傳推廣。（見日記甲辰八月九日日記及《嚴修集·呈覆核议官话字母请实力推行文》）『官話合聲字母』從一九〇〇年創制到一九一〇年被攝政王查禁，編印書籍達六萬餘部，是近代拼音

運動中的標誌性成果，『它所採用的字母形式及其拼寫體制，對後來産生的注音字母仍有積極影響』。（《中華教育通史》第九卷）

嚴修開展職業教育的一項實踐是開辦了衆多半日學堂。如一九〇三年二月二十五日，赴縣衙『留遞半日學堂公呈一扣』，即呈請同意開辦半日學堂。半日學堂面向平民，不收取學費，『在形式上是每日上午、下午分班教課，但絶不是僅僅教授半天知識，剩下的時間就「放羊」不管了，而是給予各種機會，讓他們有組織地去「學工」，即進入工廠，學習各種手藝，以爲將來更好的生活做準備。』嚴修辦半日學堂的精髓在於讓平民子弟獲得生存技能，進而轉移風俗。正如他所説：『教育、經濟之兩途，不得不兼顧而統也。』『轉移風俗維持禮教，誠爲不可緩之事。但先富後教，固不易之序。』（信草）在嚴修的推廣下，天津很快建成了九所半日學堂。到一九〇八年，直隸全省的半日學堂總數爲一百七十九所，位居全國之冠，占全國半日學堂總量的四分之一。（參見羅容海《士與近代教育轉型：以嚴修興學爲中心的考察》）

除上述教育實踐之外，嚴修在這一時期還有許多其他創舉。如任学部侍郎期间开展了三次全国教育统计（《光绪三十三年分第一次教育统计图表》《光绪三十四年分第二次教育统计图表》《宣统元年分第三次教育统计图表》，又參見日記丙午九月二十八日、丁未九月二十二日、十月二十六日，己酉八月二十日、九月初九日等），一直到今天要了解當時的教育開展情況，這些數據都提供了重要參考。他還舉辦教育品陳列場，參與創辦教育品陳列館，開中國現代博物館先河。（癸卯十二月二十一至二十四日，甲辰八月十日、十一月初五、初八日等）在嚴修日記中，可以看到很多學部舉辦的國家級考試以及有關京師大學堂、北洋大學堂、山西大學堂、山東高等學堂、保定大學堂等高等教育的珍貴記録。總之，嚴修作爲二十世紀最初十年中國教育事業最重要的實踐者、領導者之一貢獻巨大，其日記保存下的信息在教育史研究上具有不可替代的史料價值。

二、二十世紀初官紳日常生活的寶貴記録

日常生活包括起居、飲食、衛生、料理家庭家族事務、處理業務、健康調控、閱讀書報、文藝活動、逛街游覽、親友往來、飯局應酬、反省做人得失，等等。人們的日常生活因社會地位、生活追求的不同而有社會層次和個性的差異。作爲高級官員及學者的嚴修，他的日常生活情景在日記中有具體載筆。讓我們透過日記走進他的生活，既明瞭他的生活狀態，也展現清季官紳日常的縮影。

（一）日常起居

嚴修的日常起居，在學部任上和賦閑日子頗有不同。賦閑在天津的日子裡，他七八點鐘或八九點鐘起床，晚間十點以後入睡。以一八九八年十一月十二日爲例。這天嚴修『辰正起』，即八點起床，就有人來送還畫册，接著學英文，翻譯一段，然後做體操；下午，與家族鹽店職員談話，有人來托找處館（教書）事，寫信，又寫對聯、豎屏；晚間，來客數起，閱讀來信，有的當即寫覆信。特别是當天記日記，書寫閱讀獲得的新知識，在來信中感受友人教誨姪兒『誨人不倦』的精神。

做京官的日子要忙碌一些，處理學部業務之外，應酬多。若在召見、謝恩的日子，一般要在五點鐘起床，以便早早趕到紫禁城大内或海澱頤和園。即使平常工作日，也很繁忙。以一九〇七年十月初四日爲例。七點起床，接待兩起來客，出門拜客、答拜九處，下午一點到學部辦公，四點離開。回家又有兩位客人到訪，并接聽天津家裡打來的電話，在陳小莊輔導下學習《華英進階》一課。嚴修的作息時間，要依據辦公和生理雙重需要來確定，并形成習慣，這是官紳日常起居的特性。

（二）飲食與嗜酒、戒酒

身爲官紳，嚴修的日常飲食有著自家的習慣和特點。比如一九〇四年三月十九日，未任官職的嚴修早七點下床，寫信一封，到天津城隍廟學堂會見二人，又往沈宅姑母家拜壽，去工藝學堂與郭氏、趙氏商議事情，然後同二位『往牛肉館早餐』。又比如，在任職直隸督學的一九〇五年七月初十日，七點鐘到辦公樓處理事務，晚上七點才把客人送走，『回家晚飯』。在學部上班時，午餐常常是在部裡用『工作餐』。要而言之，嚴修的一日三餐中，用早飯時間偏晚，要處理若干事務後才進食，晚飯則是與親友聚餐。這種進餐習慣是當時官員特有的，他們早晨辦事多，與今日大不相同。

嚴修日常三餐吃什麼，日記基本沒有著録，偶一見知的有高粱粥、（戊戌十月初一日、己亥五月十三日）湯麵等，（戊申五月初一日稱『陪（來訪的）菊如飯，食湯麵，久不嘗此味矣』）都不是經常吃的。一次，嚴修與管學部部務的大學士張之洞、協辦大學士榮慶游西山翠微山，吃香界寺僧精緻的素食，而張之洞『特備所謂「豆花」者，略如津俗所云「小豆腐」，而潔白細膩乃遠過之』。這更是一種特殊的享受。（丁未九月二十一日）

應節食品，見於日記中著録的有來自宮廷的元宵、粽子、月餅，承受這樣的『賞賜』後還要專程去謝恩。日記中屢次出現吃螃蟹。有時與朋友一起吃，如乙巳八月十一日晚間『約武子翁、陳栢翁食蟹』。有時與家人一起吃，如一九〇五年八月十九日、一九〇六年八月二十日早飯『回家食蟹』『回寓午飯，食蟹』，丁未八月初六日『晚，食蟹飲酒』。八月吃螃蟹是應季食品，晚餐吃螃蟹是餐桌大菜，配合飲酒，其樂融融，而早飯品嘗螃蟹顯然因爲喜好。嚴修喜歡食蟹，但并不成爲癖，因爲螃蟹畢竟是節氣性的稀罕食物，不可能經常享用。

唯有飲酒多次道及。嚴修曾有嗜酒的癖好，『小飲』『小酌』『共飲』在日記中屢見不鮮。他有時自斟自飲，如在『慶源樓獨酌』。（乙巳七月十二日）也經常與親友共同品評，有時喝得酩酊大醉。一八九八年五月初十日，在友人家六人歡聚，『縱飲無度，六人醉其三，余竟不能言歸矣』。嚴修身體時有不適，究其原因，他認爲與飲酒有關，是『失睡所致歟？抑連次與鄭親家飲麥酒太多之過歟？慎之戒之！』（癸卯九月十七日）因此有了減少飲酒的想法，到一九〇八年四月十七日痛下决心戒酒，并請友人劉幼樵監督。此後滴酒不沾了。

嚴修曾東游日本又與西方人士有交往，能用日餐、西餐。在日本吃不必説了，在國内也偶爾品嘗。一九〇三年九月二十四日在天津，接受王荃士約請在日本料理屋就餐。一九〇九年七月二十八日，嚴修從萬生園步行到燕春園，與凌福彭等八人『食西餐』。從飲食中也可見他對不同文化的開放態度。

在京任職時，兒子出國留學，嚴修就是在家晚餐也常常是同來訪者、幕賓共食，難得與子女一起就餐。一九〇九年正月初九日，與兒子智崇、智開，歸甯的女兒智蠲、智舒『共食一席，甚樂』。難得享受這種天倫之樂，所以異常高興。

（三）健身與身體狀況

大多數傳統社會的文化人，是所謂『四體不勤』的文弱書生。嚴修則不然，講求生理衛生，像青少年學生那樣做體操。他還逛街、游園、登山，争取在活動中增長見識，保持精力旺盛。不過因爲業務繁忙、緊張，他有時會有腸胃、心臟疾病煩惱。

在個人衛生方面，日記中隔三岔五就出現『剃髮』『滌足』字樣，大體上幾天剃一次髮，一個月至少洗腳一次。但『沐浴』只是偶爾，在清末時代，居住京津的人們受條件限制，哪怕是官員也無法經常洗澡。

做體操，難能可貴，這是當時的佼佼者特有的活動。比如，一八九八年十一月十五日午前『習體操』，二十三日『習體操，汗見而止，頓覺爽健』。此後連續進行體操運動。嚴修從做體操體會到對健康和精神上的好處，這在那個時代可以説是認知上的革新。體操健身外，嚴修還有踢毽子、散步等形式的運動。一九〇九年送德宗歸葬遵化山陵期間，十月初三日嚴修感慨：『約行十里許，行時未免吃力，既歸，乃覺暢適異常。運動之有益衛生，此其明驗。終年在京，非車馬不出門，真非計也。』

官員程式化的生活，不能説是完全乏味的，但難於獲得民間有條件者的悠閒生活樂趣。嚴修在程式化生活中，力求有娛樂、健身，去逛商店、書店，去大衆化健康的娛樂場所，爲加大身體活動量游山逛水。一九〇六年十月初八日，步行前門大街，見『燈彩甚多』。十三日晚，『同潤生乘馬車出前門游覽』。一九〇七年十月十二日，『同徐、劉、陳游廠肆。至松華齋、第一書局、商務印書館、作新社等處買書物』。嚴修屢次『出前門』，對逛前門外有濃厚興起，這裡有買賣文物、圖書的廠甸，有戲園、説書、雜技的表演場，有各種商店、餐館。嚴修去購物和餐飲娛樂，還曾在正月中旬前往看元宵節花燈。

京師西山是熱門觀光地，可以登高望遠，飽覽山巒起伏雄姿，秋天欣賞紅葉之美。嚴修有多次光顧西山之樂。一九〇六年六月十三日，與梅子光、竹叔祖、小幡、熊澤等人『游西山』。一九〇七年九月二十一日，與學部同人游西山翠微山，到靈光寺後繼續行走約二三里到飛靈岩，回到香界寺。西山碧雲寺，民國以後世人多知之，乃因孫中山停靈於此。嚴修於一九〇八年九月二十四日游碧雲寺，就住在廟裡，次日天還沒有亮，衆人『拾級登塔院觀日出』，欣賞『朝霞之麗……就澗泉盥漱，清涼無比』。早飯後游獅子窩，遠眺北京全景：『俯瞰諸山，俱在眼底，萬壽山、昆明湖、北京全城樓闕以至南苑之平原、盧溝之鐵道，皆歷歷可見。右顧則夕陽紅樹，自山頂瀰漫而下，有如錦屏。戀戀不忍別去，近四鐘乃下山。』此外，嚴修數度觀光的還有西直門外萬生園。（丁未六月二十二日，戊申三月二十九、六月初五日，己酉九月十一日等）

嚴修身體基本上是健康的，但也難免有時生病。一九〇三年三月初二日，『連日頭目眩暈，多睡以愈之。昨晚八時就寢，今晨十時乃起』。十一月十五日，頭眩暈，請日本醫生井上診視，説是貧血所致，『聞之自危』，然晚間仍要去補習所，張伯苓看出他的疲乏情景，勸阻，遂大睡至十二時，解衣再睡。次日仍眩暈，睡眠。十七日略好，『但仍昏昏然』。一九〇六年六月三十日，『八鐘出門（往學部），行至東長安街，腹痛不可忍，遂返。大睡終日，復睡至天明』。一九〇九年六月十九日夜晚，痰中帶血，發現後『甚自驚異』，次日夜間咳血不止，於是學習乃父的辦法——『急静坐定攝以止之』。『余終以不信華醫，不敢服藥』。二十二日，請法國醫生診視，在胸前左部塗藥水，取兩種藥水。嚴修不信中醫，寄希望於西醫。這在當時接受西方文化的學人中不乏其人。嚴修在旅日期間，多次與視爲前輩的吴汝綸交游，吴氏至死是堅決不接受中醫治療的。（參閱馮爾康：《晚清學者吴汝綸的西醫觀》，

《天津社會科學》二〇〇七年第三期，收入《馮爾康文集・清史專題研究》，天津人民出版社二〇一九年）

（四）對新知識敏銳追求

嚴修對新知識充滿興趣，讀書、閱報範圍廣闊，不僅目讀，還組織、參加各類講座，對新技術、新事物也積極嘗試運用，這反映他對汲取近代思想文明如饑似渴。

嚴修在貴州學政任上開始學習英文，聘請祁祖彝指導，一度每天用功兩三個小時。一八九八年返津之後的十月，嚴修聘請張伯苓教授子姪智崇、智惺等英文，自己也於十一月十二日恢復英文學習，所謂『聽講洋文，學譯英文一段』。此後日記不斷『聽講英文』。他學習認真，『記英字注解，手抄之』。（戊戌十一月二十三日）從日記看嚴修英文學習曾中斷幾年，至一九〇七年十月初二日，和陳寶泉（小莊）約定『議學英文事，擬自明日始』。果然，次日再度開始英文學習，由陳寶泉、王用舟（季約）輔導，以《華英進階》爲課本，這天學的是二集第一課。初四日『與小莊習《華英進階》』一課（the boy and cat）。此後『與小莊習英文』成爲常態。一九〇九年三月十八日，嚴修誦《禮記・檀弓》『則將肆諸市朝而妻妾執』，想到『此「執」字即《英文漢詁》所謂柔聲云謂字也』。『柔聲云謂』是《英文漢詁》中對英語語法概念的翻譯表述。應用英文知識理解漢文字義，顯見嚴修學有收穫。

英文之外，嚴修一度學習日文，只是未能持之以恒。一九〇三年正月、二月晚間多次學習日文，日記中反復寫道：『夜習日文』『日文夜課抄書一段』『夜課東語初階』。

嚴修十幾歲開始學習算術，由好友陳璋（奉周）教授，（《嚴修集·陳君奉周事略》）在貴陽時，又向裕福田學習算術。回津後繼續學習，特别是張伯苓任教嚴館後，他們常常互相探討。《蟫香館别記》稱：『公平日於代數、幾何致力最深，至是乃益貫通。』（《嚴修集》附録）

閲覽報紙雜誌是嚴修獲取新知的重要渠道。任貴州學政期間，他就閲覽《時務報》《申報》。此後一直保持閲報習慣，一八九八年六月初十日嚴修在三河鹽店看《京報》；一九〇一年五月二十七日在天津看《國民報》；一九〇三年三月初二日的日記大段抄録《字林西報》資訊，顯然他仔細閲覽了該報；一九〇四年四月在日本閲覽《大公報》《太陽》報、《大陸》報。他還看過《中國學生報》《黔報》等，讚揚《萬國商業月報》『頗佳』。（戊申五月二十五日）閲覽《時報》尤感興趣，認爲它的『消息甚靈』。（戊申五月二十八日）

嚴修渴求明瞭化學、醫學的知識，向懂得這方面知識者求教，同時閲讀有關書籍，在學部審查各種學科的教材，實際上也是一種學習的機會和實踐。如日記自一九〇八年初始連續記録閲覽各學科書籍的情形。兩次校《植物學講義》（正月二十一、二月初七日），閲《理科教科書》（二月初七日），連日看《動物學講義》（五月十三、十四日）。多次看國民叢書本《身理啟蒙》（五月十五、十七日）。日記五月十六日頁眉記有動物、植物、礦物三門類過目的書單，多達十五種。在五月二十日及其後，嚴修閲讀《生理學粹》《動物教科書》。（五月二十日）六月十六日，嚴修到法政學堂聽講習會開講，第一講是何燮侯講《物理易解》。（六月十六日）十月初七日，聽華實甫開講《化學新書》，且連續聽講，有一次演講中做試驗。（十月初七至十二月初二日）嚴修學習自然科學，通過日積月累，獲得了相應的知識。一九〇九年，嚴修熱心於聽憲法學、政治學兩個系列講座。此事留待第三節説明。

作爲學者的嚴修閲覽史書自不待言，這裡從略，僅指出他過目或反復閲讀的幾種書籍，如李元度《國朝先正事略》、薛福成《庸盦文集》、趙翼《池北偶談》、嚴修乃父嚴克寬與同人編輯出版的《黜華新語》、蔣良騏《東華録》、曾國藩《曾文正手書日記》等。嚴修還樂於鑒賞偵探小説，如《繡像小説》《偵探案》《包探案》等。他對西方文史也有雅興，如看林琴南譯《伊索寓言》《拿破崙本紀》等。

作爲文人必備的琴棋書畫技藝，嚴修都很上心。繪畫上，早年的不必說了，一九〇九年二月三十日「習畫小有進境」，次日「晚習畫」。習字上，清朝中期起科舉取士唯重視書法，嚴修練習寫字無須贅言，時常「臨帖」「讀帖」，寫大楷。日記中屢屢出現下圍棋的事，有自己和友人手談，也有看兒子對弈，應當含有指導的用意。音樂方面，嚴修第二次東游日本期間赴横濱參觀西川風琴製造所，曾爲天津學堂買風琴兩具。（甲辰六月十三日）

對於新傳入的「科技産品」，嚴修從陌生到樂於使用。一八九九年八月二十四日，嚴修爲姪兒智惺（約敏）過生日，由張伯苓從馮宅借來「照相器」，給前來嚴宅祝賀的親友和家屬三十七人拍照合影。嚴修看重此事，特予筆墨於日記。這年十月十五日與客人晚飯後，嚴宅又試用了「留音匣」。看幻燈片也是新鮮事，如一九〇二年十月十三日晚，嚴修在上海五層樓看幻燈戲。回到天津後的十一月初三日晚，請日本人清水來家「試幻燈」。對望遠鏡，嚴修也不陌生，一九〇二年七月十一日東游日本途中寫下詩句：「朝試測遠鏡，萬里清如洗。借令地非圓，吾家指顧耳。」道出喜悦之情。

記憶中上個世紀七十、八十年代之際，教學發講義，是在蠟紙上書寫，影印機列印出來。如今在日記裡發現嚴修使用『謄寫板』一事，精神一振。一九〇三年九月十七日爲將補習所節目表刻印出來散發，嚴修、張伯苓商定購買謄寫板。嚴修在二十世紀初就使用刻印機，一直到我們在八十年代後期普遍使用複印機才將這種設備淘汰，可見嚴修的觀念是多麼前衛。

（五）密切的家庭家族活動

儒家將『修身、齊家、治國、平天下』作爲實現人類理想社會的循行路徑。『家』介於個人與社會、國家、世界之間，是關鍵的一環。嚴修關注家庭家族，既將其作爲安頓心靈的港灣，也將其作爲實現教育救國理想的試驗田。他的教育實踐從家庭教育開始。他對官場絕望後，於宣統元年十二月二十日卸任學部侍郎，回到天津家裡，首先急於見到四年多未見的家庭家族成員。可見他對家人、族人在他心中的位置。

兄弟兄妹情深令家族保持興旺。嚴修兄弟二人，伯兄嚴振雖不求取功名仕祿，但頗有學養，由他應約寫楹聯一事可知。日記是這樣記録的：一八九八年五月十四日，崧生來，『求家兄撰壽聯，慨諾之……家兄譔壽聯畢交崧生，敏迅余萬不及』。書寫壽聯需要先擬出聯詞，繼而運筆，一氣呵成。進士出身的嚴修佩服乃兄文思敏捷是自己萬萬達不到的。嚴振主持家務，包括管理家族鹽業經濟，煩勞而有條理。

十五日，嚴修眼見乃兄將鹽業總號分給的一部分錢，親自分給管理人員和僕人，『兄爲斟酌攤配，并一一面給之，勞神半日，余殊不安』。嚴修兄弟情深，不料六月二十一日，嚴振突生重病，嚴修連日請多位醫生和懂得醫術的友人來會診。二十八日，清晨嚴修看嚴振情況不好，急忙派人赴紫竹林買寶丹十匣，但是嚴振終於在九點故世。他得病期間，嚴修『中心憂慮，終夜不睡，以覘動静』。兩姑母、舅母、妹妹等輪流守夜看視，整個家族都爲挽救嚴振費盡心力。嚴振走後，嚴修忙於操持他的葬禮，入殮，開吊，題主，畫像，發引，圓墳，一一按完整的喪儀進行。嚴修兒子智崇本來要參加縣學考試，也不進行了。這是關係科舉前程的呀！當嚴振周年忌日，嚴修特地帶領智崇、智怡從北京回到天津，『率子姪乘船赴塋地祭掃』。（己亥六月二十八日）嚴修對嚴振治病、發喪各種細節，歷歷在目，體現兄弟情深。

嚴修的胞妹嚴淑琳（日記中嫁到華家的二妹），是他辦學的得力助手，擔任嚴氏女學的監督，即校長，是一位女性教育家。嚴修還有一位七妹在日記中頻繁出現，是叔父嚴克明（號峻堂，日記中稱爲峻叔）的女兒。峻叔故世，其妻托嚴修張羅女兒的親事。一八九八年十二月十六日嚴修約談議婚對象朱静涵，認爲他『貌既不陋，語言亦頗有條理。』於是峻叔母『忻然允諾』，婚姻確定。七妹是有學養的女性，後在北京蒙養院任教員。一九〇七年十二月患咳血病，初七日嚴修到蒙養院去探視。不久七妹來見嚴修，嚴修與她長談，讚賞她的爲人和見識：『服其見識正大，心地慈祥。』一九〇九年閏二月初八日，嚴修再次到蒙養院探望有病的七妹，該院章彦齋院長擬約嚴修女兒智閑暫時代理教員，嚴修表示同意。智閑受過良好教育，嚴修聘請英國人某女士教授智閑英文、算術，（丁未十一月二十九日）還親自『教智閑習字』『爲智閑改日記』。（戊申正月十六日等）章院長認爲智閑能夠勝任，才聘請她。嚴修家中很多女性都在新學校中任教，是中國最早的一批女性教育工作者，顯示女性走向社會。嚴修對長兄盡到『弟悌』之道，對堂妹的關照，盡到兄長的職責，以此維護家族發展和社會地位。

從日記資料看，嚴修對子女、姪兒姪女以及孫輩男女的成長，最關注的是文化教育、身體健康和婚配。看到他（她）們健康成長，和他們共同飲食起居，商議家庭事務，感到欣慰，爲家庭和睦、子孫成長而快樂。

這一時期日記中，記録家中的傳統文化教育不多，（記下的主要是嚴修爲孩子們改作業。如一九〇一年五月二十七日、二十八日，嚴修連續改兒子們的課堂作業。）反倒是特别注重兒輩外文學習，一八九八年五月十七日，在北京寓所準備把西院北房作爲智崇等學習洋文的處所，請魏梯雲下榻。在天津住宅的書房設在西倒座內，一八九八年十月十五日，聘請張伯苓來教子姪英文。這是南開系列學校的肇始！嚴修對衆孫女的學業抓得很緊，日記屢屢出現『課孫女習字』『課孫女等習算』『燈下教女孫寫家稟』。嚴修將教孫女讀書寫字作爲日課，費心費力樂此不疲。

嚴修還送成年的兒子智崇、智益、智怡、智鍾赴日本留學。一九〇一年五月初二日，日本人大野捨吉歸國，嚴修讓兒子智崇、智益隨行，在塘沽乘船，經上海去日本留學。二十三日，收到智崇發自日本大阪的信件和日記，晚間就看智崇日記，邊看邊抄，第二天早上繼續抄智崇日記，達數千字，可知智崇日記詳細寫他在日本的情形，而嚴修是多麼的關切。兒子們陸續學成回國。一九〇九年十一月初六日，嚴修帶領進士館學員長期留學者三人在大內進行引見儀式，三人中就有他的長子嚴智崇，因此嚴修隔天（初八日）到大內謝恩。清末青年學子赴日留學、官紳外出游學是一股潮流，嚴修主管此事，派兒子出洋是自然的事情，不過他是潮流的推動者。

在子女婚姻方面，嚴修也非常用心、鄭重。如一八九九年爲女兒智蠲的婚姻請大賓（媒人）多達四人。（四月八日）由於兄長去世，他還幫助姪子姪女完婚，履行了作爲長輩的責任。（己酉十二月十五日日記，又見《嚴修集·亡姪事略》）嚴修對子女、孫男女出生多有筆録，表示喜悦。一九〇八年十一月初三日，嚴修從天津家裡來的電話得知姪兒智惺生一男，初五日『爲姪孫三朝補食湯餅』。可見他是多麼看重姪孫的降世。

嚴振、嚴修兄弟各自對自己的姪兒寄予厚望，嚴振對嚴修的長子智崇的喜愛異乎尋常：『愛姪真如掌上珠，逢人侈口説家駒。』（《嚴修集·伯兄四十初度制短歌侑爵且征和者》）嚴振將智崇視作『吾家千里駒』，嚴修則對兄長之子喜愛有加在一八九八年十一月三十日日記中評論子姪的優長，（『子姪輩各有勝我處，崇之和平待人，益之勤事，錫之強記捷悟，勇之嗜書。吾追念幼時殆不能及之。』）特別認爲姪子錫智（後改名智惺）可能成爲『亢吾宗者』。嚴振、嚴修兄弟一口一聲『家駒』『亢吾宗者』，將家族的延續發展寄託在資質優異的後人身上。

嚴修享受濃郁的天倫之樂，是愛護子孫的應有之義。一九〇七年十一月初二日，嚴修『編《家庭樂歌》，使閑女譜之』。一九〇九年十一月十九日『與崇兒、舒女、閑女閒話』；次日從學部回寓，『兒女話燈前』，歡樂之情溢於言表。一九〇八年二月十二日，嚴修夫人生日，『兒女作葉子戲，余亦與戲爲之，十年不見此物矣。與智崇話家事』。六月十八日，與智惺、智怡先後談家事。叙家常，是教育子姪關心家務，爲將來主理家政做準備。後繼有人，家族才可能長盛不衰。

（六）投入家族鹽業商號經營

嚴修家族經營鹽業，起始於他的祖父嚴家瑞在直隸三河設店，備嘗艱辛，以後兼營煤窯，又在天津增設鹽店。事業傳到兒子嚴克寬（嚴修之父）手中，因財力雄厚及善於聯絡各方，到同治九、十年間（一八七〇、一八七一年）成爲長蘆鹽總商，歷事十年，協助官府舉辦多種社會慈善事業，捨財毫不吝惜。（《嚴修集·先父仁波公事略》）嚴家瑞、嚴克寬父子善於發揮同宗兄弟和姻親的助力，如嚴家琪（號竹溪，日記中稱竹叔祖、七叔祖）、嚴紹聞。嚴紹聞本是來津的商人，與嚴家瑞認爲同宗，晚年成爲嚴家商號的大管家，『稽門户，督僕役，理庶務，勞怨不辭』。嚴克寬故世後，商號經營由嚴振主管，而以嚴紹聞、嚴家琪爲助手。日記對嚴振理財的事記載甚少，他辭世後，嚴修仕宦在身，更加依靠嚴家琪和嚴紹聞之子嚴克誠（日記中稱輔臣叔）。在本次整理的日記中，嚴修經管家族商號主要表現在兩種事情上，一是一八九八年專程前往三河鹽店；二是叔祖嚴家琪死後過問鹽店重要業務。

先説專程赴三河鹽店。嚴修出生在三河，也曾住到那裡苦讀，但這都與管理鹽店無關。一八九八年赴泃店就有著業務經營的使命了。其一，聯絡三河地方文武官員及紳衿，拜客二十多處。其二，發現問題，處理鹽店內部事務，如整飭各分店的拖欠，對確有難處的有所減負。其三，聯絡賓主感情，以便雇員全力投入業務運營。鹽店的雇員與嚴氏多有姻親關係，從嚴修會見人員的稱謂表伯、表叔、姻丈、姑丈、伯就可知了。這也是傳統社會用人的重要原則，如此主家與賓客就會互相關照，特別是主家要體恤雇員。且看六月初四日日記的描述：『硯叔爲七柩未葬及華債不得償，屬余代謀情詞』。嚴修『痛切不忍拂，許之』。此行嚴修接濟人甚多，且有例可循，一般十金，如魏四太太『乞周濟，准前例，贈以十金』，致力於實現『賓東之誼』。（戊戌五月二十一至六月初十日）看來嚴修這次三河之行頗爲重要，聯絡地方文武官員和紳衿，請他們保護嚴家鹽店不受不法官紳和地皮勒索，以便正常營業。嚴修是有名望的官紳，地方要人自然滿足他的願望。嚴家三河鹽店得以正常運營，嚴修有力致之。

竹叔祖嚴家琪故世後，家族內部缺乏有力主持人，嚴修不得不分出精力支撑鹽店經營，比如他曾與長子智崇商議三河鹽店『調動人位事宜』，（戊申三月二十二日）又曾給次子智怡寫信，『附與帳房諸公約數條』。（戊申七月初三日）這是告誡各位帳房的幾條規則，讓他們遵照執行。嚴修參加清德宗安葬遵化山陵大典後，返程中曾到洵店，會見管理人員與親戚『略談公事』。（己酉十月初六日）日記有關鹽店業務管理人的載筆，就是楊耕亭多一點，但不是竹叔祖那樣的總管身份，他和其他幾位管理人員穿梭於天津、北京、三河三地之間，是向嚴修彙報業務，聽取指示，表明嚴修掌控家族商業經營。

傳統時代士農工商社會層次的劃分反映賤商觀念，可是尊爲學部左侍郎的嚴修并不忌諱兼營商業，在同僚、紳衿友人中会談及，可見他觀念新潮。

（七）參與同族同鄉聯誼活動

傳統社會『人以籍定』，科舉更以籍貫爲依據，人們因而重視籍貫，進而形成以籍貫爲基本要素的社會群體同鄉會，嚴修傳統的宗法意識對祖籍浙江和現在籍貫直隸、天津的活動均持積極參與態度。

天津嚴氏離開浙江省寧波府慈溪縣後，很長時間裡與原籍嚴氏失去聯繫，而在嚴修父親嚴克寬擔任長蘆鹽業總商時，恰是慈溪人嚴信厚（筱舫，一八三八至一九〇六）任長蘆鹽務督辦，二人多有業務往來，攀談中發現雙方是同宗又同輩分，這就使得天津嚴氏認祖歸宗了，從此與慈溪嚴氏有了密切聯繫。嚴修兩度前往慈溪嚴氏家族聚居地，用今天的話説是『尋根問祖』。那是在一八九八年卸任貴州學政返津途中，走長江水路到上海，由嚴信厚之子嚴子均陪同到達慈溪，拜訪嚴氏宗族尊長，掃墓祭祖。同樣，嚴修家族在天津也熱情接待慈溪族人，一八九九年九月十九日，嚴家瑸從寧波到天津，就住在嚴家，十月初七日竹叔祖又陪他到北京游覽。十一月初，嚴修應嚴信厚要求爲其女兒推薦家庭教師。一九〇二年嚴修東游日本返程途徑上海，到達當天就去拜謁嚴信厚，後者在一品香宴請嚴修。（九月二十九日）幾天後嚴信厚到嚴修下榻的旅館看望，嚴子均陪同嚴修參觀澄衷學堂。由於智怡生病，嚴子均每天來看望兩三次。津、滬的兩個嚴家，走動得如此密切，就在於同宗意識的支配。嚴修的宗法觀念還表現在子姪『輩』字的使用上。日記書寫子姪的名字，起初他們的名字是崇智、怡智、錫智等等，而後則改爲智崇、智怡、智惺了，把『智』字從下面倒到上面，如此改動，就是因爲知道慈溪嚴氏的輩字『智』在上，於是遵從。

自古以來宗族與居地（祖居地）聯繫在一起，即使分散在各地也會聯宗續譜，慈溪、天津的嚴氏如此，再擴大範圍，就産生縣、府、省的同宗會、同鄉會，嚴修在北京多次參與這類活動。如一九〇二年正月初三日天津同鄉聚餐，初四日直隸『同鄉官謝恩』，十六日寧波館團拜，二十七日浙江館團拜，嚴修一一出席。一九〇八年二月初三日，『聚豐堂赴吕尚書約，是日約三省同鄉議鐵路事宜也』。所説商談鐵路事，據日記，是指修築天津至鎮江鐵路籌款事務，這條鐵路穿越直隸、山東、江蘇三省，所以三省同鄉商議鄉梓事務。（丁未十二月初八日）此路迅即改爲天津到南京浦口的津浦路。對這類祖籍、現籍的聯誼活動，嚴修幾乎是有會必到，雖有應酬因素，更多的是在宗親、鄉親意識下自願參與。

（八）對參與興建近代企業

日記中屢屢出現『招股』『集股』的文字，招股是近代企業行爲，嚴修敏感地注意且頻頻『認股』，特別關注認股的是開灤煤礦的建設、津浦鐵路的修築等。嚴家此時還參與了天津造胰公司、北京一鳴玻璃廠的創建和經營。嚴修的投入使得嚴氏家族同近代企業有了不解之緣。

嚴修關注近代企業、學堂，從有關信息中獲取啟示，購買股票。比如一九〇三年十一月二十五日，他寫信給王荃士，送育才學堂股銀六十元和王建善學股二十元。一九〇四年二月二十五日，王荃士寄育林學堂股票三紙。一九〇六年五月初一日訪王培孫，交育才助款五十元。一九〇八年五月十七日，收到自來水公司信，內附『招股章程二千本』。二十六日再次收到自來水公司函件和『附啟及預算單各二千份』。該公司顯然視嚴修爲重要投資人和募股人。實際上他陸續認購股份。十一月十七日，

『寫致耕硯信，認二百股。』二十三日，『致耕硯信，認捐千股』。

嚴修相信招股辦企業，一九〇三年次子嚴智怡與天津實業家宋則久一起募集股本，創立了天津造胰公司。嚴修對公司成立給與支持，曾托朋友完善『則久所擬製胰公司章程』（十月十七日），又向天津知縣暢談《造胰公司稟》。（即成立申請，十月二十六日）此後在京期間，嚴修在家書中常常與嚴智怡討論有關造胰公司的情況，從入股、租地、産品、銷路等無不關心。（家信手稿）

嚴修還鼓勵親友華學源（實甫）與周支山創辦了一鳴玻璃公司。一九〇九年六月二十三日，華、周與其他友人來見嚴修，嚴修因『支山習造玻璃畢業』，便勸他自設一工廠，招集股本，先自試辦。華學源極爲贊成這一動議。十月初一日，華學源到嚴宅，嚴修『交伊五百元，入玻璃廠作股本』。嚴修、華學源的行動令周支山受到鼓舞，很快創辦起玻璃廠。十月初七日、十一月二十八日，嚴修多次『觀新建一鳴玻璃器具公司』。

前面説到修築津浦路事，日記首次出現是爲『借款』，後來就是『招股』了。一九〇八年二月十九日，嚴修造訪華世奎（璧臣）『與商路股事』。二十日『工藝商局，三省京官會議』。三月初五日又是『工藝局三省同鄉會議』。七月初六日，在松筠庵會議津浦鐵路事，津浦鐵路四省應各舉總理一人、協理二人、幫辦四五人，總理在先已公推鹿傳霖。是日投票公舉協理、幫辦，嚴修因得票多成爲協理。

對於開灤煤礦，嚴修投入極大精力。一九〇八年五月二十六日，嚴修同時收到周學熙（緝之）信，『附灤礦招股章程百本』；楊萃廷信，『附礦樣』。此後有關開灤煤礦的信件增多。六月初七日，訪李士鈐（嗣香）『爲灤礦事』。十一日，嚴修與楊紫若擬定明天邀請會議灤州煤礦事務的名單，第二天在松筠庵開會。七月初六日在松筠庵會議津浦鐵路事之時，也討論了灤州礦務事，次日收到周學熙信，內有《灤股章程》三百本，『收條百張』。這百張收條應與認股有關。一九〇九年正月十二日，『訪嗣香，交鹿（傳霖）相國灤礦股票』，應是認購股票。十二月二十二日嚴修離開北京回到天津，第三天與李士伟（伯芝）經唐山到開平，會見煤礦公司負責人、好友趙元禮（幼梅），考察礦區情況。嚴修還將趙幼梅繪出的礦區地圖抄録到日記中。對開平煤礦的一連串活動表明嚴修是該礦建設的積極參與者、重要股東。

寫到這裡，似乎需要説説嚴修家族的社會屬性：由經商發展爲紳商，進而成爲宦商，更隨著中國社會近代轉型，嚴氏從傳統社會壟斷商業（鹽業）向近代企業（購買股票、參與管理）轉化的家族。這種定性，需要專題研究，我們僅僅是初步想法，敬請方家一燦與指教。

（九）不斷反思與自我完善

日記本身是自省、自責的工具，嚴修寫日記就起這種作用，而且幾十年一以貫之。他總在一年終了、在一個日記本寫完回顧人生得失，也有當日感悟的記録，目標在於修身，陳述爲人不足之處，以期改正。這裡將按時間順序録出他的部分反思文字，然後作點解析。

一八九八年十一月二十二日，林墨青來談，『箴余過失，并論治家、教子、議昏及涉世之道。深有所得』。一九〇三年正月初三日『學問未幼稚，精神已老衰……癡心終不死，想望太平時。』一九〇六年年終日記：『在官又一年，毫無建白。』一九〇六年五月二十一日感慨文字：『是册所記凡歷二百五十四日，就中有益於人，有益於己之事，求一而不可得。嗚呼，難矣！』九月二十七日『余無剛强不屈之節，偶遇拂逆，徒有抑鬱，小人哉！』一九〇八年七月十三日，『邇來志氣昏惰，在家時恒高臥，今夜夢静生以正言規予，矍然而覺。』一九〇九年閏二月初六日，『今日懶散特甚，晚早睡。』一九〇九年十一月十六日『早寫屏、對數事，極劣。』録文至此，從中窺視嚴修的反思意境，似可歸納爲四點，也可以視作給後人的啟示。

其一，充分認知讀書人的柔弱，於己於社會都是不利的。嚴修嚴厲自責『無剛强不屈之節』，遇到不順心的事，不去抗辯、抗爭，只是自我抑鬱，豈不成了『小人』！傳統社會文士最高的境界是『文死諫』，正是眾人做不到的，所以才成爲追求目標。士人多是柔弱的，在强權面前則是懦弱的。嚴修不恥於此，實際上在這樣的內省下，他幾次關鍵時刻不計個人安危得失，向最高統治者直言進諫。（如此前請開經濟科，此時諫言攝政王不要打擊異己，此後勸誡袁世凱不要稱帝復辟。）但在當時的混亂政局中，僅靠個人的正直是不足以力挽狂瀾的，因此最終嚴修還是選擇退出政壇，回到家鄉從改造地方社會做起。究竟面對世事紛紜，讀書人該如何應對？這不能不引發後世深思。

其二，不能因年齡增長而精氣神衰退。嚴修説『學問未幼稚，精神已老衰』。學問在繼續增長，怎麽精神萎靡了！按當時演算法他四十四歲，這是提醒自己不要以爲老之將至，需要振奮精神，做些有益於家國的事情。嚴修的這種警惕精神衰退，警示人們，人活著，就必須精神旺盛，活得堅强，活得尊嚴。

其三，喜交諍友，便於提高自家認識能力和踐行。林墨青直言不諱地『箴余過失』，進而講述『治家、教子、議昏（婚）及涉世之道』，使得嚴修『深有所得』。所得就在於知道自身的毛病，必須改正；對於家務、人際關係怎樣處置得當，也是得益非淺。林墨青直言規勸，嚴修真心接受，顯示他們是真正摯友。嚴修、林墨青的密友關係告訴後人，交友的內涵是互相關心，共同過好人生。這是交友的正道，做志同道合的的朋友，拒絕虛情假意的人，不交酒肉朋友。

其四，實事求是對待自己，不必刻意自我虐待。日記中寫『有益於人，有益於己之事，求一而不可得。嗚呼，難矣！』嚴修感歎於人於己皆有益的事情難於做到，這是苛求自己。自律應實事求是，不必苛求過甚，更不必顧忌社會輿論。我行我素吧，不負於人、不負於社會就好了。

三、清季政治生態的親歷感受

嚴修四十年華正值清朝末年風雨飄搖之時，朝廷仍用『以孝治天下』方針向官民施行教化，官紳嚮往憲政，光緒皇帝、慈禧太后相繼去世，令清朝治理更趨混亂、失效。嚴修對皇帝的恩賞雖然按規矩謝恩，實際上無動於衷；他渴求憲政知識，顯現對憲政的嚮往；對光緒帝不佳的健康狀態有所同情，在光緒帝、慈禧太后喪禮中只是按程式參與，而在日記裡暴露官僚類似逢場作戲的態度。『國之大事在祀與戎』，主持喪禮者無方，參與者應付態度，暴露清朝衰亡徵兆。

（一）從嚮往立憲到幻想破滅

憲政是近代政治的主要內容，嚴修較早參加了改良政法的研究會，閱讀法學、憲政書籍，堅持聽講憲政、政治學講座，表現出政治改良的願望。

嚴修嚮往議會制度，第一次游日，參觀日本議院，對其機構及其運行進行了認真觀察，并寫入日記。（壬寅八月初九日）第二次考察日本時，他與法學家穗積八束交流，獲贈其所著憲法書。（甲辰六月十九日）又與留學生楊度、范源廉等交流。這些留學生正爲政治改良組建研究會，約請嚴修爲會員，嚴修樂於參加，建議調查國內『實況而研究之。擬分四類，曰政治，曰實業，曰軍事，曰教育』，『當從財政起』，得到楊度同意。（甲辰六月二十四日）清廷宣佈預備立憲前後，『憲法』『憲政』『立憲』更是成爲嚴修生活的重要關鍵字，在日記中出現頻率極高。他常常與同事、友人討論立憲之事，如一九〇五年六月十五日與徐世昌、華世奎（弼臣）、林灝深（朗溪）談『論立憲事』。他閱讀了《憲法精理》《憲政胚期》《憲法治原》《社會通詮》

《法學通論》等，關注立憲派與革命派的論戰，《立憲論與革命論之激戰》一書出版，嚴修第一時間進行了閱讀。他自己也時刻關注朝廷的最新政策，如一九〇八年八月初一日，『是日奉九年內將預備立憲事宜一律辦齊之諭旨，恭録於左』，即將諸多文字的『上諭』抄録於日記。當時，同仁組織開辦法政講習所，嚴修多次去聽中、日學者講憲法。一九〇九年憲政研究所開講，程樹德（郁庭）每週在憲政編查館講憲法兩小時。嚴修只要沒有重要公務，幾乎每場必到，認真學習憲法知識。（七月至十一月）

然而，清廷并非真的希望立憲，處處表現出與民意背道而馳的做法，朝中也有不少重臣對此採取消極態度。張之洞就是如此，在他管學期間，很多政策趨向保守，嚴修的主張常常得不到支持。看到張之洞不贊同『小學課本宜與立憲相合』，嚴修感歎：『朝廷日日言立憲，而政府之所見乃如此，將來之結局不堪設想！』（己酉二月十七日）他的新政幻想逐漸破滅。

（二）以平常心對待皇帝施恩

光緒帝、慈禧太后奉行傳統的『以孝治天下』國策，屢屢向百官施與各種恩典，按照季節賞賜食品、衣料；勞績的加級、恩蔭，受惠官員遵例謝恩。嚴修年年照常受賞、謝恩，僅就日記所記一九〇八年的謝賞録其一二：五月初五日，『赴湖園謝賞粽子恩』。八月初三日，謝賞綢緞，『詣仁壽殿下叩頭』。十三日，『赴園謝賞月餅恩』。一九〇九年七月十七日『因得賞蔭生，入内謝恩』。對於這些所謂『君恩』，他只是走形式去叩頭，日記毫無感恩真情的流露，記叙這類事情就如同流水帳了。

（三）親歷光緒帝駕崩慈禧薨逝後的混亂

光緒帝駕崩、慈禧太后薨逝相繼發生，百官遵行極其繁雜的禮儀，諸如各種名目的祭奠，移靈景山觀德殿，梓宫移奉圓廣寺，恭上謚號、廟號，德宗安葬遵化山陵，慈禧太后安葬定西陵，典禮不輟，而指揮時或無序，百官爲行禮窮於奔波，有人内心不滿而有所表露，嚴修在日記的記叙多少反映這種情緒。

嚴修對光緒帝健康有所關切，及致駕崩的傳言與殯天，百官如無頭蒼蠅亂撞奔喪。一九〇八年九月初八日，嚴修帶領游學進士在仁壽殿引見，他的『跪處近御座，瞻仰天顔，既瘦且黑，小臣生憂悸』。二十四日，帶領引見，『仰瞻天顔，較前次見時似稍豐腴。』十月二十日，在學部聽説『聖躬疾篤，傳言已晏駕，特秘之耳。驟聞此話，如喪魂魄。』立即電詢榮慶，謂往慶王府；電詢瑞臣，言往西苑門，嚴修也奔往那裡，『至則寂然無事』。二十一日晚得知光緒帝賓天，明日巳刻大殮。

二十二日上午往大内乾清門外舉哀，到學部，『聞太皇太后于未正二刻賓天之耗，急往西苑門，門已扃，闃寂無所見聞。往東華門，亦不得入』。皇帝、皇太后大喪，臣子奔喪無門，顯見監國攝政王的慌亂無措。

皇家喪禮程式繁瑣至極。祭奠禮區分種類。日祭，每天三次，爲朝祭、午祭和脯祭，地點又不同。（十月二十五日）每滿月、滿半年、滿一年另有祭奠。爲將光緒帝遺體移送景山觀德殿，十一月十五日預演禮，嚴修等至協和門外『觀演杠。是日大行皇帝幾筵前行啟杠禮，初傳在常例午奠之後，午前行禮。余等午初二刻往，則禮畢久矣。』（十一月十五日）一九〇九年正月二十八日，尊光緒帝爲德宗，至觀德殿前行禮。德宗下葬遵化山陵，那一番例行祭奠大禮不必繁叙了。

嚴肅的祭奠禮中，因主持者安排失當和不能及時通知與祭者，導致祭奠失儀和眾人不滿。前面説到演杠禮在通知的時間以前就完畢了，害得按時去的官員没有趕上。類似事情屢次出現，十一月初三日，是『孝欽顯皇后遷奠』日，禮儀官的指揮起立、叩頭辦法，『向例視階上人揮手則跪叩，此次見揚手而跪，已乃知彼乃唤人，非作行禮手勢也。一叩之後遂各散去』。當行禮者知道此次揮手不是指揮行禮，氣得不行三跪九叩首禮，只一叩首就各自離去。總之，嚴修記録的國喪禮儀舉行中多有滑稽事。官員對祭奠禮的某種應付態度，遲到、不到無人查問，全憑自覺。一九〇九年正月二十五日，『天安門外聽宣詔，跪約三刻鐘，咸以爲苦，而壽州師相屹然長跪，曾無倦容。』大學士孫家鼐之外，衆官莫不苦於長時間下跪。

嚴修實際行動透露他待德宗喪禮不那麼遵循，一九〇九年七月二十二日，是『行九滿月禮』的日子，應往大内行禮，『至東華門，遇馮華甫知已禮成』。也就免了這次行禮。德宗喪禮，在東陵奉安之後，京中仍有禮儀，就是神主奉安太廟，嚴修再次晚到：十月初九日，嚴修『十鐘往迎神牌，甫入西長安門，神牌已先到進天安門，因徑入太廟陪祀，十二鐘禮成』。嚴修與光緒帝雖有君臣之情，但不濃厚，這也表現出他宦情較爲淡薄。

光緒帝、慈禧太后國喪禮儀的混亂，顯現清朝衰亡徵兆：監國攝政王施政的無能，指揮失靈，或者説官員不與配合，不會認真執行其指令，有的喪禮時間的錯亂，是禮部未能及時通知與祭者，内務府同樣負有責任，應當説具體負責喪儀的禮部、内務府失職，而監國攝政王無能轄制。

（四）近代觀念主導下的思考

嚴修具有那個時代先進國人共同的進化論意識，另有一些近代新觀念，涉及到政治改良、發展工農業經濟、女權意識等方面，前述主張憲政、普及教育是犖犖大者，下面對他在日記中流露的近代觀念作一表述：

一是認識到勞工工價與生產發展、國家富强的關係。嚴修東游日本期間，一九〇二年七月初九日，與日本木工岩城筆談，岩城問中國木工每天能掙多少錢，嚴修告訴他『以天津論，大約三角有奇』。岩城説太少了，日本最廉者七八角，多者達一元半。嚴修就此認識工價與國家貧富有關：『西書嘗論，工價之貴賤與國之貧富有關係。吾津今之工價，較庚子亂前已增一倍矣，然視日本猶不及其半，况與西國校乎？』他就岩城素質與天津工匠作出比較：『岩城識字頗多，且通淺近演算法，吾津木工蓋不多見。價之貴賤仍視其巧拙爲差耳。』他感歎國人工價之低廉，素質也不高，不可能有智慧地創造性勞動，從而增加社會財富。就工價一事，嚴修認識到提高工人生活水準和勞動技能才可能增産富國，發出驚醒之問：『欲富國者蓋可忽乎哉？』

二是提高國貨、水稻品質以利商戰。嚴修認爲改良水稻種植法，以利輸出，是商戰一端，批評反對稻米輸出論者。二十八年七月十七日寫道：『日本之大米價三倍於吾國，雞卵價四倍於吾國，然米精鑿而卵肥碩，吾國鄉邑不及也。余謂吾國亟當講求種稻之法，使米産愈多而舂愈精，以之輸運於東國，亦商戰之一事也。』爲水稻增産和輸出，他留意日本人水稻試種方法：『稻試土宜，盆種之。架承之，下安鐵軌，晴則露置於外，雨則推入玻璃房内。』如此關注國富民殷，怎不令人讚歎！

三是同情女性不幸遭遇，參與戒纏足的倡議活動。康有爲之弟康廣仁在上海發動不纏足運動，各地有識之士紛紛行動。嚴修的好友陶仲明即天津不纏足會的發起者。嚴修也主張天足，他與友人議論勸捐，以勸導不纏足。一九〇三年九月二十日印刷《勸不纏足文》，十二月十一日致信劉伯年，代天津知縣索要所印《不纏足文》。嚴修還專門創作了兩首《放足歌》在嚴氏女塾中教唱。這兩首歌在社會上也流傳廣泛，影響很大。（見《嚴修集》）一九〇四年五月十六日在日本參觀小學，見『高等各女生舞蹈。往來變换節之音樂，真運動之妙法。（同時觀看的）曠生大感動至泣下，蓋爲吾國女子悲也』。悲憫中國女子不能像日本女子那樣做健身運動暨娛樂活動，體現對女性的無限同情。

四是關注智慧財産權的版權。如一九〇二年七月二十日，在日本獲知『版權之例，每書一册取税十元。』又如一九〇六年五月二十八日，在學部，李家駒（柳溪）來談講義版權事。二十世紀之初嚴修就知道保護知識版權的事，怎不令無視智慧財產權的後人汗顏！

日記是撰寫者歷史的第一手資料，他的家人、親戚、朋友、同事，以及有往來者，凡是被著録的，也有了或多或少歷史素材，可供採摘。我們利用嚴修一八九八年至一九一〇年的日記材料叙述他的事業成就和生活狀況、思想意識，從而也對他的四十年華歷史地位作出不成熟的評論，并透過他的活動反映社會生態、清末政治生態，這就是日記資料詳實而生動的功用。不僅是個人史料，日記中出現的衆多人物，有大人物，光緒帝、慈禧皇太后之外，如袁世凱、張之洞、榮慶、徐世昌、鹿傳霖、孫家鼐，更多的是後世名人，諸如盧木齋、李叔同、王國維、顔惠慶、羅振玉、辜鴻銘、陳寶泉、許承堯、陶孟和、嚴信厚、吴汝綸、楊度、張元濟、張静江、梅貽琦、張伯苓、張彭春、王芸生，以及傳教士李提摩太、明恩溥，等等。在嚴修日記的片言隻語中道出某些人的特點，如前述衆人跪聽宣讀詔書儀式中露出不耐煩情緒，唯有孫大學士長跪無倦容，表明虔誠遵守朝廷規制觀念深入他的骨髓，是傳統社會奴才典範。

行文至此，我們赧顔地道歉：由於日記内容關涉到清末社會轉型，涉及朝廷、省會、州縣多層面，涉及各階層人員，我們因知識缺陷未能深入而準確予以説明，抱歉。好在欲明清末社會、政治生態，請使用嚴修日記去馳騁吧！

二〇二五年三月二十日

前言：戊戌變法到清末新政間的嚴修心史

陳　鑫

本書是《嚴修日記》整理版的第三部分。近代著名教育家嚴修（一八六〇至一九二九）的一生可以分爲六個階段，即『青少年時期』（一八六〇至一八八六）、『翰林院時期』（一八八六至一八九四）、『貴州学政時期』（一八九四至一八九八）、『第一次退隱時期』（一八九八至一九〇四）、『直隸學務處督辦及學部侍郎時期』（一九〇四至一九一〇）、『第二次退隱時期』（一九一〇至一九二九）（參見陳寶泉《嚴範孫先生事略》、趙元禮《蟫香館使黔日記序》）。我們的日記整理也大致以此爲序，根據篇幅略有整合，此前出版的日記第一部分爲『青少年』與『翰林院』日記，第二部分爲『貴州學政』日記，本次出版的則是『第一次退隱』與『直隸學務處督辦及學部侍郎』兩個時期的日記。

一八九八至一九一〇年初，即戊戌至己酉，嚴修從年近四十到五十初度。期間發生了戊戌變法及政變、義和團運動、八國聯軍侵華、清末新政、立憲運動等歷史大事。嚴修親歷了滄桑巨變，也是許多重要事件的參與者。日記史料體量龐大，看似瑣碎，實則背後有記録者完整的思想邏輯和行爲邏輯，又與時代背景、社會環境相呼應。如何從總體上提綱挈領地理解嚴修這十年人生歷程和他的日記？我們這裡採取『詩史互證』的方式，將嚴修的自述與日記結合，勾勒他在世變滄桑中的進退與掙扎。《四十自述》詩和《五十述懷》詩正可以作爲理解嚴修經歷與心路入門的『鑰匙』。

一、家庭變故與國難刺激

我年二十失雙親，又作孤兒二十春。八載京華縻廩禄，一官天末厭風塵。心傷島國滄桑古，腸斷鴒原墓草新。

這是嚴修的《四十自述》。古人以虛歲紀齡，『自述』寫於嚴修四十之際，即一八九九年，也是本階段日記開始不久。從詩中看，嚴修年届不惑心緒低沉，甚至有『心傷』『斷腸』之感，胸懷憂患與不甘。之所以如此，有國事的背景，也有家事的背景，更有自己的人生道路貫穿其中。

家事部分，首先講到**「我年二十失雙親，又作孤兒二十春」**，是指嚴修十五喪母、廿一喪父，此後近二十年家事主要靠兄長嚴振主持，而不幸的是，家兄又於去年病故，即**「腸斷鴒原墓草新」**。嚴家累代經商，當時商人雖然有機會享有優渥的經濟條件，可是社會身份、政治地位很低。嚴修兄弟兩人原本都有讀書入仕、轉變身份的可能，但在父親去世後，兄長主動放棄仕途，『獨勞心家政』，讓弟弟安心讀書、成爲翰林。不僅如此，兄長對嚴修的事業也無條件支持。嚴修任貴州學政期間，全身心投入學務，他兩袖清風，自捐養廉銀、捐出大量圖書，用於創建貴州官書局、獎掖士子。爲此他透支家產，向銀號借款萬金，『致成債帥』。（戊戌閏三月初一日日記）這固然是家國天下的擔當使然，但如果没有家族的支持，没有兄長在背後的奉獻，也是不可想象的。嚴修日記中有很多兄弟繾綣情深的記録。没想到，就在戊戌六月，嚴振突患急症，『病甚劇』。嚴修大驚失色，放下一切事務立即多方求醫救治，還要求長子嚴智崇放棄參加本年考試，在家幫忙。最終兄長還是撒手人寰。此後很長一段時間，嚴修日記内容極簡，且爲事後補記，或許是當時肝腸寸斷、無心記録的緣故。詩中『鴒原』即《詩經》『脊令在原，兄弟急難』，指手足之情。家事變故是嚴修回家歸隱的一個重要原因。

不過讓嚴修情緒低落的不僅是家事，更有國事。所謂**「心傷島國滄桑古」**是指甲午戰爭。此役對包括嚴修在内的中國人影響深遠。梁啟超在《戊戌政變記》中指出：「吾國四千年大夢之喚醒，實自甲午戰敗割臺灣、償二百兆始。」這是當時中國先覺者的共識。對照此言看嚴修詩中語，『滄桑古』正與『四千年大夢』呼應，『心傷』者既是戰敗之慘，更是夢醒之痛。

甲午前，嚴修已在翰林院擔任編修八年，即詩中的**「八載京華縻廩禄」**。常人看來，他年僅二十五歲便考中進士，二十七歲成爲翰林，走上的是一條仕途捷徑。但是他自己卻視之爲名韁利鎖的束縛。當時的身邊同事大多還處在『千年大夢』中，沉醉八股之學，汲汲於考學差、考試差等，爲升遷積累資歷。而嚴修則對這樣的日子感到失望，視之爲時光蹉跎。他希望求實用之學、做有爲之人，在那段時期的日記中，常見他約友人晚間鑽研算學、觀察天文，并開始閱讀西洋傳入的科學、歷史、政治書籍。

正是在甲午這一年，嚴修迎來了人生的一個轉捩點，被派往貴州任學政，也即**「一官天末厭風塵」**。此時戰事已經爆發。上任前，他關注戰局，曾與好友徐世昌一起討論國事，參與起草奏摺向朝廷提出建議。（嚴修甲午八月日記及徐世昌日記）赴任途中，他不斷聽到前線戰敗消息，『嗒然若喪』，（甲午十月二十一日日記）反思中國貧弱的原因，認定『天下之治亂視乎人才』。到貴州後，他反復告誡學子不要只關心自身前程，更要明白『讀書將以致用』，要以天下爲己任，探尋國家富强的方略和民生利病的根源。（《嚴修集》奏折、公牘文書）貴州是嚴修一生教育實踐的起點，他開辦官書局、改革舊書院，選拔培養人才，鼓勵創立黔學會，開貴州近代教育風氣，被稱爲『經師人師』『二百年無此文宗』。（《嚴修集》附録）任期之末，他上奏朝廷建議開『經濟科』，選拔通曉時務、經邦濟世之才，以振刷士氣、轉變學風。經研究，光緒皇帝下諭旨同意開『經濟特科』。梁啟超稱此舉爲戊戌年『新政最初之起點』。（《戊戌政變記》）

嚴修因此被維新之士引爲同道。任滿歸京，與梁啟超、康有爲等往來甚密，康梁甚至曾邀請嚴修一起約會日本公使。（戊戌四月初九日記）然而就在此時，嚴修的座師徐桐卻將他逐出師門。徐桐時爲體仁閣大學士、翰林院掌院，極爲厭惡維新思想。日記中可見，嚴修回京後四次去謁見徐桐，都没能進門。（甲午四月日記）徐桐給看門人寫下字條『嚴修非吾門生，嗣後來見不得入報』。（《嚴修集》附録《蟫香館别記》）這件事在當時被看作變法期間新舊衝突的標誌性事件。徐桐既是嚴修的老師，又是他的頂頭上司，其態度直接影響著嚴修的政治生涯。嚴修無法在朝廷中施展抱負，被迫離開政壇。

這種山雨欲來的氛圍，就是本册日記開篇時的背景。當時百日維新正在進行，嚴修没有直接參與如火如荼的新政，而是游離於政局之外。從日記細究這段經歷，可以看到就在光緒皇帝頒布『定國是詔』（四月二十三日）後幾天，嚴修便離開北京，先是到天津小站，拜訪在這裡襄助練兵的徐世昌。在其引見下，與袁世凱『暢談』。（戊戌四月二十九日至五月三日）此後又到三河徘徊多日，三河是嚴家鹽店所在。因爲生意上的事都由兄長負責，所以嚴修很少到三河，可是每當他萌生退志，三河就成了他訪舊散心之處。也就在此時，兄長突然去世，更進一步令他心灰意冷，終於請長假回家。從日記來看，歸隱後的嚴修仍然關心時局，抄録了多份變法期間的奏折、諭旨，及時閲讀有關輿論、動態。日記中有『鈔諭旨四道』『抄《大學堂奏稿》十餘紙』『閲《國聞報》』『看《京報》』等記録。

值得玩味的是，就在戊戌政變發生的前夜，八月四日，徐世昌忽然由北京乘火車來津，第二天便來見在家居喪的嚴修，兩人『久談』。（《徐世昌日記》）而後徐又與袁世凱會合，轉日『策馬回營』。嚴修日記乍看上去波瀾不驚：『菊人（徐世昌字）

來，留飯。內子回京寓檢點，預備退京寓之房，全眷回津。』結合背景，則緊張氣氛便透紙而出。就在前天——八月三日的晚上，徐世昌剛剛親歷了譚嗣同與袁世凱在北京法華寺的密會，當時譚嗣同提出『圍園殺后』的謀劃，希望袁氏出兵控制政局。徐世昌見嚴修一天後——八月六日，便發生慈禧太后回宮訓政，對維新派展開殺戮。三天之間，袁世凱、徐世昌的行程極爲緊張。在這個檔口，徐世昌專程來見嚴修，兩人談後嚴修一定感到了事態嚴重。因此，不早不晚，就在會面當天，急忙安排『全眷回津』。（參見北京出版社編《徐世昌與韜養齋日記·戊戌篇》）嚴修躲過了『黨人之禍』，他終生都以此爲『僥倖』。（參見《嚴修集·自挽詩》）

此後嚴修的人生進入『第一次退隱』時期。《四十自述》詩的最後，嚴修以**「除卻向平婚嫁事，世間無所用斯人」**做結，講的正是他在國事、家事雙重打擊下退歸林下的狀態。向平是兩漢之際的隱士，不僅避仕不出，而且在安排好子女婚嫁後，連家事也不再管，雲游天下，不知所蹤。這確與嚴修的經歷相似，甚至這一年嚴修也安排好了女兒智蠲、兒子智怡的婚事。可是他在詩中想表達的僅僅是隱居之志嗎？結合日記中嚴修這一時期的作爲來看，筆者認爲，詩的結尾更多是感慨，而非願景。

感歎『無所用』，正是因爲期待『有所爲』。嚴修常常教導學子『以天下爲己任』，當然希望自己能夠對『世間』、對國家擔起責任，這才是他的人生價值所在。同時嚴修對家事、家人的關心，也遠不止於婚嫁，更在於教育。宏圖一時不能在全國推行，那就先拿自己的子姪來做一場教育改革的試驗。寫下此詩的前後，嚴氏家塾正呈現欣欣向榮的面貌，嚴修在張伯苓、陶喆甡等人的幫助下，開始探索新的教育模式，學習英文、探討科學知識、將體育引入教育之中；組織天津紳商同仁訂立『看報章程』，共同了解時務。歸隱并非『躺平』，而是蓄勢待發，從身邊做起，爲日後的事業積累經驗、匯聚力量，這才是嚴修四十生涯的真正開端，也是其教育事業的新起點。

二、事變之憂與家國擔當

以上是對《四十自述》詩的解讀，也是本册日記開篇内容的背景。下面，再來看《五十述懷》。這組詩共四首，作於一九〇九年，即宣統元年，嚴修五十歲。此時他正在學部左侍郎任上。他曾請人將這組詩『謄寫板印』，（己酉四月二十五日日記）可以看作是在一定範圍内公開發表。每一首詩既剖白了自己的心路，也隱含有對時局的態度。

四首詩各有側重，但首尾相連，不可割裂。第一首綜述十年概況和詩人心願。

世變滄桑又幾經，十年風景話新亭。鼎湖影斷朝霞闕，（兩宮大喪尚未奉安）劍閣聲殘雨夜鈴。（距辛丑回鑾未滿十年）大地江山幾破碎，中興將相遍凋零。河清人壽嗟何及，但祝神獅睡早醒。

「世變滄桑又幾經，十年風景話新亭」，嚴修四十到五十歲的年華，也是國家動蕩危亡的歲月。正如古人所説『人生譬朝露，世变多百羅』，十年彈指一揮，但經歷的『世變』如此紛繁，對此滄桑怎能不感歎，但又不能止於感歎！當年東晋南渡諸人在『新亭』對泣，悲歎『風景不殊，正自有山河之異』，只有王導愀然变色説：『當共戮力王室，克復神州，何至作楚囚相對！』那麼嚴修詩中用此典故要表達的究竟是自傷，還是奮起呢？這需要結合全詩及日記再來評定。

「鼎湖影斷朝霞闕，劍閣聲殘雨夜鈴」，分別用軒轅黄帝龍馭賓天、唐明皇西狩奔蜀的典故，兩句均有作者自註，指庚子之變與光緒、慈禧去世。嚴修親歷了晚清政局的風雨飄搖，見證了**「大地江山幾破碎」**的慘况。特别是庚子之變中，他先是因家塾中教授英文、西學，被義和團當作『二毛子』，險遭抄家，後又在八國聯軍陷城燒殺劫掠之際與親友困守。當時天津遍地屍横，走路都要踏著死人而過。留在天津很難倖免；逃走避禍，兵荒馬亂之中流離失所，也未必能夠保全，家宅更會盡毁。幾經徘徊，嚴修决定留守，同時收留了包括張伯苓一家等在内的親友三四十户，男女老幼三百多人到家中避難。他想方設法爲衆人備辦飯食，爲病者尋覓醫藥，但不少人仍不幸罹難，還要爲死者安排棺木。（《嚴修集》附録）這段時間由於天津死人太多，埋葬不及，引發疫情。混亂中缺醫少藥，嚴修的侄女、幼子、長孫，張伯苓的一雙兒女等都染病去世，張伯苓的弟弟張彭春靠著父親服藥剩下的藥渣才活過來。天津城儼然成爲修羅場。這段經歷在現存的嚴修日記中已看不到，庚子日記全然無存，辛丑日記也僅保存下五六兩月的部分内容。這段『留白』令人唏嘘。嚴修後來曾爲友人《庚子避亂圖》題詩，其中有『破碎山河問劫灰』之句，正與本詩互證。此後嚴修廣開民智、教育救國，也正是親歷庚子『妖霧胡尘』後痛定思痛後下定的决心。

至於兩宫賓天，則是嚴修寫《五十述懷》前不久發生的又一變故。（見戊申九月初八、二十四日，十月二十日、二十一、二十二日）在當時的歷史背景下，最高統治者更替意味著政壇的巨變。一朝天子一朝臣，事實上此後攝政王載灃掌權，嚴修牽涉到政治旋渦中，受到排擠。這在後面的幾首詩中還有涉及。

詩中**「中興將相遍凋零」**是指締造所謂『同光中興』的曾國藩、左宗棠、李鴻章等均已逝世。其中曾、李都曾擔任直隸總督，對嚴修影響更深。從日記中看，嚴修幾乎遍讀當時已出版的曾國藩著作，青年時就看《曾文正集》，包括書牘、奏疏、日記、家訓等都認真看過（甲申日記），此後不同階段還曾反復閲讀（見癸巳、乙未、丁酉、丁未、己酉等日記），就在五十歲這一年又再次對《曾文正日記》『繙檢甚久』。（己酉十一月十五日）至於李鴻章更是與嚴修有師生之誼，作爲地方長官在天津問津書院考試過嚴修，且有多次指點、叙談。嚴修曾寫《記李文忠師》稿，回憶師生交往。（《嚴修集》）對於中興將相，嚴修心懷崇敬，更重要的是，大厦將傾，無木可支，此時中國多麼需要能力挽狂瀾的大政治家。嚴修寫下《五十述懷》後不久，清朝又一重臣張之洞去世，嚴修在日記中寫下這樣的話：『吾國危迫已至萬分，又喪元老，不能不爲天下慟。』（己酉八月二十一日）可與本詩此句對讀。

詩末點題一句**「河清人壽嗟何及，但祝神獅睡早醒」**，先用『俟河之清，人壽几何』的古典，再用『東方睡獅』喻中國的今典，表達的是個人生命有限，與其爲

『小我』祝壽，不如祝福中國這個『大我』，希望這頭幾經滄桑、尚未醒來的神獅不再沉睡。『神獅』不是指皇帝也不是清王朝，而是中華民族，相比於帝王、王朝、一家一姓的生死存亡，嚴修更關注的是現代意義的國家民族，他辦教育之目的就是要培養不同於舊王朝舊臣民的新國民，建設新國家。值得注意的是，日記中有大量關於立憲運動的記録，嚴修積極學習研究憲法知識，希望中國早日實現立憲，讓政治步入正軌。看到當政者的虛與委蛇，他曾感歎：『朝廷日日言立憲，而政府之所見乃如此，將來之結局不堪設想！』（己酉二月十七日）辛亥革命後，嚴修又進一步成爲復辟帝制的反對者，始終走在歷史大潮的正確方向，這是後話。正如張伯苓晚年回顧嚴修時的評價：『彼之國家觀念，我人今日尚未能追及。』

三、人事代謝與時代反思

最堪思慕最堪傷，師最恩深友最良。（李文忠師、徐東海師、張豐潤師、貴塢樵師、陳君奉周、陶君仲銘、王君寅皆均殁於近十年）築室至今慚木賜，（四師之喪，余適家居，均未會葬）銘碑何日托中郎，（余欲撰亡友諸人事略，乞當代君子銘誄，以不違于辭，至今未果）秋陽江漢風千古，華屋山丘淚幾行。逝者全歸復何恨，剩余百感對茫茫。

上一首詩結尾寫到『人壽幾何』，這首詩便由此想到十年間亡故的師友。這裡列舉了李鴻章、徐桐、張佩綸、貴恒等四位老師和陳璋、陶喆甡、王春瀛三位摯友。他們在嚴修的人生道路上都曾起到過重要助益，所謂**『最堪思慕最堪傷，師最恩深友最良』**絶非虚言，而**『秋陽江漢風千古，華屋山丘淚幾行』**，則是表達對恩師故人的崇敬，對逝者已矣的痛惜。

李鴻章與嚴修的師生關係已於上文提及，是從問津書院考課開始的。而當時張佩綸是問津書院的山長，也是晚清政壇上的一顆『明星』，清流領袖。在嚴修讀書過程中，張佩綸對他很大影響。他曾批評年少的嚴修文章華而不實，反映出讀書不廣，對典籍并不熟悉，因此命他借書認真研讀。他特别告誡嚴修，不要因爲『征逐』科舉功名，荒廢了做學問的本業。這一批語對嚴修刺激很大，并立即照著老師的指示埋頭讀書，并經常和人提起此事，説自己學問上的長進都得益于張老師的指教。

（《嚴修集》附録《蟫香館别記》）

徐桐、貴恒是嚴修的座師，即科舉考試的考官。當年嚴修鄉試第一場後，徐桐看到試卷，認爲『才力甚佳』，打算作爲本場之冠。可惜第二場嚴修誤將題中兩字寫顛倒了，這在科考中屬於硬傷，最多列入副榜。徐桐與衆考官十分惋惜，反復斟酌，將嚴修列到正榜之末，才使他有機會參加覆試，終於名列一等。在那個時代，這可以説是改變嚴修命運的一次考試，徐桐的師恩不可謂不深重。多年之後，嚴修看到了當年另一位已故鄉試考官程夔在日記講到這些『幕後』細節，專門從其家人處借來抄録了一千餘字。（見戊申七月二十三日日記）程夔日記中還提到，鄉試轉年的會試時，徐桐又是考官之一。他看到嚴修答卷優異非常高興，得意地告訴程夔：另一位會試考官貴恒對嚴修的試卷『擊節歎賞』。當時徐桐『愛才之意溢於言表』。

嚴修早年的人生起伏與老師關係密切。但處在大變革時代，師生之間思想也并非完全一致，在嚴修身上既可以看到傳承的一面，也可以看到與老師差異甚至扞格的一面。比如，張佩綸曾對嚴修説『經學可以從略，小學則不可不講』『若夫宜古宜今、有體有用，莫如讀史』『當爲「五通」之學』，這些意見嚴修認真接受，但老師説的『宋元明書萬不必看』，卻并未聽從。他始終堅持自己的看法，將宋儒義理之學看作自己的立身根本。反過來，徐桐是理學名家，嚴修也尊崇儒學義理，在這一點上兩人的觀點相近。但徐桐又是當時保守派最重要的代表，而嚴修認爲只有維新才能救中國，最終被徐桐逐出師門。可見，當時政治、學術、思想的複雜性，僅用維新、守舊、革命、改良等不足以理解實際情況。嚴修心中有著師道之辨，尊師重道、取其所長，同時堅持己見、『愛吾師更愛真理』。

在認識到老師思想的局限後，嚴修仍然在人格上敬重老師。李鴻章、徐桐、張佩綸在當時政壇都是富有爭議的人物，但嚴修對老師始終抱持理解之同情。比如，在赴日考察船過威海時，嚴修曾寫詩『終古天青海水碧，不見老臣心血赤』（壬寅七月初九日記），表達對當時北洋艦隊失敗的遺憾和對李鴻章『老臣心血』的肯定。又比如，在八國聯軍攻入北京城，徐桐倉皇自殺，嚴修聽説後泫然落淚説：『吾師仁人，爲人誤耳。』再比如，張佩綸因指揮中法馬尾海戰失利，被革職戍邊，嚴修曾試圖籌資爲其贖罪。當看到有好事者記録諷刺張佩綸的言論，嚴修告誡説此爲文人輕薄之作，讓其删去。（《嚴修集》附録《蟫香館别記》）詩中提到的四位老師均去世於一九〇〇至一九〇四年間，正是嚴修歸隱在家時，又處於天下大亂中，結合他們的師生往事，可以更加深切地理解嚴修没能參加老師葬禮**『築室至今慚木賜』**的遺憾。

除了老師，嚴修悼念的還有亡友。古人説：『觀其交游，則其賢不肖可察也。』

交友是求知、修身的重要方式。嚴修思想的形成與朋友有很大關係。詩中提到的陳璋（奉周）、陶喆甡（仲明）和王春瀛（寅皆）三人，曾被嚴修稱爲『吾鄉通敏識時務之俊，予所最心折者』。他們都是與嚴修關係莫逆的朋友，是天津本土士紳中較早開眼看世界者，對嚴修影響頗深，日記中有很多關於他們的記録。

陳璋是秀才出身，但不喜科舉，終身不應省試，相反對來自西方的科學技術充滿興趣。他不僅懂算學，而且通醫學，還探索過仿製機器。嚴修在十八歲時與陳奉周結識，大開眼界，後來請他來家教子。陳奉周有許多新思想，與時人格格不入，但嚴修極爲認可。比如他曾對嚴修説：『從一之義，男女所同，有悖此義，則人賤之。』實際上是一種男女平等的婚姻觀。他和嚴修都將此奉行終身。

陶喆甡深受黄宗羲姚江學派影響，重視經世之學，曾考取京師同文館算學生。他也對西方科學充滿興趣，訂閲了許多科學書籍。一八九〇年，嚴修聘請他，接替陳奉周教導諸子，從此在嚴家執教十一年。甲午至戊戌間，陶喆甡積極投身維新活動，參加强學會，參與組建知恥學會，還在天津創辦不纏足會。爲了唤醒國人維新自强，他苦口忠言，卻飽受鄉人詆謗。變法失敗後，守舊勢力重新上臺，他受到很大打擊，但嚴修仍然請他繼續在家中授課。他去世後，嚴修將其子陶孟和培養成才，後來成爲北京大學教務長、中央研究院首批院士、中國科學院副院長。嚴修還安排四子嚴智開與陶喆甡之女陶履兑成親。可見朋友情深。

王春瀛在天津興辦新學之初，是嚴修最爲重要的幫手。甲午戰後他投身研究時務經世之學，庚子戰亂中進一步認識到開啟民智是當務之急。在嚴修日記中可見，王春瀛創立東寄學社，組織年輕人學習日文，他與嚴修、林墨青任監督。學習日文的目的是瞭解世界，瞭解先進的教育經驗。很快，東寄學社學生便著手翻譯日文書籍，最重要的便是日本文部新頒佈的一系列有關學制的文件，編爲《日本新學制》出版。出版此書的開文書局也是由王春瀛與同仁創辦的，主要纂輯關於西方歷史、政治制度、科學技術的書籍。嚴修曾説：『凡吾津開發文化之舉，殆無一不由寅皆發其端，亦無一不由寅皆要其成。高朗精鋭，罕有倫匹。』這一時期，王春瀛與嚴修、林墨青、張伯苓等終日討論學事，幾無一日不過從。（參見日記及《範孫自定年譜》）

令人痛心的是，陳璋、陶喆甡都在庚子之變中死於病疫，王春瀛則在赴日本考察學制歸途中染病，最終一病不起。嚴修在詩中説**「銘碑何日托中郎」**，是爲没能給幾位亡友撰寫『事略』感到遺憾。他們代表了中國人在新舊轉型中的努力，是中國維新道路上的先驅。

本詩的最後**「逝者全歸復何恨，剩余百感對茫茫」**讓人深思。古人說：『人生有死，死得其所，夫復何恨』，什麼樣才算是死而無恨呢？國勢如此，上述師友的結局如何評價呢？最慘的是徐桐，義和團起，他盲目地認爲『中國自此强矣』，結果八國聯軍入城，他未能逃走，只得自殺，死後還因主戰被追責論罪。李鴻章年近八旬奉命北上與聯軍談判，最終油盡燈枯而亡。張佩綸聞聯軍攻陷大沽，咳血升許，後參與談判，一九〇三年病逝。陳璋、陶喆甡死於亂中，王春瀛壯志未酬。他們的死可以算是『無恨』嗎？嚴修在這裡并不是對師友之逝的總結，而應理解爲：在這個亂世中，如能『全歸』、善終而逝就算是僥倖了。自己此時尚身在局中，面對茫茫的前途，怎能不百感交集。

四、漁竿初志與治病仁心

兩度瀛山采藥歸，漁竿初志竟乖違。（余癸巳舊句云『有約環瀛縱游後，萬花深處一漁竿』，乃今自倍其言）不慚高位騰官謗，可有微長適事機？推轂徒貽知己累，濫竽敢恃賞音稀？

百年分半匆匆去，差向人前懺昨非。

上一首詩最後寫到人生歸處，這裡則從『初志』寫起。嚴修説自己的初志就是歸隱。早在一八九三年冬，還任翰林編修時（也即《四十自述》詩中所謂『八載京華縻廪禄』之際），年僅三十四歲的嚴修就曾有退歸林下的想法，究其原因，是由於與顢頇的官場格格不入。正如本詩自註所説，那時他寫下了『有約環瀛縱游後，萬花深處一漁竿』。『萬花深處』是宋儒邵雍閒居之處，『漁竿』則是嚴氏祖先——兩漢之際著名隱士嚴光垂釣富春江泮的典故。嚴修非常崇敬這位祖先，嚮往歸隱生活，後來還曾前往富春山探訪祖先遺跡。不過嚴修説，歸隱前他希望先去『環瀛縱游』，也就是周游世界。爲什麼呢？因爲早在那時，嚴修就已經認識到中國不可能自外於世界，希望了解真實的海外是什麼樣，希望去學習那些日新月異的科學文化知識。翰林學士是舊時代、舊文化的既得利益者，抱殘守缺者比比皆是，像嚴修這樣急切想要了解世界、學習新學的，可以説鳳毛麟角。

正是抱著這樣的憧憬，嚴修**『兩度瀛山采藥歸』**，一九〇二年、一九〇四年赴日本考察。（十餘年後，他又到歐洲、美洲進行了考察，圓了自己『環瀛縱游』的願望，這在他這一代中國人中也是很少見的。）爲什麼把赴日考察比作『瀛山采藥』呢？最主要的，是因爲嚴修覺得要治中國之病，必須向國外學習。在日本，嚴修考察了議會、法院、工廠、報社以及公立私立各級各類學校數十所等，還拜會了許多日本維新領袖。在訪問大限重信時，同坐有人問：日本的（現代）文明是全部取自歐美，還是兼用本國傳統？大限說：『取人文明，則己之文明自進。』嚴修深表認可。（壬寅東游日記、甲辰日記）

它山之石可以攻玉，其他文明的優長正可以作爲治療中國之病的『藥』。『病』與『藥』是當時人常用的隱喻，比如將中國比作『東亞病夫』，比如小說《藥》。那麼中國之病是什麼呢？嚴修曾做過闡述。一九〇六年他初到學部，便主持起草了《奏爲学部初立拟定教育宗旨请明降谕旨宣示天下事》折。奏折指出：『中国之大病曰私、曰弱、曰虛，必因其病之所在而拔其根株，作其新机，則非尚公、尚武、尚實不可也』。（《嚴修集》）通過教育培養尚公、尚武、尚實的新國民，就是嚴修『瀛山採藥』的心得。也正是因爲念念不忘治療中國之大病，所以他**『漁竿初志竟乖違』**，不但未能隱居，反倒開啟了出山從政的人生新階段。

『不慚高位騰官謗，可有微長適事機？推轂徒貽知己累，濫竽敢恃賞音稀。』

這兩聯是對從政歷程的自謙之詞。讀過日記後，可以看到嚴修夙夜在公地投入到學務事業中。在任期間，嚴修參與主持了中國教育事業的頂層設計，爲教育體系的構建做出了重大貢獻。相關情況我們已在本書的《導讀》中做了説明，不再展開。需要解讀的是這裡提到『推轂』的『知己』，是指袁世凱。上文已述，嚴修與袁世凱最初在天津小站北洋新軍的軍營相識。他們都有维新之志，一文一武，惺惺相惜。庚子之變後，袁世凱擔任直隸總督、北洋大臣，在他的力邀下，一九〇四年嚴修擔任了直隸學校司總理（後改稱學務處督辦），負責直隸全省學務。袁世凱曾表示：『吾治直隸之政策，曰練兵、曰興學。兵事自任之，學則聽嚴先生所爲，予供指揮而已。』（陳寶泉《嚴先生事略》）由於改革學務在當時政壇是最主要的聚焦點之一，是否懂得學務體現著封疆大吏辦理新政的才幹能力。嚴修在直隸所取得的卓越辦學成績爲袁世凱提供了最有顯示度的政績，也爲袁氏一躍成爲全國炙手可熱的政治人物創造了重要條件。因此袁世凱極爲倚重嚴修，在辦學方面言聽計從。一九〇五年學部成立，嚴修又在袁世凱的舉薦下，被破格任命爲为学部侍郎（先署理右侍郎，很快正式任命并兼署左侍郎，後正式轉爲左侍郎），進入到清末政坛『高位』。而後袁世凱進京任軍機大臣，嚴修日記中可見两人常常會面、政見相合。嚴修也很對得起這位『知己』。相關情況在下一首詩中還有涉及。

本詩最後一句：『百年分半匆匆去，差向人前懺昨非。』五十之年的嚴修身居高位，實在是背離了當年的『初志』。陶淵明《歸去來兮辭》有『實迷途其未遠，覺今是而昨非』的名句，嚴修的心境也有相似之處——當初到學部任職是對是錯？其實嚴修原本就不願到學部，内心曾經過激烈鬥争。查乙巳日記，在十一月十日接到『署學部右侍郎之恩旨』後，嚴修心情很不平静，轉日『至墨卿處，與墨卿、芸生、玉孫議出處，皆趣北上。又至卞宅會議。』經過商議，朋友們都鼓勵他赴任，但嚴修仍下不定決定，又找其他朋友再議。陳寶泉記録了嚴修的擔心：『臨行時，聚泉等而言曰：「予此行身敗名裂舉不可知，所可懼者，予所私立之各學校、工廠，未知能否保存耳。（陳寶泉原注：斯時公所私立之學校約五處、工廠兩處。）此後對於興學之事，予只能勉助開辦費，經常費多未確定，久則胡易爲繼。」蓋先生興學具唯一之热诚，深恐功敗垂成，故不憚言之詳焉。』（《嚴修集》附録《嚴先生事略》）嚴修深知政局情況，對於在這樣的政壇上能否有所作爲并無信心。身敗名裂倒再其次，最讓他擔心的是已經在直隸、天津開展的學務、實業是否會人去政息。（事實上，這種情況在當時確實并不少見，明明主政者做出成績升了官，但原來的事業卻在接任者手中擱置不前甚至難以爲繼。嚴修、袁世凱先後調入中央後，很多學校都面臨了困境。）

不過，雖是被迫上任，嚴修還是很快全身心投入到工作中。他是學部最勤政的堂官，除非生病，幾乎没有缺勤過一次。當時京津之間已通火車，車程不到半天，但嚴修也没有藉故回過一次家。其學部工作情況在日記中有著系統地記録。可是爲什麼嚴修又在此時糾結，覺得『今是昨非』，公開表達『歸去來兮』之意呢？不妨再看下一首詩中怎麼説。

五、冒死諫言與無奈歸隱

惡風卷海浪橫流，秦越相攜共一舟。何屑升沉談寵辱，莫緣同異定恩仇。隨波每怵趨庭訓，（先君有句云『落紅無力恨隨波』，蓋喻言也。）補漏彌懷忝祖憂。（先本生王考殁時，余年十三，病中召余榻前，訓之曰：『若兄誠篤，吾無憂，若佻薄，可憂也。古句云「馬行棧道收韁晚，船到江心補漏遲」，小子慎之。』今三十八年矣，言猶在耳，每一追誦，汗未嘗不發背沾衣也。』）五夜捫心呼負負，君親恩重幾時酬。

這首詩又是接著上一首説去。嚴修之所以再次心生退意，是看到當時政壇上的**「惡風卷海浪横流」**。對於自己的宦途，他**「何屑升沉談寵辱」**，并不放在心上。但光緒皇帝、慈禧太后去世後，小皇帝繼位，攝政王載灃掌權，首先打壓袁世凱，逼迫其開缺歸家養病。此時國勢危難已極，朝中各派勢力還不能**「秦越相攜共一舟」**——團結一心、同舟共濟，這讓嚴修不由得不大聲疾呼**「莫緣同異定恩仇」**！攝政王之所以要奪袁世凱之權，一方面是宿怨，當年戊戌政變中正是袁世凱告密，使得載灃的哥哥光緒皇帝從此不得自由；另一方面更是争權，袁世凱與洋人關係密切，又在軍中深有威信，這讓尚無根基的攝政王感到不安，同時也正好藉罷袁以立威。當此之時，没有人敢出來爲袁世凱説話，只有嚴修冒死上疏。他指出：重臣去位關係全域安危，應有明確的理由，現在只是説讓他去養病，恐怕難以服衆。况且，袁世凱在外交領域是目前國家最重要的人才，於此危急存亡之際，棄而不用，不僅對國家不利，甚至可能引發意外之變。上諭雖然已經不能收回，但宜謀求補救之法。不如明確給袁世凱病假若干日，限令假滿回京供職。嚴修還坦承：『臣與袁世凱誠有私交，感其禮遇』，但自己不敢因爲避嫌而不進忠言。（見《嚴修集·奏摺》）嚴修上了這道奏疏後，朝廷『留中』不發，不予理會。（戊申日記十二月十五日、十六日）多年後，有人問起此事，嚴修答道：『本爲衰朝惜異才。』（《嚴修集·附録·蟫香館别記》）嚴修不惜冒死上疏，并非爲私交，而是爲國家的損失感到惋惜。

對嚴修了解不深的人往往覺得，他只是一個溫良恭儉讓的恂恂儒者，這并不錯。但每逢遇到大是大非的緊要關頭，嚴修又總是勇於直言，絶不明哲保身。當年因上奏折建議開『經濟科』被老師逐出師門，是如此；此時冒死得罪攝政王，也是如此；此後袁世凱復辟帝制時，他又進京諍諫，更是如此。爲什麽他有這樣的膽識，這首詩給出了解釋——**「隨波每忕趨庭訓，補漏彌懷忝祖憂」**。父親曾教誨他不要像落花那樣隨波逐流，在是非面前要有自己的主見。五十之年的嚴修仍然不忘『庭訓』。同時他還記得祖父的警語，『馬行棧道收轠晚，船到江心補漏遲』。這話乍看上去是説個人進退，其實不然。要補的是什麽漏？不是個人的寵辱，而是國家的得失。通過日記中可以看得更分明。就在袁世凱『開缺』的第二日，有朋友來與嚴修商量『去就』，嚴修説：『此時祇有「就」而已，不忍言「去」。』（戊申十二月十二日）之所以『不忍』，是因爲國難如此，責任放不下。可見，嚴修并不願在政局動搖之時隱退，只顧個人安危。他勇於直諫，正是看到國家這艘大船出了大漏，他盼望自己能力争勸動各方同舟共濟。在當時的政治環境下，有些話不能在詩中寫得太明白，因此嚴修引用父親、祖父對自己的訓誡作爲掩飾，還特意加以注釋，説自己『佻薄』『可憂』。

詩的最後**『五夜捫心呼負負』**，是寫實。憂心忡忡徹夜難眠，想的是什麽呢？**『君親恩重幾時酬』**，『親』指父、祖，但詩中并未著意强調小家得失，主要還是説『酬君』，實際是指國家。日記中可見不少記録，如一九〇七年六月初九、初十連續兩日『夜半醒，有所感觸，輾轉不成寐，不能退，不能遂，如之何？如之何？』『四鐘夢醒，枕上思學務要件』，正是『五夜捫心呼負負』的生動注釋。這也與組詩第一首的末句『但祝神獅睡早醒』相呼應。實際上，《五十述懷》四首詩内容雖然各有側重，但主題是高度統一的。所謂『不能退，不能遂』，正像《岳陽樓記》中所説的『進亦憂，退亦憂』『先天下之憂而憂』，這正是嚴修十年中的心境寫照。對家國天下的使命擔當與混亂政局中難有作爲的不堪現狀，造成了嚴修在出仕與歸隱之間的糾結。

從《四十自述》到《五十述懷》，十年間的兩次感懷，一次處江湖之遠，一次居廟堂之高，表面是寫個人的生辰，但背後始終不忘的是國家興亡與自己的擔當。這兩次述懷，真是愛國志士的心史，也是讀懂嚴修這十年間日記的鑰匙。原本想以范仲淹、『中興將相』爲榜樣的嚴修，不得不成爲了亂世中的向平、嚴光、陶淵明。

最終，嚴修還是選擇放棄在朝爲官，徹底對政局失望，不再做無意義的掙扎。讓他徹底寒心的是此後遭到的兩次打擊。就在他做《五十述懷》後不久，五月初三日，嚴修與學部右侍郎寶熙帶引留學生覲見小皇帝和攝政王。這本是一次例行公事的禮儀活動。没想到當天傍晚，傳來上諭：『本日學部帶領引見侍郎嚴修、寶熙奏對錯誤，殊乖體制，均著交部察議。欽此。』嚴修趕忙來到管學大臣張之洞處，詢問情况。張之洞表示，攝政王説嚴修兩人帶引禮儀『生疏』『很生疏』，但是究竟出了什麽錯誤，也并没指出。後來嚴修還因此被『罰俸半年』。這實在是一場『莫須有』的怪罪。時人都可看出，其原因是嚴修上奏勸諫袁世凱之事得罪了攝政王，此舉無疑是一種威嚇。另一件事雖然并不針對個人，卻更令人惡心。九月，嚴修參加了赴東陵爲慈禧太后和光緒皇帝送葬的隊伍。此行，道路顛簸、秩序混亂。一日早上，正要啟程，眾多隨行官員馬車擁堵。一個大太監揮趕車輛，并呵斥身邊的小太監説，『官任何大，終是奴才』。站在一旁的嚴修聽到此話，深感厭惡，并將此事記録到日記中。（己酉九月三十日）已經具有現代國家意識的嚴修，顯然對這種家天下、奴才意識極爲不滿。

己酉年末（公元一九一〇年初），嚴修再次請長假回家，開始了第二次歸隱，從此再不涉足政壇。但他并没有放棄救國之心，而是在家鄉著手社會改良，繼續鋭意辦學，推動市政、工商、衛生、慈善、賑災等公共事業。正如南開學校首届學生畢業時，他在訓詞中講到：『勿志爲達官貴人，而志爲愛國志士』（一九〇八年），他説這不僅是對學子們的勉勵，也是學校創辦的宗旨。實際上，這句話也可視爲嚴修本人的精神寫照。退隱之後他具體又有哪些事跡？還請期待下面的日記。

以上是以詩歌爲綱領，對《嚴修日記（一八九八—一九一〇）》内容主線與嚴修心路的勾勒。除此之外，這部日記内容極爲豐富、涉及方方面面，對其生活、工作、考察、交游也都做了非常難得的記録，對於了解十九世紀末到二十世紀初的中國政治、經濟、社會、文化，乃至日本的教育狀况都提供了重要史料。這些日記中，嚴修兩次考察日本的部分曾由武安隆、劉玉敏老師整理爲《嚴修東游日記》於一九九五年由南開大學出版社出版（二〇一六年又有張毅、陳松點校的嶽麓書院『走向世界叢書』版），本次整理在參考前人工作基礎上又有不少新的訂正。除此之外，這十多年中大部分日記内容爲首次整理點校面世。希望日記的出版能爲學界瞭解嚴修、瞭解中國教育、瞭解晚清歷史提供助益。

凡例

（一）此前出版的《嚴修日記（一八七六—一八九四）》《嚴修日記（一八九四—一八九八）》均列有凡例。本次整理基本體例不變，只針對本書涉及到的具體問題略有補充。爲方便讀者，本凡例不避重複，依舊列出與前書相同者。

（二）戊戌至己酉日記原稿記於十五本日記册中。其中戊戌至壬寅，由於政變、戰亂、疫情、任職變動等原因，日記不甚連貫，有的爲追記、補記。甲辰特别是丙午以後日記相對完整。日記有多年記於一册者，有一年記於多册者。本次整理則全部依年分章，順序排列。每年日記之前以《範孫自定年譜》作爲提要，并加整理者按語，對本年日記基本情况作簡要説明。

（三）部分日記原有「晨起」「午前」「記事」等表格欄目，整理時爲便於排版，僅保留欄目名稱，略去表格。原稿寫於天頭者，整理時前加【頁眉】字樣。

（四）原稿以傳統農曆記日期，整理時後附以公曆，如戊戌五月初三日（一八九八年六月二十一日）。原日期中二十、三十有時作廿、卅，均保持手稿原貌，不作統一。

（五）本次整理採用繁體豎排，并加標點。文中涉及書名無論全稱、簡稱、別稱均用《》標示，人名、地方等不使用專名號。

（六）原稿中存在大量異體字，如峰（峯）、庵（菴）、紙（帋）等，整理時統一爲較常用者（作者特意使用，另有說明者除外）。

（七）作者自注原用雙排小字，整理時改爲單排小字。

（八）作者因筆誤在原稿中删改處，整理時一般只保留改後文字，特殊情況則加注說明。

（九）文字中有譌、脱、衍、倒者，盡量予以改正。衍字、錯字用〈 〉表示，并縮小字號；改正、補入之字注於〔 〕内。如『有司用〈佛〉〔儒〕教，下民依佛教』。辨識不清者用□表示。

（十）原稿爲示尊敬，書寫時有抬頭、換行、空格者，均不予保留。

（十一）原稿中所記人物字、號常用同音、近音字，往往有多種寫法，如壁臣（指華世奎）或作弼辰、碧臣，菊人（指徐世昌）或作鞠人、菊仁等。凡此均保留原貌，不作統一。

（十二）原稿記數有時使用蘇州碼子，整理時爲便於排版，均改爲漢字大寫。

對應關係如下：〡（壹）、〢（貳）、〣（叁）、〤（肆）、〥（伍）、〦（陸）、〧（柒）、〨（捌）、〩（玖），、（百）、干（千）、丰（萬）。又如重量、銀錢單位㒳（兩）、わ（錢），亦改爲通行漢字。

總目録

上册

導讀：日記中的教育探索、日常生活与政治生態　陳鑫　馮爾康……〇〇〇一
前言：戊戌變法到清末新政間的嚴修心史　陳鑫……〇〇〇一
凡例……〇〇〇一
光緒二十四年戊戌（一八九八年）……〇〇〇一
光緒二十五年己亥（一八九九年）……〇〇六七
光緒二十七年辛丑（一九〇一年）……〇〇八五
光緒二十八年壬寅（一九〇二年）……〇〇九九
光緒二十九年癸卯（一九〇三年）……〇二三一
光緒三十年甲辰（一九〇四年）……〇三〇七
光緒三十一年乙巳（一九〇五年）……〇四九五

下册

光緒三十二年丙午（一九〇六年）……〇六〇三
光緒三十三年丁未（一九〇七年）……〇七七一
光緒三十四年戊申（一九〇八年）……〇九四三
宣統元年己酉（一九〇九年）……一〇八九
後　記……一二七二

上册目録

光緒二十四年戊戌（一八九八年）…… ○○○一
光緒二十五年己亥（一八九九年）…… ○○六七
光緒二十七年辛丑（一九○一年）…… ○○八五
光緒二十八年壬寅（一九○二年）…… ○○九九
光緒二十九年癸卯（一九○三年）…… ○二三一
光緒三十年甲辰（一九○四年）…… ○三○七
光緒三十一年乙巳（一九○五年）…… ○四九五

光緒二十四年戊戌（一八九八年）

◎《範孫自定年譜》：過洞庭，經岳州、武昌、上海。二月到甯波，赴慈溪東鄉掃墓。三月到家。四月入都，召見一次。因經濟特科之奏，見絶於徐蔭軒師。四月請假回籍。表叔陳竹軒公歿。六月兄歿。迎眷回津。是歲有政變。

整理者按：戊戌日記原記於四册：其一、二在《使黔日記八》《使黔日記九》中，見整理本《嚴修日記（一八九四至一八九八）》，前已出版。

其三在《戊戌日記》册中。起止爲五月初三日至十二月十四日。其中七月以後日記爲後來補寫，内容非常簡略。日記册與使黔時期所用相同，印有朱欄九行，版心有『秀文齋』字樣。

其四在《戊戌、己亥、辛丑、壬寅、癸卯日記》册中，起止爲十月初一日至除夕。時間上與前册有重疊，内容上互有詳略。部分内容是參照其子嚴智崇日記所補。日記册爲嚴修專門印製，每日有『晨起』『午前』『午後』『燈下』『日知』『記事』等欄目，版心有『棗香書畫室』字樣，即嚴修書房名。

【封面】戊戌日記

【内封】日記十 戊戌五月初三日由新農鎮回里*

五月初三日（一八九八年六月二十一日）

寅正起。小食後同菊兄赴營後之校場觀大操。同坐有姜總戎桂題，先步隊、次馬隊，整齊嫻熟無以復加。辰正回，同各統領早飯。飯後與伯鵬、仲遠、蔭濃、少生閒談。未正假車同少生歸。少生入城將應縣考也。仲遠、蔭濃、菊哥送至十里之□□，局委江□□**備茶座小啜，略叙而別。到家已曛暮矣。信謝菊兄，交車夫。

接三河信并伯舉賬單。

八祖叔率小叔來城就醫。

*「日記十」指「使黔日記」，前有九册，本册所記實非使黔內容，故嚴修後來整理日記時，加外封皮改題爲「戊戌日記」。

** 以上□爲原文留空。

五月初四日（六月二十二日）

辰初起。往候徐少生於南斜街。鄭獻兄來小坐。少生家晤景韓、定生。午後大睡。申正肩輿往祝董姑母壽。拜袁觀察，未晤。訪雨人，小坐。雨人患腹疾。

五月初五日（六月二十三日）

辰初起。賀姚芹舫壽。王葵章之三令兄壽。到恒昌簡約體丈，聞已偕子房、伯舉爲紫竹之游矣。午後隨八叔祖喬梓、樹仁、賡廷、榮卿率錫智閒游。先到墨青處，陪榮卿相宅，不諧。遂分路，余同賡廷、錫智到水月庵官書局買書。是日該局停賣。

因出城至格致書室買書，不諧。到日升齋買鞋遇墨青，到逸雲齋買扇，玉華齋修整眼鏡，瑯環書莊買書，文德堂買……傍夕回。

五月初六日（六月二十四日）

卯正起。到墨青處，未遇。將至金宅，甫出林氏門，遇心栽甥，乃引余至其家。表妹云，去歲買屋借債六百竿，月息二分，擬以房契押借一款還之，而歲以所收租分年歸還。余曰，吾今安所得錢，顧以重息易輕者，猶可爲也。告以聽信而出。過子貞板廠小坐，約其明晚到舍便飯。墨青來，要同至其家。仲明、訪齋、則久、小山俱至晚飯，遂留訪翁飯前赴館。則久之夫人久病，墨青薦奉翁，屬余作信請之，明日陪往。

【頁眉】劉希陶、徐尚之來見，自京來，特意見訪，可感也。傍夕同訪翁、墨青到梁子亨處，商訂各報。主人殊不鄭重。

五月初七日（六月二十五日）

卯正起，奉翁來，同至則久處。奉翁爲則久之夫人診視。金表妹之事與輔叔商酌，可以設法如此甚妙。

郭訪翁、宋則久、陳奉翁、林墨青、蘭浦、榮卿、輔臣叔，凡兩席，食鍋貼。

起信草，寄伯兄及崇智，命錫智爲兄作稟。

體仁丈來談至亥正。同訪翁、墨弟偕歸。

五月初八日（六月二十六日）

卯正起。寫寄伯兄稟，寄崇兒信，復仁安信，寄再韓信求爲芸孫作伐。賀樹仁令祖母壽。訪獻廷，小坐。訪崧生，不遇。晤頌臣，談片刻。歸遇澤畬於途，談看報會事。

寄京信將發，接崇智稟，附雷玉峰、孫俊之、仁安信，又言尹眷約初十到津。遂再與崇一信，問尹宅行期確否。

哲生來，告以澄翁初十來津，因約初十日早九點會於恒益，并邀體仁同訪錫三，齊赴車站。

五月初九日（六月二十七日）

卯正起。訪體仁丈於家，猶未起也。驚之起，談許久。晤王捷三丈之世兄及華少輔、徐。與體約明早至恒益，同迎澄眷。哲生今日必來約也，如不來約，則余明日八鐘獨來造訪。丁甯而別。歸則鏡涵候焉，爲保徒被人挾告事。哲生信言明日不得暇。簡約仲翁來談，爲消遣計。未正來，夜半乃去。傍夕約柘叔來，因《直報》

有本月二十八考學正録之説也。柘叔屬函詢潤生。與仲明約明日八點同訪體仁。

五月初十日（六月二十八日）

辰初二刻起，未及沐，仲明已來。胡二叔來託謀事。係十二日。辰正二刻偕仲明訪體仁，至則行矣。言赴恒益去也。迹之遇諸塗，復同至恒益，爲哲生留説帖。三人遂渡河訪錫三，先至唐仙處小坐。既渡，與仲翁相失。吾兩人至錫三館中，約錫三同至車站。仲翁已先在焉。少頃車到。亦香自車下，遇余則忻然曰，大哥已到京，宿吾寓，須十二日隨早車來。問尹，曰今日午車必到也。聞之甚慰，四人約至紫竹林，訪張獻群於育材館。計未定，緒臣追至，諄約至其家早飯。辭不獲而往。飯後李子清、魯士香來，申初同往車站。李、魯亦俱迎澄兄於車左，視行李、家眷俱發，乃同澄兄渡河，道紫竹林而北。澄兄別去。始約赴恒益，仲翁不欲亦別去。余與體、錫往焉，遇雨，至恒益，雨益甚。哲生留飯，韓益洲在坐，縱飲亡度，六人醉其三，余竟不能言歸矣。

五月十一日（六月二十九日）

天明起，與哲、錫談許久，復睡。辰初起。寫扇面二。簡告賡廷言，家兄今日早車來，請其率錫姪同往車站，余候於恒益。至巳正未來，余乃獨行，錫弟願俱，乃由馬家堡渡河。甫至站，賡廷偕錫智亦來。比車到，而兄固未到也。錫弟辭，赴館。余要賡廷及錫姪渡而飯於慶德樓。姪微中暑，飲以冰，少愈，游市買洋織一持。復渡河候午車至，兄仍未來。乃同訪澄甫於金家窑。錫飲梅冰三巨碗。又小坐而歸。晤鄭獻兄。聞昨夜賡廷與七叔祖候余達旦，慚歉無似，因勸各早睡。

五月十二日（六月三十日）

卯正起。子洲來攜崇兒信，言子泉昨夕歸自京，隨晚車來也。子泉於初八日同家兄到京。家兄抱小恙，故遣之先歸也。崇兒信中言吾兄擬再息一二日。子洲則言聞諸子泉，今日必到，非早車即晚車。余乃復約賡廷率錫姪赴車站，至則早車已到，迹至之，并問諸陳弁，固未來也。遂同回家。午後子泉來，言家兄來否仍不能定。不似子洲所言之確鑿。崧生、墨卿俱來。墨卿來時，余方酣睡，候至酉初始醒，將欲商看報章，而崧生來。崧意欲赴河東看會。余亦欲藉此迎兄。比飯畢，天已暮，乃罷議，但遣高順、楊升赴車站。已而兄果來，三接而不遇，一不接而來，甚奇。與兄談至丑正。余恐兄倦，乃辭就寢。

五月十三日（七月一日）

辰初起。聞兄一夜未睡，悔不陪話，徒顛倒枕上，天明猶未睡成也。

鄭獻夫來。余言，明日赴京。家兄曰，何不過十五，十五先君生日也。余敬諾。獻廷曰，吾亦欲十六北上也，必早車。余曰，甚妙。但渠意猶未决耳。仲明來談，近午乃去。午後答拜張達生，已行矣。到李唐仙處觀《敬業閲報》。公會第一次開課，唐仙之外，體、錫、耘、敬、漸、文俱至。劉緒臣亦至。體仁督寫對，送陸畫師、幼香、敬韓。與兄暢談家事。看報章程簡送柘叔處，請其與墨卿商辦。接再韓信芸孫姻不諧。

五月十四日（七月二日）

辰初起。朱立翁。崧生來，求家兄撰壽聯，慨諾之。體仁又代卞宅邀點主。言擬改十六日復簡謝之。致顧緝庭及家子均弟信草。

寫寄馬緒東信，又寫對二、屏四贈之，擬託鄭獻兄帶漢。午後崧生復來坐，甫定，曰：『殆矣！』問其故。曰：『果如子所料，策論歸併經濟科，本届歲試一律廢八股矣。宋侍御之奏也。』語未畢，頌臣來。方入門，崧生袖出受業簡置於案。頌臣則向上拜，掖之不可，蓋父子預約定也。余烏知策論，告以有知無不言，師生之文可免也。與頌臣暢談。家兄譔壽聯畢交崧生，敏迅余萬不及。祖母忌，隨兄拜飯。蓮溪談至子初後。夕，子椿來。

五月十五日（七月三日）先君生日

卯正起。辰初謁墓，意將於巳前折回，趨午車赴京。家兄起，聞余已去，追而跡之，竟相失未遇。余歸已巳正，家兄預屬門者誡予，勿遽北上。乃候兄歸，時已午初。遂展赴京之期一日。大帳分股歸津店，三百七十五兩女僕一百，餘予男僕。張媼者，兄之乳母也，予五十兩。皆兄爲斟酌攤配并一一面給之，勞神半日，予殊不安。信詢獻廷明日車能偕行否。答曰能。少頃自來約三點鐘會於此。

拜飯。奉翁來。午後遣人招金表甥來，告以伊母所求已爲辦妥，用時可向輔叔言之。

【頁眉】傍夕輔叔來，言五弟姻事徐宅務欲邀大賓，因求輔叔約敏齋。

五月十六日（七月四日）

寅初起。候獻廷來，同小食。寅正二刻行。兄及賡廷同往，車人擁擠，不得坐處。遇獻廷之舊識李春山，乃以善地相讓。春山開骨玩局於山西會館旁，其字號曰『仲盛公』年三十七歲，一路叙話，頗不寂寞。至車棧時，榮卿亦至，待至開車，乃偕伯兄、賡廷而回。午初至馬家堡。午正二刻到京寓，時景山尚未去也。寫寄兄稟，報到京。寫寄沟店信。索車來接。仁安戌初始由西城回。飯後叙談甚暢。

五月十七日（七月五日）

卯正起。東齋書箱中室而立，氣不舒，且無地以處諸學洋文者，命崇智等遷之西院北屋。命崇智出城，約梯雲移舍於此。因昨聞仁安言，梯雲以不得館選，意甚鬱鬱，不願居試館，移居鴻泰店矣。崇智至店則曰無之。仍訪諸試館。梯雲已他出，未遇而回。

瑞安爲仁安來賀喜，輒留之。晚飯後乃去。改沟店信，雇專差李姓，令明早送去。

五月十八日（七月六日）晚雨

卯初起。命崇智等移書設榻於西院尹公之舊廬，以備館梯雲也。接伯兄信，并遣時二由京赴三索車。余因京差已發，無須重復也，乃作稟回覆，即令時二隨晚車回津。

傍夕幼樵來，留之宿。夜談逾丑乃睡。

五月十九日（七月七日）

辰初起。命崇智再邀梯雲。梯雲乃與偕來。亦香觴客，仁安、梯雲皆與，二君將辭，余亦幸其辭而聚於此也。未幾亦香來，申約二君，乃赴之。

傅雨農之弟潤沅太史來，述獻夫之詞曰『必見勿拒』，乃見之。其車中攜有張薌帥新著《勸學篇》，輒借留之。潤生、少雲、一山先後來。午後幼樵去，其三人亦先後俱去，已而梯雲還，又頃之亦香偕籲門俱來，遂宿。晚共看《勸學篇》至終卷。

五月二十日（七月八日）晴

卯初起，而亦香已出城矣。聞梯雲云，其紀綱來言，其令嫒須延醫，故匆匆而去。高一山來，小坐。鄭籲兄有飯局，巳正出城，將闊別分手，不覺悽然。陳石叔來。仁安、梯雲俱挈刑部。飯後梯雲出城。石叔午睡，余亦睡。傍夕石叔去。仁安昨夜受寒，腹不適終日。早飯未進，晚僅啜豆汁少許。戌正輒睡。

接三河店信，張裕將車來接，余擬明日行，命兒輩代飭行李。

與兄作稟，言明日赴泃。李春山來訪，坐片刻。

五月二十一日（七月九日）晴

卯初起。薙髮。留說帖視仁安，仁安時未起也。辰初行，出便門。午初二刻饘於人和店。未初復行。再渡河，行約十里，一茶棚在道之左，下而就飲。遇趙君子房由泃赴通，坐少頃。時子房去，余啜茶一盞而行。酉正後至夏墊，宿鹽店，見武華亭表伯、王少卿弟、于建修姻丈暨王君良臣。華伯今年已七十，精神健如昔時。亥初睡，與華伯共榻。

五月二十二日（七月十日）小雨

卯正起。與華亭表伯談片刻。辰初行。巳正至三河總店。見郭毅如、董紫封、趙仲蓮、俞淮生談一小時許。飯前董秀夫姑丈來談。飯後李君小峰來談。李君先在姚芹舫藥鋪作事，家河東，趙輔臣游戎其母舅也。甲申之冬，余始游泃，宿於草廳之西複室，其明年春移居東別院，所謂『白雲深處』是也。而此西複室者，久曠無居人。癸巳與菊人、古微游盤過此，時則直夫魏伯徙居之，而拓其兩楹爲一室。其冬及其明年孟春，余再來，與直伯叙話於此室者數數也。直伯故後，又曠如前。今余復來，仍榻於是。其拓者復斂，展裀拂席，一如甲申時情狀，而室邇人遠，百感交集。其甲申、乙酉間舊人，今物故者若華太表叔芝山、郭丈聚五、張丈問青皆曾有賓東之誼者也。數相往還者，則張廣文尺吾、張世丈階雲暨其喆嗣小雲、謝丈恩普，皆先後即世。癸巳之歲，張廣文、謝丈尚健在，而余匆促未及見，自癸巳以後則相繼淪謝，而直伯暨朱丈秉衷、高丈潤坡亦於此三年中溘然以逝。今年三月余差旋回里，陳表叔竹軒方臥病於家。頻頻相見，追念故老之彫零，日月之駸駸，相與慨焉，歎息傷老大之將至。孰意曾未歲時，而陳叔亦棄我而去邪！是室內外，聯額屏幅，大都皆陳叔部署，覩物思人，誰能遣此！郭、董、趙、俞諸君子雖與陳叔皆有金石之契，於陳叔之亡，固莫不氣噎而神茶，然當甲申、乙酉間，吾之初榻是室時，其離合聚散可悲之故猶未及見，及見者惟趙君伯訥、李君伯舉耳。二君知吾之復榻於茲，其必知吾心之狀爲何如也。

午後倚枕看《庸庵文集》，草草繙閱殆遍。鑑波來談，其嗣君偕魏弟裕厚亦來。毅如來商拜客日期。以公事兩條譔爲策問之體，請郭、董、趙三君各抒所見，將以考其才識，且以觀其文筆何如也。晚睡甚早。臨睡謄寄王心容信一封。

五月二十三日（七月十一日）

巳初始起。寫謝紀錦翁、趙耕藍、孟蓮浦信致謝并代鄭獻兄託照拂。寫寄子均信致謝，又代鄭託照拂。寫復癡孫弟信收到上座簿，勸其商辦學堂。寫謝顧緝庭總辦信。寄梅韻生數語已代達，張雲路求提拔，并代鄭託淮聲謄真寄上小舫叔稟。寫寄賡廷信。寫寄鄭獻兄信。寫寄伯兄戊字第四號信。寫寄崇智信姚升帶去。

顧總辦信，紀、趙、孟三君公信寄紀、心容信、小舫叔信、子均信附癡孫信，以上五封寄津，託賡廷俟鄭親家回津時并存津之寄馬緒東信附對、屏一包一併送去。戊字肆號稟。俱交張裕明日隨標車帶津。

午前到門櫃與董姑丈、李小峰談片刻。晚董姑丈來辭行。暇則看《庸庵文集》。

五月二十四日（七月十二日）

寅初起。送董姑丈登車。還復睡。辰初乃起。巳初出門。拜客二十餘處。晤田稻村廣文鴻年，灤州優貢，由冀州對調，年七十矣，如五十許人。晤東營達天林昌平駐防。晤得介尊姻丈貴。晤范君德安。餘俱未晤。回店方欲飯，李友翁同謝霞翁來談，至未正别去。余復出拜客。見王鑑波并其夫人。其夫人，魏伯之女，余夙以姊稱之者也。至魏宅，見三伯母并如齋，莘耕之夫人清儉之狀令人且憐且敬，除錢僕外無婢媪，薪爨滌濯皆親之，間及穡事，真勤苦矣！莘夫人爲余孫製靴韈等四事，不忍卻之，拜而受之。與魏伯母談裕厚功課，勸其加防閑，因聞其近日頗有外務也。

郭敬齋同禮，聚五先生之子也，幼不安分，有嗜好，今二十三歲矣，稍收斂，而嗜好如故。余往拜〈業〉〔謁〕，攩駕矣。余自魏氏出，敬齋之夫人復延予至其家，懇求照拂。明白爽朗，巾幗中之出色人也。因面誡同禮數語，許以戒煙後當爲設法。

署捕廳榮紹期字樂山，四川安岳人，由新海防選薊州委署斯缺，年三十五來拜晤。

燒鍋司事劉殿魁字漢臣，河西務人，現還本城。時常赴京，爲余帶信至五老胡同者數矣。而向未延見，後當預屬閽人款接之。

東營守備張士蘭字瑞亭，合肥人。其令兄名士芬，今歲物故。湖北署督譚爲請卹典，并宣付史館霞舲兄。時友、霞二公在坐，姑攏駕焉。輒去。余故生於泃。壬戌之年，盡室還津，余襁褓也，既長，遂不知泃事。然時聞吾姑母言：『張媪者，汝乳母也。』且戲肖其聲音以示余。甲申，余游泃，張媪來省，頒白矣。有子而貧，意有所丐。顧鄉媪視余爲貴人，不敢縱言當日保乳事。余時少周之。厥後再三至，時余出而將還也，則候於車左，恒攜薊錢三四緡以去。今晨，余自城中還，復見之，髮全白矣。問其年，曰七十三，子亦死矣。跪而請曰：『老且死，不能多所求，乞爲謀棺殮資也。』亟呼之起，曰：『過數日來，吾爲若籌之耳。』

趙慶向以乞貸爲生計，今亦老矣，周以薊錢四串。

枕上仍看薛集。

五月二十五日（七月十三日）

辰初起。聞夜雨深透。看薛集。魏宅餽餻，糯米實豆餡，羃以芝麻。余方看書，且看且食，竟啖其兩枚，頗覺充實。淮生爲魏裕厚酌定課程單，持商於余，姑存，待細思之。因與閒話片刻。

午後，舒佐卿中輿，四十七歲，附貢，達天林成，防守御，由昌平調俱衣冠來拜。鑑波餽燭麪紅醣，轉贈帳房諸君。評子洲、幼臣、錫智字課摺楷。評四弟、五弟、七弟、子洲表弟、錫智姪日記。評金以忠算課卷兩本，爲魏學生擬功課單，就淮生原單而變通，意主多讀少背，多講少授，重悟不重記。并立獎格，每月除逢十放假半日外，照所開課程一日不曠，獎東蚨十二緡；曠不過三日，六緡；不過五日，三緡；五日以上不獎；託故逃學，即刻停館，聽其自便。寫畢，交淮生請其試辦數日，再議修改。裕厚應添買《曾文正家書》《家訓》《古文翼》《養蒙全鑑》《幼學歌》。

傍夕鑑波來談。飯後與郭、董、趙、俞四君談。

舒子陽武舉明額，捕盜營賞□*元。

【頁眉】字課名次：沈一、幼三、錫二。

*原文留空。

五月二十六日（七月十四日）晴

寅正二刻起。訪式金於其家。卯初二刻行。巳正至沈家莊。雨後轍深，極形喫力。式金之太翁赴高樓觀劇不遇，謁其太夫人。與式金閒談，饗其早饌。飯後至門外，循路東行，至小橋，立談樹陰，東望孤山，宛在咫尺。式金指謂曰，山之北樹林蓊鬱者曰黄莊，莊之西即小營也。流連約二刻許而返，告辭登車。戌初回城。式金昨夜得一女。式金之紀綱高順極有趣。

聞是日〈者〉〔來〕拜者劉桐和大令俊升，甘肅優貢、季伯棠參軍荄，税局委、吉壽齋驍騎校麟、景星府驍騎校林、那寶卿防禦槼丹珠、趙濟川丈周，景文、張仲青茂才西庚。又李友翁來訪。贈魏氏姑婦及莘夫人各十金、鑑夫人十金、郭敬齋之夫人十金，俱託毅如面交。

式弟言，其家現與官車局涉訟，局紳趙氏居城東之小營。

五月二十七日（七月十五日）

辰初二刻起。補寫兩月日記。得介尊丈貴來，談刻許。傍夕拜友白丈於李新莊，談一小時而歸。鈔諭旨四道。

午後范德庵木谷來答拜，談許久，道張香帥治晋事。

寫説帖，明日遣車迎式金。

五月二十八日（七月十六日） 辰初起◎早薄陰，將午遂雨◎復看近十日《京報》

式金傍夕至，夜談至子，式金述自黔回里一路情事。

五月二十九日（七月十七日）

辰初起。午後朱亦文祖焕、楊樹軒植來，皆縣幕。朱司刑、楊司帳也。朱浙人、楊洵之楊莊人。談一小時許而去。張仲青來談，留晚酌。是夕先已治具爲式金洗塵，張與式金有世誼，故留之，飲至醉。張子文、王鑑波、李小峰俱入坐。

爲式金抄《大學堂奏稿》二紙。

式金之尊甫印鳳鳴，其六令叔印鳳輝字桐岡，通算法。

五月三十日（七月十八日）

辰起。雨。抄《大學堂章程》六紙，暇則與式金閒談。看《笑史》二本，畢節舉人陳庚西垣著，筆墨雖不見佳，以其多黠事，故閱之至竟。

六月初一日（七月十九日）

辰起。大雨。抄《大學堂章程》十餘紙，并與式金對語。

張裕自津回，收到大哥戊字第肆號信、錫智信言李先生奉派赴鐵甲，附論一首、七律一、賡廷信一言申漢諸信已交鄭親家、墨青信抄示看報章程，并李繼香赴鐵甲船，擬設法以疾辭。伯棨説條，言遵化某村某生工製造，友翁、佐翁俱知之。

與式金共閲《國聞報》。紫封辭内外試辦之席，婉言勸之，意仍未可。

六月初二日（七月二十日）

辰起。終日陰。抄諭旨二道。

紫封再辭，仍婉勸之。傍夕攜辭信一封，乞余發差，致家兄情詞肫切，出於至誠，無如事已商定，未便中改。潘小山丈自黄莊來。

與式金閒談。與毅如議，發信至外鎮各請一人來城議事。其現止一人不能脱身者，即勿予信。

六月初三日（七月二十一日）

辰起。放晴。託毅如婉勸紫封，始允暫承外席之乏，其内事仍推毅如，而已贊助之。因許以據此意稟知家兄。

各鎮尾欠過多，不成事體。家兄信及之，因屬仲蓮務向鎮友切實催問。

佐卿來，留晚飯。飲酒甚酣。飯後作陞官之戲。

武硯卿表叔、田輔廷兄各自本鎮來談片刻。

六月初四日（七月二十二日）晴

辰正起。武表叔、潘小翁、田輔兄、張子文、王少卿、李小峰來謝讓章。

午後遣孟成至縣署安駕，還言大令今夕有堂事，請明日往談。便衣訪田稻翁，云在霞翁處，因訪之霞所。與兩廣文暢談。趙濟川丈亦至，談約三小時。到佐卿處，并晤本泉，時式金與淮生、紫封已先候於此，遂約佐卿同出城。晚暢飲，行快樂令、明九暗九令、不字令，極盡歡洽。飯後陞官一局。二鼓散。

【頁眉】硯叔爲七柩未葬及華債不得償，屬余代謀情詞。痛切不忍拂，許之。又言，沙嶺郝君某欲從予學文，已代辭。

六月初五日（七月二十三日）

卯正起。晴爽。拜劉桐和大令，晤談刻許。拜諸幕友，多未起者，僅晤楊樹軒一人，談片刻。式金欲歸，留一日。飯後友翁來，因車接霞翁，爲陞官之戲。俄，濟川丈亦至。晚暢飲，復陞官。子正客散。

議請大令飯，擇期初八申刻，是日具柬送去。

【頁眉】樹軒交扇面三。

六月初六日（七月二十四日）

辰正起。晴爽有秋氣。式金已初乘車回里。

潘小翁來談，代魏四太太乞周濟。準前例，贈之十金，即託小翁送去。補寫日記。

紫封赴縣署，昨日余已爲之先容。周宅魏戚也失一十四歲童。

紫封自縣署回，大令以有事，期以初八日再見，僅見楊嗜庭幕賓一人。

午後楫川丈來言，將訪李伯棠參軍於稅局，余因與同往，并約同紫封。既晤談未久，聞友白丈來店，遂同伯棠、楫川、紫封回。友丈爲周童被拐事，自魏宅來，坐未久而去。與楫丈、伯棠、紫封、毅如、淮生演陞官一局。

飯後與伯棠暢談，問新化諸賢豪。

晏孝儒字雲卿，考授國子監算學助教、葉揚俊字卓齋，乙酉小京官、伍毓崧字香山，新科庶常、李鈞燾字季枚，鹽運使銜，雲南候補府，伯棠之胞弟也，行四，以繕摺見器於崧制軍、李慶曾字筱屏，癸酉拔貢，今分江西同知，伯棠之堂姪，書法橅長公，極佳、李應騆字伯房，廩生，小屏令公，現寓天津，以上俱新化人。

李振鐸忠壯公臣典之孫也、李長禄忠壯之子也，邵陽人。

伯棠頗嗜算學。

六月初七日（七月二十五日）

辰初起。晴爽如昨。鑑波來，欲邀余至其家見魏姊，蓋有所欲言也。余頗憚苦之。大令辭酒。

午後偕紫封便衣入城，訪楫川丈、仲青、張瑞亭參戎、范德安，俱晤，談許久。訪得介尊丈，不遇。歸已夕矣。

朱以文、楊喈庭來訪。磨墨，備書扇。

晚與紫封談極久。寫便面二，名戳之四，屢書不能如意，俟異日。

六月初八日（七月二十六日）

辰正後起。微陰不熱。鑑波餽孩兒鞋襪等事，爲桐孫製也。

是夕觴客兩席，設諸草廳。西席達田林、李伯棠、田稻村、景星甫、李友白、張仲青、范德安，而余陪其末。東則張瑞亭、謝霞舲、榮樂山、得介尊、松友竹、趙楫川、舒佐卿、董紫封也。未初後入坐，戌正後席散。佐卿、仲青、伯棠最後去。伯棠去時已亥正矣。

六月初九日（七月二十七日）

辰初起。晴如昨。

請客一席，朱以文、楊喈庭、李友丈、范德庵。亥正散。

簡辭佐卿明日之約，復書不許。

六月初十日（七月二十八日）

辰初起。看《京報》。收拾行裝，擬明日還京。友白丈、霞舲、德庵備酌見饗，即假總店之地。午後行陞官圖一局。赴佐卿約，同席毅如、仲連、紫封、景星甫、佐卿、本泉，行牙牌令，飲極酣暢。亥正歸。

張莊文生張永芳字又棨，年二十三歲，介仲蓮乞拜余門，學策論。余輒許之，意在爲洵稍開風氣也。是日爲擬題兩道：『論五大洲形勢』『萬石君石奮論』。託仲蓮代交。

丑初始睡。傍夕黑雲自東來，未雨而散。仲蓮云，段嶺大雨且雹。

六月十一日（七月二十九日）

寅初起。又二刻起行。午初饘於通州人和店。未初復行。酉正二刻至京寓。心從來談，學算之志甚鋭。與談許久。寫復毅如諸君信，遣王貴、張裕明日回洵。

六月十二日（七月三十日）

卯初起。起信草，寄兄戌字五號、寄淪敏姪、寄武星垣。梯雲來，言大學堂約八月開課。午後梯雲自李柳溪處來，又談片刻。寫信寄伯吶、伯嘿。見體仁寄阮南書，知菊人在津不日來京。因作函問其何日果來，即宿此，毋宿他處。託梯雲帶去。梯雲明日早車赴津也。晚心從來談，亥正去。

六月十三日（七月三十一日）

卯初二刻起。晴稍熱。督諸兒移書。午寫對七副洵。夕，心從來，留晚飯，飯後即出城去。看兒輩習體操。與仁安閒談。

六月十四日（八月一日）

卯初一刻起。陰。寫扇面仁安代。看《荀子·彊國篇》。午寫横竪屏凡六洵。仁安命題，督兒輩作論。

接大哥戊字伍號信。

六月十五日（八月二日）

卯初二刻起。陰。寫扇面五。晚寫對六、屏四。晚飯後約仲魯來談。午後兒輩作『四書』義。

早寫戌字第陸號稟，交郵局發。晚晴。

仲魯言，大學堂有展緩之説。

六月十六日（八月三日）

卯初起。晴熱。

寫扇十餘，寫對十四、屏八。午後兒輩作時務策。

六月十七日（八月四日）

卯初二刻起。劉性庵兄來。留早飯，商訂沖儀於十九日同赴天津應考。性兄看西院空房，余勸其暫遷於此。因渠現住之房傾側，有將圮毁之勢也。性兄欣然樂從。

六月十八日（八月五日）

卯初起。李潤生兄以所簽《校邠廬抗議》屬余校正。午後少雲來。潤生至黄昏乃去。晚，仲魯來談。命崇兒、益兒收拾行李。

六月十九日（八月六日）晴

卯初起。仲魯來送行。巳初，偕仁安率崇智乘車到馬家堡，買二等坐票兩張。少頃，沖儀亦至。午初二刻開車，同車有洋人回國者。每站然爆竹迎之。申初至老龍頭。因行李稍多，雇轎車一乘與崇兒共乘之。過浮橋後，遣崇兒押車先回。余赴李唐仙處訪體仁，爲沖儀及崇兒補考事。遇郭耘夫。唐仙慨然代辦。親赴縣禮房商訂，余乃回家。

到家見兄，病甚劇。始知由十二日患腹疾，本日轉成利矣。寫信致體仁，言家兄病利，崇兒不能應試，請專爲沖儀辦卷。體仁來，持卷結，言已辦妥。因將沖儀一分專人送去。其崇兒一分，函詢唐仙如何辦法。唐仙回信云，仍繳還之。體仁初更後去。

是日，大哥仍服曹蔚卿藥。

六月二十日（八月七日）雨

曹蔚卿來。大哥仍到北上房請其診視。診畢即復入内宅。

余陪蔚卿立方，攻下之劑較昨日益猛。余心無主張，質之陶、陳兩師，僉以爲不可再服，因勸兄更醫。是日服陳奉翁藥，入夜頗安。

仲明、崧生、哲生、頌臣先後來。

六月二十一日（八月八日）雨

奉翁更方再服，至下午病又翻覆。請孫蘭舟、周芝田同診，意見相合。因周方有肉桂，兄不欲服，乃服孫方。

自是日以後，每日病形另紙詳記。余與錫智、崇兒更迭書之，已屬兒輩存之。

是日吾嫂壽辰，因心緒不佳，未款客。客阻雨，至者亦絶少。早飯惟獻夫、樹人、祝三諸君小飲耳。晚繼香陪蘭舟來，不飯而去。

六月二十二日（八月九日）雨止，道淖

是日服蘭舟方，下午又翻覆。

六月二十三日（八月十日）

吾兄素昔服蔚卿藥輒效，故深信之。既屢更醫不效，仍命延蔚卿診視。蔚卿仍主攻下之劑。

六月二十四日（八月十一日）

兄仍服蔚卿藥。

六月二十五日（八月十二日）

兄仍服蔚卿藥。痢不止，終日飲冰吞煙丸，食不進。

六月二十六日（八月十三日）

兄疾不減。姑母薦費魯卿醫法甚好，因懇獻夫代請。兄因藥不效，擬煩八叔祖赴京約湧和尚來診，期明日早車往。

七叔祖之女嫁土城劉氏，是日過門。

六月二十七日（八月十四日）

仍延魯卿診視，頗效。午後湧和尚到津，立一方，殊無主見，但云費方甚妥而已。晚備酒饌宴湧僧。

余因兄病不減，中心憂慮，終夜不睡，以覘動静。兩姑母及舅母并吾妹更迭坐守。三更後兄睡頗安，毫無聲息，遍身見斑點。余以爲毒已外解，私竊慶幸。

六月二十八日（八月十五日）

因兄疾少差，煩祝三赴紫竹林買寶丹十匣。又遣人請竹叔祖來家，問吾兄近年病形。又請獻夫來，懇其約魯卿早到。辰後，兄大便一次，氣驟陷。亟請仲明入視。勢已不救，竟於巳刻逝世矣。時竹叔祖已赴土城，輔叔亦有事進城。祝三赴紫竹林未回，倉卒之際，毫無預備。正在惶急無措，而兄之側室金氏欲赴城隍廟借壽，急呼肩輿命男僕各二人隨之去。舉家哀迫不知所爲。俄而輔叔回，始議辦棺衾等事。

六月二十九日（八月十六日）

辰時斂吾兄，從此不相見矣。

七月初一日（八月十七日）雨

内子率兒女至自京。

七月初四日（八月二十日）

迎首七修經，芥園十九衆。

七月初五日（八月二十一日）首七

大悲院，十五衆禪經。

七月初十日（八月二十六日）

開弔，送路，是日弔客二百四十餘人。

七月十一日（八月二十七日）

修經，祇樹園十五衆，是日來客一百七十餘人。

七月十二日（八月二十八日）二七

清理溜子。劉希陶顯治來弔。

七月十三日（八月二十九日）

昨夜倦極，就枕輒熟睡。忽聞七叔祖低聲呼喚，則聞吾兄之側室金氏服毒，將殉吾兄於地下。乃過而慰勸之再三，不聽，未明而歿。

午後斂金孺人。

七月十五日（八月三十一日）

因中元掃墓。是日修經，慈惠寺十三眾。

七月十八日（九月三日）

兄亡至十九爲三七，而金孺人之首七也。是日修經迎七也望海寺十一眾。

七月十九日（九月四日）是日三七

孟雨亭送觀音庵十七眾音樂經。

七月二十日（九月五日）

陶海門其淦、歐陽小帆其濬、李東啟炷、胡克之爲和來弔。

七月二十四日（九月九日）

請劉幼樵題主，墨卿、幼梅襄助。

七月二十五日（九月十日）

言仲遠來弔。是日修經，二十一眾大悲院。

七月二十六日（九月十一日）四七

性成和尚送十一眾禪經，拜懺。

鎮遠黃運升來弔。

七月二十七日（九月十二日）

行家祭。是日來客六十餘人。

修經觀音庵十七衆。

八月初二日（九月十七日）

修經二十一衆大悲院。

八月初三日（九月十八日）五七◎雨

本生祖父生日，掃墓。

修經十七衆，夜觀燈。

八月初五日（九月二十日）

菊人來，留飯。内子回京寓，檢點預備退京寓之房，全眷回津。

八月初九日（九月二十四日）

李六叔岳送音樂經南大寺二十一衆十方帶觀燈。

八月初十日（九月二十五日）六七

八月十二日（九月二十七日）

内子自京回津。智崇同來，并將傢俱行李等運回。

八月十三日（九月二十八日）
周君培棻來弔。
八月十五日（九月三十日）
楊柳青高桐軒遣人將畫好影像送來。
八月十六日（十月一日）
三河總店同人送韋馱庵音樂經。
八月十七日（十月二日）七七
八月二十三日（十月八日）修經（達摩庵十一衆音樂）
八月二十四日（十月九日）九七
開弔。是日來客八十餘人。修經觀音庵十七衆，次日出棚十九衆。
八月二十五日（十月十日）
是日午刻發引。來客二百二十餘人，送殯者七十餘人，雙廟留靈。
八月二十七日（十月十二日）
赴塋地圓墳，并監視砌甎，至暮乃歸。

九月初二日（十月十五日）

出門謝客。

九月初三日（十月十六日）

步行謝左右近鄰。

十月十五日（十一月二十八日）

張伯苓先生來教崇、怡、惺、庸、鍾及陶孟和英文。是日開始在西倒座内。英文師原請定許子政先生，哲生所薦也。許因就他事，又轉薦其内弟張君。

【頁眉】誤記十月十五爲九月十五日，從智庸日記校出。*

*此爲嚴修原注。此處應爲十月十五日日記。

九月二十二日（十一月五日）

戒臺寺托鉢二十三衆。

是月下旬通州白廟張聚五世丈之令尊開弔，邀余點主。余由京往，在通州某綢莊一宿。莊即張氏所開也。其掌櫃胡叟招待周到。次日到白廟，張宅以緑呢轎迎接，即日點主，晚觀祭儀，留宿一日。次日訪式金，宿一日。又次日回京。張生又榮在張宅照料。

十月初一日（十一月十四日）

黎明起。食高粱粥。辰正與式金、頌平揖別，登車。午正饍於通州人和店。傍夕到京五老胡同寓所。胸有停滯，未飯輒臥。

十月初三日（十一月十六日）

到家。

十月十二日（十一月二十五日）

王庸卿隨陳雨人晋京，由京之陝任。余率大兒送之老車站。

十月十三日（十一月二十六日）

李嗣香之太夫人昨日逝世，余今日往弔。陪式金到劉緒臣處開館。

十月十四日（十一月二十七日）

張聚五來津謝孝，送來禮物四色。

弔沈二姻伯。

十月十五日（十一月二十八日）

哲生、頌臣陪張伯苓先生到館。

請張聚五丈在家晚飯，約李捷三世伯、趙幼梅世叔、李錫三、李哲生陪。飯後，試留音匣。

十月十六日（十一月二十九日）

黄大太太逝世，吾嫂之母也。

十月二十日（十二月三日）

晚治具爲郭意如餞行。

十月二十一日（十二月四日）

蕭廉甫師入祀名宦祠，余往送。

弔冰窖胡同李宅。

十月二十三日（十二月六日）

率子姪祭兄墓。二十五日、二十六日連日到黄宅。

十月二十九日（十二月十二日）

弔土城劉宅。

十一月十一日（十二月二十三日）

本生祖父忌日，掃墓。立字課，自是日起。

十一月二十日（一八九九年一月一日）

黃宅陪高曦亭前輩點主。

十一月二十三日（一月四日）

梅韻翁分發福建，不日啟行，送程儀百元。

十一月二十七日（一月八日）

張子笏先生服滿，赴部投供，借銀三百兩。余慮師隨手耗去，匯至京都，備師臨投供時取用。

十一月三十日（一月十一日）

送仁安喜敬五十金。今春捷禮闈也。

十二月初二日（一月十三日）

王庸卿隨陳雨人赴陝西葭州任，是日自陝來電報。

十二月初十日（一月二十一日）

赴李宅襄黃殿撲題主。

十二月十五日（一月二十六日）

送李宅殯。

十二月二十日（一月三十一日）

七妹與朱聘卿先生令郎静涵聯姻，陳柘叔作伐，是日换帖。

十二月二十四日（二月四日）

鄭小林發引。

十二月二十八日（二月八日）

購煤油挂燈二。

【封面】戊戌、己亥、辛丑、壬寅、癸卯日記（不全）

【内封】戊戌冬至之次日至十二月十八日（又據崇兒日記補十一月初一至初十日，十二月二十日至除夕）*

*按，本册内封原有戊戌、己亥、辛丑、壬寅、癸卯各年日記起止日期，現將其分置於相应年份日記之首。又按，據嚴智崇崇兒日記所補者實爲十一月初一至初六日。未見初七至初十日記。

戊戌十月一日（十一月十四日）

前月赴白廟張宅點主。便道至小營視錫三疾，今日自小營回京。

十月初三日（十一月十六日）

由京回津。

十月初八日（十一月二十一日）

式金來津。智崇同來。

十月十五日（十一月二十八日）

哲生、頌臣陪英文師張百齡先生上館。留哲生、頌臣午飯。晚約張聚五丈小酌，李捷三丈、獻夫、幼梅、哲生、郭毅如陪。

十月十六日（十一月二十九日）

式金、栗堂先後來，均留宿。

十月十七日（十一月三十日）

張久翁來。墨卿來。

十月十八日（十二月一日）

伯朋來。獻夫、彤皆來。馬治亭來爲視黔診脈。

十月十九日(十二月二日)

陶海門來，將以午車赴塘沽，乘船回南。崧生來。

十月二十日(十二月三日)

蕭廉甫師附祀曾文正祠，在闔津公所宴集。巳正率大兒、次兒往，飯畢在恒益茶店坐候。未初隨同恭送。申初安神位。晚餞郭毅如，仲明、茂林、幼梅、哲叔、蘭浦、淮生陪。子正始散。

十月二十三日(十二月六日)

率家人到塋地，至吾兄前行禮。晚拜飯，以祭席留式金、仲明、獻夫、蘭浦、賡廷、淮生飯。式金宿。

十月二十四日(十二月七日)

留獻夫、柱卿、張吉臣午飯。

十月二十七日(十二月十日)

澂兄晚來，留宿。

十月二十八日(十二月十一日)

尹香洲來。二十四日來津即晋京。昨日回津，擬一半日回東。馬冶亭來爲大姪診病。

十月二十九日（十二月十二日）

伯齡宿。晚奉周來，談格致之學甚久。

十一月初一日（十二月十三日）

晚宴客，主、客二十人。瀓兄宿。

十一月初三日（十二月十五日）

晚宴客，同座十二人。

十一月初五日（十二月十七日）

晚瀓兄來，留宿。

十一月初六日（十二月十八日）

午式金來。夕崧生來。

以上據智崇日記。

戊戌十一月十一日（十二月二十三日）晴暖◎福壽宮前河面有行人◎八叔祖自浫溝乘冰牀而來

［晨起］辰正二刻起。展本生先祖宇香公墓。是日，公忌日也。兼敏兄長之靈。請七叔祖同往塋地相度地勢，爲來年大修計。瓦工李叟、僕高順俱從。

〔午前〕至雙廟外下車。往錦波處，爲其太夫人點主，遇蓮溪、敏齋、周子棠、劉松巖，因天已過午，小坐即歸。到家已未初矣。

〔午後〕爲崧生擬言，挽黃太夫人。芸孫信屬通知趙潤山今日上店，因託賡廷陪往。倦極，似有感冒者，然假寐至酉正乃醒，爽健如初。率子姪祭宇香公。八叔祖至自涅溝。

〔燈下〕寫小楷二百餘字。

〔日知〕『有治人無治法』出《淮南子》。趙體丈云。◎鰻似鱓而腹大。錫智檢字典以告予。◎仁安代劉君某壽。張少農云：『門前廣廈大裘，受知己恩，長呼負負；坐上吳綾蜀錦，爲長者壽，愧此戔戔。』

〔記事〕新塋外之東南隅有墓二，非我族也，而葬我界中。守墓張二曰，原業主宋姓之墓也。地售而墓未遷，蓋歷吾祖、吾父、吾兄之世以至於今，幾四十年矣。吾生三十九年，歲展墓數次，或十數次，乃今始見問之而知之。甚矣！予之惛也。◎張稚青謀押北望鎮，今日星環來，託其從旁探詢。

十一月十二日（十二月二十四日）晴暖◎子房云，東浮橋復開關放船

〔晨起〕辰正起。簡伯吶還畫册。聽講洋文。學譯英文一段。

［午前］習體操片刻。
［午後］與奉周談。趙子房來託謀館，且言被賭徒騙去銀四兩、羊裘一、短褂一。檢點筆硯爲日課計。寫八言聯一，七言者十一，竪屏一。繕寄覆武子香太表叔信。
［燈下］寫扇二蓮溪、和卿。與蓮溪、崧生談。寫白折六行，百五十字。聽橋簡送其家集二册，因索《南有吟亭詩草》，又索書《津門紀略》封面。予之《詩草》二册，而簡復之。栢叔來簡，言四表叔母産後患瘋，病勢甚危，問有何妙藥。當覆以益照臨及亨裕店有之。
［日知］習聞人言，京師致美齋之餛飩其湯可磨墨，以爲不根之笑談，今晨檢郝氏《證俗文》引韋巨源《食譜》『餛飩湯可注硯』，乃知無事不有來歷。
［記事］金甥以忠爲其父假羊皮外褂，將爲沈氏服姪壻之服。予之。◎沈表弟子洲以其從兄子泗之命，來假王獻廷所書之圍屏，及鑲簷口之素綢。予之。◎子房代魯士香索前求書之楹聯，詢其款，一幼樵、一雲齋也。予不記有此事，故紙堆中亦無此兩人之款者。姑記於此，或當遇諸他所乎？◎伯吶回信，惠予《南宫儒學記》拓本，又以六朝唐碑二十種借予錫智，約一月索還，并爲錫姪平點折楷，誨人

不倦可感也。◎聽橋託百齡借地圖，丐余問之。
十一月十三日（十二月二十五日） 晴暖
［晨起］辰正起。簡宋和卿，託寄武子翁信。簡柘叔問四表叔母病。略温習前兩日聽講之英文。檢點書物。簡墨青送去聯、扇等件，而取昨存彼處之《淵海子平》。
［午前］姜漢卿總戎桂題以中日之役被議，袁慰庭侍郎招之入軍，充全軍翼長。予五月在新農與之盤桓數日，本日閱邸抄，已奉旨開復矣。姜，亳州人。劉志堂來送烏利文帳條，内開眼鏡十二具，價洋二十四元。
［午後］薙髮。督兒輩記洋文書目。寫八言聯二，七言者五，屏六。沈宅請知客。申正往，先假墨青處更衣，至則遇輔臣叔、陳蔚孫、宋和卿及棨卿表弟之内弟郭六兄。送門紙畢，仍至林宅更衣。便道至陳宅省病。歸遇王雅亭於西門内，邀之同來。和卿云，武信三五日有便。
［燈下］到王蔭翁書房問病，略談片刻。簡柘表叔，送去《達生編》一册。寫摺楷百五十字。擬復王用翁信稿未畢。
［日知］車右覆而傷人，罪重於左覆，因御者在右也。七叔祖云。◎舅母請旌事獻夫已具呈於禮部，由部咨直督行查，以五個月爲限。今日獻夫將行查底稿寄來，

當即交蘭浦表弟。

［記事］劉有之子御贏車爲人運甓，道太平街，一孟姓老媪乘人車與之相觸。人車覆，顛媪於路，摺其指，而車壓其身。人車之人逸去。路人拘劉車及劉子。媪歸，服鐵打丸不救，逾夕而死。孟子訟劉，其父詣予求策。余曰，事關人命，雖誤傷，然非錢不濟事，宜訪屍主之故舊及與縣役同聲氣者哀求之，或稍輕減。予别無策也。聞今午相驗，劉子已當場受刑。◎輔叔言，姚丈琴舫、辛君晴初代山東募捐振銀，多寡不拘。

十一月十四日（十二月二十六日） 晴暖◎晚庭涇滑足

［晨起］辰正起。督僕掃花池。聽講英文。習體操。

［午前］百齡試崇智等目力，以粉書黑木板，使遥立而辨識之。陶世兄視最遠，崇智兄弟五人皆短視。勇智差强。

［午後］墨青爲穆宅送埋體，過此小坐。同墨青進城，至其家更衣。弔沈宅，坐半日，晤王明翁、姚琴翁、陳柘叔、陳瑞生、李璵如。送路畢，仍至林宅，更衣而歸。三河來信，附《泃陽日記》《劭純日記》及大小楷。幼梅來簡，附《曳車圖》索題；又挽黄宅兩聯屬予選擇；又對一交賡廷、扇一交崇智；又言蔣香翁約明午見

訪，問予暇否。

[燈下]復吶丈，言香翁見訪，不敢當二十日前，日日有酬應，過二十後當入城請教。寫折楷百五十字。評閲《洵陽日記》十月十七至十一月十二。

[日知]百齡言測遠之法。其言曰：『吾昔在師船，嘗與人賭賽。如船左有一山，或曰距八里，或曰距十里。姑前行，視歷若干時，船與山得四十五度角，再以速率算之，則得里數矣。』按，此法雖未確中，而頗悟算理。◎明雄二成，白礬八成或三七亦可，研爲末吹喉，甚效流涎。七叔祖云。

[記事]山東振捐與輔叔商議，助五十金，王明翁、姚琴翁皆道謝。◎趙伯吶屬題《曳車圖》，一諾三年矣，當亟踐之，惟手生而望奢，難哉！◎墨青之兩世兄意欲附李宅習英文，俟商之崧生。予意頗以路遠爲嫌。◎瑞生言，趙潤兄有十九起行之説，獻兄至今未來信。◎河北陳宅西席已訂郭孝臣。郭亦居河北。瑞生云。◎昨檢扇箱，有蓉舫款折扇一，郭蓉舫也。書就已五六年，久未還之，俟交伯鵬。

十一月十五日（十二月二十七日）晴，傍夕暫陰，晚阿姪見月暈

[晨起]辰正起。簡藏齋、龑齋問有無寄洵信件。柘表叔還《達生編》，并索尹書大楷。聽授英文。

［午前］習體操。趙仲蓮來，昨夕乘火車至津，留飯與談。奉周來。

［午後］崧生來，因爲墨青達傅館之意，意似可商，約於十八日候信。未正乘肩輿弔李宅，明日家祭，今日修經也。晤李叔桐、周墨卿，皆談許久。又晤顧鏡孫茂才，□□*先生哲嗣也。又沈小安之八令兄，陶仲翁之本家少甫，朱三丈及陳君麗生、輔臣家叔，俱同席。歸已曛暮。

［燈下］與七叔祖議事。擬公信草。與妹閒談，兩姪女侍。寫摺楷百五十字。王成請假將赴沟，經畫遷居之策，求兑存款叁捌壹仟貳捌陸。崧生來簡，詢幛款稱呼。

［日知］陳澤生挽李太夫人聯其末句云：『何時再拜邵親顔。』澤生云用張、范事。俟考。子姪輩儻有勤學者，必能爲我檢得之。◎太陽須用三角開方始可略算其大小遠近。然不能甚精詳，但知其詳數是最緊要。太陽距地約計九十三兆英里百萬曰兆，大於地球僅三十三萬四百倍。阿錫摘録《蒙學報》於日記中，予照録之。然彼録之，彼能記之，予則一録了事而已。

［記事］前寫寄伯棨信，附紫封函内擬發專差，後中止。今將伯棨信抽出，交沟差舊侍魏恩培丈之僕曰田禄者。今隨侍周墨卿遇予於李氏，半跪問訊，因識墨卿，

暢談許久。◎董帥部下之甘軍駐京東，東自薊州，西至燕郊，凡十九營，營五百人。其在泃境者，夏塾五營，棗林三營，附城一營，餘不盡知。聞諸仲蓮。

*原文留空。

十一月十六日（十二月二十八日）風漸寒

［晨起］辰正起。聽授英文。

［午前］午初出門，假孟雨亭處更衣，往弔錦波之太夫人。即在春生堂設一席，同坐李君墨莊、李君蓮舫、王君益生吴縣人、蓮溪及家輔叔。

［午後］茶坐，借陶碩甫家坐許久，碩甫邀輔叔及予到内院西客屋閑談。送殯至芥園。在性成禪房坐良久，更衣而回。復到春生堂，約蓮溪來家。王雅亭先在焉。寫對六、扇一、摺楷六行。

［燈下］飲雅亭酒并約兩師入坐。此外則蓮、樹、蘭、賡及家兩叔祖，合予爲十人。飲極酣，逾亥乃散，蓮溪醉宿。

［日知］阿姪檢《范式傳》，并無『邵親』兩字，疑『邵』即『劭』之譌，謂張劭母也。

［記事］梅韻生丈分發福建，十四日引見。

十一月十七日（十二月二十九日）晴而風且冷

［晨起］辰正起。聽授英文。鈔英文單字百數十，皆兩三字拼者，多不過五。

［午前］習體操。

［午後］看《後漢書》數版。肩輿祝芮太夫人。遍體作冷，睡一小時許而愈。胡性臣、黄夢侯信託向黄宅津武汛薦人。

［燈下］赴榮生祥，約客甚多，同席者澄、式、體、漸、文、緒，又王藎臣行七，夢臣之兄。翁佩甫、馮聘臣、陳敬韓并予爲十一人。墨青後至，易緒臣飲半酣而散。襪子衖如昇顔料鋪火。訪崧生爲詢請旌事，至則已率僕從往宮南望火，因與頌臣談片刻而歸。

［日知］説士猶甘於肉，見《後漢書·李充傳》。◎無所下借《李充傳》◎一日，昨日也。《李充傳》注

［記事］崧生託蘭浦寄語墨青之世兄，願附洋文館一事，衆無異言，遲早聽便。漸逵言，蔣香翁亟欲來訪，因與約定二十日午後在家静候，晚具草酌葷素兼香翁爲母發願不茹葷已二十餘年并約澄、式、吶、漸四君陪。◎午後得鶴一書，言王宅請旌事。據李潤生云，已在津局託辦。何以兩歧？予得書甚疑。蓋行查底稿，前已寄來，今何作如是語？

及視封皮所注日期，乃係初九。乃知此係在前之信，爲信局延閣也。

十一月十八日（十二月三十日）晴

［晨起］巳初起。候肩輿久不至，巳正二刻始出門。祝徐幹臣都戎六十壽。弔土城劉二十二丈，午正乃到。與徐漢翁談，知少生尚未赴南。

［午前］同席吉雲泉、李笏廷桐生丈令嗣、董仲青、朱仙洲、崧生及予。

［午後］送殯至留靈處小坐。祝張雨田太夫人壽。酉初回家。與妹話片刻。接菊人初九日信，由少生送來。

［燈下］寫摺楷百五十字。温繹舊習英文。

［日知］規瑱記於此，待子姪輩考之。

［記事］徐都戎之公子字顯廷。李渭占令兄字子青。◎李子勤兩次見訪俱未遇，當答之。◎鑑波謀就營，書菊人信云，仲遠亦頗爲力，人有嫌其老者，容緩圖之，云云。俟達藏齋主人。

十一月十九日（十二月三十一日）

［晨起］辰正起。陳瑞生來，代芸孫索書『天地君親師』牌字兩分，面寫予之。墨青邀爲其族伯送殯，先至伊家更衣，然後往弔焉，喪居中營西。

［午前］墨青即家設兩席待客。同坐有柘表叔，劉□□、□□*昆仲，沈贊廷，郭潤甫。隔席則漸逵、佑生、張鴻來昆仲、鄭虞裳之令郎問臯茂才。

［午後］送殯出大柵欄，過子貞之木廠小坐。出西門，循城而穿南閣。過幼璋，未及坐，復行至德慶園留靈。邀柘表叔及潤甫來家，留晚飯，二更乃去。

［燈下］李茂丈來，言蕓孫請高曦亭觀察題主，約予襄題。曦翁現寓王續雅家。又言蕓孫爲王宅提款、遷居兩事擬令予往見曦翁切實挽留，予謝才力不及。

［記事］趙潤山兄是日隨苑杏橋赴輝。瑞生兄云。

* 原文留空。

十一月二十日（一八九九年一月一日）晴

［晨起］辰正二刻起。率阿姪往祝王蔭庭先生，辭不見。是日又爲黄晴旭姻叔壽，予因黄大伯母尚未發引，遂不往祝。

［午前］將飯，芰香遣人來召，至則墨青先在焉，爲二十二日行祭豫商禮節，崧生後至。寫名刺及拜年帖。

［午後］崧、墨議禮，予惟静聽，不能贊辭。因與蔣香翁有約，匆匆而返，時已申初二刻，澄兄、式弟至已久矣。午後大王廟附近有火警。

〔燈下〕留蔣先生飯，陪者瀓、式、仲、體、漸、墨六君。二更皆散去，留式金宿。聽橋索書《津門紀略》封面，久未報命，是夕乞體丈代書。

〔記事〕體仁屬爲唐仙撰大門聯語，八言者一聯、四言者一聯、楣四言，皆須關合李姓。◎伯鵬來函，言現推升正教習，月奉三十金，向予借書，其目列下：《韻府》、『前四史』、《詩韻》附檢韻、《字典》、《尚友録》。又淺顯時務書及地理書之可考沿革者任擇幾種，屬與仲翁一商。

十一月二十一日（一月二日）

〔晨起〕辰正二刻起。簡仲蓮，約來便飯。薙髮。子誠來。王師母來召。邀李茂翁來，問昨日曦翁至黃宅有何議論。

〔午前〕衣冠到王宅，兼拜高前輩。師母召入，持遷居之議甚力，命予向蕓孫切實言之，予敬謝不敏。曦翁亦主提款、遷居之議，欲予出而分勞。予豈不知師門之事，分當效力，其如再四籌思，竟無萬全之策何。回家已近未正。

〔午後〕仲蓮、式金、體仁及家七叔祖與予小酌，皆醺而罷。黃宅邀演禮，同體仁往。飯前演題主禮。子姪五人俱赴黃宅觀禮。

〔燈下〕飯後演三獻及薦新禮。大贊則崧生、墨青、蘭舟、桂生，引贊則幼、竹與諸君相間爲之，陪贊者澄甫、體仁、奉周、亦香、仲璵、芷舲、綸閣、高芹軒諸君，走堂及司案者蔚孫、亦香、佑生、耿鶴巖、華浩如諸君。二更回家，式金仍未去，澄、體俱宿。

［記事］子誠託向京肆購木板《經世文編》。借子誠《左文襄書牘》四套。《津門紀略》封面今早送聽橋處。

十一月二十二日（一月三日）晴暖，晚風

［晨起］辰初二刻起。檢點冠服。巳初墨青來，同赴黃宅。午初題主，午正畢。英文停課，百齡及崇智兄弟四人俱赴黃宅。

［午前］早飯同坐奉周、桂生、幼樵、衛瞻、蔚孫、黃子明。

［午後］觀行禮兼知客。送門紙。晚飯同席澄甫、叔良、子明、李蘭舫及七家叔祖。酉正二刻回家。

［燈下］墨青來談，箴余過失，并論治家、教子、議昏及涉世之道。深有所得。二更乃去。爲墨青寫團扇送王郁哉。看《左公書牘》，四更始睡。

十一月二十三日（一月四日）風

［晨起］巳初起。體不適。聽講英文。哲生來，小坐而去。記英字注解，手鈔之。

［午前］習體操，汗見而止，頓覺爽健。

［午後］笏師來函，命措部費以踐前諾。予擬匯京以防浪費，俟明日往商。看《左公書牘》未終一卷。大睡至夕。與妹談片刻。

［燈下］撰送沈子泗令堂輓言二十八字。補寫五日日記。寫摺楷百五十字。鈔英字。枕上看《左公書牘》至四鼓。

十一月二十四日（一月五日）晴暖

［晨起］辰正二刻起。聽講英文。學習英文算式。

［午前］習體操。昨撰送沈宅挽言，賡廷已書訖，將琢字矣。覆思太不稱意，因復易爲長聯，凡四十八字。

［午後］隨七叔祖到黄姑庵，看米廠房量度地勢，爲改造計。輔臣叔亦踵至。李瓦工、盧木工俱從。詣張笏師，擬將需款匯京備用，以免攜帶累贅，且防他用，致臨時及誤要需。師適出門，因過春生堂，遇敏齋，託其代達。歸遇吶公於途，同到稽古書院小坐，而要之至家。

［燈下］丐吶公書挽聯字，并上下款。同吶公出，至大街分道。予訪崧生，商託由義豐匯款，不遇，告頌臣代達。馬治亭先在焉。過其洋文書房，小坐。晤高芹

軒及黑君峻巖。與冶亭談片刻，偕之同歸。寫摺楷百五十字。

〔日知〕皇甫鏄

〔記事〕伯吶午後來，簡代唐仙求跋李子丹楷書册葉，又樊小舫册葉、郭蘭雪摺扇。

十一月二十五日（一月六日）

〔晨起〕辰正起。聽講英文。

〔午前〕習體操。奉周來。

〔午後〕與奉翁、仲翁爲蹋鞠之戲，并聽子姪輩習之。澄甫、崧生、蓮溪先後來。約仲翁至西屋與澄兄談。簡臧齋爲少生謀薦館。

〔燈下〕寫摺楷二百四十字。澄兄宿。

十一月二十六日（一月七日）

〔晨起〕辰正二刻起。聞鄭小林親家病危，往視之。奄奄一息，不省人事，已兩日夜，聞後事均豫部署周妥。與松樵談片刻而返。

〔午前〕聽講英文。習體操。

〔午後〕答拜李子琴，不遇。遇行七而號燕林者，立談數語而别。答拜徐少生，談刻許。訪華五姻伯，爲詢姻事，不遇。遇楊子若及允卿之弟朗泉，并見璧臣之子百齡。訪伯吶於其塾，坐許久。堅約予同訪蔣香翁，因先飯於聚星園。

［燈下］訪蔣香翁，談約一時許。歸已亥初。聞小林親家酉時即世。寫摺楷百五十字。

［記事］鄭宅帳房王仙舫其尊人在稽古書院司帳。

十一月二十七日（一月八日）

［晨起］辰正二刻起。弔小林親家。晤墨林姻伯，談片刻。聽英文。

［午前］墨青來，留飲。金心栽來，知沈荷翁今早逝世。

［午後］寫七言聯六、八言聯一、屏六。假寐時許。

［燈下］爲唐仙擬楹聯。擬挽鄭小林聯。寫摺楷二百字。

十一月二十八日（一月九日）

［晨起］巳初起。聽講英文。賀賡廷續娶，假林宅更衣。遇仁安於林宅，談許久，約晚間見訪。

［午前］沈四姻伯母行祭，往焉，兼弔荷生姻伯。未飯而去。仍回林宅更衣。墨青留飯，同坐李鶴儕、李孔修、沈佑生。

〔午後〕申初回家，假寐一小時。崧生來，交益豐匯信。仁安來，已曛暮。

〔燈下〕與仁安、仲敏談，俱留宿，三人同榻於東過堂。枕上代鄭宅擬孝聯三。託蓮溪將匯信代交笏師。

〔記事〕曾中丞鉌條奏四事可存鈔。◎佑生面屬爲其先德季坪世叔題小照。◎仁安昨日回津，仍寓千魚胡同。◎仁安述仲魯云，余十月回津之後，夔師以柬招飲，仲魯答以全眷回里。◎穆小泉逝世，南鄰也。其尊人字海泉，年與先本生祖相若。余嘗尊事之。海翁曰：『吾不敢與令祖齒「師范先生」，吾父嘗受業於令曾祖也。』

十一月二十九日（一月十日）

〔晨起〕巳初起。耀卿來，坐二刻許，與仁安同去。簡約吶、嘿二公今夕來舍與仁安談。

〔午前〕弔婁八姻伯母，與華六姻伯、楊訒齋同席。

〔午後〕因候送殯，訪益如，坐許久。得見佛君爲伊刊行之畫譜。送婁宅殯，順道訪耘夫，不遇。因至栖古齋小坐，遇寶森堂主人張十。送殯至鼓樓，折而北，出北門而歸。到鄭宅，寫孝聯三、額二。仁安、伯吶、伯默、蓮溪先後來。

〔燈下〕寫七言聯二。丐伯嘿書挽聯字。仁安、仲敏仍宿。

［日知］仁安挽孟筱帆先生云：教弟子爲文章，試看門下諸生，都是文壇健將；得先生主風雅，無愧墓前片石，大書沽上詩人。

［記事］蓮溪持笏師説帖，言收到匯信。◎鄭少舫行六、松泉行七、子安行八，皆筱林之從弟也。◎沈幼琴即耘夫之居停，與筱林爲中表昆弟。◎耀卿屬寫家廟燈心，約初八日來取。

十一月三十日（一月十一日）

［晨起］巳初二刻起。

［午前］寫復伯鵬信。

［午後］隨輔叔、仁安往估衣街，過耀卿小坐。到義成、文成兩衣店。仁安議買羊裘，無相當者。復同至文德堂書莊，小坐而散。寫扇面二。薙髮。看《左文襄書牘》。

［燈下］補寫日記。寫摺楷百五十字。

［記事］託耀卿轉託萬順號，代備華竹翁壽禮幛一軸，配以水禮或活計。十二月初五竹翁生日，今年六十大慶。◎子姪輩各有勝我處，崇之和平待人，益之勤事，錫之强記捷悟，勇之嗜書。吾追念幼時殆不能及之。錫姪天資尤高，亢吾宗者此兒乎？此四人者亦各有所短，崇不能用心，益與錫不能用力益雖勤事，尚欠篤實牢靠，故云，勇

讀書見異輒遷，不能專壹，皆其所短也。

十二月初一日（一月十二日）

［晨起］辰正起。到墨青處，爲幼梅壽。到沈宅視姑母疾，坐片刻，復回墨青處。

［午前］同席仁安、純甫、柘浦表叔并幼梅、墨青及余，凡六人。行飛觴射覆令，甚暢。

［午後］寫對聯。弔鄭宅，是日請知客。黄宅酬行大祭之勞，余與焉。

［燈下］飯後崧生、奉周、墨青、彤階至余家。梅潤翁來，談極暢，因雪而散。

［記事］伯鵬借去書籍凡十種。《前四史》《韻府》《字典》《詩韻》《尚友録》《李氏地理三種》《泰西新史》《萬國史記》《庸庵文集》。

十二月初二日（一月十三日）夜大雪，幾盈尺

［晨起］辰初起。踏雪至鄭宅，雪後掃治一切。靈棚傍午乃具。

［午後］送路。

［燈下］赴純甫約，同坐六人，即昨日墨青坐中諸君也。聞耘夫令尊病篤。

十二月初三日（一月十四日）

［晨起］辰正起。聽講英文。

［午後］爲耀卿書家廟燈心。泃差至。吴秀翁到津。接紫封信，仍辭外席，自謂不勝任。往候耘夫令尊疾，及門則庭除人滿，哭號聲震，遂不敢入。

［燈下］赴益如食羊之約，與澂兄及王郁哉同坐。遇王純之表兄。

十二月初四日（一月十五日）

［晨起］辰正起。唐仙、體仁來，簡約午後來訪。

［午前］爲李少田點主，留飯。

［午後］爲耀卿書家廟燈心數方。唐仙託見芝香，爲瑞有德事。

［燈下］約純夫、唐仙、澂甫、秀卿、仲敏、墨青、崧生諸君飲。同墨青往見芝香，所求不遂而返，時唐仙猶未去。

十二月初五日（一月十六日）雪

［晨起］辰正起。澂兄欲冒雪歸，余止之。因簡約崧生昆季來賞雪，痛飲盡酣。

［午後］幼樵來，爲李子香處屬約武柱卿祭門，潤生許爲代約。弔黄宅。

［燈下］復飲各少許。澂兄再宿。

十二月初六日（一月十七日）

［晨起］辰正起。弔張伯母，未得送殯。弔黄宅。

［午前］黃宅早飯，同席奉周、幼章、幼樵及家輔叔。
［午後］送殯。先到幼章處小坐，復到王雨香處，坐候上祭。未及祭，又到春生堂小坐，因隨殯至雙廟茶坐，小坐而返。覆紫封信。改公信稿。與秀翁談洵事。爲耀卿書家廟燈心畢凡十六方，書呂新吾先生《祭後翼》全文。
［燈下］七叔祖定於明日赴洵。與七叔祖談洵事、煤窑事。四鼓乃睡。

十二月初七日（一月十八日）

［晨起］卯正起。送七叔祖行，及門而別。小食後大睡，未初乃醒。
［午後］答拜楊進士克烈，不遇。祝性庵令尊。弔沈荷生姻伯，送路。
［燈下］潤生、喆生招飲於恒益茶店。亥初同潤生步歸。午後有人挾一東洋人來投匿名信，語極悖妄。簡約澄兄商匿名信事，簡至即來。

十二月初八日（一月十九日）

［晨起］辰正起。謁秋樵大令，商舉發匿名信辦法。
［午後］作呈稿。飭王成赴縣遞呈。澄兄來，小坐而去。
［燈下］蓮溪來。

十二月初九日（一月二十日）
［晨起］辰正起。聽講英文。
［午後］奉周來。金少安來。式金來辭行，言十五日結館，十六日北旋。
［燈下］留式金宿，因并留仲翁。

十二月初十日（一月二十一日）
［晨起］巳初起。到李宅，同幼樵襄黄慎之題主，并陪早飯。
［午後］弔陳伊甫表叔。到唐仙處，訪幼梅詢親事。到黄宅賀蕓孫令妹出嫁之喜，并託芰香詢親事。賀耀卿娶姪婦。命姪赴黄宅賀喜，兼以親事商諸吾嫂。
［燈下］獻夫、子丹來訪。芸孫留錫姪宿。

十二月十一日（一月二十二日）早大雪
［晨起］辰正起。到獻夫處，子丹已行，因約獻夫來賞雪。
［午前］獻夫、蓮溪、蘭浦暢飲，子姪俱侍。
［燈下］李子香餽酒席，復留諸君飲。

十二月十二日（一月二十三日）
［晨起］辰正二刻起。張玉亭來拜，談片刻，言昨日到津寓牐口土地祠，其來

爲謀鐵路事。

［午後］答拜張玉亭，不遇。祝哲生令堂。

［燈下］晚飯同席獻夫、彤階、蓺舟、松樵。亥正歸。

十二月十三日（一月二十四日）

［晨起］巳初起。聽講英文。張稚青來，爲謀武清北望鎮，談許久。

［午前］習超距。

［午後］踢毽。萬順荷包店黄某來，適余梳髮，新買辮繩一，不當意。黄曰：『吾有之。』乃買其一而易之。洵差至，接翊如、紫封信、伯棨信。

［燈下］赴劉緒臣約於榮生祥，同坐式、澂、體、敬、漸及式金之東家高。亥初歸。看洵店日記。批閲魏劭純日記。

［記事］伯棨寄柘表叔、鏡涵信一。鏡信面交，柘信遣送。

十二月十四日（一月二十五日）

［晨起］辰正起。

［午前］崧生來，屬爲華五姻伯撰壽聯。弔李太夫人。

［午後］在李宅坐一時許。祝彤階令堂。祝張太伯母子楫世叔令堂，未見。

［燈下］在高宅晚飯，同坐李鐵安、尹澂兄、陶恕明、喬亦香、陳柘叔、李蓮溪。亥正歸。

十二月十五日（一月二十六日）

［晨起］辰正起。信託柘表叔設法約朱君一會。祝華五姻伯六十壽。弔李太夫人，陪祭，門官武杜卿。

［午後］到裕源錢鋪看李氏殯，遇李菱翁。到西門外茶棚庵候上祭，祭畢乃歸。寫復錫三信，并緒臣贈伊點心二匣，俱交洵差。

［燈下］復到華宅晚飯。亥正歸。寫公信稿。柘叔復函屬明午兩點鐘後在家相候，爲相親事也。

十二月十六日（一月二十七日）

［晨起］辰正起。到緒臣處爲式金送行，與漸逵同送之至火車。

［午前］習超距。秀翁託楊仲璵轉詢紀伯，言以朱氏子性格何如。據紀君云，人頗樸實，但少鈍耳。

［午後］候子貞來。到柘叔家看親事，與吴秀翁同往，輔叔先在焉。坐少頃，朱君至。談片刻，貌既不陋，語言亦頗有條理，似非鈍者。然居今世而有鈍名亦正不易。

〔燈下〕日間再遣女僕赴峻叔母家，問朱宅親事可商否，忻然允諾。寫楹聯四。留李、趙諸君飲。大姪女在黃宅受感冒，來請奉翁，因命肩輿送往。

十二月十七日（一月二十八日）晴暖

〔晨起〕巳初起。信致柘表叔，言朱宅姻事家叔母已無異言，頃小媒述朱氏語，擬十八日送帖。煩代詢換帖時如何辦法，能從儉方妙。墨青問何日往寫春聯，復以明午一兩鐘。

〔午前〕習超距。午後柘叔復函言，朱宅擬十八日送帖，二十日換帖，均用午時帖，用三號金啟，披紅二名持帖，并花壓帖纏喜果。

〔午後〕陪奉翁到黃宅爲大姪女診疾。祝鄭三姻伯母壽。祝華四姻伯壽。到裕源錢莊訪幼梅、漸逵，面求幼梅寫喜帖。接王大表兄信，爲娶兒婦告貸。

〔燈下〕簡幼梅，言寫帖已就近煩李潤生。簡墨青，言明午有事，不能在彼處久留。接潤生信，附馮宅謝帖。簡潤生，還墊款，并乞其明午三四鐘來寫喜帖。

十二月十八日（一月二十九日）

〔午後〕潤生來寫喜帖。＊

＊本年以下日記寫於本日頁眉。

十二月二十日（一月三十一日）
七妹字朱宅，今日納采。早請式金、仲明、伯齡飯，奉周、蓮溪、幼璋、墨卿陪。
十二月二十一日（二月一日）
約哲叔、潤生、壁臣、瑞安、亦香午飯。晚復飲，漸逵及七叔祖、輔臣叔均入坐。
十二月二十三日（二月三日）
鄭小林開弔。晚約崧生、哲生、彤階、壁臣、仲佳來飲。
十二月二十四日（二月四日）
鄭小林發引。
十二月二十五日（二月五日）
晚留獻夫、蓮溪飲。
十二月二十七日（二月七日）
晚鋭卿來久談。
除夕（二月九日）
祀神。祀先師。祀祖先。
以上據智崇日記補。

光緒二十五年己亥（一八九九年）

◎《範孙自定年譜》：在籍。冬，爲智怡授室。第七子生。

整理者按：己亥日記原記於兩册：

其一，附於《戊戌日記》册末，起止爲己亥正月初二日至十二月二十三日，原書封面題記并未提及。本段日記記録甚簡且多缺略。

其二，在《戊戌、己亥、辛丑、壬寅、癸卯日記》册中，爲六月初一日至十一日日記。兩册日期有重疊。

己亥正月二日（一八九九年二月十一日）

尹澂兄來爲立盛錢局事。立盛錢局者，澂兄之戚高公所設也。高公耆年有盛德，而資本不足，錢局屢瀕於危。澂兄爲之設法營救。

正月二十四日（三月五日）

楊春農世叔來訪，墨卿陪。接獻夫信，金孺人請旌事已於年前十二月十三日由禮部題請奉旨准其旌表建坊入祠。

正月二十五日（三月六日）

文美齋陳瑞亭來，商刊印《金孺人殉節事略》。

二月初一日（三月十二日）

到沈宅，爲荷生姻伯點主。

二月初二日（三月十三日）

沈辰生、荷生兩姻伯同日發引。趙獻夫就吴橋書院山長，是日乘船啟行。

二月十一日（三月二十二日）

菊人由小站來訪，約瀓甫、瑞安陪。

二月十六日（三月二十七日）

赴涅溝，送八叔祖母殯。

二月二十五日（四月五日）

余爲立盛錢局籌借七千餘竿，以支危局，卒不能救。今早接瀓兄信，知已荒閉，高公飲藥以殉矣。

三月初一日（四月十日）

祝楊香吟師壽。

三月十二日（四月二十一日）

四十生日，同蘭浦表弟率諸子姪赴紫竹林爲終日之游。

三月十五日（四月二十四日）

菊人兄來作終日之聚，澂兄、幼梅陪。縣署來信，查金孺人殉節事實。

三月十八日（四月二十七日）

託侯子貞代約金八爺字靖臣相地，今早陪往塋地，子貞亦同往。李俶陽來詢福壽宫前修繕道事。吾家先塋在福壽宫前官隄以外，年年有水潦之患。先兄曾於墓道前築數尺厚之土，又築磚墻於前面，然水極盛時仍漫溢而入。余因動念緣何修窄隄一道，凡在官隄以外，各家塋地及種善地皆可得保障之益。李崧生家、徐毓生家皆有舊塋在焉。故俶陽今日來商辦法。

三月二十日（四月二十九日）

尹澂兄赴浙，是日由塘沽登輪，余率智崇乘二次火車往送，至則原定之海晏船已開，須易他船。因留崇兒在塘沽相伴，余先歸。

三月二十一日（四月三十日）

再往塘沽送澂兄。澂兄因無廚役，余飭雜役張祥隨往。

三月二十三日（五月二日）

往拜河營，爲福壽宫前修繕道事。

三月二十六日（五月五日）

修繂道事具公稟求道署出示保護，因李唐仙與道署門政相識，託伊代遞。六月初一日酬道署門政韓根仙團扇、八言對。

四月初三日（五月十二日）

尹世兄由京來津見訪。始知琅若夫子於前月逝世。世兄明日即擬回里，當備挽幛一懸、奠敬五十金親自送交。

四月初八日（五月十七日）

智鬫與卞詒臣令郎聯姻，是日換帖。大賓董綬卿、魏梯雲、李哲生、趙幼梅。

四月十一日（五月二十日）

陶杏南大均來訪，未遇。陶爲縣幕，爲修繂道事來也。

四月十二日（五月二十一日）

如都轉師贈先君紙幅橫扁，文曰『振綱持紀』，親筆也。余託李哲生用油紙雙鉤一分。今日招得心堂李君來，商刻木扁。五月十九日刻好。

四月十八日（五月二十七日）

蘭浦就稽古書院帳房，崧生向余商借也。書院無火食，仍來此間會餐。

四月十九日（五月二十八日）

修繕道之稟道署批准。廿一日同崧生往勘視，廿三日開工。免造册報銷。

四月二十日（五月二十九日）

往鄧宅題主。

四月二十九日（六月七日）

先兄安葬。除家人外奉周、紫封均往送葬。酉刻大雨雹。雹之大者如胡桃，小者如橄欖。

五月初一日（六月八日）

榮卿隨陳雨人赴陝西葭州任。

五月十三日（六月二十日）

小稍直口隄工告竣。是日同七叔祖、八叔祖、吴秀翁及子姪輩前往勘驗。十九日又往勘一次。

五月十四日（六月二十一日）

福壽宫塋地依金靖臣先生之説應將門向略改，是日先將明堂前之石桌移動。

五月二十四日（七月一日）

任琴孫世叔來訪，談。七月十二日請飯，陪客李捷翁、董秀翁、趙幼翁、郭珊翁、郭吟翁、郭毅如。琴翁因家有喜事未到。

五月二十六日（七月三日）

因縴道工竣，知照李崧生、渭占、張曾志、徐毓生、徐祉齋。

五月二十九日（七月六日）

張久庵先生、陳奉翁、陳繼璞來踢鞬。

六月初一日（七月八日）

留孫姓所賣吴讓之隸書四屏，價四金。

六月初五日（七月十二日）

家瓊族叔由慈邑來書謀事。

六月初八日（七月十五日）

蔣香翁、王式金、漸逵來，留飯留宿。道委江薇臣大令驗隄工預以名片來告。

六月十二日（七月十九日）

率崇兒晋京。

六月十五日（七月二十二日）

同菊人兄〈回〉〔由〕京來津，留菊兄宿於槐廳。

六月十六日（七月二十三日）

同菊人、幼梅往壽仲明，崇、惺隨往。

六月十七日（七月二十四日）

同陶、張兩先生送菊人至塘沽登輪。回小站。

六月十八日（七月二十五日）

邑紳呈請縣尊轉詳爲張公繡巖奉請入祠，是日來知會。

六月二十日（七月二十七日）

約敏之師王蔭庭先生今晨逝世。此後約敏亦從陶師受課。

六月二十四日（七月三十一日）

掃墓歸，過大覺庵訪趙君耕藍，未遇。

六月二十五日（八月一日）

接朱燕臣先生自京信。智怡與曹敏齋之長女聯姻，擬在二十六七日換帖，即日率怡兒北上，崇兒從。廿七日納聘。

六月二十八日（八月四日）

率兩兒回津。先兄周年忌日，率子姪乘船赴塋地祭掃。

七月初一日（八月六日）

第七子生。次年殤。

七月初三日（八月八日）

赴京。初十日回。

七月初六日（八月十一日）

江薇臣驗工。十八日酬以洋藥二瓶。

七月十九日（八月二十四日）

旗人慶連字德清，自言係志仲魯令姪，在錦州被劫，急欲回京報案，求助車費二元，付之。

七月二十一日（八月二十六日）

送李八兄、穉兄斂。

七月二十二日（八月二十七日）

請江薇臣、馮蓮渠飯於侯家後義昇成。下午陳柘叔陪李伯棠及其姪伯房來訪，留飯。

八月初五日（九月九日）

王雲卿四表兄今日病故，鋭卿表兄率遺孤二人求斂費。

八月十九日（九月二十三日）

爲唐静巖點主。賀八叔祖續娶。李幼香來約爲其令弟稺香點主定期九月初一日。

八月二十三日（九月二十七日）

喬亦香第三女病故，余邀亦香來家排遣，并約崧生、潤生、渭占、仲佳來陪。

八月二十四日（九月二十八日）

約敏姪生日。張伯苓先生由河東馮宅借來照像器，爲同人照像。計喬亦香及姪銘久、子酌頌、仰吾，劉訥廷，漸逵及大奎、二奎，林墨青及子孟舒、次和，陳敬韓及其令姪一人，趙幼梅及子詒年、賓序，陶仲銘及子孟和，侯吟孫及其表弟，李少甫及其堂弟，陳繼璞，趙獻夫，郭潤甫，王蘭浦，鄭伯華，楊耕亭，輔臣叔，余及子姪七人，共三十七人。

八月二十九日（十月三日）

祝王奎章之太夫人壽。

九月初二日（十月六日）

王奎章爲太夫人壽演戲酬客，余與墨卿同坐。晚宿墨卿家。

九月初三日（十月七日）

送王四表兄殯。

九月初四日（十月八日）

陳敬韓令堂六十九壽，製詩爲祝。是日預祝，次日往賀。

九月初七日（十月十一日）

崔蘭溪炳炎來訪仲銘。

九月十二日（十月十六日）

馮杏林先生向華年七十餘，精神健旺，是日來談。孔輔唐先生逝世，同鄉公議致賻。余賻百金。

九月十八日（十月二十二日）

李伯房來談，言已就漢口館。陶師書房移北書房，即王蔭庭先生設帳之處也。

九月十九日（十月二十三日）

兆峰四叔家璸自甯波來，爲謀事也。宿於槐廳。長沙湯小崖瑢在山右作幕三十餘年，因事赴京，便道來訪，持尹世兄信。

九月廿四日（十月二十八日）

槐廳東鄰穆姓之房商妥賣價二千八百千。

十月初六日（十一月八日）

大門外每值雨後積水可汎舟。巷口污穢，過客溲便以爲當然。因用舊甎漫成雨路，是日完工。

十月初七日（十一月九日）

七叔祖陪兆峰叔赴京都游覽。

十月十五日（十一月十七日）

崇兒、庸兒入縣考場。十六日正場，十八日考性理。崇兒取壹百叁拾肆，庸貳百玖拾壹。廿一初覆，崇玖拾壹。廿五二覆，崇壹百零貳。廿九日三覆，崇叁拾貳。末覆叁拾捌。

十月二十八日（十一月三十日）

祝陳柘叔壽，并賀納寵。

十月二十九日（十二月一日）

家瓆叔回南，是日擬赴塘沽登輪，至則火車已開，改爲明日。

十月三十日（十二月二日）

送家瓚四叔至塘沽。晤瀛甫姪智通，時爲鐵路公司材料廠司事，并晤委員顧衡如蘇州人，印庭懋。早飯備飯，情意殷殷。

十一月初三日（十二月五日）

筱舫叔爲三妹求師，余薦楊小坪世叔。是日小舫叔請飯，余陪。

十一月初六日（十二月八日）

晚送客出門。門外，有告貸者，自言滄州茂才紀堪仲，原籍獻縣，因尋人未遇，求助川資。因招入試以起講，文理粗通，贈以津蚨兩緡。

十一月初八日（十二月十日）

怡兒婚期擇定十二月初四日，届時新親曹宅來就親，擬以新買東鄰穆氏之房作爲公館。是日請高澤畬來書喜聯。幼梅寫隸書新房門心。

十一月十五日（十二月十七日）

往武宅爲柱卿之夫人題主。

十一月二十一日（十二月二十三日）

曹敏翁來津。

十一月二十三日（十二月二十五日）

敏翁令嫒患面瘡，請馬冶亭施治。

十二月初三日（一九〇〇年一月三日）

賀客甚多，晚十鐘始散。

十二月初四日（一月四日）

怡兒娶婦。初六日酬客，親家太太來會親。初七日回門。十五日請曹敏翁飯。

十二月二十日（一月二十日）

喬宅結館，請張伯苓先生午飯，余往陪。

十二月二十三日（一月二十三日）

許耕畬持沈聲甫兄函，由山西匯來津蚨二千竿，代尹澂兄認還余代立盛錢局墊借之款。聲兄意在與余分擔也。是日覆信璧回。

己亥六月初一至十一日

六月朔（七月八日）

未出門。送韓根仙扇聯，託唐仙轉致。買吴讓之篆屏四幅，價四金。課趙姪背書。

伯齡疾愈來館，午後談許久。信約王覲宸、陳静侯明早來與伯齡相會。午後梅子琴來。

【頁眉】朱硯翁令嗣字蔭田。蔭田有弟。

六月初二日（七月九日）

寫先代影像題籤并注生卒年月，自辰至申。伯齡、覲臣阻雨不至，惟陳静侯辰來申去。接仁安信并致兒輩三信，寄趙幼梅一信。

六月初三日（七月十日）

約幼梅、授卿早飯，補謝媒也。陪客唐仙、翊廷、漸逵、墨青、柘表叔、李哲生，飯後聚談，至夕始散。郭翊如亦在坐。早書扇三。

六月初四日（七月十一日）

倦甚，自晨睡至夕。晚飯後仍早睡。復獻夫信。

六月五日（七月十二日）

接家瓆叔信，仍屬在北方謀事，言從前曾就鹽務收發席。看《華英讞案定章》《百年一覺》。

六月六日（七月十三日）

紀錦翁來拜談良久。性成來坐至夕。晚崧生來。漸逵來簡，言蔣香翁擬一二日見訪。因答以初八下午備飯相候。看節相《壯游日録》。課趙維鈴讀。看《通鑑》。式金送來寄錫三信件。因復一簡，約其初八日來陪蔣香翁。

六月初七日（七月十四日）

課趙姪讀。賀孟雨亭續娶。子貞午後來。看《通鑑》。看《壯游日録》。傍夕大雨，仲翁宿。晚與仲翁閒談。

六月初八日（七月十五日）

課趙姪讀。看《通鑑》。看《四述奇》《使西紀程》。午後蔣香翁來，式金、漸逵俱至，聚談終夜，讜論正多。

六月初九日（七月十六日）

伯齡、静候補踐初二之約，覲臣午後至。香翁，式、漸兩弟傍夕去。覲臣、静侯二鼓去。伯齡宿。體仁夕來，談至三鼓。

緒雅遣女价來，持曹敏齋原信，言男庚已合算，甚爲合宜，問女庚何時寄來。又言伊六月中旬赴通接班，換帖日期能在六月下旬，若二十八九尤妙。又言範若到京，可到朱硯翁處傳語一切。又言婚姻大禮不可過於從權，亦不可過於苛求，云云。原信暫留細閱。

開州胡生嗣瑗以其州侯陳劭吾之命，書《聖諭廣訓》一通。劭吾授予，意欲在黔刊布。予因黔無良工，俟之。今午檢出，將付石印，適體仁來，因乞其書籤。體仁攜以去。體仁借《癸巳類稿》，許以異日送去。

【頁眉】晨接體信，論吟丈事。予方假寐，醒後覆言小站事不易謀。子貞所薦尚有一線可圖。

六月十日（七月十七日）

信致緒雅，言予擬赴京一行，謁朱硯翁，先將禮節及日期大略商定，三五日折回，二十後再約伊同往，煩淮生起草。奉周來。少雲來談。朱雨亭來談。午，董姑丈來，昨夕至自洵。接錫三信，申言謀事之議。又屬崇智製硃錠。接紫封信。夕訪緒雅，請先發信，言予十二三日准北上。歸訪墨青，坐許久。盥洗飲冰。

【頁眉】錫寄羡信。

六月十一日（七月十八日）

吟舫丈來，談謀事事。命崇兒檢點行李。買辦送人禮物。沐浴。爲獻夫寫對二。復獻夫信，錫三寄獻夫信及對聯二付均交維鈐，因明日有便人回吴橋。

光緒二十七年辛丑（一九〇一年）

◎《範孙自定年譜》：在籍。割去額上及臂上之瘤。改定先人所設義塾課程。又借陶氏宅設學一處。王君寅皆、林君墨卿、張君伯苓終日討論學事。陶仲銘歿。冬，兩宮還京。女智安生。孫女仁菊生。

整理者按：庚子（一九〇〇）日記現已不存。録《自定年譜》於此：光緒二十六年庚子，在籍。『拳匪』之亂，六月十八日津城陷。是月，長孫女生。陳奉周殁。姪女智珠故。第七子及長孫先後殤。

又按：辛丑日記記於《戊戌、己亥、辛丑、壬寅、癸卯日記》册中，僅有五月初一日至六月初十日日記。

辛丑五月初一日至六月初十日

五月初一日（一九〇一年六月十六日）

寅初起。大野君歸國，偕崇兒、益兒以行，五時半自家動身赴車站。余丐蘭浦弟率僕王禄送至塘沽。日中，蘭浦由塘沽回，言彼三人者今日暫宿旅館，須明日登舟。日曜日面試之期，至者甚衆。孟君浩泉夢臣陪之來，通英文、尹君叔禾幼梅偕之來，叔禾，寅皆之友也皆初識也。至夕乃散日友二橋俱來。

五月初二日（六月十七日）

赴育嬰堂。

五月初三日（六月十八日）

赴育嬰堂。午後性初見訪，言瑞安奉典試黔中之命。屬余爲之計畫。余因訂於明日北上。

晚改陶履恭及忠智文各一首。恕明來話。

五月初四日（六月十九日）

卯初起。卯正率僕王貴進城。訪華汲泉與之結伴赴京。七時至車站，適今日有加車，遂買二等票登車，未久即開。同車有印度兵十人、華人亦十餘人。午正後到北京車站，買車到捨飯寺。晤瑞安及陳敬侯表弟。實甫是日赴天津。

早飯後附瑞安拜客，車出城，到鮮魚口興記荷包鋪即萬順遷改。晤陳品三、馬蒔溪諸人，小坐片刻，復到天利和磨坊訪仁安，并晤孫比部少湘。與仁安同車到米市胡同朱哲臣寓所，晤哲臣、亦香、性安、璧臣、益齋，兼晤朱舍人伯勳，談許久。傍夕瑞安亦至，同瑞安回捨飯寺。瑞安以在去年所演算草見示。

五月初五日（六月二十日）

卯正起。晤于海帆及其年姪汪君。汪君，吕小蘇之壻也。議使事許久，余亦稍參末議焉。與瑞安同年到米市胡同。是日同鄉公餞瑞安兼慶瑞節，約予陪楊蘭波。

魏梯雲亦在主人列。飲啖甚暢。晡後，同仁安、梯雲、瑞安至琉璃廠，同瑞安赴楊梅斜街紙局定扇、對。又同到有益堂，余買書二種，《王荆公詩注》捌兩、《朱梅崖集》貳拾伍兩。又同仁安、梯雲到松華齋訪佩馨，談許久。梯雲約余及仁安至羊肉胡同宿其寓所，亦香亦至。始見《紀氏嘉言》於梯雲案上。聞哲臣明日旋津。

五月初六日（六月二十一日）

同亦香、梯雲赴瑞安處。仁安有事入署。璧臣已先至，略談使事。同亦香、梯雲、璧臣步行至單牌樓。亦香、璧臣訪益齋，余與梯雲歸羊肉胡同。坐未久，益齋至。大雨一陣，繼而仁安同性安至，繼而亦香、璧臣，最後瑞安。諸公將備盛饌款余，而是日方遇端陽，酒館無開張者，因命梯雲之庖丁治具焉。飲甚暢。飯後余小睡片刻。附益車，到松華齋。璧臣、性安、仁安、瑞安、亦香步行繼至。坐許久，瑞安回城内，璧臣、亦香、性安、仁安各歸其本寓。余附益齋車至益齋處，晤其大世兄，索觀近作。又晤朱古微，〈許〉〔談〕極久。古微去後，余假益齋之車回羊肉胡同，順道至朱寓，與亦香、璧臣談數語。抵魏寓已曛暮。余忽覺牙痛，不食而就寢焉。入夜，梯雲之庖丁忽患腹瀉，痛而呻吟不絕。梯雲爲之撮藥，來往頻頻。又時就余榻問所苦。余意大不安也。中夜，庖人因服寶丹痛止，余睡覺後牙痛亦止。【頁眉】

戒旱煙自此始。

五月初七日（六月二十二日）

卯初起。又三刻買車赴車站。梯雲固欲送至站，卻之不可。既至，爲余買票，并照料登車。又爲買糕點，備途間之用。周洽可感。登車少頃即開。到楊村時遇佐藤藤太郎，以麥酒飲余。談次知其於月前復自日本來天津，昨始來楊村也。

午後至老龍頭，乘人力車至育嬰堂。遇尹叔禾，留之飯，而余牙痛復作。卧良久，痛未已，乃辭叔禾而歸。入門聞佐藤與其友淺井幹一來，在蟫香室，余不能周旋，乃入内而卧。

五月初八日（六月二十三日）

見幼師第二次來信。初五日到。

晨起牙痛止。日曜日面試之期，叔禾、夢臣、幼梅、寅皆諸公至，面試畢午飯。諸公暢叙，余亦飲二三杯，飯後牙痛又作，且劇。遂不能陪客，入内卧。

五月初九日至十三日（六月二十四日至二十八日）

牙痛時作時止，作之時坐卧不甯、心煩意下，止之時僅不痛而已。然食飲皆有所礙，悶不可言。終日倦卧，以《梅崖集》自遣。幼梅丈日有書來問訊。

五月十四日（六月二十九日）

自昨夕勇智以五倍子搗而敷於余之頤，頗覺清凉。今日痛良已，惟頭微痛耳。午後上岡來，仁安來，寅皆來，嗣香來談。馮菊翁來爲嫂視目疾。劉筑笙來宿。

五月十五日（六月三十日）

先君生日，每歲掃墓，因牙痛初愈，未敢以風，午後命錫智、勇兒往焉。日曜日，客至者日友三人，中友則仁安、寅階、小泉、筑笙、夢臣、杜君江孫、黄君竹初。夢臣助鉛筆等事，以備獎酬。與仁安期明日會於幼梅處。

錫、勇往竹叔祖家稱祝。

五月十六日（七月一日）

早訪墨青，談許久，同至幼梅處，坐客甚多，因詒年于十九日授室，是日爲過妝之期也。抵午約仁安、墨青，同至聚興園飯。飯後復同到趙宅。墨青旋去。余留候仁安。梯雲自京歸，訪余於育嬰堂，不遇，亦來趙宅，爲奎章坨鹽事，屬余往見芰香。余謝不敏，因爲書策。託王虎臣問其緣委。使人約虎臣不遇。余夕同梯雲歸。毅如、小峰、劉太姻丈昆弟來辭行。

五月十七日（七月二日）

王虎臣來余家。余告以情。伊許爲探詢之。余因赴育嬰堂待之。余久不到堂，日友之乞書者皆幼公一人任其勞，自幼公家有婚事，幼公亦數日未到。日友之來堂者，皆悵望有懟詞，或檢余兩人印章，蓋於素紙之上，持以去。蓋將乞他人代書，爲歸國後贈友之品也。余今日到堂，因盡力清理之，凡寫七八十紙。候虎臣，至夕不來。

【頁眉】接崇兒等自馬關、大阪兩次來信，由巖熊代取來。

五月十八日（七月三日）

王虎臣來余家。告以芰香不得操其權之故。余往賀奎章聘女之喜。訪梯雲，不遇。進城到劉親家處一看，新遷未幾日也。

賀幼公娶子婦喜。聞梯雲已去，追及於鼓樓東華實甫新居見之。述王虎臣之言，并晤亦香、澤畬、性初諸公。談畢復返趙宅。飯席設郭毅如家。飯後與敬韓、漸逵諸公略談。到育嬰堂，爲日友寫字數十幅而歸。由華返趙時，道經四姑母之門，入而小坐。

五月十九日（七月四日）

到幼公處一看，聞劉小齋娶姪婦，因往賀之，見其令姪。到育嬰堂，失候李桐岡。終日爲日友寫字。〈澤山〉澤山、飯村來家留晚飯。

【頁眉】飯村贈小像一紙，索去酒杯一枚爲記念。

五月二十日（七月五日）

早過巖熊處，巖熊特約至其照像館，爲余照六寸者一紙。午後復偕木村來訪。

五月二十日（七月五日）

到幼梅處小坐。交飯村小像并約午後同訪之。余到育嬰堂，爲日友寫字多幅。巖熊、木村見訪，約看大曲藝。余請以來日在余家相候。午後驗堂。幼公到堂并偕其三世兄，余同之訪飯村，不遇乃歸。

五月二十一日（七月六日）

賀卞詒臣續娶，小坐便歸。候木村、巖熊，過午不至。天大雨竟夕。晚蘭浦表弟率諸生掃除蟫香室，至夕乃畢。醒心爽目，怡悦者久之。因明日面試人數加多，酌移几案而增多焉。

五月二十二日（七月七日）

雨後道滑，諸生至者惟誦裳、芹香、冠如、質夫、佩明，他人皆未來監試。寅皆、墨青、亦香亦香偕日友江藤同來、則久、彤階、筑笙、蓮溪、恕明并陳、張兩師，又上岡、大橋二君先後來，甚盛。是日中文課筑公評閲，日文課上岡、江藤公閲。至夕各散去。李、陳二公宿。蘭浦患腹疾。

五月二十三日（七月八日）

知廳桂季輝先培使人來安駕，候之過午而不至。余因請竹叔祖候之，而往祝陳五舅祖母之壽焉，蓮溪偕。到育嬰堂爲日友書多幅。幼公先在焉，因其世兄有小疾，回家候醫略話數語而去。

爲張稚青書聯。爲李序東書扇。爲魯嗣香書直幅。夕歸。飭張升到閘口日本郵局取來崇智自大阪發來信。晚鈔崇兒日記。

五月二十四日（七月九日）

昨夜大雨雹，破窗入墮余枕旁，檢之大如荔枝。未赴育嬰堂。早鈔崇兒日記數千字。午假寐。夜大雨。

五月二十五日（七月十日）

早肩輿訪桂季輝，談許久。到育嬰堂早飯後，寫扇屏數十件。未正歸。與張、陳兩先生及諸生演心算，竟日不倦。

五月二十六日（七月十一日）

候張氏來接，至午無信，蓋改期矣。寫復蔚如信，託益照臨寄。午後到育嬰堂。

寫字二三十件。夕歸。晚演心算、筆算。

五月二十七日（七月十二日）

早聽張館諸生問答英語。睡兩時許。午看《國民報》。張吉臣來，昨午至自京，寓楚帆家。改錫智、勇智常課未畢。謝清翁來函，爲薊六永七，借庫款請作保商事。朱清泉、何翊臣先後來，爲保商事。上燈後始去。

五月二十八日（七月十三日）

早改錫智、勇智課作畢。石川、德助、大橋、富藏同來，試體操，留早飯。始食瓜。午後石川、大橋甫去，而橋本慮平泰來談，至暮乃別去。近藤來。梯雲偕趙仲蘭來子登之弟，寓南斜街，暮去。晚演算二題。

五月二十九日（七月十四日）

面試課至者甚盛。中友梯雲、幼梅、寅皆、夢臣、恕明、蓮溪，又夢臣之友陳芝雲。東友上岡及其友三人，江藤。喬亦香午後來。夕時客散。

五月三十日（七月十五日）

晨到堂，橋本在焉。先候大橋。午前送二橋及日友諸君於大門外。市川君見訪，索書四幅而去。

午後驗堂。

六月朔（七月十六日）

晨到堂。木村君見訪。

六月初二日（七月十七日）

到堂。上岡來堂飲麥酒，墨青亦在坐。

午同上岡、澤野、藤井赴海大道電信隊爲市川送行，并晤近藤、佑藤。市川留飯。到山幸行，答拜平川君，并晤藤井。

歸已暮。上岡言，明日十二時出發，七八時間到堂見訪。

六月初三日（七月十八日）

到堂候上岡不果來。有近藤正史者來索書，寫十餘紙，匆匆而去，是日將啟行也。

六月初四日（七月十九日）

同伯苓先生詣寅皆。又到墨青處、劉紫樵處。二公爲吾兩家作伐議昏於陶氏。擇期月之初八日换帖。故是日往拜之也。又同到華實甫處，看果飲機器。又到育嬰堂，約體公同至大煙筒飯館小酌。臨流而樓，凉風四至，甚適。到同興德。是日連接崇、益兩兒十八、廿三兩次信，并日記十三紙。鈔日記。

六月初五日（七月二十日）

是日未出門。鈔日記終日。有日人河原來求書，託其寄家信一封。

六月初六日（七月二十一日）

面試課。東友惟江藤一人，中友增胡君玉孫，桐階亦至焉，不期而來者芮輔廷、趙獻夫、鄧峻山。

晚張久翁來宿，因伯苓先生患腹疾，今日歸。久翁無宿處也。

六月初七日（七月二十二日）

體公來寫喜帖，寫畢即去。

午後墨青來，晚留宿。

六月初八日（七月二十三日）

巳正遣帖至陶家。午初帖換回，暢飲皆醉。午後大雨。劉紫樵先生來，夕去。墨青再宿。

六月初九日（七月二十四日）

早睡甚久。午後與墨青閒話。墨青夕去。晚習英文單字。

六月初十日（七月二十五日）

早同寅階到李氏，爲淑生并其太夫人題主九時畢。途遇巖熊，同到堂，爲寫字四紙，又爲津人寫扇三事。午後寅階、桂生、嘯麟至，桂生先去，同寅、嘯訪武子展光濟，雲南，不遇。

光緒二十八年壬寅（一九〇二年）

◎《範孫自定年譜》：在籍。天津交還。王竹林君、李子赫君捐資設學，邀余與共。夏，借鐙牌公所設兩齋。六月子智庸殤。七月率子崇、怡游日本。十月由上海歸。余在日本時，墨卿諸君將鐙牌公所之兩齋移會文書院，且增一齋。余歸又增兩齋，始名民立第一小學堂。墨卿與王寅皆之力爲多。孫女仁清生。姪孫仁曾生。

整理者按：壬寅日記原記於三册：

其一題爲《壬寅四五月間日記》。記録了此年在天津爆發的霍亂疫情。册末有日記草稿數頁。

其二題爲《壬寅東游日記》，是嚴修第一次去日本考察的記録。起止時間爲七月初七日至十月二十八日。

其三在《戊戌、己亥、辛丑、壬寅、癸卯日記》册中，爲十月二十九日至十一月初九日日記。

【封面】壬寅四五月間日記

壬寅四月二十□*日（一九〇二年六月四日）

余往日本病院在海大道汽燈房，致謝院長平賀精次郎君爲家竹叔祖醫咯血全愈，兼候徐芷齋弟以淋症留院，受醫治。平賀爲余言，近日東西沽有支那人患虎列剌病，同日而死者六人。虎列剌者即支那所謂霍亂症也。余聞之而驚，因詢豫防之法。平賀君曰，先節飲食，凡生肉、生野菜、水菓皆勿入口，其他各物非經煮沸皆不可食。又曰，蠅之爲物最易傳病，蓋蠅食病人之糞，又食吾人所食之物，故傳染甚易。

* 原文留空。據本册卷末所附日記草稿，當爲二十八日。

五月初一日（六月六日）

余自東城歸，見徐芷齋手函，略言院長因近有傳染之病，令其回家，自行換藥。信稿如下：

範孫二哥大人閣下：今早函致墨哥。飭張順去後，小川來我寓，言『平賀大人諭令叫你回家，因近日唐沽等處以及紫竹林一帶一兩個時辰而死者多人，恐其彼此傳染，清國苦力均令開路』等語。今日換藥，明後日帶藥即在家自換，初四日再坐洋車來看詢。問：『住嚴宅日本人何名？』弟答：『大野。』言：『對對，請明日到院，祈達大野君可也。』弟飯後攜裝平安到家，今日歇息，明早造府。此請刻安。

小弟徐祥臨頓首　初一日午後

五月初三日（六月八日）

星期小課，評卷諸君俱至，傳聞洋人稽察病人甚嚴。

近來頗有時疫，醫名癟痧證，傳染甚速。初起吐瀉，失治即不治矣。各段有洋兵看守，凡病須先聲明，如係時症，即浸以石灰，或扃其門，或焚其廬，總之不使疫氣傳染他人而已。而人心惶懼特甚。陳柘翁日記

《嚴防疫氣》：近日疫氣流行，都署管轄境內傾倒穢水，檢拾糞汙，均限自早

七點鐘以前，以殺瘟氣。而租界各官商亦各糞除拉圾、傾灑水藉避疫，其各銀行洋東更限以鐘點，不准閑人任意出入，亦衛生防患之要道也。《天津日日新聞》五月初三日

午前蘭浦表弟倉皇告余曰，吾三嫂患霍亂甚危急，家中遣急足來召余。余當即歸，悤悤而去，并託輔叔代賒棺衾等事。

【頁眉】智怡歸自沟，遇吴摯師於汽車。吴摯師屬代發電至保定，阻其世兄來津，因疫氣盛也。

五月初四日（六月九日）

昨夕大野君自紫竹林歸，攜來總領事告誡，及豫防法一紙。智庸譯之。又言，日本人目下設數處豫防團體共行豫防。侯家後、紫竹林、閘口及城内鄉祠凡四處。

豫防法行邸内之掃除不可留塵介於邸内及便所之消毒法：醫每週巡間行健康診斷。消毒藥，石灰，昇汞水，石灰酸水。右撒布於便所。若於團體中有病者，直告之於委員。委員、醫員共來，直行消毒法，速遷病者於避病院，付看護人施治療，若有吐瀉，直傾以石灰酸水消其毒，并置石油空箱中，煮至沸，以免毒再蔓延。岩村君筆談

《關虎列刺病告諭》：我總領事館爲虎列刺病之發生發告諭如左：本月一日以來，大沽一帶及津地患劇烈的虎列刺病者發生，清人及外國人苟罹病者，悉呈死亡

之慘况。其勢且蔓延不已。故此際必當各自講最嚴重的豫防方法，努力保持身體之健康。病疴雖微，苟腸胃生異和時，無付等閑，直受醫治。如所患疑似虎列刺者，他人須嚴隔離患者，一面以相當之消毒藥散布攪拌於患者之吐瀉物及便溺，一面速受醫治，并急報其事於當總領事館。如隱蔽不報，當照法嚴罰。又不論内外國人，聞見附近之家有患虎列刺病及其疑似病者，亦當立時來報。以下列記關豫防應注意之事項，須善體其趣旨，實踐躬行以期無他日之遺憾。

右告諭。明治三十五年六月五日，在天津日本總領事館。嚴智庸譯稿，明治三十五年六月五日即光緒二十八年四月廿九日也。

一，忌腐敗或未熟之飲食物。此外雖純良食物亦非洗淨煮沸後不可入口。

一，蝦蟹蚌蛤之類，切麪類、油炸類、粘糕類，又種種難消化之物不可入口。

一，不可飲食過度。

一，所飲之水，必用煮沸者，洗滌食器類亦同。

一，飲食物必設覆蓋，防蚊蠅等之集，并須極力撲滅。

一，不可勞動過度，而適度之運動亦不可少。

一，就寢之際須留意，勿使腹部受冷。

一，不可近有患此病者之家。

一，身體衣服及屋内外須極力求清潔。

一，洗濯之衣類，非在日光下十分暴曬乾燥不可使用。

一，溝渠下水、厠周圍及潮溼地等類須撒布石灰，決不可堆積汗穢等物。

一，主人須注意令其僕役實力講豫防法。

五月初七日《天津日日新聞》附送守一齋諸生譯稿，送日日新聞報館乞其删改附送。

余既見日本告諭豫防之法，因命子姪督僕輩實力仿行。改庖人包作飯菜例，每日由帳房酌其宜忌，隨時分派。購石灰六百斤，以備散布。又購コールター兩桶，以備同人分用。

午後隨大野、伯齡兩先生偕誦裳率智崇到浙江會館訪橡村鑛太郎，考問豫防組合事。入資五圓，攜殺蟲藥水四瓶以歸。橡村居室内外凡墻陰、階下皆布白灰。殺蟲水有兩種，一曰昇汞水，一曰石炭酸。

趙木工爲其弟來乞藥，其得病之由因昨食韭菜餃子過多也。翌日問之，竟不救耳，十三歲。

是夕備兩席，爲錫三洗塵兼爲竹叔祖起病。先一日所豫囑也。既已備矣，不肯中止，去鮮果而已。

五月初五日（六月十日）

《防疫日嚴》：都署衛生局以時疫之流行也，行文各段捕房嚴行查察，病則報館治之。崇仁宫前某水鋪主感疫而死，立由華捕隨同家屬舁赴衛生局，請驗。旋即敷以藥水，俾免傳染。從速瘞埋。又近聞日本武官諭，飭日界各段華捕，如有因時症身亡者，家人及同院居住之人，不准出門，以免傳染。前日縣署前某烟館内某甲，染疫而亡，即經日弁查知，飭華捕數名把門，不准出入，每日給錢若干，以備食用。又昨日鍋店街某洋貨鋪門首貼有『此内有傳染症，不准出入』字樣，并有華捕看守，想亦有患疫而死者。又衛生局因瘟疫盛行，所有在局各妓等，不准窑主來局送飯，其應用食物等項，由該局負撫給。亦思患預防之意也。五月初五新聞。

聞日本軍士、商人皆以絨作圍腰，敦慶隆鋪銷售逾千圓。

五月初六日（六月十一日）

李席珊畏疫，是日北旋。智怡送之至車站。歸過育嬰堂，見趙體翁，知女董薛已故，又隆順布店總司陳君，又趙蔭翁之姪女，又某錢店員葉君之戚某，皆以疫死。

午後張久翁來言，其戚王家盡室來遷，因同院有疫死者，恐被關禁也。晨，王蘭弟來述三表嫂致疾之由，病之前日早飯食鱠魚，晚復冷食其餘，又飲冷水兩盂。天未明即患瀉痢矣。

今日聞病死者大半由飲食不檢而致，或因韭餃趙木工之弟，或因鱠魚、冷水王三表嫂，或因螃蟹、黄瓜、粽子皆伯苓述，鑿鑿可據。

劉伯申送來回生丹藥方。

《設法避疫》：法界一帶現經法武官置備白灰若干觔，飭派各段華捕查察，各處館厠及西頭沿河一帶積穢之處，特雇苦力多名，一律傾灑以避瘟疫之氣。

《都示照録》：爲出示曉諭事，照得天津城厢内外地方，現查有霍亂病症，爲此出示告誡爾居民人等知悉，務須遵照本衙門所訂章程辦理，以免傳染，特示。兹將章程開列於下。一，凡飲水、飲茶須用開水。二，菜蔬水果等項必須煮熟，方可食用。三，身軀并手指切宜潔净，不可污穢。至於食用各物，尤應清潔。四，遇有此症，無論何時，須速報知本段武員，以便派醫診視，以免染及家屬鄰里人等。倘隱匿不報，一經查出，立即嚴究不貸。五，居民人等，所有厠所并堆積穢物地方，均須傾灑白灰觔，可赴各段巡捕官處領取，不收分文。以上録《天津日日新聞》

初六日二則

五月初七日（六月十二日）

聞宋蔚穠昨日疫故。又益德王宅一女僕、鄉祠前卞宅兩女僕故。宋蔚穠初六早飯食昨日端節之餘，食畢，假寐，以待友人，將同觀劇也。友至，將偕行，猝覺腹痛，如厠大瀉，病遂大作，竟不救。王宅之女僕因飲冷水，睡新炕致疾。

二姪女午後忽覺心内煩亂，懼而泣，急服寶丹小盒之半。遣人請祁方翁，又恐其遲到也。先至冶亭處，問其在否。恰於今早由楊柳青來，即夕仍折回也。可謂湊巧矣。冶亭來診，主飲薑汁，而不主針。既而視舌下中線，有紅痧，令刺破之。歷兩小時漸愈。傍夕，郭公來診，未立方。

《一僕不醒》：近來，時症傳染，居民皆兢兢知所調攝。烈日之下，不敢任意行走，恐爲熱氣所感也。昨日有某姓女僕，年約四旬，手捧節禮兩包，乘坐洋車至肉市口地方，忽然感冒時氣，昏迷不醒。經法兵瞥見，即將該僕舁去調治云。

《力宜禁賣》：前日都署出示，凡居民於一切食物，俱須謹慎，誠防疫衛生之要術也。然無知愚民，往往喜食生冷之物，以致病來不測。每見大街小巷有以紅果煮湯，和以糖屑，雜以冰水，青蠅營營攢聚其中。行路者畏熱，多買飲之。其受害非淺。昨日見有日本兵將各攤紅果湯傾倒，不許呼賣。知其害者，大爲痛快。安得

盡行禁絶，則造福實無窮也。以上二條初七日《日日新聞》

五月初八日（六月十三日）

《患疫死人數》：天津塘沽間自時氣傳染以來，至西本月十號止，計算查得患疫者共有八十三人，實死五十六人，其餘救治得免云。十一號起，至十二號止，死七十五人。

《荼毘世界》：時疫流行，傳染甚易。故都署嚴行查察，代爲診治之。其已死者，但係查驗屬實，則氣之所感，蟲之所生，尤於生人有碍，不如聚而焚之。初六日十點鐘，各捕房查出感疫而死之屍有十餘具，中人、外人、男人、女人均舁至廣仁堂西首，舉火焚化，蓋已逍逍遥遥，度入荼毘世界矣。按，此次所焚原有洋人在內。西人聞之視若等閒，華人則習俗不同，視爲最慘最酷之事，往往有作避地之計者，正不知都署將何以善其後也。

《如是我聞》：有友人言，某日輪船由大沽開往營口，患疫死十四人，病二十三人。登岸後生死若何，尚無所聞。又云，馬家口各營房於初四、初五兩日內，兵死十三人。又法界華民十二人，日界日内死者二十五人，車站德兵一人。又貧民苦力死而未經報明，私自掩埋者七人。又言西南城角新闢商街，前日填地苦工疫死十七人。印度兵查知詳細，即將各苦力一律驅逐，將窩棚等付之一炬，恐其戾氣傳，擇地瘗埋。

近來時症流行，貧民染者最多，英國武官協同英界董事等，在西門外僧王祠西大道迆南，量地一段，特爲標記，作爲貧民掩埋義地云。以上四條，初八日《日日新聞報》

午後二姪女又患心跳，雖較昨日稍輕，然也不支。復延孫蘭舟診視。令服紅靈丹，傍夕又愈。傍夕聞周墨卿故。又聞趙炳如病危甚。晚從黃宅尋來觀音救急丹，原方另册粘存。

五月初九日（六月十四日）

足立君偕藤井君來。藤井久客坎拿大，善英語，與伯翁暢談。伊言，防疫之法惟在飲食加意，蓋微生蟲雖毒，非由飲食入，亦不能遽爲害也。

《驗妓暫停》：時疫流行，衛生局遍設分局，忙碌異常，而查驗妓女一事，亦於日前停止。故曰來娼寮妓館人數驟增，不似從前，避地避人，盡拔艷幟矣。

《懸旗誌別》：疫症初起，惟唐沽爲最盛。唐沽分段衙門渥君除嚴禁兵丁司事等任意出入外，并飭派日本軍醫赴東西大沽商戶民家一體查察。每察十家，給以黃旗一面，懸之門楣之上，以便識別云。

【草稿】*

*以下爲四月二十八日至五月初七日日記草稿，因對定稿信息有所補充，現附於此處。

四月二十八日（六月四日）

余往日本病院致謝平賀院長，兼候徐芷齋。院長言，昨日東西沽有支那人六人患虎列剌病者，不逾日而死。虎列剌，清語所謂霍亂也。余聞之而驚。因詢以豫防之法。今日病院中因恐此病傳染，禁支那出入，所有使用苦力皆已遣散。余友徐芷齋在病院中受療，治者亦令歸家。歸而令張仲述以白話述之，余爲删潤，遍示家人及傳學諸生。白話如下……*左白話一段，述平賀先生言豫防法。

*原文闕如。當即本卷之首四月二十□日所記平賀之言。

五月初一日（六月六日）

徐芷齋自病院來信，言院長因近有傳染之病，令其回家將養。信稿如同人來，巡捕局查病人甚嚴。

五月初三日（六月八日）

面試小課未畢，表弟孟蘭浦倉皇告予，言其家遣急足來召，因雲浦表兄之夫人猝患霍亂。余表兄王雲浦之夫人。詢知得病之由，因昨日午飯食鱠魚，晚冷食午間所餘之鲙，食畢又飲凉水數碗。（議買具油。）

初三日晚大野先生自外埠持來《北清新報》中夾篇日本總領事館告諭及豫防法。（謹録如右。）

五月初四日（六月九日）

木匠趙來乞時癥丸，言其弟患霍亂。得病之内由，因昨晚食韭菜餃子。初三日問之，竟不救，十三歲。

……左岩村先生筆談一段。

日本人目下設數個豫防團體，有侯家後、紫竹林、閘口、城内之四團體。此團體共行豫防法。

豫防法行邸内之掃除（不可留塵介於邸内）及便所之消毒法。醫每週巡回，行健康診斷。

消毒藥、石灰、昇汞水、石灰酸水。

右撒布於便所。

若於團體中有病者，直告之於委員。委員、醫員共來直行消毒法，速遷病者於避病院，付看護人施治療。

若有吐瀉直傾以石灰酸水消其毒，并置石油空筩中煮至沸，以免毒再蔓延。

五月初五日（六月十日）

早大野君講論豫防法甚備，余命子姪皆率僕輩實力講求，廚房不用包飯之例，由帳房派買并……凡日本領事所謂忌食者，悉遵之。

午後同大野君、張伯翁、韓誦裳率崇、怡兩兒赴浙江鄉祠訪橡村鑛太郎。乞得殺蟲藥水四瓶，以洋五元助衛生會資。橡村居室内外緣墻下皆布石灰。

五月初六日（六月十一日）

劉伯申送來藥方。

張久翁來，言伯苓兄之岳家王氏合家來張宅寄居，因其同院有病死者，恐被關禁也。

今日所聞病殤者或因食黄瓜，或因食凉樱，或因飲凉水，皆歷之可證。育嬰堂薛女董，隆泰陳掌櫃。

五月初七日（六月十二日）

聞宋蔚穠故。益德王宅一女僕。大宅兩女僕，因飲冷水睡冷炕。姪女午後患心内煩亂，服實丹半合，請馬治亭來診，刺舌根，飲薑湯，凡過一小時而全愈。

【封面】壬寅東游日記（七月初七日至十月二十八日）

七月初七日（八月十日）

早八時，率智崇、智怡由家行，送者子誠、小泉、恕明、賡廷及家輔叔。九時至停車場，送者柘表叔、蓮溪、蔭清、庸卿、誦裳、孟和、問泉、次和、佩明、幼臣、約敏。其先至車站相候者，體丈、潤丈、秉權、懷孫、敬韓、緒臣也。日友則足立、佐藤、藤井、楠、吉田、平川、井上、岩熊、日高諸氏也。路遇者高勤軒之尊翁及其友閩人吴德遠寓福康里、黄君某曾居日本，日友則伊集院、高尾、白須、財部、駒井、成田、鈴木、〈崛〉〔堀〕部、辻幸吉諸氏也。

九時十五分車發，十一時半到塘沽，送者寅皆、鶴籌、伯齡三君子也。木村旅館飯，遇岩熊，拉之同席。

一時登小火輪。行李壅塞，無插足地。王張三君子不及待開船而去。

同舟者鍋倉直、青柳篤恒日高紹介、塚谷孝二郎、和田捨私立神丸事務長，伊集院、川本紹介、會田井上介。

二時船開，五時至立神丸泊處，六時半開行。

識船長荒川次郎，事務員福士德太郎、給仕人飯塚氏預給四元。又識機關長理上道太郎、一等機關士渡部敬治、二等機關士安村彌吉、三等機關士小柳津垚作、一等運轉士櫛引繁之助、二等運轉士森田磬次郎、三等運轉士吉谷外次郎。此外，事務部有秋葉、高橋、近田、小山、吉田諸氏。又，木工岩城和三郎。

福士君以李提督添順所書詩幅示予，且索予詩。因次其韻云：海上風吹一葉舟，酒酣長嘯按吴鉤。壯懷易盡吾衰矣，尚欲乘槎問斗牛。理上君謂予似五十許人，故第三句云然。

七月初八日（八月十一日）

每日五時半電燈息，六時備盥水。盥訖，七時進加非茶一杯、餻一枚。八時早餐別有膳室，西洋食，日三次皆同，十二時午餐，三時後進加非茶，六時晚餐，電燈然。

福士君告予避眩暈法，曰靜坐納凉風，時時逍遥尤妙。余從其教，終日散步船面。一時到煙臺泊焉。英人來驗病，手持一紙核人數。和田君一一指告之。數既符，乃去。船又前行，又少頃乃泊。

鍋倉乘木船之舢板登岸，招余三人共載。赴棨升棧梳髮并買繭綢三匹。

福士索書，應之。由是索者踵至。

由大沽至煙臺，凡行十九時頃福士云，百九十一哩半。

七月初九日（八月十二日）

晨至艙面觀裝貨者。遇一華人，吉岡洋行之司事也。談片刻，聞此地出口貨爲絲、烏魚、桐木日人制屐用之。青柳君言，制屐亦有用他木者，但桐爲貴耳。又聞，出口貨有甘草、雞卵、草帽辮。

福士言，此地山皆秃，曾有日本地質學家言，北清之地非不可植樹，人自不植耳。

理上君言，相模丸容一千六百噸，立神丸容二千七百〇三噸，故相模不如此船之穩。

十二時船開行。福士云，芝罘、門司間五百七十六哩。

福士又索詩，口占一絶應之：海風拂拂海雲高，赤日中天射碧濤。與子當風迎日坐，大東奇氣屬吾曹。

四時過劉公島，見英艦七艘。以遠鏡窺見威海衛，口占一絶：風號威海岸邊樹，泉咽劉公山下石。終古天青海水碧，不見老臣心血赤。

與福士筆談。福士問吾國教育之方鍼，予言：『各省方遣人赴日本考察。近頃，吴京卿亦奉朝旨東游，待其歸國當有建白。』福士言：『采他人之長固善矣，然必各有其立國之本，故不得盡與人同。又言，泰西極盛難繼，今雖虎視東亞，要未可以長恃。吾兩國脣齒相捄，宜采泰西文明之利器，開我富源以與之競。』云云。事務部長所職，與招商局船買辦略同，福士乃其副耳，而留心世務，言之成理如此！福士畢普通學後習商。

七月初十日（八月十三日）

風平浪静。

青柳君操北京語甚工，與予談日本學校大略，且言師範學校之程度與中學校相若，但入師範學校者較莊重老成，因此校專爲養成教育家，故有特別之美德。

英文假設詞用過時字，殆與華文『向使』二字合。

予問福士，俄人亦有乘日船者乎？福士示余一詩，有『欲向魯夷竟國威』之句，故余問及之。曰：『然，冥頑粗野不知禮者多，船員大困。曩者，一女子當食，頃發怒，將揮刀斬給仕。其横暴如此。』又言：『接人以平等，遇人以一視同仁，人生之大道，亦國際之通義。我與魯素無恩讐之可言，接吾以道，吾亦以道遇彼耳。吾人之所期，蹈正而不畏也。生死於我何有哉！』復推論泰西之蓄意吞噬黄種人云云。

午後東北遥見有山四段，在南者兩段。

二時過梅花島，距船甚近，似不足一里。山凡五峰，最大者如覆釜，一小者在其南，又三極小者在其北，皆較最大者爲鋭。自過梅花島後，島漸多，在右者如邱如阜，以數百計，斷者多，連者少。在左者則蜿蜒連互，層巒復嶂，斷者絶少。船長謂是朝鮮南部諸島。

五時見一帆船。

午後水復變淺碧，向夕色又深，豈因日光有濃淡歟？俟質知者。

昨夕木工岩城氏與余筆談，問吾國木工日得錢幾何。余曰：『以天津論，大約三角有奇。』岩城甚廉之，曰：『日本最廉者七八角，多者乃至一元有半云。』西書嘗論，工價之貴賤與國之貧富有關係。吾津今之工價，較庚子亂前已增一倍矣，然視日本猶不及其半，況與西國校乎？岩城識字頗多，且通淺近演算法，吾津木工蓋不多見。價之貴賤仍視其巧拙爲差耳。欲富國者蓋可忽乎哉？

日本郵船航天津者三：立神丸也，高砂丸也，相模丸也，皆不道高麗。其之高麗者二：玄海丸與日東丸也。高砂、立神、相模或由天津而神户，或由上海而長崎，輪流相間。此説再考。◎仙台丸之觸礁也，即在高麗近處，今夕所見多島嶼處也，其地甚險。以上二條皆青柳君言。

八時後過一山，在船之左，上有明燈，疑是燈塔之類。

十時過太郎島在船右，山足有燈光約十餘處，或曰漁舟也。

自發煙臺皆向東南行，聞自此以後即直向正東矣。

舵樓之前兩隅各懸一燈，左紅而右緑，爲昏夜中辨船之去來，以防誤觸也。

七月十一日（八月十四日）

五時半起，盥漱後登船面。天陰，微風，浪有白花，船覺摇盪。荒川、福士皆問余眩暈否，而余殊無所苦，蓋遵福士納凉風之教之效也。青柳君及智怡皆高臥不出。

發天津之前一日，井上君給藥粉若干裹，備防暈船。余上船之後，服之數次矣。一日與會田談及之，會田曰：殊不濟事，不暈時無庸服藥，暈時服亦無益，遂止不服。

八時過對馬島，在船之左，山色蔥緑。渡部敬〈所〉［治］*君指正南謂余曰：彼長崎也，與此島正對。

水色深藍，船長云，此處已入玄海矣。

八時飽食訖，散步觀濤，白浪奔騰，聲勢壯闊。

西南有遠山，以圖考之，當是壹岐島。渡部君以爲九州之邊境。

朝試測遠鏡，萬里清如洗。借令地非圓，吾家指顧耳。初十日黄海舟中

百萬星球地居一，四分且讓水三分。棱黄黑白總同種，南北東西何足云。儒墨

卮言原破碎，佛耶界説更呶紛。爭存物竟有時定，至竟終須合大群。昨日福士筆談，憤西人之虐黄種，戲作此示之。雖是戲言，將來必出於此，特今日非所宜言耳。

對馬島之前有一小山，山上有燈塔。

南有壹岐北對馬，洋洋玄海貫當中。未知徐福迴舟日，行到何山道遇風。漫成

船面上繫一懸榻，試臥其上，甚適。船雖摇不覺也。

四時過白島，山色葱秀，兩山之間，一石如人立形。

遠見燈塔二，一紅一白。問之福士，福士以筆答曰：『白者白洲燈臺也，紅者大文字也。』

紅燈塔於水中洲築成，以磚爲之，其旁近又一小洲，空無所有。

過紅燈塔後，島嶼益密。有所謂『六連島』者，因六島相連接也。

自午後南岸山迆邐不斷，重重復復。北岸則將至馬關時山勢始連接也。

四時半停舟六連島下，山麓繫一小火輪，蓋檢疫官之所乘也。山上有檢疫所。少頃，醫官來船，驗訖，船復行。左右皆山，迆邐縈拂，左折而入港口。六時半下碇。右岸爲門司，左爲馬關，左遠而右近。

六連島有燈塔、炮臺，有醫官住所。海水環抱，風景絶佳。惜格於禁例，不得

攝影。凡有炮臺之地皆不許，違者罰三十元，器没入官。今年有德國婦人於馬關攝影受罰如例。

民船以白布爲帆，一船有多至十數者，縱横相間。

船泊時來小火輪三艘。又有舢板攬客者，凡客欲下船，則有冠紅者爲之運行李。或登小火輪，或登舢板，須臾事畢，寂然無聲。

馬關、門司兩岸燈火之多殆可相埒，而門司以近船故，尤覺光彩奪目。暮山蒼然，維以燭龍。海波清澈，涼月倒影。潮聲淙淙，時聞鳴汽。此境真畫所不到。福士督予爲詩，强湊廿八字：萬頃煙波滿輪月，兩行燈火四圍山。他年編訂東游集，第一佳題泊馬關。

門司電燈多於馬關，倒影入海如燈柱然，排列極匀，亦奇觀也。

生小狎風濤，家風吁已遠。三千童男女，知歷幾重險！

*此係筆誤，據武安隆、劉玉敏注改。七月七日有渡部敬治，應爲一人。

七月十二日（八月十五日）

五時半起，觀裝煤者。船之左右各傍煤船兩艘，船肋縋鈞梯，人夫自煤船緣梯魚貫相接，直至船面，近入煤之圓孔而止。人持一貯煤柳筐，自下而上，傳相授受。船面則三五婦人，承其筐而傾入於孔内。别有人斂其傾訖之空筐，還擲諸煤船之上，以備後貯。循環不已，起運甚速。每一煤船用夫約三四十人。

日本苦工每日資金自七八角至一元不等。福士言。

馬關至東京之汽車因時疫盛行，停止不開，故日内來趁船者甚多。

觀運搬夫爲客運行李，謹而敏，無喧競者。

馬關山上，凡炮臺十二處。

香山唐秀豐寶鍔，即與戢元成同撰《東語正規》者也，充長崎領事館繙譯。今因公使電招赴東京，由此登舟，余遇之於二等室，談良久。秀豐即酉石之兄，後於閒話中得之。

一童子冠學生冠，冠之前嵌一『高』字。問其名。久賀雪太郎，年十四，高等學校四年生也，從其父兄將省友於東京。

聞朱伯瑜在閩，戢元成在滬，唯馮孔懷尚在東京使館。

午前□*時開行。

周防洋中山色蒼茫，波文駘蕩。帆船漁艇，絡繹往來，不必謂之海，直謂之湖可也。

四時過祝島，大小各一，在船左甚近。五時半過平郡島在南其對面爲上ノ關島，兩山之間通上ノ關。又，大島在北。

六時後過伊豫國邊境，雲霧中望見之。

暮，風力頗壯，偶見白浪，然舟行甚穩，帆船來往自若也。舟穩時，目視船之横闌與水邊之接天處爲平行線，摇時則乍離乍合矣。

今晨，煤船苦工衣多襤褸。同舟有法人之從者通州宋某，謂予曰，日本何嘗無苦人，其來吾國者皆富於財者耳。

晚，風力益大。攜酒就福士室共飲。福士索詩留别，因書一律於其日記册上云：與君海上初相識，不道君情海様深。航路風濤頻勞問，旅人甘苦劇關心。時傾佳釀供予醉，强索詩腸爲子吟。臨别黯然欲何語，訪君他日到青森。

青柳紹介二人，一武富邦鼎，一大野豐四。同時又識二人，一井本慶四郎，一松永祐。

松永君爲余書日本學校課程大略：

正派小學校四年：習字アイウエオ等，作文造句，讀書讀本，修身忠孝勇愛國等，體操，地理日本、萬國，唱歌，歷史日本，算術加減乘除四則珠算、筆算，理科格致

高等小學校二年或四年，四年者得入師範學校：課程同前，其深淺再考。

中學校五年

高等學校三年

大學校三年法學則四年，醫則五年：法科法律、政治，工科機械、土木、電氣，農科牧畜、山林、農，醫醫、藥，文科，理科

*原文留空。

七月十三日（八月十六日）

八時後過淡路島，在右。其迎面偏左山勢蜿蜒者，渡部君以粉畫壁相示如下：

一路帆船不絕。

弘文學院月入廿五元，飲食、衣服、醫藥皆取給焉，仍還付三元爲零費。秀豐云。

九時三十分輪停候檢疫者。驗訖復行。十時二十分至神户港。將行李交西村旅館人夫，唐君爲照料。交付訖，乃同登小輪船至碼頭上陸。與和田、青柳諸君作別。同唐君至税關。中設長案二，凡手荷物有人一一檢視，不論其爲何國人也。唐

君物受驗訖，余父子三人之行李已盡交旅館人，手中一無所持。因約唐君至旅館，茶話少頃，旅館人已將行李運至。税關來請，一人持鑰往，智怡往而唐君與之俱，唐君悉認爲己物，遂竟不開扃。留唐君同飯。《神户新聞》記者竹中清來叙話，唐君略告以予之行踪及來意。

飯訖，唐君約同至領事館，晤西文譯官王應珍紹賢，亦香山人，曾在香港書院就學。談許久，余三人借地理髮焉。

聞華商居此者有一千三四百人，粤人爲最多。此間進口貨由我國來者牛莊豆餅爲大宗，出口則火柴爲大宗。曩年，領事館時有訊鞫之案，自日本收回治外法權，署中遂清閒無事東京使署及長崎、横濱領事署皆然。他國亦然。王君言，當日本之初收法權也，有西人某犯事，將致之獄，其人曰：爾國之獄非人所居，吾不能堪也。曰：如何乃可？曰：必如我國之獄，如何如何乃可。則鳩工興造之。工訖，卒致其人於獄，法遂信行。案，此説與後來在東京所聞不盡同耳，年月亦似未符，俟再考。

又言，日本自去年議抽取身工税案，似即營業税也。一人一年所入工資若干分而取一，他國寄居者同例。各國領事會議拒之，而日本卒不聽其言，曰：各國之人既得内地雜居矣，吾國一律保護矣，今吾國人通行之例而他國人獨違抗，非義也。有抗違者則依法封禁其産業。他國人無如之何，法亦信行。後聞黎伯顔云，此後尚恐大有争論。

唐君言，日本自開内地雜居例，各國人得隨處游覽。後聞周慶鐘云，伊五年前偕陳瀛洲游西京，甫下汽車，警察者問所之，則姑詭應之。警察人則告人力車夫曰，送某至某處，待其事畢仍折回，乃竟不得縱游。其拘如此，今則大不然矣。

王君又言，從前外國人居神户者，以海岸近傍爲租界。自有雜居例，遂廢租界之名，隨處可居，計地付租，與本國人同。

又言，於神户設領事者凡十四國：英、法、美、俄、德、奥、瑞典、哪威、荷蘭、巴西、西班牙、比利時，合之中國凡十二，其一則或意或葡，予今記憶不真矣。

又言，神户有吾國人私立學校，專教華商子弟。學生百余人，自七八歲至十五六歲皆有之。教習華人三，日人一。今方在暑假中，未開學也。

理髮人黄姓，黄州人。言月可得資二十餘元，食宿費其半。中國業此者有二十餘人。又言，自中東戰後，百物昂貴，價倍於前。

理髮畢，辭王、唐二君回旅館。館人發電話致大阪中ノ島花屋，便遣人至車站迎，而西村之人送予等至三ノ宫車站，行李皆伊代運。買二等客票三張。館人言，二等例得攜六十斤，核計恰符其數。王、唐二君來送行送行者買送行票，乃得過橋至車前，返時繳票如乘車例。三時四十六分車到，登者紛忙，迫不及待。坐初定，車已開矣。車站乘客坐待之處曰『待合室』。一二等同一室，三等別一室，皆精潔。中設長案，置新聞數種供客。待合室之外有木栅，車將到，人由此栅出，出者必持票，一人翦票放行，乃登大橋，橋製與吾津老龍頭車站所設略同，唯自始登以至降盡，其上皆有屋頂，蓋由待合室直至汽車之前，雖遇雨無庸張蓋也。車到時，行客木屐之聲清脆雜遝，頗覺聒耳。待合室内外，各市廛牌號懸列甚多，五光十色，絢爛之至。開車後，歷住吉、西ノ宫、神崎諸站。

四時四十分到大阪梅田車站。花屋之人已來迎候，乘人力車往焉。花屋在中ノ島三丁目渡邊橋之南，東嚮登其樓，窗臨堂島川，岸邊垂楊數株，清秀可怡，樓舍精潔。執役者皆女使，穩慎勤敏，事事有紀律，不煩絮語也。浴畢晚餐。晚餐訖，乘人力車赴西區幸町一丁目十二番地，訪清水芳吉君。君適他出，晤其夫人，兼見其尊堂。候二刻許，君歸，智怡與之叙話良久。固留宿其家，余固辭，乃約步游道頓堀、心齋橋通美術館諸處。在惠美須橋下與清水君别。九時歸旅館，十時就寢，衾褥襖潔且設蚊帳。

西村領收證録後：四人車代六十錢，荷物車代七十二錢，四人晝飯三等三元六十錢，三ノ宮四人車代二十八錢，三ノ宮荷物車代四十二錢，大阪電話料一通廿五錢。付價訖，蓋小印加印花焉。又付茶代三角，亦付書證一紙。

七月十四日（八月十七日）日曜日　花屋宿

六時起，七時朝食。八時半，三人乘人〔力〕車赴東區瓦町二丁目三十九番，訪田島正直君門外署『田島公證役場』木牌。先見其夫人及渡邊、門奈、宇治三君，又田島君義子。茶話片刻，出寫真册視客。田島君歸，又談片刻。因亟欲訪孫實甫，遂別去。到川口町三十二番地益源號訪實甫晤談，兼晤何、袁二君。實甫談公使與留學生齟齬事甚悉，餘未及細問。十一時半歸寓。一時，清水君來，爲謀移居事，因居花屋費太重也。俄，大阪清語學校師西嶋良爾偕其友林達道俱來。西嶋曾君居漢口、上海數年，通吾國語言，所著清語書數種，日本人頗争購之。即其家設清語學校，學生三十人，林君其一也。日課二小時。林君乃佛弟子，其名刺署曰『大講義前壹位』。西嶋君有事先辭去。林君、清水君陪余三人游大阪商品陳列所。門外每人納金二錢，買票持入。人給一圖，圖中有陳列所照相，有各國貨幣表，有汽車開行時刻表。先入其外國品見本室，所列如織品、陶器、服飾、金類、角類、紙類，不可殫述。或立櫃，或横几，皆鑲以頗黎。其式或縱或横，或平或立，或方或長，琳琅璀璨，光彩奪目。某國送，附某地出産、某地購得、價本幾何，各書於紙牌，或粘之，或系之。就中貨品，以英國爲極多，觸目皆是。次則美、德兩國亦頗夥頤。吾國之産，就吾所見，紙類則廣東製貝嶺紙、長江草紙、色付□洋緑紙、上南机紙、色付□腊年紙、貢信紙、機器黄粉紙、原重桶紙、色付□月雙紙、連州棉紙、玉和紙。*髹器類則湖南栗色顔洗、螺鈿筆入、漢口描金盒子、描金八角盤、銅油塗革紙盒、沙市赤塗顔洗、寄木盤、廣東金花籃、金色瓜籃、貴州帽立黑地描金甚精、菓子盤、鴉片具立之類。其但注『支那』二字，未詳某省者如線香、金茄香、丹桂香、花瓶、小茶壺桶、牙章、金鐲、紅茶、象牙煙卷入、漆描金茶箱、正青皮衣箱、硃紅帽筒等物。崇、怡二人所見有天津之磁油盒甚粗，上海磁盤、磁碗等物。樓上亦外國見本品，大率皆西洋之製，支那恐不可得矣樓上有圖書部，倉卒未得入覽。下樓入内國見本室『内國』猶言『本國』也。甫覽一室已至閉門之時限每日八時半開，四時半閉，遂出。

將歸寓，路過一門，署名曰『廣瀨長康』，即岩村君之至友，去年導崇、怡二人赴神户觀軍艦者也。此次有岩村君托寄信，又余擬贈以紙筆諸品而未詳其居址，適無心遇之，甚喜。投刺入門，茶話片刻而出。其地即花屋之對岸，登橋可彼此望見也。

同清水君至朝日新聞社即在花屋南，主筆者内藤虎次郎，即撰《燕山楚水》者也。叙話畢，導觀其印字工場。有製紙模者，有鎔鉛者，有印紙者。其法先以紙料攪成稠漿，傾於半剖之圓罫内如竹半剖，以預先排好鉛字之半圓模軋之，上以水由孔灌入此處未辨明，下以火炙，炙乾遂成一紙模。字形皆凹，極其清朗。乃以紙模入筒内，灌以流質之鉛，又成一鉛模，始發印字處。印字機凡四分，每分有纏紙之軸，粗如轆轤。彼端有鐵櫛，紙過機輪有刃切斷之，鐵櫛則扇使平放於案，一人隨手檢之。内藤云，每一機器一小時可印一萬五千張，多可至二萬張，日印三次，銷報約十五萬張云。

邀清水君至旅館晚飯，飯後同訪西嶋君。談次，清水君、林君爲商旁近之旅館大長〈方〉〔房〕未諧，又約予三人同訪中川旅館。中川之少主人即清語學校中三十人之一也。登樓叙話，商議允諧，定於來朝徙居。是日，孫實甫來電話，欲見訪，電話覆之，約明早至彼處。

晚乘船歸清水、堀井、中川三君偕，十一時回寓。

*以上紙名似有誤，如南機紙、玉和紙，似應爲南扣紙、玉扣紙。

七月十五日（八月十八日）

濱田磐吉來訪。昨晚途遇之，屬今晨相候。九時來，十時去。

辭花屋出，智怡攜行李赴西島家，余率智崇至川口訪孫實甫。因訪張冠三於三十二番，訪張鳳齋於六十六番，遇吕祉堂、尹子庚。訪陳瀛洲於七十番，遇郝君仙坡。皆津人，皆匆匆一談。於張冠三處知閻小山東京寓所。

十一時到清語學校略坐，西島君陪往中川旅屋。

午飯後寫寄筱山信，與商宿所。

西島君約赴大阪每日新聞社，至則社有火災，方撲滅。救火者、望火者肩摩趾錯於門外，未得見其主筆人，但各投一刺而歸。

火滅後，主人當門設几，几上設盤，以紙書『受附』二字粘於几之外邊。凡來慰問者皆投刺於盤内，一人候而領謝之。頃刻間凡數十起。救火時情事未及親見，唯見有人拖水龍之皮袋過門而去。

西嶋君别去，余三人訪山田鍠子。鍠子者，山田某之妻而大野捨吉君之姪也。去年，大野君偕兩兒來游，寄宿於田島君家。山田與田島兄弟也，故田島君使鍠子照應。大野君行蹤無定也，又以兩人托之於鍠子，鍠子盡心照料，出入必偕，設兩人不白而出，則必窮究其所之而迹至之，或遣人訪求之，蓋不異約束其幼弟也，凡八月之久，家人至今感念之。今次相見，情意真摯，視予若尊長。鍠子聞庸兒之死，泣下者數次。

余亦心酸，若不自持，含淚欲下矣。諄諄留晚飯，不忍卻，飯後歸。當山田治庖時，余三人步至街前一覽。行者居者見異國人，皆來聚觀。蓋大阪雖爲各國商民輻輳之所，然悉在川口町一帶，他處絶鮮。川口町亦以吾國人爲多，西洋人絶鮮。

鍠子爲淇澳小學校教習，設饌之所即校舍也。今暑假中未理課。録其壁間所揭課程如下：

	第一時	第二時	第三時	第四時	第五時
月	修身	讀書	算術	作文	習字
火	作	讀	圖畫	算	習字
水	讀	習	算	作	
木	算	作	讀	畫	習字
金	修	算	唱歌	習	讀
土	習	讀	體操		
月	修	讀	習		
火	算	作	圖		
水	體	讀	唱		

木　修　算　圖
金　算　讀　習
土　修　算　作

九時歸寓，倦極即睡。

清水君約明日游和歌山，兼赴堺市訪鈴木君。

七月十六日（八月十九日）

八時，同清水君赴難波停車場。士女如雲，皆赴南海道游覽者也。自七月十四日起至十七日止，凡南海鐵道線内車價皆減半，爲盂蘭會期曲體游人之意也。實則以減價故，游人增多不止一倍，約取而實廣收也，且於商務大有裨益，此等作用皆犁然有當於人心。

待合室遇每日新聞社記者安東不二雄，略叙數語。其人稍解華語，財部有名刺爲介紹，清水君亦與相識。

八時半車開，歷天下茶屋、住吉、堺、濱寺、大津、岸和田、貝塚有給仕童子送茶，唯一二等客位有之、佐野、樽井、尾崎、箱作、深日將至和歌時，過隧道三處，其一甚長，約行二分鐘，諸站皆停片時。十時五十七分至和歌下車。車票界爲兩段，一印『往』字，一印『復』字，將交票時析去往者之半，繳還復者之半收執，凡不出三日内者皆可執以乘車。

晨在車中遇中井一馬君，汎愛幼稚園長，崇、怡二人去年舊識也。攜一少子，年十五，中學校一年生也。中井君凡五子，長者大學已卒業，此其最少者也。中井君温厚可親，使長稚園可謂得人。

車中懸鐵道線地圖，懸乘客章程。每過一站，其停車場前豎粉牌，標列名勝之區，某處距此幾何遠，自若干丁乃至若干里，爽若列眉。每站必有荷物引渡所、荷物取扱所。如自此站登車，即將行李交取扱所，其重不逾限者不取金。領銅牌一牌凡二，其一繫於行李之上，到彼站時持牌取物無誤，亦不取值。

山本登君候於車站，蓋清水君之戚居和歌者也。先一日，清水君函托其照護，故來此相候，導余等至角清旅館支店小憩。是日游人極多，求人力車不可得，山本君遣人招雇良久乃足數。山本君遂别去。

過一長橋橋旁立柱凡一百四十餘，每柱相距約七八尺。過一長街，約數里遠，道路平坦，廛舍整齊。街盡見一石城，環城而行，所經仍爲市街。街又盡，入松林，皆百年外老樹，夾路交柯，涼風習習。行許久乃盡，去和歌山不遠矣。

鶴鳴館午飯兼和洋兩式，價頗廉。晤長阪雲在君，清水君之友也。長髯蒼白，類六十許人。問其年，才四十六耳。工書畫，曾游上海、蘇、杭，知張子祥、胡公壽之名，亦略解華語，談片刻去。長阪君借居某寺，飯後便道訪之。出示所畫松梅等屏及明光浦畫卷，神韻超逸，題字尤佳。

至海濱一亭下暫息，復還至停車場。五時二十分車行車經海岸見落日，向來乘汽車未見此景，七時三十分至堺市。出訪鈴木君，設茶饌。鍠子先在焉。因天晚不得久談，八時後別去。鈴木君送至車場，九時車行。

堺市街衢亦整潔，停車場尤空闊。水月電燈，照地如水。過一寺，有僧衆禹步諷經。講學問不必廢詞章，講教化不必廢僧道。吾觀於日本而有所悟。所謂不廢者待其自廢也。自廢者，其勢順，雖遲無大損，因本已立也。人強廢之，其勢逆，欲速反害，并其大者急者亦因爲所持。此義侯質高明。

九時二十五分至難波，又十五分回寓。堺市車中遇清水君之友荒木和一君，通英語，與智崇談，其人曾在法國大學校三年，又通法語，嘗三至美洲，著有《英和俗語活用》，贈智崇一册。

是日，失候川口、津友五人。

補記：昨午訪田嶋君，留話甚久，約十七日往觀電話交換局。又出法律諸書見示，内有《法規大全》一書，厚二寸許，巨製也。田嶋言，有此一書則諸類悉備。略如吾國之《會典》及《大清律例》。

田嶋君又言，日本之改商法也，凡採用十五國之律薈萃而成，故今日日本商法爲世界第一。又言，現今法律書以意大里爲最新亦最善庚子年始出書。又言，日本法律多取之他國，惟『親族編』『相續編』他國又取之日本他國舊所無也。又言，商業學校大阪勝於東京。

七月十七日（八月二十日）

日本之大米價三倍於吾國，雞卵價四倍於吾國，然米精鑿而卵肥碩，吾國鄉邑不及也。余謂吾國當亟講求種稻之法，使米産愈多而春愈精，以之輸運於東國，亦商戰之一事也。不此之務，而僅恃争執米之不出口非本計，非長策，亦非公理也。且吾見神户報關税册中，從吾國輸入者固有大米一類，姑無論其多寡，亦足見禁令之不行矣。不早爲計，吾恐『不出境』之説徒成虚設，而米價且將倍增不止，又何以善其後耶？牧畜之事亦然。

昨夜寫一函寄謝福士君，附短句云：神户停輪際，匆匆過别船。臨行未交語，祇恐兩淒然。

八時後，三人訪田嶋君，踐前日之約也。筆談良久，言紀州伊都郡有高野山，往昔弘法大師之開山也。師距今千二百年游學中國，講釋迦教，大布教於全國。余因問日本近來釋教存亡，君言，日本人口四千五百萬，基督教五六萬之外，皆佛教信徒也。然似非真實之信徒。余又問，宗教與政治有無密接關係。君言，政教分立。有司之德義多從儒教。有司依〈佛〉〔儒〕教，下民依佛教。此論創聞。

電話局距田嶋家僅隔兩巷，步而往。先至事務室，晤其庶務課長岡本仙治君明法學士，筆舌相濟，談片刻。

本局始創於明治二十六年，凡官吏八十人，交換手二百七十人女子又八十人男子。歲出費約十九萬六千元，歲入約四十七萬九千四百八十元。女工日十八錢至四十錢，男夜工自二十二錢乃至四十錢，以巧拙爲差等。每人約作工六時，每時休息十五分。自早六時半至夜八時半皆女工，餘時皆男工。架設之家日多，故近日又於西區設分局。合兩局計之，已架設者五千六百家，已願架設而未架設者三千五百家。合全國計之，本局十九所，支局四所，分局五所。東京有郵便電信學校。

又言，近有日人川畑篤雄渡清，勸袁制軍興辦電話事。又袁制軍招聘工學士藤井恒久，又警務學堂川島浪速，又金子彌平，皆岡本之友也。

岡本君導至樓上向職事員某君先容，某君遂一一導視，并向智怡講解且講且問。升堦一級，設長案，引長至彼端，曲爲磬折形，平列可坐七十人，每人司九十號九十號指發電言，若來電則號數全備。來電之機在上層方格，格中又畫分小格，每小格爲一號約不足一方寸，其木帘能啟閉。發電之格在下層，每號一圓孔，每百孔爲一格。上下層之間有一小横楣。有圓玻璃大如榆錢者二，每電至則其一發白光。亟觀上層某號啟帘，乃發話問明，欲向某號交語，即取電梭此余杜撰之名一枚插入某號之孔。其兩家交話畢，則其一玻璃發紅光，即知交話已畢，電梭可拔出矣。其大略如此，至其所以然，則余於電學、機器學一無所知，莫名其妙矣。樓上有生風之圓機。

岡本君又導至機器室一覽，晤機關長古川直英君，亦爲講畫詳盡。架設之家歲出費六十六元。

田嶋君攜便當同赴西區西野下ノ町阿部製紙會社參觀。先已致電話與寺田精義君約，至則寺田君適他出，晤其職事人松本行政君，又晤其理事人阿部房次郎。坐談片刻，借其旁近空房用便當，路遇寺田乃同往。食訖，寺田導至社内縱覽。先見造蘭色紙者作包皮用，少進則見造白紙者。其機器如方池，段段相接。初入時稀如水，過一池則稍稠，遞進遞燥，遂成紙質有軸卷之。蓋明明蕩動之流質，一轉瞬而纏束於軸上矣。其紙料爲槁，爲箋，爲敗絮，爲廢紙，各因其材，穢者可使極潔，涴者可使極瑩。人巧如此，不可方物。約一分鐘時，可成紙二百尺闊如吾邑所賣機器粉連。

製紙合資會社本金六十五萬元，歲出七十萬元，歲入七十七萬二千元，職事員四百人。晤二見昇君，本社之支配人也。

寺田君又導至金巾紡織株式會社，其支配人八木小三郎，寺田之友也。八木之弟作川導游各處。先澄棉，次軋，次卷，次斷，次條，其次則成紗。次排紗，次織、次卷，次折疊，次包裹，次壓緊，凡歷數十室，目不暇給。

紡織社始設於明治二十一年，資本二百萬元，執事員一千人。其粗絲以支那棉爲之，細絲以美洲棉爲之。聞支那棉輸自通州，俟考。

予欲問大阪會社之都數，八木君以書一巨册見示，名曰《日本全國會社役員録》明治三十五年本也，是書每年改正一次。

覽畢五時矣。别諸君出，田嶋君亦别去。是日天氣極熱，寒暑表至九十一度，諸君導觀諸室，蒸氣炙人，揮汗不止，甚可感也。

到川口町六十六番晤張冠三、吕祉堂、王渭占、王錦波、尹子庚諸君。借其地薙髮。留晚飯，湯餃秫酒，鄉味宜人，醉飽而歸。

冠三言日本法制之善，其助藏銀行，兒童點心錢自三四分以上皆可代存，其不憚煩如此。又言，金二錢抵銀圓十，銀一圓當百錢。銀錢自半錢、一錢乃至十錢、二十錢乃至五十錢，大小相抵無折扣之説。設如行人攜銀一圓而適有一錢之需，隨地可交易，付回九十九錢，無弗與者也。造幣局，如有人持真金赴該局者，或用金圓，或用銀圓，或用幣，皆可照數換付，但原金必須入鑪化驗，每千元付工價二元千元？百元？再考。又言，日人罕有争者，譬如途間此人誤觸彼人，此人急惶恐謝過，彼人亦遜謝相酹。

唯言支那領事太無權，假如華商批定日人貨物已付定銀矣，而日人或失信不交貨亦不退定，華商即無如之何，領事亦無如之何也。言之慨然。

蕹工言内地雜居自明治三十二年始。

晚，清水君偕其友武田君來。武田君有意渡清而未决。

寄智惺姪信。

正金匯項由神户匯到。

七月十八日（八月二十一日）

六時醒，七時乃起。因崇兒清瘦，見者皆勸及早調治，余因不欲其失睡也。

八時後，智怡隨清水君赴銀行取款，并爲余定印小名片，十時歸。三人往訪手賀君，未遇。手賀偕津人之善戲法者來，每日在道頓堀開演。父子飯於一陽亭。飯畢，訪田島君，約田島之夫人及山田鍠子游博物場。買票如陳列所例。先至美術室，有泥塑、肖像等類，而畫幅尤多，諸體俱備，妙不可言有賣品，有非賣品。覽畢出，遍歷賣貨之室，由第二室而三，而四，而五，而六，由第六室出。庭間多設鐵栅闌，鳥獸於其中。鳥則鳩、鴿、雞、鸛、鷲、鷹、鸚、鶴、孔雀之類。另有一栅中蟠樹柯，有小鳥多種，或翔或集，或飲或啄，其名不能遍悉。獸則狸、鹿、豬極大、棉羊等，而最大者爲熊介類，止見有龜。將出大門，始見所謂第一室，入而周覽乃出。約鍠、菊兩君，并往邀清水種子樣飯於魁陽亭。飯後觀吾國人戲法。吾國人三，韓人二。韓人高皆不滿三尺，其中藝最佳者爲韓鳳山。是日觀者約千人。

失候津友郝仙坡、曹瀛洲、陳瀛洲。

小山來信言，已托小村代訂麴町區平河町三橋旅館。

七月十九日（八月二十二日）

八時乃起。清水之夫人來，小坐即去。崇、怡二人赴清野醫院。清野，大阪名醫。

清語互相質問。

田嶋君因崇兒瘦削勸其就診。余休息半日。〈蝸〉〔堀〕井、中川二生來談。以日、

晨閱《大阪每日新聞》，言天津日本居留地將設商品陳列館。又《大阪新聞》

言，土京君斯但丁亦建商品陳列館。

崇、怡二人十一時歸。清野言，崇兒病尚不重，然最防傳染，不宜居城市，宜

居海濱之地。須磨、舞子皆好，然須磨之地患肺者多往焉，故尤莫宜於舞子。

午後水原源次郎、林達道、西嶋良爾三君先後來談，水原君約廿一日赴安土町

浪花橋北礒谷寫真館撮影，蓋清語學校師生有成約也。

孫實甫來談許久。晚飯後約同堀井仁往觀水族館，所見不能悉知名。最創

見者一巨龜大如豬，海驢大如犬，嗥亦如之。投以餌，則撲入水而逐之，嗥聲

甚巨。又有海豹，亦饒意態。又有伊勢蝦，大幾如蝟，色鮮紅。餘不悉記。館中

有事務室、機關室、電燈、自來水。樓上有藥浸水族物。水族所居，皆鑲玻璃

窗，其中列山石。上有引水之機，終日激射不少停。海驢居一圓池，旁設鐵闌。

海豹臥一巨石上。

閱畢至河心料理屋小飲。九時三刻歸。

七月二十日（八月二十三日）

八時半乃起。九時，西島君偕其友松雲堂主人石塚君來，言約余游濱寺，就其地乞余作字。諾之。十一時半，汽車行，歷天下茶屋、住吉、堺、大河諸站，午至濱寺。飯於一力樓。樓臨海岸，對岸則淡路、舞子、神户諸岸也。作字十餘紙。五時四十分汽車歸。

陳瀛洲來，兩次不遇，今日留字屬余明早候之。余因明日有寫真之約，屬智怡借近鄰電話告以故。瀛洲答云，有《朝日新聞》館主津田君欲與予相見。

大阪人口九十五萬。

版權之例，每書一册取税十元。

七月二十一日（八月二十四日）

同堀井、中川二生訪西島君，適瀛洲偕津田及周君慶鍾過西島之門，因邀入敍談。同至礒谷寫真館撮影，共二十六人。華人周、陳及余父子三人，日人津田寅治郎，皆客也。餘皆清語學校中人：評議員石塚豬男、校長清水芳吉、講師西島良爾及其幼子，餘皆校中弟子。余所識者水原君、武田君、林君、堀井君、中山君、伊良子君，此外又十人。寫真畢，訪石塚君於松雲堂。

津田招飲大阪俱樂部。午後同西島、清水兩君訪藤澤南岳，不遇。清水君約游天王寺，路經仁德皇帝廟、官幣神社一名生國魂神社。天王寺可記者：輪器鑄鐘，圍坐諷梵，投餌飼龜。

游寺畢，迂道觀明年博覽會選定場地。至茶臼山下清水榮次郎別邸，主人備飯。又晤柴林宗太郎，主人之友也。其地據水石竹樹之勝，濃翠鮮郁，清風送爽。

飯畢，乘汽車歸。汽車設警報機，設車有警則掣之，前車立停。若無故掣動罰五十元。清水君遺車票於他車初登一車，執役言此車將灑掃，請移他車，倉促遂下，方檢覓間，人已追至，送還。

接河内一郎信，贈銅印一方，又詩一首慰余喪子。

武田來小坐。

七月廿二日（八月二十五日）

赴川口町九十六番拜張星舫，北幫董事也。兼訪何君俊卿、李君某，皆山左人。至七十番與周君鏡泉談片刻。寫家信託瀛洲寄津。慶鍾、瀛洲招飲豐樂園，支那人所開設也。同坐西島、清水、津田、張星舫及辨護士佐藤義彦，字方堂。飯後寫字數十紙。同西島君再訪藤澤君，筆談片刻，并晤其嗣君元造。南岳君以其所著《和陶詩》《探奇小識》二種見贈，又承假觀所撰《日本通史》。

晚，大野鍠子、鈴子來。武田、清水二君來。

星舫言，《馬關之約》太草草，故商約中我國受損實多。譬如同一貨品，自西洋輸入者税五元，自我國輸入者或七八元。同一貨品自西洋輸入者有定價，自我國輸入者則隨時作價。諸如此類。

酒税甚重。瀛洲言，自我國來者每值十元税十三元。

巡捕升包探。

慶鍾言，日本度支頗不充裕，但善於運轉耳。又言，國中楮幣無抵著者千數百萬次日星舫言之尤詳。

内地雜居之後，巡捕可以出入人家，於外國人亦然。故近來吾國商人之吸洋煙者，掩匿甚難。星舫云。又言，往年吾國人有因吸煙被拘而自戕者。

七月二十三日（八月二十六日） 終日未出門

晨，張星舫來談，論伊藤侯富國之策。談日本取士法、募兵法、操兵法。談明治帝之降尊勤事，日本尊官無我國之排場。伊藤侯明治七八年時知兵庫縣再考，條陳開港通商及設銀行、鑄銅元、造紙幣諸法，是爲日本富强之基。銅元一倍收兩倍之利，紙幣一倍得百倍之用，公家利而民亦稱便，乃以其贏造船製械，興舉百廢，故以日强。

岡本君兩次來訪不遇，今日以電話招之。十一時來，暢談至夕乃去。談教育之法，談交通之利，談風俗改良會。

民家生子女必報役所，至入學之年則察之，不入學者罰，力不能者使習一業。

電話交換所，若架設三千家，每家均費三百元之譜。

岡本有纂記電話辦法之專書。

鐵路私設者，官不干預，但一英里之路價不得逾二錢。日本初擬設電話所三十處，集款二百五十萬元，今甫立十九處而款已盡，蓋地價、物價隨時增漲不能豫定也。

不由學校出身而所學之程度與之等，亦可應試文部試驗，授博士。大學校有漢學科，然不甚重，備格耳。然以授生徒者亦不少藤澤南岳所學乃古學，今不用。

西嶋、佐藤、林達道三君來訪，談片刻。寫字十餘紙。清水、武田、西島、渭占、冠三、祉堂諸君來。渭占三君約明日晚飯。

公證人略如官代書及經紀之類，亦近律師。冠三云。

接橋本貫山信。發寄河内一郎信，以橫幅一紙答其銅印之餽，附一詩次其韻：

中年衰感不禁秋，欲借瀛濤暫洗愁。纔過馬關神户港，已將此恨付東流。

七月二十四日（八月二十七日）

寫致橋本信、致寅皆信。寫字數紙。

清水、西嶋君來，同赴裁判所。先晤其所長河村善益君年四十餘，曾居法國一年餘，茶話片刻。

裁判所始建於明治八九年，其先之讞獄法與我國大同小異。自改良後，罷除一切酷虐之刑罪人無施敲扑者，警察拘罪人若私用鞭撻，裁判所查知必予之罰。余問河村君：『聞貴國自變刑律以後罪人日益少，信乎？』曰：『多寡同耳。昔者法重而巧避者多，今法輕而人無所逃，故不見加少。』

西嶋君導觀控訴院。一室方訊獄，有兵士守門。臺上坐七人：最中爲裁判長，其右爲判事，又右亦然，又右爲檢事。其左爲判事，又左亦然，又左爲書記。各衣法服冠服皆緇冠，如古紗帽，有帶垂之。臺之下居中一長方几几上列酒瓶一束，其前偏右又一几，罪人立其前。與罪人平列一几，一人立其前，衣法服，向上滔滔辯論者，即辯護士也臺下偏左坐一人，未知爲誰。臺上唯居中一執簡駁難，然不見有急言遽色，其左右諸人俱無言。臺下唯辯護士申辯，罪人亦無言，偶有問一應答耳。余等坐高臺遙對之長欖上凡六排，聽之許久，莫能得其原委。聞西嶋君言，似是因造酒不如法者，乃出。

又入地方裁判所之一室，兵士三人監守，禁人交談，恐淆聽也。臺上只五人，蓋校控訴院少判事兩人也。臺下之左有短木欄，罪人六七人坐其中內有一婦一童。臺上居中之人一一訊鞫而定其罪。西嶋君譯告，某爲竊盜，某爲拐帶，某爲詐欺取財。最後一人喋喋不休，而堂上摘其舊案詰之。清水君言，是翦綹者也。已定罪者加鎖於腕，牽以去，殆將送入監牢也。又有兩辯護士各據一案。清水君言，一原告一被告也。堂上與一人絮語，其人證人也。

出，至留置所一看，內有木柵甚長，蓋罪人之未經訊斷者暫寄其中。西嶋云。又見一馬車，左右凡四室，罪人送入監獄署者乘之。迴廊周復，層樓升降，其方向位置不能確辨。其門額題字有民事第一室、第二室，刑事第一室、第二室，等等。

日本全國控訴院六，地方裁判所每縣各一，大審院唯東京一處。

訪佐藤。設茶饌，其太夫人鼓琴一闋。

約佐藤、清水、西嶋三君飯於河干船上。

到松雲堂書坊。又過青木處多故書。又過丸善堂。又過水原處。

晚飯後至清語學校。有學生四人以清語演説。又，石塚、林達道、山本三人各以日語演説。余亦勉勵學生數語，西嶋君爲傳譯。觀水原君爲戲法。十一時歸。

七月二十五日（八月二十八日）

清水君來，同至松雲堂。又同至佐藤方堂家，同往監獄署。西嶋君已先至。先晤典獄田中君，以册籍數紙講説許久，有罪人名數表，有作業表等等。講畢，田中君親持鑰導觀各所：男子控所、女子控所罪人之家人、親戚來候問者立待於此、作書認處罪人寫信之處，一司事坐於中，以簿記收發之信。罪犯人環坐寫信，有闌障其面，如己不能寫，中坐之人可代書、暫候之監名未詳，凡未定罪名者皆於栅内安坐地板之席上，栅外有紙窗。又有已定罪罪人之監，有外國人之監人各一室，有沐具、痰具、便具，有案有凳。一英人犯盗者，一華人犯鴉片者。前後周覽作工之所，所見者織布、紡線、搗麥、裁衣、編笠、製木器、製紙函、製硯、製竹器、製提燈、製席、製火柴人、製鏡匡、製筆筒、雕刻。其他，理髮者、炊飯者、蒸汽者、汎掃者、搬運者，記不勝記。田中言，此所見止其半耳。

罪人行於庭皆戴草笠，形如尖錐，面貌不可見。雨衣亦以草爲之。會食皆至栅外紙窗下坐食。食畢解帶，驗有無懷挾，然後入栅作工。皆衣赭。工畢亦檢驗一次，始易己衣。

初犯以至多次犯，其作工之勞逸不同。犯少者輕而逸，犯多者重而難。

工巧者衣上别以白小方，自一方至三方爲差等。見織布者，其身旁之柱懸紙標識，有紅黄緑白四色。工最良者色紅，餘以次爲差。

凡罪人所製之物，易錢後分給原製之人，初犯再犯者所得多，多次犯者遞減。期已滿而無家可歸者，仍留作工兩三月，著藍色服此義未詳，因譯語不能達意也。有照像所，有講習所，有和尚訓誡所，有病監。高樓可以四望，且傳梆擊鐘。一時半閲畢。田中君揮汗如雨，余深感之，然纔見其半耳。昨日河村君言，閲監獄署非兩日不爲功，信然。與西嶋君飯於雞樓。

赴張星舫游天寶山之約。乘小火輪，同行者十餘人：周慶鍾、陳瀛洲，其餘皆山東友也。約一小時許，到新築之海港，登岸一覽，觀築塞們土工場。每土一塊高五尺，闊四尺，長六尺，重萬餘斤。機器凡五具，利用者有四。每具日可成十二塊，計共得四十八塊。三日後自模中傾出，三月後始乾足云。

天寶山港工由大阪市合資創辦，以十年爲期，今已四年矣。

晚，星舫招飲古川俱樂部。九時後歸。

失候山本喜之助，留字數行并小山手書一紙，催予赴東京也。寫致小山函。

七月廿六日（八月二十九日）

孫雁清來，談日本郵便局之誠懇，談我國欲正圜法必須一律用銀圓。滕蘭田來。陳瀛洲來，約崇兒赴石神病院。西嶋、清水君來。候内藤君不至。寫字多紙。堀井仁是日返神户。夕，答拜滕君十番，兼至百三十番拜林君。晚，赴六十六番諸君之約於古川倶樂部，主客十人：孫雁清、張冠三、王渭占、吕祉堂、張鳳齋亭其一人忘之，日友寺田君及余父子三人也。十時歸。

七月廿七日（八月三十日）終日未出門◎晚雨

清水君偕其友林學士野尻貞一君來談。野尻將赴武昌農務學堂之聘。日本山産林木有屬皇帝者、有屬政府者、有屬民間者，屬皇帝者歲入可百萬元。林學附農學内，唯大學校内有之。農學分林學、獸醫學。山與水皆於林學有關係。

晚，兩清水君同來。

寫扇聯。午假寐。

七月廿八日（八月三十一日）

智崇兄弟赴石神病院，并訪田嶋君及鍠子。午後一時歸。

余到川口補拜三番地之山東幫。訪滕蘭田，交所求書屏對。訪冠三，還日報。訪瀛洲，交所求書件。十一時歸。楊金軒九十六番來訪，求書對聯、職名，即書予之。

清水君來。鍠子來。議赴東京之期，清水君將同行也。接小山信，言小村君速余赴東京。留鍠子飯。

七月廿九日（九月一日）

藤澤元造君來，筆談許久。言支那之講新學多趨形迹，宜以正人心爲主，正人心宜從師弟授受入手，師所講者必實踐之云云。又言，人知日本維新之益，而不知實基於德川氏百年間崇儒之功也。

清水、西嶋兩君來。寄小山信。

清水君來，約至其家午飯。

晚，同清水君赴心齋橋買物。

八月初一日（九月二日）

七時半同清水君赴汎愛幼稚園東區安土町一丁目，晤保姆山口政子，大野春子在焉。觀幼童唱歌環走，步伐齊整額設百六十人，本日到者百二十餘人，分六班。遇大野鈴子，約至愛珠幼稚園一看東區今橋三丁目，乃辭山口而出。愛珠幼稚園始設於明治十三年六月一日。額設百八十人，建築等費八萬六千餘元，歲需經費三千五百六十元。學生分六班，其課程列於表有唱歌、游嬉、内游、外游、積木、畫方、縫取、箸排、環排、板排、摺紙、貼紙、繫方、豆細工、粘土、説話等目。余所見者板排、繫方、摺紙、畫方、箸排、積木、環排，課之難易各視其年之長幼，每班一人授之，每頭二班有一人襄教。

訪增木有吉君，不遇。

門田鍈一郎君來訪多次不遇，今午訪之，寓其友辻保造君家。門田君曾學清語於孟春湖，其意將赴吾國也。舊爲第九聯隊第二中隊陸軍中尉。

八月初二日（九月三日）

藤川、清水兩君偕往育英高等女學校。校長導觀體操、圖畫、讀書、唱歌各室。學生額八百人，年歲自十一至十四。

又同往清水谷女學校，校長大村忠次郎也。投齋藤介紹書，延入，并晤東京女子大學校學監麻生正藏君，又加島銀行之女東廣岡氏。大村導觀各室。有授理科者，有授英文者，有授數學者，有授圖畫者，有教裁縫者。看畢，至一總匯之處，衆生雁行坐。大村請麻生君登臺演説，又强余演説，余敷衍數語，清水君譯之。大村贈章程一本。

六人飯於一陽亭。

藤川君來寓，與智崇久談。增本有吉君來，醫士也，足立傳一郎之友，余昨夕訪之不遇。

西嶋、武田及清水夫人，又冠三、渭占、雁清、鳳齋、張立庵、慶鍾、瀛洲俱來送行。六十六番饋公物四事，七十番餽酒四瓶。

八月初三日（九月四日）

六時由旅館出，遇清水君於門外，遂同赴停車場。中川君父子、廣瀨君、西嶋君、鍠子皆送行。六時五十分車開行。大野鈴子同赴東京。

荷物配達所。汽車内有食堂一、二等客皆可入，計所食付價，多少隨意，每案上有價目。過隧道時電燈即燃。賣茶者碗壺俱精緻。停車場之最名者有洗面處，乘客隨意下車就而洗焉。至静岡時發電報驛長可以代發致三橋旅館，告以今晚到著。

十時三十分到新橋，小村俊三郎在焉，談數語。旅館主人三橋常吉來迎，十一時後至旅館。小山先候於此，談片刻别去。

八月初四日（九月五日）

澤勢直太郎同小山來。同澤勢、小山及崇、怡往謁吴摯甫先生。先晤世兄辟畺。少頃，摯師歸，談許久，留早飯。小村亦至。

小村陪摯老往觀麥酒會社，因邀余往。小山、澤勢、崇、怡皆從。社員一一導觀。有磨麥者，有造麴者，有造冰者。最後至最高一層，裝瓶者、裹箔者、裹商標者、抹糊漿者、罩草具者。但就此層而論，縱十六楹，横七楹，每楹之間方廣約十五六尺，即全社之大可知矣。社中職事者凡四百五十人，每日可出酒三萬五千瓶，資本三百五十萬圓云。

社友、留友乞摯老書，遂及於余，爲書數扇。

訪花板垣、鄭永昌、和田純三君，唯和田延入晤談，餘皆因有座客，立談數語而别。

小宫山卯三郎與孟春湖同來。小宫山者，外務省派充摯老譯人者也。孟春湖者，奉天人，居日本七年矣，在西京爲清語教師，門田鋏一郎嘗從之學。

八月初五日（九月六日）

六時起。同小山訪小村，談片刻，同赴摯師處。

九時，同赴控訴院。先晤院長春木義彰，與摯師談論許久，敍述控訴院設立之由及現行規制，小村爲傳譯。

書記長某君導觀法庭兩處，與大阪所見略同。又至大審院（與控訴院同在一署内）。先晤書記長中村君，又引謁其部長長谷川君，部長以案卷一册視客。

案爲岐阜地强盗殺人，主犯名井田六郎。始而山林間有屍（卷中粘圖狀其地），警察報聞，積日查訪得情。緣有一鋪家一學僮，攜洋九元有餘而行，爲其同伴殺死，奪銀去（有死者之照像粘册内）。由是追究，知爲井田所爲。官派辯護士（罪重則不能自延辯護士，必由官派），於是文牘重重，有醫士檢驗之據，有裁判所判斷之據，自區而府，而控訴院，而大審院，積牘厚數寸，可謂精詳矣。初，裁判所坐以無期徒刑，而犯人不服，上控。及經大審院推鞫，則原坐之刑尚失之輕，罪應死也。但定例，原審官所科罪雖失之輕，而上官不能改令加重，故仍坐如初。摯師謂如此則開罪人僥倖之風。余謂不如此則罪人雖有冤將不敢上訴，恐其反改加重也。是此例亦具有深意，無可厚非。

十二時歸。大橋秋水就大審院事而余不知也。當余周覽時，大橋遥望見之而不敢確認，既而於中村政房君之室見余名刺，始知不誤，而余已歸矣。乃以電話來約時相見，覆以今日下午四時後，果來相見，驩甚，遂留之宿。

晚，吴先生偕李光炯德膏、杜顯閣之堂同來。高曠生逸、章仲和宗祥來訪。

八月初六日（九月七日）

和田君來。午後，和田約余游博物館動物園，大橋偕焉。博物館内創見之物甚多，礦質及動物尤備蚺蛇、蜥蜴之巨殊可驚。所列吾國及朝鮮物産皆粗惡。吾國尤甚，蓋煙具居其半也又泥肖諸品人甚多。動物園中獅爲創見。象雖習見，然食草之妙亦初見也。

五時後同歸。大橋再宿，和田夜去。

黎伯顔淵及其弟仲蘇邁、毛子龍邦偉來，皆余門下士也。同來者有蹇季常念鎰，亦遵義人。

唐秀豐來電話，將以晚間來訪，已而復告改期。

湖北劉豫生成禺、廣西周弢甫家皆成城學校學生，午後來訪，未遇。

郭虞颺鍾韶在熊本醫學校。今夕來訪，述吴先生言，命余明日陪客午飯。郭，深州人，吴先生弟子也，學於熊本，已一年有半。

午後有清水君友阿波松之助君來，筆談多時。阿波蓋基督信徒也。

八月初七日（九月八日）

大橋君晨去。

八時偕小山、澤勢同訪中西正樹君，不遇。後同訪唐秀豐，值其小疾，略談數語辭出。遂冒雨至成城學校，答拜劉、周二君，方上堂理課，先晤其教習官陸軍步兵少佐曾我千三郎君曾至遼東。談片時，周、劉二君出見有學〔生〕應接所。周由四川派送，三年前李仁宇太守送之來。劉則自費生也，今春始來。二君皆開爽。

到吴先生寓，先生已出。晤辟疆及杜顯閣，略談。

午刻至富士見軒，赴吴先生之招。客爲法學博士巖谷孫藏及其友杉榮三郎，皆應京師大學堂之聘，欲爲仕學院教習者也。陪客則小村及余之外有吴止欺振麟、張星五奎。

小村約余隨吴先生往觀慈惠院芝區。院長導視講解，小村通譯。已而又至醫學校一觀。其規模與在津所設醫院大致略同，但此特閎敞而周備耳。室之容積，窗之光線，皆有定限。醫學校內，標本甚多，皆由解剖而來。院長姓名曰高木兼寬，曾學於英醫八年，又居英五年，深講衛生之學。自言昔之初自英歸也，以衛生教人，人皆笑之，且曰：『子不有三男一女乎？待其長大果健康也，則子之説信矣。』今男女已長成，皆壯健。其次子才十九歲，游歷外洋多處，膽氣尤壯，此明效大驗矣。吴先生問所以致效之故，曰：『不外飲食、衣服、居室三者。以衣論，日本之舊制甚不良。袖太肥，風易入，且不便作事。前胸敞露亦非宜。又，常人不著裙袴，女子防襟之開也，行步則兩足前斂亦非善也。故論燕居之服，日本不如支那之良。以食論，食麥勝食稻。』吳先生曰：『是也，吾國南人食稻，北人食麥，北人差健於南人。』院長喜曰：『吾素持此論，人恒不信，今又得一左證矣！以居室論，宜通空氣，而日本之屋太低醫院之例，每一人必得容積立方千尺。凡此之類皆當變革。』又曰：『日本人屈膝坐，故下體恒短於上體，而長人絕少。』

六時半回寓。

上海項蓮生文瑞，廣東連州直刺以禮去官者也來訪，不遇。

總辦直隸農務局、奏派考察農務、河南候補道黃小宋璟及其友保定王礪臣金成，晤於慈惠院中。

晚，和田君來言，根津一君已代先容原有成田紹介函，約初九日早八時往訪之，又約明朝偕崇兒訪男爵橋本君於赤十字社，求診肺病。和田宿。

八月初八日（九月九日）雨止

張棣生孝栘，廉卿先生之孫也，來訪，留飯。

杜顯閣、吳辟畺來訪。

同棣生往同文學院，晤其幹事員田鍋安之助、監督水谷君。棣生導觀講堂、學舍，規模稍隘。

同棣生訪伯顔，不遇。至留學生會館一觀，伯顔亦繼至。棣生勸余移居，與伯顔同寓。乃往相度，其地甚軒豁，唯室稍狹耳。遂與商定，余居其旅人宿，崇、怡二人居下宿。是爲神田區駿河臺袋町九番地貴臨館也。

伯顔陪往清華學校一觀，晤陳樂書梘。陳與何燮侯燏時、范静生源廉，衆學生所推績學之士，無異詞者也。余至東京時，范已歸國，何亦未在，唯見樂書耳。樂書爲清華學校理科講師。

歸已上燈。聞巖谷博士電話招飲於松葉館，時已晏且路遠，電辭之。

高曠生來久談，頗有辨難。

八月初九日（九月十日）

晨，同和田、清水兩君及智怡先到摯師處有日本人求師寫字小坐。遂到東亞同文會晤根津一君，譯談甚久。爲介紹一人曰伊澤修二，舊爲高等師範學校長，日本名教育家也。根津氏又爲電詢近衛公爵見客之期，答以明日下午自一時至三時。根津贈章程三册一紙。

拜黄小宋、王礪臣，小坐。

拜巖谷博士，久談。爲余論考察學校之法，謂宜求詳，不宜貪多。以小學校論，最優者、最劣者、中等者皆須一看，町村私立者尤須寓目，爲其與初創之程度合也。其言皆親切扼要。

訪夏棣山世兄偕復，子松師喆嗣也。隨木齋公使來，已滿三年期，仍在弘文學院聽講，家眷僦屋而居，其女公子在華族女學校就學。

歸寓午飯後，清水君約至議院一看。先觀衆議院，守衛者一一導觀。次至貴族議院。

衆議院議員額三百五十人，貴族院三百八十人。

貴族議院正中樓上有皇帝御坐，御坐下列坐三，居中爲議長，左右爲大臣。又，前一案設垂堂階者，爲演説之立處。其前有書記四人之位。階下層層環抱者，皆議員坐位也。對樓上有皇后之室、皇族之室，左右樓上則皆傍聽人之位也。左樓上有新聞記者之位，又有外國官傍聽室不記方向。由樓上曲折而出，有便殿，有皇族之室，有總理大臣及各大臣之室，有外國貴官之室，蓋皆休息處也。别有談話室、藏書室不能悉記。

覽畢到新橋訪津田重胤君，訂刻圖章。

至新橋入帝國博品館，買巾帶。

晚，同澤勢并乘一車，游新橋、京橋等處，路經琴平神社，適今日爲俗所謂『緣日』，士女雲集。進内略一看，急出。

八月初十日（九月十一日）

午前未出門。小村、和田兩君來。

午後，小村偕余至外務省，訪山座圓次郎未遇，投伊集院所寄介紹書。

同和田及兩兒至貴族院官舍，坐客甚多，以來之先後次第入見。候二刻許，延略談數語而出。伊集院所寄函昨已由根津君代交矣。和田别去。

余三人訪熊慕蘧正瑗，投方守六君介紹書，未遇，晤其同寓懷甯陳乾生重輔。

到外國語學校訪吉田義静君未遇，投齋藤介紹書。

答拜項蓮生不遇，晤其同寓鶴山馮鴻若博。答拜章仲和不遇，其同寓有沈朗齋琨，静海人、夏爽夫塏，子松師之孫，祝硯溪惺元，大興人，悉投刺焉。訪晤山根正次君，投平賀、井上兩君信，極親切，許他日導觀各處。到平賀家，見其二老及妻女。又到石坂維寬家一談，致平賀君介紹書。

晚，張執中鉠緒、黎伯顔、毛子龍先後來。大橋秋水來。

八月十一日（九月十二日）

八時過摯師處，見《新詩綜》一册，日人選近人詩也。間有華人詩一兩首有仲午、王榮先及陸君某。日人《汨羅弔屈大夫》詩中一聯云：『神鬼蒼茫呵壁問，山河破碎齧桑盟。』摯師亟贊之。又示余日人安井小太郎答書一册，謝師贈《古文尚書》之書也。後附駁辨，其説皆新，余不能定其是非，然其稱引繁博，於吾國國朝諸家説經之書靡所不窺，吾國今日求此才正恐不多得也。

隨摯師、小宋同赴小村處，偕小村往觀東京府，晤府知事男爵千家尊福君及視學官岡五郎。府内治事之處凡分四課，每課又分細目，所見有司學務者、司税務者、司簿籍者、司路政者、檢定度量衡者。府知事以書數種分贈同人，余所得悉讓諸小宋，因小宋以不得爲憾，且彼得之可爲吾省開風氣也。

後觀市役所，所司與府大同小異，所見土木課較多，有《道路改良圖》《東京灣築港圖》《東京市設電車圖》，皆經畫已定，將次施行者也。

至自來水廠觀試水龍。

晤湖北學務處委員雙松如太守壽及其譯官木野村政德。

午後，小睡片刻。率兩兒赴小石川區小日向第六天町五十二番地，訪伊澤君。談兩小時許，設饌焉。自述其二十年前學師範於美洲，其時日本教育之法尚不足道，近漸完備矣。余問：『美洲學制已止於至善乎，抑猶隨時進步乎？』曰：『焉有不進之理，蓋隨時有更張也。』回問余所欲觀，余以巖谷博士之説告之，深以爲然。爲余酌選三處，曰：『當詳看之。』一東京府尋常師範學校，在赤阪區青山北町五丁目，其校長瀧澤菊太郎，伊澤君之弟子也。一富士見小學校，在麴町富士見町五丁目二番地。一渡邊學校，在山石川區音羽町九丁目，師範學校適中者也。富士見，最精者也。渡邊，規模稍狹者也。

又言，現時別有義塾，但課習字及珠算者，寒家力不能讀書者多就學焉。有一老儒授讀，每生徒一人日奉文久錢一枚爲脩金，即其儉陋可知矣。

伊澤君爲泰東同文局顧問員，贈余《同文局章程》及名簿，又所出書數種。

出門遇吴止欺，吴即寓是家。歸途遇山根君，約明早十時往觀警察廳。晚，井口正光來，白須之戚也，名刺署『千代田商會主』。

邢贊廷之襄，南宫人，摯師之弟子也。幼曾讀全經、《通鑒》，閲一周，十九歲始從摯師學於蓮池書院，用力於古文之學。去年同吴辟畺來游學，入同文學院。

年才二十二，甚開敏。

八月十二日（九月十三日）

晨，伯顏偕祝硯溪、夏爽夫來訪，三人皆學於法學院。

十時赴警視廳，山根君已候於門内。延入其理事之室，先以册籍講解良久，又贈余空白日表、年表若干紙，又《彌生會報》兩本。閲諸表之子目，可以知警察、醫長之所事，閲《會報》可以知衛生之大要。又導觀各室，有三人各守一提包静坐，問此何意，曰：『有患急症者，電話一至，提包即行。有一室專爲驗流行病者，器具甚多，不能舉其名。司事者導余視顯微鏡，有物蠕蠕如斷線之端，蓋即微生蟲也。又有已乾枯者，色紅如脂，密如哥窑之磁紋。有一室專驗食物之有無妨衛生者，如冰，如乳汁，如荷蘭水之類，皆須經考驗之後始許出售。談次，適有攜乳瓶來者，司事以玻璃瓶試驗許久。先傾乳於瓶内，另以有度數之玻管入之，量其沈浮之高度，又以細管吸乳傾於他管之内，和之以藥水，又和之以火酒揮摇多次，又入於温水器内，則見黄油漸浮起。據云，油足百分之三方爲適宜。又試以貯水之鐵壺，以壺中熱水入玻瓶内，和以藥水，以火炙之，又以凉水凉之，視其色黄。據言，於衛生有妨，不可用。

警視廳凡分四部，山根君第三部長也。本部覽畢，意欲導至他部，適他部長皆有事未暇也，乃引至消防署一觀。課長寶田君延入略談，先導至電機室。凡他處有警，電鈴振動，有紙吐出，如電報之號，而以墨線之長短别方向。既知方向立派人往救。司機者將試，令予觀派遣之速也。先以時辰表看準某分某杪，乃發電機，則見八人者向水車之室奔入，牽馬者、挽車者，駕者須臾而畢，登車揚鞭而出，距發機時才一分七杪耳。

東京市有消防署一，分署六，消防派出所七，警察署拾六，巡察派出所二百餘，非常報知機四百二十二所，冬季六個月加派遣所一百〇二，其各處水龍由自來水可激取者三千八百餘處云。

山根室内晤一人曰磯部檢三。山根言其能漢文，曾至北清，惜匆匆未得叙話。又，警視屬黑柳重昌。十二時歸旅館。

午後，和田君約觀養育院小石川區大塚町。其幹事安達憲忠導觀各室，有養病室、有健康室、有醫室、有孩童室。健康室多老人，一老婦年百歲矣，姓小林。孩童室分學齡以上、以下。有女子翦綵室、有炊室、有食堂大人小兒分。最後觀孩童唱歌，一如幼稚園之例小山步之，室長約二丈六尺，廣約二丈四尺。又觀女師授聾啞人讀，一啞女

學四年矣，名秋木スツ，試令講書，則以手尋行而上下指揮，作講解摹擬之狀。如見『腹』字則自指其腹，遇『目』字則自指其眼，『留守』字則外撥其手，象外出之意，諸如此類，敏而且速。又試使認字，亦能發聲，雖不十分清確而大致不差。安達君以粉畫板曰：『御前は何年生か？姓名は何と申しますか？』則書曰：『四年生，秋木すずと申します。』其他諸啞僮或學二年或一年，功候尚淺，然師試使書字亦能不誤。

師先持一泥制小狗，招一童使粉書於板，則書曰：『ィヌ』。又持一鹿，一童書曰『しか』。又持一虎，一童誤書，又一童正之。眾皆獎贊，師乃象獎贊之形，以示之彼，亦喜形於色。

體操場有盤旋於橫槓者，有試秋千者。

別有空房一所，曰家庭教場。每日學生十人輪流往習居家儀式，如迎送賓客，應對進退，烹茶奉食之類。蓋因院中人自幼寄居，不見此等禮式，他日諸多不習也。其思慮精密如此！

養育院共寄留八百十五人。小兒食乳者寄乳他家，月給費三元，并給衣食被褥，滿三歲爲期。其不食乳者聚居一室，每十人派一婦看護之。稍長者不須人，每室止用一婦照料。合計院中照料之婦才二十餘人。

和田約明日游靖國神社兼至淺草公園。

晚，熊慕蘧來談。

是日失候塚谷孝二郎、平賀如恒、伊藤稻子。

八月十三日（九月十四日）

清水君歸大阪，送之新橋。六時廿分車開行。至停車場二重階早飯澤勢、小山皆至，和田以太早不肯來，是處最便於候汽車者。菜品皆西洋料理，有價目在案上，多少聽客自便。一壁間懸汽車時刻表，候車者一覽可知。

東京專向橫濱之車日有十七次，其路經橫濱而暫停者尚不在此數。日人行旅之便可想而知。

余父子同澤勢君乘鐵道馬車至京橋，訪張執中於長春館，晤湖南游歷同知黔陽黃成齋忠續。茶話片時出，又登馬車赴淺草寺，游水族館、珍世界，觀雜劇。雞屋早飯，飯畢登十二重樓，游動物園，又登五重樓，乘船歸先乘船至永代橋，換小船至新橋，由新橋易人力車歸。

水族館諸品不如大阪之備，所未見者唯魚類數種耳。珍世界亦有動物，皆已死而藥浸製者，有極大之鰐、極大之蟹、極大之犀角。

珍世界有銅鑄像，大踰人身，古衣冠，無鬚。題曰『大聖人孔子像，宋徽宗時鑄』，未知何據。

十二重樓其下數重列西洋鏡甚多，其中寫真之景多半臺澎一帶山水之勝與官署之形，否則與吾國戰争之場也。皆彼國人得意之舉。熊慕蘧曾言，彼國之教童子也，必先告以日清之戰，日之何以勝，清之何以挫，故人人腦筋皆刻入此事，自幼已然。余游覽纔數處，琴平寺有北清戰争圖，而淺草寺又有之，十二重樓則有諸照像鏡矣。大凡繁勝之區，無不以此爲點綴。傷哉！吾國之人其何以爲心乎！

隅田川載客之舟，其中坐位與汽車二等位相仿。凡坐二十四排，每排可坐四人，高約六尺，余可直倚也。前有汽船拕帶。永代橋换乘之小船太偪仄，因水入内河河漸仄，故船亦漸小也席地坐，甚擁擠，其汽船在客船後。

晚，有同寓之前田正隆來談。陸軍工兵大尉也，駐仙台，將渡清。

伊澤君來談甚久，爲余書介紹之名刺四紙，又論於吾國設泰東同文分局事。

八月十四日（九月十五日）

晨至午候阿波氏不至，晡時來電話，約晚間見訪，乃率兩兒訪佐藤藤太郎，小坐歸。

午前，唐秀豐來訪，言弘文學院每日講課，伊須通譯兩小時，并許如遇講至切要，當預來通知往聽之。

黄成齋、張執中、章仲和、金伯屏邦屏先後來。執中言，有弘文學院監大久保高明，擬爲予介紹一見。

金君，黟縣人，在早稻田大學，極俊爽。

晚，阿波君來。

八月十五日（九月十六日）

七時後，山根君來電話，約往觀富士見小學校。九時往，晤其校長山崎彦八君。先延入其所居室，題目『成績陳列室』。四壁懸册簿，皆本校學生所交功課，或爲字，或爲畫，或爲紙粘諸花樣，擇其尤異者而存之也。裝訂整齊，注明某年生某某。滿四歲入幼稚園，滿六歲入尋常小學校，四年畢業，入高等小學校，四年畢業，入中學校，總計在本校須歷十年之久本校附屬幼稚園。

山崎君導觀覽，從樓下之一面起，看畢登樓，復降一次，復登一次而畢。其次第課程據所見如左：

一室，尋常三年男生，女師講修身書。一室，二年男生，女師提背讀本中唱歌。一室，一年女生，女師率諸生立而唱歌，蓋依時限，本應出外游戲，因阻雨而變通也。一室，三年男生，男師按風琴令諸生唱歌而正其音。一室，四年男生，讀書。一室，二年男生，讀書，男師講尋常國語讀本『擇友』條。一室，高等一年女生，裁縫，女師授算計尺寸而録於册。一室，高等四年女生，○*師授習字。一室，高等二年男生，習字。一室，又，三年○生，讀方。一室，又，四年男生，化學，男師以化學器講輕氣、養氣。一室，又，二年○生，讀方。一室，又，三年男生，英文法，男師講 comparison。一室，又，二年男生，算術，男師講六分之五加六分之一，圓蓋中鋪六瓣之紙。一室，又，一年男生，手紙文，男師書題於漆板，題爲《約友觀月》而將命意之次第列出，命一生講説以告衆人。一室，又，二年男生，理科，男師講水族貝屬。

生徒凡分二十三組，此所見僅十三組，蓋其中有適值出外唱歌、體操者，有過門而未入者。

病室，臥病者止一人。器械標本室，有化學等器。圖書室，專備教員之用學生書亦由本校給發，學生出價。

至旁近樓上之幼稚園因地形爲之，在高阜之上，生徒百五十人，女師五人。時已將散學，僅見其唱歌旅退而已。

山崎君爲此校長已十五年，當時生徒今於大學卒業者甚多。學中章程時時修改，雖由文部頒令，而校長資深有所經驗者亦有自主之權。此校女生多瘦衣，蓋濡染於山根君之教。山根君居距此甚近，其幼女即此校尋常一年生也。平賀精次郎之女亦在此校。入校生徒家在本區界内者每年隨意捐資，自不足一元以至累萬者皆有之。山根君每年捐資不滿五元。幼稚園每生每月均費七角五分，尋常小學校每生均四角，高等均八角。

校中教員三十六人，生徒一千三百餘人別有專書可檢查。日本之初改良也，先立小學校，漸增女學生，次立幼稚園，次立女學校。山崎云。又云，小學校必須私立乃廣，政府之力萬不能遍，東京小學校三百餘，官立者才八十餘耳。

十二時歸。與小山飲酒以酬佳節。午號接家書并新聞等，又陳柘叔信、嚴幼陵先生信、陳瀛洲信。

同小山、澤勢訪白須貞君於海軍省，時公事畢，人已散去，白須君獨留候余豫有電話。導觀諸理事室，海軍大臣室内陳美國製造軍艦之雛形兩具，聞每具值七千餘元。

晚，邀小村、白須、澤勢、和田、井口諸君痛飲，澤勢、小村皆醉。

*原文用『〇』表示未知男女。按，下文云嚴修參觀十三室，此處列十六室，可知有三室并未入内，故不知室内爲男師、女師、男生、女生。

八月十六日（九月十七日）

晨，結算食宿費訖，十時後遷神田區貴臨館。午，小村送一單來，小林光太郎託其轉交者也。外務省知照，由十八日起，請雙太守壽及余參觀各學校。小村特來面告，且言伊不得陪觀。雙君有譯人木野村，小村屬余豫往拜之。

張執中招飲偕樂園吾國廚人治庖，日本橋區龜島町，同坐有大久保高明弘文學院幹事、增田芳郎瓦斯會社員。大久保暢談學事，力勸智崇兄弟入弘文學院。增田君有意赴吾國。

八月十七日（九月十八日）

晨，赴三橋店，偕小山同詣山根君，往觀巢鴨監獄署東京市監獄署凡四處。警視廳醫長應兼理其衛生消毒事宜。警視廳所應管者三處，皆輕罪犯也，他一處皆重罪犯，晤典獄神野君。

此署經始於二十五年，落成於二十八年，費四十萬元。山根君云，若在今時須百萬。神野君云，百萬猶恐不足。凡占地七萬坪。

署中工場有不如大阪之整飭者。

十六歲以下之犯有師教之，師係本願寺僧，曾在學堂卒業者。其教室在樓上，神野君導入。僧立臺上，粉書漆板，畫一大圜，又系説一段，大約言地球向日背日及朝暮間日所在之方向。講畢質問，解者舉手。其他課程有習字、唱歌、算術、讀書、體操等等，大略與學校同。學生有衣赭者、有衣藍者。赭者罪犯也，藍者但懲戒之也。

工場中有制汗傘者，擘竹者、織布者、制銃者、鍛冶者有刀、錯、烙鐵等物、製木匣者、製洋靴者、雕刻者、磨麥者、拆洗郵便布袋者，不能悉記。另有作業日表備檢。

至病院一觀，看護夫亦罪人爲之。山根云，病者日見少，患肺病者止一人，他病二十余人，其餘微病服藥者三百餘人署中本日合計一千七百二十九人。

至製品陳列室一觀，皆罪人所製之物定價待售者，銅器最多且最精，價亦甚廉。神野云，價廉者因工錢輕也。

十六歲以上二十歲以下者亦有教育，但課程較寬。特別慶典有大赦，尋常慶典有減刑，工作尤良者特赦。巢鴨皆男犯，其在市谷者有女犯。

深川印刷局齋藤、木户兩君來訪，約十九日到彼處參觀。二君皆與伊澤君善，泰東同文局書籍皆彼社印刷也。

訪雙松如并拜木野村君，約定每日參觀學校時刻，早九時、午一時。訪和田不遇。約敏姪二十初度八月廿四日，寄詩壽之：『無恙扶桑海上帆，神山畢竟地非凡。歸裝滿載長生藥，好佐熊丸壽阿咸。』

八月十八日（九月十九日）

今日原與和田君約觀學習院，而小林單中今日應觀高等師範學校，學習院則列在二十九日下，因與和田君商定改期。余率二子即赴本鄉湯島三丁目高等師範學校，松如已前至。其校長嘉納治五郎游吾國未歸，有一人導引周覽。

校中分四科：本科、研究科、專修課、撰科。物理機械室：物理本科二年生，師以兩輪之器試聲之疾徐。化學室：化學試驗室、化學書器室。圖書縱覽室樓上。一室授英文史。

以上太略，因彼時未暇筆記，今不能追補矣。崇兒已入此校之附屬中學校，他日當令詳考之。

午後，觀女子高等師範學校。伯顔從。

録智崇所記：女子高等師範學校生徒本科二百八十人，年齡十七以上二十二以下，四年卒業三年半學，半年實地試驗。學生俱有寄宿舍，非日曜日不許外出。每日五時起，灑掃盥洗，六時早食，八時至四時半理課，五時浴，五時半夕食，夜自習，十時休息。本校卒業後，五年内不得就他職業，前二年依文部指定，至某處任教務，後三年教某處可任己意。是日所見：英文二年生教師曾出洋、家政女教師、技藝四年生師不在、裁縫一年生女師、習字三年生男師、裁縫二年生第一年製布衣，二三年製上等衣、地理國史專修科男師、國語本科一年生男師講漢文、地理標本室、歷史標本室、物理試空氣壓力、化學、圖畫男師、博物室、圖書室、家庭禮儀教室附料理室、自習室容二百八十人，每案俱有電燈、體操場擊毬、舍監室、寄宿舍七人一室，室外俱設風琴，樓窗内設大繩若干，備失火時縋而下、醫局每日有兩醫到局、病室無一病者、談話室共七間、食堂。

附記：各學校以師範學校用款爲最多。町村所立小學校約費千五六百元。奈良人入學者最多，約百人得九十五。沖繩最少，百人只六十人耳。以上皆幹事言，幹事町田則文也。

自習室聚二百八十人於一室，闃敞而精潔。電燈累累如聯珠，最爲出色。幹事云，此唯女子則可耳，若男子聚多人於一室，則囂然不靖矣，女子性格較閑静也。

八月十九日（九月二十日）

訪伊澤君，同至東京府師範學校。校長瀧澤菊太郎導觀。

録智崇所記：東京府師範學校本科約百六十人，合專修科兩科共三百七十五人。是日所見：二年二組漢文《中等漢文讀本》卷五、三年生化學試驗銅養，生徒散後教師特爲余等試驗養氣數事。師名小林晋吉。

晤關本幸太郎，東京高等師範學校教諭也，化學最精，現受袁少保聘，將至保定。是日來此考查化學教室桌椅之尺寸，因此校所製最爲合宜也。

圖畫教室模真形作畫，教師示以張良像。二年一組國語『と』字之講義。會議室校中議事之所、木工金工室三年生作木工、動物植物標本室見木製人之全體形，可以拆卸、寄宿舍室廣十四坪，容九人、自修室容十二人、附屬小學校已散。

學生之几案以本校爲最新最宜。窗之上眉開閉法甚便於冬令。

齋藤、木户兩君約至偕樂園飯，飯畢同至深川印刷會社。

録智崇所記：深川印刷會社東京印刷會社之分社，另有深川印刷株式會社：切紙美國器械、畫格器械、裝訂、印書面字書面上貼金紙，入夾板中，夾板中預排鉛字，有汽壓之即成凹形，再拭去外面之金、印號數女子一人司之，極速、折書葉女子二人司之、裝訂以紙一達入機械中，外有軸纏銅絲，搖機數次而銅釘三俱綰成矣。又，穿線裝訂亦極速、印書機美國物也，價最昂而最牢固。又，印書機下面有納空氣處，使運轉無聲。印紙片者、寫真板德國製，一時間可印五百枚、活板一時間可印千三百張。有一雜色寫真板，凡印十六次乃能成工。上石觀其畢工，印出兩紙，社長舉以相贈。石俱德産，他國所無。石價每磅十仙或八仙，每方三百六十磅，需三十六元、汽機日本造，汽機室内有鐵管通工作室，冬令送蒸汽於各室，夏則通風。登樓，寫真爲紀念，寫真有縮小十倍之機。雕銅板者、印各切符者、電鍍銅於鉛面者、鑄鉛字者日可成四萬。

每日工作七時起五時止，中停三十分午食。忙時晚加三時，日曜日休。工價：至精細之工，日一元二十錢，童子十仙或十二仙。一臺列几案，可覽樓下之全，便於查工人之勤惰，且司校勘。

社長星野錫居美國多年。私立印刷局此爲第一社，立於明治六年，先爲製紙局，規模極小，至明治二十九年始改今名，建築等費十五萬元，使在今時倍其價猶不止。其本局在日本橋，橫濱有支局。

八月二十日（九月二十一日）日曜日

晨，至三橋旅館理髮。至公使館投刺於蔡公使，并拜馮君孔懷，皆不遇。同和田，澤勢、小山，崇、怡二人飯於紅葉館。飯後，和田君約游向島百花園。由赤阪乘人力車至新橋，登鐵道馬車至涉船，乘船至向島。游覽畢，由向島乘船至淺草，淺草易人力車回寓。晚，曠生、伯顔、鑄生、項蓮生先後來談。曠生論立學堂事。余又同伯顔至鑄生舍一談。伯顔論王肖航省筆字之妙。

八月二十一日（九月二十二日）

同和田，小山，崇、怡兄弟冒雨至上野公園之東京美術學校，先晤其庶務掛羽田禎之進，繼晤其校長正木直彦，導觀各室。先至繪畫室，有臨畫者一年生。置畫幅於旁而臨之。先植物後動物，因植物較易也，有寫生者置一藥浸死鷹於旁，兩人各摹其所對之形，有名曰『新按』者，於摹肖之中自出新意也。一生畫古人即所謂『新按』者。有臨山水者二年生。其三年生皆赴校外寫生，四年生皆修學旅行，倶未得見。

入雕刻室，見有以泥象人而塑之者一人坐，一人對而塑之，有雕刻植物於木者臨畫幅，有以木雕爲人形者。又見一人坐於圓臺之上而四人環向之，各以泥肖而塑之，有正面者、有旁面者、有側面者。據云，今日初塑，須七日乃畢工，然其中已有得其神氣者。有大理石刻動植物一年生。室中陳列石刻之器甚多，有泥製植物豫備科，有牙雕植物。

又入一室曰圖按科，司事者出圖若干示客。室中又列内外國古今之器，然今在屜内未索觀也是謂歷史學。

雕金室一版鑲三品金若干條，以純雜爲序，如第一爲純金，第二爲金一割，第三爲金二割之類。鉛亦如之。銅亦如之。雕器銅爲多。室中所列植物、動物、人物無不備有伊勢蝦，有蟹，其足皆活動如生。又以一大塊整銅刻爲兔三頭，俱絶工。所見學生作課者唯植物耳。

漆工室。以木傅漆，凡三十三次，而後極光。以漆傅金，凡十次，而後告成，可謂繁難矣。又有以古畫一軸畫古器物刀箭之屬，一人於數尺漆板上描金臨之。據校長云，須一年乃畢工。蓋爲博覽會中陳列之品也。又見以泥塑高丈餘之人，係堺市水族館定製之品，爲激水用也。又有鍛金者，未及見其作法。校長言，先用蠟肖原形，以泥爲模，熔鐵入之。

漆工室教師某言：日本漆工最佳，近德國人延日本人往教之，湖北亦延兩人往焉。日本所用之木材大半由支那來，支那若講求此工至易至便云。

校長贈《學校一覽》等書，按人遍給。

八人同飯於精養軒。伯顔飯後辭去。

兩時同赴東京高等工業學校，晤其校長手島精一君。導觀各室，染者、漂者、織者有自動機，有脚踏機、試驗物理者、塼者、照相印於磁器漆器者。

器械甚多而所見學生作工者甚少，蓋時限正過也。

四時校内停工，所觀不及一半。校長云，請異日再來。贈《學校一覽》。

歸途答拜塚谷孝二郎。

晚，塚谷來。王荃士來談，始知育材書塾即其尊人所立。

八月廿二日（九月二十三日）

和田來，同赴第一高等學校。校長狩野亨吉莊雅可敬愛，導游尤不憚煩。問余等所欲觀，雙君曰：『講堂所講余等斷不能解也，能於各陳列室一覽足矣。』

過一講堂，係二部三年生一組，師方講重學。學生不全著制服，校長云，校中規則，唯倫理、體操兩課必著制服，他則不拘，觀教務知之。

圖書館書凡三萬部，其類分哲學、法律、政治、歷史、地理、文學、數學、理學、工藝産業、辭書、叢書類書、掛圖、新聞雜誌。

藏書之架高約六尺，廣少殺，凡六層，書皆立插，漢文書亦如洋書式，蓋皆有木函也。圖有架，如中國架笴者然。閱書有憑票，有賃金，若在功課中所應查考之書則不付賃金。書皆編號，每年曬晾一次。

專門常用之書不在圖書室内，各藏於其本科室中，因隨時須繙閲也。

實物理教室：頭骨二具一爲日人，顴高；一爲西人，腦骨巨。地質鑛物標本室分內外國：實石見本。動植物標本室：葉形小蝶，張則爲蝶，翕則與樹葉無別，所以便藏身也，出小笠原島；以顯微鏡視豆根寄生之微生蟲；蝸牛無雌雄，自能生育。物理用意室：透光電機：微生物有二十二度熱乃生。試光綫之暗室。電車雛形，炭酸瓦斯，七毬相觸動。一人以玻管試炭酸瓦斯，初有水不滿管之半，以手握而温之，良久水化至盡，徐凉之，水復如初。一人以大玻管試鐵片與紙墜落之遲速，空氣提盡則二者同時墜，稍入空氣則鐵速紙遲矣。時計兼地球。過一講堂方講地學。

校長備午飯，照章付價，每人八分。飯後觀體操。一時後辭去。

晤孫、范二生。飯後往觀帝國大學，從工科始。

電氣工學：電燈，寒暖計，静電器械，流電器械，磁氣學器械，電話機，電信學標本，音響學器械，キー及電鈴，電力傳送標本，熱學器械，光學器械，氣學器械，流電計。

建築學列品室：雛形器具，匠具標本，名材標本，日本有用木材標本。

土木工學圖書室，土木工學畫圖室。

造船學列品室：有大小全船雛形，有拆卸形，有中央横斷形，有各種機關形。

商船、軍船、官製船、民船、銅水雷一，其旁有畫圖室，木板之上刻半面船形，懸之壁間，取便摹繪也。

土木工品陳列所：轉車臺，樋門，測量器，暗渠，石拱，隧道模形，斜架拱，樓房，橋梁，燈塔，極高極長之鐵橋形，鐵橋模形中有如盤江橋者，上有火車鐵軌，牐，船塢。

機器工學製圖室：過門未入。

機器工學列品室：多拆卸之機器，備講解時用也。火車機、起火機，有屋覆之。

採礦冶金學科：坑道切面，空中索道爲運搬用，一抽一送甚便利，電氣發火器未啟櫝，各種卷揚器於深穴捲物而上，秤類，鑪類，唧筒類，各種試錐，各種索，各種寫真，各種礦質。

應用化學圖書室，定量分析室，應用化學列品室：官立磁器製造所，陶器窯雛形，鹽田圖解及雛形陶，染，金工，漆工，脂肪油，紙，無機化合，有機化合，燃料，硝，纖料，食鹽，硝製物，絲細與棉同案硝即玻璃，硝製帶闊寸許，如席紋，造麥酒機雛形，石蠟製品。

工學實驗所：未見學生。試物强弱機，譬如欲試鐵條，或壓之或離之或屈之，以折爲度，試其能受幾何力。其二：機器多巨者。

四時歸寓。

八月廿三日（九月二十四日）

是日，日本皇靈祭九月廿四，學校皆休課。

訪大久保、中西正樹，俱未遇。父子三人飯於九段坂下明治軒。訪山根君久談，兼晤磯部君。

歸，步游神田猿樂町，閲書肆十餘處，買書數種。曠生來，匆匆去。因前度歸時太晏，門已扃也。凡休息之前一日晚可十時歸，平日皆八時爲度。

八月廿四日（九月二十五日）

和田來，同至大學，先閲理科。

動物標本陳列室：海中産如珊瑚之類甚多，其他貝類、蛤類、蠣類尤夥。

真形動物：鰐長七八尺，海驢，狐，袋鼠前足短於後足，前半身瘦於後半身，尾如鼠，耳如兔，其大如騾駒，鱉類，大蝦，大蟹，爬蟲類，魚類，蝦蟹類，皆裝瓶内。骨架極多，不可勝記。蜂巢，鳥巢，蟻塔。脊椎動物胚子以蠟肖之。人全身可拆卸之模形，蠶發育自一齡到五齡標本，雞卵變化形凡九等，魚卵變相自一至廿五，海中小蟲變化形，帶殼珍珠。

第四實驗室、講義室、地質學教室：懸地質等圖。

文庫、講義室、實驗室。

地質陳列館：各圖，硫，銅，鐵，鐵養，水晶，瑪瑙。本邦：鯨化石，熔岩鐘乳，水晶，雙晶，鉛，銅，鐵，黄玉，銻，黑晶，孔雀石，紫晶，各種骨化魚化石有全形，有貼於石上半面形，樹葉化石，紙製富士山及箱根。

地質學教室、圖書館。

物理實驗室：一人試鏡照見背面，顯微鏡視物鏡升降而物色屢變。

化學實驗室、電氣及熱化學實驗室、化學圖書室、理化學講室、數學物理化學教室。

大學校長室。

人類學倉庫：本邦諸地方石器時代遺物，皆三千年前物也其時人食蛤類，故出土之物多蛤殼。支那種類現用品，各國古物器。

人類學教室：諸人種頭蓋，諸人種膚色圖，豬、牛、兔、人進步圖，各種人髮。

研究室、又一室：日本諸地方古蹟内外發見品，陶棺土偶等類，有模形、有原形。

地震學教室：適歐人往觀，其講師與歐人英語，又與吾等日語，極誠懇。内一室特爲防地震而造者，極堅牢。

在大學午飯，即諸教習用膳之所也。晤佐藤、内山、青山三君，將平賀、井上二君介紹信面交。

午後，閱醫科。

解剖室：陳一人於案，剖腸腹而出之，其人結髮爲辮，下垂及地。予乍見驚爲吾國人，已而見兩乳突如，乃知爲婦人。詢之蓋孕婦人。一人手掏府臟諸物，且掬且報，醫師旁立監視之，學生亦旁立。予與松如皆掩鼻急出其旁臥一人亦待剖者。

聞凡入大學就醫者，類多寒苦。無醫藥資，故來求診而預發願心，脱不能活，欲聽解剖，聞中江篤介君亦發願請解剖，其腦重於常人。

旁一室列已剖諸標本。

眼科：鏡之種類甚多。

婦科、兒科、皮膚黴毒病科、産科。

第一講義室，過而未入。

病院：有男有女未細看。治外科處，四面列層階，高者及屋頂，衆學生環坐，視其下施手術。

晚憊甚，早睡。

磯部來與崇、怡談，予未見也。

八月廿五日（九月二十六日）

冒雨訪和田，同赴農科大學。其書記武部直松導觀。

獸醫學教室。

標本器械室：寄生動物，馬腹蟲，馬腹内圓石病也，徑約四寸，甚重。一人言，馬食料有沙石諸物，久則結成此物。膽石馬膽内結，毛毬牛腸内，輕，石兒馬胎變爲石，牛腎石。一紙牛畫著色，而色各不同，某處肥某處瘠某處肉美，各以色别之。頭、尾、蹄皆無肉。附記，東京每日屠牛約百餘，下午三時悉售盡。

剪馬毛機器，廄模，牛胎，牛胎模形，目模人獸同，腦筋模形神經，牛肺二一無病，一有病。

家畜解剖室：兼組織實習。

教官室：鼻喉頭鏡，從鼻穿入而視喉。

病理實驗室：微生物種兔身。

藥室。

蹄鐵場：大小輕重其式不可勝計。
家畜病室：有病犬在木籠内。
外科手術室：廄内一馬一牛二羊。
農藝化學。
教授分析室：攪和機。斜著水面而機旋轉。
學生稱量室、揮發物取扱室、脂油浸出室、燃燒室、淘汰分析室、水及亞爾加里分析室、顯微鏡室。
日光附近有足尾山，銅鑛在焉，洗銅者於河，河水灌民田，民以爲不便，歷有年矣。近者農學科乃以銅水歷試諸植物，考其果有損否。
器械藥品度室、講義室、暗室、圖書室。
稻試土宜，盆種之。架承之，下安鐵軌，晴則露置於外，雨則推入玻璃房内。
雄雌蕊傳種改良，印墨紙試麥豆發芽，瓶貯瓜菜諸種，果窳諸標本，農具陳列，二百八年前之陳米，一百九十年前之陳米。
動物學教室。
養蟲室：蝗圖。

林學講義室：地質學標本，測量諸器。

林學標本陳列場。樹體解剖圖。

養蜂。因路太滑未得至其地。

植物學實驗室。

試種地：十八萬坪，内外國樹，畜舍牛馬皆有之，皆代耕者，豬柵。

製茶室。

冒雨歸，過摯師處小坐。三橋店小坐。

晚，澤勢君來。

八月二十六日（九月二十七日）

訪伊澤君。冒雨往觀渡邊小學校。學生七十餘人。皆一師授之，所謂單級學校也。分五組，室才二十一坪，立觀一小時。師先畫一旗於板，注假名於其旁，令最幼者照寫。又於板之彼端書一『游』字爲題，使稍長者命意。一童曰：『將游上野。』師則曰『好！與誰共乎？』又一童曰：『與友人。』師又稱善：『在何時乎？』或對曰：『八時半。』如是者數次。乃命一人於板上聯綴之，成一書翰文。師先讀之，又贊之，徐指出其未完好者，先解明而後塗改之，如是者數處，遂成一段妥貼文字。

其女子之長者已能屬文。

壁上懸『歷年生徒卒業姓名表』，卒業後謀食者多。入中學校者不過數人，此即村塾之類也。聞渡邊教授法甚有名於時，文部大臣曾往觀焉。

又閱益進。兩學校皆已休課。

回寓午飯後，至留學生會館閱報。讀《經蓮珊文集》，終一卷乃歸。

澤勢君夕來，晚歸。

八月二十七日（九月二十八日）

夜風起，曉益猛，兼之驟雨，終日不止。樓震撼有聲。終日看書。

午前，伯顔來談。

午後，接家信及新聞報甚多，稍解愁悶。

東京附近是日風災甚劇。

八月二十八日（九月二十九日）

山根君約赴體育會觀卒業式。八時半往，摯師、松如皆至。卒業式從九時起。會中有印成順序，細目録後。

日本體育會體操學校卒業順序：（一）敕語捧讀。此間一同起立，最敬禮，終於生徒一同君が代ヲ唱ス（二）卒業證書授與引キ續キ校長報告（三）校長ノ告詞校長高橋君執證書，學生趨至座前受之，甚恭整，一人在校長座後唱名（四）本會長ノ告詞會長男爵加納君演說（五）來賓之演說男爵石黑君演說許久（六）卒業生總代ノ答詞有兩生執簡宣誦，皆逾萬言（七）學科講演并卒業生及一般學生諸運動。

運動順序：（一）棍棒體操有盤鐵槓者、有立頂者、超距者。（二）柔軟體操（三）器械體操（四）射的即洋銃打靶也，四人同射之。時有人在地穴內舉旗，未詳其用。（五）游戲隨音樂之節奏，穿插進退，極有態度。

閱畢，留茶點。十一時半，余同二兒入明治軒午飯，而車遇和田君，午後同往學習院。松如已前至，書記高橋定吉導觀。一室五年生，授幾何。一室高等三年生，漢文。一室高等二年，歐文。一室高等一年，歐文。一室中等六年，代數。一室中等一年，本國文。圖書館藏六萬部、博物室、佛獨文教室、理化學教室，以上皆草草一觀，蓋午後課程時限甚促也。

閱體操場，一少佐教兵式步伐，其他有攀高木而登者高過肩，有扶兩欄立頂者。其中貴冑居多，且有王子數人張南皮之文孫即在此院學習。

訪島田俊雄，不遇。訪岡本監輔一談，年六十餘矣，坐書叢中終日著述。

八月廿九日（九月三十日）

八時半訪和田，同往華族女學校。松如已至，佐野君導觀。中學一年生唱歌，中學四年生理科礦務，中學六年生本國文下田歌子教，中學二年生英文。一室虛無人，生徒皆他往學畫。

其桌椅式特適宜。佐野君言，生徒讀書時，目去書以一尺二寸爲度，故桌椅之高不及桌之斜面度，必視生徒身材之長短爲準。故椅背各注七八九十字爲識別椅與桌連，桌之合葉扇撐起時，須與平面得四十五度角。桌制，平面凡三段，合葉起前一段，便於出入，且爲讀書時立書册之適宜處。再起第二段，其下爲安放書物處，爲扁箱形而其右端缺數寸，别有小屜，自右面插入內置硯，桌面之左右兩邊皆有置鉛筆之凹各學校桌多有之，縱横不同。

理科教室於人體模形外，另有以皮爲全身形者。此爲女學校所獨有，爲生徒習綳帶法而設，蓋男生即於本人之身試練，女子則不便也。

小學一年生修身女師。小學二年修身女師。

觀運動場。觀擊球場設網於中爲界，左右相向而擊球，此平日所習見也。今日又見一式，植杆於地，高約丈許，竿之上端繫繩，繩繫毬，去地約數尺，左右各立數人擊之，使繩於竿者勝。又一處，一丈許長板安於木架上，可左右抑揚，兩端各四人蹴之。

觀附屬之幼稚園，方值游戲，保姆兩三監之。淺岡君導觀。高等小學二年生唱歌舞扇。中學三年生圖畫、寫生，兩人各臨一像片，神情皆逼肖。刺繡科於木匡綳紗而繡花朵形。博物標本。運動場：手扶兩欄懸兩足而前行，以兩足抵欄之一杆，臥置肩於此欄之杆而首下垂。

觀畢小憩，下田歌子、細川校長俱陪話。話畢，又導觀啞鈴操及普通體操。觀幼稚園食堂。堂中列矮几十數，每几坐二人或三人。豫列其所自攜之食物於几上皆綵布包裹，五色相映甚絢爛。至食時，諸兒童入。保姆立據正中之案，宣口號，諸童皆立，向保姆爲禮，然後就坐。各解其裹或開小木榼取箸取飯，或手持餻餌徐徐咀食，從容而有條理。以四五歲童子又多出於貴戚之家王子、大臣子甚多，而能就範圍，去依傍如此。甚矣，幼稚園之爲益大也。

凡接送幼童之女僕皆聚待於一室，兩行對坐而操女工，其不肯須臾廢時如此，亦愈見學校之計畫周密也。

約木野村、和田、松如飯於紅葉館，外務省單開各處，至今日參觀已畢。

午後，往訪小林、小村兩氏，俱不遇。答拜伊藤稻子於下田歌子家，不遇。下田亦適將出門，立叙數語而别。

八月三十日（十月一日）

早，赴東京盲啞學校，和田猶未至，投伊澤紹介名刺於其校長小西信八。延入，先以概覽數紙見示。又引至理科教室標本甚多，其中有大小地毬各一，大者渾銅爲之，小者紙制，皆依山川之高下而凹凸之。蓋爲盲者可以摸索而學也。又見字母機器兩具，一爲日文字母，一爲英文字母。一教師以所印日文一紙見贈，校長又特印英文一紙見贈。其法，圓排字母成一帀，皆斜聚於圓心點，各有機連之。機之端一平圓之頂，其上粘紙，注某某字每圓兩字疊寫。印字時先鋪紙於下，以銅界之。欲印某字則按某字，其機每按一次自能下移一字之地位，故無字上壓字之慮。每一字疊兩字，一字按本機一字兼按左邊之小圓，則自能推開此字而印彼字也。一傳聲之皮袋，一端如小乳頭形，一端爲喇叭形。對此端發聲而彼端插入聾者之耳。余試之，其聲震耳。

門前小立片刻，見男女啞生指天畫地，來往紛馳。有喧争者，有被擊而號訴於人者。啞生之教室以諸色旗爲識别，將理課時，執旗之人摇向諸生。各辨己室之色追隨而至，室門各插一旗。

第四室二年生，教算淺近乘法。第五室三年生，乘法。第六室四年生，粉板書和文一段，一啞生指畫傳神。樓上裁縫教室，六七人，男子止一人。盲師教盲生琴，一盲生摸字抄書摸從左起抄從右起。一室列外國盲生製品、外國癡兒教具製品。

啞生圖畫教室畫極精，傳真者逼肖。第一教室，最幼之啞生。第二教室，二年生。約和田君來寓午飯。筱山來談至夕。

寫家信。

九月初一日（十月二日）

和田來，同步至萬石橋，乘馬車赴上野。又乘人力車至音樂學校。校長渡邊氏已赴北京，代者大島君導至奏樂室。正中一高臺，如吾國戲臺。然其下，層層列坐，漸次而高，聞可容千人。臺上外國教師二，日人男女十七人合樂，外國師一人以箸指畫，抑揚以爲節。聽歌兩闋，登樓略觀數室。每室或一人或虛無人，皆置極大之風琴，皆自習室也。所見，四十一室、四十室、三十九室、三十八室。

晤柏樹巖，略知清語，亦學生也。

大野鈴子託寄信物。

飯於不忍池之蝦樓杜撰名，凡稱雞樓、雞屋之類同此例。

飯畢，赴山根約，往觀造自來水場由牛込區乘汽車至新宿站，即相去不遠，有山根之友矢野君陪往。觀沈澄池、洗沙場、給水渠、機器室，攜圖而歸。

晚，山根君招飯富士見軒，和田君與焉。

九月初二日（十月三日）

高陽館訪秀豐，同至弘文學院。同大久保君叙話片時，先至講堂聽葛岡君講法律。唐君譯之，聽一小時，别有筆記。

大久保君導觀各講堂。一室教日本歷史，一室教日語入門，一室教文法。復聽山路講小學教育，唐君譯。

晤戴邃庵庶常，又湖北派習員警者廷伯先、石芷舫。唐君招飲鳳樂園，以上三君皆同坐。

冒雨歸寓。

九月初三日（十月四日）

九時半同伯顔步至萬石橋，乘馬車至新橋，乘汽車赴橫濱車行五十五分。步行至山下町，飯於永樂軒。新民社買書數種。

至大同學校，先至其旁之關帝廟一觀，所陳列皆廣東物也。學校長林君奎，南海人也。時已將休課矣，略一周覽。一室學英文，一室學英文地理書。五時歸。

九月初四日（十月五日）

青柳君來訪，談次爲介紹之名刺，致高田早苗。

會館秋季大會，余九時至錦輝館。章君演説。會計王君璟芳報告。招待高君報告。餘不悉記。

選舉幹事，用投票法。有主三十票者，有主二十者，有主十票者，卒從二十票之議。凡三選，恰得十二人。

立食。飯後到同文學院觀體操。夕，偕曠生、潤甫來寓。留晚飯，食精肉，八時散。

九月初五日（十月六日）

是日，和田君約往見大隈伯，并約唐秀豐爲通譯。九時半往訪秀豐於弘文學院，待其課畢同至大隈邸。和田先至，延見，談一時有餘。余略問小學教育法，伯言德育、智育、體育云云，亦所習聞。最後，余問：『人言，智日進則德日退，然乎？』日人作此論者甚多。伯曰：『是大不然。是固兼進無退之理。』與余私意極合。一美國新聞記者在坐，與伯問答，一日本人譯之。余問唐君：『所言伊何？』唐君言：『但聞記者問：「日本之文明但取諸歐美乎，抑兼用本國乎？」伯曰：「取人之文明則己之文明自進。」』其言簡括得體。伯樸僿如村嫗，而其生平所爲乃若彼。賢者固不可測！

約和田、唐君飯於鳳樂園。

飯畢，和田辭去，同唐君至早稻田大學，大隈伯所私立也，舊名專門學校，今年始易今名。時高田君已歸，田中唯一郎導觀各講堂。一講堂講法律；一講堂教英文地理；一講堂教政治；一講堂講《大學》且粉書於板，曰『骨曰切，象曰磋，玉曰琢，石曰磨』『朱注不合《爾雅》』云云。又其旁黑板有漫書字跡：『胡克家』『何義門』『嘉慶十四年』等字。

圖書出版部，書縱横地上未安插，因藏書樓尚未畢工也。錢念劬捐助書五千册。

早稻田大學學生三千人，附屬之中學一千人，嗚呼盛矣！論宮室之美、器具之精，視帝國大學弗如遠甚。蓋私立與官立往往不能同，亦財力致然也。前觀帝國大學詳於標本諸室，於講堂全未寓目，今日所參觀則講堂爲多。

晚率崇兒訪伊澤君，商保送師範中學校事。伊澤君許諾，又談編書事。吳止欺通譯。

九月初六日（十月七日）

熊慕蘧、夏爽夫自德文學校來，談一小時。

貴州蹇君季常暨其姪方叔、經叔、桓駒，趙君孟剛、毛君子龍、黎君伯顔、仲蘇，約余父子三人同赴萬石橋寫真，復約至富士見軒午飯。

飯後，赴印刷局參觀，山根君約也。

雕刻銅板者有自動之機，自成文理者，係美國最新之法。

石印紙幣者閱紙幣見本，有湖北、山東囑託者。

遞信省封筒，公債券，炙印花紙背之膠水其室熱氣撲人聞熱一百三十五度，刻花縮小機銅像仿畫於紙上，如凸出然，蓋用西洋法也，石印小機直七八十元，每日印四五百張，大者可印四千張，明信片銅板、鉛板。

一銅板先濡水筒中，取出則色變白，又置一水盆復黄。聞此係秘法專利者。

印明信片者，〈印〉〔切〕明信片者，以機刺印花紙邊小孔者，抹糊者機器損，暫以人工代。刺小孔之機，美國製者縱横分兩次，德國製者一次則縱横皆具。

圓機印紙幣番號，其字凡五位，可印九萬九千九百九十九號。

活版部：製顏料、製銀朱、製印泥、鑄鉛字、鎔鉛板紙模，印官報一時可印二萬張，刮削鉛字者。

女工數電信紙者，旁置海沫小盒，爲抹指之用，恐其有毒不宜粘唇也。

與局長略談，辭山根、和田而歸。吴止欺、大久保先後來。

伊澤來函論編書事，即復之。

九月初七日（十月八日）

和田君來，同赴東京高等商業學校講堂凡二十三，未遍閲。一講堂講經濟學其師從德法學三年，去年始歸國，三號室學生閲覽室，二號室事務室，六號本科一年生，五號室豫科生，實踐室中設連櫃，如廛市當門者。然三面相接爲磬折形。當心有倉庫等，是爲習社會之式，兩旁又設爲店鋪之式。向例每周間皆習實踐，近因經濟加課，故實踐暫停。樓上有商品陳列所湖南漆、貴州革、北京之磁。又列輸出品各注國名，大抵皆投其所好者。

遇湖北留學生江夏權量字謹堂、咸甯張鴻藻字子魚。

因講堂大同小異，遂不遍觀，别去。

和田君因時尚早約赴日本橋區常盤小學校一觀。

常盤尋常、高等小學校，附屬幼稚園。教員廿八人，男女各半。教室廿一裁縫、唱歌室不計外。小學校男女生共千人，幼稚園百五十人。

觀幼稚園：最長者一班，唱歌，師諧以樂。次長者一班，織紙爲各花樣。最幼者一班，方木排，師塗黑板上方格爲朱爲黑，令其仿肖。皆在樓下。

尋常男一年生樓下：物算，以木排又架懸球教識數。二年全：背九九歌。三年、四年俱未見。

高等男一年生樓上：分兩班一班師以鼴鼠標本講物理，一班方出外唱歌。二年同：分兩班，俱講國語讀本。三年同：同。四年同：同，第七。

尋常女一年生樓下。二年生、三年生俱樓下未見。四年生樓上，未見。

高等女一年生樓上：女師授歷史。二年同：對册習唱歌，男師琴諧之，屢正其音。三年、四年俱樓上俱未見。

敷地九百七十一坪，建築三百三十一坪。運動場三百七十一坪，附屬五十七坪。廊下四十三坪有奇。經始費六萬餘元，發費萬二千元。

觀體操器械陳列室及兒童便所，皆校長所深費經營，洋人所略者也。

閱畢，至旁近處西洋料理屋午飯，飯後往觀日本銀行。先至應接室小坐，執事某君導觀。

觀銷毀紙幣機，疊舊幣厚寸許置圓機下機如竹筒形而刃極鋭，穿三巨孔焉。又一室有女子二百人，各據案按號簿撿廢幣之某號，而以戳記蓋之。吾津所謂銷號是也，手眼敏速且準。又見焚紙幣之爐。生電機器供電燈之用。

導入深徑，循壁設電線及水管。又前行至深處，一軍士守門。入門則電燈照耀如晝，有金庫、銀庫、銅庫，以甲、乙、丙等字編號。

登其昇樓之機至最上層，有教徒弟室教簿計、算學，是日未見理課。一室列本國古近及外國各金銀幣，案上三面列木櫝，凡十八。每櫝啟蓋有屜二三層乃至四五層。鑲幣於屜内而籤注之，東西各國乃至土耳其、印度、朝鮮皆用錢，無用元寶者。紙幣皆雕印工細，無草書者，有之唯吾國。吾國凡占四櫝。

銀行大門之内四面列肆，如吾津所謂櫃臺者，而其出納於小方櫨，又似停車場之賣票處也，其名目列下：營業部收納，營業部仕拂，仕拂命令受領，案内命令受領，中央金庫仕拂，仕拂切符受領，中央金庫收納。

澤勢、和田同，觀畢辭去，余等亦歸。晚與伯顔長談。

九月初八日（十月九日）

與伯顔至飯田町，乘汽車七時半行，歷二十分時至新宿下車，步至淀橋町。訪青柳君不遇，遇其母氏談數語。余托伯顔致謝意後歸。

清水君昨日至自大阪，是日來訪。

爲和田、山根、木野村諸君書屏。

午，赴會館買書數種。

接陳瀛洲函。

摯師來訪，留晚飯。師明日往觀慶應義塾，約余偕。

九月初九日（十月十日）重陽

同伯顔至摯師處，同往慶應義塾。張星五從焉。塾長鎌田榮吉、教頭門野幾之進、事務員某同導觀。記所見如下：

大學部：一室講心理學，一講海商，一講貨幣，一講歷史，一講英文，一講德文。

中學：第一室未見，第二室英讀本，第三室國史，補習科空無人，七室英文，八室未見，九室算學，十室物理列座層累而上，旁有理化機械室，所儲器械頗不多，唯見一〈形〉〔行〕星軌道之雛形，甚便講授。又蒸汽機雛形，十一室英文，十二室空，十三室空，十四室英文聞晚課商業，十五、十六皆代數，十七、十八、十九皆英文十八室師係英人。每室設二十四桌，每桌二人。中學自修舍，每室三人，三人中推一人爲室長間有四〈十〉〔人〕

者。中學寢室，每室六榻。食堂可容二百餘人，當每人座位之上懸番號小牌於椽。

小學：第一學年，以雜色絨纏果實如吾津所謂喜果，一美國女師以英語教之，而日本男師爲之譯解。第二學年，日本師教尋常國語讀本有美國一童附學。第三學年，日師按琴教唱歌。第四年，空室。高等一年生，日師教高等讀本室以書板爲頂。高等二年生，日本國史。小學內室運動場。小學寄宿舍，有保姆照顧。小學寢室。漱洗室。

人數：大學約五百人，商業科三百餘人，中學八百餘人，小學二百餘人。

小學畢入中學、中學畢入商學。其由小學徑入商學者聽。

中學寄宿舍約二百人

學費：大學部每年納三十六元，中學每年納三十元以上兩項俱分三季收。中學寄舍料每月八元五角。小學內宿者，每月納十五元，外宿者納兩元。中小學所收費敷用，大學部歲虧約二萬元。

此外有書籍館書六千部、讀書室、演說室、新聞雜誌縱覽室、應接所。別有類俱樂部者，爲學生游戲之所。其中有理髮處、有浴室浴一次收錢二文、賣食品處，儼若設市，亦別開生面之一事也。

操銃每周一次，但演式不射的。

三君殷殷解説，星五爲之譯。當游覽及半時留午飯。飯畢復觀，觀畢復談，三時半乃散。

答拜南洋監督、海甯姚文甫理問。訪小村辭行，聞其赴病院養病。塚谷來，眼鏡商關谷佐吉來。

致瀛洲函。

九月初十日（十月十一日）

到鴻池銀行取存款。到浪速銀行爲崇兒寄款。到東京機械製造會社買三毬儀及助力器具模形。

午後，馮立夫、曠生、小山、大橋秋水、清水芳吉諸君來。曠生爲余擬中學課程。

九月十一日（十月十二日）

同清水君、智怡往上野觀美術協會人給十錢。所列之品曰畫幅、曰銅器、曰漆器、曰石器、曰磁器以至金銀七寶之類，大抵以雕鏤見長，而價皆奇貴。一瓶注價千數百圓，一紙煙入二三百元，可謂侈矣。然人巧之極，真有可驚可喜之處。

至淺草幻燈會社觀畫片許久。至淺草橋，飯於牛鳥屋。

午後，同往教育博物館。

第一陳列場外有立牌，題曰『家庭、幼稚園、小學校用具及成績品』。第二陳列場立牌署曰『物理、數學、星學、地學、化學、動物、生理、植物教授用具』。第三陳列場署曰『實業教育用具及成績品，圖畫、音樂、體操教授用具』。以上細目另册記之。

由第一場出，升階即孔子廟。第一重爲入德門，又進一門，額曰『杏壇』。又進爲大成殿，大成殿有圖書閱覽室。欲入觀者，於閱第一場後，須换牌持入。余以圖書不勝其閲，遂不入，晚觀試幻燈。

中西正樹來。彼此往來凡七次，至是始得見。

日本政府將擴張海軍千二百萬噸，每噸千元，以十二年爲期。是每年須增籌二千萬元矣。五年前增加地租七百餘萬，至明年期滿。政府以增海軍故欲推展之，而民不悦。政友會與政府反對，今尚紛議。中西君云，再過旬月可以定議。若政友會之議勝則内閣恐有變動。

日本歲入二萬八千萬元。

九月十二日（十月十三日）

寫贈伊澤、星野、齋藤、木户字幅。澤勢、小山來訪。

率智怡到弘文學院訪秀豐，同訪鳥尾子爵，和田君先在焉。論作文三要及黨派之有益於政界。談畢，贈書數本。

富士見軒午飯。

根津一處辭行，未遇。近衛公、吴先生二處，亦未遇。三橋店寫字十餘紙。山根、平賀、石坂三處辭行，俱匆匆數語，歸已曛暮。

法學士鶴岡君，王荃士之友也。意欲游北清，因荃士來訪。

馮鴻若茂才，粤東派學師範速成科者也。前曾屢晤，未深談，今晚特來見訪。暢論教育之法及吾國現今情勢，其持論詳覈而平實，異夫叫囂而空鶩者。余託其代覓《講義録》寄津。

九月十三日（十月十四日）

爲權謹堂書《東文法述略》封面。

訪伊澤辭行，贈以詩幅：『門前生意鬱森森，不負東皇茂育心。最是人生真快事，手栽桃李盡成陰。』伊澤之夫人通漢文諷覽久之。

曠生、潤田、潤甫來談。

夕至新橋送摯師，冒雨歸。

新橋遇本田幸之助，言有詩贈余。又一人名池田謙三。吴止欺、毛子龍、伯顔、鑄生來談。

九月十四日（十月十五日）

訪岩谷松平，是日適休息，僅觀機器大概，一人特爲客試卷紙。巧速不可思議。一小時可成萬枚卷成兼印字記。

午後，偕澤勢、伯顔、小山乘汽車往觀品川織絨工廠。工之初與造紙法近，工之終與織布法近。是日匆匆，未得詳記。

至聚星館清水寓所，寫字十餘紙。五時半同清水、智怡登汽車，六時五分行。送者，華友：秀豐、小山、仲和、止欺、立夫、爽夫、曠生、潤甫、鴻若、荃士、勵卿、鑄生、棣生、豫生及貴州八人。日友：山根、伊澤、和田、澤勢、木户、阿波、村瀨、大橋、大久保及三橋店之司帳某君也。

車中人滿，不得憑倚。以日間所買《東游叢録》讀之，至竟夜過半乃得睡數刻，悔不坐寢臺車。

九月十五日（十月十六日）

九時後至西京，寓三條橋西萬屋，甚整潔一泊一元二角，中飯六角。

午後，清水君導觀妙心寺、金閣寺、大秦廣隆寺諸勝，皆規模壯闊，竹樹泉石、古書畫之屬頗多。但悉非余所注意，故不以爲奇。歸途經舊皇城，視東京差爲壯麗。

午前，寫明信與門田，商大津之游。又明信片寄智崇。

訪吴先生於柊屋即西村，方爲日本人書詩幅。坐客甚多，不多談，遂辭歸。

九月十六日（十月十七日）

早閲肆至勸工廠買織物數事，又至清水谷松韻堂買磁物數事。因至其工廠一覽，内有畫工數人，方執筆描寫。余從清水君言，書茶杯二十餘題款，令付陶以備贈人。

門田君至，約晚車往大津。

吴先生來訪，爲余書一扇，同往閲書肆。

西京書肆古書較多，規模亦較東京閎敞。所見監本《纂圖尚書》三册，索價百五十元，《唐文粹》三百元，《事文類聚》《容齋隨筆》價不確記，大約皆較北京廠肆加昂。又《蘇書陶詩》汲古本索五元，予之三元不諧。

西京可當『樸素渾堅』四字，似猶未失舊觀，電氣車則他處所無。

晚飯後，清水君歸大阪。余父子同門田乘汽車赴大津。

十時至，宿竹清樓。大塚、植木兩君來訪，皆門田友也。

九月十七日（十月十八日）

朝食後，同門田君往第九師團駐兵處，有人導觀。觀教室二，一學國文，一學數學，數學教習即植木中尉也。宿舍、食堂、炊所、縫工、靴工作業之處，藏軍裝之室，皆遍及焉。門田君（言），有他人不能到者，今特破格。晤聯隊長談片時。先至其第一中隊長室，坐良久。登長等山眺望，山上有紀念玉坐處。蓋天皇昔曾臨幸之處也。日本人之尊其君大率如此。西洋料理屋午飯，大塚之夫人來訪。飯後，至琵琶湖之嘴，乘小舟穿山洞三次回西京是處即所謂疏水處，其工甚鉅，予別有札記。停車場與門田作別，乘汽車，七時至梅田，赴川口七十番，假聚源成室內宿。

九月十八日（十月十九日）

各室周旋，并到六十六番與雁清同訪梁竹香。午後，率怡兒訪清水、西島、中川、田島、山田、廣瀨諸君，兼致餽物。夕歸。雁清招飲古川俱樂部，孫實甫、梁竹香皆在焉。飲後兩君來暢談，至三鼓。

實甫論幣法，謂我國宜用金爲本位，而鑄重一兩之銀圓，又鑄當十之銅圓，各立定率。其論造幣法甚詳明，惜余不悉記。

九月十九日（十月二十日）

寄崇兒信。

張星舫來久談。

六十六番諸君同來小坐。清水君來，廣瀨君來。

同清水、智怡閲市買物，飯精肉。二時歸。

同西島君赴三平社觀製造鈕扣、燈托、銃彈諸場。鈕扣之製自翦銅以至裝匣，凡歷工作十四五番。余所〔見〕錘花紋者、製環鉤者、粘環鉤者、火爐燒錬者、嵌扣於紙板者、包裹纏束者，皆極敏速。聞日可成扣三十七萬枚，夜工亦如之。凡用男女工千人，開創在二十年前，資本三十萬元。臨去，津田贈鈕扣及未成之彈各數枚。彈製成者，每五枚值洋一角四分。津田招飲俱樂部，西嶋陪。

津田言，活板機器德國爲良，最大者每具值萬五千元，次者亦萬元。取締役之株數不得少於六千。

寫寄崇兒信、惺姪信。

怡兒宿清水家。

九月二十日（十月二十一日）

晨，赴九十六番室，皆虛無人。留刺於星舫之案上而歸。

西嶋來。同往觀西天滿小學校。梁竹香、孫實甫、陳瀛洲皆至，校長多羅尾君導觀。

幼稚園凡二百人，初合班唱歌，繼而分三班。其二班各退入其本室，其一班唱歌訖，復易彼班。唱歌時兼環步，終則捕鼠爲戲。其在本室者，見一班學木排爲宫室、舟車、人物、花木諸形。

小學校一授國語者，師書『武器』二字摘讀本中字，問：『何解？』一生起對無誤。又問：『器皆何種？』又一生對某某種。師又因而講解之。有教習字者。每人各撫一字模册，恰臨至：『郵便電信』一行每行四字。師書『郵』字於漆板，先書一『ニ』，既而成『𠂹』，既而成『𠂹』，成『垂』，加一畫則講其用筆之法良久，又故作一不合法者，以爲比較。已而又書兩『阝』字，一轉折處無力者，一有力者，而講其優劣之故聞每周止習四字耳。有教算者，先畫一横線於漆板，而畫分爲數段，參互問難而指授之。

實甫招飯大阪俱樂部。

飯後同觀造幣局非局中人紹介不得輒入，每入不得逾六人。造幣局截金銀由方塊而漸變爲葉，由葉而成爲圓錢形，而後琢鏨，此其序也。其詳見吴先生叢録及崇兒去年游記。

觀畢，復回西天滿學校。索書者甚多，約兩時間乃畢。留晚飯。天滿學校始建於明治四年，凡三塾，至十八年始合三塾爲一。集資者凡十二町，歲共一萬二千元，其經始費不過一萬餘元耳。設在今時，須加二三倍。地名西天滿老松町。男女學生八百人，幼稚園二百人，教師男女共廿五人。十二町户數二千二百餘，丁口一萬二千，入校者約千人，合高等計之入學者約百人得九十七人。

是日，鍠子兄弟約智怡寫真。

九月二十一日（十月二十二日）

午，鈴木君來，同鈴木清往觀西區區役所，凡分四課。

夕，書屏、對甚多。

晚，曹瀛〔洲〕招飲俱樂部。

九月二十二日（十月二十三日）

陳瀛洲陪觀旁近之本田小學校。先觀女師教製薄茶儀式，此乃日人敬客之禮，甚繁贅。又觀教裁縫者，又周覽各講堂。

午，大書屏、對。

晚，宴客於俱樂部。飯畢，復作書，逾子初乃畢。實甫久談，至電燈熄後始去。寫寄崇兒信。接惺姪信，內有李子香託購書目，時太促矣。託石塚君代覓，如可購得，明晨送至車站。

九月二十三日（十月二十四日）

發大阪。八時半抵梅田。送行者竹香、雁清、曹瀛洲、敬一、新橋、静泉、鳳齋；日友西島、多羅尾、清水榮次郎、清水之夫人、田嶋之夫人；送至神户者陳瀛洲、周慶鍾。清水君有事失期，智怡候之。周、陳二君送余及門田君先發，神户田中旅館午飯。清水、智怡少頃亦到。

一時廿分神户汽車發，汽車給仕持辦當引换券遍問乘客，有欲用者則給一紙而計其人數。電致岡山備辦如其數，屆時憑券付給．每分廿五錢，是爲上等辦當。給仕極謙和殷懇。乘客一老人至應下車之地而忘之，車既開，始惶急欲下，給仕飛躍至其前阻之，特爲此老停車片刻。

晚飯於食堂，較東海道食堂稍狹。

十時抵廣島，宿停車場前吉川旅館。

寫明信片致橋本貫山。聞其駐軍處距此僅十七八町。

九月二十四日（十月二十五日）

電詢橋本，尚未歸也。食訖，游泉邸．一名縮景園，侯爵淺野長勳之別墅也。兼有山水樹石之勝，爲日本第一名園，治園者咸往取則焉。

冒雨循城垣歷數街而返，直赴停車場。十時十五分車開，遥見兵房及二葉山公園，十一時半至宫嶋。

停車場之旅館皆立人於門外，遥見客至則殷勤招唤。入宫本支店店號岩總，存荷物於該處，但提小皮包就汽船往游嚴嶋。

由宫嶋至嚴嶋，汽船行八分時，往復日十二三次。

到嚴嶋下船，該店員導行里許至山麓旅館中，即該店之本店也。依山取勢，結屋鑿池，茂林掩映。偶間紅葉，山泉激石，小具瀑布之形，頗覺悠然意遠。四人緣磴登眺，四無人跡，但聞山下彈絲作歌之聲，彌覺意境曠邈。該店具午飯，飲酒甚樂。飯後尋原路歸。山下列市售諸木器、竹器、瓠器及諸玩具，至一店買數事歸，店亦宮本所設也。

躐山徑而上，過長廊，懸額甚多，有書有畫有美術品。又過一巨厦，四周檐下掛椰瓢甚多，類吾國之掛扁還願者。清水曰：『戰後兵士之所爲也。』三時十五分復登汽船，行八分至岩總支店。小坐候汽車。

途次遇一憲兵，問木村乙松所在，曰：『赴朝鮮矣。』

四時十三分發宮嶋，九時十分至下關，宿川卯支店。

檢度員一見知余名，且知住址，乃知其爲繩田助太郎曾介藏齋乞予書也。故又知藏齋去年五月歸國。

九月二十五日（十月二十六日）

晨游馬關街，由山下街往，由海岸街歸。過引接寺不入，春帆樓亦然。引接寺前立牌署：『清國請和大使李鴻章旅館』。

莫過引接寺，莫登春帆樓，恨來天地莫能載，藐爾東海焉容收！

午前渡至門司，訪蒲生敏郎於其家，不遇。飯後登汽車，一時十分發。

過大金傍海岸行，海即玄海也。過小倉，亦一名區。過大藏，其南有製鐵廠傍海岸。清水君云，日本製鐵廠止此一處。四時二分過博多，巨鎮也，有紡紗廠。清水君言，元人曾襲此。又查票一次。過鳥棲、中原、神崎等處。一路遇來車多次。過佐賀，用辦當。過早岐，名區也。四人皆睡甚酣。車内定員二十四人，吾四人止有一人安臥而睡，與寢台車無異。十一時後至長崎。

易人力車南行，許久至福嶋旅店宿焉長崎市外浦町四十九番。

車場去船港太遠，聞已有改近之議。

九月二十六日（十月二十七日）

晨，四人游市街。先至中國街理髮，後循河干南行，經西洋廛市，未盡而還。山上一酒樓午飯。游勸商場。

復本田信，并次其韻，未存稿。寄松嶋鉦四郎信附青柳介紹信。寄慶鍾、瀛洲信。寄智崇信，是爲第六次。

西京丸未到。

諏訪神社，賽會日士女雲集。晚市上一覽而歸。

長崎風俗頗有與吾國相近者。

九月二十七日（十月二十八日）

晨，四人游諏訪神社，登高望遠，景色卻佳。

二葉亭午飯後，游勸工廠。

吾國人游日本者，如欲買物品，莫如往勸商或勸工廠。一則百貨悉備，不煩尋問。再則價皆注明，一望而知，取舍隨意。三則凡勸工廠皆深曲，外國人買物不致招路人聚觀也。

三時半乘小船赴西京丸行二三里。王渭占候於船面，又晤其同番許鶴泉、雙松如、趙孟剛，皆同船。

坐二等艙，每艙縱横四榻之外，復虚一榻爲公用地。食堂即在艙門外，但坐位有定，一成不易。

九月二十八日（十月二十九日）

夜屢醒，微覺摇蕩，然不妨睡。

午後，松如來談。訪孟剛談。

渭占及智怡皆臥不起。

西京丸載四千噸。

午後，登最上層樓與松如閑步，松如居一等客位也。

九月二十九日（十月三十日）

五時後舟停，九時至上海日本碼頭。偕孟剛、清水、門田、智怡往全安棧，遂宿焉。

午，訪廉浦，恰心容亦在坐，詢知三兩日内無赴津之船。

謁小舫叔，遇費勉卿、楊小坪叔。晚，小舫叔招飲於一品香，同坐周金箴晉鏞、陳子琴薰、家漁三廷賓、楊小坪叔、費君勉卿。

東招兩日友尚未回棧。

十月初一日（十月三十一日）

拜心容。又拜聚源成甲號司事田潤波。涂筱斌兆龍以周金箴之託來請，往觀華新紗廠及其旁近之造紙廠。午後參觀畢。四人游張園、徐園、愚園。燈下歸。

心容遣其店友、余戚陳秀山來棧，爲余理雜事，日以爲常。

十月初二日（十一月一日）

開明書局晤王荃士之兄毓才。廉浦招飲一品香。

孟剛約往觀製造局槍廠、炮廠。晚，楊小坪寶豐樓飯。觀劇。

十月初三日（十一月二日）

早書聯扇。到裕祥買鞋。心容招飲新泰和。訪夏薇卿於舟次。游城内，循河干歸。

田潤波招飲新泰和。開明書局買書。

十月初四日（十一月三日）

獨往南洋公學，晤汪芝房。陸君導觀上院蒙學堂借上院暫設及理科、化學諸器械室。晤李叔彤。

廉浦邀食鮒魚。再赴製造局，因毛實君屢約也。

小舫叔招飲長樂意。寫屏聯至深夜。

十月初五日（十一月四日）

小舫叔來，適曹壽卿在坐，遂通拜。午，偕敏齋同赴小舫叔公館。晚宴一品香。

十月初六日（十一月五日）

汪穰卿、熊秉三、曹敏齋、毛實君來訪。實君招飲一品香。午，心容、廉浦來。子均邀游馬路。是日，爲西人賽馬之末一日也。路遇楊小叔。一品香飯，遇小舫叔，又合爲一席。

李石曾遇於一品香，來棧談至二更。

晚，由全安棧登『新濟』船，聞其次日不開。從子均之教赴其公館旁近之日本松崎洋行，一則可不攜夜具，再則明日可就近同往澄衷學堂參觀也。

十月初七日（十一月六日）

何蒙孫導游澄衷學堂。歸則怡兒喉痛不能支，就診於英醫巴君，謂不宜乘船，乃改行期。

劉葆良太史導觀各處。先齋房，次講堂，次膳廳，次教師預備室、藏書室、教師宿舍，規模嚴整，學生皆肅穆有秩序。葆良贈章程、字模等多種。總教習章一山梫，新科孝廉。

九華樓與葆良、子均會食，葆良約也。

十月初八日（十一月七日）

怡兒病未減。小舫叔、子均弟、心容、廉浦兩君皆來看病。

午，余赴澄衷學堂，葆良昨約也。

遇高嶼卿太守英，甯波府知府，有能吏名。復同觀講堂。

葆良示余學生課作，上者作時務論、史論，中者拈數字作論，將所拈字隨意安頓，又次者默字十六并將注解寫出注解即《字課圖説》原文。

巴醫予丸藥催大便并予藥水。

十月初九日（十一月八日）

怡病未減，巴醫復予噴喉方，别擬散藥方催大便，怡皆不願甚信之。

葆良來，聞怡兒病未減，小坐即去，送來治喉症書二種，復延日本醫來診，言西人方固不誤，但少解熱之品，乃服其散藥，又遣學徒來，用灌腸法催大便，又用吸蒸氣法。越兩時許見大便，稍覺輕快，食葡萄而甘。

楊小翁、陳秀山夕來夜去。

十月初十日（十一月九日）

怡兒病未輕，食冰，仍服西醫藥兼吸蒸汽。午後痛劇，坐臥不安約兩刻許。

小舫叔宴客呼余陪，辭不可，託小坪叔來守怡病。

晚，怡病少減。

子均來，日或兩次、三次。

十月十一日（十一月十日）

怡兒下大便甚多，黑且稠，病始漸輕。

劉葆良來，訂十三日清水君往學堂寫真。

留秀山宿。

十月十二日（十一月十一日）

怡兒因得秀山夜伴，一切適意。又因昨日飲豆汁，夜間汗出甚透，朝覺喉痛大減，可以起坐。

午後楊小翁來。陪清水君赴市買物。

秀山再宿。

十月十三日（十一月十二日）

怡病益退。余陪清水君赴澄衷學堂寫真六紙，留早飯。

葆良以所撰文法書稿本及『商務教科書目録』見示。

訪孫慕韓星使，小坐。

訪穰卿并晤張菊生、惲孟樂、王寅伯。

晚，同楊小坪天樂窩聽書，又至五層樓觀幻燈戲。

十月十四日（十一月十三日）

早，到同和公、裕祥，午到本家公館。又同兩日友訪阿多，不遇。

余又到名利棧答拜王寅伯，因聞伊過津時訪余不遇也。

答拜張菊生不遇。

十月十五日（十一月十四日）

到吉益醫院。

寫信：寄陳瀛洲及其同番諸津友，又震太祥朱君字雪塘，又孫雁清，又孫實甫，又張星舫，又黎伯顔，又智崇。明日有郵便也。

何蒙孫、楊小翁來，留便飯。午，曹潤田來。

王寅伯招飲，辭之。

十月十六日（十一月十五日）

怡兒病既愈，而招商局船房艙不可得，聞之心躁。

同楊小翁訪徐漢翁，九華樓便飯。飲食逾量，夜吐瀉。

十月十七日（十一月十六日）

静臥一日。是日定妥協和船官艙二間，心少安。

十月十八日（十一月十七日）

終日雨，未出門。

十月十九日（十一月十八日）

午辭行，先至本家公館，遂久坐，三時歸寓。檢行李運至輪船。復到王、孟二君處辭行。小舫叔寶豐樓招飲。晚九時上船。子均弟，王、孟二君，陳秀山皆來船送行。

買辦楊彭之冠英，香山人。

十月二十日（十一月十九日）

早同秀山、尤春元凡六人往醉白樓飯。鄭伯華來船，伊昨日自湖北來此，寓泰安棧。爲秀山寫信催尹澄兄畫。

一時開船，七時睡。六時過茶山，既曛暮無所覩。

十月二十一日（十一月二十日）

早登樓觀濤。午後，大副來收票。赴煙臺者收去，赴津者換票。夕風漸大，船動蕩不安。

十月二十二日（十一月二十一日）

九時後，舟轉成山角，風力太猛，船顛簸殊甚。鄰艙架上物皆墜地，船遂停泊。午風益大，船雖停仍摇蕩。

十月二十三日（十一月二十二日）

七時船開，風浪甚巨，臥以忍之。一時一刻至煙臺。

十月二十四日（十一月二十三日）

是日，禮拜日，船不卸貨。

十月二十五日（十一月二十四日）

起貨至夜方罷。

十月二十六日（十一月二十五日）

夜三時開船，八時船忽大搖，眩暈不可忍，臥以持之。下午三時少定，夜十時至大沽口外。

午後，復來人收票。晚，茶夫索酒資。

十月二十七日（十一月二十六日）

未明有接客小輪船，余因人太多且不辨色不肯隨之行。已而又一艘，人言係海關出郵船，不能抵塘沽碼頭，亦未肯坐，而大船竟不得進口。至夕，始有剥船來，旋因雨作停工，心殊焦躁。

十月二十八日（十一月二十七日）

八時雇漁舟一，九時半開，行二時抵塘沽碼頭協和船已前至。張柏翁、王蘭第、約敏姪已候半日。飯畢，乘汽車歸津。

【封面】戊戌、己亥、辛丑、壬寅、癸卯日記（不全）

【内封】十月廿九日至十一月初九日

壬寅十月廿九日（一九〇二年十一月二十八日）

［晨起］燿卿、柱卿來訪。獻夫來訪，伯鵬來訪。

［午後］沈子椿、子洲、大野、佐藤、足立、楠諸君先後來訪。李崧生來訪。胡玉孫來訪。趙伯呐、杜子丹、韓伯鵬、王寅皆先後來訪。

十月三十日（十一月二十九日）

［晨起］墨卿來。許仲恒來善後局委。燿卿、柱卿來訪。幼章來訪。岩熊氏來訪。

［午前］華竹軒先生殯日，往弔焉。謁二姑母。

［午後］失候王堯臣。大睡至夕。

〔燈下〕大野君、宋則久來。

十一月初一日（十一月三十日）

〔晨起〕寫寄滬上信，是日發：小舫叔、子均弟、楊小坪叔、漁三弟、周金箴、孟廉浦、王心容、陳秀山、田潤坡。託故不見客。小泉來，余遂不得知。

〔午後〕偕怡兒往謝諸日友：伊集院、平賀、井上未晤、足立、佐藤、岩熊、楠未晤。岩村先生午前來，晚宿此。張久翁來。尹叔禾自京來宿。晚則久來暢談，與伯苓先生論幣法。

十一月初二日（十二月一日）

〔晨起〕寫寄山根、和田信。徐齡臣醫士、凌雲臺太守先後來訪。尹叔禾出門，晚未歸。

〔午後〕華宅弔允卿之太夫人。謁四姑母。到育嬰堂、裕祥號、金福洋行。同清水君到文美齋、敦慶隆。失候陳潤生北門内天利和。

十一月初三日（十二月二日）

〔晨起〕答拜凌雲臺太守、許仲恒大令。胡鹿泉來訪。

〔午後〕敬韓來訪。陳西甫、一甫衣冠來拜同寓大悲院銀元局。晚清水君試幻燈，來觀者宋則久及其子姪，王益孫兄弟、周少溪、華午晴、墨青。

十一月初四日（十二月三日）

［晨起］寫寄小村、伊澤信。幼梅、漸逵、星環來。

［午後］清水君爲眾人寫真二紙。答拜燿卿、敬韓、齡臣、漸逵、子丹子丹昨已回家。訪芰舟、緒臣、香農。路遇張文卿，將來訪，同至燿卿處一談。

［記事］未答拜者：陶恕明、鹿泉、武杜卿、金小泉、李崧生、陳潤生、趙獻夫、胡玉孫、陳幼章、韓伯鵬、武星環、大野君、岩村君。

十一月初六日（十二月五日）

［午後］拜客：陶恕明、鹿泉、武杜卿、金少泉、李崧生、王用霖。晚燕客：門田、清水、陳師、鄧師、李師、陶師、張師、鄭伯華、王用霖、李崧生、潤生、武太表叔及暉孫表叔、林墨青、趙獻夫、竹溪叔祖。

十一月初九日（十二月八日）

［晨起］老龍頭爲竹叔祖、劉小山丈送行。晤周少堂吴紫標之書記。招商局南棧拜古玉恒。謁舅母。答拜桐岡，不遇。

光緒二十九年癸卯（一九〇三年）

◎《範孙自定年譜》：在籍。墨卿又勸卞、張兩家設民立第一小學堂。官立小學亦成立三處。孫仁緒生。

整理者按：本年日記分記於兩册：

其一，正月初一日至三月十日，在《戊戌、己亥、辛丑、壬寅、癸卯日記》册中，有格。版心印『棗香書畫室』。

其二，七月十七日至除夕在《癸卯、甲辰日記》中。原題癸卯九月十七日至甲申二月二十二日，前補癸卯七月十七日至八月初三日。

癸卯正月初一日至三月初十日

癸卯元日（一九〇三年一月二十九日）晴

辰正起。寫片，復劉少岩先生，言十二月選單灤州并未選缺。寅皆、伯鵬來賀年。祖先木主前行禮。家庭賀年禮皆改爲長揖。岩谷右衛偕其友富成一二、平賀精次郎、岩元嘉次郎軍醫學堂繙譯、藤井恒久、井上勇之丞中根齋、大倉洋行，英租界內皆川廣量、野田寬治大野捨吉、江藤豐二、渡邊、增田大吉、曾根新三夫婦、松永義愛、佐藤鐵治郎、楠武太郎夫婦、日高賢吉郎、足立傳一郎、吉丸傳三郎步兵中尉，停車場、岩熊金吾。誦裳、榮卿父子來賀年。

親到攩駕者：桂季輝、玉輝、顧衡如中和樓，鐵路文書、黑鵬年、橡村鑛太郎。

日人柬賀者：伊集院彦吉、高尾亨、白須直、矢田長之助、鈴木鳴吉、下田吉兵衛、武内金平、成田鍊之助、齋藤恒雄、中村常三郎。

華人柬賀者：趙健亭、董柳莊。

智怡、智惺同賀韓、王兩家。未至王而日人來吾家絡繹，怡乃先歸，惺獨賀王。

［記事］應復信：李玉峰、徐尚之并寄陳佑之太守、劉葆良、齋藤、唐秀豐。應作文：《聽月樓詩》跋、陳劭吾之夫人墓誌。

正月二日（一月三十日）

［晨起］辰初二刻起。展墓，巳正歸。李蓮兄、張小亭、孟芹香、李坊工、吴秀卿來賀年。答賀伯鵬。川本竹松來。

［午後］川本理村、藤井三奥様來。幼梅寄陳、張、林、嚴函，述學堂近數日事。答賀顧衡如、英斂之并及方守六、便道拜劉竹生，錢給雲、張毓渠兩觀察兼拜道轅門黑君鵬年、唐萸廷兼拜其西席朱君、詹丙生兼拜胡錫章及源豐潤同人、陳郁文、趙獻夫、楊鑑泉、王益孫、沈子椿及其同事、趙益堂。親到攩駕者：謝分司、羅巡警濟恒、黄叔良、曹瀛洲、劉道士、孫克昌蒙養東塾。柬來者：陸性初、陳壬甫、沈翰卿、沈懋宗、吴子鏕、張少謙及近鄰蘇振旅、彭德芳、謝寶書、劉瑞。

［日知］督批三月二日《日日新聞》：土藥鋪商瑞豐祥等公稟，悉陝甘豫三省土藥先在出産省分完過税釐，到津再完落地税，鈔關驗明放行。向不上税，上年九日曾授籌款局詳經札飭津海關道遵照在案，兹稟瑞豐祥呈驗河南土藥二十五包，粘有商印税釐局印花爲據，何以鈔關令其重納關税？是否另有别情？仰該關道迅即查明照稟核辦。【頁眉】税務

正月三日（一月三十一日）

［晨起］辰正起。喬宅、王宅寅皆、沈宅、趙宅幼梅、王宅益孫、董宅公議胡同、華宅鼓樓東、魏宅南閣東、趙宅獻夫、文益成、景德和賀年。午正後乃歸。張伯翁。失候林墨青、格林蔭普、華芷舲。親到攩駕者：張經廳承壽、鄧振宇崇光。

［午後］梯雲、寅皆來，邀同伯苓赴工藝學堂談片刻，并約芸生相會。五人同赴新設小學一觀，晚復同來家談至夜半。失候：王竹林、竇硯峰、王渭占、陳瀛洲、紀幸九、陸性初、華實甫、藤井吾吉、郭毅如、白須直、平川嘉三郎。柬來者：鄰人王兆瑞、沈佑生、方子香。◎學問未幼稚，精神已老衰。無顔對知己，有夢憶亡兒。汎汎中流檝，茫茫結局碁。癡心終不死，想望太平時。

［日知］鄧今慈溪、奉化◎鄭今任邱屬：《趙世家》『燕鄭易』注：『皆屬涿郡。』

［記事］華實甫交茶賽會公司招股啟十餘紙，原爲勸募。

正月四日（二月一日）

［晨起］辰正二刻起。答賀羅濟恒、桂先培、桂巖、張承壽、王賢賓、黄寶恒、謝廷恩，俱未見。答賀性初，見。失候胡芰孫攜駕。王祐臣來。是日來柬者：張稚青、李稚菱、張振彪、許仲恒、穆嘉麟、孫子京、顧夢臣、王墨林。

［午後］飯後李子香來賀年，定學師，擬懇當道援保定校士館例，於天津校士館内位置一席保定校士館學師月俸三十金，今擬四人輪流而攤分，偕蓮溪、蘭圃及糊工張同往小學堂，蓮、蘭二君襄助，張則估工也。九間工料五十五竿，諧。路遇筑笙、悟鼎，亦往觀亭。鈔報名學生及保引人於册八十餘人，合三年前遺才三十餘，又西塾十餘，約共百三十餘人，酌定牌額尺寸，議考驗學生日期擬於初九、初十兩日，并予芸生商訂諸事宜。暮歸。

夜，小泉、梯雲、伯苓、墨青來談學務及開學日禮節。

晝失候武問泉令尊、華蓋臣、陳幼璋、井上忠也、赤司安一郎二人皆海光寺駐屯兵官門田之友人也，來觀藏硯、田邊二郎川本商會員，主計安治郎，又梯雲、伯苓、墨青來訪。

正月初五日（二月二日）

［晨起］辰正起。訪梯雲，遇臧幼臣，三人同赴小學堂過名賢書畫局小坐。寅皆、

墨青、佑生、蘭圃、芸生、少岩皆先在。議開學日行禮處所。議稟縣通詳。寅皆書牌額。賡定兄弟招飲，以事冗不得赴。失候喬吉廷、王祐臣。

［午後］學堂事畢，已一鐘後矣。同墨、蘭二君飯於包子鋪。到陳挹師家拜年。到聚源成答拜，晤紀幸九，瀛洲外出。三時歸。楊筱叔、武柱卿、李彤岡來。晚，置酒爲岩村君壽，筱林、獻夫、蓮溪、柘叔、蘭浦同席，梯雲後至。小泉、益孫俱來。是夜，因岩村生日又停課一日。是日柬來者：鄰人石獻琛、張協卿、朱際唐、高金門、沈廷恩、李恩澤、楊心栽、方藥雨、陳潤生。

［記事］見邸鈔，知又開恩科。

正月初六日（二月三日）

［晨起］辰正起。答拜鄧振宇、胡芝孫、李子兄香、張學川、李彤兄岡。胡玉孫來。江藤悟鼎來。失候：閻小山、王夢臣、鄭伯華、桂玉輝。

［午後］同柘叔、子澄到售縫衣機器處。又同到小學堂。又同到工藝學堂，觀草廠庵工程大略。晤田雨亭、沈佑生於小學堂。遇楊小亭於途。晤王壽之於工藝學堂。

夜，東文開課，讀課本第二五段下。筱、柘、伯、梯、益、蓮、耕、蘭、榮、芹、誦、孟、次、怡、惺、鍾及余，凡十七人。不到者冠儒、問泉二人。

正月七日（二月四日）晴

［晨起］巳初起。訪寅皆於喬宅，論捐款請奬事。訪墨青，論學堂事宜。到小學堂，楊廉訪來拜，欲以保定師範學堂總教習見屬。自揣萬不勝任，辭之。芸孫、佑生、益孫皆在學堂。同蘭浦、少岩至飯鋪早餐。

［午後］飯後復至學堂。晡後偕蘭、伯兩君同歸。失候：哲生、楊少農、黃耀庭。親到攏駕者：鶴儕、子赫。柬賀者：王兆清，字春源，行一，文昌宫西、于則久、朱世鎧、孟畹青、曹彦彬、陳定九、宋□年渭占、徐幹臣、李蓮舫、馬家楨、華衛瞻、陳惟壬。

正月八日（二月五日）

［晨起］辰正起。寅皆、悟鼎來。答拜李鶴儕、王夢臣、楊少農、李子赫、楊蓮舫廉訪。便道至工藝局訪幼梅一談。

［午後］梯雲來，同至小學堂中途余賀張久翁。失候：郭潤甫、陳敬韓、廖惠風攏、陳蘊翁、張久翁。柬來賀者：鄰居時晋祺、張雲書、張珣。

夜，岩村師不至，課停。與梯雲、獻夫談。

正月九日（二月六日）

［晨起］辰正起。答賀郭毅如、陳敬韓。賀郭太夫人壽。到小學堂。

［午後］小學堂考驗學生，夕歸。單大令晋龢，字味仁、孫譯人鳳藻，字子文因幼梅丈來訪，留晚飯。喀喇沁親王遣差官文明字子斌來津，以茶食見餽，即作短簡復之，并附茶葉、點心。余未理課。失候：張久翁。攩駕者：周勉齋。

正月十日（二月七日）

［晨起］辰正起。林墨青、胡敬宸、江藤悟鼎來。伯彭來小坐。梯雲來簡。陳蘊翁來。答拜周勉齋、單味仁。到小學堂。同墨、蘭至包子鋪早飯。

［午後］小學堂考驗學生畢。過藤井處。答拜孫子文。王少卿來學堂見訪，并率其兩世兄。少卿意欲建學堂，余爲計畫，暫即其家設兩塾，爲後日推廣之基礎。

晚，大野、江藤、寅皆、伯鵬先後來。夜習日文。悟鼎辭行，明日赴張西口。與及郎函託薦悟鼎於喀喇沁王，爲赴日本時譯人。【頁眉】致尹及郎函。

正月十一日（二月八日）

［晨起］辰正起。同蓮、柘兩先生赴小學堂，考驗學生六十餘人。芸生、墨青、菊如、少岩、蘭浦同至飯鋪午餐。

[午後]同允卿、墨青訪王少卿，相度立學堂之地勢。歸時已近四鐘。梯、寅、益及范□萱、楊星伯、劉竹笙、張伯苓諸君皆先至。

晚，宴劉、陳、張三師，陪者幼梅、仲温、夢臣、梯雲、墨青。與劉、張兩師議學生課程。星期休課。

【頁眉】w智崇寄怡、惺信。收伊澤、田島、門奈、渡邊夫婦賀年柬。林達道賀函。

正月十二日（二月九日）薄陰

[晨起]辰正起。起廣告稿。◎啟者，本宅於對門設蒙學堂一所，分爲兩齋，每齋招學生二十人，每人每月收束脩一元。准於二月初開學。親友子弟如有願附學者，務祈開寫學生姓名、住址及曾讀何書，於十五日前送至本宅。准十六日午後一點鐘起考驗。此白。◎小泉、仲温、子誠先後來。小泉與喬宅設學堂之議決定。

[午後]獻夫處小酌，則久、筱坪、幼璋三君同坐，談至夕乃歸。夜習日文。

正月十三日（二月十日）

[晨起]辰正起。楊警齋來訪，談一小時許。墨青來。

[午後]芸生酌定學生去取及班次，屬佑生書榜。丁奎野庶常來拜，不遇。赴

奎章約，同席樊小舫、張伯苓、梯雲、寅皆、墨青、趙健亭、張協卿。日文課鈔讀本一段。

正月十四日（二月十一日）

［晨起］辰正起。答拜丁奎野庶常、楊警齋皆不遇。到小學堂。

［午後］同芸生、蘭浦包子鋪早飯。考取學生姓名、班次揭諸壁上。陳郁文來覆城隍廟借地事。梯雲、伯苓、小泉、楊星伯談至十一鐘。

正月十五日（二月十二日）

［晨起］辰正起。曹瀛洲、陳潤生、魏梯雲、王寅皆來。

［午後］夢臣來。一鐘後到小學堂。

正月十六日（二月十三日）

［晨起］辰正起。

［午前］次遠來。

［午後］考驗學生，取四十人，擬二月初開塾。夢臣來。詒臣來，述則久之意，約同人往賞燈，并備晚飯。夕到小學堂酌定呈稿。晚敦慶隆飯，聽鼓樂。又游竹竿巷，訪王渭占，小坐。夜課停。

正月十七日（二月十四日）

［晨起］辰正起。到小學堂。

［午後］小學堂晤彭君翼仲，啟蒙報館主筆也，與英斂之偕。吉廷、寅皆約陪門田諸君，辭之。晚歸，知吉廷、寅皆復來催速，又寅皆信言明日將赴都門，遂往踐約。同坐門田、芹香、伯苓、芰舟、芋田、小仙，又孟君静軒。日文夜課鈔書一段。

【頁眉】梯雲借《法語進階》，託寅皆帶去。

正月十八日（二月十五日）

［晨起］辰正起。

［午後］小學堂演禮。

正月十九日（二月十六日）

［晨起］卯正起。公服赴小學堂，九時後行禮。設兩席。

［午後］是日學生諸課皆停一日，唯試體操。賀張毓渠觀察，未晤。賀凌太守，晤談甚久。

正月二十日（二月十七日）

［晨起］家塾開學。

［午後］陪三師飯畢到小學堂。因門田事致書宋則久，尼其行。宋則久來訪。

正月二十四日（二月二十一日）

［午後］普通學社者，爲儲師材而設。張伯苓、王寅階、林墨青三君發議而余組織成之者也。每日曜之前一日夜，集於第一小學堂討論質疑。是日到四十餘人。吉橋正義君，辨護士也，因吉丸君見余於小學堂。

正月二十五日（二月二十二日）

［午後］喬宅蒙學堂招考學生，到者近百人。設肴餞大野君。

正月二十六日（二月二十三日）

［晨起］卯正起。送大野君，至老龍頭車站，訪吉丸君。到井上病院，欲觀王佩明醫瘤。因天色近午，恐失竇氏約，不及待而去。竇氏宅陪西席劉子澄飯。

［午後］日文夜課停，因岩村先生往赴歡迎會也。

正月二十八日（二月二十五日）

［午後］往觀七妹疾，已能起坐。到小學堂。印度人 Beizhan 隨中島比多吉來訪，留飯。其人通九國語，年才二十八。

正月二十九日（二月二十六日）

［午後］日文夜課。

二月初一日（二月二十七日）

［晨起］辰正起。工藝學堂開學，凌太尊約觀禮。巳往，未刻散。

［午後］同石次翁、王竹林君到小學堂參觀各齋。

二月初二日（二月二十八日）

［晨起］上丁日小學堂休課。學生行謁聖禮。禮畢放學。同墨青弔李宅少林令伯母。同墨青訪竹林，坐許久。

［午後］普通學社第二集，是日校士館制軍校試，故到社者甚少。

二月初三日（三月一日）

［晨起］墨青來。梯雲昨日歸自京，今晨偕張桂孫同見訪。談未數語，適陳西甫、一甫昆仲來，談至午正乃去，而魏、張兩君不能久待而去。

［午後］井上從其母氏來，井上爲孫女輩種痘。栗堂自塘沽來。

二月初四日（三月二日）

［午後］日文夜課。

二月初五日（三月三日）

［午後］高曠生、孫實甫至自上海。日文夜課。

二月初六日（三月四日）

［午後］先母生日。

二月初七日（三月五日）

［晨起］林墨青、周嘯麟、劉子澄來談。凌太守來談，師範補習事太守甚以爲然。

二月初九日（三月七日）

［午後］寅皆至自保定。普通學社第三集。齋藤君演説教育，高君通譯，張伯苓君演加減法，華實甫君説動植礦三者之大要。到者四五十人。

二月初十日（三月八日）

［晨起］喬宅蒙學堂開館，余往觀禮。遇墨青、寅皆。

［午後］陪栢翁、伯翁往觀銀圓局。

二月十一日（三月九日）

［晨起］賀伯鵬之太夫人壽。

［午後］訪凌太尊，適寅皆亦至，太尊屬寅皆擬『師範補習章程』。晚與寅皆、曠生、伯苓議『師範補習章程』，夜四鼓乃散。

二月十二日（三月十日）

［晨起］夜思答太尊信稿，睡不成寐。五更起作信，遣人送去。到小學堂，同寅皆、則久、蓮溪、墨青、芸生、蘭浦飯於李老包子鋪。

［午後］到工藝學堂。失候周緝之世兄。陳秀山鳴岐自申江來宿此。

［記事］接陳太尊來函。

二月十三日（三月十一日）

［晨起］寅皆來議師範補習章程。張巽之觀察來久談。

［午後］華實甫設小學堂於引善社，是日考驗學生，余因有他事未往。晚，同寅皆謁凌雲臺太守，談許久。又同訪華實甫。

［記事］致凌太尊函，約期往訪。

二月十四日（三月十二日）

［午後］晚，寅皆來，言太尊今晨謁宮保不遇，師範補習事須候信再商。寅皆明日准赴保定。

二月十五日（三月十三日）

[晨起]華實甫所設小學堂是日開學，余往隨班謁聖。

[午後]夜課日文。

二月十六日（三月十四日）

[午後]北京華北譯書局員鄧和甫毓怡慕名來訪，談許久。和甫通英文。洵信至。

普通學社第四課，到八十餘人。衛生學門田、算學張、博物學華。

二月十七日（三月十五日）

[晨起]喬亦香來。江藤悟鼎歸自張家口。假小學堂宴徐樸庵、王葵章、王竹林、李子赫、王綸閣、林墨青飯。客到已三鐘，散則日夕矣。

[午後]寫復竹叔祖信。

二月十八日（三月十六日）

[晨起]胡月舫便衣來訪，久談。對門之蒙學堂開學。

[午後]到小學堂。工藝學堂會辦張印之觀察柢來拜。英文夜館開學。

二月十九日（三月十七日）

[晨起]接月舫信，言今日回保定。到小學堂。

〔午前〕唐太令則瑀來拜。

〔午後〕夜課休。

〔燈下〕唐蓂廷子戎來訪，因伊兩郎附英文館，故來謝也。

二月二十日（三月十八日）

〔晨起〕辰正起。拜晤袁制軍。答拜張印之觀察柢，南皮制軍令姪，充工藝局會辦、唐佩員大令則瑀，俱不遇。過小學堂，略一停。

〔午後〕田雨亭來，因胡玉孫被太守延聘事，要予至小學堂會議。因幼梅、幼安、墨青到工藝學堂議留玉孫事。

李子香約陪藤井諸君飯。大□、山口、單味仁、高誠齋、孫子文、趙幼梅。

二月二十一日（三月十九日）雨

〔晨起〕辰正起。冒雨到小學堂。教習皆在學堂早飯，學生亦有留者。田雨亭、沈佑生至。

〔午後〕墨卿屬改訂半日蒙學堂呈稿，并商訂各事。歸已曛暮。失候辰州府劉仲魯氏。夜課東語初階。

二月二十二日（三月二十日）

［午後］夜課東語初階。

二月二十三日（三月二十一日）

［晨起］答拜劉仲魯太守於中和棧，談許久，約定二十五日再訪之。

［午後］普通學社講算學伯、地理筑、三育學悟鼎，到者百六十餘人。子正歸。

［記事］東京寄來《直説》十部社友所贈也。

二月二十四日（三月二十二日）

［晨起］［午後］龐蘧庵觀察來拜。唐津田潤，洋務局繙譯來拜。福州陳諸濟作舟持王潤山信，偕其友李鈞卿國臣，安徽人、劉閏生仰山，福州人、趙潄穉桂芳來訪。受《合聲字母》於曠生。單味仁大令偕警務學生王清泉桂森，祥符人、朱夙韶元炯，嘉善人、李茂齋丙光，會稽人及單公之壻朱遐仙延庚、單公之子瑞生毓書來訪，問東游事。朱、王、李皆奉派游歷。單大令招飲於北門内義慶園，以上諸君皆與焉。又吴君敏齋、趙君幼梅丈。夕歸，與岩村先生弈。胡玉孫來談，送還所借之《第一小學堂章程》。墨青來。江藤偕其友秋原來。

［記事］袁制軍遣人送來所書横額。

二月二十五日（三月二十三日）

〔晨起〕巳初起。訪劉仲魯，至則行矣。昨夕登輪。到小學堂一看，歸已過午。

〔午後〕答拜龐觀察，不遇。拜唐大令，不遇，留遞半日學堂公呈一扣。仲子鳳偉儀來拜。

晚，習東語初階第八課全、第九課半。

〔記事〕接張達生長函，問游學事。縣署照會嚴、王二人奉學校司札轉奉制軍札，以文明書局所售《蒙學讀本》全書七編、《皇清政治學問答》二種，飭屬購取。問所欲購之部數。寫寄寅皆信，託曠生帶。

二月二十六日（三月二十四日）

〔晨起〕卯正起。曠生同門田君赴保定。到小學堂，午前歸。午後再往，暮歸。田雨亭、卞賡言、華允卿、沈嘯時、陳階平諸公至張宅，蒙學備齋議三月初開學。

〔記事〕接胡月舫信，并寄所書坊額。

二月二十八日（三月二十六日）

〔記事〕接寅皆信附致亦香函。

二月二十九日（三月二十七日）

［記事］接門田君、高君明信片。

二月三十日（三月二十八日）

［晨起］陳一甫來。唐大令來。林墨青來。寫復夏薇卿信蘇州胥門檢金巷。

［午後］到小學堂略坐，復回家。薙髮。寫寄竹叔祖函，復到小學堂。過伯鵬，小坐，行色匆匆，坐上日友五人。失候周緝之觀察。普通學社第六集，重立題名册，各認習某科題者，凡五十七人。劉筑笙講黄河流域、黄河發源至渭汾來會。張伯齡講數根、幾何。子正一刻歸。

三月一日（三月二十九日）

［晨起］到小學堂。昨日將遠鏡送至小學堂，與芸生諸君議，今早仍令衆學生來學堂觀日蝕。遠鏡伸縮不靈，日亦旋爲雲掩。第二小學堂之備齋今日開館，教習華子丹，館東卞賡言、張幼安，學生二十一人，行禮如式。午正回舍。

［午後］墨卿來。王館考驗。柘叔、墨弟、次和、孟和、誦裳及余，凡六人分考。馮梅臣來拜。寫謝胡月舫信。寫致寅皆信。陳藴叔來談。

［記事］馮梅臣祖培，寓工程局吴楚公所旁，蔭清之戚也，來訪。

三月二日（三月三十日）

［晨起］連日頭目眩暈，多睡以愈之。昨晚八時就寢，今晨十時乃起。邱曙蓉來訪，薦英文學生力不能交學費鄭姓，隨其母居廣仁堂，浙人。張伯翁談昨日與水師學堂舊同人議談小學堂，屬余爲捐啟。議勸導不纏足事。

［午後］寫致劉芸生信送去章程册及學校司批回。寫致錢觀察信代《合聲字母》義塾問捐款。仁安至自京師。

［記事］吴芝洲夢蘭，天津人，麥加利銀行。◎錢文波坊，青縣人，任軍門西席。◎邱星章焕斗，原名印斗。浙江人，同文館卒業生，現充甯津學堂教習，曙蓉大令之喆嗣也。今年二十七歲。

【夾條】《字林西報》云，近聞由東方赴歐繞道西比利者，計頭等火車費由大連灣至俄京定價二百六十七羅布零，合銀二百六十兩；二等費一百七十八羅布零，合銀一百七十三兩五錢。每客准帶行李計重一布得，合三十六磅，不另加費，此外行李每十磅須費二羅布零。其行程計十五日，沿途只在培克爾河地方調車一次。此河先由輪船渡過，迨抵俄故都莫斯科時大半客人皆調車而往西歐。以上所載車費，係包括至莫斯科或俄京之睡車費在內。車上食費每日約三羅布，至本報前曾提及火車每逢禮拜六起程。近聞三個月内將開期改至禮拜日，至由上海至大連灣可乘新式蒙古郵船，頗爲迅便，計程只三十二或三十四點鐘之間即可抵大連灣。故客之由申至歐者，雖歷兩日，然只有水程一夜。觀此則知客之由申至英，或攜行李不多，統計各費不過英金四十磅，合洋四百元。且較目下水道行程只須一半日期可矣。

三月三日（三月三十一日）夜雨

［晨起］巳初起。林墨青來。

［午後］寫復謝仲魯函。寫寄梯雲、佩馨函，爲題額事。寫復王潤山函。接趙體丈信，還足立所作《漢音訣》及《百花箋題跋》稿本。宋則久來，談商務。

［記事］演説字見政務處議覆山西護撫趙中丞摺。

三月四日（四月一日）

［晨起］辰初一刻起。答拜周緝之未晤、陳一甫晤、張巽之未晤、邱曙蓉、錢紹雲俱晤、唐大令、蘇太守俱未晤。龐觀察來拜，未遇。

［午後］楊柳橋通判文海，分發雲南自京回南，過此來謁。仁安回京。

［記事］寄王潤山、王小杭函附四十元，附代錢少雲函，又四十元，託仁安帶京。寄謝仲魯函，佩馨、梯雲函，俱託仁安帶去。

三月十日（四月七日）

［記事］谷鉞字筱峰，行三，年三十六歲，住城内二道街大胡同内，從先在城内季家大院教書，又在道署稿房，在洋貨鋪管賬。沈佑生薦，言可勝半日學堂教習之任。

【封面】癸卯甲辰日記（不全）癸卯九月十七日至甲辰二月二十二日

以下從手攜旅行小册中鈔下。*

*指七月十七日至八月初三日。

癸卯七月十七日（一九〇三年九月八日）

普通學社陳小莊先生講地理，姜世恩試講字課，桑成桂、董澍、張棣繼之。

七月十九日（九月十日）

張先生講算學。胡先生講史學。

七月二十日（九月十一日）

劉先生講地理，王壽芝講經學。

七月廿一日（九月十二日）

起信草，告胡月翁天津師範生十人已選定。到小學堂。芸生東游，蓉生攝總教，海門兼監督。請華敬臣代小莊，胡峻門代毓笙。接寅皆信，恐芹香歸國後爲官場聘，定喬館先自師也。芹香來訪。

七月二十一日（九月十二日）

華石父講化學并試養氣。

七月二十二日（九月十三日）星期

到小學堂。

七月廿三日（九月十四日）

答拜王燕泉。晚雨，講習所停講。

七月廿四日（九月十五日）

賀唐縣尊得旨嘉獎。到小學堂，晚小莊講地理。

七月廿五日（九月十六日）

講習生輪流試講。

七月廿六日（九月十七日）

玉孫講史學。

七月廿七日（九月十八日）

筑笙講地理。壽芝講經學。

七月廿八日（九月十九日）

伯苓講幾何。石父講化學試淡氣。張雲摶演説。鑑塘以四算題質疑。

七月廿九日（九月二十日）**星期**

考驗學生，午前後到一百八十九人。再復菊人函爲仲和介紹并薦華文宰。

八月初一日（九月二十一日）

復楊蘭坡函。致瑞安函，託辦壽聯。同林、卞二君看河北大寺工程，又看河東鹽官廳工程。答拜楊子深，不遇。晚，芸生講史學，伯苓講算學。

八月初二日（九月二十二日）

丁少岩來送報帳。信送學生卷百八十九本於玉孫處，求校閲。晚，小莊講地理，小仙講力學。

八月初三日（九月二十三日）

核玉、柘二公所定學生名次。

癸卯九月十七日（一九〇三年十一月五日）晨小雨，傍午晴

昨夜歸自補習所，漏已三下，丑初始寢，頗覺疲倦。八時乃起，余嘗今年五六月間時患眩暈，或晨間推枕初起時，或夜間就枕將臥時，頭輒昏眩若血倒灌於腦部者，歷數日乃瘳。近數日復然，將失睡所致歟？抑連次與鄭親家飲麥酒太多之過歟？慎之戒之！

王荃士來津，寓長春棧，今晨來簡，約期見訪，且以其兄立才所著《國文教授進階》兩册見贈。余冒雨訪之，并邀其來宿我家。荃士慨諾，期下午遣价往迎之。余乃先歸。

李伯舉函言，制軍回津後，據傳述露人之難我者三事：一撤東邊道袁；一撤革將軍增，嗣後將軍幕中用露人，聽伊安置；一某統領被露人擄去，擬斬，十四日會議，慶邸因感冒請假，夔相因妾病請假，獨袁、張兩帥及某某樞相與議。太后痛哭問計，兩帥温言寬解，尚未説到辦法，云云。以上李函。

伯舉送來工學課本學校司課本之一二十册德連紙者十册，價三元五角；毛邊紙者十册，價三元。

價隨來价帶去。以上工學，十册分給女塾學生，令先試習紐結之法。

劉芸生所製《歷代國號圖》余丐沈子洲表弟照寫十餘分，付工裝裱，分給官立蒙、小學堂，每齋一張。

與伯齡先生商訂補習所講演科目次第，先製一表，俟與同人議定後，再以謄寫板傳寫之。

幼梅信託購謄寫板價十二三元者。

嘯麟信還《群學肄言》。

榕生遣人送來竹生由東京，初九發、芸生由大阪，初七發寄來之家信、葉書，閲訖，即交來人攜回。東京小石川區大塚茗荷谷町弘文外塾。

荃士五時來，晚設酒肴款之。

接陳柘翁簡書三、葉書二長崎、門司、神户、大阪、東京。又柘翁寄家信一紙，芷舲家信一紙，芹香一紙。

枕上改女塾日記。

九月十八日（十一月六日） 夜風曉寒

七時半起。幼梅屬查學堂，收發學生書籍、衣帽、章程，又屬託大野君代購三號謄寫板。荃士所著《普通經濟學教科書》兩册見贈，又以《商業學校寫真册》見示。巳正，偕荃士、柏齡往官立小學堂參觀。荃士極讚鄧君澄波之教法。伯翁言，南洋公學之《蒙學課本》以數目字爲切指，名字未合。余與朱聘翁議，先講九類，至類中之類則可從緩。聘翁深以爲然。

同王、張二公往月明樓早飯，途過大野、中西兩君邀之偕往。飯後，三人同到益孫處，觀所陳儀器及理化諸器。柏翁師弟演試電氣。觀畢，又到民立第一小學堂參觀。又到第三半日蒙學堂參觀，晤曹君潤田。半日學堂之規模以此爲最完備。又到敬業蒙學堂略一參觀。歸家已曛暮矣。晚寫寄栢甫諸公信，明日有船便長門丸。環生、遂生、蘊石來，因余邀之，來此用功也。紹乾來談。

九月十九日（十一月七日）晴暖

薙髮。假寐。賀鄭墨翁壽，留飯，同席姚芹舫、劉輯廷、喬亦香、陸性初。

傍夕，往官立小學堂觀體操。晚，置酒爲竹叔祖及蘭浦、小亭洗塵，兼爲輔叔預祝。七時，往補習所。子文講英文，伯齡物理，小仙幾何，壽芝地理，十一時畢。

始晤張仲仁同年。洵差午前至。夕時失候錫三弟。

九月二十日（十一月八日）

八鐘起。張裕孚來訪，略談。到官立小學堂，程壽山患痁未至，代伊寫信壹封，致第三半日學堂。

訪李錫三於官報局。錫三以局印《勸不纏足文》及《學生出身章程》各二册見贈。兼晤義門、雲摶、鶴洲下。第一半日學堂每星期加課圖畫、工藝，自是日爲始，余往觀焉。畫師張姓上。到民立第一小學堂。午後學究所到者甚多，第一小學堂教習三人，劉、華、華。第二小學堂教習五人，王、褚、楊、楊、華。城隍廟官立小學堂教習六人。河北蒙學堂教習六人。自立小學堂教習二人。作新小學堂教習二人。喬氏蒙學堂教習二人。工藝學堂教習二人。工藝學生六人。嚴氏家塾教習一人，學生三人。警務學堂日本教習一人。客則張雲摶父子及其戚二人。王義門及其友一人，龐麗泉、李尚勛。第一半日學堂教習李環生亦至。作諸般運動，至暮乃散。

晚與竹叔祖商酌復洵店信。九鐘睡。

午前失迎唐大令。

九月二十一日（十一月九日）

八鐘起。到官立小學堂，與賡言、墨卿議借慈惠寺設西路蒙學堂事。託陳郁文往見唐蕢廷。擬『教習學生見客禮節』。擬『教習率學生入操場後暫退回預備室休息』草稿。擬『停操日教習入齋』稿。與賡言、墨卿、香九在學堂早飯。兩鐘歸，爲家塾學生講國文《諫逐客書》兼論文法。爲女塾改文并講課本及《形學備旨》。

九月二十二日（十一月十日）

八鐘起。答拜唐大令。候寅皆病。午前歸。日本上村才六來訪，贈所選及所著詩數册。留之早飯。張姓房東鄰今日成契。

晚，伯齡約衆學生往觀活動幻燈。余以倦憊謝不往。

九月二十三日（十一月十一日）

八鐘起。到民立第一小學堂，時已九鐘一刻。而峻門又遲，良久乃至。與海門商議託敬臣代爲婉勸。

到官立小學堂，賡言在焉。新製桌椅一套，仿日本小學校之尺寸。擬請伯齡相定之。與香九、蘭浦在官立小學堂早飯。飯後伯苓先生至，商定桌椅尺寸。縣禮房至，送來工巡捐局所發九月經費一千兩。

夕，復到民立小學堂觀操。又借來芸生所校《普通歷代史》。暮歸，朗齋已先至。晚飯後，同至講習所，聽講化學、算學、代數、地理。十一時畢。與墨卿談二刻許乃歸。朗齋宿此。

失候上村才六，留詩二首，一贈袁制軍，一贈余也。失候郭俊卿。

九月二十四日（十一月十二日）晴

八鐘起。爲上村書詩箋，和其元韻。又書條幅三紙。爲丁佩瑜送行，至其舟中略談。

訪周緝之，略談，詢朗齋入工藝學堂事。拜關道，不遇。答拜郭俊卿觀察廳，不遇。午正歸。郁文來訪，與之同詣羅君耐城隍廟内後樓，談借慈惠寺事。羅有難色。到官學堂小坐。夕歸，又賀崧生壽。過第三半日蒙學堂，聽學生回講片刻。五鐘同井上、門田、朗齋同到寅皆處看病。井上君診察甚詳，約一時之久。

荃士約飲於日本料理屋，同坐伯苓、門田、朗齋、伯平、津田，凡七人。飲甚酣，十時歸。

失候：金孝廉開祥、劉孝廉式穀。

九月二十五日（十一月十三日）

八鐘起。金瑞卿、劉稼堂來謁，談約一小時許。二人皆就揀赴廣西，由津乘輪至滬，至廣州，至梧州，易車至桂林。到官立小學堂，與墨卿同在學堂早飯，商酌數事一、河東學堂教習，一、體操教習，一、河東蒙學堂司事擬約李君松岩。午後，參觀各齋功課。

夕觀操。與各教習談約一小時。歸已燈後矣。晚，看補習所文課卷。

接陳栯翁十二日自東京所發信，又日記兩次三十六紙，八月廿一至九月十三。

九月二十六日（十一月十四日）

八鐘起。晨，將出門，幼梅使人來，告將見訪，候至十時乃到。陪幼梅、荃士、朗齋談。工藝學堂學生前因功課太密，求教習核減，王生寶璐亦與其議。余嘗責王生之惰，王生固不辨也。今日閱幼梅言，堂中日課凡九小時。夜間自修者往往逾子不得就寢。乃知余責王生之爲『不諒人只』也。王義門來談，因託其轉告孫君，其所荐之史學生可補民立第一小學堂附課。午，賀華太姻伯母壽。到民立第一小學堂略坐，三鐘歸。往弔陳幼章之太夫人，送路畢即返。訪鄭獻廷親家，不遇。

金伯屏、張仲仁、雲摶來，留晚飯。飯後同赴補習所。伯屏講教育學，伯齡講算學，小仙講幾何，子文講英文。第二次國文課請嘯麐評閱。十二時寢。

接胡月舫信、唐紹川觀察信。接大兒十四日自東京發信。寫寄栯翁信。

九月二十七日（十一月十五日）

五鐘三刻起。六時二刻至第一小學堂考驗學生小學頭班。文題一，算題二，作畢又各讀經二三段。十一時止。張恒九、魏有萬遲到，不與考。

午後，孿究所到者數十人。研究畢，游戲運動。暮歸。

晚，看文課卷。

是日朗齋回唐山。點閱陳柘翁日記。晨，寫寄大兒、次兒信。

九月二十八日（十一月十六日）

八時起。荃士遷往工藝學堂。〈金〉〔余〕與偕往，略坐片刻即歸。

午，爲家塾講國文《喻巴蜀檄》，爲女塾講《蒙學讀本》第五編十課，又講《形學備旨》數題。

晚，李環生、鍾藴石來訪，與之談一時許。屬蘭浦安設槐廳書桌，以備郭素民、環生、藴石夜間討論功課之用。

接王義門信，附孫君子和原信，言史學生須十二月入學堂。

九月二十九日（十一月十七日）

九時起。赴工藝學堂，爲郭蓉舫之尊人題主，候至十一時乃題訖。與荃士周覽全堂規模。

午前，到第一小學堂，與蘭浦、海門同飯。飯後，至蒙學各齋演説。二時後，至官立小學堂參觀功課，觀體操。暮歸。

寫致唐大令信。復胡月舫信。看文課卷。墨卿來久談，十二時乃歸去。

是日洵差至。

九月三十日（十一月十八日）大風驟寒，見冰◎寒暑表低過四十度

八時半起。寫復王義門信。訂河北蒙學堂續招之學生去取名次。看文課卷。喬吉廷答拜荃士，不知荃士之移居也，小坐去。仿蒙學堂新製之桌椅，爲女塾製五分，而略增其尺寸之度。

午，仍閲課卷。訂名次取六卷最優等者并另紙書案語數條。熊生朝濱乞假回籍，過津來見寓長春棧。

傍夕，張雲摶來，留晚飯。飯後赴補習所。雲講説天演之理，言中國人處今時勢，一綫生機，舍學問别無可望。伯講算學，次遠代數，壽芝地理。十二時歸。

十月朔（十一月十九日）風止，寒少減◎晨九時，寒暑表四十度弱

八時半起。補寫日記。起信草，致兆峰叔、梁垣弟。陳郁文來談，言欲捐過街閣、古皇庵兩處，與慈惠寺之巡警兵對換。李少唐來談。錢軼裴、何亞穠來談。郭素民來，留之宿此，可與鑑塘觀摩。寫寄澄兄信，即晚發。

爲陳子琴薰寫條幅二紙。

接陳栢翁十九夜，胡玉孫十九日，李芹香二十日，劉竹生、劉芸生十九晚，陳小莊十九日，鄭菊如廿日，俞挹辰二十日，徐玉笙十九日自東發來信。附時間割一紙，圖五紙。陳栢翁寄來長紙信一卷，所寄津友之信彙書卷內，屬余割斷分寄。（1）張稚青（2）錫三（3）體仁（4）蔭卿、蓮溪、潤章（5）聘卿、玉孫（6）一山、芰孫、峻門（7）伯苓（8）墨青（9）同學諸弟（10）賡廷。

陳栢翁寄武仲淑樣一函。劉竹生寄張伯翁函。余仲先寄張伯翁一函。

第一小學堂送來三齋日記。

時間割

	第一時	第二時	第三時	第四時	第五時	第六時	第七時
	八、九	九、十	十、十一	十一、十二	一、二	二、三	三、四
月	歷史（黑木）	歷史（黑木）	日語（松本）	日語（松本）	日語（松本）	教育制度（大久保）	教育制度（大久保）
火	地理（辻）	地理（辻）		體操（今村）	教育學（波多野）	教育學（波多野）	
水	日語	日語	地理	地理	理科（三澤）	理科（三澤）	
木	教育制度	教育制度	日語	日語	歷史	歷史	

金　教育學　教育學　體操　日語　日語
土　日語　日語　日語　體操

計：歷史4，地理4，理科2，體操3，教育學4，教育制度4，日語12

十月初二日（十一月二十日）晴而寒

八時起。赴官立小學堂與賡言、墨青久談，同飯於羊肉館。午後，赴河北蒙學堂參觀功課第一齋鍾，加法；第二齋程，修身『大禹惜陰』；第三齋展，修身（『父在觀其志』章）；第四齋金，圖畫（書一函，錢一枚）；第五齋朱，博物（感覺器）；第六齋宋，字課（震，雷震、地震）。訪唐蓂廷，坐許久，于聘卿亦在坐，留小食。答拜李少唐方家門前，談片刻。過問津書院第二小學堂，方建築，入而循覽，王廚引導焉。鍾蘊石來，留飯。飯後同蘊石、素民略談算學，遂生亦至。鄧和甫來小坐。和甫與邢贊廷期津門相會，同往日本。和甫來而贊廷猶未到也。

燈下，爲陳子琴書聯二，爲子洲表弟書喜聯，又爲潤甫書聯二，爲女塾改日記。

答子琴信，賡宸繕真。

十月初三日（十一月二十一日）

八時半起，發寄兆峰叔附百洋、梁垣弟、陳子琴信附聯幅。託源豐潤胡錫章君印開綸答東游師範諸公信，又附寄芸生、毓笙、小莊三君一函，至夕始繕畢。

齋藤達儒來乞書字。荃士、朗齋夕來晚飯，後同到補習所。伯屏講教育學，伯苓物理，小仙幾何，子文英文。墨青處要信一件，屬轉交賡言，此爲收到假款之據。第一課國文庚子避亂記，是日叙定名次，凡取最優等六卷魏金題、于日敏、竇士鈐、趙珍、周文俊、郭賡肅。小仙擬第三次課題《普通歷代史》書後。十一時半歸。改日記。

十月初四日（十一月二十二日）夕寒有雪意

七時起。七時半到第一小學堂。八時考驗頭班讀所講過歷史二段，未講過之歷史一段，歷史、地理各兩問，算一題。十二時畢。

午，學究所第三次聚集雲搏演説教育次序，到者與前次相差無幾。虎臣未到。體操運動至暮乃散。六時歸。

晚，爲女塾改信稿及日記。枕上看《二金臺》。

鄧和甫之兄少文，名毓愷，來問贊廷消息。少文昆弟寓大興棧三條石。少文居大城城南偏東十二里白楊橋。少文昆弟經理白楊橋蒙養學堂，又啟智學堂。通信可託河北大街路西瑞增祥磁器店掌櫃過積齋郭鳳五文藻，贊皇人、吳芑洲續祖，臨城持李讓溪毓楠，臨城函來訪贊廷消息。【頁眉】又鹽山史鴻冊（字文軒）亦同行者，尚未到津。談片刻。

三君皆寓法租界福禄棧。金小泉自京來信城井壽章信，伊勢、宇治、山田。借恕明書三種《二金臺》《續包探探案》《伊索寓言》。

十月初五日（十一月二十三日） 大雪

八時起。冒雪赴官立小學堂。教習六人惟虎臣未到，學生不到者亦甚少。代虎臣理修身課一小時，講『司馬光不妄語』一條。十二時後歸。

家塾學生作漢文，課停講一次。女塾因火爐未安設，停課一次。

看《形學備旨》，假寐甚久。王稚卿行三，名守性，居劉家〇〇來訪，攜仁安致墨青及余函，託爲稚卿安置一席。劉華西名乃晟遣人送來獻夫一函。華西爲保定大學堂漢教習與獻夫同年，亦吴摯翁弟子，今赴滬購學科書籍，因途中傷指，未得見訪，明日即赴塘沽矣。

胡生爲一自北京國子監南學安定門内來函。

寫寄魏梯雲信。寄金小泉信，李玉峰信附劉堃自貴州師範學堂寄玉峰信。接墨青函言河東學堂桌椅之尺寸擬分三級，又教習宜早訂。

十月初六日（十一月二十四日） 晴

八時起。王鶴籌之夫人發引，余往將送殯，因道滑甚，未著油靴，遂不送。到官立小學堂，賡言在焉。

子貞所開木廠昨夜火警。警局牽其司事何某去，將議罰焉。子貞乞余致書竹林爲介紹，伊往面懇之。竹林與巡警總局總辦至交也。

閲八月分報帳。

午前回家。午後寫寄劉竹生信附寄課作七篇。伯屏來談，知凌太尊昨已到津，星五須初七日到。女塾略坐，陪兩姑母話。寫寄栢翁信。寫寄大兒、次兒信附寄南皮奏稿。凌太尊遣人送來崇、怡九月十九信，并約明日午前見訪。接崇、怡九月廿九寄惺姪信，附栢公日記五紙。陳栢翁家信一件，即晚送陳宅。華允卿送來寄東京信一件，附説片言芷舲信云，賀湘南已辭繙譯之席。

十月初七日（十一月二十五日）

八時起。候凌太尊，過午不至。鶴籌、子誠來談。午，將赴小學堂，先至對門學堂小坐，聞路滑甚，止焉。觀體操。爲女塾講《蒙學讀本》七課。

雲摶來，晚飯後同到補習所。雲摶演説歷史之用。伯苓講算兩點鐘次遠有事未至。壽芝講地理。十二時歸，十二時半就寢。

海門來信，榕生來訪，皆爲議小學堂規則也。

失候朱清泉。

十月初八日（十一月二十六日）

九時起。訪凌太守，久談，示余上制軍節略兩分，一論監獄，一論織布工。答拜朱清泉，不遇。到民立第一小學堂，留諸位教習早飯，議約束學生事。余倡議擇尤劣者一人，令暫退學。擬牌示稿，交海門而還。

甫入門，朗齋偕星五來訪。星五今日午前始到津，坐片刻去。荃士來訪，初入門，遇張、沈二公將出門，三君遂同去。

爲女塾二班講《蒙學課本》二編第八課。

凌太守贈日綢及馬尾松，受之。

劉鼎臣鏡蓉來謁。

湘撫趙批郴州附生謝敷霖稟：方今時局日亟，民窮財盡，推原其故，由於愚民信神奇而荒實業，樂怪誕而廢人爲。九州皆然，荆楚尤甚。泥堪輿之説，而阻撓礦政；争墳山之利，而互結訟仇。寺觀庵廟之虛糜，演戲建醮之耗費，種種謬妄，殆難枚舉。處外患交迫，智力互争之日，不講求實事，不開拓利源，守此野蠻主義，欲求自立於世界，恐五洲雖寬，將無厠足之地矣！頃閲醴陵諸生稟請創立種植公司，開闢地利，力求進步。批閲之餘，方深欣慰，繼閲此呈乃忽以封禁蘇仙嶺爲請，人之度量相越奚啻天淵。本部院不識風水爲何事，龍脈爲何物，蘇仙爲何神仙？如有靈應能自保其廟地，何待爾等保之，更何待本部院保之？此等瑣屑不經之事，乃敢來轅越瀆！本應發州責懲，始念爾等聾聵已久，無足深責，盍取各新書、新報讀之，庶略識時事之危急，不亟圖振作，將有奴隸滅絶之懼。彼時顛連困苦，恐蘇仙之靈亦不能爲爾等保佑也。爾等宜急返迷途，力圖振作實際，迅將該州學堂農工諸新政竭力舉辦，或改蘇仙廟以爲學舍，闢蘇仙嶺以廣樹藝，則本部院當樂爲爾等主持也。

十月初九日（十一月二十七日）

七時半起。香九來商明日慶賀事。同香九到官立小學堂，與墨青、賡言議事。陳郁文至。瓦匠至，商十一日河東學堂開工事。教習散學後，與金、朱兩公議字課及作文諸課程。十二時半歸。

午後假寐。中西君來。寫寄崇兒信，屬買清國白地圖。

晚，改女塾日記。寫致袁雲臺信，代第二小學堂求制軍題額。與岩村君弈。

夕時海門來簡，問星期試驗事。

十一時半睡。

十月初十日（十一月二十八日）

七時半起。到民立第一小學堂。九時行慶賀禮。觀樂舞及學生游戲。午後，將訪星五，途遇幼梅諸君，知星五已他出，遂改道訪諸君老師，談許久，并晤李學師。歸家，錫三先在。昨日自京來津。洵差至。

到官小學堂。晚演幻燈。張伯翁演電學。十二時歸。

十月十一日（十一月二十九日）

七時半起。八時赴第一小學堂考驗小學堂學生文課、歷史、地理、算學，十二時止。

午後，覊究所議修身教科書。三時起觀體操運動。六時歸。

晚，在女塾演幻燈。

接李玉峰回信。

十月十二日（十一月三十日）

九時起。陳郁文來，覆慈惠寺借地事。到官立小學堂，晤郁文、則久、星伯、子貞、賡言。到工藝學堂，訪星五兼晤幼梅、小林、朗齋、荃士諸君。答拜劉子貞觀察。慶汾，門外候許久，客座候許久，談許久。四川候補道，財政處總辦。

到第一小學堂，與榕生商改功課表。二時歸。

家塾講文課停一日。梯雲自京歸，來訪。錫三來。

晚，則久、墨青、汪輔之、渡邊精一來訪。

縣尊來移文二通。一呂大臣條奏四條，一官學大臣札購《教育世界》。嚴晴初自汴寄來中式報單。寫寄柘翁信論譯人，論菊如不必歸，請諸公便中致竹林一信。接徐尚之户部自大學堂來信。致王少卿軍門信，言同人擬十八日八點鐘往考學生。

十月十三日（十二月一日）

八時半起。聽張伯翁講三角約一小時今日始開講，每周兩小時，水曜第一時，土曜第三時。王郁哉率其族姪王蔚林孝廉，履賢之堂弟來訪問工藝學堂報考事，當爲作一説帖致幼梅，屬其面交。到官立小學堂略坐，十二時半歸。賀梯雲太夫人壽。汪輔之函詢第二小學堂地址及章程，即函覆之。閲沟店九月日記，加批點。王少卿軍門來回信，言十八日考驗已傳知各學生。陳敬韓來，屬書楹聯，且久談。劉伯紳來，言擬在河南懷慶境内買田，招股墾種，以其餘利開辦學堂，屬余代詢殺蟲法。又言，鐵匠高文魁能造機器。

晚，置酒爲竹叔祖送行。飯前復與竹叔祖細談沟事。

接江忼父信，并寄伊澤修二所著《東亞普通讀本》。

十月十四日（十二月二日） 大冷

九時起。十時到官立小學堂，酌擬考勤册式。訪寅階小坐，到喬宅借各種圖，十二時半歸。楊子深來訪，言已奉委署靈壽篆。答拜唐大令，談半日學堂大略章程。到工藝學堂，晤幼梅、荃士、星五、朗齋。欲訪味仁，知其公出，不果往。子誠託詢味仁，擬令曹潤田往教養局學染織是否可行。幼梅言，必須具稟。答拜渡邊義軒及汪君輔之。五時歸。雲摶來。

飯後同雲、伯、〈素〉〔壽〕三君到補習所。雲歷史，伯算學『公倍』，次代數，壽地理。十一時講畢。又與墨卿談許久，十二時歸。

失候唐大令。接唐大令信，言制軍屬推廣半日學堂，并告牛經紀楊姓認捐第三半日學堂，每年經費四百竿。智惺接智崇信。寫寄崇、怡信。

十月十五日（十二月三日） 晨極冷◎寒暑計近三十度

七時起。赴車站送七叔祖之行七時半，往由老龍頭渡河約行三十分鐘。陪竹叔祖訪楊階平名榮泰，小坐，以茶點致敬，極盡殷勤。八時三十五分車開。到舊鹽官廳勘工。到第一小學堂，幼宸有事他出，余代之至東一齋監課，爲學生略説物理、國文兩科之用。又到東二齋，坐談片刻，幼宸已歸。高星彩談片刻。到官立小學堂。張少棠先生見訪，談許久。余勸其組織半日學堂。一時歸。接幼梅信。

教養局日課時限：起牀上午五時二刻；早飯六時；上工七時；歇工九時半；上工九時四十五分；午飯十二時；上工十二時半；歇工二時半；上工二時四十五分；放工五時；晚飯五時半；就寢八時。

晚劉子澄來。渡邊偕汪公子昭昀、昭曇來。

聽張伯翁講文法。

午後接陳柘翁信，附日記至七十葉。又寄家信及墨青信，即時飭送。

十月十六日（十二月四日）冷

八時半起。郁文來，墨卿來。同墨卿弔辛芝如，又同到中學堂。宋則久來。鄭永昌氏來訪，并贈物品。到第一小學堂，同門田、齋藤兩君往訪藤井恒久，商送半日學生入教養局學工。五時半歸。

飯畢即睡。

十月十七日（十二月五日）較前幾日稍暖

八時半起。致墨卿信，告以兩事王館考驗約定第一學堂教習；半日學生學染織已商之藤井。改女學生日記。詒年來送信，午後蘇從之來談許久。午前，劉伯紳介紹一機器匠高字星橋，名文奎，年二十二歲，東局舊人也，今在大王莊開德成機器匠焉，爲各國租界修理砸物機器。談約數十分鐘而去。

夕訪星五，以則久所擬《製胰公司章程》求其删改。晚，補習所聽講。雲摶言個人與國家之關係，伯苓熱學，小仙幾何，子文英文。十一時半歸。

接梯雲信，介紹華君南圭，字〔白三〕、薛君笙伯、何君育杰、俞君同奎。

十月十八日（十二月六日）

八時起。八時半赴第一小學堂，考驗小學二班學生讀經，讀史。午後研究所演讀胡玉孫《東游見聞記》。觀諸君運動。

接工藝學堂信，還《製胰章程》。則久信問《招考章程》是否粘貼。

十月十九日（十二月七日）

八時半起。答拜鄭君永昌、華君南圭白三、薛君字笙伯，俱不遇。答拜楊子深大令，忘其住址以爲大星棧也，詢之路人，謂在三條石，至則『大興』非『大星』也。居客無楊公其人。途遇鄧和甫，始知贊廷已到，寓三條石慶昌棧。遂訪之，談片刻歸。與邢同來者十餘人，皆將游學日本者也。

到官立小學堂。二時後歸。爲家塾講《張中丞傳後叙》半篇。

陳栢翁初五日信附日記五紙，七十一至七十五，又家信一又圖章一，又筱莊家信一，又毓笙家信一，胡玉孫初五日信。崇、恰初十日信，附日記四紙七月初九至八月初九。墨卿信河東教習事。

失候張君志濳據閽人所述，似是幼樵師之世兄。

張靜江名人傑、李石曾所介紹自滬寄來《創辦巴黎通運華貨公司集股章程》四十册。

【頁眉】邢贊廷携去十册籤題『南潯張寄』而不注住址，附信一封屬廣爲招徠。

王荃士送來皮袍箭，價二十五元。

十月二十日（十二月八日）

八時半起。寫復江忼父紹銓信，官菜園上街刑部江。粘信。張仲昭世兄志濳十時半來，談許久，留早飯。仲昭廿七歲，去年中鄉試，其長兄已故，嫂殉之陳伯平先生女。有弱弟一人六歲，女弟一人二歲俱李氏師母出，師母今年三十八歲。仲昭回豐潤，將爲幼師卜葬地，求地師於津。余勸其勿泥也。答拜仲昭，不遇。晚，改女塾日記。

諸葛老師來訪，爲新城籌款興學事。

十月二十一日（十二月九日）

九時起。邢贊廷來，將同赴工藝學堂。適凌太守遣人來，告即刻見訪，遂止。

太尊十一時來，談至一時乃去。午後赴工藝學堂，晤幼梅、幼卿、鹿泉、朗齋、荃士、子文、星五、雁穠諸君。又晤張稚青、蕭養孫、李嶼如。夕至官立小學堂。晚補習所照料聽講。歷史史之分類、算學公倍、代數、地理。十一時半歸，又一時乃就寐。輔臣叔昨晨因疾歸家。余頃始知之。

十月二十二日（十二月十日）

八時半起。同蘭浦弟往候輔叔疾，疾類中風，昏睡不醒。余往詢之桐岡。桐岡薦醫路子華。余又到幼香處，煩其代爲勸駕。歸過性初，就之求醫，兼訪瑞安，時尚未至也。楊子深來，留便飯。鄧和甫及其同游諸君凡十二人來訪。贊廷來訪。賀小泉之太夫人壽。晚，寫復至玉峰、尚之信，託小泉代寄，并託購文明書局若干種。幼臣來，言輔叔疾甚沉重，路子華及韓竹軒、熊星北皆診視立方。路用凉劑，韓、熊用温劑。余質之郭素民先生，以韓、熊爲然，因韓距病家甚近，便於更方，遂主用韓方。余夙不信藥，至此亦無如之何。

改日記。寄柘公、竺公信，附芷舲家信、冠如課作。

【頁眉】贊廷託事：李箴三押花生船到津後，將貨售出，即以其款匯東京，大約有三千元之譜。

十月二十三日（十二月十一日）

八時起。聞輔叔疾益篤，急往視之，至則歿已久矣。叔性剛直，胸無城府，視人之事急於己事，人有所託不俟終日，體氣素健，日常步行數十里，卒以過勞致疾，遂至不起。哀哉！

訪子貞，爲叔購棺，不遇，遇諸小學堂。賀朱姻伯聘女。答拜楊子深大令，不遇。答拜邢贊廷同寓諸君，已隨早車赴塘沽矣。

回家寫致李蓮舫信，爲英文夜課事，先送墨青一看。致幼梅信，問所改保送學生習染織稟稿。到輔叔家略看，因昨已約定李嘯溪太守、楊子深大令今日五鐘在家便酌，遂於四時歸。候至五時客至，九時客去。

改日記。子誠來，屬改保送學生稟稿。

十月二十四日（十二月十二日）

八時半起。到第一小學堂，至東一齋略申告誡。到官立小學堂小坐，歸，午後復往。夕觀體操，畢，略用小食。六時半，到補習所聽講，教育學、算、幾何、英文。

昨夜將稟稿改好，子誠攜去。今日抄清稿并填銜名送來，屬賡宸繕真。十二時歸。

十月二十五日（十二月十三日）陰

八時半起。到第一小學堂考驗蒙學三、四班。算加減同，字課三班默白話，四班默單字，珠算認數同，圖畫同。教育斈究所到者河北程、展、金、鍾、宋；中央金、韓、辛、鄧、翁；第一臧、華、華、胡；第二王、華、褚；喬館陶；王館陶、陳；自立周、華、華；工藝周、徐；嚴館張二十餘人。實甫講植物分類。體育學社觀運動，五時歸。

十月二十六日（十二月十四日）雪

九時起。墨青來簡，屬相候。九時半至。郁文亦至。訪府尊，不遇順便答拜府經龐王。詣唐大令，暢談玉清觀事、河北藥王廟事、半日學堂事、造胰公司稟、陳郁文對聯。到工藝學堂，留早飯。到官立小學堂。爲女塾講形學。晚，閱民立第一小學堂頭班日記兩本。寫信致唐大令有稿。

十月二十七日（十二月十五日）晴

九時起。到官立小學堂，與墨青議事。飯後假寐約一小時。賀湘南來堂見訪，談多時。訪亦香，并訪寅皆，四時歸。晚，則久、賡言、墨青來談。賡先去，則、墨二君十一時半去。

小泉來信寄來託買之教科書。《文法》貳拾十部，《中史》叁拾十五，《外史》

叁拾十五，《中地理》拾伍十五，《外地理》拾伍十五，《衛生》壹拾十，《生理》壹拾五，《博物》叁拾二，《小學博物》肆拾二。

玉峰來信。柘公來信附日記七十六至八十四，柘公、筱公俱寄小照，竹、芸、毓、筱（附陳信中）、芹菊、挹（特交）、家信。梯雲來信學額事。

十月二十八日（十二月十六日）

九時起。墨青遺告將赴縣署，欲一晤談。乃到官立小學堂略談。訪亦香、瑞安，不遇。答拜湘南，不遇。訪劉伯紳，談二刻許。二時歸家。

爲女塾講中國地理及形學。晚，補習所照料，十一時半歸。

柘公來信十三、十五日發，附日記85至96，又家信一紙，筱莊信一紙，動物圖一捲。

十月廿九日（十二月十七日）晴

九時起。舊瓦作穆二，今六十餘矣，以所聞之煤油鋪被災虧本求周濟，予之十五元。喬亦香來訪，略談。祝李子香令伯母八十壽，同坐學師劉問泉、楊敬林到工藝學堂，與幼梅議學額事。到民立小學堂與允卿談，允卿欲借最新之時務書。蒙學三、四班擬專於字課、算學加功。三時半歸，爲女塾講地理。郭俊卿來訪，談伊舊事。由山東越滬，購印書機器，旋以政變，款無著落，大窘。至今書器，尚委棄於道口。渡邊精一偕汪氏兩公子來。寫對八副。改日記未畢。

荃士來函，送《生計學講義》草稿。寅皆來函，示寄胡月翁信稿將辭保定之席。

蔭表兄來函借十元。

寫寄復小泉信收到教科書，致謝。寫復李玉峰信。寫寄柘公信告收到十三、十五兩信及日記至96；又言吾津實業、普及二義似漸發明；又告輔叔逝世，求撰文。寄崇、怡信告輔叔逝世信。

【頁眉】王伯安曾俊祥符人，前河間太守之嗣君也。河間所立識字義塾，久爲人所稱道。俊卿云，太守之新政皆伯安之力居多。伯安曾任天津縣丞，因迴避乃翁，改山東知縣，署諸城事，爲李鑑帥所劾，罷。又景仰颺啟夔，郭之親家，而王之中表兄弟也，亦任山東知縣，以憂歸。俊卿言，河南開通者唯此兩。

十月三十日（十二月十八日）

九時起。候墨青，十時後來，議學堂各事宜時限，節儀，河東教習。午後爲女塾講地理。晚宴客瑞安，亦香，性初，韻笙。十二時散。

濟樂農來信借款。周緝之來函，商請門田君教日語、體操。

十一月初一日（十二月十九日）

九時半起。到官立小學堂。到工藝學堂與幼梅商門田事。到民立第一小學堂。

接陳栢翁十月廿、廿一信，附日記九十七至一〇六。接智崇兄弟信。製收到東京信件日期表。晚，補習所聽講伯平未到，講物理、幾何、英文。十一時半歸。

十一月初二日（十二月二十日）

八時半起。到民立第一小學堂考驗蒙學三班讀法，默字，填。午後道、府、縣同至學堂，議添補祭器、樂器，與祭社中人皆到，五時散。華蓮舫因瑞安介紹，午前至小學堂見訪。賀鄭松樵壽，小坐即歸。晚，與岩村君圍棋。改日記及信稿。十一時就寐。

【頁眉】華蓮舫名承祺，武備學堂出身，謀充體操教習。

十一月初三日（十二月二十一日）

八時半起。候孫子和，十一時偕錫三及史學生久成至，談約二刻許。午後，爲女塾講地理。黃慎之、黃小宋來訪。晚，補習所照料徐法律，張合聲字母，張製造化學。致荃士信送講義稿，幼梅信問學額事，海門信問史生事，復菊人信。接尚之信收到還《史記》，菊人信問趙薪水，王疾。

十一月初四日（十二月二十二日）

八時起。到河北蒙學堂觀各齋理課，與墨青議事。十二時，到民立第一小學堂周察各齋。三時歸家。換衣服，往拜兩黃公及秦仲雲煇祖。與秦談片刻。到官報局答拜孫子和君，兼晤雲搏、錫三、鶴洲諸君。五時歸。晚，寫致民立第一小學堂諸教習長函。十二時寢。

伯屏送來講義稿。

十一月初五日（十二月二十三日）

八時三刻起。弔王允吉先生。墨卿來談學務。允卿來信借書，與之《西學通考》十二册、《經世文三編》二函。

午，答拜郭俊卿，不遇。到官立小學堂小坐，又到第一半日學堂觀墨卿挑選學生，旋歸。五時至華泰飯店，餞黄慎之前輩、黄小宋觀察、秦仲雲二尹之約，坐客甚盛。八時畢，至補習所，略坐即歸。

寫復梯雲函。寫寄芸生函。

【頁眉】壬午同年吴獻齋觀察任釐捐局，李搏霄觀察住鼓樓同。

十一月初六日（十二月二十四日）

十時起。同門田君訪井上醫士，詣日出學館，訪大野君，遇江藤君。四人同飯於神户館，江藤付價。午到工藝學局，問半日學生到教養局日期。夕歸。晚，井上君來爲智育視疾，且爲余診察。

寫寄竺生信附課卷八本。接幼梅信，言半日學堂學生須初十後到局。錫三信，問應復王義門之語。

【頁眉】葉子林

十一月初七日（十二月二十五日）

九時起。同門田君詣日出學館。遇漢文教習張雨帆式湘，略談。又略觀講堂理課而出。同詣井上君取藥。十二時歸。午，寫寄順循信稿。夕睡。晚，汪氏兩公子來。寫寄羅大令信畢有稿。爲輔叔題主。寫復樂農信，復錫三信。

十一月初八日（十二月二十六日）

九時起。到官立小學堂，寫致唐大令長函，并擬監督教習評語。飯後回家小坐，到河東蒙學堂是日報名者已三百七十餘人。又到輔叔家一看。復回河東學堂。夕歸。復則久、海門、荃士當日信。晚，補習所聽講。十二時歸。

接澄甫兄函。接梯雲函。致梯雲函，託爲尹宅保親。接芷舲信，并致賡、墨、伯、寅及余公信一封。

十一月初九日（十二月二十七日）星期◎晴◎輔叔發引

八時半起。到輔叔家，陪弔送殯。夕至河東蒙學堂一看。到毉究所，到者小林、子文、簡臣、聘卿、榮軒、子舒、虎臣、澄波、碩甫、采齋、子丹、環生、峻門、榕生、楊柳村諸公，掔究華文字相近而性情不同者。五時歸。

失候汪都轉，荃士及其族兄名樹善。

寅皆函示月老覆書。

十一月初十日（十二月二十八日）

八時起。八時一刻到河東蒙學堂，考驗學生三百七十五人。三點鐘畢。暮，偕蘭浦、賡宸同歸。是日，爲張久安先生七十壽辰，伯苓先生備席，借此地待客。

井上來，陪之飯。晚，看《繡像小説》第九期。

接唐佩翁函并河東學堂監督教習照會七分。

十一月十一日（十二月二十九日）

九時起。薙髮。陳立甫其信興義附生，余按試時，曾應觀風課，今日持李玉峰函來見，談片刻。墨卿來議學務玉清觀建築，半日學堂推廣。答拜汪都轉，拜吴獻齋同年，均不遇。到小學堂，適汪穰卿、英斂之來訪，同觀體操。晚，補習所聽荃士講法律，朗齋講幾何畫，碩父講博物。十一時歸。

十一月十二日（十二月三十日）

八時起。九時至第一小學堂。十時，周緝之觀察偕毛實君、傅雪、阮仲强敏、陳西甫、趙幼梅參觀，又同到第二小學堂參觀，折回第一堂早飯。午後，同到城隍廟學堂。至體操畢，始散去。余與賡言在學堂晚飯。飯後補習所聽講。伯怜算學，次遠幾何，壽芝地理。

接陳栢翁初一日信日記十四葉，壹零玖至壹貳貳，初四日信由智崇信内，附墨青致菊如信，智崇、智怡信陽曆十二月二十二，即華十一月初四。

十一月十三日（十二月三十一日）

九時起。胡月舫、劉鼎臣、陳立甫其信、顔韻伯、羅君耐先後來訪。午，至官報局，謝孫子和步往弔輔叔，兼晤錫三、鶴洲、義門，託錫三代約巽之觀察明日下午便飯。到第一小學堂，早飯後，以日本學棧教作文之法於東二齋試之。陳緝有汝熙隨其叔就銀錢所文案，是日來學堂見訪，談其家事甚悉。蕪湖廣裕茶店，砌吾家所設也。答拜王觀察樹善，未遇。到官書局答拜胡月舫，至則月舫已出。聞其遣人約吾同赴工藝局，余遂往凌太尊、顔韻府皆在焉。參觀一周乃歸。寫信約慎之、小宋、仲雲、巽之、韻伯、月舫諸公明日下午五鐘在華泰飯店便飯。接梯雲〔信，〕

言幼宸辭館事。接伯屏信，言《湖北師範講義録》可爲補習所講解之助。接陳立甫信并送來文稿。寄菊人信，薦陳立甫可司筆札。復梯雲信，再託爲尹謝議昏事。墨卿、崧生先後來。改公信稿，看洵店十月日記。改女塾日記。

【頁眉】席翰伯淦江蘇人，銀錢所總辦。

十一月十四日（一九〇四年一月一日）西曆元日

八時起。補寫日記。墨青來談。小學堂學生日記是日託郭素民君代閱。答拜顔觀察。到第一小學堂。至藤井恒久處賀年。答拜李搏霄同年。回家早飯之後睡一時許。晚，在華泰飯店請月舫、巽之、搏霄、韻伯諸公便酌。八時半歸。寫致幼梅信，代胡月翁詢王生璠入堂日期。墨卿來。

菊人回信，言明日早車回京。

十一月十五日（一月二日）

九時起。頭眩暈。昨夕顔觀察約今日早飯，面訂再三，故今日强赴之。先訪伯屏、仲仁一談。至顔寓，客已齊。月舫、巽之、陳簡池昭常及陳之兩姪，主客凡七人。午後至平賀、大野、川本、井上四處賀年。因請井上診察。井上云，是貧血之故也。聞之自危。四時歸。至女塾教作文。曾根來，談片刻。晚，飯後欲至補習所。張伯翁察余之憊也，止余勿往。余從之，遂大睡至十二時，解衣復睡。

十一月十六日（一月三日）河東蒙學堂開學

曙後，覺眩暈如昨日，乃遣人赴河東請林、卞二公偏勞。復睡至午。寫信復幼梅。午食後，改女塾日記。夕，復睡至九時乃醒。致幼梅信。致寅皆信。看報。十一時復睡。胡錫章、桂東園、卞賡言、林墨卿、蘇朵生、馮子權來，智惺會之。汪都轉遣人來，告明日擬見訪。答以疾愈當詣彼處。

接梯雲信。接仁安信。接桂東園信。

十一月十七日（一月四日）半日學堂學生入教養局

十一時起。統計兩日夜間睡二十餘鐘，可謂酣矣。眩暈小減，但仍昏昏然，如昔年度元旦光景。又接梯雲信。李錫三説片問疾。

寫復梯雲信。致菊人信。致墨青信附王桂原信。答錫三信。改日記畢積欠甚久，今日始完。接獻夫信。

晚，看林琴南所譯《伊索寓言》。

十一月十八日（一月五日）

九時半起。小食後，接看《伊索寓言》。毛觀察偕喬茂蘐見訪。惺姪會之，陪二公參觀敬業學堂。喬公留一説帖而去。

林、卞、王三君來候，出見之，談學務。留早飯。接民立學堂信，并日記七本，即函覆之。遣人持名片謝毛、喬二公步，且致喬公謝信。接獻夫信，又直隸同鄉公信。看《伊索寓言》畢。擬復直隸同鄉信稿未畢。

晚，接柘公信十一月七日發，附日記壹貳叁至壹叁柒，挹塵信初四發，智崇、智怡信初九日發附日記13至17，又竺生先信，寄張師、諸生信各一文七首。

岩村先生贈各國旗一串，凡二十八枚，懸諸臥室，長短恰合。

十一月十九日（一月六日）

九時起。至蟫香室薙髮、閲報。擬訪汪都轉。都轉約以三時，已而來告制軍二時傳見，請改五時。余畏寒，乃請改明日。爲鍾藴石改文三篇。晚，看《大陸報》。改日記。

接菊人信覆李、張無可位置。第一小學堂送來補交之日記。致幼梅信，達菊人之意。

十一月二十日（一月七日）

十一時起。墨青來談。三時詣都轉公略談。武星環來。

接梯雲信，告謝氏願與尹氏結婚。幼梅兩次信。第一小學堂信。吴君治平信附蒙學改良議。

十一月二十一日（一月八日）

九時起。章仲和來談，并留早飯。午後，訪鄭菊如、王寅皆。夕，到官立小學堂，與諸教習談功課。六時歸。晚，寫寄復直隸同鄉信。復趙獻夫信。寄胡月翁信，爲菊如銷假事。十一時睡。

十一月二十二日（一月九日）

九時起。復梯雲，爲謝尹婚議。接羅大令信。檢點舊信。午，改日記。改金榮軒擬編《修身書凡例》稿。改小林所擬《學究所章程》。改簡臣、敬甫所訂《學生加減分章程》。寫寄陳柘翁信論畛域事，譯人事，課程事，仲和東行事，織布事。唐大令來移文，内開奉府批童生吴治平等整頓蒙塾稟。孫子和來信，問史久成廿四日入學引保可不到否。

十一月二十三日（一月十日）七時三十分，智怡生一子

十時起。濯足。十時三十分乃出户。寫寄智崇兄弟信報喜，命名，譯人事，智鍾預備事，芷舲留學事。寫寄曹親翁信，報智怡生子。午後，答拜胡錫章，不遇。過聚源成，與陳瀛洲談許久，雅孫在焉。到學究所，人甚寥寥。與實甫、小林談國文。暮歸。閲城隍廟新招考之學生卷，定去取。鄭雲軒來談，渠擬在青鎮組織學堂。張久翁來爲

黄宅約星環事。星環來擬廿四日回洵。

唐大令遣人問疾。午前，劉鼎臣、陳立甫來，謝不見。

十一月二十四日（一月十一日）

八時起。赴官立小學堂。弔鄭菊如之令尊。過墨青處，小坐。過新第二小學堂一看。到工藝學堂。到教養局。到第一小學堂。訪毛實君觀察。夕歸。寫對聯。到補習所，晤紀冠臣。紀冠臣、荃士、朗齋、實甫演講。看第十期《繡像小説》。

柘翁信附日記壹叁柒至壹叁玖，又壹肆零至壹伍壹。

【頁眉】葉子林，李耀亭，紀冠臣。

十一月二十五日（一月十二日）

十時起。陳潤生託賣鍋爐。寫致墨青信。寫致葉子林、李耀亭信，取柳條布。寫致荃士函送育才學堂股銀六十元、王建善學股二十元。陳瀛洲來訪。午後，到河東蒙學堂。拜唐大令。接梯雲函，附仲魯信及男八字，又《商會章程》。聽張伯翁談電理。鄭君其儀自東京回，來訪未遇。晚，改日記。

十一月二十六日（一月十三日）

八時半起。蔣性甫來訪。鄭羽賓來訪。陪兩君觀官立小學堂，及第一半日學堂。

信鑑塘令尊。

午後，墨青來。陳子琴來源豐潤。接胡月舫信又《東瀛紀行》五本。接南宫學堂劉登瀛信。接幼梅信兩次。答張序兄

十一月二十七日（一月十四日）北京行

六時三刻起。七時一刻赴新開河東站。八時前到。八時四十分登車。看《東瀛紀行》完。同車有辜鴻銘湯生，閩人，在香帥左右二十餘年，解英、德、法、意、日本語、何蓋臣津人，住河東糧店街，永發估衣鋪、張小波津人，住南門内小費家，張鶴亭先生之嗣子。一時至北京前門，易騾車，至梯雲寓中。校文明書局所刻蒙學書。看《天禄識餘》。亦香、詒臣同來。五時，梯雲歸。晚飯後暢談。晤德聚成掌櫃趙硯田。

十一月二十八日（一月十五日）

九時起。同梯雲訪謝仲魯，談尹宅親事。仲魯允緩放定之期，又晤叔敏。訪子丹晤幼樵於八旗第五小學堂在新開路，談許久并參觀各講堂四處。學生約八十餘人，教習五人，司事四人，堂役十餘人，而子丹爲全堂之提調。訪喬茂蘐於郎家胡同八旗中學堂，不遇。訪蔣性甫於馬神廟大學堂，前後略一瀏覽。遇王書衡比部，儀通。訪菊人，不遇。訪詒臣，不遇。到鮮魚口萬順荷包店小坐。訪耀卿，小坐。亦香、詒

臣招飲於斌陞樓，同坐幼樵、瑞安、芋田、彤階、梯雲。飯前，尚之、玉峰出城見訪。飯後，諸君同至魏寓，談至十二鐘乃散。

十一月二十九日（一月十六日）

十時起。盧紹垣見訪。馬葑溪見訪。訪仁安，同至西四牌樓翠華街私立小學校參觀。晤歐陽旭德弁元、盧幼垣〔晋〕恩。學校中有學生宿舍，保姆監之。有幼稚園，旭德之夫人主之學生及格者止一人。有儀器標本室，有食堂，有浴室，規模甚完備。旭德云，修築費約七千餘金云。同仁安訪晤璧臣，略談。又同仁安往南横街畿輔小學堂參觀。晤書君紀年、鍾君庚元。時已散課，僅觀規模大略。同仁安到喬宅。仁安招飲斌陞樓，同坐亦香、詒臣、瑞安、幼樵、叔彤。夜訪鞠人，暢談，遂止宿。看《樊山集》。

十二月初一日（一月十七日）

七時起。與菊人略談即辭出。訪石麐表叔，不遇。答拜盧紹垣，不遇。回魏寓，于彩臣、李玉峰、夏益堂、金小泉皆來訪。徐尚之招飲於聚寶堂，同坐貴筑縣胡大令海客前輩、大學堂法文教習莊瑞階廣東人，久在湖北，肄業於自强學堂、小泉、梯雲、玉峰、彩臣、益堂及胡公之戚羅某，忘其字。午，至貴州館櫻桃斜街訪李寶鍾談片刻。到沙土園，亦香處。陳品三、馬蓻溪招飲斌陞樓，同坐李少唐、詒臣、小泉。隔座石磬叔與孟玉雙作主人，客皆天津同鄉，亦强余入座。晚，復至沙土園亦香處。十一時歸魏寓。夕，同梯雲至文明書局買書。

十二月初二日（一月十八日）

八時起。耀卿、尚之先後見訪。同梯雲到文明書局、兩明齋、松華齋，亦香亦至松華齋。梯雲去，亦香與余訪幼樵，不遇。又同到璧臣處。璧臣招飲便宜坊，同坐嗣香、瑞安、益齋、哲臣、幼樵、叔彤、亦香。

午，同亦香到大學堂官書局。到啟蒙畫報，晤彭翼仲。歸後，余訪晤李符曾於其臥室。晚，嗣香、益齋、幼樵、梯雲招飲，仍在便宜坊。耀卿本約在致美齋小聚，爲眾所留，不得往。飯後，到同德福，訪謝耀卿，不遇而返。趙硯田及正文齋書坊之胡某來。買《四書直解》一部肆元。姚重光、李寶鍾來訪久談。

王儀通字書衡。

八旗第五小學堂教習五人：錦鋆字綬臣，教算學、理化學，王述曾字爾枚，教經史，文成字郅臣，曹瀛字子登，趙士哲字明齋。

商部差委：盧晉恩字紹垣，歐陽弁元字旭德。

畿輔小學堂司事：鍾字庚園，涿州，書字紀年，易州，趙字硯田，廊坊二巷，德聚源銀樓，譚字篤生，正文齋書坊掌櫃，先在翰文齋，辜湯生字鴻銘。

喬茂蕿球芝巷，徐菊人北池子北頭路東，王仁安後細瓦廠路南，華璧臣、瑞安鐵門南頭路東，劉益齋米市胡同路西，李嗣香兵馬司中街路北，朱哲臣繩匠〇〇北頭路西，劉幼樵西草廠胡同路北，喬亦香小沙土園路北大門，卞詒臣打磨廠路南吉隆棧，閻耀卿官音寺路北同德福，嚴瀛甫羊肉胡同魏宅間壁。

八旗第五小學堂東單牌樓新開路，八旗中學堂安定門内郎家胡同，大學堂後門内馬神廟，北京西城私立高等小學校西四牌樓翠華街路北，畿輔小學堂南横街，文明書局琉璃廠路南，黄卓人、孫輔卿孫曾在通州糧店，云與余曾相見，大學堂官書局、譯書局虎坊橋，啟蒙畫報館五道廟。

十二月初三日（一月十九日）

五點起。六點半赴前門車站。梯雲親送至站。七時半開行。車中新設食堂，頭等車設椅墊，皆前此所無。車中一睡已至楊村。食堂用飯雞卵、牛肉、麵包、加非共價一元。十時到，新開河下車。十時半到家。寫致梯雲、璧臣謝信。復胡月翁兩次信一寄《東瀛紀行》，一代菊如作函。寫致子文、嘯麟信，贈《鄒氏地圖》。寫致幼梅信，贈□書。

寫致巽之信，問劉君登瀛之字，附贈《新曆》一本。劉登瀛字際唐，戊子舉人。寫致文明書局孫輔卿信，帶去《中國地理教科書》兩本，退换。補寫日記。晚，實甫、則久、益孫先後來。

十二月初四日（一月二十日）

九時起。答拜章受生大令，不遇。答拜謝清臣分轉，略談。拜李效溪太守，略談。到第一小學堂略坐。午，到官立小學堂。至第一半日學堂。觀馬仲三理課。又觀小學堂體操。小學堂晚飯。晚，補習所張伯翁講算學，次遠講代數。十一時歸。起復劉際唐信草。王義門大令學沂託寄劉際唐信一封。

接陳栢翁信十七發，附致席德鳳信，即晚交子澄。

十二月初五日（一月二十一日）

八時半起。哲生來。效溪來。張仲昭世兄來，客散已過午。午後答拜仲昭。到工藝學堂。弔曹年伯母。赴源豐潤約同席劉少錫、桂季輝、王少蓮、竹林、康小亭，主人則胡錫章也。九時半歸。

十二月初六日（一月二十二日）

八時起。哲生來。王少卿來。弔曹年伯母。到官立小學堂。午歸。飯畢，復到小學堂。工藝學堂監督教習率全班學生來小學堂參觀，夕去。與兩學董談至曛暮乃歸。寫寄柘叔、芷舲信。寫寄智崇兄弟信。

已復接柘叔信，附家信2封，動物圖兩分，日記壹伍貳至壹捌零。

已復接智崇兄弟信拾捌、拾玖。梁著薌信附履歷單。

十二月初七日（一月二十三日）

八時起。至老龍頭車站，與鄭菊如送行。又寫寄智崇一函再論譯人，以贊廷爲便，託菊如帶去。到第一小學堂。回家早飯。午，到官立小學堂觀體操，畢乃歸。晚飯後，補習所照料。聽講算、幾何、英文小林宿。

寄胡月翁信爲著薌謀官費。

十二月初八日（一月二十四日） 星期

十時起。薙髮。陳瀛洲來，以織繡二方託代呈凌太尊。訪梯雲不遇，遇之於穆序如處，談片刻。到第一小學堂研究所，談甚暢。觀諸公繩引、超距。與蓉生之同年終册報事。七鐘歸。致凌太尊函，代陳瀛洲送物。

十二月初九日（一月二十五日）

八時起。赴官立小學堂，梯雲亦至，談許久。偕梯雲回家早飯。飯後，復到小學堂。夕，同林、卞二公弔王奎夫人，又同赴毛觀察約。晚到河東補習所。

汪東渠先生來函并贈品數事，卻之不可，乃受之。

十二月初十日（一月二十六日）

十時起。賡言來訪，告大令催民立各學堂册報。到民立第一小學堂商造册事，至晚十鐘乃歸。夕，王馨香至學堂，略談而去。夜，寫致佩公信，附送第一小學堂及第一、第二半日學堂，呈册各一分，屬魏明明早清晨送去。

十二月十一日（一月二十七日）

八時半起。爲張少農之夫人題主。九時往，體仁、墨青二公皆在。題畢，留早飯。體仁、墨青外，又有劉小齋、閻小山及陳階平表叔。飯後，同墨青到第一小學堂前，議約海門爲教習。海門辭焉，且辭司事。今日面談片刻，允其辭教習，而仍留司事。致劉伯年信，代大令索所印《不纏足文》。二時歸，爲女塾講《中國地理教科書》八課，又講《蒙學讀本》七編一課。華君承祺字蓮舫來，爲之作介紹書，致菊人。李嘯溪太守以説帖辭行，并索還文稿，兼索《學堂章程》，立復之并贈伊《方輿紀要》一部。中西來購其《天地現象圖》十枚伍元。袁雲臺遣人送來制軍所書第二小學堂額，即遣魏明送交程壽山。李錫三送來局外公法及大學堂視學照篇。

十二月十二日（一月二十八日）

九時起。賀哲生令堂壽。弔張幼安令堂。午歸用膳。飯後答拜張幼安觀察。倓，癸未同年名僖字雲舫之弟。雲舫故於福建興化府任，山東人。幼安一字淞舫。答拜王敬輿太守守堃，彼此相左。爲女塾講《地理教科書》《蒙學讀本》全書七編。晚，擬復洵店信稿。復唐大令函晨函未得即復，至是始答之。寫致七叔祖信。華義甫姻伯來。接尹澄翁信，爲韋君冕薦館。

十二月十三日（一月二十九日）

八時半起。赴德源店劉宅題主。到官立小學堂。一時歸，午膳，與錫三談。改致洵店公函。再寫上七叔祖函。致淮生函。爲女塾講地理及《讀本》。第一小學堂來，約明日下午往觀體操。墨青來函，言節敬事。

接張静江函。

十二月十四日（一月三十日）

九時起。趙毓西明日赴洵，今早來見。午前往祝彤階之太夫人。三時至第一小學堂，竹林、樸庵、墨青皆至。到子赫處一談。到官立小學堂。晚，補習所照料。柏物理，嘯文法，子文英文。十一時歸。

接梯雲函。接惠卿函并贈書。

十二月十五日（一月三十一日）

八時起。敬業學堂年終季考，約郭素民、張鑑塘及家塾諸學生分校，終日乃畢。夕，至孯究所，談一時許。賀華屏周姻伯壽。晚，與賡廷論明年出納事。午前，伯舉來。

十二月十六日（二月一日）

八時半起。寫信。午後弔張葵叔之夫人。到官立第一小學堂。弔王奎章之夫人。晚寫信。與門田君作象戲。改女塾信稿。

收信：廉浦寄番佛百名助學堂經費。寫信：墨青、幼梅、汪東渠、張静江、廉惠卿、梯雲、弼宸、澄兄。來客：張裕孚、王寶航、龐芝孫。

十二月十七日（二月二日）

八時半起。到官立小學堂。賀鄭姻伯母壽，留飯。賀華四姻伯壽。到民立小學堂略坐。三時歸。爲女塾講《中國地理教科書》。晚，循俗祀神。

收信：柘翁十一月十九日信，附寄家信。又十二月六日信，附日記八十一至八十七。智崇、智怡十二月初九日信。鄧和甫十二月初七日信。幼梅代詢鄧君房、座批。寫信：柘翁、崇、怡。來客：硯峰、渭占、叔彤。

十二月十八日（二月三日）官電局遣人安電話

八時半起。金少泉來。到官立小學堂。弔李茂翁之太夫人。到民立第一小學堂觀貼草榜及演禮。夕，到官立小學堂。晚，補習所聽講。

收信：文明書局寄來配篇地理教科書一本。則久代購《器象顯真》等書至。

十二月十九日（二月四日）

九時半起。敬業蒙學堂放學。家塾放學。午，寫屏對。

來客：墨青、陶鹿泉、哲生。發信：梯雲、玉峰。收信：蓉生、海門。

十二月二十日（二月五日）

八時半起。會李子赫、沈子椿。午，到官立小學堂。到沈姑母家。到民立第一小學堂。弔壽芝之太翁。晚，河東補習所聽講。

來客：子赫、子□。失候：王燕泉。

十二月二十一日（二月六日）

九時起。到官立小學堂，偕監督教習率學生謁堂，發獎品。到民立小學堂，謁聖，行終業禮，一時半乃畢。答拜子赫，訪毛觀察，俱晤，談片刻。答拜燕泉，不遇。到教育品陳列場。晚，補習所實甫演説陳列場大意。

收信：敏齋親家、大野捨吉、中島裁之、海門。

十二月二十二日（二月七日）

八時起。教育品陳列場，是日起，八時半往，早九時至十二時，下午二時至五時。晚，補習所演幻燈。十時歸。

收信：楊筱坪之公子冠如遞名條託謀事。

十二月廿三日（二月八日）

八時起。陳列場第二日，參觀人較昨日多一倍。晚，演透骨鏡。十時歸。

收信：陳立甫其信。

十二月二十四日（二月九日）日俄開戰

八時起。陳列第三日，參觀人滋益多。晚，補習所華、張、林三君演説。十一時歸。

發信：陳立甫，附贈八元。來客：孟紱臣、高亦韓、張執中。

十二月廿五日（二月十日）

九時起。薙頭。會客。恩成館早飯，爲獻夫洗塵。約則久，詹遇春、胡錫章、康小亭、蓮溪、郁文、桂孫陪之。飲酒至醉。答拜紱臣，兼晤郭俊卿。六時歸，大睡達旦。

收信：陳立甫璧八元，海門，仁安，河北學堂送試卷一包。來客：喬茂萱，鄧子輔未會，張桂孫，王夢臣未晤。

十二月廿六日（二月十一日）晚大風霾

八時起。民立學堂招考學生，九時往。賀陳挹師壽。答拜茂蘐。德義樓赴毛觀察約，同坐茂蘐、慎之、小宋，又楊君字少農，安徽人，淮軍將佐、趙君明湖、劉君康侯鎬仲同年之令嗣。飯後，答拜執中、亦韓，不遇。賀卞宅喜。三時後歸家。晚，約仁安、亦香、幼梅、小泉便飯。仁安宿談至十二時。

來客：鶴籌。

十二月廿七日（二月十二日）

九時起。與仁安談。鶴籌、墨卿來。午後，梯雲來，今日早車至自京也。仁安午車回京。到民立小學堂，與蓉生商訂來年課程。夕歸。晚，與伯翁談學務。

收信：泊頭唐家，程壽山，尹澄兄并寄女八字來。發信：柘翁，鄧和甫，梁著蘓。

十二月二十八日（二月十三日）風雪

八時半起。阻雪未出門。劉伯紳來談。夕，祝梯雲令尊。源豐潤招飲，辭之。興義優廩生，四川試用知縣林世豐字蔚森自京來見，并餽物。

收信：幼梅。來客：劉伯紳、林蔚森。發信：復幼梅，致周緝之、金伯厚。

十二月二十九日（二月十四日）

八時半起。盧紹垣、幼垣昆弟來訪，言今日午車回京。到第一小學堂，商出榜及明年加減課程等事。答拜王夢臣，不遇。午歸。夕，假寐。喬酌頌送來喬館稟摺，年終照例報報縣也。

收信：華弼宸加銜事、徐菊人陸宗師考卒業生事、金小泉自立啟文小學堂呈報、潘小山求助、宋則久交王劉名條、王仁安南華生事。發信：答小泉。來客：盧紹垣、幼垣，華蓮舫。

癸卯除夕（二月十五日）

八時起。到寅皆處，值其未起。鶴籌亦未起。訪亦香，小坐。到官立小學堂。午前歸，與蓮溪、蘭浦飲酒，微醉。夕，假寐。晚，墨青來，商明年慈惠寺、藥王廟兩處教習監督司事，十一時去。與岩村君圍棋。二時就寢。

光緒三十年甲辰（一九〇四年）

◎《範孙自定年譜》：春，又成立官立小學□*處。三月，代胡月舫總理直隸學校司。司設於保定，尋改名學務處。四月，再往日本游歷。八月歸。延訂保定師範學校教員到保定就職。王寅皆歿。在保定設初級師範學校一處。設《學務報》。派官紳赴日本習法政。報告縣興學考成。改家塾英文館爲敬業中學堂。

謹案：辛亥以前，按照《奏定章程》一律名學堂，自壬子始稱學校。本年内校似應作堂，凡兩處。下年同。

*原文留空，并加『謹案』説明。

整理者按：本年日記記於四册：
元日至二月二十二日，記於《癸卯、甲辰日記（不全）》中。
二月二十三日至六月十二日，記於《甲辰日記（二月二十三日至六月十二日）》中。
六月十三日至九月十二日，記於《甲辰日記（六月十三日至九月十二日）》中
十一月初一日以後日記，記於《甲辰、乙巳日記（不全）》中。

甲辰元日（一九〇四年二月十六日）

八時起。家庭慶賀畢，出門。

蘇太守志貞，王副戎得勝，源豐潤，唐蓂廷，于品清，麥佐之，葛仲方，袁制軍及其公子又帳房，袁雲臺，傅潤沅，謝仲勤，高仰之及其同署兩師，張仲仁，金伯屏，官報局張顨之、王義門、張雲搏、孫子和，陳鶴州，及其同局諸君，許惟善，周緝之，陳一甫、西甫昆仲，顏韻伯，洋務局唐津田，富意誠，梁關道唐紹川，吴獻齋毛寶君，趙明湖，劉康侯，劉子貞，劉鼎臣，陳立甫，李搏霄錢紹雲，諸葛老師，李老師，傅老師，嚴老師，何懷德，桂東園、赴山海關，黄慎翁黄小宋，赴京，秦仲雲，張執中，高亦韓，孫廖伯昆仲，張學川，張幼安（俠），畢味仁，考工廠葉子林、李樾亭、王荃士、沈朗齋、四家，張星五，工藝學

堂孫子文，周味麐，徐硯農，解忱清，于幼卿，胡鹿泉，趙幼梅，周提調，唐佩翁，謝清泉，王穀卿，黑千戎，華宅，汪君牧，陸運台，桂季輝，沈分澍，凌雲台，王效文，朱夙韜習藝所，徐翰臣，章受生，羅君耐，何及其部下諸哨長，捕盜營穆興起，李嘯溪，王觀察枝善，嚴蕉蕡。午後至民立小學堂，晤海門。夕至官立小學堂，俱略坐。四時回家。

來客。收信：海門。

正月初二日（二月十七日）

八時半起。十一時出門賀年。鄭，黃，李，李桐岡，楊春翁，李子香，李子赫，王竹林，華宅，陸，劉芷舲，王奎章。官立小學堂團拜，照像。五時散。

來客。

正月初三日（二月十八日）

八時半起。九時展墓。十一時歸。墨卿來談。會性初。二時便衣出門賀年。韓誦裳，趙獻夫，喬，王寅皆，沈宅，林，華瑞安，董宅，趙幼梅，陳挹翁，張久翁，朱聘翁。

來客：墨卿，石甫，支山。

收信：武子翁，仍屬問金君墊款事。

記事：武子翁應交免驗看之房費。子翁云六金，獻夫云八金。擬即代墊八金了之。

正月初四日（二月十九日）

八時起。十時便衣出門賀年。聚源成，永順成，魏，閻，武，金，陶。于澤久、趙獻夫招飲，至醉乃散。夕假寐。夜墨卿來談，十二時乃去。看節本《天演論》是日畢。

來客。

收信：凌太尊移文。

記事：墨卿代李蓮舫交名條一紙，求交周緝之觀察謀事。

正月初五日（二月二十日）

九時起。十一時到官立小學堂。午後風霾未出門。王桂生來。晚，看《兒女英雄傳》。十二時睡。

來客：王桂生，金少安。

收信：栢翁十三日一封，附日記壹叁柒至貳零貳，又二十日一賀年葉書附日記貳零叁至貳壹伍，又致趙幼梅一説片，又致賡廷一柬，又芹香畫稿本貳，又改墨青訓盲字一紙；智崇；留學日本直隸同鄉、天津同鄉各一函；壽山送郭、金二君《整頓蒙塾議》。

寫信：致墨青；復謝孟廉浦智惺代稿，賡廷代書。

正月初六日（二月二十一日）

八時半起。墨卿、小泉來談。十時到民立小學堂。欲訪毛觀察，值其外出，遂於學堂早飯。飯後謁縣尊。訪竹林，不遇。至樸庵處賀年。復到民立第一小學堂。至毛觀察處談許久。返，至學堂，與卞、林二公談。夕歸。訪子赫，不遇。晚，與張、華二公談。

收信：制府照會。

寫信：智惺寄智崇信，余借其紙端書數語。

正月初七日（二月二十二日）

八時半起。墨青、潤甫、竹林、賡言來，俱留飯。午，執中、亦韓來。夕，答賀年喜，實甫、夢臣、桂生、支山。到小學堂，夕歸。訪益孫。晚，榮卿表弟來談。

收信：徐尚之。

來客：雅孫，子赫。

正月初八日（二月二十三日）

八時起。毛觀察來，久談。足立君來談。飯後，到民立第一小學堂。與竹林、子赫、楚帆、樸安詣謝唐大令。又同謝凌太尊，談至夕。李玉峰、徐尚之自都門來。

收信。

來客。

正月初九日（二月二十四日）

七時起。到樸庵處，會同王、李、穆、徐四君詣謝制軍，未見。晤朱幼泉大令。答拜王大令敦銘、楊大令毅成、王馨泉桂林。午前歸。午後，賀潤甫令堂壽，到民立第一小學堂。晚，設肴酒，約敬韓、小泉、次和陪李、徐二君。

收信。

來客：陳敬韓，周嘯麟午前。

正月初十日（二月二十五日）

八時半起。小泉及夏益堂來。張幼安觀察來拜，談許久。午後，到官立小學堂。又到民立第一小學堂。學生習樂舞畢，始作撲鼠賽跑諸劇。夕歸。晚，看第十一期《繡像小說》。玉峰、尚之早間赴小泉之約。

收信：丸山。

來客：張幼安，何仲瑾失迎，石次青姻伯失迎，劉伯紳。

正月十一日（二月二十六日）

九時起。喬亦香、杜子丹令姪同來。孫銜三君慶錫來。午後，答拜石姻伯、張觀察，俱晤。兼謝李幼香、單味仁二君步。到民立第一小學堂。夕歸。約伯苓、石父兩君來談。

收信：喬茂蕿，姚重光。

來客：孫銜三。

正月十二日（二月二十七日）早細雨如霧，晚霾

九時起。十時到民立第一小學堂。是日續招學生，考驗程度。訪毛觀察，不遇。毛觀察午後來學堂見訪。飯後，訪張幼安觀察，同赴新學大書院，聽英公使、英總領事、唐觀察及本書院教習赫君演説。又登樓觀所陳標本、器具，人多地狹，未及詳覽。夕歸。爲女塾講文法自動、他動之別。鄧蔭兄自慶雲至。

收信：喬茂蕿第二函。寫信：復喬茂兄信。

來客。

正月十三日（二月二十八日）

八時二刻起。酌定慈惠寺學堂教習及功課。十時，到民立小學堂，陪陳鏡涵、

孟芹香往見毛觀察。十二時，到第二小學堂，爲于生鳳儀事。一時歸。約碩甫來談。伯苓、小林俱來。胡芰孫來。晚，與張、華二公閑談。

收信。

來客：芰孫。

正月十四日（二月二十九日）

八時起。往銀圓廠拜周觀察。留早飯，同坐有光禄寺署正徐偉人履祥及局中委員、司事諸君。午後，答拜伯紳、芰孫。賀墨卿喜壽。到官立小學堂。復至墨卿處晚飯。飯後與幼梅丈暢談。九時歸。小泉、鑑泉來談。

收信：武子翁；俞君復代鄧和甫託寄家信；璧臣；張亦湘代人求書。

來客。

發信：再寄茂蘐。

正月十五日（三月一日）

八時起。到民立小學堂。與蔚孫、佑生、敬臣、海門、李聘三同往李家包子鋪早飯。詣毛觀察處談。到官立小學堂，飲酒，以遠鏡窺月。十二時歸。

收信：梯雲信，附寄澄兄信，又謝生小照，隨王君鳴九帶來。

正月十六日（三月二日）

七時起。玉峰、尚之回京，送之至門外。復假寐片刻。午後，詣王竹林，詣工藝學堂。歸，與荃士、碩父、伯齡諸君談，晚飲酒。酒後商議英文夜館及工廠事。

收信：寅皆。

來客：荃士。

正月十七日（三月三日）

十時起。伯屏晨來。早飯後假寐。午後到官立小學堂，觀半日學堂學生演禮。晚飯後，寫致武子翁信稿。

收信：陶小仙因患病不能到館。陳柘翁信十二月十二日，附日記貳壹陸至貳貳零；智崇信；又保、津諸公賀簡。

來客：王少卿，金伯屏。

正月十八日（三月四日）小雨，晚晴

九時起。寫信二封。乘馬車詣唐大令。又到張巽之觀察處，留早飯。飯後歸家。到小泉處，問邵師通融時刻事。到慈惠寺觀工程。到城隍廟小學堂。到民立第一小學堂。復到官立小學堂，六時歸家。赴徐樸庵約，同坐李子香、洪次和、李子赫、王少蓮、楊少溪、王竹林。九時席散歸家。洵函至硯卿表叔、星環表弟同假歸。

收信：硯峰因病不能送其令郎入學。寅皆仍爲請教習代庖事。

發信：寄澄翁信雙掛號，附謝氏子小照及梯雲函；寄武子翁信，告以託獻兄代辦之件數目不同，請其直寄金君彭年處。

來客：石甫、支山。

正月十九日（三月五日）

八時起。到官立小學堂略坐。到民立第二小學堂。十時行謁聖禮。早飯後，到民立第二小學堂一看，規矩整肅，靜穆異常。復到官立小學堂與墨卿略談。夕歸。至女塾講寫信法。晚，擬明日學究條目。張少山來。

收信：玉峰，尚之附《學務綱目提要》十册，周銘九。

正月二十日（三月六日）

八時起。到官立小學堂，陪馬仲三赴喬氏家塾。到第五半日學堂觀開學禮。留早飯。午後學究所第一期集議，至暮乃散。晚，治酒請張伯翁。

收信：孟萱兩函，實君一函。

正月二十一日（三月七日）

八時起。趙興堂來，羅掞東惇曧、王義門同來。午，寫復孟萱函。晚，至河東補習所，聽張嘉生講物理。九時歸。改日記。

來客：羅掞東惇曧、王義門景沂。

收信。

正月二十二日（三月八日）

七時起。到民立第一小學堂。體操教習劉振卿到堂開操。觀操畢，歸家早飯。午後，寫復鄧少文信。墨青來。訪幼樵，不遇。候武硯叔。到官立小學堂觀操，夕歸。晚，約幼樵、性初、獻夫、叔彤便酌。十二時散。陶鹿泉昨日病故，其夫人今日服砒以殉。遺子女四人，最長者才十四歲，真可慘也。

來客。

收信：鄧少文。

記事：洋錢廠差弁王姓之子在河東半日學堂肄業者，求調至延生社半日學堂。

正月二十三日（三月九日）

八時一刻起。拜馮商盤。答拜王義門、羅掞東。拜晤周緝之。午歸。洵信至。

午後假寐。夕，到第二小學堂，託卞寄雲代約壽芝先生主講。到第一小學堂觀演樂舞。陪毛觀察久談。到官立小學堂。師範補習所移入城隍廟半日學堂，是日第一期，演説大意。十一時歸。

收信：孟萱。

來客：孫銜山。

正月二十四日（三月十日）

八時起。代第二半日學堂擬斂取捐費啟。録『官學堂豫算表』。到蕭曹祠，參觀第一半日學堂。到官立小學堂。午歸。因風霾未出門。看《物理概要》《湖北講義録》第三册。寫寄伊澤修二函。寫寄七叔祖函。閲洵陽日記。小泉來。

收信。發信：寄伊澤修二信；寄智怡信，附毛觀察所問各條。

來客：凌太尊、金小泉、王寶航、俞建修。

正月二十五日（三月十一日）

八時起。到民立第一小學堂，偕門田君訪毛總辦。觀體操。午歸。到河北蒙學堂觀體操，又參觀半日學堂功課。到官立小學堂觀操。夕歸。晚，看《新小説》。石甫來。

收信：孟萱，尚之，附清摺及《大學堂同學録》。

來客。

正月二十六日（三月十二日）

八時起。墨青來。答拜凌太尊。到官立小學堂。午歸。午後到民立第一小學堂，正參觀功課，聞約敏電話云，貴陽府嚴紹光太守來我家，遂歸。陪紹光話，約一小時。寫屏對。晚，補習所聽講物理光學、博物動物。十一時歸。十二時半睡。

收信。

來客：嚴紹翁。

正月二十七日（三月十三日）

八時起。寫信梯雲。毛晤觀察來談一小時餘。到長發棧，答拜嚴紹光，兼晤其次公子仲琳雲南同知。仲琳之郎舅胡桐生堯年，貴州通判及紹翁長孫蘭生同約至德義樓早飯，蘭生謝，不往。飯後至孯究所，孯究國文、地理、歷史，看書法。暮後與賡言、墨卿、潤甫談至八時乃歸。

寫信：梯雲、伯屏、瑞安、性安。

收信：柘公兩次一十二月二十六日，一正月初四日，附日記貳貳壹至貳叁伍；崇智日記；李芹翁畫稿，陳柘翁家信。

來客：毛實君。

正月二十八日（三月十四日）

八時半起。井上君、聲甫兄、楊方伯相繼來。午後，至育嬰堂，觀墨卿演試訓瞽嬰法。到工藝學堂，候紹光夫子、胡桐生通判參觀教養局、工藝學堂。暮後，至官立半日學堂、官立小學堂一看。約至家晚飯。十時散。

收信：荃士、小泉。

發信：梯雲、伯屏、孟蘐。

來客：楊蓮甫、唐紹川。

蘇州婁門北街華陽橋堍三代翰林第。

紹光之高祖諱福乙未會元，南書房清秘堂，曾祖諱榮乙卯翰林，金衢嚴道，祖諱良裘乙酉舉人，雲南麗江府，叔祖諱良訓辛卯舉，壬辰翰林，河南巡撫。

正月二十九日（三月十五日）

八時半起。答拜楊方伯、閻鶴泉太史。賀唐蓂廷升保定營官。到民立小學堂陪沈聲甫參觀。同聲甫、蓮溪、蔚孫訪幼樵，本擬約幼樵便飯，反被幼樵約至義慶園，同坐又有王君字繼堂者住東浮橋前及幼樵令姪益三。飯後，陪聲甫到官立小學堂參觀，并觀體操。夕散。復至民立小學堂觀演樂舞。晚，蔚孫招飲高升樓。九時歸。早睡。

來客：李符曾。

正月三十日（三月十六日）

八時起。電約幼梅丈來書扁額，贈唐蓂廷。午，嚴仲琳行二來，問織機價值，擬購一分。同幼梅陪仲琳再往教養局看織布機。晤味仁大令，前後導觀。晤毛觀察，談片刻。陪仲琳往育嬰堂觀織毛巾。賀吉廷壽。到官立小學堂用飯後，補習所聽講算學、幾何畫、地理。十一時歸。

來客：幼梅，陳瀛洲，嚴仲琳名慶祺。

二月初一日（三月十七日）晚雨雪

八時起。弔奎章。答拜李符曾。到民立第一小學堂參觀功課。符曾來家，電招余歸。留符曾飯。亦香來，爲伊對門學生告退事。到長發棧，訪紹光父子，至則行矣。順道答拜林蔚森。到民立小學堂查看各齋工課。徐樸安見訪，久談。赴唐大令約，同坐石、卞兩姻伯，竹林、樸安、子赫、墨青。九時散。同竹林、子赫、墨青至奎章處送斂。十一時歸。哲生候余，又談許久。

收信：孟萱。

來客：符曾、亦香、唐萁廷、林蔚森大令世豐。

二月二日（三月十八日）晴，大風

八時起。謁張香帥，談片刻。訪石次青姻伯於萬有醬房。飯後，往車站送香帥行晤玉叔、蔭之。三時歸。寫復孟蘐信。至對門英文館參觀。晚，復參觀夜課。夕，寫屏對數事。

收信：張日日新聞社，幼梅，于則久招飲，約期初四日晚。

發信：復孟蘐。

來客：胡爲一。

二月三日（三月十九日）晴仍風，午風止

九時起。寫信澄甫、梯雲、仲魯、揆東。到官立小學堂，同幼梅談。同賡言、墨青到唐萁廷處送行，至則行矣。赴武翰臣約，同坐幼樵、允卿、伯齡、陳潤生。到民立第一小學堂參觀功課。到河東官立蒙學堂觀體操。六時歸。寫復伯屏信，附去《民立學堂章程》五本。七時後到補習所，因伯屏不能到，代講教育學三十分鐘。聽講光學。十一時歸。

收信：徐尚之附《學務綱要》十一本，伯屏，孟萱。

發信：澄甫、梯雲、仲魯、掞東、伯屏、孟萱。

來客：胡月舫。

二月四日（三月二十日）

八時半起。寫復徐尚之信。詣凌太守，不遇。到孟晋書社，晤洪鞠蒙，略談。答拜胡月翁。到民立第一小學堂。觀陳列丁祭物品，是日爲大演習也。包子鋪早飯。午後�党究所略談。陪唐大令、章大令、胡月翁觀演樂舞。晚，赴于則翁約。十一時歸。失候華碩甫。

收信：梁佩馨，附寄代買地圖一本。

發信：徐尚之。

二月五日（三月二十一日）

八時半，凌太尊來訪。到民立第一小學堂，陪紀冠臣訪毛觀察。毛公留飯。四時，往井上處。辭飯局，五時歸。晚，約幼樵、警愚、則久、渭占便酌。幼樵辭不至。十一時後散。

收信：孟萱。

發信：致孟萱，言門田兼授他課，仍須加脩，又寄教養局合同底。

二月六日（三月二十二日）

八時起。母生日，詣墓展拜。先至舊塋一覽。歸途至慈惠寺一看。午後假寐。趙子登來訪，屬爲其世兄謀入中學堂。華碩父、林墨青來。晚，陪伯翁到補習所。聽講算學、幾何畫、地理。與林、卞二公略談。十一時半歸。

收信：孟萱；劉際唐名登瀛屬爲邢贊廷匯款；吳止欺寄來《局外中立條規》十本。

來客：子登；小泉；估衣街德厚里慶成恒同事王檢齋定州人。

二月七日（三月二十三日）早小雨，午後晴

八時起。寫信：武子翁，嚴紹光。葛仲方來，留山東捐册。午後答拜子登，不遇。留信一封。到民立第一小學堂，觀陳列、樂舞及照像。夕歸。寫信，復劉際唐。晚，同伯翁宴客：陳瀛洲、鏡涵、碩父、芹香、門田。晚寫信：吳止欺、泰東同文局、丸山傳太郎。

收信：泰東同文局寄來《萬國地理讀本》一本；鄧和甫託寄家信。

來客：葛仲方，金小泉。

發信：武子翁，劉際唐，嚴紹光，吳止欺，泰東局，丸山傳太郎。

二月八日（三月二十四日）

九時半起。弔黃宅，午前歸。午後，芮輔廷來。三時，至民立小學堂，率學生往弔奎章，送路。夕，至敦慶隆，小坐。赴張警愚、宋渭占約，同坐幼樵、康小亭、莊星五、胡錫章、劉儒軒、沈養齋。十時後歸。

收信：梯雲。

二月九日（三月二十五日）

九時半起。復玉峰信。擬十一日考驗學生人位。看《鄒氏地圖》。夕，到民立第一小學堂。同商盤、樸庵、竹林、子赫請府尊、縣尊晚飯。林、卞二公陪。九時席散。復與林、卞二公談至十一時。同蘭浦歸。

收信：趙紫登、李玉峰。

發信：復玉峰。

二月十日（三月二十六日）

七時四十分起。看《新民叢報》《論私德》。墨青約至伊姑母家點主。到官立小學堂。歸家早飯。飯後假寐。三時後，復至小學堂觀操。奉天李子正中、孟晉書社王觀臣錫韓、羅君耐濟恒及其鄉人關鶴舫均參觀。在學堂晚飯。晚，補習所伯屏講教育原理，伯齡講光學。十一時歸。寫致梯雲信。

來客：魏聘卿士珍至學堂見訪。

收信：荃士，梯雲，孟萱。

發信。

二月十一日（三月二十七日）

六時起。六時半到官立小學堂。是日慈惠寺考驗學生，借城隍廟爲之，凡三百零三卷。八時起，三時半畢。詣凌太尊談。訪毛實君，不遇。賀玉孫之太夫人壽，至則已遷辰矣。復至城隍廟，陪簡臣、澄波飯。九時半歸。石甫、墨卿俱在，石甫明日啟行赴滬，由滬之日本。

收信：凌太尊、毛觀察。

來客：朱賡石名錫麟，嘉定人，在北京大學堂進士館來訪不遇，復至城隍廟見訪，略談。

二月十二日（三月二十八日）

七時起。赴紫竹林，回拜賡石，不遇。拜柏俊臣，談片刻。有贊廷之友人三君者，將赴日本，寓六吉店內福慶隆，今晨來訪。順道答拜之。到河北大寺參觀功課，另有筆記。夕，到工藝學堂，晚回。幼梅丈至包子鋪便飯。到幼公處，談至十一時半，乃歸。

來客：東游三君子：何基鴻字海秋，藁城人幼年；齊立震字次青，棗强人；高俊涉字静濤，冀州人。

收信：陳柘翁兩封正月十六，附日記貳伍貳至貳伍陸，附家信；正月廿六，貳伍柒至貳陸陸，又地質各圖。

二月十三日（三月二十九日）

七時起。八時毛觀察來電，相約往會於工藝學堂。留早飯。午後二時許，至河北大寺參觀功課，至五時歸。另有筆記。到官立小學堂，與林、卞二公晤談。在學堂晚飯。飯後紀冠臣見訪。九時歸。劉楚伯來，談習樂。

來客：楚伯；洪鞠蒙見訪於學堂。

收信。

二月十四日（三月三十日）晴暖

八時起。到河北大寺參觀功課。十一時半止。至民立第一小學堂，與墨青、賡亭、幼梅諸君電話。與瓦木工相度半日學堂地勢。假寐。爲王大表兄表嫂題木主。

晚，補習所聽講。

來客：劉幼樵，丁奎野。
收信：徐尚之，洪鞠蒙。

二月十五日（三月三十一日）晴暖

八時起。答拜丁奎野、葛仲方。到文昌宮内之西偏南海行宫一覽。午後假寐。同門田君訪藤井學士，爲延訂織師、畫師事。夕歸。陳石麟叔在坐，留晚飯。晚，寫復魏、喬兩君信。
來客。
收信：喬茂薐、魏梯雲言十六七到津；縣尊遣人送信，言海潮庵已騰空。
發信：復梯雲、孟蘐。復洪鞠蒙。

二月十六日（四月一日）陰而風

八時起。爲王大表兄送殯。十一時，至南門外留靈處。到城隍廟小學堂，與林、卞二公議事。飯後，至賑撫局，與毛公談。到工藝學堂。到民立第一小學堂。到普通學堂。到城隍廟小學堂。九時歸家。寫上凌太尊信。
來客：晋延年。
收信：實君。

發信：凌太尊。

二月十七日（四月二日）

八時半起。薙髮。朝餐。十時後，到河北大寺學堂參觀第五齋功課。又觀半日學堂趙師理課。午後觀體操。兩鐘後，赴慈惠寺，觀演習謁聖禮。與諸教習談教授法。四時歸。喬茂萱來。松長、吉田來，留飯。晚，補習所松長君演説圖畫之用。伯齡先生講光學。與林、卞二公談。十一時半歸。與門田君商酌合同事。

來客：喬茂萱，松長，吉田，周緝之。

收信：凌太尊回信，竹叔祖信。

二月十八日（四月三日）

八時半，陪門田君往民立小學。余先到賑撫局，與孟萱談門田合同事。旋遣人請門田面商，至十二時乃散。留門田君在學堂早飯。午後，孽究所到者甚衆，余與聞研究國文。夕，與林、卞二君談，八時歸。閲洵陽日記。改公信稿。寫復林叔祖信。星環來辭行。答拜陳石叔，十時歸。寫復凌太尊信。

來客：石麟。

收信：凌太尊，徐尚之，王荃士代章仲和交由日本帶來信件，橋本盧平太。

二月十九日（四月四日）

七時半起。八時到慈惠寺。十時半，縣尊至，行開學禮。早飯後，到河北藥王廟勘工。答拜周觀察，談直指庵修建開辦事宜。到城隍廟官立小學堂。六時復歸。過南海行宮一看。七時回家。

來客。

收信：啟蒙畫報館寄來《輿地課本》一部，四卷一元；姜少雲自蒼溪；大廣公司張少棠名書元，函招租地建學堂。

發信：復凌太尊。

二月二十日（四月五日）

八時起。整理書籍，未出門。午後賀妹壽。弔蓉生之夫人。到民立第一小學堂，到文昌宮。夕歸。祀先祖。晚，與芹香、佩明閑談。寫致荃士函。子澄來談。

收信：小仙告病痊，登校。

發信：海門，壽山。

二月二十一日（四月六日）

八時半起。陳石翁，卞、林二公先後來。寫復梯雲函。午後，朱勤軒、王寶航、劉春生、紀貫臣先後來。工程局委員彭禹門大令承謨來，爲東門内教堂借房事。關道屬探詢本地紳士輿論，且言該教堂願出租作爲學堂經費，余答以據邑紳之意皆願其退還，將來擬作爲藏書樓之用。寫信復彭翼仲。六時半，赴官立小學堂。研究所七時三刻開講，十一時三刻講畢。與墨卿、潤甫在官立小學堂談。十二時歸。

來客：陳石麟，賡言，墨卿，彭禹門，紀貫岑，劉春山，朱勤軒。

收信：大野君代賈鏞氏求書職名。

發信：梯雲，翼仲，荃士。

二月二十二日（四月七日）

八時半起。陳郁文陪左忠壯公之次公子號采臣者來見，談片刻，冒雨而去。晚，赴門田君約於敷島館。同坐吉廷、伯苓、岩村、井上、江藤、平川。冒雨歸。

收信：荃士，柘公二月初三，附家信。

發信：答荃士，復大野君。

【封面】甲辰日記（二月二十三日至六月十二日），第二次東游日記起四月初七日自天津啓行

【内封】甲辰二月二十三日至六月十二日

甲辰二月二十三日（一九〇四年四月八日）大風雨，本欲同門田君上京，阻不行

八時半起。檢查日本諸公來信，粘諸册。寫信。李彤章、華海門先後來。晚治肴，爲門田君餞。

發信：復大廣公司；復梯雲；復尚之；復姜少雲。

二月二十四日（四月九日）

八時起。答拜彭禹門，兼晤葛仲方，午前歸。午後送門田行，至老龍頭車站。到工藝學堂。到城隍廟學堂。補習所代伯屏演説。又請次遠代伯齡演説。十時半歸。

來客：失候冠岑、敬韓、芹香。

收信：金伯屏、徐尚之。

發信：智崇、智怡。

二月二十五日（四月十日）

八時半起。到民立第一小學堂，晤紀、陳、孟三君。訪毛觀察於賑撫局，談片刻。午後研究所講期。松長先生教諸教習習圖畫。物理、算學研究。夕歸。梯雲來，留飯。桂孫來，朱敬韓來。

來客：梯雲、桂孫、朱鏡涵。

收信：王荃士寄育林學堂股票三紙。啟蒙畫報館寄來《輿地課本》十部。

二月二十六日（四月十一日）

七點三刻起。到城隍廟半日學堂參觀功課辰班王耆臣教。到官立小學堂，晤邢桐軒曹莊人、紀管岑。與墨卿議事。訪寅階，談書房延師事。弔鄭虞裳之太夫人。歸家早飯。午，訪杏栽未遇，晤彤階。賀鄭松樵娶兒婦，到德大茶店爲靜涵諸君送行。歸家。復至經司胡同訪陳立甫，未遇。到民立第一小學堂。暮歸。尚之寄來《奏定學堂章程》五册。遍翻閱之。

來客：尹及郎，陳立甫。

收信：徐尚之；柘公，附日記貳捌壹至貳捌陸。

二月二十七日（四月十二日）

八時起。到沈宅，因姑母見召。答拜紀冠臣并送行。答拜尹及郎，到鐵橋東藥王廟一看。到官立小學堂。約林、卞二公來家談論，并留飯。羅順翁來談。到工藝學堂，預與及郎期也。談次淩太尊至，同到教養局一看，并與佐竹君商訂延織布女師事。又與荃士諸君談。暮，冒雨歸。晚，看《繡像小説》第十四期。選字課以電報爲底本。以朱墨筆加圈識，兩女助余爲之。

來客：羅順循。

收信：尹澄兄，附寄趙毓西信。

二月二十八日（四月十三日）

七時半起。答拜左采臣、羅順循。到民立第一小學堂。擬第八半日學堂招考學生稿。選字課。幼梅來，言以電話覆之。夕，訪諸葛學師，議浡溝村立學堂事。到城隍廟。叔彤見訪。晚，補習所聽講。十時半歸。

收信：幼梅、孟萱。

二月二十九日（四月十四日）

七時起。到官立小學堂，陪羅大令參觀各齋。又同到慈惠寺參觀。邀羅、林、卞三公來家早飯。飯後彭禹門來訪，小坐而去。同林、卞二公陪羅大令往河北大寺參觀。又到河東蒙學堂觀體操。大令六時去，余等即在學堂晚飯。飯後補習所聽鄧、陳二公講説。九時半歸。寫致禹門信。

來客：禹門，李少棠。

收信：王益孫回信；喬茂薐；凌太尊信并還所借之《叢報》；幼梅爲其令姪孫謀事。

發信：致益孫。

二月三十日（四月十五日）

七時半起。薙髮。寫信。訪竹林、子香，商教堂購房事。到工藝學堂，與幼梅、實君、藤井諸君談。到民立第一小學堂。毛實君過其門，延入，復久談。八時歸。與小林、錫三談。錫三留宿。聞王生寶璐染囂凌氣習，爲之不懌。

來客：小林、錫三。

收信：幼梅；漸逵借書；李倬漢求入學堂。

發信：復菊人；致禹門；致凌太尊附《政法學校報》一册；復茂薐。

三月初一日（四月十六日）

七時半起。答拜禹門約黃君禮南來看文昌宫前水道。到官立小學堂。午後，讀夏偕復《教育芻議》。陪毛觀察、羅大令觀體操。是日學生初著操衣，甚爲齊楚。晚，補習所聽講光學、幾何畫。十時後歸

收信：徐尚之，門田。

發信：致紫登。

來客：冀州張璧堂殿璽赴豐潤就講習所主講。過津來訪。張太守祖笏字峴堂，直隸試用知府，江西人，其兄丹銘祖祺爲余壬午同年。

三月初二日（四月十七日）

七時半起。寫信。陳郁文來。李生倬漢來，到官立小學堂觀各堂排長合操。十二時到揅究所。觀松長君教圖畫，學者廿一人，一時半起，三時止。揅究教育法。宣讀《奏定章程》内『初等小學堂』及『管理通則』二卷。酌定第八半日學堂黑板方位。八時歸家。寫信。

收信：諸葛老師擬《國民償債章程》；紫登；鄧子輔汝圻。

發信：致尚之；復門田。

來客：英斂之；陳瀛洲薦徐蔚如充教習。

三月三日（四月十八日）

八時起。答拜張峴堂太守今晨已赴榆關。詣謝黄禮南，兼晤彭禹門。到第一小學堂。高昇樓公聚，凡十二人。午後到工程局，與美以美會教士賓復禮議收回教堂所借房。同人復詣張幼安處，商教士欲購之洋貨街對門房。同林、卞二君訪羅大令。羅大令來第一小學堂。同大令訪毛公，留晚飯，談至十時後乃歸。

收信：魏士珍，高尾亨，寅皆，西田就太。

來客：西田龍太，渡邊。

三月四日（四月十九日）

八時起。爲魏聘卿題字册。爲英斂之撰《敝帚千金》序。午，到工藝學堂，與子洲、幼梅談。訪汪東渠。到官立小學堂，陪彭、羅兩大令觀體操。到海潮庵一看。晚飯後，寫寄澄兄信，致陳鶴洲、李錫三信。

收信：斂之；錫三；荃士，附課稿。

發信：致斂之，附序文。

三月五日（四月二十日）

六時起。到三星棧，爲順翁送行，同到車站，談極久。八時三十五分開車。到民立第一小學堂。寫致順翁信，换索分數册。午假寐。晚，補習所聽講。十時後歸。

來客：汪東渠。

收信：渡邊；竹叔祖；盤查日記；洵店日記；荃士課稿；子澄。

發信：致澄兄；陳鶴翁。

三月六日（四月二十一日）

七時起。讀《奪嫡奇冤》畢。答拜李少塘。弔武華翁并送殯。佐竹陪工師某又織工佐佐木兄妹來相度地勢。保定視學官趙文亭廣文炳麟來訪，將考查津邑各學堂規制也。以王燕泉太史之函來。王觀察以電話約相見，五時往談刻許。到民立第一小學堂，是夜有偷兒竊去鐘表等物。同墨卿在浮橋口飯館便酌。冒雨至河東補習所，聽鄧蔭兄講九類字，同蔭兄冒雨乘車歸。

收信：王燕泉。

來客：趙文亭，寓晋豐里；稚青、錫三、嶼如。

三月七日（四月二十二日）

六時起。假寐。午後假寐。夕，同張伯兄訪嚴幾道先生。談約一小時，贈所譯《社會通詮》，并示所著《英文漢釋》稿本。同伯兄在德義樓晚飯。九時歸。十一時睡。

來客：陳栗堂令公。

收信：栗堂爲席船被阻事；杜顯閣之堂論學校事宜；智崇二月二十二日信；栢翁致余與墨青信，附日記貳捌柒至叁百，畫稿五紙；智怡二月十九日信，附開日本全國工業學校及人數。

三月八日（四月二十三日）

六時起。李潤生、陳立甫先後來談。寫致嚴幾道先生簡，并求書扇。寫致英君斂之簡。寫寄栢公信。寫致崇兒、怡兒信。薙髮。午後假寐片刻。答拜趙文亭廣文。到李子香處議事，至四鐘人未全到，余乃先行。到民立第一小學堂候王觀察，五鐘後來，面交袁制軍照會一通，屬接辦學校司事。觀察代制軍勸駕。余求觀察婉言緩期一年。到補習所聽講光學、幾何畫。同伯苓諸君談至十一時後乃歸。

來客：李潤生、陳立甫；趙文亭辭行；陳栗堂令公；星環。

收信：郭駿卿，并寄來公慎書社所售《初等國文教科書》，唐佩翁并屬書對聯三付。

發信：寄柘公，寄智崇兄弟。

三月九日（四月二十四日）晴暖，路人多衣袷者

六時起。寫復駿卿、燕泉信。寫致弼宸信，再問蔭生及歲之例。到民立第一小學堂，是日考驗第八半日學堂學生，到者六十三人，十時考畢。午後假寐一小時。觀松長君教圖畫。揅究教讀經法。余意擬令學生於課畢歸家時温讀，次日以背誦之生熟定分數，熟者加分，生者不加，姑請諸君試行之。暮，與墨青、蓉生談學務。蓉生去而佑宸至，又談第九半日學堂事。余意擬令改爲民立第三小學堂。九時歸。爲渡邊書屏。爲嘯洲書屏聯。嘯洲，李錫三之友也。

來客：渡邊。

收信：徐尚之言《章程》十一部已買到。擬託郭嘯岑帶來。

發信：復燕泉；復駿卿，託謝公慎書局；致弼宸。

三月十日（四月二十五日）

六時半起。沈聲甫來，託寄澄甫兄函。李子香電招議事，即往。同子香、竹林、菊舫、潤甫往工程局，覆牧師議買房事。子香約余同菊舫、潤〔甫〕在德慶館早飯。

午後到民立第一小學堂。四時歸家。六時往德義樓，約又陵先生晚飯，陪客英斂之、張伯翁、誦裳、問泉、次和、智惺、智鍾。十一時歸。

來客：聲甫。

收信：華璧臣，陳栢翁二月廿三發，附日記，叁零壹至叁壹零，又家書一，陳筱莊無月日，附《教育宗旨說》。

三月十一日（四月二十六日）

六時半起。寫寄尹澄兄信。張星五自滬歸，來訪。午假寐。夕，赴英斂之約，同坐嚴又陵、傅潤沅、劉柏年，餘三人不識姓字。十一時歸。

來客：張星五。

收信：梯雲。

三月十二日（四月二十七日）

七時起。答拜王觀察。謁袁制軍。到民立第一小學堂。飯後，到工藝學堂，假寐。夕，與毛觀察談。晚，補習所聽講算學、地理。

來客頗多。

收信：游學日本齊、高、何三君來函；廉惠卿。

三月十三日（四月二十八日）早雨

九時起。寫復惠卿信。武星環、王用臣來談，且辭行。午後假寐。夕，姚品侯來談，因高陽織工欲習新法織布事。到南海行宫一看，擬明日第八半日演禮章程。賡言、墨卿來議事。月舫廉訪來，敬促赴保，談至十鐘後去。

來客：品侯，月舫，賡言，墨卿。

收信。

發信：文明書局。

三月十四日（四月二十九日）

六時半起。答拜胡月翁。答拜品侯、兼拜符曾及其令姪子久。到民立第一小學堂，擬開學知單稿。稽查各齋功課。夕，第八半日學堂演禮。晚，實業學究所第一期會集。十一鐘歸。

收信：孟芹香，黄小宋。

三月十五日（四月三十日）

七時起。胡月舫、孟紱臣二公來談，遂留飯。周緝之觀察電約往觀民立第二小學堂，二時半往小坐，又到民立第一小學堂一看，復折回參觀各齋，又參觀體操。

周公與其長公澄之觀察、陳一甫大令五時後乃至，復陪之參觀各齋。時學生尚未出齋，規矩整齊。又參觀禮堂所懸各圖畫。陳一甫約至賓宴樓晚飯。飯前先到工藝學堂周覽一通。賓宴樓同坐澄之、緝之、陳君省吾、趙君幼梅、西甫、一甫。九時半到補習所，聽講幾何畫一小時。十一時歸。

來客：月舫，紱臣，李錫三。

收信：羅順翁。

三月十六日（五月一日）晚雨旋晴

六時半起。寫復黄小宋信。趙興堂來訪。到第八半日學堂，十時行開學禮王、徐、李、陳、沈皆至。訪紱臣，小坐。復回至第八半日學堂。飯後假寐片刻。松長教圖畫，三時去。與墨青談。與金、鍾、陳、鄧四君子談。夕，復過訪紱臣，不遇。六時歸家，風雨交作。寫致府尊、縣尊、李錫三、文明書局、林墨卿、黄小宋信。改擬樂賢會稿。月舫、紱臣偕至，言明日回保。爲月舫寫致華弼宸信。

來客：興堂，月舫，紱臣；失候劉君廣運；吴獻齋觀察；丁巡官翯。

收信：劉君廣運，文明書局，黄小宋，徐尚之，姚品侯，金伯屏。

發信：錫三，小宋，文明書局。

三月十七日（五月二日）

六時半起。劉甄唐來訪，託余謀館衡水廩生去年就學宏文，未畢業，僅差兩月。凌太尊來談，約兩小時乃去。胡敬宸來，適余陪太尊談。敬宸不能久候而去。到王宅爲奎章夫婦題主，因留飯。午，到民立第一小學堂。假寐。候峻門，不至。余獨至官報局，訪謝叔年。兼晤錫三，叔度及張巽翁之弟坦如、峻門踵至。與叔年談畢，復同回學堂。到第八半日學堂小坐。林、卞二公至，談至九時半。歸家已近十鐘矣。

來客：凌太尊，劉甄唐，李嘯溪太守，胡敬宸。

發信：太尊、縣尊。

三月十八日（五月三日）晚，復著重棉

七時起。胡敬宸來談。答拜丁君罯、凌太尊、李歗溪太守、吴獻齋觀察。到民立第一小學堂。午後假寐。看《偵探談》畢。夕歸家。觀日本織師教經線。寫聯、扇等件。八時復至第一小學堂，實業孯究第二期也。李哲生來談。

來客：胡敬宸、李悊生。

收信：竹溪叔祖；魏梯雲，附實業學堂招考章程；唐太令。

發信：覆梯雲。

三月十九日（五月四日）

七時起。寫復竹叔祖信。到城隍廟學堂晤紀錦齋、劉紹顔。與墨青談。祝沈宅姑母壽。到工藝學堂與郭潤甫丈商酌，小工廠具呈請潤甫擬稿。與郭、趙二公往牛肉館早飯。飯後李哲生叔姪亦往。毛觀察陪余同年張丹銘祖祺參觀工藝學堂，邀余共談，暮乃散。訪寅皆，久談。到城隍廟。晚，補習所聽講算學、地理。十一時半歸。

收信：文明書局兩封；郭駿卿并馮公度寄來書單五紙。

三月二十日（五月五日）

七時起。昨與張丹銘約今日參觀第一小學堂。余九時往。丹銘十時到，參觀各齋，又觀體操，十一時半别去。留蓉生、敬宸、次遠、海門共飯。飯後假寐。星五至，參觀各齋。丹銘又至。陪丹銘、星五到城隍廟觀體操，又參觀各齋，時課已停，但看形式而已。到海潮庵一看。梯雲來訪。約梯雲來家，談至八時去。子雨來訪，九時前去。早睡。

來客：失候唐縣尊、關口精一三井。梯雲，子雨。

收信：李錫三；智崇信；栢公日記叁壹壹至叁壹柒；栢公家信又通俗小報。

三月二十一日（五月六日）

七時起。寫復郭駿卿信。拜晤王觀察。拜唐縣尊，未遇。到民立第一小學堂。拜晤袁制軍。拜晤麥觀察、彭大令。十二時歸。聞王寅皆今晨謝世，驚慟不知所云。午後弔寅皆。夕，答拜張丹銘同年。再訪唐佩翁，仍不遇。到民立第一小學堂。晚，實業孯究所始識陳君治平。

來客：張丹銘、彭禹門、陳瀛洲。

收信：杜子丹。

發信。

三月二十二日（五月七日）

七時起。章仲和、戢元成同來訪。唐大令來訪。井上陪村上淺吉及譯人陳少安來訪。井上爲村上君託謀事。十一時，出門答拜章、戢二君，不遇。到工藝學堂，約幼梅丈往賓宴樓早飯。飯後，答拜陳瀛洲。到官立小學堂與林、卞二公談至夕。七時歸。以《奏定章程》贈張仲仁同年，旋接來信，以南海關君所著《東游紀事》相報。伯屏來簡送行。晚，補習所照料。又與小林、子文諸君談。十一時後歸。

來客：唐佩翁、仲和、元成、井上、村上。

發信：復駿卿。

收信：仲仁、伯屏。

三月二十三日（五月八日）

五時起。七時自家啟行。伯齡率惺姪、開兒送至新車站。九時前開車，歷楊村、郎坊、安定、落垡、黄村、豐臺停良久、長辛店停一小時有餘、良鄉、琉璃河、涿州過涿州後車頭旁軼，停數分、高碑店候順德來車交錯、定興、固城、安肅、漕河，六時後至保定。順翁、執中、亦韓來接。執中約至其家東門内桂仙胡同路南，留飯。晤亦韓之弟礌侯。月翁三使來接，九時後至學校司。見客四起。與月翁略談。十二時睡。

三月二十四日（五月九日）

五時半起。見客。拜客。十二時暫歸。飯前後又見客數起。午，拜客并至師範學堂、大學堂、農務學堂。夕歸，見客又數起。晚，月翁備酒席盛饌，同坐者曾大令禹堂傳謨、潘大令錦堂文藻、高孝廉集安翔、王璧如家珍、傅優生春浦鴻藻。晚，月翁交來文稿多件。傅君鴻藻送來『直隸學校司書籍價目表』一紙，又様本各一部共十九種，六十三本，又『章程』五本。王書識續堂送來稿一件呈報視事日期，又稿循簿一本。送來學校司編譯處存書目録一本。月翁送來件目列後。

手鈔紅紙單一紙。『校士館因雨汙溼書籍目』手摺。『師範學堂甄別規則』手摺。渡邊口授『教育緊要』數條手摺。編譯處應詳、應印、應校勘各書清摺。『師範速成科第一齋畢業生分派教習處所及留堂充當副教習姓名』清摺，附鉛印『三十年分派定各屬小學堂教習姓名』一紙、『日本購到書籍目』清摺。

司書處謹將劍持交到各種書籍清摺。續派教習清摺一扣，附『派赴日本學師範姓名』一紙。三十年正月廿九日《北洋官報》一本內有師範學堂考驗速成等班學生功課等第。未籌款開學各州縣清單。松平康國編譯日誌一本。

三月二十五日（五月十日） 連日燥熱，今日晝陰夜雨

六時起。會客。拜客。到大學堂久坐，錢觀察導觀各處。午，會客數起。紱臣來談，留晚飯。飯後因雨早歸。與月舫談。王書識送來批稿多件，請蓋用關防。請月翁貴价蓋用，命魏明學習。余爲過硃。

參議兼專門教育處總辦：前指分直隸試用道、翰林院庶吉士丁惟魯日照，文案委員，前大挑知縣、曾傳謨字禹堂，南豐，己丑舉

幫辦文案：指分直隸試用府經歷潘文藻錦堂，嵊

雜務司事：議叙府經歷王家珍璧如，永年

管書司事：優增生傅鴻藻春浦，永年
支發所委員：候補知府陳公恕寬仲，溧陽，癸巳
幫辦支發所委員：候補知縣張泰封岱臣，建德附生、候選知縣兼照料研究所花譽春杏農，儀徵；司事：增生董文郁馥庭，靜海、五品頂戴楊學書紹蓀，天津
稽查所委員：候補同知王忠廕蓋臣，江蘇、候補縣李琢如三，費縣廩、議叙知縣石盛明哲卿，湖北拔貢，癸巳舉

排印局總辦：分省補道潘希祖景陳，安徽
會辦：編修王景禧燕泉，山東
提調分省縣丞：李綸言如，廣平
收支兼提調：候補縣張泰封岱臣，安徽建德
覆校：中書蘇相瑞蓉生，交河，舉
初校：分省補用州同洪家齊月波，安徽、山東候補知縣李仲棫恩堂，廣平、北河試用縣丞丁惟棠蔭圃，山東日照
雜務兼校對：揀選知縣張恩澍薌浦，徽

初校：江蘇廩生繆頌唐瀛仙
收發書籍：候選知縣陳衍昂春溪，徽
收發物科：山東候補巡檢胡源江珉琛，廣平
司石印：候補縣丞劉翼臣俊生，山東
司鉛印：江蘇候補巡檢張家謙竹蓀，湖北

編譯處總辦：王景禧
幫辦：候補府孫綜源博臣，河南
隨辦：補用府經歷王澤澄秋皋，山東觀城
總編譯：吴啟孫。
編纂：中書陳寶銘葆生，商邱、舉人李景濂卬周，邯鄲
編輯：蔭襲知縣蔣蔭椿夢庭，元和，循伯、分省知縣高翔集安，無錫舉人、附生張壎伯英，北通
譯員：監生陸鋆廣侯，桐鄉、候選府經歷范延榮錦堂，藁城
司事：巡檢楊廷秀楨巖，大同

繪圖：測繪學生徐毓曾子豐，深州、印化司事回振德春藻，大興。

謄録兼校對：廩生王德明俊甫，山東、附張彬子文，武清、增儲季英玉軒，局兒胡同

謄録：附李曾恩錫之，蒲城、增趙椿齡子莊，永年、監陳伯鳳鳴岡，歷城

主筆：松平康國

譯員：北村澤吉、小林鶴藏

學校司書識：王續堂、王貴、李毓琦、趙恒貞、王振清、張尊義、趙寶慈、白士芬

學校司公役：李堂水夫、劉斌送信件赴各署掛號、探聽事宜、牛太看大門兼號房掛號執帖、王升前院門房兼問候督辦、徐元伺候帳房、採買物件、王福茶爐、朱祥伺候管書司事、張成更夫、掃地夫、陳忠專門處内外院、劉福廚房

學校司每月開支薪水：督辦200；參議100，30；隨辦50；文案委員36，42四月加；幫文案24，30四月加；雜務司事12；管書12；書識四人各8；支管委員40；幫支發20；幫收發30；支發司事12；雜務司事12；學校司油燭等36；支發所10；【頁眉】668

編譯處：總辦100，30；幫辦50；隨辦30；司事12；編纂50，又40；繙譯30，又30，又30；編輯30，又20；校對三人共30；謄寫三人共24；繪圖16；印化8；書識8；油燭公費36；【頁眉】574

排印局：總辦60；提調40，覆校30，初校三人共60，雜務兼校對20，收發書籍20，收發物料20，監鉛印16，監石印12，中東石鉛印工147，公費36。【頁眉】員司278，工147，公費36。461。

已裁：宣講聖諭六人共60。

渡邊408，松平270，北村153，小林153，松本86，劍持150。【頁眉】日員1020。

每月伙食，參議以下或12或10或8，及公役之工食、家丁之伙食（兩文案、兩支發各有家丁一名）并一切開支現錢之款約計一千二三百緡，年終倍是。

東文學堂每月850，順天中學堂每季3000，五城學堂每季3000，師範學堂每月6000，省城大學堂每月5000，保定蒙養學堂十六處每月431，北京求實學社每月1009。平均（收庫平，發京足）結至三十年二月，實存6464.77。

支發所送來收支銀簿一本，平餘銀簿一本，俱自二十八年三月起至本年二月。

三月二十六日（五月十一日）雨

六時起。梳髮。是日會客：潘景陳觀察，劉季鴻茂才啓泰，馮華符觀察國璋，教練處，錢紹雲，羅順循，孟紱臣。

晚，王璧如、傅春浦來談。與月翁談。訪文案曾禹堂，小坐。

早飯在蓮花池，主人凡四十五人，四席。晚飯餞方伯約。

收信：彭翼仲記銷畫報，陈鶴洲謀事，智惺。

記事：月翁交寄海門及葉希賢學費百六十金，擬各百元。

【頁眉】催印課本。放教習单交奎兄。借燕泉《東游日記》一本。

三月二十七日（五月十二日）仍陰

四時半起。寫致仲遠、獻夫信。送月老至車站。同紱臣到師範學堂參觀。王紫珊令綬講外國史。韓君高陽人講中國史。趙君、彭君講算學。張執中講理科。紱臣、順循留早飯。夕歸。

會客：張中協西園士翰，顧觀察枚臣，楊韶九，包毓〈源〉〔泉〕戊子，戊戌，趙獻夫，言仲遠，校士館齋長徐潤吾茂才德源。奎野來談。

標硃簽判約兩時許。訪曾禹堂一談。

收信：沈聲甫，劉性庵，劉甄唐。

記事：借奎野《日本學政纂要》一册。

繙譯局每月開支六百三十四兩，學校司每月開支六百六十兩，排印局四百八十七兩，蒙養學堂十六處一千二百九十三兩，師範學堂六千兩，大學堂五千兩，日員一千二百二十三兩五錢，東文學堂八百五十兩。

揅究所集議員名：總長：楊、胡。副長：普通處代理總辦盧，總辦編修王，專門處代理總辦錢，總辦丁。集議定員：大學堂總辦錢，監督鄭令崧生；總稽查趙，教習夏瑞唐、包源、王琴堂、馬應圖、劉乃晟、李佑元，洋文教習崔富文、林葆綸、趙桂林、程錫培、鍾良楨、馮昌浩、藍道生，文案王賓生，收文馬之驥，稽查吳直牧榮、崔丞曝；農務學堂總辦李道兆南，監督蔡守儒楷（志賡），漢文教習舉人劉元鳳，堂長張志嘉（一清），試驗場長陳棣堂（華）；師範學堂代理總辦羅，總教習孟，西學教習王金綬、楊慶鋆，分教習閻鳳閣、齊福丕、胡克儉、張慶庚、陳智、步其誥、李諧韺，總齋長高世職淑琦、張鍈緒，分齋長王榮綬、朱延楨、郝錫潤、呂植，稽查王令寰清，文案陳令培蘭，支發王令之浚，雜務張令泰封；東文學堂監督王令光鸞，教習王金鑰、尹宏慶，文案王鴻藻；校士館提調陳守公恕，總教習閻檢討，分教習趙祖銘、劉啓泰季鴻，排印局兼理長潘道希祖，提調李丞綸言如，編譯處代理總辦盧，随辦王潭澄秋皋，编纂陳實銘、李景濂、蔣蔭椿，蒙養學堂查學官趙教授炳麟、趙訓導鳳昌。照料：學校司支發陳守公恕、張令泰封、花令譽春。書記：學校司文案曾令傳謨、潘府經文藻。

三月二十八日（五月十三日）

六時半起。薙髮。到大學堂。同獻夫參觀農務學堂及農事試驗場。晤獻夫之同年雷星淵大令平遥人，又庫廳增子惟翰，又識劉苹西孝廉乃晟。午後假寐片刻。三時後到排印局一商。

夕歸。會客：王紫珊，賀湘南，步，奎野，子年，楊方伯，紱臣，羅順翁，翟，趙□□柄黎，師範學堂分教。

晚，至潘錦堂室，仍不遇。訪支發所，遇楊司事，略談。訪璧如，略談。傅、王來談。判稿。

收信：劉甄唐。寫信：復甄唐。

記事：羅順循託寄楊晳子信一件又二十元。湖南留學生梁煥均信一件。賀湘南之友張君亦擬學陸軍，張君曾游日本，識智崇兄弟，年二十四歲，廩生也。

議事：嚴：學章從香帥《奏定》七本。丁：中學堂漢文教習宜由學校司派往。楊：各州縣立小學堂宜有常款。

發信：復性安、甄唐。

【頁眉】師範學堂宜急設附屬小學。

三月二十九日（五月十四日）

七時起。會客：劉紹顔；趙吉甫，星樓之姪孙也，現在後樓上鈔寫。訪順循，見其二子與其西席鹽山張文字焕卿。答拜閻、羅、□*三大令。閻菊農大令、雷星淵大令天衢來拜。午，渡邊、紱臣、順循、執中、亦韓來議課程。方燮卿賓穆、唐企林樹森、劉芷西乃晟同來訪。時子洲、趙伯韜同來。師範學堂教習李備六韶韺、某名鳳閣同來。訪方伯，遇鐵侍郎。紱公、順公招飲於天津館，同坐燕泉、奎野與長垣大令羅旭雲。

晚，支發所張岱臣來，王璧如來，張殿臣來。【页眉】四月薪水二百金託岱臣暫存。岱臣送來川資四千元，却之。

記事：岱臣交胡、楊二公寄日本留學生監督馬拱臣先生信一件，又新泰號津公砝化寶壹仟四百兩，擬易日洋壹百六十元。

師范學堂教歷史之教習牧野田係由青木推薦來保，年資尚在渡邊之前，刻合同已滿，擬辭退另聘，聞其講解頗不愜人意也。執中屬向宫保面陳。

井原外助，電氣工學士也，在此教算學未免屈抑，渡邊屬薦之於商部實業學堂。

廿八日奉到制軍發下『奏定新章』，與王、丁二公商酌，即用『新章』中初等、高等小學課目印出發示各州縣，惟年限與『直隸暫行章程』不同，應向宫保聲明。又『學務大臣新章』：各省於接到此次通行章程以後先將該省已辦學堂幾處、所辦係何種學堂、係何年月日開辦、課程是否皆合學堂定法、何年月日奏咨有案，詳晰咨報學務大臣查考，由學務大臣查確届畢業之年准其照章請獎，否則不准。據此則學校司宜趕緊詳報，亦須向宫保面陳。

胡月老禀請提善後款四萬兩，每年以八千作出洋學生經費。楊方伯頗不謂然。而余意每年限定八千轉嫌其少，不如先提二萬送速成及常期各二十名，以後按年續籌。方伯反以爲可。

晳子唱歌。

鄧毓楨一函託交和甫。劉甄唐交。

高亦韓之弟名炎託買日本書籍：長澤龟之助《平面三角學》，高橋豊夫譯《新中等幾何學》，又譯《新中等代數學》，藤澤利喜太郎《代数教科書》，開成館發行《化學教科書》書，普及舍發行《物理學初步》，三省堂發行《外國新地理》。

吴辟畺託售『摯師文集』，每部二金。

收信：獻夫，梯雲。

【頁眉】師範學堂：教育，中谷，壹百伍十兩又伍十元；理化，關本，壹百伍十兩又伍十元；農學，竹内，壹佰壹十兩。應添請外国地史一人、博物兼地文地質一人、圖畫兼手工一人、音樂一人，新增之四人總計不過六百五十兩爲妙。

*原文留空。

四月初一日（五月十五日）自十時後雨，至夜十二時後乃止

七時半起。劉紹顔來謝委。答拜鐵寶臣侍郎於南門外十里許，談片刻。鐵公部京旗常備軍三千人，皆著月白褲褂，草帽亦羃淺藍色，頗馴雅。答拜雷大令、增大使。十二時後歸。奎野來談。學究所會談。紹雲、紱臣、燕泉、奎野俱來談，同赴李少卿觀察約，十一時乃歸。奎野、岱臣、禹堂、錦堂先後來談。渡邊來送行，關防交奎野代存，奎野轉交潘錦堂。

張岱臣交洋三十元，屬購《奏定學堂新章》十部購妥交煤市街施家〇〇義英源。

吴辟畺託寄桂玉輝信一件，又銀十兩、洋十元。又託寄傳沅叔書一套。

丁奎野託寄劉香孫𩑶分交招商局。

胡督辦應商六事：選派長期、短期師範各二十人；善後局撥款奉批準，然未移會藩司；宣講生；排印局報銷宜催問；改名目從新章；以應解師範生之款，令選派學生學管理。

四月初二日（五月十六日）晴

四鐘起。束裝。五時半出門。至官廳小學小坐。送行者：王燕泉、丁奎野兩太史，曾禹堂，潘錦堂、張岱臣支發所兩司事，羅順循，李言如，張衡齋，高集安，蔣□□*、王璧如、渡邊及孟紱臣諸公。

六時四十五分開行。同車遇顧卜臣觀察，又汪都轉之公子向叔。七點四十五分至固城，九點十五分至涿州，十一點四十五分至長辛店，十二點後到北京前門。梯雲遣使來接至魏寓。

雇車先至斌升樓獨酌。到萬順荷包鋪小坐。

到虎坊橋官書局小坐，爲學校司買《奏定章程》十部。與其司事張晝堂略談。晝堂生長天津，識張明山、陳奉周諸公。

到教場五巷訪璧臣，小坐。

到四眼井工藝局拜晤貴陽張梓才大令，導觀玻璃、雕漆、藤器、織繡四科，又觀勸工場。

到炸子橋訪月舫、學真，俱不遇。過晤幼樵、芰洲、駿卿。到松華齋小坐。到公慎書局小坐，晤其主人馮公度恕。到文明書局訪惠卿，不遇，晤孫輔卿。

六時後歸魏寓。始晤黄修伯中慧。惠卿贈書數種、葑溪俱來訪。十一時就寢。

記事：惠卿託寄上海信件。

*原文留空。

四月初三日（五月十七日）

七時起。學真來訪。到松華齋，還所訂物，價計三十三元。到松筠庵，晤月舫同年，談約一小時。再晤學真。返魏寓。梯雲約至斌升樓便飯，仁安旋至。飯後兩公送余至車站，登車談約一小時。聞鐸聲而去。兩點十分開行。頭等坐是日人絶少，余獨居一大間，展茵高臥，睡約一小時。讀惠卿所贈《戰血餘腥録》。五點四十五分到楊村。六點後到新車站。過文昌宮，入觀小工廠。遇姚品侯、李子久君長生。晚，嘯麟、子文、幼梅、鶴籌來訪，十一時散。

收信：新豐船上茶房劉順送來孟芹香三月初二所發信；李玉峰。

四月初四日（五月十八日）

七時起。子貞來。到城隍廟與墨卿議事。午後，觀女兒織布。夕，訪仲仁、伯屏。謁袁制軍。謁毛觀察，留飯。十時歸。

收信：陳石翁；陳柘翁附日記；劉子年；張達生丁内艱訃文。

發信：唁張達生并寄奠分四金。

四月初五日（五月十九日）

六時半起。陳郁文、李茂林、陶恕明及同東游之陳、侯、藺三君先後來。張仲良漢傑來。訪毛觀察，高借才事仍不允。答拜鄧子輔，并晤其令姪某。訪彭禹門，不遇。到藥王廟一看。答拜王馨泉。十二時歸。一時謁唐大令。到民立第一小學堂假寐。與蓉生、海門議事。夕歸。過城隍廟小坐。晚寫信。

收信：喬茂萱。

四月初六日（五月二十日）

六時半起。沈紹乾、張仲仁、董麟士、李子久、佐竹令信先後來。益孫來。午同柏翁往三井洋行、招商局商船票事，惺、鍾從。同惺、鍾又返至三井行，晤秋元醫士及私立小學校之教員山口照平高等師範卅六年卒業，又同訪晤藤井，兼晤佃學士。余又獨訪幼梅，略談。晚，仍寫信。

收信：孟萱第二函。

寫信：羅、孟、王、丁、張岱臣、吴辟畺、劉子年、胡月舫、喬茂萱、門田、陳石膺。

四月初七日（五月二十一日）

六時起。陳立甫來言，因病已辭王少臣翼長之館，行將南歸。沈紹乾來。陳、侯、藺及張君仲良先後來。陳秀山來。客方去，聞『新裕』輪船明早四時開行，須今夕上船。

謝袁少保步。訪周觀察不遇，晤陳一甫，留教習姓名一紙，懇其轉交。拜彭大令，不遇。

午前歸家。便道訪子均不遇，晤陳君子琴。

午後鄧子輔來。子均來。李和軒來，和軒爲少卿觀察公子，此次擬同游東瀛。伯翁之及門諸君來送行。陳麗生來送行。蔚孫、墨卿來送行。

五時半晚食。六時半，辭家人赴招商局碼頭。

同舟者伯苓、鑑塘、秀山、余與智鍾，凡五人，合之和軒爲六人，合之冠五、季洪、幼雲、子輔、仲良爲十一人。上艙不能容十一人，和軒改居大餐房，子輔借帳房爲臥室，秀山席地焉。

送行者：荃士、子文、嘯麟、麗生、蓮溪、午晴、益孫、春江、小山、質夫昆仲、孟和、雲安、冠如、幼占，其他諸人不悉記，皆伯苓先生弟子也。日人送行者：藤井、佐竹、川本夫婦、井上、江藤。智惺姪十時乃歸去。

江藤作介紹名簡三：一上海，一長崎，一門司，皆三井聯號也。

藤井托寄信三函：文部省實業局長真野文二，神户二ノ宫町二丁目畠山一郎様，京都同志社學校大塚素。

收信：周觀察託調查數事，毛觀察託約王稚虹。

四月初八日（五月二十二日）

早四時開船，十時半至塘沽。潮已退，候至五時半復開，六點半出口，八時前閣淺約一小時許，復暢行。

和軒來談。同船有學校司收發書籍委員陳春溪衍昂，又永立號姜八兄環洲，又聚源成周君月樵，『新裕』船買辦徐潤生吴縣人。

四月初九日（五月二十三日）

早十一時過煙臺，夕六時後過成山頭，八時入黑水洋。終日睡。晚與春溪大令閑談。

四月初十日（五月二十四日）

夜，船摇盪，朝來益甚，因余等所居適當船尾也。早十一時出黑水洋。臥至夕乃起。晚食粥。風浪少平。

與侯季鴻、陳幼雲閑談。十時睡。

四月十一日（五月二十五日）

五時起，船已入黃浦，六時後抵金利源碼頭。將行李點交長發棧，乘舢板至外洋涇橋。寓長發棧一百十一號。内外兩楹，容十人猶有餘地，然外一楹闇不通光，且時有惡臭，因别無空室，將就用之。

午後，到四馬路開明書店，訪荃士之令尊柳生先生，不遇，晤鍾君堯臣、江君紫祥，買書二册出。命鍾兒隨秀山往虹口東洋公司郵船會社。余與柏兄至四馬路西首胡家宅文明書局，訪董懋堂、俞仲還二君，投惠卿所寄函，茶話片刻出。將訪培孫，乘車至小東門内，問路於晋泰茶店，步至大東門内北城趾育材書塾，培孫適他出，乃回寓。

少頃，智鍾亦歸，言土曜日有船名『永生』者，開往長崎、神户、横濱。但如欲買二等票，須勿過今日乃佳。余遂偕伯翁、秀山率智鍾再往。一日人能操英語，柏翁與之談。伊言，有美國人欲定二等艙，須明日午前商定。乃出。

青蓮閣食茶餌，坐一小時步歸。

和軒餽上席。晚九人同出仲良先時他往，至寶善街買鞋，又步游四馬路。九時半歸。

四月十二日（五月二十六日）先君忌日

七時起。王柳翁、培孫、董楙堂先後來談。柏兄、秀山、智鍾復往會社，一二等艙皆不可得，徒手歸。乃議皆坐三等艙，至長崎登陸。余復偕柏兄往，買票畢，兩人至一品香飯。飯後，至三井洋行訪江藤所紹介之上仲君，意極殷勤，約明晨來寓見訪。

回寓小憩。孟芹香之弟字棣如者來訪。乘車謁小舫叔，兼晤漁三弟。訪何蒙孫不遇。到三第閣橋訪心容，談片刻，五時半回棧。

晚，赴柳翁約。同坐陳壽卿廣文蘇州人，爲海州學官、夏頌來貽清，育才學監，龔子英傑，育才教習。夏、龔俱上海人、吴補笙超，札幌農科畢業、李和軒、張柏苓及余，凡客七人，又培孫與荃士之弟字紹良名徵善者亦侍坐，主客凡十人。

記事：心容欲仿它省，倡立順直公所，附義阡於其中，託余代爲募捐。

四月十三日（五月二十七日）

七時起。候上仲君不至。蒙孫、漁珊來致小舫叔之意，晚間召余至一品香便飯。同和軒、伯苓二君往晤上仲君，爲余等指示長崎赴東京之路，且許爲介紹書致長崎外浦町上野屋。

同柏翁率鍾兒參觀文明小學校。校在樓上。學生分三班，男女并授。適有一齋教唱歌，最後一歌曰《何日醒》。

三人至寶豐樓便飯。飯後，乘車至石榴堡，又易車過大碼頭，至大東門下車，至育才書塾。培孫導觀各講堂。兩齋皆教英文，其一爲歷史之豫備，黑板書『句踐何以能滅吴』云云。

培孫又導至大南門内務本女學塾，見校長吴畹九。培孫導觀各講堂。講堂凡三，一爲師範科，一爲本科，一爲預科。校長出女生成績簿示客，師範科頗有優者。出，過通前小學校，入觀。即育才之豫科也。聽唱歌，亦有《何日醒》一曲，而以《體操歌》爲尤佳。出，中道與培孫别。

到曹素功店買墨，李鼎和店買筆，備東游時贈日友。

筱舫叔來棧。俞仲還來棧。

聚豐園赴筱叔召，同坐湯蜇仙、張季直、何蒙孫、吴昌碩、張讓三、周金箴、漁珊、余及智鍾，凡主客十人。十時歸寓。

觀同寓諸公檢點行李，因明晨上船須絶早也。

寫明信片寄約敏姪，兩點鐘始就寢。

四月十四日（五月二十八日）

五時起，六時後運行李至東洋公司碼頭『永生』船上三等艙。艙在船頭。余與伯翁選擇許久，擇上層居七人，下層居三人。三人者，伯翁、和軒及余也。上來送行者：小舫叔、許久香同年鼎霖。遇王惕齋，爲引識華給仕名小春者。上仲尚明君來船送行。

十時解纜。自午至夜風浪平静。

四月十五日（五月二十九日）

微有風浪。晨食粥一盂。堅卧終日。晚，風少定。與張、李二公枕上談。

四月十六日（五月三十日）

早七時至長崎港外。候醫驗病，十時後驗訖，乃入口下檢。

候上野屋旅館人不至，適上仲君所介紹之長屋平太郎君來船，遂隨之下船，乘舢板登岸。

稅關驗行李，見紙煙扣留。

到外浦町上野屋暫息，午、夕食俱豐盛。

電告崇兒言：『今夕乘汽車直赴東京。』六時半出客寓，赴停車場，長屋君與俱。七時四十一分開車。九州道之車無寢台、食堂，終夜不得睡。

四月十七日（五月三十一日）

四點半下車。七點十五分乘汽船渡海，八點半到下關。登山陽道汽車，同車有某親王，長屋君避至二等艙。早八時、夕五時入食堂用飯。

八時抵系崎。買寢台票六紙。各占一榻，衾褥燠厚，睡甚酣。四時醒，已至姬路矣。

山陽道車給仕片山君極勤謹。

四月十八日（六月一日）

六時到神户，下車，登東海道車。又發電致崇兒言：『明早可到新橋。』七時後開行，此車無食堂、寢台。

日食辨當三次。夜假寐。

四月十九日（六月二日）晴，寒暑表七十度

至品川時曠生偕崇、怡兩兒來迎，遂登車同行。九時十五分到新橋。同鄉及舊識來迎者甚多，不能遍談，亦不能遍識也。仍往貴臨館寓焉，同鄉及舊識隨至貴臨館者二十餘人。傍午次第別去，留者曠生、仲先、陸賓、子蔚。曠〈先〉〔生〕爲商定屋食之費，夜深乃同仲先去。

四月二十日（六月三日）到東京

午前同和宣往謁楊星垣公使，兼晤馬參贊。十二時歸。

午後同和、柏二君率怡、鍾兩兒往宏文外塾，答拜同鄉諸君，見學監鈴木龜壽君，導觀講堂、宿舍、食堂等處。

拜晤伊澤修二君，遇李君惠卿寧河人。拜謝長屋平太郎君。七時後歸寓。

四月二十一日（六月四日）

四時起。志忞之夫人來拜。五時赴新橋，六時開車赴横濱，迎『永生』船於港岸。蘭、鄧、侯、陳、張五君皆至。

高野屋小憩。永樂園早飯。薙頭。閲市。到停車場隨二時四十分車回東京。四時前到新橋。博品館買物數種。乘電車到伊藤伊吉家，崇、怡之居停主人也。見主人并其母、若妻。暮歸。

晚，晳子、著薌、潤甫、子蔚、文瀾諸君來談。仲先宿。

四月二十二日（六月五日）

六時半起。鷺賓、伯〈淵〉〔顔〕*回來。

答拜同鄉及舊識諸君，晤者卓冬、定之、程棣初、鶴山、冠五、幼雲、季鴻、子輔、和甫、仲良、仲甫叔良之兄、賓四、作舟、棣生、著薌、季常、石門、海秋、星之張渤、孫小泉、樂書、暢九、稚虹、荃生、恭甫、仲先夫婦、曾夫人及石出之妻樣。未遇者仲蘇、鷺賓、晳子、伯芝、紫洲、振武學校諸君。

* 據武安隆推斷『伯淵』應爲『伯顔』之誤。按：黎淵字伯顔。

四月二十三日（六月六日）

五時半起。補日記。

吴止歧來訪，致伊澤之意，泰東同文局欲協力辦編譯、印刷兩事。余答以學校司原有編譯處、排印局，余到保定日極淺，未暇考求，姑俟異日察度情形再議。止歧乃去。

偕柏翁率崇兒冒雨訪嘉納君。十時至，十一時嘉納君乃至，談約一小時。到弘文外塾借地用飯。午後，聽三澤講化學，贊廷譯之。三時歸寓。伯芝來約來日曜日清風亭例會。鶴山、陸賓來。睡甚早。

四月二十四日（六月七日）雨止仍陰◎聽嘉納君講説

率崇兒補拜中日友人。先到日本橋區正金銀行取匯款。銀行之例，早九時開門，夕四時閉門。余等至時甫八時四十分，立候二十分乃入。入門左行有磬折形之長案，案上有閣如窗櫺，裝以玻片。隔兩三尺則提起一格。司事立案之內，問答授受皆於此閣是由。崇至一格之外，櫺上題字曰『外國送金』，係先以匯票交入，司事驗訖，令崇署姓名、住址加小印，授一番號之銅牌，乃坐長凳之上候之。見司事撿册核兑，又一人來以圖印連蓋數次，乃送至左方之出納課。彼處司事撿紙幣訖，呼某號進至缺口，授之。乃出。

拜劉叙五子明，不遇。到公使館訪馬拱辰，不遇。將師範生川資千六百元交張元博君允褒。方出門，則馬公正歸，又立談數語而別。

拜止欺、潤田、和田，俱不遇。晤白須勤君、平賀如恒君、山根正次君。路遇潤田。九段坂上明治軒早飯。

二時，至大塚町弘文外塾，約柘、芸二公同至高等師範學校，聽嘉納君講説建設小學校之大意，柘、芸二公筆記之。自二時半起，近五時乃止。嘉納君約廿六日陪楊公使參觀本校，并往弘文學院午飯。余言，先與手島君有成約。嘉納君特電手島君商改日期，覆電云改於明日下午一時半。別嘉納君出，遂歸。

過會館坐片刻，得見《大公報》，知唐叔襄中式。回寓晚飯。熊暢九、陳樂書來訪。

飯後復至會館聽鈴木君授音樂，志忞及智崇爲譯人。十時歸。

夕，失候：楊公使、馬參贊、祝硯溪。

收信：筱叔爲楊公請卹事，張雲搏謀官費出洋游學，智惺十五日信，兒婦、姪婦、姪女等信，王表姪女信。

四月二十五日（六月八日）陰◎參觀高等師範附屬小學校、高等工業學校

八時，偕伯翁率智怡到御茶水橋高等師範學校附屬小學校。是日爲弘文外塾直隸師範生及通學生參觀之期，余先期請求嘉納校長、鈴木舍監隨同參觀，悉承見許。余到未久，鈴木率諸生亦至。

先隨甲班至手工室，教授棚橋源太郎君演説小學校必設手工科之用意，而曹希仲（騰芳）譯之。略言一國財政之興耗專視工業之盛衰，天産雖富而不講工藝，專恃原料爲輸出之品，他國取而製造之，復以製造之品輸入本國，則所傷實多矣。日本國民教育固發達矣，所謂『大和魂』『武士道』者亦講求不遺餘力矣，日露之戰其明效也。唯工業未至於極盛，故戰事不免於困難，故近日論者尤注意於工業。當幼小之時，即練習其心思手眼，使有能爲良工之資地。先年小學校中手工爲隨意科，近則改爲必修科，外府縣來京學手工教法者絡繹不絕云。講畢，又出學生所製木、竹、泥、紙、石膏等品示客。

第二時（九時至十時）入一教室，觀教畫圖。以荻各一莖授諸生（皆十二歲，約三十餘人），師於黑板先畫其莖，又畫其葉，諸生依次效爲之。最後師以朱傅其上，先莖後葉，令諸生著色（旁立著色標本一張。諸生畫時，師歷各生案前周視，爲之改正及匀和顔料。）著色訖，一一送至講臺上。

第三時觀教尋常第一年生手工。師先取泥一塊問諸生：『此何物？』諸生争對之。嗣授每生木板各一，嗣以甕一，中貯手巾，每生授一巾，令生板上左偏。次授泥各一塊，師先自搏一圓形，又搏鏡餅形，諸生依次效爲之。

第四時觀教體操，又觀教唱歌，唱歌聲調絶佳。

十二時返寓手島君電話至。

飯後，同赴高等工業學校。先見手島校長，又校長代理坂田君談論工業學校之配設。謂工業非高等不濟事，職工徒弟諸學校雖善，然非附於高等工學之内，則其益不著云云。坂田君導觀各室電氣化學科、機械科、染科、圖按科。智怡云，此學校凡九科，閲至四時才閲□*科，乃辭出。遇稚虹，亦導引參觀。五時歸。

栢公、筑公來。胡、徐、劉、陳四公來，談至九時去。

收信：澄甫致聲甫及余函，周銘久致智怡函。

來客：夏爽夫、錢念慈、何仲書、胡、徐、兩劉公、兩陳公。

* 原文留空。

四月二十六日，即陽歷六月初九日 晴◎高等師範，弘文學院

六時半起。九時偕伯苓君赴大塚町高等師範學校，與嘉納君談片刻。楊公使九時四十五分至，馬參贊、汪希澄參贊度、盧子銘參贊兼翻譯永銘、彦明允隨員兼浙江學生監督憲及公使之世兄雨三殿霖俱至。嘉納君導觀動、植、礦、理、化、圖畫各講堂、教室理化室之椅層累而上，初疑占地太廣，實則不然。其容百人之室不過兩丈耳。

附屬單級學校約學生六十餘人，分爲三班，一班習字，一班習乘法，一班習減法。【頁眉】習字時，師執朱筆周覽，或改正或加圈。

講堂長椅之背有活板可起落，備聽講時鈔録之用。其板甚狹，若作自修之用則恐不足也，於講習所甚宜。

新發明化學原質一種Radium，暗室中窺鏡見如水波紋，又如散金星。

動物室中置一機器，以肉和蠟機旋之，成極薄之片，便於考驗也。

十二時，嘉納陪衆客至弘文外塾牛込區西五軒三十四番。晤警視廳某君、教授兼學監岩波靜彌君、教頭三澤君。一時前入坐，主客凡十二人，西洋餐。

午後觀各講堂授課。湖北班講地文，教師某，譯者韓君永康。湖南班講博物，教師鈴木龜壽，譯者任君。又，山東班講算學，教員、譯員未詳姓名。

三時辭出。同伯翁到會館小憩并看《大公報》《太陽》《〈太〉〔大〕陸》等報。

六時後歸，伯顔偕。

錢念慈來，在蔣君室中，余就與談。程豹孫與午坡同族來，談農政甚詳。余觀其著爲簡説呈商部。芷柃來，小坐便去。

四月二十七日（六月十日）陰晴半，熱◎弘文外塾，小石川幼稚園，清華學校，同鄉講習所

六時起。七時半到弘文外塾。本欲聽講心理學，至則大久保君因病不至，譯員廉勵卿。小坐即去。

柘、芹二公導觀小石川山田千代所主之幼稚園。學生三十餘人，先合教唱歌，而次分兩班，兩師分教談話。看至九時半復返外塾，觀今村君教體操，雖未十分整肅，諸君頗不懈弛。

與玉孫談。閱四月十五日《大公報》，喜熊繼先、姚華、唐桂馨皆中式。

在外塾飯，隨學生一律，華製菜一盂，甚好。

午後晤波多野君，聽講教育學一小時，譯員任筱山傳榜，吳江人，正則豫備，講訓練之目的、訓練與身體練習之關係、訓練與教授之關係。本欲連聽兩時間，因不盡解，僅聽一小時。

與智崇到清華學校一看，是日係智崇講幾何之期也。清華分四學期，一年卒業。舍監爲范補程紹洛，無錫，第一高等學校，學務爲陳樂書梘，義烏，工科大學，庶務爲王稚虹守善，上海，高等工業，會計爲何錫侯熽時，諸暨，工科大學。課程則日文西、日語闞、熊、英文范、稽、

數學何、王、代數何、幾何嚴、物理、化學、三角、體操，凡十類。前一學期無代數，前兩學期無理化，前三學期無三角，後兩學期去數學，第四學期去幾何。與范君略談，晤稽滌生鏡，無錫，早稻田，西君。

到豐樂園，治饌甚遲，未及半飽，因崇兒講習所六時有講課，匆匆遂去。觀智崇講諸等法，聽講者李紫洲景濂、程迪楚、孫小泉、李讓溪、耿子和、李偉章邦燦。八時歸。和田君已久候，談約一小時別去。

來客：吉田清揚，言在天津識余，寓京橋區築地明石町四十二番地、野間五造方。電話：新橋三三二三。

四月二十八日（六月十一日）附屬小學第二部

六時起，寫致約敏信。同伯公、崇兒、鍾兒同赴一ッ橋附屬小學校，棚橋君導引并陪話。

第一時談教科書事并以各年級選用單字表見示。【頁眉】一字常有數音，是三千不啻累萬矣。尋常四年止單字五百，高等四年一千五百，中學止三千字耳。

第二時觀尋常二年授國語，師先呼一人書片假四字於黑板訖，師將其下三字改書平假而空其首字，旋以粉筆【頁眉】紅粉筆且書且解，眾生皆注視之，乃『む』字也。

又連書數次，衆生乃各於紙上仿爲之。師下講臺【頁眉】講臺長而仄周視，改正其結構之太差者。既畢，復令諸生連一下於『む』字之下，於是争舉以對，或兩字或三四字，師擇其一二書諸板。授『む』字，又授『え』字，教法大略同前。又問諸生曰：『更願習某字？』多舉『ゑ』字者，師又授『ゑ』，其結體不合者，師輒於板效其體，衆生輒笑。有佳者，師則持以遍視他生。他生有躍躍欲試冀師之選及者悉至，振鈴時皆散出。【頁眉】歡呼不禁，離席者少。女生列前，男生列後，休息時先整行列對師一鞠躬，然後開散。馳騁歡呼，各聽其便。

第三時觀游戲、體操，分學生兩隊人數維均，每隊出一人以圈罩身，跳出復前行，又套一圈訖，繞旗而還本隊植兩旗爲界，次一人復然。先畢者勝。

又一班列兩隊爲兩行，又立兩人於前若隊長。隊中第一人舉大圓毬擲送第二人，以次遞擲，最後一人送交隊長，先者勝。

又法列隊兩陣，各伸其肘，以手相攜。第一人穿第一、二人肘下而入，復穿第二、三人肘下而出，又從三、四間入，雙從四、五間出，以下仿此曲折往復如穿梭然，先者勝。棚橋云，此類游戲之式甚多。又云，此等游戲非但注重體育而已，實兼德智兩育也。【頁眉】日本國語課，一、二年生每週十時間，三、四年生每週十三時間。棚橋云，西洋止七八時間。又云，日本習字課每週四時，西洋止一時，蓋文字之繁簡難易不同也。故西洋得以其暇致力於理化諸科。

第四時又談至十二時辭出。

料理屋食雞、食牛，飯後還寓。伯顔以畫報數册見借。起信草，擬寄毛實君。鑑塘擬附政法速成科内學日語，是日改學生裝。何仲書來談。晚，曹潤田、邢贊廷來。崇、怡皆宿此。

四月二十九日（六月十二日）陰雨◎高等師範附屬小學校第二部，父兄懇話會

六時起，怡兒爲余梳髮。

赴同鄉會於清風亭。邢君演説訖，余略談數語，伯苓君談數語，至七時四十五分告辭。

赴一ッ橋附屬小學校，觀父兄懇話會。自八時至九時半各教室授課每課占時甚少，取其周遍，學生之父兄旁觀之。九時半以後，集父兄於講堂演説。十一時後各教員入教室，該室學生之父兄與教師談話。余等九時一刻至時，授課將畢，但周覽一過。有讀書者，有教手工者，有演算者，有唱歌者，有游戲者。已乃入教員室略坐，晤本校主事小泉又一君，嘉納君亦至。

入講堂聽小泉君演説。堂中分男女列坐，男子席在左，婦人席在右，約各數百人。小泉君執册於手，分條演説，精詳令人歎服。崇兒以札記之另記。

十一時後散，又過各教室門外一觀，有席地者席地者止一室，有坐於椅者，有父兄與父兄接談者，有一兩人特與教員談話者，有繙閲學生成績者。嘉納君言，此校學生之父兄大都有學問，否則有資本，其智識皆已開通，此會不過討論約束子弟之法耳。若町村間學校，父兄椎魯者多，懇話會時不特論教導子弟之法，乃并其父兄而教之也。伯苓云，彼乃適合於吾國情事也。

十二時辭出，今用亭飯，乘車冒雨歸。

于子極、蹇季常、何仲書、余仲先、楊陸賓先後來，晚聚談甚暢。

四月三十日（六月十三日）雨◎富士見幼稚園，政法速成科附設日語班

六時起。同和軒、伯苓、鑑塘、崇、鍾兩兒赴富士見小學校參觀幼稚園并無介紹，入門投刺，保姆某君輒見許。學生百餘人前年日記載百五十人，此次未及細考，似不足百五十，分三級，級各一室。最幼者圍一方矮桌席地而坐姑名爲三班，次幼者姑名爲二班及最長者姑名爲頭班皆有椅矣。初入時見三班環几而坐，無所事事。二班亦無課程，惟頭班方積木，有作宫室形者，有作他諸形者，而以水雷艇形爲最多。

少頃，二、三班出至運動場室内場方廣約三丈餘，一師擊洋琴，三人導學生環步并作諸俯仰、舉手、鼓掌式【頁眉】學生有哭泣者。又以巾蒙兩生面，他生環作長圍，使相摸捉爲樂。捉者或出圍外，保姆則趨曳之，衆生亦以肘障之。兩人畢，復易兩人，既畢則散圓隊爲長隊，皆出室外。室外有秋千架，又有架懸一長形之網，以兩人臥其中，足相抵。臥者以兩手捉網之兩邊，使之合攏，他生數人列兩旁，以手推之，保姆亦助之。或有臥不穩及手捉網未牢固者，保姆則諳誡指導之。此秋千之又一法也。

約半時許，復入室，鳴琴以節其步驟，各歸本舍。三班俱習折紙，第三班極簡易，以三角紙一張，使折其上角少許，令象山形。有折太多者，師云，須再少如此則近船形矣【頁眉】師以手提學生之指教之。頭班則折方紙爲三角，又疊爲小方，其中頗有敏速者。課畢少息，進食。每人各將所攜之合器置案上，保姆各給茶杯一，又爲之注水頭班則還男女生各一人散杯，男散男，女散女者。預備停妥，師入坐。衆生各向師爲禮，即開櫝取箸食之。雖最幼之一班亦略無聲息，真可法也。觀畢向主人禮謝即出，同至今川小路牛肉館用飯。

飯後，至勸業場買紙本、木尺及刀叉各物，到法政速成大學送鑑塘入學學日語。每日以二時爲始，觀授課至三時許即出。是課附屬於法政速成科，特爲華人豫備入學而設。是日到者約四五十人，略嫌少紀律。

到會館看書、看報，買書二種《癸卯旅行記》《初等倫理教科書》。六時歸。

晚，李讓溪臨城、張體仁仲山，清苑同張仲良、陳幼雲、鄧子輔來談，八時半去。

九時睡。看《叢報》中載日俄戰紀，華文之紀此次戰事者莫詳於此。

五月初一日（六月十四日）午正大雨雹，晚晴◎高等工業學校

六時起，同和軒、伯苓、陸賓及怡、鍾兩兒往工業學校。初入與手島君談片刻，手島君導引參觀，先觀徒弟學校主事内海静君陪話并導觀。【頁眉】有著藍緣之衣，印飛白之字，如港口、客棧迎客者之服。校長云，皆工人子也。第一教室第一年級五十餘人，教演算法加減。第二教室第二年級亦五十餘人，習小數。第三教室第三年級不足十人，習圖畫。圖畫分建築、器械兩門，每門額止四五人以上皆在樓上。又樓下一教室亦第三年級，教力學師於板上列表。

又至徒弟學校之實修工場，分金、土、木工。金工場中有銼烙鐵者，有於巨方鐵之上試物之平不平者，有以錘錘銅勺令圓者一年生，有打鐵者，有翻沙者。木工場有試旋軸機吾國名旋床，有試穿筍機者，有試鋸木機者，有試鏤邊線鏡邊等類之機者，人力與電氣各半。别有建築工場，亦徒弟爲之，常爲他人修建。渡河即高等工業之工場，閱機械科、電氣機械科、窯業科。參觀畢又與校長略談。午砲後辭出。至食堂旁樓上製造品販買所買綢布十三匹、酒杯十枚，皆本校所製也。【頁眉】高等工業歲費十二萬，文部止發十萬，其初年止二萬。初年所收學生皆不足中學程度。六人食西洋料理。飯後，乘電車至京橋丸善書社買手帳、鉛筆等事。主人以硬紙索書姓名插册内。出，買眼鏡。夕歸。

鑄生、芹香、芸生、贊廷、卓冬來談。十一時睡。

五月初二日（六月十五日）陰◎附屬小學校聽講教科書編纂法，晚赴工業學校講話會

六時起，八時到附屬小學校，聽棚橋源太郎講教科書編纂法怡從。第一時、第二時講日本自明治五年以後隨時設定教科書之沿革。第三時、第四時講編歷史、地理、理科三種教科書之法弘文外塾諸君皆有札記，譯員吴希仲。

十二時辭出，約胡、陳、華三君同往今用屋午飯。飯後回寓小睡片刻，李君子深寶巽，湖北學生監督，廣東候補道來訪。吉田清揚來訪。

晚，同伯苓、澤畲兩君及崇、怡往赴高等工業講話會。是會每月一次，專爲開通職工知識。文部大臣夫婦亦至焉。本校教授松浦和平講運輸法之發達。

理科大學教授神保小虎講日本之有用鑛物，而以幻燈揭示之。又以蝸牛、金魚等生物影壁上。最後以顯微鏡取影如蚤、蠅、蚊等類，觀者皆鼓掌。十時後散，十一時回寓。

五月初三日（六月十六日）雨，午前後尤大

六時起。呼理髮師薙髮。率崇兒答拜吾國人之曾來見訪者。晤任小山傳榜，曹希仲騰方，錢念慈承誌，何燮侯燏時，夏爽夫循塏，廉礪卿隅，祝硯溪惺元，范吉六鴻泰，錢介眉稻孫，青柳篤恒。

夕歸，高澤畬、潘子欣、余仲先來。腹覺不快，早睡。

五月初四日（六月十七日）

六時半起。腹痛止，唯氣不舒暢。

禰君來筆談，伊藤伊吉君來。青柳君來并饋酒。午前後大睡。三時食粥二盂。四時率怡兒往拜長岡子爵護美，談二刻許，約陽歷二十六日即華歷五月十三便飯。

答拜蒯若木，不遇。

夕歸，體仍不適，早睡。

收信：毛實翁十一日信，附金三百元。約敏十九日信，附會試題名。

五月初五日（六月十八日）端陽◎雨風，伯顔云，東京多雨亦多風

六時起。終日未出門。鄧君孝可、任君傳榜來，命智崇陪話。

午後假寐片刻，食鮮果、鮮菜，少覺清爽。

玉孫、小莊、子玉、海門、希賢、志忞、仲先先後來。【頁眉】希賢述織綢機、又製罐諸機皆輕而易舉。崇、怡俱宿此，因明日休課也。

收信：敬韓滬上廿三日發，由川口七十番義昌新寄來。

五月初六日（六月十九日）

七時起。燮侯、補程、伯淵先後來。偕伯淵、伯齡、鑑塘，率三子游上野，觀日露鴨緑江之戰油畫。

青陽樓午飯。飯後游博物館。余以昔年曾兩至，不復周覽，但坐待而已。夕歸。澤畬來訪不遇，留一小簡，言本日即回大阪，再過十日便歸鄂矣。晚，得陸賓電話，知澤畬已於午後赴横濱。

玉孫諸君來訪，不遇。

工業學校化學教習平澤繁太郎君來訪，怡兒陪譯，談約一小時。平澤君曾發明製一藥之法，較德國配製舊法簡易百倍，而功用無殊，已奉政府特許專賣矣。平澤

君論學工業必須徵諸實用，又能以學理施之實行，否則與職工何異。

眼鏡商關谷氏之社員某持眼鏡、印章等事來，選擇許久。

李和宣兄今日遷往望遠館。

五月初七日（六月二十日）雨◎到文部省

七時起。十時同伯翁、智崇往文部省，先見文部大臣久保田君，又因大臣介紹見參事官松井順吉君，時已近午，不及參觀，約定明日下午一時往。遂出回寓。

午後，伯顏暢談立法、行政、司法三權之不可不分。

江翊雲庸來談，福建人，而生長於四川，入早稻田師範科，四川官費生也。新推會館幹事，年二十六。鄧和甫來，小坐便去。

晚，周荃生培炳來談。周，華亭人，生長於静海，八歲始南歸，學於育材書塾二年餘，二十七年三月來東京豫備日語，數月入高等工業學校，今將卒業矣。年甫二十一學制紙。

王稚虹來談，余代毛觀察竭力勸駕。稚虹言，昨已函覆唐執夫，略論工藝局辦法宜仿日本商工局之例，附工場於其中。余言：『天津事雖草創而基址已具。工藝學堂即高等工校之具體，工藝總局即商工局之具體，勸工場即商品陳列〔所〕也，教養局即染織場也。君即不欲爲教員乎，試一爲之經始，或改良，或擴充，均可任便。』稚虹又言，游歷官有江西黄君者，曾在上海製造局，與毛公同鄉且舊識也，頃奉廣東派來考查工藝，并以岑公命堅約稚虹赴粤開辦工場。又，廣西有石油産，此稚虹專門之學也，故欲藉此一考查之，意在粤而不在津也。余謂，縱意不在津，無妨先迂道一行，爲之組織經營，但令略具規模亦聊勝於茫無端緒。稚虹言，明日晤黄君先試商之。九時半去。

夜與智崇久談：乞兒上野，警怒嗔人力車淺草，盗取木屐，新聞誣陷鰹節商，號外虚誣《商工新報》，煙窟貴臨館。

五月初八日（六月二十一日）陰◎參觀女子職業學校，文部省聽松本君談話

七時起。手島君曾爲介紹共立女子職業學校，約今日午前往觀。晨屬崇兒電話詢之，果已相待。

八時，同伯苓兄、智崇同往。此校始設於丙戌之歲。發起人凡四：服部一三、永井久一郎、宫川保全，其一即手島君也。服部、手島君先後爲校長，今校長仍爲手島，而宫川則校長補也。分甲乙二科，職業則裁縫、編物、刺繡、造花、圖畫，凡五科。甲科生限二科，乙科撰一科。甲乙科之外又置補習科與割烹科。以上爲術科。術科之外有學科，其目五：曰修身，曰國語，曰算術，曰家事，曰理科兼修術科。學科者爲本科生，僅習術科者爲撰科生。甲科生收十二齡以上，高等小學二年卒業者，乙科生收十五齡以上，曾受國民義務教育者。其修業年限，甲科三年，乙科二年。學期自四月至翌年三月爲一學年云。

余等初至，一老者導觀樓之上下。刺繡、造花、圖畫【頁眉】畫室一教師畫狗，三科皆僅見一處，裁縫室則屢見。導者云，裁縫居大多數，以全部論之，殆不止四分之三，校生七百餘【頁眉】暹羅人附學，寄宿者七十餘人授業料，甲科每年二十一員餘，乙科每年十五員餘，寄宿料月六員五十錢。最後入割烹室，一傴僂老人坐而講説，諸生環聽之。旋起立，諸生各就所派定之位黑板書：鍋某某、洗某某、立某某、盤某某。老人置葅于俎，教切斷之法，諸生先後仿傚爲之。觀片刻遂出。

宮川君陪話，觀諸生成績。造花、刺繡皆絶工。十時餘辭出。

買書未諧。今用屋午飯。飯後詣文部松本參事官，論文部建設之大制。崇兒口譯，余以筆記之另記。三時半辭出，因崇兒今日四時須到清華學校也。余往公使館晤公使，談片刻。又與馬參贊談弘文外塾諸君編講義及卒業後回國日期事，又談自費生擇改官費事。五時回寓。

到會館閱報，津、滬報皆不至。有所謂《公益報》者，閱之至竟，時事殊不甚詳。閱《錢夫人旅行記》。

晚，朱一清、李和宣同來。

五月初九日（六月二十二日）薄陰偶晴◎附屬小學校聽講教科書編纂法，工業學校再參觀

六時起。同和宣、仲蘇、伯齡、智崇到附屬小學校聽佐佐木君講：教科書編纂法、修身書編纂法一、諸方案，二、略，三、日本於修身書編纂史，四、教授時數；讀本編纂法一、歐米讀本材料變遷史，二、日本讀本材料變遷史，三、讀本教材選擇上標準；習字帖編纂法一、字式之大小，二、教授時數；算學、唱歌之時間。十時半講畢。

和宣別去。余四人乘電車至淺草，飯於西洋料理屋。

飯後，到高等工業學校，因仲蘇將入此校，欲先一覽其規模也。觀應用化學、電氣化學、機械科諸室，餘未遍及。

三時出，仲蘇別去。余三人到教育品製造社。伯齡試所訂購之儀器。六時後歸寓。仲先、志忞、陸賓皆前至。

晚，聽伯翁講英文文法。十時睡。

外塾代鈴木君同往者松林孝純投刺焉。

東京市淺草區七軒町貳番地教育品製造合名會社中村勝太郎電話：下谷千八百十番。

【頁眉】收信：清水君。

五月初十日（六月二十三日）陰晴半◎參觀早稻田大學，文部省聽講

八時半同伯苓先生、智崇赴早稻田大學。青柳君迎於門，高田博士陪話。以大學規則、大學講義録、大學第二十一回報告見贈。導觀大學之講堂及各教室。又至高等豫科，科長田原榮導觀。豫科中以商科爲最多；是日適值試驗，田原君取一題紙予余。題凡三：第一問作廿五點，第二問作三十五點，第三問未注點數，蓋以和文譯英文。諸生執筆構思，有教師兩三人立監之。歷數室皆然，蓋習商科者不下五六百人云。

摘録大學規則：

本校所授者，政治學、法律學、商業學、哲學、英文學、史學、地理學、國語漢文學及外國語學。

本校分大學部、專門部、高等師範部、高等豫科四種。

大學部置政治經濟學科、法學科、文學科、商科四科。

專門部置政治經濟科、法律科二科。

高等師範部置國語漢文科、歷史地理科、法制經濟科、英語科四科。今年人數：大學部，三百八十名，專門部，一千百名，高等師範部，百五十名，高等豫科，二千八百名。合之英語、政治科、文學科等，都四千五百名之譜。

高田君導觀圖書館，余前年來時此館方始興工，今輪奐一新矣。青柳君云，凡圖書館建築法皆同，自外一望而知。館長市嶋謙吉通一刺。館中借書還書處與銀行出納之式略同。樓三重，有升降機以鉤取書籍。

高田、青柳二氏導至大隈伯邸。伯出見，談教育事及維新前日本女學之大略，約一小時辭出。

會芳樓午飯。飯後，詣松本參事，聽講敘文部各員之職掌、各府縣市郡町村之規制。四時半辭出，到弘文外塾小坐。六時歸。

卓冬、陸賓、稚虹來。稚虹屬函致毛公，申不願爲教員及廣東委員黄君固邀赴粵兩意。

晚，到會館看吾國新聞，知璞爾生所辦電話將購回自辦，以日本吉田氏某爲電話參贊。又知羅順兄已奏補邢臺。皆近事之可喜者，然順公赴任則師範學堂難得替人，又可憂也。

發信：致澤畬，致雁清，致新橋。

收信：關谷眼鏡商。

五月十一日（六月二十四日）小雨午晴◎文部省第三次聽講

七時起。九時至文部省聽松本參事講小學校之大略及徵稅法，兼説年齡户籍。十二時辭出。

今用午飯，飯後回寓。大睡至五時，眼鏡商至。曠生來。

五月十二日（六月二十五日）

七時起。伯苓君、智怡同參觀女子大學，大隈伯所介紹也。校長成瀨仁藏君陪話片刻，贈本校規則、本校一覽、本校學報，人各一本。庶務八木兼夫君導觀各講室及寮舍。學科分豫科、本科、研究科。豫科分普通豫科、英語豫科。本科分家政部、文學部、教育部、體育部、美術部、音樂部、理科部，其各部中又分選修科目、必修科目，修業年限以三年爲期。附設高等女學校，其科目分修身、國語、外國語、歷史、地理、數學、理科、家事、裁縫、圖畫、音樂、體操，其修業年限則五年云。

現今在大學者三百六十四人，在英文豫科者四十五人，在高等學校者三百九十八人，合計凡八百〇七云。

十時辭出。因午後須赴高等師範學校音樂會，故先到弘文外塾小憩。聽大久保介壽君講學校管理法，論用賞用罰之宜。

借外塾地用飯。午後赴師範學校，一時開會。有獨奏，有合奏，有獨唱，有合唱。有來賓二人，一吹尺八，一奏洋琴德婦，最後臺上臺下齊唱『君の代』，畢乃散。

赴伊澤君約，同坐吴止欺、李惠卿。伊澤君述維新之初改正調查音樂事甚詳。

九時歸。曠生、仲先、陸賓、志忞均在，曠生宿。

【頁眉】增『王字母』之數列爲表。印刷師擬赴直隸。

收信：羅順循，陶杏南，魏梯雲，約敏姪。

來客：失候和田君、依田君、蒯若木君。

五月十三日（六月二十六日）晴，天氣最佳

四時聞樓下臺灣人郭君捉賊號呼聲，下樓視之。紛擾許久，遂不睡。

青柳君偕早稻田大學漢文講師牧野謙次郎牛込區矢來町三番地舊殿四十一號來訪。曠生傳譯。牧野君又索紙筆論中國編歷史教科書之法，其漢文頗條暢。

弘文外塾之天津十君子先後來談，留午飯。飯後先後去。余假寐一小時，率智怡赴長岡子爵之約。同坐根津一、吉田清揚。先導觀其庭院、泉石、花木，然後入坐。肴饌和華兼採。席間，長岡君屢起取舊藏中國人所書扇幅見示【頁眉】翁、潘之聯，又以自著《雲海詩鈔》及《南清游草》見贈，八時後歸。

五月十四日（六月二十七日）晴熱

四時半起，補寫日記，補寫寄毛觀察函，寫寄荃士函。

八時半同曠生、伯齡兩君參觀附屬小學校。棚橋君陪話片刻，導觀尋常第一年教室第□*部。師教算學，畫人形九，令諸生數之，又令數其頭，又令畫九行，自一至九。眾畫訖，師又於板畫之，而隨時詰問，隨時解釋。已，又橫畫爲九段焉。棚橋君云，前週間教至八數，此週乃自九起，蓋尋常一年生止教至二十而止。

聞鈴聲出，少頃復入此室，觀教國語，板上懸一圖畫，荷物及荷車。師先解荷車之用。許久，令一生登臺書『クルマ』三字。師亦自書此三字，問諸生曰：『荷車與「クルマ」不同也，應如何加字？』一生曰：『「ク」上寫一「ニ」字。』師又問『ニ』字如何寫法，又命一生於板書之，已而師乃自書之。又曰：『「グ」非「ク」也，何以別之？』一生曰：『應加「゛」。』師則於板加之。又問曰：『但云「ニクルマ」

此不成詞也，試與人言應如何説法？』一生曰：『ニグルコガァリマス。』師又令諸生數之，共爲幾字。衆生則一一數之，其數爲九，恰與所教算數相應。數畢，令各書於石板，師又於黑板書之，爲正其行列乃畢。

尋常一年生早課已畢八時至十時半止，乃入第二年生室。觀教習字者臨平假名六字，先令以指畫其點畫，初一一畫之，後兩兩畫之。畫畢，令臨寫兩紙師周視偶指其誤處。兩紙畢，復臨寫一紙，此紙爲呈師評判者。寫畢，師入坐，依次呼番號收之。

觀畢小坐，又觀此級體操。分全班爲兩隊，以布帶爲環，每班出一人角力。負，此隊再出一人。凡連勝三人者爲優等，已得優等即退，所以節其力也。每當角力時，師立於其中，以手掬其環呼『一二三』，至『三』字則用力，師讙呼以助之。兩班中其他各生亦讙呼距踴以助之。至末總計，兩班恰均平，無勝負，乃整齊行列爲禮而退。

今用午飯。余體又不適。

松本君本約定今午續講，余倦憊恐不能支，命恰兒往知照改期。歸寓大睡至夕六時。晚八時復睡達旦。

收信：大阪石塚豬男君，附前年李子香託購書之清單；根津一君，附對俄主戰策及漢文《日俄時局輯録》。

發信：毛實君、王荃士。

＊原文留空。

五月十五日（六月二十八日）晴◎根津昨日云梅雨將闌，可望久晴，至秋則又將多雨◎第二回參觀附屬小學校，第四次文部聽講

六時起。寫日記後薙發。九時後同張、高二君智怡從往觀附屬小學校。時第一年室課已畢，仍觀尋常第二年室，教員水户君教觀察，黑板上書片假名三行：（一）カミ，（二）フテ，（三）スズリ。師先告諸生曰：『今日講此三物。』乃取紙兩張，先舉一紙以問諸生曰：『此何紙。』争舉手，乃擇一人問之。對曰：『ハンシ。』又問彼紙。一人曰：『ワラバンシ。』師曰：『然。』師乃書此兩名於『カミ』一行之後。又問曰：『此兩種質孰堅？』一人對バンシ堅。師以ハンシ碎撕之，皆成直條，又以ワラバンシ撕之，則斜下極易斷。衆生皆歡笑。師乃曰：『此易斷者，質不堅之故也。』又問：『バンシ係何物製造？』諸生不能對，師書於板曰コーズ。又取筆一枝筆帶宿硃，執問諸生：『何名？』對無謁。問：『管係何物？』曰：『竹』。『筆頭何物？』曰：『毛。』『毛與管何以相粘附？』諸生不能對，師乃用力拔之，

筆頭頓落。衆生大笑。師曰：『諸生所用筆常有脱落其毫者，蓋用力太猛之過也。』乃拈舉其管，指其中曰：『此中色黑而黏如糭者，何物？』或對曰：『膠。』曰：『是也。有膠粘之，故不脱。』又問：『毛何以成爲筆頭？』或對曰：『綫纏之。』師曰：『是也。』師乃講畫其製筆之法。最後破其毫，硃紛紛下。硃與毫散落於地而止。衆生又笑。師曰：『諸生自用之筆勿吾效也。』已，又畫一提筆之形，講大字用大筆，小字用小筆，小字指執，大字掌握。又取一硯問諸生：『此何名？用何物製成？蓄水處爲何名？』對畢，又問：『硯何爲不用木製，金製？』對或然或否。師解之曰：『石堅於木，可耐久。不用金者，石價廉於金也。』因講硯價幾何，最後又取所講之兩色紙問曰：『バンシ價幾何？』或對曰：『三錢二十枚。』『ワラバンシ幾何？』曰：『一錢五。』曰：『彼貴於此幾何？』曰：『一錢五。』蓋又借此温算法一次，即此知教授聯絡之法與學級擔任之妙。然得師甚不易也。棚橋君云，水户君最以善教名。又尋常第四年室，教師亦良師也。

小息片刻復入觀，適課作文，諸生皆以偏假名書紅格之紙，或數行，或十數行。良久，師曰，未畢者攜歸自補之。聞係前日所作今日補鈔之也。

入高等某室，方講日本歷史，以無意味乃出。於庭中觀體操，先兵式，次游戲。

游戲之法，一人捉得一人則手相攜，再捉一人又相攜聯之，在左右兩端者又捉之，捉得則續。頃刻間聯爲一長排，師亦聯入其中焉。至餘一二人遂止。

十二時出，飯於今用。今用去附屬小學校極近，和洋餐皆備，故每午食往焉。午後二時，就松本君聽講，仍講小學校學齡就學及科目時間、教科書等類，約兩小時許。

五時歸寓。晚飯後到會館聽音樂。九時前歸。

季常夕來，棣生晚來，棣生將回泰州。

五月十六日（六月二十九日）晴熱◎第三次參觀附屬小學校

六時起。八時同高、張二君往附屬小學校觀尋常第二年室。*水户教國語。先書一『日』，令諸生連摹三字。又書一『大』字，問：『「大」字何音？』或對曰：『オホ』。又問：『更有何音？』或對日『ダイ』。問有讀：『「タイ」者乎？』曰：『有。』『讀「ダイ」者何字？』有曰『大學』者，『大將』者及某字某字者。又問讀『ダイ』者字。曰『大砲』某某字。旋又書一『太』字，師曰如『太郎』『太□**』等字用此。旋又執粉筆故作柔聲：『此字有人識之否？』則聞學生皆舉手呼『先生』，似言其已知者，蓋師方書一『犬』字也。又爲之解『大』『太』『犬』三字字形之別。已，又於『大』字上拭去一横，且改其撇令稍直作一『人』字，又於其旁作一『入』字，令諸生判别其異同。既畢，乃書假名數字『アノマタリ』『アノ人』『アノ人ラ』，令諸生添綴成句。師又爲改之，又爲解釋之。最後令讀前日所授讀本，佳者讚之。一生音低，師令稍揚，又音譌，師就其坐位之前口授而指畫之，卒不能適合，師亦不再强之，但命衆人同聲讀一通而止。小憩，與棚橋君略談。

觀尋常一年室教國語。師於板畫鼓形問諸生：『兩端蒙何物？腰爲何物？鼓之中有物否？鼓中若實以物有何妨礙？鼓以何物擊之？』召一生畫鼓椎於板，然後師書『タイコ』三字，『タイ』兩字係熟字，『コ』乃生字也。問諸生『コ』與『ロ』之異同，師故斜書一『コ』字形，令一生執紅粉改正之。旋拭去板上之字，命諸生各掩卷背書『タイコガアリマス』。又令一人讀之，又令同聲讀之。旋又講論其字形，書一『匚』，問諸生：『與「コ」何别？』已，又令讀『タイコアリマス』。又於板爲正其行列，先作一行列不合者，復作一行列適合者，令諸生判别其孰是。已，又令同聲讀之，課乃止。

觀尋常三年室教國語。板上挂人體骨架一具，師講人骨生成之原由亦時抽問諸生，諸生所對或近理或不近理，言飲食不宜偏主一類，不運動則體佝屈等理。

觀高等各女生舞蹈。往來變換節之音樂，真運動之妙法。曠生大感動至泣下，蓋爲吾國女子悲也。人數不足，男師女師足成之。

十二時出，仍飯於今用屋。午後隨伯翁買書。

夕歸。夏用卿率一姪十四兩子十三、十一來留學，寓山崎館，來訪。和田來訪。潤甫、曠生宿。

* 本日日記原稿各段并非按時間順序記録。故嚴修於每段前標有數字①②③④，原稿眉注『次序顛倒，以數正之』。本次整理則依時序調整。

** 原文留空。

五月十七日（六月三十日）晴熱◎第四次參觀小學校，第五次文部省聽講

六時半起，八時半同伯苓、鑑塘、智鍾往附屬小學校，觀第一部尋常一年室。一生立臺上演講，適無課，人不知所言云何，立聽片刻，已届休息之時。乃頃，佐佐木君言，此學生習談話也。生例有學藝會，於每學期之末行，今將届期，故須練習也。

又觀第二部尋常第一年室，相島君教算法，教九之加減乘除。先畫梨九枚於板，令一生登臺用筆界爲三段，又令三三數之，又令兩兩數之，問其有餘無餘？所餘有幾？又分爲七與二，又分爲六與三，又分爲五與四，又分爲四與五，如此遞分。最後書『9』字示之，先寫一次大者，又寫一極大者，學生大笑樂。旋又寫一極小者，學生愈樂不可支。師令諸生以指畫空效爲之，又令諸生同聲自一數至九【頁眉】時令起立，以提精神，數畢休息。

小憩，仍觀第二部第一年生。水户君來教手工。先散丸泥如前次參觀時所見，散訖令諸生隨意製形。所見有作果形者、碗形者、水雷艇形者。師各授方紙一塊，其上預書各生姓名，製畢者置紙上，師一一收之。

入唱歌室中聽唱歌，每五人一排登臺上，正立唱之。五人畢，又易五人。如是者四五次，最後又同唱，或全班或全班之半，或坐或立，約四十餘分時間，鈴聲乃止。

棚橋君導入一室，乃高等三、四年合教者一部無三、四年，此爲二部無疑，師教圖畫。黑板上畫石菖蒲花一本，葉一莖，諸生皆臨模之，并填顔色。師循視各生之案前，或爲之改正烘染，或於硯池調製之，畫畢各署名紙尾。棚橋君言，師先取花一枝，照畫於板，然後令各生臨之，所謂寫生也。德國教圖畫主寫生。

十二時出，今用午飯。往文部省聽松本君講學校建築及教員檢定，約兩小時許。往山崎館答拜夏用卿叔姪，談片刻。又至黎仲蘇室，立談片刻。歸，爲棣生及館主人書扇。

收信：手嶋君約觀卒業式陽曆初八。

來客：失候沈幼沂、劉築生昆仲。

五月十八日（七月一日）晴◎第六次文部省聽講

七時起。九時，偕伯翁率怡兒赴文部省聽松本君講仍講教員諸事宜。十二時畢。富士見軒午飯，飯後訪哲子，遇於途。答拜沈君幼沂，亦遇於途，隨之至法政速成科之日本語教室，聽三矢君教日語約一小時。歸途訪和宣，不遇。勸工場買用品。夕回寓。

是日來訪者：胡玉孫、劉卓冬、王嶧山桐齡，第一高等學校，任邱人。

五月十九日（七月二日）第五次參觀附屬小學校

七時半起。何錫侯來。九時，同伯翁、怡兒到附屬小學校，觀第二部尋常第二年生習字【頁眉】兩生司注硯水。墨板上預懸長方油紙一張畫十字線，界全紙爲四，又釘長方白紙一張。師又以粉筆畫板式如下：

師曰：『せんたく者，洗濯也。前不曾教洗濯、唱歌乎？』又以墨筆更書此四字於所鍵白紙上，每書一字輒回顧有所告誡，或下講臺周視稟訐事亦間有之，師不甚著意。四字書訖，又於紙尾作小字，示題姓名式題名紙尾書二部某生，『部』字不能書以『ぶ』代。乃下講臺執朱筆擇佳者加圈。一生呼師令視己作，師就視之，亦勉加一圈。已，乃擇一最佳者攜至台前，舉示眾生曰：『此結構甚佳，但畫稍壅腫耳。』又問眾人曰：『佳否？』對曰：『佳。』乃呼其人還之。乃於油紙上狀其字體之偏側或長或短不合度者，又別作一合度者正之。又另鍵一白紙，再書此四字，且書且講解之，令諸生各再臨寫一紙。又周視加圈，此度加圈益從寬，有因得圈多而舉以誇於人者。沈幼沂之女公世芬紙尾所署之小字特工，師舉以詔示眾人。人已各臨書兩紙，復命自書一紙，隨書隨圈，間或代書一朱字，令自描之。三張寫畢即放學休息。與水户君教法斂三紙之一置講臺以待評判者，微有不同。

第一部高等一年生習字，字體較小，學生自臨範本，恒自塗抹改正之。

入唱歌室聽片刻。

佐佐木君導觀博物室及歷史、地理諸圖【頁眉】藏圖之櫃其製極佳，圖插方格內，僅露其端題字，一檢可得。十一時辭出，回貴臨館，因怡兒午後須往會館也。

午後本欲出門買圖畫、標本，以客至而止。檢理書物等件。仲先、伯顔、曠生先後來談。

來客：李賓士，何錫侯。

收信：華石甫，孟芹香五月初二。

五月二十日（七月三日）薄陰，熱減

六時半起。補寫日記。蔣觀雲、錢念慈、何燮侯、余仲先、蔣伯器、劉筑生、芸生將往撮影，來會曠生於此。念慈諸君皆觀雲之弟子，伯器則觀雲之喆嗣也。

和田所紹介之山中米次君來訪，曠生傳譯。其人年二十一，幼年學校已卒業而不願入陸軍，志欲游吾國，謀一寄宿所。

洪鑄生、梁著薌來。

楊公使招飲。同席：湖北候補知府周崧甫以翰，江西乙酉拔貢，癸巳舉人，曾在正紅旗官學充教習、鄧芷谿沅，湖南永興人、羅苻農慶昌，四川營山人；陳君蘄水、惠君、漢君未通刺，皆湖北派遣之游歷官也。別一席有熊孟臚應龍，瀏陽、李餘清蕙，桂陽、李佛翼祥霖，湖北候補道，湘陰、夏孝齋紹範，衡陽、胡綏之玉縉，元和、李和宣慶恩，原約十一時入坐，至午後一時客猶未全，至三時席散。歸寓。【頁眉】楊公使言，當光緒初年時，日本諸務未興，艱難之狀同於我國今日。以外國銀洋一元可易日紙幣一元八角，紙幣不通行，即銀圓亦不信用。爰以十二萬元路滙豐，求其收用，後乃逐漸流通。

晚，約伊澤君飲於富士見軒，伯齡、柘甫兩先生、曠生君陪，智怡隨往。六時入席，九時散。伊澤君研究中國語，以『王字母』列爲表，與同席諸君一一證之。與伯齡、曠生兩君談，十一時半乃睡。

來客：蔣觀雲，伯器，錢念慈，余仲先，高曠生，劉筑生，劉雲生，梁著鄉，洪鑄生，陳柘叔，周崧甫。

五月二十一日（七月四日）晴◎參觀附屬小學校第三部，第七次，聽松本君講學制

六時起。八時半同伯苓、智怡赴大塚町高等師範學校附屬小學校第三部，先投刺於大橋銅造君寓牛込區津久戸前町十五番地，君導觀高等單級室，適值作文。室内凡分三班，每班一題。大橋君執一卷見示，題爲《世間萬事塞翁の駒》。又其他諸卷多書『秦始皇築長城』語，大約題中語也。惜所書假名太多，不能曉其文義。立片刻，大橋君又導至尋常單級室，方授國語。師頎而微髭、精神活潑。【頁眉】初畫一筍於板之下端，令一生登臺較其身與筍高下，得適平，又一生較之低於筍二寸。此生乃對彼生曰：『我低於汝二寸也。』

蓋亦讀本中語，寄演算法於國語也。始與諸生相問對，又選某某登臺上對讀，旋擇諸生數人令效書中情事。一生肖醉人，又一生肖員警立講臺上。又兩生作爲父子問答，指醉人而言飲酒之害，諸生皆樂不可支。此一班之課也。又一女生肖瞽人扶杖行，一男生肖頑童奪其杖，擲諸地而逸。又兩女子進前作扶掖狀導之行，至一女生之前，似若送還其家者然。瞽者致謝乃畢。此又一班之課也。師旋又曰，適纔學警察者語乃模胡不易曉，盍再試之。此生復登臺，一生立其上，問答一通，聲漸清澈矣，乃止。此室合四年生，計之凡百餘人，而坐位僅可容六十餘人。余等參觀之時乃二年至四年生，其一年生大約在外游息，此三班教畢退出，彼一年生乃入。有女挾帶圓孔之木板，按排啟其几上蓋，納板於其中，因彼三班尚有書物未攜去者，以此板界之。板之下爲舊班之物，板之上爲後至者之物也。據松本君云，此名二部教室舊名半日學校，今改。復觀高等室四生皆習圖畫執蓼花一枝寫生，二年至三年生聽講理科，題爲《夏の水邊》，蓋講動物也。且講且畫且肖其狀，諸生皆諦聽不倦，惜余不全解也。

十一時辭出。會芳樓午飯。飯後至尚美堂閱標本諸圖，索其目録以歸。

到文部省，聽松本君講幼稚園、盲啞學校及類似諸小學校之大略，又講半日學校及二部教室之大略。松本君今日有小疾，以電話致貴臨館，欲止余等勿往，而余講畢等適不在，不之知也。余等既到，松本君遂隱其前事，勉爲余等演講兩小時。講畢乃直告之，日人之肫摯，真可感也。

四時歸寓。晚，曹潤田來談。

收信：羅順循大令五月七日，保定，尹澄甫兄四月十五，約敏姪五月七日。

發信：石塚豬男藏。

五月二十二日（七月五日）晴

六時起，七時四十五分同張、高二君往觀附屬小學校第一、二部高等科談話會，即佐佐木君所謂學藝會也。棚橋君贈順序表一紙，其所列如下：

一、職員生徒入場。

二、開會ノ辭案，此棚橋君演説。

三、唱歌《我國兵士》，一ノ高一全體一ノ高一全體者，第一部高等一年生全班也，下仿此。

四、談話，一ノ高一二人一人畢又一人，下仿此。

五、讀本朗讀，二ノ高一一人。

六、同上，一ノ高二三人。

七、談話，一ノ高二三人。

八、讀本朗讀，二ノ高三一人。

九、同上，二ノ高四一人。

十、教師談話十分，後藤、堀田一論吸菸之無益，引日本古人語；一論讀本讀法。

十一、唱歌《箱根八里》，二ノ高一、二全體曠生極贊此歌之聲調。

十二、讀本朗讀，一ノ高一一人。

十三、作文朗讀，二ノ高一一人。

十四、同上，二ノ高二一人。

十五、教師批評，阿知波批評諸生頃間諸藝之優劣，大抵獎語爲多。

十六、唱歌《故鄉空》，一ノ高二全體。

十七、談話，二ノ高三一人。

十八、同上，二ノ高一二人。

十九、同上，二ノ高四二人。

二十、教師談話十分，江藤、兒崎。各説一故事：一言一人挾重資，約二千元，深山遇盜被救，初欲析其半以酧之，漸行漸吝，乃損至二十五元。一言子久客歸，其母不肯留宿。

廿一、休憩茶果ヲ給ス約十餘分。

二十二、唱歌甲《學友》，乙《飛小鳥》，二高三、四全體。
二十三、英語對話，一ノ高二五人作路遇交談狀。
廿四、英文朗讀，一ノ高一一人美國人。
廿五、同上，二ノ高三一人。
廿六、同上，二ノ高四一人。
廿七、英文會話，二ノ高二二人。有四女生，其二坐而織物，其二人來訪談話，不記在第幾次。
似是高等四年，然四年而四人者表中所無，蓋人數有時增減無從追憶也。
廿八、唱歌《航海》，一ノ高一五人。
廿九、作文朗讀，二ノ高一一人。
三十、同上，一ノ高二一人。
三十一、談話，二ノ高二一人。
三十二、同上，二ノ高二一人。
三十三、唱歌《富國强兵》，一ノ高二五人。
三十四、作文朗讀，二ノ高三一人。
三十五、同上，二ノ高四一人。

三十六、讀本朗讀，一ノ高二人。
三十七、教師批評，江藤。
三十八、唱歌《金剛石》。
三十九、閉會之辭佐佐木。
四十、一同敬禮。
四十一、職員生徒順序退散。
今用午飯，飯後到文部聽松本君〈聽〉〔講〕實業學校之概略。未畢，而普通局長澤柳君請余相見，乃輟講。澤柳君執吾國最新《奏定章程》一册，問吾國頒佈及奉行之大略。談約三十分而出。
五時歸寓，晚餐後到會館閱《大公報》及諸旬報，聽鈴木君教音樂。十時後歸。與伯顏、曠生談。十一時睡。
五月二十三日（七月六日）晴熱◎天文臺參觀，第九次聽松本君講
六時半起，八時同曠生、伯齡、鑑塘赴麻布區飯倉町三丁目隨弘文外塾諸君參觀天文臺。主者先展案上所列圖書，講星月諸形，又導至一室觀子午儀。對鏡窺之，但見縱紋三道，横紋一道。主者講説許久，惜譯者不通此學，不能譯也。又導入一室，余以人太壅塞無所見。又導外一樓中，設大鏡筒，其頂爲圓蓋如瓜瓣形，能旋轉以就日光蓋如瓣形，敞其一瓣，斜植其筒使日光射入。主者以白紙承其光，可以察見日之黑斑斑痕甚微茫。又導至一處，室之外有一斜立之圓鏡，又一横臥之鏡筒，此筒引長達暗室中，日光自斜鏡射入筒，達於暗室壁上，日之形狀顯然可識，能以照像法爲日寫真云。十一時辭出。

三澤君贈所著天文書一本。三澤君者，弘文講師，今日偕師範生同來者也。三田乘電車至錦町下車。今用午飯。

午，文部聽松本君講實業學校甲、乙兩種，三時半出。

三省堂閲書，買《漢和大字典》一册。

晚，李伯芝、王嶧山、顧仲康德鄰，泮香同年之子來。

五月二十四日（七月七日）晴◎第十次聽松本君講

六時起。寫日記。寫復張雲搏信。八時半偕張、高二君赴文部省。松本君談實業學校事已畢，約定二十六日往文部省各課參觀。十時半辭出。

乘電車至上野日本料理屋晝食。赴教育品製造會社商訂物品，入其工場并樓上皮物處一觀。四時回寓。商酌應購物事。

晚飯後，赴留學生會館，是日音樂演習。九時半歸。何燮侯宿，與曠生談。

發信：寄張雲摶。

五月廿五日（七月八日）雨◎高等工業學校觀卒業式

六時起。鄧孝可來。九時半到高等工業學校觀卒業式。

一、卒業證書授與。

一、修業證明書授與。

一、特待生選定。

一、文部大臣授優等生獎品，又授課業尤勤者獎牌一年不曠課銅牌、二年銀、三年金。

一、森村豐明會優等賞給與森村者巨室也，以六十元獎最優之一人。

一、校長演説甚久。

一、文部大臣演説預書一紙誦之，寥寥數行而已。

一、來賓大隈伯爵演説言三十年日本工業之進步。

一、本校卒業生總代答詞執長方形兩紙，一表一裏，表題『答辭』兩大字，裏即其辭也，立讀之。下同。

一、附設工業教員養成所卒業生總代答詞。

一、撰科修了外國人總代答詞洪鎔讀之。式畢入修憩所。十二時後歸。

寫寄約敏信。

附記是日高等工業學校卒業生：機械科四十三名內優等一人，曰遠藤政直、染織科色染分科六名、染織科機織分科五名、窯業科四名、應用化學科十六名、電氣科電氣機械分科十五名、電氣科電氣化學分科三名、工業圖案科五名計九十七人。

附設工業教員養成所卒業生：金工速成科四名二學年一人，一學年三人、木工速成科三名二學年一人，一學年二人、漆工速成科一名一學年。計八名。

高等工業專攻科修了者：應用化學科專攻生一名、機械科專攻生一名。撰科修了者：染織科色染分科撰科一名、染織科機織分科撰科三名、窯業科撰科二名、應用化學科撰科二名王守善、周培炳、機械科撰科五名范鴻泰、洪鎔，其他二人日本人。計十三名。

附設工業教員養成所附屬工業補習學校修了生八十二名。

以上卒業、修了總計二百名。

高等工業學校特待生七名。

獎賞品者四人，森村賞者一名，獎金牌者五名，銀牌者二十四名，銅牌者五十名。工業教員養成所：金牌一名，銀牌九名，銅牌十一名金銀銅合計百名。

與曠生談，託其代擬信稿。

赴曾志忞約，十時後步歸。

發信：寄約敏姪，答三信事并叙近日居東情况。

五月二十六日（七月九日）陰◎文部參觀

六時起。八時半同伯、曠二君往文部省。松本君導觀各局，晤次官文部大臣秘書官兼文部省參事官松浦鎮次郎，文部書記官渡部董之介。松本君日内似有他事，頗匆遽，僅草草閲一周，未及詳詢爲憾。十時半辭出歸寓。

午後，欲往看王子製紙廠，因時已晚，未果往。高等學校留學生朱伯淵、周瑞伯同來，朱言將往旅行，特來告辭。周，湘陰人，極明爽。

梁璧垣之弟鼎甫來訪曠生，談片刻。

和田君來，言長岡子爵與根津君爲介紹此間文學夙著者數人，不日將介紹書送來。

收信：約敏姪，鐲兒、舒兒。

五月二十七日（七月十日）雨◎清風亭同鄉會

七時起。九時半同張、高二公答拜周崧甫太守，談刻許。往清風亭，是日同鄉開會，爲速成師範諸君餞行兼及張伯翁及余。到時開會已久，僅聞崇兒演説暑中之衛生。又崔子玉、吴鼐臣演説求學作事之道。十二時會食。原擬撮影，因雨未果。一時歸。

寫致胡、楊二公信，未完。

晚，與曠生、伯顔閑談。

收信：羅順循附致晳子一函，趙幼梅。

五月二十八日（七月十一日）夜雨，近午乃止，晚十時又大雨◎未出門

七時起。阻雨，終日未出門。寫信。

何仲書午前來。何夔侯燈下來。

和久屋吴服商店持周瑞伯名刺來。

崇、怡、鍾俱宿伊藤方。

五月二十九日（七月十二日）雨朝晴

七時起。擬復陶杏南信，未就。鈔松本參事所談。

午後，于子極、毛子龍、黎伯顔來談。

夏孝齋紹範，湖北知縣來訪。談次知其令伯印時泰，其令尊印時濟，皆壬午鄉舉；陳梅生嘉定又孝齋之外舅也。孝齋曾署宜昌之歸州，此次奉派游歷。

夕，赴偕樂園貴州諸公歡迎會，主人夏用卿同龢，麻哈、朱一清平越、朱文伯學曾，一清令嗣，同，成城、熊石安朝鼎，貴陽，宏文、董熙台恩祿，思州，同文、金舜孳甌，用卿之戚，貴陽，政法速成、蹇季常念益，遵義，早稻田、于子極鐵道、蹇方叔先榘，遵義、劉子明叙五，清鎮、毛子龍邦偉，遵義，高等師範、何仲書培琛，高等學校、黎伯顔淵，遵義，法學院卒業、黎仲蘇邁，遵義，高等工業。十時歸。

發信：約敏姪附致女塾諸生，胡、楊二公，羅順翁，李少卿觀察，趙幼梅，陳敬韓。

收信：東亞同文會送來長岡子爵介紹書，伊澤修二君送來所著《東亞歷史讀本》三册。

六月初一日（七月十三日）晴◎尋常師範學校參觀，三省堂印刷所參觀

六時起。同曠、伯二公步至飯田町，乘人力車欲乘汽車，時已過往青山參觀府立尋常師範學校，晤校長瀧澤菊太郎、書記天野静也，談片刻。天野君導觀附屬小學校尋常三年者一室，師教習字；尋常一年者一室，師教演算法教法最善，上半年教至十數，與一ッ橋之小學校同，又高等三、四年女生一室，師教生理；又單級者一室，有習字者，有誦讀本者，其師皆第四年師範生爲之【頁眉】附屬小學校師範生輪流教之。師範學校之教員隨時稽察，以核其成績，教員每週間亦擔任一兩時間云。觀自修室、寄宿舍、盥室、食堂，皆精潔修整。過師範生教室，自門外覘之，生徒皆端坐聽講，靜肅異常。

十時半辭出，乘汽車至飯田町下，到留學生會館借地用飯，遇箸薌、玉孫、柘公。余同曠生至外務省，訪繙譯官岩村成允，談片刻。聞小田大臣、珍田次官及山座君，均不在，留刺焉。

到日比谷公園小憩。

乘電車至萬石橋下，訪重野安繹君，不遇。

到三省堂，其店員奥村君導至三崎町，觀該堂所設印刷所。

凡活板機三架，每架日可印萬紙，石印機日可印六千紙云。

六時歸，玉孫、柘浦二公在焉。晚與二公暢談。買繡畫十餘幅。贊廷來，談甚久。

六月初二日（七月十四日）王子製紙會社參觀

六時半起。伯、曠二公、余及智怡凡四人，自萬石橋乘電車至上野，易汽車至王子過田端，觀造紙廠。是廠凡機三分，僅觀其一。先至樓之最上層，堆藍布條，高可及棟，有女工檢拾，篩去其渣滓，此爲入手第一工。次則翦，次則煮，次則攪，次則洗，至洗净後乃入製紙池中。池與池相接池盡則軸與軸相接，軸之内含蒸汽，紙經一遭則濕者漸燥以至於乾，在此端爲濃汁，在彼端已成白紙，真絶妙也。導觀者店員清水金元君曾學製紙於美國由三井行介紹，凡二年。

後乘汽車歸，至上野公園之三宜亭借地用飯。飯後余同曠生訪井上哲次郎文學博士，談約一小時。井上君於二十年前留學德國，凡十年，識吾國陳季同、賡音泰。論日本教育得力在德川最後三百年，既重儒學又發明武士道，不遺餘力，近三十年，復采西洋之所長，故益覺完全。又言日本維新之政，吉田松陰之功爲多，山縣、伊藤皆其弟子。其時諸賢放膽直進，乃有今日。亦武士道得力之一證也。又言宗教界限漸次融化，不論教之異同，但論理之邪正，如日露之戰，英美皆表同情於日本，此其大驗矣。談次時作清語，但不能多耳。

訪山川健次郎不遇。

訪田尻稻次郎法學博士，老儒也。曾學於西洋，明治十二年始歸。言在大學已廿六年矣。論日本明治初年學制大略，言欲考學制之沿革，有法令全書及文部省之年報，檢閲之，可得大凡。如有見問，隨時可來談云。四時辭出。

至留學生會館閱報，五時後乃歸。晚，筱莊、用卿、子龍諸君來談。

收信：約敏五月十五日發，林、卞二公五月十四日信。

來客：鄧芷溪太守沅。

六月初三日（七月十五日）陰涼，晚小雨◎國民教育社附設幼稚園參觀，早稻田大學卒業式參觀

六時半起。同高、張二君步出，擬觀所謂神田小學校者。過三省堂，邀其店員奥村君爲鄉導，入一幼稚園，主者以將休息謝。又過表神保町一番地，入一狹巷，門前榜曰『幼稚園』，又曰『國民教育社』。入見主人，主人曰多田房之輔，爲國民教育社長，又爲國民教育學會主幹，園乃其自立也。據言，初立之時擬招六十人，及開學僅得十人，時己方爲他處教員，悉以月俸所入供園費，其妻君亦徒效力焉。積久始漸發達，來學者日益衆，教授管理諸法在東京自謂不後於人。又言，官立幼稚園月收百餘元，尚不足用，此則僅需五十元而足，人出月費七八十錢耳。又自言，由十五歲即從事於教育，十七歲入師範學校，其妻君亦師範學校卒業者也。談次以雜誌數册見贈。其書名曰《日本小學之教師》，月出一册。所載社説、時評、雜録等等，大都論小學校事。多田君即雜誌主筆也。國民教育會又改稱大日本小學教師協會云。

十時半辭出，至三省堂小坐，約奥村君同至料理屋午飯。飯後，閲書肆數處。同赴早稻田大學觀卒業式。入場後，授優等生獎品，校長鳩山和夫演説，得業生總代阪東幸太郎答詞，清國得業生林棨答詞，學監高田早苗報告，校友總代增田義一祝辭，來賓大石正已演説。幹事告散會，乃出。來賓甚衆，余所識者惟久保田文相、嘉納校長而已。吾國楊公使亦至。六時冒雨歸。

晚奥村君來。

六月初四日（七月十六日）早陰◎實踐女學校觀卒業式

六時起。八時後，同曠生赴實踐女學校觀我國留學生卒業式。

九時後開會，唱歌，校長下田歌子演説。授證書訖，卒業生陳彦安誦答詞，又來賓一人讀祝詞。陳彦安奏風琴，又唱歌，大衆相對致敬乃畢。卒業者二人，一錢一陳。錢爲念劬先生之子婦，陳則章仲和之妻君也。又方監督之夫人亦與其列，聞係領修業證書云。

卒業式畢，入一講堂觀清國學生成績，織繡、圖畫爲多，有極工者。其相對之壁上懸日人成績，大鏡兩方皆織繡者，寫生妙肖，非吾國女生所及矣。茶果饗客，列長案如西式，進食、徹食皆校生爲之，食品亦皆校生所製。又旁立數生爲客揮扇，余謂曠生此日本所獨，泰西婦女殆不屑爲。

十一時半辭出，至一ツ橋通西洋料理屋午食。食畢，三省堂小坐，閲覽《官報》《教育公報》《職員録》及諸書坊之書目。擬訪辻新次君，電話詢之，知已旅行。再訪重野安繹君，不遇。

歸寓遇智崇，言將同伯苓師往龍門館，余因從之行。至楊陸賓室，坐許久。六時歸。晚，依田雄甫君來訪居牛込區神樂町二ノ廿五，君曾以所著《地理指掌圖》見贈，索予題詞。君所著又有《世界歷史》及《世界讀史地圖》，讀史地圖今始成，將出版。君曾在青山師範學校爲教員五年，今則爲幼年學校教授，與和田君友善。

收信：平澤君贈所發明製造之藥兩裹。

發信：林、卞二公。

來客：胡綏之、羅荇農、崔子玉、張文瀾，俱未晤。

六月初五日（七月十七日）晴，酷熱◎亞雅音樂會

六時起。八時後同伯苓、鑑塘、伯顔三君子往吾妻橋札幌麥酒會社，赴亞雅音樂送别會。到者一百三十餘人，日人則鈴木、伊澤、高橋諸君也。十時開會，曾志忞演說開場詞，嚴智怡演說音樂會期望卒業諸君之意旨，錢念慈演說答詞，會員唱國歌，會員唱留學生歌，沈君强漢以洋琴諧崑曲，陳彦安女士奏風琴。華君振吹笛，而潘君志愔以日本喇叭諧之，曾志忞夫婦合奏風琴，會員合唱送别歌。十一時會散。十二時會食飲麥酒，食番菜。午後，在池邊石上撮影。園景劇佳，伊澤君言此藩侯故邸也。

三時乘電車歸，陸賓與俱。晚，鼐臣來，子玉、古愚、海門來談。十時睡。智鍾宿其兄處。

收信：約敏，五月廿二日發；附女塾諸生信九件，智開信一件，約敏寄崇、怡信一件；又品侯、子久信各一件；女塾寄智鍾信一件；約敏寄智鍾信一件。

六月初六日（七月十八日） 陰熱少減◎晝未出門，夜觀活動大寫真

七時起。未出門。寫復陶杏南、魏梯雲信，又别復梯雲信，批改女塾諸生來信凡十件。寫寄約敏信，寫復女塾諸生信。

晚，同高、張、張、楊、胡、李六君子往觀活動大寫真。過三省堂，邀奥村君俱往。演日露諸戰事及拿破侖一生事蹟，其他餘興數事，十時散歸。

智怡來，智鍾從其大兄宿。

發信：寄約敏并女塾諸生附批改信一件，章程、唱歌集等七紙又三本；復陶、魏二君信。

來客：外務大臣持刺來拜。

六月初七日（七月十九日）早薄陰

六時起。寫贈手嶋君詩幅，爲弘文外塾受付人宮本書聯額，又爲其會計赤松書屏額。

午，答拜鄧芷溪。到弘文外塾一看，因今日開考也。余至時試驗已畢，談片刻。訪和宣，約明日赴日光。夕歸。鑄生、仲先、陸賓及教育品社員中村在此久談。

發信：致陳表叔，論諸君遷居。

六月初八日（七月二十日）

六時起。八時，同高、李、張、黎四君乘人力車至上野登汽車，九時開行赴日光一等票三元十一錢。至宇都宮易車，是處爲交道，一赴日光，一赴青森也。二時頃至日光町：有神山旅館之支店在停車場旁。其店員爲雇人力車送至其本店。杉樹夾路，古蔭森森。樹盡則爲長街一道，約行半里許即至神山之本店，宿其樓上。

樓面山，其下有亭有池，絕幽静。

伯顏攜有小説曰《官場現形記》，是日恰無事，讀之至盡。

發信：寄約敏。

六月初九日（七月二十一日）

六時起。早餐後，五人乘人力車出日光町。町盡，見一長橋名曰『神橋』左行則爲東照宮之路。過橋循足尾運銅之鐵軌行遇載銅之牛車甚多，至交道處右趨其左通足尾，少頃入山徑山下舊路廢。曲折而登，路盡，至一茶屋小憩。其地曰『馬返』，恰居神橋與中禪寺之中半也案内記云，馬返去神橋一里三十町，去中禪寺一里餘。又行小路許久，至中茶屋。中庭大石題曰『磁石』。伯苓君以南鍼試之良久。又行過華嚴瀧【頁眉】有木牌書『華嚴投身制止』等字，有茶屋。循山路降至瀧之下端處，有鐵欄環之案内記云，長七十餘丈，闊三間餘。水聲轟轟，白雪瀑飛，雖不如貴州黄果樹瀑布之巨，然亦足以爲觀美矣。自此分兩路，一小路至中禪寺不過十町，其一大路則三十町許也。衆皆欲行小路，路崎嶇，既陡且滑。諸君從容而登，余則喘汗相屬。行數折後登車，迂迴而登，路寬坦，殆即案内記中所謂太平阪也。阪盡，穿叢林直行，平曠彌望，不意山頂乃有此大高原也。原盡見小溪不以爲意，忽一轉則大湖當前，驚喜不可名狀。

至湖濱旅館名米屋者，入焉。初意今夕仍回日光町，因愛此湖，輒復作半日勾留焉。五人泛小舟於湖上。晚，余與高、黎二君復泛於月下，生平勝游以今日爲最矣湖名南湖。

米屋旅館精潔之至，女中皆恂謹，東京不數見也，且價不昂一宿日本料理二元二角，西洋料理三元耳。十時睡，衾褥皆精潔，妙不甚華。

發明信片二一寄智怡，一寄智惺。

六月初十日（七月二十二日）

六時起。早餐後下山。車行甚速，不停留，僅於過中村屋時一小憩耳。十時至神橋，舍車步尋東照宫先至一廟，其中有扱所買拜覽券，每券八角，有一人作嚮導。案内記中所云石華表、五重塔、石燈籠、三代將軍手植之楨、御廄、鳥居、鐘鼓樓、朝鮮鐘、陽明門、唐門、拜殿、本殿、奥院等皆一一周覽。東照宫本爲德川將軍之家廟，德川之第一代曰家康，建廟者家康之孫，所謂三代將軍也。金碧璀璨，窮工極巧，乃至一燈之製亦需萬金，即其他可知矣。某殿之古有貯寶物室，所藏皆家康生平用物，自輿服、刀劍、雜佩乃至樂器，無一不備。所見有牙笏及編鐘等，皆華制也。奥院特藏家康生平文札，歷石階二百七級而始達。老樹皆數百年前舊物，五人僅可合抱。游此宫想見當年將軍之勢力，而日人保守之善亦足稱矣。別有三代將軍廟，因時迫未入。

二時歸神山旅館。午後，校讀弘文外塾所記講義至夜十時，僅草草一過耳。

六月十一日（七月二十三日）

五時起，八時後至車場，八時五十四分開車。十時後至宇都宫，至一旅館用飯。二時後復登車至上野。時大雷雨，冒雨歸貴臨館。

晚，張文瀾、邢贊廷、廉勵卿先後來。

收信：約敏五月廿六日信。

六月十二日，即陽曆七月二十四日＊

五時半起，補數日日記。寫寄尹澄兄信，論鳌捐事宜仍舊，并謝惠青田石印章。薙髮。九時同高、張、張三君往九段坂上，與同鄉諸君照像，十二時乃畢。西洋料理屋午飯，伯苓、鑑塘、陸賓、潤甫、伯顔、季常及余父子四人，凡十人。飯後答拜陸仲芳，不遇。

歸寓。擬訪馬拱辰，電話詢之，言已他出矣，乃已。柘叔、小莊、際唐、箸薌、晳子、潤甫先後來談。晚，閱《大公報》《警鐘日報》。爲伯芝書扇。

收信：約敏五月廿九日信；渡邊龍聖自長崎西曆七月廿日信；伊澤君信，言帝國教育會長辻君已代介紹，明後日下午四鐘相候。

發信：致澄甫兄。

*此處陽曆爲嚴修自注，六月十三、十四日同。

【封面】甲辰日記（六月十三日至九月十二日）第二次東游日記至七月十二日到津止

【内封】日記：甲辰六月十三日在日本東京，至二十五日去東京之前一日；又補六月二十六日至七月二十三日，中闕廿四日一日；又七月二十五日由京至保定，至九月十二日在保定學務處

甲辰六月十三日，即陽曆七月二十五日◎早雨甚大，午後止

五時五十分起，爲三省堂店員奥村君書扇。木崎盛政君精測繪輿地之學，曾在參謀本部，今爲政教畫閣之主幹。是日持伊澤君名刺爲介來訪，攜所著地圖若干種。

冒雨訪馬拱辰，商數事，且言改長期之三人擬移川費爲在此守候之旅費，暫付每月三十元，俟續派者月費有確數或較此數爲多再補給之，總使一律。談畢，仍冒雨歸。

寫字幅坂田、平澤、根津、伊藤、石出、長岡。陳樂書來。夕，伯顔談振貝子、倫貝子及李、蔡兩公使舊事。余仲先來，予勸其譯學報。

晚，李紫洲來，坐片刻即去。與伯苓先生議天津立分科學堂事。

收信：根津一陽歷二十八招飲；陳柘翁信，言今日有柔道角勝，可以往觀；芸生寄來直隸師範二十三人姓名履歷單。

發信：復柘翁并寄還參觀筆記一本、《教育學》一本。

收信：嘉納約十五日往觀卒業式。

六月十四日，七月廿六日

五時半起。鈴木君約赴横濱觀風琴製造所。君七時半至，隨約伯顔、曠生、柏齡三君，余及智怡凡六人至新橋。九時開車，十時到横濱，步行至日ノ出町。該所臨河，主人曰西川氏，少時能製三絃，聞西樂而美之，乃學製風琴之法。又因製西琴必通西樂乃學西樂，且學且製。始明治十年，至今二十餘年矣，遂爲日本全國業此者之巨擘，西人無不知有西川某者，其子某又往美洲學之，三年而歸。該所所雇工匠大都聽西川父子之指揮，ピアノ之内容買諸西洋而自裝納，オルガン則皆自製。不但不借資於西洋，且所製者恒運往西洋銷售。鈴木君云，西川君日本一奇人也。

信然。

西川父子導觀各工作，其中以木工爲多，大都以機器爲之，或截或刮或鑽或削，皆敏速異常。凡諸工之所爲，其子皆能之，一一爲余等試之。閲畢，爲天津學堂買オルガン兩具，又留茶餌酒肴，小啜乃别去。曠生、伯顔候於山下木牧町之鏡海樓。佐儒在焉，談約一小時。因有帝國教育會之約，匆匆先告别。同曠生、伯顔乘四時半汽車歸。下車同曠生赴一ッ橋通町廿一番地帝國教育會，晤會長辻新次君，極謙和。示以會中規則及公報，因言是會設置之概略是會之設爲研究教育學術之事項，調查教育上須要之事項，兼設書籍館、學術講義會、教育俱樂部，發行有關教育之雜誌，印行有益教育之圖書，此其宗旨也。有職員，有推戴員，有名譽會員，有評議員，統謂之會員。皇族之樂於贊助是會者，依評議員之申請爲推戴員。教育家、學術家、諸有名望之人能贊助是會者，經評議員之評議，更由會長推選爲名譽會員。理事者爲職員。計會長一人，主事三人，參事二人。會長於總會選舉，二年一任，主事及參事於評議員會選舉，任期亦如之。（【頁眉】評議員三十人，就在京者於總會時選舉之，任期亦二年。會長者，本會之代表也；主事分掌庶務；參事調查議案，監查收支經費。主事、參事皆受會長之指揮，會長得置書記若干名，會長得使用雇員。會長、評議員議長、評議員主事、參事及委員皆名譽職。書記之俸給及雇員之日給皆由會長定之。

經費以會費與基金之利子及其他收入金充之，基金之管理監督經評議員會之決議定之。

總會分通常總會、臨時總會。通常者每年開一次，臨時者或會長有認爲必須會議之事或會員五十名以上有欲會議之事，皆可開之。

評議員會於總會所已議定之事項議其執行之法，或由會長附議之事項由評議員會決之。評議員置議長，由評議員互選之。

會員年納金一員五十錢，若同時納二十員以上，得爲終身會員。

辻君導觀書籍館及講義會之講堂【頁眉】講義會每歲開之，每季十回，又談片刻。辻君言有志爲吾國謀適宜之教育，若能精選青年子弟十五歲至二十歲者二百人來此留學，授以普通學，辻君能擔任之。余問與同文學院有無區别，辻言學科及辦法大略不能懸殊，但人各有所獨到，使某爲之，必可使其方針不謬云云。余言熱心誠可感，但同時精選百餘人程度適齊者，良非易之，容徐思之。

六時别出，與曠生食西洋料理。飯後步歸，過三省堂小坐。

高等師範豫科上元伍君及其弟同子龍、仲蘇來談。

收信：陳栢翁。

六月十五日（七月二十七日）

六時前起。十時同曠生訪矢野文雄，不遇。訪戶水寬人，談片刻而歸戶水君論中學校科目宜備，而程度不必過高。

爲于子極、大野鈴子書扇三。

同張柏兄及智怡赴弘文學院訪嘉納君，談約一小時。是日直隸速成師範班舉行卒業式，自四時起。院長授證書訖，演說勉學之語，任小山傳譯。次楊公使演說，言辦事宜有次第。次馬監督演說，言教科書關係甚要。次華芷舲讀答辭。六時式畢，遂歸。

失候渡邊龍聖。

晚飯後，伊澤君所紹介之伊藤允美來談，先索紙筆書挨拶語，漢文頗條暢，旋屬智怡傳譯。大意謂志在學漢語，擬赴吾國而不得機緣，懇余爲之留意，且言北村、牧野田皆其至友。余言：『欲赴清必須俟有相當適宜之事項，否則如岩村、大野諸君殊困難。且君抱上等學問，在本國何患無所事，而鬱鬱居異國耶？容吾歸後留意代謀之。』伊藤，文學士也，三十四年大學畢業，曾在帝國圖書館司書，現在泰東同文局爲局員，學清語。

三省堂店員奥村及運送店某同來，議將余之書籍隨師範諸公例運送回國，包裹纏束，十時乃畢。約明早來裝箱【頁眉】張柏翁洋書，張仲仁皮毯一個，王、嚴諸大圖，教科書二十二包（内有伊藤所贈石板一包）。

伊藤允美居小石川久……*町十九番地三十九號。

* 原文留空。

六月十六日（七月二十八日）

六時起。奥村來裝書箱。八時半，同曠生往訪渡邊龍聖君，君寓芝區田町六丁目□*番地今村方。行約一小時乃至。談許久，所議事項如下：

一、東文學堂并入師範學堂。其舊教習兩人既辭去，渡邊之意另延一人，依單級學校教法，於日文外兼授普通學，月俸或百五十金或二百元。

一、師範堂日本教習新納改教圖畫，仍兼博物。另延博物專科一人。又另延地理教員一人、手工一人。余言增音樂一人，渡邊之意見亦同。

一、師範堂日本教習辭退之五人，合計月俸五百五十五兩。新延之四人即以此數分配之，如不能恰符此數，即少有增減亦無不可。

一、辭去之教習五人至華歷九月二十日期滿，新延教習即按此日期接算。
一、師範堂三年生至今年九月計算，尚差兩年三個月，新延教習應訂至中國光緒三十二年十二月止。後如續訂另議。
一、赴華川資依舊例百五十兩。
一、今年續派學生四十人，渡邊欲與嘉納約定悉入弘文學院。其速成者無論矣，即長期留學亦令在弘文預備普通學。余謂長期諸君程度不齊，志願亦不一，須俟臨時再定，如能悉入弘文即臨時再定亦未爲晚。
於渡邊許得月舫同年書，言六月擬進京祝嘏，速余回國。又言續派四十人擬嚴行甄别，因願出洋者人數太多也云云。今村氏庭宇精潔，園景尤佳。渡邊導登山上，老樹蓊翳，望見東京海灣。十一時後辭歸。
歸寓後，赴根津一君之約於有樂町日本倶樂〔部〕。客惟余及智怡，無他人。二時飯畢，辭歸。
根津君論程度低者不宜學法律；又言中國宜集古來法律，采掇精要爲一編，以資傳習。惟國際法、商法皆古所無，當以今世所行者補入；又言法國律例不宜於中國。其意蓋主保存國粹而尤防邪説之横流也。

根津君薦一上海同文書院卒業者，謂可渡清襄贊學務。毛子龍、王古愚、王宋坡、王彦和可莊前輩令嗣，名孝緝，全閩師範學堂齋務長，派遣考察學務委員、杜行陀伯棨，師範學堂庶務長，亦考查學務委員也。二君寓牛込揚場町廿番高陽館、張右卿、高閬仙、趙次原、胡玉孫、劉竹生、芸生、徐毓生、李芹香、華芷舲先後來談，至夜十時乃散。

收信：胡月翁*；陳柘翁送來所録嘉納校長演説。

* 原文留空。

六月十七日（七月二十九日）雨◎終日未出門

六時起，寫寄周銘久信，附贈《湖北師範講義》四册。爲芹香之友書扇二。檢點書籍。爲三澤君書絹幅。是日來客：鼐臣、筱莊、芹香、芸生、挹辰、柘表叔、胡玉孫。

發信：寄周銘久信，託伯顔覓便；致馬參贊，言添請棚橋、佐佐木。

收信：根津一君，送來去年某君致清國大官書印本。

六月十八日（七月三十日）午大雨

六時起。子文及伍氏兄弟來。九時前同伯顔往觀法政速成科，先晤其事務員荻原敬之，晤梅謙次郎，談片刻。聽梅君講民法因於詐欺之錯誤，伯顔譯之，聽講者逾八十人。十時半辭出。訪范静生，不遇。過森田館與築生、柘浦兩先生談片刻而歸。

午後，宫本秀吉來，因聞余欲參觀柔道術，來作嚮導也。一時，同伯翁、宫本、智怡往講道館，嘉納君已前至。觀諸人兩兩相角抵，自一時半至四時乃止。柔道乃日本固有，或謂當吾國前明時傳自中國，理或然與。維新以後斯道漸微，嘉納君以家傳興復之，始自明治十五年，今二十餘年矣。其道乃倍盛於古時，因擘究愈精，教授之法亦愈善也。學斯術有入段、不入段之分。入段者自初段、二段乃至六段、七段，以次漸增，略如圍棋者之有高下也。全國習此者七千餘人，入段者僅二百餘人，最高者六段。第一姓山下，今往美國傳此術。次曰横山，今日所見之人，此爲最優者也。又五段一人姓富田，今爲學習院教師，是日亦在焉。横山體幹豐偉，絶有力。富田則靈捷輕便，善於用巧。二人蓋有天壤之别，而富田君尤善教人。〔此〕〈之〉數子者，皆受學於嘉納，故言柔道必推嘉納君爲巨子云。

約嘉納君往上野公園梅川料理屋晚飯，談教育行政甚詳，摘要録後。嘉納君言教育分三類，曰學術，曰教育，曰教育行政，今先論其第三。

小學、中學同時舉行，不必候小學卒業再立中學也。擇年齡之長入中學，中學之課程不過視小學略高。

師範學堂先立尋常者，其高等者可緩，不必同時并立，俟有進步，其中可分爲尋常、高等兩部。程度再高，然後改爲高等未晚也。但師範學堂中可附設教員養成所及補習所之類。

外國語學校當立，然必選本國之文已通者入之。

留學日本者除速成外，必須在本國預備日語五年。

視學最要。教科書最要。

總長以下有副之者，略如文部之次官，次官以下又一人輔之。有此三人則責任有屬而事畢舉矣。總長去則次官繼之，如是則方鍼不至屢變。

九時後嘉納君辭去，余等亦歸寓。

收信：宏文外塾書記赤松又次郎，問候兼求書字幅。

六月十九日（七月三十一日）大雷雨

六時起。寫請客葉書，訂廿二日宴貴州諸君於富士見軒。

寫未及半，岩間德也根津君介紹。【頁眉】岩間居秋田縣南秋田郡廣山田村楢山、牧野謙次郎先後至，各談許久。曠生傳譯。

十時，同曠生訪晤穗積八束，理學博士也。有道氣，莊而和。談日本昔年立法律學校之大概，以所著憲法書見贈。十一時辭出。

又同訪平澤繁次郎。言中國今時興工業高等者可暫緩；又言於學校内設工場不如因工場增學校云云。十二時辭出。

李和宣、曾志忞、朱一清來寓談。午後，同伯翁、曠翁談。柘公、芸公來。晚，復與張、高二公論天津立分科學堂事，擬約曠生回津襄辦，執不可。

收信：根津寄來一紙。

六月二十日（八月一日）

六時起。伊藤伊吉君所介紹之文學士小川銀次郎來訪芝區三田町四丁目廿九番。初至時，兩人以筆談，曠生起乃爲傳譯，計談三小時之久。君以明治二十四年大學畢業，曾爲仙台第二高等學校教習，繼而辭職來東京，於各私立學校爲教授及管理財政，又於芝區私立浄土宗教大學院教西國史及最近世界史，又於芝區私立高等女學校爲幹事，又在海軍大學校教近世世界外交史。其學蓋深於歷史，其持論謂私立學校勝於官立，頗有意至吾國襄助私立學校云。漢文極通暢。

【頁眉】芷柃將證書送來。

擬至森田館未果，而伯顔及馬曉珊先後來談，遂已向午。午後假寐兩小時。嘉納君五時後至，約同至兩國橋附近之日本料理屋晚飯。其地俯臨隅田川，景色絶佳，肴饌亦精美。九時後辭歸。

六月二十一日（八月二日）

六時起。伊藤伊吉君及所紹介之三角錫女史來訪，談約兩小時。三角君曾卒業於高等女子師範學校，繼爲師範學校教習，今在芝區高等女學校爲教頭，與小川銀次郎同事。科學尤深於理化。父母俱亡，終身不嫁。兩弟在工科大學皆有聲譽，學爲衆冠，得力於姊教爲多。明年兩弟當卒業，三角君一身無係戀，擬赴吾國助興女學云。

同伯顔訪宫島誠一郎及其喆嗣宫島大八。誠一郎年六十餘，與黎星使最友，談次出黎公筆談一卷見示，其間論及球案及三韓事；又有何公使如璋與副使張斯桂等筆談字蹟，皆二十五年前事也。大八君爲張廉卿先生弟子，曾居武昌、保定及西安，操華語絶工，舉止亦絶類國文文士。十二時辭出。

過九段鈴木寫真屋，伯顔勸余撮影留贈日人，候許久乃寫畢。兩人至寶亭午飯，飯後歸寓。復假寐，四時乃醒。

劉卓冬、楊陸賓、楊石門、余仲先皆至。【頁眉】《警察法提要》還卓冬。

五時半，同張、高兩君赴富士見軒約松本君晚飯。六時至，暢談至八時散。

文部省所派赴西洋留學生月給費百五十元。

日本有人在德國文部省内學習者，昔年朝鮮人亦有來日本文部省學習者。

次官改總務長，去年又復次官之名。余問何取，答曰無他，可省則省耳。

大臣有事不至，次官可代主張。

帝國教育會，私立也。與文部并無關係，不過文部仍采其議論耳。

六月二十二日（八月三日）

六時起。未出門。玉孫、曉珊先後來。薙髮。午後渡邊龍聖來議事，如下：

前，渡邊叙列諸教習姓名，現今諸人多半出京旅行，一時不能延訂。渡邊又叙列數人姓名。余告以能儘前單選聘最佳，即一時不能訂，少緩亦無妨。余歸期已近，恐不能候。即由渡邊斟酌辦理。總之，果係高等師範卒業生，學問當不致太差，至性情品格及於教育事經驗何如，則須渡邊細考，務期能終局，不屢更换爲妙。

新訂四人之薪水合之不逾五百五十五兩之數，抑或能節省若干，而以所節之數增給舊人亦可。舊人如中谷、關本滿二年者，可酌量增給，但須看當日合同如何規定。

東文學堂原擬聘一教習，照單級學校分級兼授普通學，但此選甚難，即有其人非二百金不能就也，然則以二百金之數聘兩人較爲合宜，不過多一人旅費耳。每人旅費照向章發給。渡邊云，向章每人百五十金。

晚，富士見軒回請貴州留學諸公，到者十二人，飲甚酣。飯後同伯顔、子龍、方叔訪箸香小坐，十時歸。子龍、子文、怡、鍾均宿此。

收信：伊澤君來函，附贈新著《清國官話韻鏡》。

來客：馬君武來訪智怡。

六月二十三日（八月四日）晴，凉爽如初秋

七時半起。陸賓來，至夕乃去。料理行裝，午後爲宫崎君書扇。

下午五時，同智怡赴伊澤君精養軒之約，同坐有川村理助泰東同文局員，小石川區白山御殿町百廿七番、齋藤章達深川印刷株式會社，前年舊識、阿多廣泉前年同車至西京、伊藤允美伊澤君新爲紹介、長原春田長崎人，居東京已二十餘年，音樂家，能奏明樂，攜有樂譜一册，名《魏氏樂譜》，據云傳自明末逸民云、鈴木米次郎，又泰東局員一人，忘其姓名。華人則念慈、潤田、止欺及余父子，凡主客十三人。食前，長原君以自製之風琴依《魏譜》中所載奏三闋，而自歌以協之一爲《昭夏樂》、一爲詩《關雎》，其一余忘之。旋又奏某曲，鈴木君以西洋琴協之。長原君所歌皆漢音，餘依譜尋之，約略可辨。譜中每字之旁注日本假名，并注『工、尺、上、合』等字，節有長短朱圈識之，音有高下如尺之高者作『尺』之類，一覽可知。吾華人解此者鮮矣，不圖異國之人且當維新數十年之後猶有孳究及此者。長原君又攜鈔本《樂器圖》一册，如胡琴、月琴、雲鑼之類，種類甚多。惜余未嘗肄業及之，不能與之考證也。飯罷，長原君又作日本歌，爲時甚久，然不適余耳。

九時辭出，到會館聽奏軍樂。十時歸寓。閲《大公報》。志忞仍宿此。

收信：惺姪六月十二日發，女塾諸生。

六月二十四日（八月五日）晴，晚雨

六時起，渡邊龍聖來談。

音樂教習，渡邊意中有三人，最上者多梅〈雄〉〔稚〕*明治二十五年卒業，現爲音樂學校教授，次爲吉田信太二十八年卒業，現爲廣嶋高等師範學校助教，次爲鈴木米次郎二十一年卒業，東京高等師範學校助教兼教諭。多田ロルカン、ヒアノ**皆長，餘二人則ロルカン勝。渡邊云。

東文教習仍改爲一人，若能照單級教法則百五十金，或照關本、中谷例均可。

東文教習須早日渡華，旅費百五十金，予歸後即匯來，其師範學校新教習四人之旅費則隨紱臣帶來。

渡邊約計，博物、地理兩教習各百五十金、手工百三十、音樂百二十，所以還就原定五百五十之數也。余笑謂此不必强合原數，即少減亦無妨。手工、音樂同數亦可。渡言此固不可拘，但約略計之耳。

渡邊攜書一册來，書名《手工教育論》，著者芝本爲一郎也。曾在和歌師範學校教手工，現在第三高等女學教國語，即渡邊所謂雖非由高等師範卒業而資格與之同者也。渡邊意似屬此人。

范静生源濂，湖南留學生，最有聲望。是日來訪，談約兩小時。

速成師範第二期當略仿四川新班之意，就普通而别專門。普通者，心理學、教育學、教授法、管理法、編纂教科書法，此爲必修科。專門者分數類，漢文優者入國語漢文科，或地理歷史科。數學優者入數學理化科，他如音樂、體操、手工之類各就所長而分習之。各以一年爲期，歸後則於每府開速成師範講習所，即以此卒業生爲講師，不過二三年，教員不可勝用矣。

午後，楊哲子來訪。

哲子、静生、潤田、伯顔、季常諸君昨日於清風亭會議，大意謂吾國政法之當改良，夫人而知之，然試問其何以改，則無以對也，徒終日責政府無已時，非惟不恕，曾何濟乎？擬聯同志調查内地之實况而擘究之。擬分四類，曰政治、曰實業、曰軍事、曰教育。晳子邀余爲會員。余諾之，但須先看其章程何如。余謂當從財政起。晳子亦謂然。

訪長岡子爵，送所屬書之詩幅并辭行。長岡絮言東三省後來事剌剌不休，余漫應之而已。又言同文書院事，余謂約束宜嚴。

訪馬拱辰參贊并辭行，公使適用飯，未詣見，托拱辰致意。

保定學生十人，加旅費十元，擬由此處給發。

保定東文教習旅費百五十金，擬託使館於學校司餘款撥墊，拱辰許諾。

私費改官費，除師範卒業三人外，或七人或十人或再少。拱辰云候余信再辦。

速成改長期之三人，『張』誤爲『馬』。拱辰云寄胡月翁函已叙明，余到津須再向慰帥聲明，回保時應否補公文再商。

偕樂園赴止欺會并潤田之約，九時散歸。

箸蓀談吾鄉宜於師範學堂中增速成班，每縣平均五六人，令分門習專科，卒業以一年爲期每州縣解省之每名六十金，計付食宿之費有盈無絀，但另籌教習薪水之費耳，然得地殊難。

＊據六月二十五日日記可知，『雄』當爲『稚』之誤。又多梅稚爲日本音樂家，做有《鐵道歌》《散步》等。

＊＊似爲オルガン、ピアノ之誤，即風琴、鋼琴。

六月二十五日（八月六日）

六時起。渡邊所介紹……＊人來。

一爲山松鶴吉原籍三重縣一志郡川合村，現爲滋賀縣師範學校教諭教育學主事，著有《實用教育學》贈予書二部，一即此書，一即前所購《小學校事稿》也。滋賀師範學校生徒四百餘人分九級，教習二十人，事務員四人。附屬小學校生徒六百餘人，教習十二人，歲費四萬餘元。

一爲芝本爲一良，現在東京府立第三高等女學校教國語，曾在和歌師範學校教手工，著有《手工教育論》。又自創畫圓規尺，贈余一支。

一爲多梅稚，音樂教習也，口吃。

一爲永井勇助，博物教習也，深目稍有野氣，三十四年卒業。

渡邊盛稱多梅稚之耳音，而余嫌其口吃不便於教人。余意屬鈴木米次郎，渡邊謂其耳音弗善。

渡邊言，山松鶴吉學問極優，唯性情是否躁急當須考察。又言，如欲訂山松爲保定東文單級教習，薪水必須照中谷、關本之數。

渡邊陪余赴高等師範學校約曠生同往，參觀手工室，晤岡山秀吉君，手工教師中之泰斗也。導觀標本用具諸室，又觀講習諸公練習諸手工，蓋暑假中各府縣教手工師俱來此講習也。每朝兩小時，講習理論，餘時聽各人實修。參觀至十二時辭出，三人共飯於伊呂波。

岡山必不能往，芝本亦未必能就，岡山又稱一人名……**者，亦最有名云。

東文教習之旅費百五十金，由使館墊給，已告渡邊。

一時回寓，收東行李。朱一清、喬梓來送行。伊藤允美來伊澤君託於所著讀本中署閱，又題目録。

伯顔以代擬之信稿見示。

晚，赴東洋社今川橋，柘、硯、曠、仲、奥偕行，買手工標本四分每二十元二割。官小學、民小學、王、嚴，用具二分每五十元二割，王、嚴，紙料等一分五元餘。買妥即託三省堂，俟其裝畢時代交運送店運至天津。十一時歸。

伯顔暢談往事，二時乃睡。

來客：陳幼雲、張體仁、鄧子輔、祝硯溪、玉田□***君、朱一清父子、玉孫。*，**，***均爲原文留空。

六月二十六日（八月七日）

五時起。寫日記未畢，鈴木米次郎來送行，略坐即去。

六時同曠生至萬石橋，乘電車赴品川，至停車場旁下車。入精養軒朝食。食畢乘人車至智崇所居之伊勢屋，箸香在焉，志悫、陸賓後至。候伯苓至十一時乃至，約高、曾、張三君往游湯本。

先至精養軒中飯，一時前乘火車，三時後至國府津，易電車，行約一小時有餘過小田原，五時至湯本環翠樓之支店。僱人車送至其本店。本店在兩山之坳，叢樹環繞，爽氣撲人顔。曰『環翠』，信不虛也。屋宇精潔，席皆緣錦，壁懸字畫頗多，有伊藤博文題額及詩幅，華人則俞曲園竪幅題詩一首，詩爲壽主人鈴木氏之母而作也。晚餐後浴温泉，輕快爲生平所未經。十時後睡，智怡八時自横濱至。

夜復連浴四次。

六月二十七日（八月八日）

五時起。小食後，井原外助來談。據言，自保定假歸宿此樓已兩星期。談許久。

七時五人步至山下乘電車，九時前至國府津乘火車，十時半至横濱。到山下町梳髮、買書。十二時到高野屋。

師範班十九人皆前至，又有王稚虹、蔣翼之亦此次同舟歸國者也。送行者，伯顔、子龍、伯芝、仲先、陸賓、箸香、潤甫、石門、戰霆、鑒塘、渡邊龍聖。一時半出高野屋至港口，二時登小輪船。送行者或同登，或别雇小舟，皆送至大船，將開船乃别去。智怡、智鍾亦同去。

船名 Empress of Endia，英屬也，容六千餘噸，至自美洲。余與伯苓居頭等艙一百三十七號，船中上下兩榻容兩人，對面一矮榻可以便坐。矮榻之一端有廚，榻之下有屜，皆可庋什物。電燈、電鈴、盥具、飲具、庋板、面鏡之類悉具。茵枕皆軟煗，潔白如雪。雖室之容積視日本郵船稍狹，而安舒適宜則過之。食堂尤闊，菜品有華字單，多少可隨意告之。早餐八鐘半起，午餐一點至兩點，晚餐自七點起。稚虹、翼之居二等艙，艙容四人，而此次乘客少，故蔣、王兩君外無他人也。師範班十九人買三等票，既登舟則實無止宿之地，諸公露坐以俟，行李堆繞不能容足，計無所出，争求伯苓向西人言之。伯苓商諸 Purser 某君，將一貯貨之艙略爲掃除，又加木板三層爲卧榻，又於梯之旁蓐厚布，又於室中設電燈，又將扃固之窗啟明，於是十九人勉可容膝。僉以爲，非伯苓先生英語之力不能得此也。此船客艙食堂之侍者皆廣東人，言語不可曉，反不如聽日語、英語，猶或偶有一二字可曉也。晚餐後於甲板籐椅上納凉，十時睡。

六月二十八日（八月九日）晴熱

五時醒，復睡過七時乃起。八時後到食堂。食畢往三等艙視諸君，聞夜睡尚安，因無風浪，終夜開窗尚不甚苦也。就中有數人仍苦，鬱鬱露宿於艙外。

海中時有物出現，或曰鯨魚，稚虹云海馬也，未知孰是。

九鐘，洋人呼三等艙客持船票往驗，驗訖悉收去一等艙昨夕已收去。

十鐘回艙，稚虹來小坐。

十一鐘，有人告船長將來察視，然久不至，後亦竟不至。

午後四時暫停神户港外，候醫來驗，一等艙但一核人數而已。復前行，約六鐘餘停泊卸貨。聞洋人云，夜十二時乃開，余等十一時後便睡，醒則船已行矣。

晚飯時一日本人持清水芳吉名片來食堂見尋，蓋此船有日本給仕二人，清水君因之爲案内也。延清水君入艙室略談。據言，數日前接智怡信，知余等乘此船歸，計今日可到神户，但未知確在何時，今日午前便由大阪來此，意余等必下船入市游覽，乃久候不至，故來船相訪也。偕一友曰水田竹圃，善畫山水，以所畫一幅見贈。且云一兩年後擬以畫游吾國，先北而後南，屬余爲案内云。清水君饋余食品一匣，談次陳柘叔來會話，稚虹亦至。九鐘後，清水、水田二君辭去，復與稚虹在甲板籐椅上對談，飲荷蘭水。甲板上有一室中設桌椅，蓋日人酒保之類，一日人供奔走焉，飲者付價。伯苓云，此即壁懸規條中所謂 Bar* 也。

稚虹談天津工場事，云可試行者數事：火柴、〈炸〉〔柞〕蠶絲漂白、石灰木、鈕扣、罐詰、髮帶、毛巾。

* 原作『Par』，似誤。

六月廿九日（八月十日）晴，無風

早食後，訪稚虹小坐。蔣翊之話寄『王字母』刻本。翊之在上海寓抛球場廣昌隆綢緞店。杭州城積善坊巷内蔣廣昌綢莊交蔣抑卮。

訪師範班諸君談，憑欄觀海，舟行峽中，水色碧膩。食堂中遇一上海人周熊甫寓神户下山手二丁目三十三番十六，商於横濱二十餘年，在神户又五六年。

午後，寫信二封，一寄智惺，一寄崇、怡、鍾。五時後過馬關。晚，早睡。

粤人吴姓，商美洲二十餘年，燬其業挈妻子歸國。與之筆談片刻，頗有思想。

七月初一日（八月十一日）晴，偶有小雨

早七鐘至長崎停泊，裝煤。販夫登舟，陳列貨品，如設肆然。午三鐘開行，水聲澎湃，波瀾壯闊，幸尚無風。晚看《世界近世史》。

記事：棚橋、佐佐木須致謝函。松田所薦之人須有復函。

記東京留款派定數。前東京崇、怡餘存之百元上下全儘，智崇作醫藥及滋養料之費。新留之陸百元以叁百元充鑑塘及崇、怡、鍾四人三個月學費、衣食住及書籍費，以六十元供箸香八、九兩個月，以七十五元供曠生八、九、十三個月，以四十八元供毛子龍八、九、十三個月，以五十元爲公積金，人有缺乏皆可暫借，但借必須還。以六十七元爲墊辦費，遇天津人託買物者，以此墊付之。以上所定恐有未當，且同文會、教育會捐款皆未算入，俟再函訂，姑記大略於此。

七月初二日（八月十二日）晴，微風

早飯後訪稚虹、抑卮，談一小時。稚虹論北方可興之工藝，頗有興致，年力正强，大有可爲也。到三等艙與諸君閑話。午飯後假寐。夕，觀船員拋繩圈賭勝負。五時後演習消防，初見之頗驚駭。五時至六時間水色黑，七時色轉緑。見燈塔焉。

七月初三日（八月十三日）

中夜醒，船已停，不知停自何時也。余來時乘『永生』船由上海至長崎，行四十八點鐘始至，此船約不足三十六點鐘，即加入由吴淞至上海之路，亦不足四十點鐘。

晨未起。竺笙、子畏來言，行李運入一小輪船時，恐人力不能勝，擬煩洋人飭夫代運，請伯苓往商之。伯苓往，則全數已運出。洋人言，俟上岸後可自往認取也。七時半早食，八時登小輪船。

一、二等客有艙可坐，余貪船面凉爽，且與諸君叙話，遂不入艙。小輪初開即見一俄國軍艦，六本煙突，船色深墨。煙突已毁折其一，船腰有巨孔，船上俄兵甚多。十時半船抵怡和碼頭，長發棧無人接客，稚虹往尋之，而長春棧之人至。余意在長發、長春兩處分住。因令長春夥友先運行李上岸，甫定任而長發夥友亦至，遂將余與伯苓之行李交長春，而諸君十九人之行李交長發。十二時到長春棧，食麫。

訪心容。訪楊杏城同年，求定官艙二間、房艙十間。船名『泰順』。

與伯苓步游四馬路，九華樓晚飯。飯後至開明書店，旋步歸。

培孫招飯，因已飯罷，辭謝。是日稚虹、荃士俱來訪。

七月初四日（八月十四日）

同竹生、芸生赴虹口，竹、芸訪何蒙孫，余則謁小舫叔。叔患痢，於臥室見之，談片刻。午正歸，晤漁三、子均。

回長春棧。飯後游四馬路，買書。

青蓮閣啜茗。回棧小憩後往虹口，同子均訪劉葆良。

晚，子均招飲於一品香，同坐伯苓、筑生、芸生、蒙孫、葆良，又有黄棣齋大壎、張季臣、項錦湖、漁三弟。

七月初五日（八月十五日）

柘叔清晨來，商買船票事。黄棣齋來訪，問東游事，爲介紹孫實甫、周慶鍾。

午初，同伯苓往長發棧，又回到裕祥心容所開。余赴葆良約於萬年春，同坐子均、棣齋。又赴荃士約於一品香，同坐夏頌來，餘不悉記。

午後回寓。寫寄兒輩信。顧緝翁、王培孫、稚虹、邊益園、王心容先後來訪。

晚，心容約食水餃、豆粥。

七月初六日（八月十六日）雨

筑生、子畏來，言『泰順』船房間不可得，余至招商局訪袁仲蔚，未至局也。

乃往小舫叔處，令僕翟升往招商局一託。余暫回寓。

葆良來訪，久談。附葆良之馬車仍至虹口，是日爲庶叔母生日，食早麪焉。爲陳君季生書屏對，爲漁三弟書扇，爲字『少卿』者書對，又書單款一聯。三時回寓。小舫叔賜食物甚多。

五時同伯苓登『泰順』船，七時復回登岸。買書。

赴顧緝庭、楊杏城約於一家春，同坐徐季龍庶常謙，此番亦隨『泰順』船北行。九時席散，上船。聞子均、心容曾來送行。

七月初七日（八月十七日）

早六時開船，八時因風大暫停。同舟鄭蘭溪二尹、陳小□*，皆鐵路局員也。又洪九疇同知，雲南解銅委員也。

一時復開。

船買辦孫端甫行方，湖州歸安人。

風大不得進，四時復停，仍未出海口也，終夜泊。

*原文留空。

七月初八日（八月十八日）

風未止，十時開行。傍夕風浪巨，舟簸蕩，臥以忍之。芸生來余室睡。

七月初九日（八月十九日）

七時起。風力稍殺，船漸穩，終日憑闌觀濤。晚，與玉孫、幼卿、子畏諸君論直隸物産。幼卿云，獲鹿産棉，每兩不過直四文，行銷山西。

七月初十日（八月二十日）

四時起，觀日出。過成山，八時後風力又大。昨日行黑水洋殊安穩，今日轉搖蕩，事之不可執定如此！午後散步，憑闌與孫端甫立談。端甫通英文，論事頗開明，其言各國商船在中海者，怡和行三十餘，太古行七十餘，日本亦七十餘，合之德法兩國，殆逾二百，而招商局仍前此三十餘艘之數，未嘗議增也，今太古較前已增十倍而吾國殊不厝意。余問：『招商局之船不可航行日本乎？』孫曰：『豈但日本，雖歐美亦奚不可？患在歷來總司其事者無一人游歷各國一考商務耳。』孫君又言：『此船司機器之西人月薪至廉者百五十元，而吾國人之在機器艙者至多不過二十五元，其經驗之久，操作之勤，視西人殆有過之，所不及者獨學耳。』學不學之間而價值不同如此，則何爲不設學堂以儲養之乎？所言皆有見地，余前年乘立神丸時深佩其事務長福士德太郎之學識，謂中國之充買辦者決無此選，今見端甫，悔吾前言之輕發也。招商局船以『安平』『泰順』爲最新，以載重論，『公平』而外即數『泰順』，『泰順』載二千噸，製價二十四萬金。

煙臺不能望見，大約午後已過之。晚與徐季龍立談。

七月十一日（八月二十一日）

四時起，散步以待日出。東北水面有一黑影甚微，若汽船之煙，又若極小之島影。已而漸折爲三，居中儼一小山，形方而平。余方與玉孫諸君笑語，一回首則山影中忽現光明。驚愕間黑影漸退而日輪出矣。玉孫言，是即所謂蜃樓也。余八九歲時學爲試律，即習用『蜃樓海市』等語，顧莫知爲何物，乃今始一見之。

七時抵大沽口，八時小輪船來迎，蓋余在滬時預借諸杏城同年者也。端甫言，凡輪船抵口外則懸旗揭示號數，大沽炮營則懸旗應之，而電告塘沽。小輪船蓋預奉楊公電囑，故及時而至也。

竹生留船看行李，餘人皆登小輪行。帶小輪船者甄姓把總，大沽人，由湖北調來。十時至塘沽，入肆早飯。午隨一點五十分之車行，三點至老龍頭站，又二刻至家。

是日客來如下：劉小山、王益孫、華午晴、墨青、次和、賡言、小林、子文、幼梅、冠儒、幼占、暉孫。與林、卞兩君談至一時，又與約敏談至二時乃睡。

七月十二日（八月二十二日）

諸葛篤翁、張久翁、余迪先、金小泉、陳郁文、趙獻夫、侯子貞、卞迪吾、嚴學師、玉孫、毓笙、宋坡、古愚、漢樵、閬仙、幼卿、琴湘、芷舲、竹生、芸生、子餘、曉珊、春江先後來訪。到文昌宮一看。訪順循。晚，約同舟諸君暨孫端甫在德義樓飯。

七月十三日（八月二十三日）

到三星棧訪順循。晤黄琴生大令國瑄。訪緝之。到藥王廟學堂一看。

七月十四日（八月二十四日）

緝之來訪。答拜凌太尊。答拜奎野，不遇。訪幼梅於工藝學堂。

七月十五日（八月二十五日）

訪奎野，談至過午。回家方欲午飯，而孟紱臣偕杜顯閣來訪，談至夕乃去。

七月十六日（八月二十六日）雨

唐佩翁冒雨來拜，因凌太尊約觀中學堂故，豫約胡玉孫、陳哲叔、陳小莊、徐毓生、劉芸生諸君在此會齊同往，卒因雨阻未果往。到長發棧，答拜孟、杜兩君。答拜諸葛、嚴、李三學師。到工藝學堂。

七月十七日（八月二十七日）

答拜唐佩翁。拜李佑周，已行。訪彭禹門，小坐。到民立第一小學堂。同蓮溪往浮橋口食鍋貼。晚八時，紱臣來談，十一時半乃去。

七月十八日（八月二十八日）

寫信。井上來談。紱臣來商東游諸事，留午飯。賀湘南、沈朗齋來。夕，至擘究所并觀樂舞。答拜姚石泉觀察。晚，赴凌太尊約於德義樓，同舟十九人，惟閬仙、子餘、幼卿、宋坡、漢樵未到。

七月十九日（八月二十九日）

臥病。寫信。頮臣諸君各歸其家。

七月二十日（八月三十日）

晨，登『海晏』船，送紱臣諸君行。答拜李和宣，已行。答拜小村，不遇。與伊集院領事、高尾繙譯官談，并晤松平康國。答拜西村虎太郎。到日本所立小學校晤山口夫婦。到民一小學堂。答拜劉新橋。到董宅。到官報局。晚，茶話所聽講。

發信：長岡子爵、伊澤修二、嘉納治五郎、杏城、緝庭及袁仲蔚。

七月二十一日（八月三十一日）

到藥王廟小學堂會諸君，同謁宫保。拜伯屏、仲仁，俱不遇。拜麥局長及彭禹門。到河北大寺，即就其地午飯。拜晤凌太尊。到第二半日小學堂。到城隍廟，陪周觀察參觀。晚，補習所聽講。

收信：聶逢祺，字默齋。

七月二十二日（九月一日）

答拜分府沈叔瞻。訪墨卿。答拜黄小宋，覽其煙草工廠。日可出紙煙十萬支，每十支值津錢四十文。到民一小學議此後該堂辦法。

名譽員：劉芸生、陳小莊

教員兼教務長：徐毓生月二十四金

教員：劉蓉生、華次遠、鄧、閻潤章、俞挹辰皆二十金，劉二十元

監學：華海門二十金

司馬：王十五金

到工藝學堂。晚，與伯苓先生商議立中學堂事。

收信：胡月舫。

發信：蔣抑卮由橫濱同舟。

七月二十三日（九月二日）

墨青、幼竹、玉孫來訪，略談。七時半出門至車站，九時前開行，坐頭等車，遇舊友陳冠生同年之世兄屏周洪蕃，年十九矣。庚子入學，新以郎中赴京掣簽，擬寓西河沿第一棧。

七月二十五日（九月四日）

晨起。胡晴初、李佑周、章仲和、劉輯庭、劉欣蓮、門田鍈一郎、徐尚之、孟玉雙來訪。十一時半由喬宅出，往前門西車站。亦香夫子、門田、孟、劉欣蓮同送至車站，亦香并餽餅餌。月舫來送，久談。車中遇閻覲甫、鹿洛芬。一時六分開車，六時後至保定。玉孫自津來訪，遇諸長辛店，遂同行。張恒齋以車迎余於車站。恒齋、禹堂、錦堂、璧如、春浦、李俱來迎，陪玉孫晚飯。玉孫借宿吳鼐臣家。飯後，便衣訪楊方伯，久談。十時半歸。

收信：辻新次寄《教育公報》。

發信：家信交丁順明日攜回。

東京市神田區一ッ橋通町廿一番地帝國教育會長辻新次

七月二十六日（九月五日）

近八時乃起。會客，朝至晡。拜客□*處：燕泉、奎野、紹雲、蔡志賡、鼐臣、玉孫師範學堂東文科漢教習，陳保定副查學，馮達廷蘊章，排印局委員，張竹蓀家謙，初等小學查學，趙鳳昌，順天副查學，劉紹顔桂芬，稽查，王忠廕，東安縣教員，邢襄師範委員，燕啟韓，柏鄉縣，莊一泉清吉，閻鶴泉編譯局會辦，孫博臣綜源，靈壽教員，陳昌言，清苑教員，齊炳煜，師範堂文案，陳笙陔培蘭，陳寬仲公恕，排印局校對，趙式如祖銘，師範堂齋長，高亦韓淑琦，張薌浦恩澍，校士館副教習，劉書鴻啟泰，王小杭，北村鼐臣、玉孫。

收信：家信，張伯翁信。

*原文留空。

七月二十七日（九月六日）

七時起。會客：蔡志賡，王紫珊，閻，胡克儉，錢紹雲，李香閣，王小杭，小林。

拜客：王大令忠廕，李香閣，莊一泉，閻鶴泉，趙式如。

晚，赴方伯約。

發信：胡月舫，王仁安。

收信：墨卿，賡言。

七月二十八日（九月七日）晚大雷雨

七時起。會客：劉紹顏、石學師夢庚、楊韶九、朱清泉、步蒙周、李備六。

拜客：潘景陳、朱經田、張大令乙酉、丙戌，晋之、寶廉訪、獻夫、仲遠。

發信：月舫、亦香。復梯雲、惠卿。

收信：梯雲。

以上三日除拜客、會客之外，非閱稿即標判，幾無暇晷，記不勝記。

七月二十九日（九月八日）

七時起。答拜朱清泉。訪謝馮華甫。趙獻夫、包毓泉、王韻泉同來訪，井泉外助、張執中。

收信：劉子年；李玉峰言貴州有八九人欲出洋。

發信：寄智惺，問筑笙能就教習否，并屬八月送芸生薪水小工廠添工作；寄李玉峰三十日發；復林、卞二公。

七月三十日（九月九日）

六時半起。收文，看稿，發簽。小杭、紹顏、朱經田、李佑周、閻瑞庭、張彝卿、閻鶴泉，貴州黄藴真孝廉、丁教務長、師範堂吴醫官光正、會計官王之俊、高等學堂檢察官崔召和曝來訪。

陳香圃來催請教習事。奎野來談。寬仲來談。繳回五、六、七三個月薪水。閲收支簿。

來信：智惺、胡月翁。

發信：復智惺，寄凌太尊、劉子年。

八月一日（九月十日）晴

七時起。鈔記本處及兼轄各處職員姓名。登樓觀書識辦公，適曾、潘兩文案皆在，遂即其地看新收之文件，及文案所擬批牌等稿，蓋戳畫行，十二時畢。

齊蔭齋樹楷、趙航仙宇航來訪，皆有志東游者也。

午赴高等學堂答拜，丁家立導觀各講堂，是日爲考驗之期，新班凡四班，試單字及拼音，舊班凡兩班試文法。訪獻夫不遇，留名片，遍拜洋文、漢文教習。到農務學堂，答拜張彝卿志嘉，不遇。香閣導觀作礶詰二百度熱，織布、繅絲、織綢諸廠，又導觀桑園及種甜秫稭處。甜秫稭可作糖。晤日本岩田君夫婦，四時歸。丸山來訪。張衡齋來訪。李佑周昆仲來訪。

晚，訪楊方伯商數事。出洋紳士先後爲序；電詢凌太守，天津出洋紳士幾人；電達楊欽差，告官紳五十人，月内外可到。通電話於學務處。

發信：上袁宫保，寄約敏姪。

來信：陳慰蒼、燕泉。

八月二日（九月十一日）

七時起。王六莊金達，二十歲及其同班張殿聘廿二歲，舊爲學校司書識來見。

大學堂文案王璞初寶生，操津語。

東文教習陳述茲文煜，年五十六歲。乙酉，安州人，曾就天津沈氏館，又曾修《畿輔志》《長蘆志》《天津府志》。

大學堂文案何炳麟字子占，陽湖人，三十二歲，其令祖曾在大王廟辦惜字社，與先君相習。

王璞初之尊人在紅橋辦釐金二十年，補滄州，因案撤任。故璞初能操天津語。

武柱卿

劉仰曾威，子年令郎也，來見，求差使。

张执中來。

李石臣、李少林、梁式堂同由將弁学堂来。李悦朋欽來。午後，學究所第十九期集議，五時後散。錢小雲來略坐。

王韻泉、鄧和甫、李佑周、王小杭來。

八月三日（九月十二日）

八月四日（九月十三日）

七時起。唐蓂廷、雷星源、張燕甫景仲、王馨山廷桂，癸未同年王葆琛之子、閻鶴泉、步蒙周以莊、靳蔭南樹堂、聶默齋逢祺、王寶璋、仝酌泉寶廉、李景澔、李焜、周子畏聶以下俱在校士館。

董襄臣匡經分雲南州同，來京補朝考，特至保定見訪。

李訪漁太史集，庶常來拜。張衡齋來。

午後二時起，樓上辦公，五時止。井原外助來意欲告假，余因其初來，難之。

劉子年、吳鼐臣、周子畏、王小杭、楊韶九。

答拜唐、雷兩君，答拜王馨山於砂硃○○，不得其門。

收信：惠卿。

八月五日（九月十四日）

七時起。楊方伯來，久談。許士先涵志、谷久峰鍾秀先後來。許仲恒惟善夕來。

午後二時，登樓辦公。失候李言如、蘇榮生。

晚，訪方伯談至二鼓。

發信。

收信：華芷舲、李玉峰、楊銘修，凌太尊電報，子年并示近作。

八月六日（九月十五日）

七時起。李薌閣來。增子惟來。午後二時登樓辦公，至五時止。陳述茲、張竹孫、朱太守、徐雙舲大令永榮、馬子受大令長豐，新交卸昌黎縣來。夕，答拜許仲恒，已行。答拜許士先、增子維，俱不遇。晚，小泉自京來宿此。

收信：戴定之、唐佩翁、胡月翁爲佑周兼編譯事。芸生述小學堂事。小泉，張雪廬，熊君緒。

發信：復周緝之、王珊樓，復玉孫，復梯雲，復亦香託小泉帶。

八月七日（九月十六日）

五時起。送小泉於門外。寫信。獻夫來訪，包毓泉亦繼至，談片刻去。獻夫爲送學生入將弁學堂事，屬余往託華甫。赴武備學堂拜何春江總辦，及其提調幫總教諸人。又答拜石臣、少林、式堂，俱不遇。訪華甫，亦不遇。

到排印局一閲。晤蘇榮生、張薌浦、丁蔭圃、張竹孫、李言如。午，樓上看稿，收文，五時畢。到鶴泉處一談，商校士館加課程事。馮華符來訪，談片刻。高亦韓及其弟磐侯來談。

樊教習遞禀，爲其子求補考師範。

小杭來。同小杭訪鶴泉，談至十時半。

收信：華符贈書籍三十餘種。

寫信：寄凌太守。復芸生，并商黑龍江總教習事。寄智惺。寄竹溪叔祖。答許君，請代收發及謝清翁令公謀差事問通英文否。

八月八日（九月十七日）晚雨

七時起。寫信。訪徐菊人侍郎，談片刻。歸時已近午矣，路遠故也。午二時，登樓辦公，至五時止。菊人傍晚至，談片刻，同赴楊方伯約，同坐獻夫、鶴泉、徐錫臣、吴彭秋，十時各散歸。

寫信：林墨卿、華芷舲、胡月舫復李佑周、李石臣、李少林事、馮華甫謝贈書籍。寄銘修，寄智惺。

收信：袁宫保，胡月翁爲石臣、少林謀出洋。

八月九日（九月十八日）雨止仍陰

七時半起。范棣臣桂蓀、信卿光瑞、喬梓來。棣臣不欲出洋，以信卿代之。趙航仙問行期。王小航來，擬訪段芝泉，屬其以『合聲字母』之益説菊人。劉禹九義方，梯雲、獻夫之友也，原籍天津，今爲元城人，充王氏鹽店外席，是日來訪。陳鳳韶廣虞，安州人來訪，言東游之行不果。張岱臣大令到京引見，昨歸，今日來見。同行之周實之學輝，行九，湖北試用道、鄭果樵寶美，山東直隸州兩世兄，借宿支發所陳太守室。兩君旋來訪，略談而去。李少林來。學究所三時往，五時散。執中、韶九、笙陔來議日人合同改良事。小航來談，徐尚之自京來，宿此。

寫信：起草復高曦翁。

收信。

八月十日（九月十九日）驟涼

五時起，送尚之至門外。劉潤琴、梁式堂來。寫復高曦翁信。答拜吴彭秋、劉潤琴、吴清藩、陳鳳韶。赴李香閣約，同座朱經田、鶴泉、燕泉、奎野。

答拜劉禹九。仝酌泉、靳蔭南先後來。胡海門及其弟效梁同來。

夕，登樓辦公。

晚，訪方伯。評注《教育品陳列館章程》。

收信：第一小學堂，性庵。

八月十一日（九月二十日）

七時半起。寫信。菊人、芝泉、華甫、小杭先後來。高等學堂公燕菊人侍郎及夏庚堂、馮華甫、段芝泉。陪菊人觀農務學堂、師範學堂。答拜張泰臣。

晚，藩署便飯，與方伯及徐侍郎暢談。

收信：月舫、家信。

寄信：幼梅、子文、華海門、性安、伯屏、高熙廷、李佑周、胡月舫。

八月十二日（九月二十一日）

七時半起。寫信。來客：張孝友、高磐侯、宋學真令姪、許士先、王炳焴，校士館、劉清塏，又、北村氏、劉宗堯、聶毖齋、趙述之、吴鼒臣、子畏、小杭。

午後，登樓辦公，自二時至六時。

收信：幼梅、玉孫、任志清、玉孫、渡邊龍聖、子丹。

發信：家信，幼梅，菊人爲高炎事。

八月十三日（九月二十二日）

七時半起。寫信。馮達廷、靳蔭南、張蔭昌新庶常來。答拜芝泉、蔭之。午，登樓辦公，二時至五時。李言如、李如三、徐潤吾、趙航仙、張彝卿、陳次升堂來。小杭、子畏來。

收信：雲摶、芸生、錢少雲。

發信：玉孫、方伯、家信附《吴集》八部、獻夫。

八月十四日（九月二十三日）

七時起。答拜王韻泉、趙航仙、張彝卿，并送行。王介亭姻伯便衣來訪，同游蓮池。執中來。

收信：包毓泉、小莊、子年。

發信：任志清、海門、張雲摶。

八月十五日（九月二十四日）

七時起。賀節者甚多，俱擋駕。文同年固請見，見之。因肖杭往蓮花池，與佩卿緘公談。樓下燕飲唯小林及王、董、楊及余，凡五人。晚，步訪佩卿。

發信：包毓泉、陳小莊。

八月十六日（九月二十五日）

七時起。拜客。晤介亭姻伯。華甥鶴生來。研究所考訂『字母』，侵入星期研究時限，致起争端。余排解之。終不釋然。

八月十七日（九月二十六日）

七時起。答拜徐觀察思謙。訪寬仲太守，不遇。李啟人佑元、步君以韶、黄琴生太守、邊益園，俱會。

收信：尚之、襄臣。

發信：玉孫，賀袁宫保壽。

八月十八日（九月二十七日）

七時起。石學師夢庚、范孝廉光瑞、陳述兹、趙文廷、許士先、齊蔭齋、李祖蔭、佩卿、子年，俱晤。

收信：陳鶴杉、玉孫、幼梅、芸生、月舫。

發信：月舫。

八月十九日（九月二十八日）

言如、緘古、鶴泉、印之、商鞏臣，俱晤。

柘、芹、竹、芸四君同至自津。
收信：博泉、家信。
家信：墨青、幼梅、益齋。
八月廿日（九月二十九日）
七時起。少雲、馬生震昀、王君大章劉博翁所介紹、子年，俱晤。
收信：民立第一小學堂、紱臣、菊人。
發信：寄方伯附紱臣信。
八月二十一日（九月三十日）
七時起。路雨三、陳寶生、寬仲、執中，俱晤。
收信：小莊、蔚孫。
發信：寄方伯爲結事；劉博翁；董襄臣；智惺。
八月二十二日（十月一日）
答拜王大章、陳寶銘、路雨三。
趙繹堂同年巽年、張岱臣、奎野、香閣、鶴泉、志先、卿珊，俱晤。
收信：王君信一封劉博翁所介紹，玉孫。

發信：小莊、玉孫。

八月二十三日（十月二日）

答拜趙繹堂大令。王紫珊來。吴委員來大啟。午三時到學究所。李振林士鋭同李石臣來。閻瑞庭、少雲、鶴泉來。

收信：袁宫保謝壽，東京電催官紳，方伯電。

發信：石甫、墨卿。

八月二十四日（十月三日）

答拜吴委員。

來客：紹顔、際唐、閬仙、宋坡、古愚、彜卿、朱太守、李啟人、肅臣。

收信。

發信：寄小莊。

八月二十五日（十月四日）

來客：漢樵、北村。

收信：井原告病。黎玉屏薦朱炳青之世兄。

發信：幼梅、陳鶴杉。

八月二十六日（十月五日）

七時半起。是日借研究所地與查學諸君會商，王、丁兩公皆至，過午三時乃散。拜客：王保合當答拜古愚、宋坡、閬仙、曉珊諸君。

發信：蔚孫、楊老叔之世兄冠如。

八月二十七日（十月六日）

五時起。六時至車場，未久即開行。至長新店下車，至飯店用飯。三時復行，六時後到家。晚，墨卿來談。觀張伯翁演儀器。

八月二十八日（十月七日）

八時起。謁袁宮保，未遇。賀唐都護。拜方伯，不遇。賀凌觀察，不遇。歸家早飯。楊方伯三時來訪，談約兩刻許。張桂孫來。晚，到有益茶社聽玉孫演説。墨卿來家暢談。

八月二十九日（十月八日）

八時起。到城隍廟小學堂。到民立第一小學堂。

一時謁宮保，談約一小時。訪張仲仁，小坐。訪潤沅、伯平，俱不遇，留刺焉，并拜于太史。到工藝學堂，晤杉緑、稚虹。到民立第一小學堂。到考工廠。晚，講習所聽張伯翁講物理、重學。

九月初一日（十月九日）雨

八時起。今日本擬閲各學堂合操，因雨不果，乃赴教育研究所，聽諸公研究教授法，留諸君早飯，至夕乃散。約小莊、毓笙、芷舲至家議互換教員事，并議師範學堂章程。

九月初二日（十月十日）

八時起。凌太尊來，并示方伯電，問裁并三局事。李晧齋、茂齋兄弟同來。拜晤沈叔瞻太守。拜晤唐大令。到工藝學堂，代備飯。到民立第一小學堂。姚重光、李寶鍾、唐叔襄、陳敬民、黄藴真將之日本，過此見訪。梁式堂亦至。晚，墨卿到家見訪，談學務。

九月初三日（十月十一日）

八時起。小雨。劉鼎臣來辭行。赴教場習藝所參觀，晤朱夙韜、李茂齋及其同局二人，導觀全所，規模甚好。工有刻字、織布、製信筒、織毯及金木等工。

晚，同伯苓赴周觀察約，同坐小莊、伯苓、林、卞、鄧、胡、趙，凡主客九人，十時歸。

收信：凌太尊轉方伯電，催赴保。

九月初四日（十月十二日）

六時起。七時半自家起行。八時五十分開車。頭等車雖別無他人，而往來出入之人甚雜。至長新店登京保之車。六時後至保定。王貴來接。七時到學務處。栢公、竹生先生皆在焉。渡邊來談。

發信：致慳姪。

九月初五日（十月十三日）

七時起。奎野來。十二時赴奎野約。九時謁方伯。潤梁來，爲官書局事。

收信：蔣夢庭條陳，嘉納、張鑑塘、月舫、紱臣。

發信。

九月初六日（十月十四日）

七時半起。陳栢叔、馮達廷、花杏農、言如、竹生、笙陔、李如三、張執中、博野縣吴亮叔、路雨三。

午後登樓辦公。

拜晤李觀察。答拜吴亮叔、劉潤琴。

收信：方伯、鶴泉。

發信。

九月初七日（十月十五日）

五時起。芸生回里，送至二門。邊益園、吴夢雛、張彬、石夢庚、鼐臣、笙陔、志賡、執中、王炳焨來。

午後樓上看稿。

楊生楷、李言如、閻生致恭、晋生延年、闐仙、古愚、幼卿、紹顔、曉珊來。

渡邊顧問來。

收信。

發信：順循、子光、方伯、約敏。

九月初八日（十月十六日）

七時半起。顧大令錫鈞，舊支發委員、邱虞臣巘、閻生致恭、晋生延年來自東洋歸，求文送軍學司。李少卿觀察、耿蔭亭大令，包毓泉、馬兩教習先後來。

午，方伯來。方到研究所，夕散。潘景陳午後來。

收信：家信、獻夫、少雲、丁家立、張仲仁。

發信：約敏、月舫、鶴泉。

九月初九日（十月十七日）

七時半起。趙文廷、王復初元一，饒陽教諭，介汪東渠信來見，求向方伯説項。婉卻之。復初，癸酉魁選，威縣人、北村澤吉來。

午，樓上辦公。宋長榮來，未得見。

收信：仁安、小莊、孟和。

發信：耕亭、仁安、孟和、紱臣、智崇。

九月初十日（十月十八日）

七時半起。張衡齋來。閻生致恭丁甯師範考期，告以歲底。

午，樓上辦公。夕，傳見師範生解雲、劉鳳洲、段茂森、秦鍾毓。王古愚來。

收信：方伯送來紱臣信。

發信：子年，附書三種；耕亭。

九月十一日（十月十九日）

七時半起。王肖杭、北村澤吉、吴鼒臣、趙文廷、趙鳳昌、劉子年之兩郎駿祥、俊翰先後來。

午，樓上辦公。

晚，路雨三、馬曉珊來。訪方伯，談。

收信：智崇、智鍾。黄厚田自四川來信。劉趾雲之弟名瑞麟，在大學堂被開除，來求考師範。

發信：訪方伯談件，初級師範，王光鸞報銷，復東京回電，允步其詰留學。

九月十二日（十月二十日）

七時半起。閲到文。師範學堂齋長郝同年來言，房山新設小學堂，該縣紳士求派段茂森爲教習。段即房山廩生。昨，曾傳見騐看，人尚明爽，許之。李言如來問印表格數目。山西雷縣丞魁元來見。午，看稿。

關本中谷偕新到之教習兒崎芝本來見。王古愚、吴鼐臣辭行。王明日赴京，由京赴易州。吴，日赴祁州。渡邊來談鈴木川費、小林功課。

收信：張燮鈞、高閬仙、劉紹顔、東文學堂學生、趙伯韜、王稚虹、帝國教育會一件。

發信：女學堂。

唐在章：字伯文，年二十一歲，江蘇上海人，曾在南洋公學肄業三年，現在天津學習日語。執夫之弟也。擬出洋習工科，稚虹託爲留意。

齊熹：字雲屏，丁酉舉人，能教蒙童，十一二歲之童子能使作二三百字之文。

齊振林：字曉山，壬寅舉人，書法最工。

高陽學董王法勤，士敏子遜。

【頁眉】蠡。

自費孫松齡：蠡縣舉人，字錫朋，年二十三。李香閣薦。

自費楊春爚：清苑縣貢生，年三十二歲，字炳初。遞稟自求，李石臣、李少林薦。

自費李培深：高陽附生，年二十一歲，字伯乾，學普通及實業。香閣令郎。

自費韓廷釗：高陽監生，年二十五歲，字金如，學普通及實業。李香閣薦。

齊樹楷：三十六，蔭齋，蠡。

張志嘉：四十三，彝卿，安平。

閻鳳閣：四十五，瑞廷，高陽。

王琴堂：四十六，韶泉，邯鄲。

仝寶廉：三十一，酌泉，永年。

趙宇航：二十七，航仙，南宫。
李景滜：二十八，滙東，邯鄲。
王寶璋：二十三，達臣，邯鄲。
步以韶：三十三，虞軒，棗强。
梁建章：三十，式堂，大城。
聶逢祺：三十三，密齋，欒城。
張景仲：四十二，孝友，曲周。
范光瑞：二十一，信卿，藁城。
許涵志：三十七，士先，清苑。
鄭禄昌：二十九，卿珊，深州武强。

備：

李秉鏞：三十六歲，河間，癸卯。包毓泉薦。
尹榮修：二十八歲，平鄉，癸卯。
梁廷俊：三十歲，平鄉，庚子、辛丑并科。以上三人朱經田太守薦。

陶善璐：三十一歲，天津丁酉。

支發所應支：封筒、馬封、稿底。凡從寶華齋製辦者，皆歸支發所領款。

帳房：毛邊、銀硃、川連、毛頭。凡從南紙鋪雜貨鋪製買者，歸帳房領款。

帳房：三十六金中之開銷。督辦、參議、文案、稽察。

煤一千二百斤，十五千六百。煤油四箱，二十千二百四十。茶葉十斤，六千四百。川紙八九刀，三千。南紙鋪每月約十四千。茶碗。燈及附屬品。帚。

順天：閬仙十二、紹顏十二

保定：鼐臣七、古愚七、達廷六

易州、永平十

遵化：子畏

河間：宗堯十一

正定：柘浦十四

廣平：際唐十

大名：楙宣七
定州：漢樵七
深州
順德：宋坡九
冀州：芹香六
趙州：幼卿
宣化：湘南十
天津：曉珊七

【封面】甲辰、乙巳日記（不全）

甲辰十一月初一日至乙巳五月初四日

第一期游歷學生截至初二日僅到四十人，而船期已近，祇得儘已到諸人先行派往，以免久候。

第一期護送現有告假歸國之學生□崑、王大鶴可以派充。

保定查學趙教授炳麟，擬仿劉登瀛、齊福丕之例預支薪水三個月，出洋游歷。此次第一期出洋學生擬即派該教授，令帶領同行，由處津貼該教授百金。

學生以船期爲定。

宫保面託高田博士代訂日員二人爲出國游歷官之嚮導，其薪水似不便面訂。可否請宫保函飭馬監督，查酌情形予以酬謝？

王令光鸞以如何位置爲宜？

甲辰十一月初一日（一九〇四年十二月七日）

收文廿件。

辟疆來談，交所譯小林擬《初級師範章程》，并開學日訓詞。擬訪奎野，將出門，遇羅大令，遂返談片刻。渡邊亦至焉。午後趙文廷來辭行。訪奎野兼候疾。答拜湘南，遇王宣化之孫世兄、蔣惺甫之弟子，同邵季英設石鹼公司。石大令盛明、閻鶴泉、花杏農來談。紱臣來，留晚飯。王君鴻藻來談。

【頁眉】發信：柘公，幼梅，高、劉兩查學。收信：幼梅。

十一月初二日（十二月八日）初級師範生具結狀於研究所

收文三件。

張祁州大令祖詠來談學務，意不欲紳士藉自立學堂之名而吝繳捐款。余謂但令課程合度，聽其自爲尤佳。又言，凡官與紳訟，則紳必直。未知究何所指？

到研究所，閱視書結狀者。答拜尹鈐叔、高啟人。訪獻夫，留早餐。到初級師範小學堂。到方伯處一談，因聞其明日赴津也。答拜張大令。岱臣商寄馬監督薪水。余謂可函告以從留學經費内開支，年終匯款。劉宗堯發專差送信，中多激語，且侵地方官權。屬芸生函阻之。係初三日事。馮問田來，張西園協戎之壻也。

十一月初三日（十二月九日）

收文七件。

答拜王大令敦銘。訪張西園，兼答拜馮問田。訪順循兄。回寓早飯，飯後至師範堂考驗第九、第十兩班，甄别生凡八十餘人，汰三十七人。

十一月初四日（十二月十日）

收文十二件。

初級師範開學。十一時到，十二時半禮畢，歸。

午後，渡邊、奎野來談。渡邊豫算逐年推廣初等小學堂數目，以便預備師範生。陳栢公至自正定。吴彭秋來商中州小學堂課程。獻夫來，飲酒食水餃。任邱沈大令來訴查學毁廟事。告以毁廟可暫緩，而查匿産及借廢河栽樹兩事則須提倡贊助。沈亦應諾。

十一月初五日（十二月十一日）

收文廿件。

石臣、少林來小坐。答拜沈大令。拜張衡齋。飯後奎野、紱臣來。到研究所。四時散。清理囑託明日將暫歸津。晚，花、董、楊三公來送行。王、楊、傅三公亦來送。

記回津應辦事：

（1）商辦初級師範事。渡邊云目前不必辦完全科。其説甚是。

（2）商立女學。七歲至十二歲。

（3）商立幼稚園。

（4）視查吕碧城所立女學。

（5）商各小學堂教員之去留，及科目之并析。

（6）民立第一小學之英文教員。

（7）民立第一定爲小學五年班。

（8）各州縣選人游學。

（9）省校士館變通章程。

（10）咨送預備科改入師範之八人津貼。

（11）英文教務長之年限。

（12）師範堂來年之監督。

（13）檢定教科書之極要，然極難，咨取江楚已經審定之書。

（14）各學堂服色宜有定制。

（15）東京直隸留學生擬設速成理化科。

（16）

（17）陳列場書籍。

（18）發賀日友新年小啟。

（19）乞趙幼翁爲伊澤君書封面。

十一月初六日（十二月十二日）

六鐘乃起，至車場則車已開行久矣。

收文十餘件。

與栢公、芸公談論學務。午後王燕翁來談。三時至高等學堂訪獻夫，即宿其舍，爲明日便於登車也。尹鈐叔、李啟人*來，同飯。梅子光至自津。八鐘後即就寢，因昨夜睡未足也。

友人託帶信件：藩臺楊一封；兵備處文案高大老爺鐵梅信一封，高亦韓寄其令兄也；劉宅信一封，天津北門東新馬路中新街斜對過，芸生；尚德堂陳二老爺衛廷信一封，澤普；李喬青先生銀八兩，交名賢書畫局，獻夫。

【頁眉】咨取江楚選定之初等小學課本。天津教員輪派出洋。

*按：前言『高啓人』，此言李，未知孰是。

十一月初七日（十二月十三日）

五時半至車站，六時開行。買二等票，而車則曩日之頭等也。豐臺候三小時許。六時後至新車站。雪厚幾尺，乘騾車還家。晤張柏翁、吴子洲先生、芮梯先生。

十一月初八日（十二月十四日）

八時起。遣人問袁宮保見客時日，答以異日。參觀私立中學堂。林、卞、胡三公皆見訪。夕，同林、卞二公至玉皇閣，觀陳列館之建築，至天齊廟觀初級師範學堂之備置。暮歸家。晚，到城隍廟小學堂。到講習所，聽張柏翁講物理。到商務半夜學堂。

方伯來函，約明日見訪。覆云，明早九鐘往謁。

十一月初九日（十二月十五日）

九鐘到方伯處，遣人到院署請見。答以會洋人，故無暇。見梁觀察。遇陳玉蒼、黄慎之。午後答拜李亦園於瑞生洋行。冒風寒，體殊不適。辭黄慎之前輩飯局。聽張柏翁講修身。華舒民、胡玉孫見訪。晚，聽芮梯君講歷史，并評判諸生英文。

十一月初十日（十二月十六日）

訪方伯。知宫保今日仍不見客，期以明日。

到工藝學堂，到實習工場。晤周、王兩觀察，墨卿亦在焉。晚，高閬仙來談。

十一月十一日（十二月十七日）

訪方伯，遇文觀察沖、李少廷文忠之從孫。

午後一時謁袁宫保。訪仲仁、伯屏俱不遇。拜晤黄慎之前輩。返至方伯處，略談而歸。

十一月十二日（十二月十八日）

會客：王輔臣敦銘之令郎、張文卿、趙興堂、許蔭棠、李蓮舫、侯子貞、張執中、渡邊、胡月舫，井原遺店員來。

答拜李少廷，不遇。

拜晤唐大令。答拜胡廉訪。

徐玉笙來談小學堂事甚久。

十一月十三日（十二月十九日）

訪閬仙不遇。答拜渡邊。訪英斂之、劉柏年、格林俱不遇。訪藤井不遇，見其夫人。到工藝學堂晤藤井君及子文、硯農、子鶴諸教習。晤幼梅。

參觀實習工場。訪陸頌南。到民立第一小學堂，晤高閬仙。約閬仙及諸教員至馬路酒樓早飯。林、卞、胡、徐諸君議初級師範事。晚，留林、卞二君在小學堂飯。飯後，至中學堂，欲聽張柏翁講物理，至則已講畢。

十一月十四日（十二月二十日）

訪唐佩翁，不遇。訪格林於普通學堂，不遇。遇子澄及仲子鳳。謁沈宅姑母。拜凌太守，不遇。楊子深大令來，留便飯。

子洲來，以番餅五百付之，爲清子椿之債款也。格林來訪。宴方伯及周觀察、陳西甫昆仲、張岱臣、金伯屏、張執中。十鐘散。

十一月十五日（十二月二十一日）

約墨青、賡言同到中學堂議學務。十二時，約兩君至余家早飯。王仁安、楊子深、韓芰洲先後來談。夕，渡邊來談。井上君、王益孫及井上之譯人來談。爲韓鏡孫之祖夫人題主。

十一月十六日（十二月二十二日）冬至

寫致陸頌南信。寫復幼梅信。藤井君來拜，張柏翁爲通譯。凌太尊來拜，談許久。張西園協戎來拜。答拜張協戎、楊大令。王輔臣大令來訪。晚，劉紹顔來談。玉孫、玉笙、芷柃、墨青、仁安、柏苓談至十二時。

十一月十七日（十二月二十三日）

六時起。七時由家起身，乘騾車，七時三刻到新車站。候許久，八時四十五分開行。此番坐頭等客位，然不如來時之二等。遇賀稚民同年及河間縣張子靜二君樹棻，在天津參謀處，此度奉派陪賀君參觀保定武備學堂。

七時抵學務處。到禹堂室，遇錦堂。到楊紹蓀室。到楨巖室。

十一月十八日（十二月二十四日）

賀稚民來拜。到西關外初級師範學堂。到高等學堂，晤獻夫、紹堂。答拜賀同年。訪順循。午後，紱臣、恒齋來。訪方伯談學務，且答拜。訪彭秋觀察，不遇。石臣、少林來談，二更半乃去。

寫信二封：廿日始發。一寄幼梅，附孫子文；一款收條；一寄約敏。

十一月十九日（十二月二十五日）

羅順翁來。午，錢紹翁、吴彭秋、鼐臣、獻夫、振林、崔召棠、梅子光、武柱卿先後來。研究所第三十四次集議，三時到，五時前散。留崔、梅、趙、李、武晚飯。

十一月二十日（十二月二十六日）

八時起。收文十五件。

到師範堂參觀附屬小學。趙君授算，而渡邊代之。晚，復至操場相度地勢，擬建大講堂。二時後歸。登樓治事，閱稿二十餘件。梅子光來局。獻夫薦一价，因其太華遺之。李君祖蔭來函，獻策設客籍學堂。【頁眉】客籍學堂。

趙羽昌來。邊益園辭行。

十一月廿一日（十二月二十七日）

收文十三件。

十一月廿二日（十二月二十八日）
收文十五件。
十一月廿三日（十二月二十九日）
收文六件。
十一月廿四日（十二月三十日）
收文八件。
十一月廿五日（十二月三十一日）
辰初三刻起。收文十八件。
十一月廿六日（一九〇五年一月一日）西曆元旦
辰初三刻起。收文十二件。
【頁眉】來信：毛實翁。
十一月廿七日（一月二日）
辰初三刻起。收文七件。
十一月廿八日（一月三日）
辰初二刻起。收文十三件。看格致教科書。薙髮。

午後，登樓核改稿件。亦韓陪粵人唐祥生來，曾在上海梵王渡書院學科學七年，又在張家口及山西大學堂充譯員。

寫信。

【頁眉】客：唐祥生、孟紱臣、傅春浦、陳西甫。信：唐秀豐、汪東渠、徐菊人。發信：海門、耕亭、凌太尊、韓鏡孫。

光緒三十一年乙巳（一九〇五年）

◎《範孫自定年譜》：移學務處於天津，分科辦事。往來京、保。派各縣紳士出洋游歷。改保定之校士館爲普通科學館。省城初級師範學校續招第二班。春，次女適華。冬，長女適卞。設各縣勸學所。籌設北洋師範、法政等學堂。改天津校士館爲師範學校。收回法國人在如意庵所設之學堂。收回普通學堂，改爲天津府中學堂。家中設女小學，設保姆科、幼稚園。冬，署學部右侍郎。十一月到任。

整理者按：乙巳日記分記於兩册：正月初一日至五月初四日記於《甲辰、乙巳日記（不全）》中。七月初一日至十二月三十日記於《乙巳津京日記（七月一日起，十二月三十日止）》中。

光緒三十一年乙巳正月元日（一九〇五年二月四日）

賀年，官場。

正月二日（二月五日）

同，友。

正月三日（二月六日）

同，親。

正月四日（二月七日）

展墓。

正月五日（二月八日）

正月六日（二月九日）

【督署來照會。】*

*原文寫後勾去，恐因日期不對。留此備考。

正月十三日（二月十六日）
手工講習末一日，午刻照像。
正月十四日（二月十七日）
【頁眉】芝本晚車回。
正月十五日（二月十八日）
【頁眉】門田晚車回京。
正月十六日（二月十九日）
陳列館約照像。奎野到津來訪，談兩小時。在陳列館晚飯。
正月十七日（二月二十日）
訪奎野，談。訪順循，談。電詢楊中丞何日到津。晚，約丁、羅二公便飯，芸生陪坐。擬上宫保清摺及改訂東文等考期。
【頁眉】命邢恩明日還保。
正月十八日（二月二十一日）
借中學堂考英文教員羅。李文忠祠赴周、李、阮三觀察之約。同竹林、墨廣勘營務處□。至新車站接楊中丞昆弟，至順翁處便飯。飯後同往萬壽宫聽演説。

正月十九日（二月二十二日）

同奎公、順公謁楊中丞。民立第一小學謁堂開學。萬壽宫赴考工廠之約。七時歸。奎野來，談至十一時。與伯苓談夜課事。

正月廿日（二月二十三日）

訪奎野，同謁楊中丞。又同訪仲仁、仲勤，俱不遇。訪伯屏。又同謁宫保。同訪雲臺，同至小學堂。勘視萬通當房。奎野去。余候雲臺、仰之。晚，奎公、順公兩學董來舍便飯。

【頁眉】魏金聲來見。拜寶方伯、凌太尊，俱不遇。

正月廿一日（二月二十四日）

還保定，車中遇顧卜臣。晚，見閬仙、宋坡、曉珊、幼卿。筑笙、柘浦、筱莊三先生來談。

上巳日（四月七日）

晨，瀛甫、梯雲最先至。

三月初五日（四月九日）

昨宿於家，六時起，赴局看稿。薙髮。謁制軍，留早飯。午後，拜麥觀察、彭大令，不遇。至城隍廟，謝巡警局諸公，送喜禮至民立第一小學堂。是日爲研究之期，教員畢至，并晤兩學董。回局。楊小坪叔、劉吉升、尹劭詢先後來談。晚，大雷雨。宿局中。借用芸生之夜具。

記事：學院考學堂事。鄉紳充學務議員事。招待員事。陸蒓甫事。石印各學堂真蹟寄陳列館事。州郡興學覆查請奬事。

收信：何澄元、毛觀察、尹澄兄爲嫁女事、紱臣、順循、辟畺、彭秋、王璞初寶生、陳玉蒼、李佑周、王培孫、王柳生先生。

四月廿五日（五月二十八日）

【頁眉】何澄元：三十三歲，板橋〇〇，夢蓮同年之子，自薦充醫學教習。

晨：六時起。

午後：凌太尊至學務處遣人來請，遂返，玉孫亦來。宫保送來葉堅真所遞清摺。

四月二十六日（五月二十九日）

晨：六時起。葉象川來，許以每月廿元之學費，由余包認。

午前：徐固卿觀察紹楨、周鐵珊，固安縣董事李、曹、萬、客回信來。毛觀察遣來察看學務。

夕：至家，適唐佩老送其令姪入學。在家陪江藤、石井君飯。

晚：玉孫商初級師範事。

【頁眉】小幡、元博、香閣至。

四月二十七日（五月三十日）

晨：六時起。乘馬車答拜徐固卿紹楨，并贈以本處所印書及章程。九時，小幡君偕譯員屠元博君來訪。

午前：謝仲勤、張仲仁、李符曾來訪。吴滇生觀察來。楊臨齋、閻小珊約香閣、木齋、志賡至同宴樓早酌。

夕：訪關道大學堂事，答拜吴滇生觀察葑。

晚：玉孫來。芷柃來。曉珊來初等小學功課。潤生來學董王夢臣之替人。

四月廿八日（五月三十一日）

晨：六時起。朱太尊來。考驗游歷紳董三起魏炳辰、李永聲、田際勳、王先德。

午前：答拜謝仲勤復大學堂事，談關道塾款事。答拜張仲仁北京設小學。答拜李符曾北京設學。訪晤袁潤台。凌太尊議帽章，留早飯。墨卿同。

午後：答拜朱太尊，未晤。

夕：答拜小幡君、屠君。

晚：玉孫、芹香來，玉孫商初級三班功課。芹香辭行。

【頁眉】來客：蓉生、潤章、文廷、級升、劭詢。雪農請假回南。

四月二十九日（六月一日）晝晴，夜雷雨

六時起。薙髮。樓上看稿，考驗出洋游歷紳董四起。一起一人胡俊彥，二起一人徐俊英，三起三人王法勤、楊爲章、李寶書，四起一人李甡炎。

午，楊筱叔康侯事、邱曙蓉其世兄□□□、陳潤生來。王益孫追債事。高田、早苗、青柳、篤恒、桑田閩總教、速水領事館譯人、藤井來。仲仁來。述督部意，選派長短期各半，或五十人，或六十人，其生年所派短期願改長期者聽。計每年派短期三十人，長期三十人。余謂，如此則長期之生其數必逐年加增，學費亦與之俱增，未知督部之意何如。又，督部意託高田代選日本人兩人爲游歷官之嚮導。游歷官考察留心與否，此兩人向直隸監督報告。余意不敢謂然。九時睡。

【頁眉】來客：臨榆縣譚廣生大令來，日本四人，沈漢卿。收信：張稚青。同香閣、志賡、仲仁、木齋游考工廠。

四月三十日（六月二日）雨

晨：六時起。

午後：二時冒雨答拜高田、青柳、桑田三君於芙蓉館，談一小時，面約明日假王宅晚酌。

夕：歸家。

夜：與伯苓訪小幡及屠元博。

【頁面】來客。收信。

五月初一日（六月三日）晴

晨：六時起。青柳、高田、藤井、桑田八時至，導觀敬業中學、民立第三半日小學、城隍廟小學、考工廠、工藝學堂。十二時後歸家。

午後：備送高田君文具等。

夕：五時至王宅。高田、青柳、桑田、藤井、木齋、伯苓、益孫同席，甚歡。十時散。

夜：還學務處。

【頁面】見客：李伯舉。收信。

五月初二日（六月四日）星期休息，終日在局

晨：六時起。

午前：十時同木齋至車站送高田諸君行。十二時還局。

午後：樓上辦公。三時後到民一小學答拜譚大令、程大令、毛觀察，訪石門，答拜徐鎮軍。

夕：還局更衣訖。到民一小學與林、卞、馬、胡、華、陳、華、王、王諸君飯，談至十時回局。

五月初三日（六月五日）晴

晨：六時起。

午前：樓上辦公。出洋者陸續來見。

午後：與木翁談。

夕：寫信致仁安、璧臣、嗣香、紱臣。

夜：九時至初級師範學堂，是日講習科初開。與毛觀察談。

【頁眉】來客：閻、劉、鄧、張、楊賡廷。收信：仁安、臺孫。

五月初四日（六月六日）雨

晨：五時半起。出洋游歷紳董五十一人來會齊，合趙文廷廣文及楊、王二君共五十四人。

午前：八時同木翁到院署。十時，率學生謁見宮保。拜寶方伯，不遇。

午後：胡君茂如來。

【頁眉】收信：王璞初；直隸試用縣丞、前高等學堂文案官王寶生敬求宮保免補本班以知縣，仍留原局，歸候補班補用。

【封面】乙巳津京日記（七月一日起，十二月三十日止）

此時充直隸學校司

七月初一日（八月一日）晨晴，終日晴，酷熱

六鐘起。看《憲法精理》。七鐘登樓治事。八鐘客至。十二鐘飯。

午後，假寐片刻。考驗游歷紳董。寫信。六鐘飯。會客。十鐘睡。

收信：兵備處爲體操教員加薪事。王用霖爲塋地被人盜賣事。李少林石臣爲求派游學事。張仲仁送還帥批清摺，并索一至五期雜誌。王縉夔爲竹林求書壽聯。武俊民用章爲其嗣君繩緒出洋事。

寫信：復兵備處；復用霖；復仲仁；復楊筱叔，謝扇，并言大昌□；復凌太尊，并送車價百元。

會客：閻曉峰毓春，原稟持回，屬遞商務公所大昌源債務；周小林交父憑，獨石教員王鍾蕃；高一山；日本人淵上君；趙興堂、華實甫、鄭大令元濬、北塘張畊孫耀曾，在順天中學、玉孫、賡言、鄧和甫。

考驗游歷紳董：王德涵蠡、馬江、馬淮幼年學生，完、劉玉田完、安良完、景蔭樑老，元氏、潘宗禮通、李域西甯、劉建德萬全、馬增濂老，萬全、崔炳霸、楊炳文鹽山、趙澍潤永年、武繩緒永年、劉鶴林甯河。

記事：已製保定初級師範添桌椅二十分，應函致秋皋。◎南段巡警知照，約束學生，協力整頓，應屬總董及各監督商議條規。◎已送望月索《女學堂章程》。

查學人員：保定、易州：趙炳麟。順天東北路：陳恩榮。順天西南路：吴鼎昌。天津、河間：馬鑑瀅。永平、遵化：周焕文。廣平府：劉登瀛。順德府：張良弼。正定府：王璟。深州、冀州：李金藻。趙州、定州：崔謹。宣化府：賀培桐。大名府：齊福丕。

速成畢業人員卅一年七月歸國：臧守義卅二，天津、賈睿熙卅一，蔚、袁仲垣卅二，武邑、王錫泉廿六，蠡、陳清震廿二，南宫、華澤灝卅二，天津、劉續曾廿九，安州、周學彬卅，天津、張佐漢卅，高陽、范延榮卅，藁城、劉駿書廿九，安肅、劉吟皋卅七，威、尹寶真卅七，交河、郭文藻廿七，贊皇、于振凱卅七，天津。

改長期：步以崚廿五，棗強、陳升之卅一，安州、沈仲沅廿二，交河、劉樹釗廿四，衡水。

法政大學速成科：杜之堂、張蘭、王宗佑、王化清因病回國。

經緯學堂普通班：崔季友、南樹棻、蘇蓺林、鄭耀奎、劉煥、牛寶善、宗汝培、呂稟埏、李棟、董如皋、籍忠寅、王用舟、于振宗、楊錫寵、宋兆芙、張恩綬、祝寶森、王葆真、黎炳文。

宏文普通班短期改長期：張雲閣、趙憲曾、胡源匯。

預備事業：張亮。

私費改官費：梁志宸早稻田、孫慶澤第一高等、邢之襄正則、郭鍾韶熊本醫、李士偉早稻、胡茂如補孫鳳藻缺、李毓楠補王化臣缺。

七月初二日（八月二日）晝晴，夜雨一陣

六鐘起。看《憲法精理》。七鐘登樓治事。九鐘下樓會客。十二鐘飯。午，假寐片刻。夕訪格林，談兩小時。六時晚飯。晚，寫信。訪韻伯，遇雨折回。至宣講所，與玉孫、芷舲、則久談約一小時。九時後歸。

收信：仲遠復信，言體操加銀事由學務處呈報爲順。

寫信：致仲遠函，致凌太尊函，附去學生名數一摺三單。

會客：臧佑宸，華午晴，武柱卿令兄，金心栽，顔韻伯，鄭朝熙、鄭其儀，賡言，黄琴生大令之公子樹成。

考驗游歷紳董：陰鷺叔長恒，方安墉同二鄭來，冀州人，李鴻儒滿城，吴明勤柏鄉。

治事：晨閲到文，核稿，夕判答簿。

備忘：擬《游學章程》《保定初級師範權限》。

七月初三日（八月三日）晴

六鐘起。看《憲法精理》。七鐘登樓治事。八鐘出門拜客。到學會廠候張學務大臣，十一鐘率本處職員、各堂教員、監學暨學生二百餘人迎於郊。十二鐘回局。

午，假寐片刻。蔡志翁、凌太尊先後來談。到王宅，爲益孫令祖母題主。到城隍廟小學堂、初級師範學堂。回家晚飯。

到宣講所，十一鐘回局。

收信：璧臣爲陳述兹求調差；竹叔祖爲芮輔翁求關説債務；羅掞東索各學堂人

數單；華秩昭；陳廉訪爲黃樹成事。
寫信：信復竹叔祖，言不能代説；復智舒。
考驗游歷紳董：是日來者均令填寫履歷、試操衣，未及考詢。
記事：王吟笙言，有人編白話與文法互譯之書。
來客：劉幼樵，張紹希緝光，戴邃庵展誠，王書衡儀通，曹潤田汝霖，俱未見。
七月初四日（八月四日）早晚晴，午大雷雨
六鐘起。七鐘登樓。八鐘出門拜謁學務大臣及陳玉蒼侍郎。答拜戴、王諸公，不遇。答拜顔韻伯。到學會廠相度地勢。十時半歸。會客數起，至一時乃用飯。午，假寐片刻。會客。晚，飯後出門，訪凌太尊。燈下登樓簽判，九時半畢。
收信：馬拱宸，附速成師範成績表；武經笥，附《三字經》等課本；喀喇沁王爲送學生來直隸學工藝師範事；留學生郭方增，趙獻夫兄；孟紱兄述師範招考日期；金小泉言，明日上船覆卞宅，婚期不能改緩；劉子澄言，因病不能到宣講所；智舒商明日女學生謁張大臣事。
寫信：復弼宸，言陳述兹事并催書件；復秩昭；復子澄。
來客：王書衡，戴邃庵，張邵希，曹潤田，左臺孫，劉幼樵，華瑞安，陸性初，趙幼梅，劉際唐，齊茂軒，陸申甫未見，連廉訪甲，孫觀察多鑫。

考驗游歷紳董：張星桂，李光綸，王汝澤，焦增銘，焦增鈺，胡庚西，胡仁田，胡廣輝，劉鑑塘，李如華，王燮元，高子堅。

速成師範畢業歸者十人。

七月初五日（八月五日）晴

五點半起。寫信。六點，偕郭鏡虛同車赴學會場。八點，袁宫保至，又刻許管學大臣至。衆教員、監學、學生向大臣三揖。大臣復命潤田主政演説。十一鐘，余回局。午後一鐘，至直指庵小學堂。學務大臣同袁宫保兩鐘至該堂閲視，由此而考工廠，而工業學堂，而教育品陳列館。余皆從焉。

五時赴法租界。答拜陸申甫，晤梁孟亭、吴緘齋兩觀察。

晚，在家約格林、饒、賀三君。仲子鳳、張伯苓暨兩學董西酌。十一鐘散。

收信：唐佩老，鄧和甫，智舒，王秋皋失偶。

寫信：復智舒。

七月初六日（八月六日）星期

六鐘一刻起。七鐘至城隍廟學堂，候學務大臣。九鐘始至，由此而初級師範，而私立中學，而官立中學，皆從焉。十二鐘回家。

三鐘至局。會客。六鐘至督署。督院率官紳公燕學務大臣。七鐘入坐，十鐘散。

回局寫信兩封。

收信：黄樹成；羅順循大令論考初級辦法。

寫信：唁秋皋失偶，答羅大令，答黄樹成。

來客：楊鷺賓育平。

記事：學務大臣交獎贈品目，屬派給各堂；學務大臣改學會廠爲學會處，宫保認可，屬懸額；學務大臣索『小學章程』。

七月七日（八月七日）

六鐘起。芷杴、幼梅、墨卿來議事。會客。謁張尚書。

午後假寐片刻。考驗游歷紳士。三期游歷紳士來會議。

赴民一樂賢會。赴宣講所，十一鐘歸。

寫信：答長沙尚書。

收信：辟畺，張長沙，玉孫附代作復含章信，張獻群開封機神廟門内，張仲仁爲謝仲勤問羅掞東事；留學生劉夢輔衡，徐蓮峰，王毓秀吴橋。

來客：王馨泉，邱曙蓉，張尚書。

考驗。

七月八日（八月八日）熱

五鐘半起。學會處送張大臣。藥王廟第三期紳董齊集，謁見袁宮保。答拜唐秀豐、續紹昌。訪晤麥佐之。

午，賀竹林壽。玉孫、敬韓、柘表叔來。訪歐陽旭德，爲法政學堂事。旭德有見商數條。

同宴樓公餞木齋、禹堂、賡言三君子。

晚，赴宣講堂。晚，赴宣講堂，十一時歸。

收信：楊小叔欲約平賀；竹叔祖；幼梅丈；趙墀；黃蘊真假款；石玉藻；張景山、王銘恩；王文明；渡邊明信片，日曆七月廿九到東京；上海來電，智惺今晨隨新豐歸。

寫信：初九復辟畺，告余今年不出洋，仍勸就師範席；初九致高尾亨，託轉交望月以〈初九〉女學章程二種，又詢郵船緘價事；初九復虞含章，收到儀器；初八復幼梅。

來客：梁太守丹銘，曾大令愷章。

七月九日（八月九日）熱

六鐘半起。七鐘半登樓治事。數日以來，留牘甚多，猝難清理。參謀處遣體操教員廿人來津。孫觀察多鑫來，爲遣派印刷學生事。同墨卿訪仲勤、仲仁兩幕賓。民一小學堂早飯。飯後假寐。

三鐘後回局。朱、凌兩太尊來。卒業生十六人謁見。嚴晴初、劉際唐、齊茂軒來。晚，宴劉、齊兩君、周子畏及卒業生十六人於同宴樓。晚，赴宣講所。

收信：東京電託轉河西務，知戴定之病篤。

寫信：誤記昨日之下。

來客：廣平曾大令，安州鄭大令，孫觀察。

記事。

七月初十日（八月十日）

六鐘起。七鐘登樓治事。約幼梅來議體操目兵教師二十三人寄宿事。十鐘後會客。十一鐘赴同宴樓，約唐秀豐、金伯屏、盧木齋、曾禹堂、卞賡言、嚴晴初、張伯苓飯。二鐘回局。

客數起，接聯至七鐘。回家晚飯。

九鐘至宣講所。十一鐘回局。

收信：智惺兄妹自杭，幼梅論目兵寄宿事。

來客：張兆麟、牛桀，將赴奉天，來見；馬英俊，求官費出洋，因其漢文夙有根柢，且曾學英文、日文，人極英挺，允之；佐藤鐵治郎；言仲遠；李仲白來，同來者六人，皆願赴東學印刷者也；黄竹初；曾大令愷章；胡敬宸，代查司馬美蔭詢派游學生事。

記事：師範官話。

七月十一日（八月十一日）

六鐘起。七鐘登樓簽判。盧木翁來談，馬湘白、嚴幼陵、玉孫來。約彤岡、叔彤、玉孫、嘯麟西餐。拜客。車站送行。到宣講所。

回家，視智惺自杭州歸。十一鐘回局。

來客：趙興堂，劉維藩將赴奉天，玉孫，賡言，通州詹鈺，固安萬執機。

拜客：鹽山姚大令晤，順德梁太守，滄州趙刺史，俱已前行；賀周緝之接署印；赤城羅大令；鄭同年炳麟；安州鄭大令；吴斂之；孫端甫；何君朝樟。

東渡者盧、曾、鄭、卞之外，凡游歷紳董六十一人。

考驗紳董，昨日一人，今日三人。

記事。

七月十二日（八月十二日）雨

五鐘起。赴塘沽，送木翁諸君。十二鐘回局。會客：陳昌言，劉班侯。夕，訪斂之。送叔桐行。拜孫瑞甫，不遇。慶源樓獨酌。赴宣講所。十鐘回家。

七月十三日（八月十三日）

六鐘起。薙髮。十鐘到局。晤執中談。答拜鄭紱廷、劉班侯、高一山。十二鐘回家。與墨青、玉孫、伯苓、柘表叔、芷舲甥談學務。夕，至民一小學堂。六時歸家。候武子翁。晚，設筵請武子翁、竹叔祖、吴秀翁飯。

收信：王式文，羅掞東。

七月十四日（八月十四日）晴，熱

六鐘起。老龍頭車站送瑞安行，智舒隨往焉。竹叔祖、吴秀翁、許襄臣、孫子久、劉香士亦隨此車赴京。九時歸。登樓治事。

十二時竹林、墨青來，同往同宴樓飯。午，至工業學堂小坐。回局寫信：燕泉，笈孫。李仰白及所薦三人來。玉孫來。答拜謝方塘。赴凌太尊約，同坐趙觀察、朱太尊、幼梅、墨青。十時歸。

寫信：順翁。會客：紫珊及趙學生。

收信：端玉如、張伯納；掞東；順循；渡邊；實翁。

七月十五日（八月十五日）晴

六鐘起。赴車站送朱太守，晤程聽彝，暢談。答拜周刺史如鑛。訪晤麥佐之、彭禹門。九鐘後回局。登樓辦公。寫信。

午後，玉孫、稚青、仰白及所薦陳承平來。又武邑李、閻二君出洋來投文。袁仲峘、劉際唐、齊福丕來辭行。

六鐘赴同宴樓，請黃慎之前輩、黃小宋、蔣性甫、馮公度、甯星普、張執中、李子香、幼香、趙幼梅、林墨卿飯，十鐘散。

到宣講所。十一鐘歸。

收信：幼梅；燕泉兩封，一操衣，一閬仙；曹再韓。

寫信：端玉如、張伯納，附章程、雜誌；仲遠，附譯稿九十二頁；沈翰卿。

七月十六日（八月十六日）

六鐘起。登樓辦公。寫信：墨青。袁仲峘來。寫對屏。凌太尊來。燕友三世奇。

毛觀察遣固安王尚義、李方林、永清崔殿文來津參觀。墨青來。
午後睡一小時。登樓辦公。石次翁、王朵元來。
晚飯後答拜馮公度并晤性甫。到宣講所。寫信：致燕泉。
十一時回局。李秉鈞來。
收信：毛實翁，馬曉珊。
寫信：燕泉，墨青，高尾亨。
擬薦官銀號銀元局派赴日本學印刷學生：陳墨林年十八，住招商局對河，在日出學館一年，已在日本學印刷一年；父東來，在招商局，李蓮普年二十，住梅家胡同，同上；父應熊，在恒益茶店；恒益保，房士珍年十八，住蘆莊，在日出學館三年，其充病院通譯將二年；父璧臣，在鴻元鮮貨行，李振榮年十九，南閣西，留學日本經緯學堂半年；父則安，在瑞發洋行；瑞發保，李雲舉年十七，住蘆莊，在日出學館一年半，日本新聞報館學印刷一年；父萬清，在一升齋鞋鋪；一升齋保，姚鐘棋年十九，蘆莊公署後，在日出學館一年；父玉山，在一升齋鞋鋪，陳承平年二十，大夥巷西，在日出學館一年；父寶成，先在慶成義煙局。
光緒三十年經保定師範學堂所設東文專修科畢業生擇尤録用：馬蔭楠本堂留，譯授地理、歷史兼倫理、心理，賈慶蔭本堂留，東文專修科助教兼譯授倫理、心理，李琪樹本堂留，譯授博物，楊開溥保定初級師範簡易科副教員，郭錫瀛本堂留，譯授手工，崔承恩本堂留，譯授音樂，周宏蔭本堂留，譯授圖畫，周翼、張寅亮、丁屹以上三名任自營業。

七月十七日（八月十七日）

六鐘起。七鐘登樓治事。九鐘，孫荔軒觀察來考驗學印刷諸生凡七人。十鐘四十五分出門，答拜丁春農前輩、張觀察雲逵，均晤談。訪袁雲台談。赴仲遠約。

二鐘後回局。燕教員世奇、安教員永昌、馮教員濟臣、孫教員炎先後來。趙興堂來。張執中來。同執中訪晤藤井、鹽田，同飯於慶源樓。

晚，到宣講所。

收信：順翁，仲遠借石印事，游歷紳董三人，馬拱辰。

七月十八日（八月十八日）大雨如注

六鐘起。寫信。登樓治事。張幼芝來。王韻泉來，留早飯。

午，登樓治事。華午晴來。

夕，送韻泉、壽芝、雲摶、誦裳、次和、問泉諸人行。

晚，到宣講所。九鐘歸家。

收信：順翁。

七月十九日（八月十九日）

六鐘起。即回學務處。紹乾來。登樓辦公。孫觀察來午後。廣東馮鴻若之弟靖及其戚周藹來，并帶來鴻若手函及餽物。十時訪孫荔翁，不遇。拜何翰廷，不遇。歸家候石臣。

午，答拜石次翁。到學務處。楊春綸及清苑出洋三人同來。沈子洲、李仰白來。

收信：馮鴻若博。

七月二十日（八月二十日）

五鐘起。七鐘至河干，登長龍炮船，偕凌太守、袁公子約藤井、平賀、小幡、幼梅、玉孫、鹿泉游勝芳，未至而返櫂。歸局已九時矣。

寫信。

七月二十一日（八月二十一日）

六鐘起。張景山、王明恩來。次遠、雨人先後來。登樓治事。永清崔殿文、固安王尚義、李芳林來辭行。深澤游歷紳董畢培真來見。芝本、新納同來見。趙述之、次元、閻瑞亭同來見。張仲仁來談。白瑞、文明同來。麥佐之來。王朵園之兩世兄來。

收信：羅順翁，張仲仁。

寫信：復毛實翁，寄朱太尊，復羅順翁。

七月二十二日（八月二十二日）

六鐘起。登樓治事。貝季枚壽同來。朱佑山來。訪仲仁。午，唐公柔堅來。爲王采臣出洋事。三時到工程局，偕佐之訪周緝翁。答拜張觀察廷范，林太守。答拜公柔、季枚、佑民。訪斂之。赴性甫、公度約，到宣講所。

收信：孫端甫，附小舫叔收信物回片；戴襄甫電；田焕亭文烈。

寫信。

七月二十三日（八月二十三日） 早大雨

六鐘起。寫信四封。登樓治事。凌太尊來久談廣仁堂，模範小學，貯蓄銀行，鐵路。李仰白來。田焕亭文烈，候選知府，參謀處參議，漢陽人，曾在水師學堂教漢文來。

午後訪旭德。法政學堂一加『直隸』字，一不加。天津擬設之法政學堂必須候范、黎來津。訪緝翁，不遇。訪荔軒，交七人願書。到新豐船送朱伯淵，并謝孫端甫。答拜佐藤鐵治郎青龍報館，訪足立傳一郎北清新報館。答拜李子香，久談。

回局晚飯。寫信：菊公。回家：定之事擬令長發棧包辦；信致仲魯，擬接尹小姐來津。

收信：鄢錦堂回信，花杏農，朱太尊電。

寫信：致王少臣石印，鄢錦堂派員開平估工，田焕亭十二鐘拱候，歐陽旭德。

七月二十四日（八月二十四日）

五鐘三刻起。六鐘後到局。孫荔軒、周觀察、丁象明惟晋，奎野之兄、李教員致良，赴張家口。墨青、芷杈、柘公、敬韓留飯。

午，李子香來。凌太尊來。趙興堂來。樂事游歷生崔瑞芝算學有功夫，識鑑塘。

晚，留玉孫、墨青、芷舲飯。到宣講所。

收信：華甫爲李致良事，石次卿姻伯索『中學章程』，胡敬宸求書扇件，約敏，幼梅，智怡。

寫信：復石次翁，并贈《奏定章程》一部。

記事：王廷元仍回師範堂候事。

七月二十五日（八月二十五日）

六鐘起。薙髮。登樓治事。政法速成科王孝侯大令恢善，懷甯人來借學費卅金。凌太尊函商編《鄉土志》事。顧少卿函。

王杉緑觀察來，以所著條陳見示。留閲。

十一鐘到官銀號，同周、孫兩觀察見學印刷之學生七人，并發川資五十元、半年學費西曆九月初至來年二月底止。十二時畢。擬赴放生院，因已過午，至家早飯。飯畢乃往。

答拜閻瑞庭、張翊清、楊炳初、趙述之、次元、鄭卿珊禄昌、賀君德深。答拜高君同小莊赴開平者。答拜丁象明，不遇。答拜田焕亭，不遇。答拜胡恪三，不遇。

回局。登樓治事。梁觀察來。訪仲子鳳。到宣講所。

收信：凌太守，漸逵，斂之，二期游歷紳董凡四件，朱太守，顧司馬，戴襄甫，王燕翁廿四日到，俊甫攜來。

寫信：復漸逵，復斂之，復凌太尊。

印刷學生：李蓮普習雕板，陳墨林習制本，擬兼習鑄字，李雲舉擬習石印，姚鐘琪擬習綱目寫真，陳承平擬習木板雕刻，李振榮擬習活板印刷，房士珍擬習配色電鍍。

普通中學勻用房兩層，每月付房租百金，又追付修理費二百四十元，至明年九月半爲滿期島田栖居後即騰讓。

嚴幾道寓上海新垃圾橋北長康里一百七十五號。

七月二十六日（八月二十六日）

六鐘起。登樓治事。幼梅丈來。張仲仁來，留飯。李蓮普等辭行。

午，假寐片刻。登樓治事。寫信。訪奎野，小談。回家。

約玉孫、伯苓、芸孫議外省師範及游學預備事。

寫信。

收信：順翁，鼒臣，稚青，盧木翁電。

寫信：復順翁，寄蔡志翁，寄智怡，紱臣，辟畺，鼒臣，秋皋附改訂及新增章程。

七月廿七日（八月二十七日）

七鐘起。赴習藝所參觀，并聽陳林演説。十時半回家，從敬之來演説，李石臣、武翰臣、王少平與之俱來。

午假寐。玉孫、芷舲、墨卿、柘浦、伯苓諸公談學界事。晚雨。回局。

收信：盧木翁明信片十八自長崎發【頁眉】木翁自長崎來葉書。；川本竹松、新納時哉，介紹山東劉鴻誥字鳳亭，其子欲游日本。；劉伯紳，介紹詹壽山鴻年，衛輝國心齋太守之刑幕也；毛觀察東安所屬白餉口王村塾有褚有成者，年十三，入塾一年，讀畢『四書』，擬送津邑小學，并籌膳宿處，費由毛公代備；張濟川國復，保定北街，擬立小學二處，西街由許涵志立一處，又西關兩小學新舊各生共九十名。

寫信：寄智怡，附李蓮普等咨文一角，交郵局書留。

七月廿八日（八月二十八日）

六鐘起。登樓治事。凌太尊來。夏瑞芳粹觀察瑞方持幼陵先生、張菊生先生函來，并贈書：《初等小學地理》四册，《微積學》一册，《數學》二册，《東西兩半球圖》二幅，《帝國全圖》一册，《西洋歷史》附圖。

邱曙翁、陸君培餘、吴君德烺皆鹽務候補，爲出洋事來見。張家口旗營教員崔岫、河間府查學劉續曾、趙十如先後來。

午後假寐。登樓。四鐘後拜客：彭秋見，崧生，旭德，陸培餘、仲仁兄見，杉緑見。八鐘回。

發電，正孫、劉委札之誤。

收信：幼陵，菊升，順循，志賡，梯雲鄧世兄事，同鄉會，湘南，掞東。

寫信：張濟川，新納，朱太尊。

應答信：伯紳，閬仙，燕泉，幼陵，菊生，同鄉會，湘南，掞東，川本，實君，稚青，俟雪農。

七月廿九日（八月二十九日）

六鐘起。登樓。幼枚來。寫致歐陽觀察信為十如謀館事。詹壽山、貝季枚、王華亭。玉孫來，爲辛虎臣移就初級師範講席事。電約芷柃來商議，遂留飯。

午假寐。登樓。五鐘後，答拜夏粹芳并贈書。貝季枚拜訂私立第一教英文，并帶張伯翁片、學堂片。王朵園。訪斂之，不遇。訪幼梅跡於慶源樓。到宣講所。

收信：凌太尊。

來客：詹壽山自河南衛輝，貝季枚，王華亭，孫師鄭，廣昌教員張鴻庥。

八月初一日（八月三十日）

六鐘起。登樓治事。李如林奉天教員，辭，甘聯超大學堂文案，黃樹成出洋，胡錫章、康小亭，陳家棟畢蔚翁之戚，天津人，持幼梅函，薦出洋，曾在上海中西書院學英文三年。墨青來議事。朱鳳藻來，未見。

午假寐。同墨青赴凌太尊署。訪佐之。回局簽判。

晚，赴工業學堂研究會。到宣講所。十一鐘歸。

收信：張弼余自兗州署，順翁，駒井松枝，孫師鄭，子貞，尚毅，張德俊自宏文學院。

發信：曉珊，孫師鄭，順循，伯紳，徐漢翁。

八月初二日（八月三十一日）晚雨

六鐘二刻起。登樓治事。張子文彬來。何廷瑜持同鄉會函來，命馮貴隨之到院署。訪趙知安鄭子榮事，沾岡事。答拜黄樹成，張子文，沈小沂兆社，已歸京，詹壽山衛輝幕，贈以書并書目，劉子衡太守思鑑，湖南人，新到省，俱未見。

到官書局答拜宋星五。回家，與伯苓議製造所邀星伯事。王仁安自京來。答拜葉通守澂。

四鐘回局。邢贊廷、戴襄甫來談。程君明超，黄岡人，在東京學速成師範疑二年，入西京法科大學，暑假歸國，道經東三省，覽諸港口及都會，來津小住，因王少臣、言仲遠介紹來談。

周仲宣自保定歸。晚，早睡。

收信：哲生，同鄉會爲何廷瑜事，幼梅，小宋，石臣。

發信：哲生。

來客：多倫廳教員朱鳳藻來，面色暗。

八月初三日（九月一日）

六鐘一刻起。登樓治事。祥符學生杜聯來考驗十八歲，學過英文、法文三年，擬學法律。幼梅來。鹽大使陸、吴兩君來。王杉緑、鄭子榮來。張文瀾、張伯苓、鄭菊如、王鳴皋、王仁安、陳柘叔、楊星伯來。

晚，約仁安飯。到宣講所，是日考工廠借地演説。

收信：羅順翁，徐顯廷，張仲青，吴鼐臣，張執中，王紫翔。

發信：復小宋。

八月初四日（九月二日）詔停科舉

六鐘起。登樓治事。邢贊廷、王鳴皋、康小亭、謝藍田。

午後假寐。登樓治事。訪李子香，談至夕。

約丁象明、葛仲方諸君同晏樓飯。到宣講所。還家。

收信：周緝之薦孫師鄭，柘公，惁生，夏瑞方，張獻群，張天作景山，晋延年，旭德。

發信：復緝之，復柘公，復梯雲，復毛實翁。

八月初五日（九月三日）星期

六鐘起。與智惺議保姆養成所事。與伯苓議中法學堂事。仁安、漸逵來家。與蓮溪議大稍直口小學堂事。與竹溪叔祖談三河鹽務。約仁安、仲遠諸公同晏樓早飯。吳止欺至自日本。

午，民立第一小學堂宣示規則。凌太尊來局，談模範小學外省師範事、中法學堂事。蔡太尊來。張稚青來述周觀察意，北京小學堂擬購之房讓價至四千五百金，可以定局。遂電復徐偉人。

歸家，與伯苓議中法學堂事。十鐘後回局。

收信：留學生三封；仲遠；幼梅；宋坡；紫珊等留紱翁；芝本；奉大三教員；辟畺；紹雲來電擬約竹生。

八月初六日（九月四日）熱

六鐘起。補日記。登樓治事。寫信。會客。

午會客。看報。假寐。登樓治事。

晚，到文廟觀與祭社之預備。到宣講所。十鐘歸。

收信：鹿賓讓諉，同鄉會，梯雲耆壽民欲立小學。

發信：復順翁，紫珊諸君，執中王、吕由本堂發百五十金爲正，辟畺，雪農，晉延年，旭德，久峰節前後來津，并轉致馬英俊，梯雲，幼梅，仲遠，彭秋附膠紙一達。

會客：許仲恒，張夔，則久，聘卿，柘浦，石臣，少林，少山，菊如，曉珊，亮儕。

八月初七日（九月五日）

六鐘起。登樓治事。九鐘半袁宮保以馬車迎，遂往至官廳。晤梁觀察，略談。晤蔡太守，略談。到謝仲翁處小坐。十鐘後入見，談學務事。斗瞻亦至，留飯。飯後約二鐘辭出。

拜客：志賡，萬幼荃雲路，禮部，張芝生祖啟，山東道，謝藍田家華，王馨泉，李子香，吳德烺，許仲恒。

師範學堂速辦先容四百人，學政，優拔貢，教官，師範生出身，中學以下自費，校士館改師範堂，考試費查提，考棚改師範堂，卒業者始升學。【頁眉】『學政』以下四項記當時事實，今不可曉。又見八月初九日日記，此似可删。泉注。*

函約范、黎。電招李士偉。函留孟紱臣。

三鐘回局，會客：辟畺，縵如，志賡，王誠宣允德，吳獻齋，伯苓。

晚，寫信：翰亭，執中，幼梅。

收信：執中，幼梅，工程局，嘯麟，劉泠臯假，李玉峰，方伯，滿城游紳李求函致該縣寄費，秋臯。

發信：何翰亭，復幼梅。

*眉注爲陳寶泉所寫。

八月八日（九月六日）

六鐘起。赴車站送辟畺、曙蓉。八鐘半歸。登樓治事。胡敬宸偕查履忠、厚培來。二查將出洋學法政。王鳴皋來辭行。

回家，與墨青、芷柃計議并送止欺、何生赴京。

三鐘詣凌太尊趙軍帥擬送小學生，中法學堂。答拜高清山。訪麥觀察師範堂圖，樂善坊。答拜吴獻齋，王錦文，毛觀察，俱未見。訪斗瞻，不遇。

六鐘回局。簽判。赴宣講所。

十鐘回。寫信：梯雲，杉緑。

收信：仲仁，柘叔，杉緑，宋坡，梯雲，獲鹿傳習所教員，察哈爾都統，周觀察示偉人來信，秋皋，杏農附『研究所畫到册』。

發信：户部大堂，笙陔。

八月初九日（九月七日）晚雨

六鐘起。登樓治事。寫信：杉緑，緝之，潤生，偉人，梯雲，柘公，芷舲。

午後假寐。蔡太守來。赴客籍學堂一看。訪仲仁，跡之於阮觀察處，談許久。

譯大隈信；教科書送仲仁處；盧小湘官費；孫鳳樓官費。根津一致宫保書，可采者：中學以上加銀行簿計等學，水産學堂。優拔貢送法；師範生出身；學台安置法，以上諸條不便與議。

六鐘回局。幼梅、玉孫、伯苓諸公先後來。墨卿十鐘後來。

收信：緝之，耕亭，竹生，聽彝，廉訪，仁安，顧少卿。

發信：緝之，杉緑，梯雲，潤生，偉人。

來客：源豐潤新老板王同恩，字蔭人。

八月初十日（九月八日）

六鐘起。登樓治事。寫信：復竹生。九鐘詣毛實翁，談約一小時。志賡來，留飯。

午，凌太尊、稚青來。四時訪仲仁。同斗瞻、仲仁謁宫保。

七時至宣講所。寫信二封：凌太尊，羅大令。十鐘歸。

收信：仁安，幼梅，紱臣，智惺。

發信：凌太尊，羅順翁。

【頁眉】埶寄孟樾民學費貳百元。

八月十一日（九月九日）

六鐘起。登樓治事。臺孫來。子洲來。甯河儒學查學董怡如來。何生自北京還。朱桂辛來。

寫信：聲甫，仁安，智惺，平賀，竹初，智惺。

午，志賡來。訪碧城，爲張少希令妹、章一山令嬡附學事。訪周緝翁，不遇。答拜王蔭人源豐潤。到廣仁堂，同凌太尊、林總董相度地勢，遇張戟門觀察。七鐘歸家。

約武子翁、陳柘翁食蟹。與大野鈴子、二妹談。

收信：玉孫，宋坡，王、吕二公，紱臣。

發信：玉孫，竹生，聲甫，仁安。

八月十二日（九月十日）

六鐘起。墨青來，同赴大稍直口民立第十九小學堂開學。飯後，到大梁莊、中北斜、東北斜、齊家莊、小稍直口等處相度地勢，勸立學堂，至暮乃歸。

留墨青飯。玉孫、伯苓來談。

收信：吕碧城，張天作附功課表，何翰廷北村定議，每週增七時，每季酬百五金，侯雪農增四金。

八月十三日（九月十一日）

六鐘起。登樓治事。會客：馬英俊，廣宗縣張繼善，趙興堂，李逢謙，蔡志賡，李香閣，崔子餘，鍾薌泉觀察澤□，張稚青，楊瑞生軍門。

午拜客：訪碧城，答拜桂辛、香閣、楊瑞生，趙大令國琛，張大令繼善，訪緝之、佐之，拜張戟門觀察。

六鐘歸局。晚，子貞來，同赴宣講所，十時後歸。

收信：張晝鈞，王燮元，仇翰垣，湘南，桂辛回信附張芝亭宣講詞二十本，梯雲。

發信：天作，王、吕二公，紱臣。

北京學堂兼工場開辦時應商條件，周緝翁批定：銀錢出入歸何人經管徐偉人兄；款項由何處發給偉兄處發、何處匯兑；採買傢俱等物何人經手學堂由潤生辦，工場由稚青辦；價錢有無限制可先約估；到京之後即須起火食酌辦；學堂與工場帳目分兩本簿記各自報銷；學堂人員堂長一人（潤生），教員四人，監學一人，收支兼庶務一人，堂役二三人；工場人員總理一人（稚青），監工一人稚青自選，工師二人由津協調，收支兼庶務一人徐竹泉，堂役二三人公用廚房二人，門房一人。

同鄉會新住址：神田區三崎町一丁目三番地。

智怡新住址：芝區高輪南町四十番地。

梯雲函言：五城察院衙門、學政衙門馬大人胡同、東安門外之内務府氈作、武英殿刻字處，均可奏請撥作學堂；小學須備午飯，可奏請賞每小學粳米三十石，照商部官工藝局辦法；京員熱心：達侍讀壽，苐一；耆京堂齡，壽民；熙郎中彦，號雋甫，人格開通，裕壽山之公子；東清鐵路三千萬兩□。

八月十四日（九月十二日）

六鐘起。登樓治事。會客：石琢卿、高六韓、趙粹然國琛三大令；梯雲來，留飯；蔡太守；崔子餘；王紫翔大令子洲。

拜客：方伯，夏軍門，張協戎，張太守祖笏，琢卿。

六鐘歸。會見出洋紳董：任邱王，獨石廳王，肥鄉梁，永年王，文安紀，薊州王、黄，井陘張。

鎮安縣教員杜錫麟持師範堂文來津候咨。

七鐘回家，約星伯、梯雲、彤階、墨卿議事。

晚，到宣講所。

收信：幼梅，順循，菊人，侯雪農，緝之，和甫。

發信：幼梅，彭秋，仲宣。

八月十五日（九月十三日）

節賞郭价、吴价、曾价、潘价，四价各一元。院宅門、茶房、號房各二元。

六鐘起。寫復緝之信。登樓看到文。拜節兩三處：毛、林、鍾。

回家，晤門田君、佐口女史。

赴梯雲約於李少林家，兩鐘後回舍。四鐘回局。見游歷紳董：大名、元城、青縣。

六鐘回舍。改智舒信一封。候墨青，八鐘始至，梯雲九鐘至。十鐘後散。十一鐘余回局。

收信：十如，詹壽山，馬英俊，盧木翁，萬、全兩生自日本來函，毛實翁，執中。

發信：緝之。

八月十六日（九月十四日）

六鐘起。寫復毛實翁信，復詹壽山信。

登樓治事。改稿。會客：張協戎，凌太守，吴獻齋觀察，盧木翁令姪，王夢臣。

接見游歷紳董，游學：東光劉同彬，成安宋，定興張，廣平郭，永清崔，固安王、李，深澤趙、劉、李。

拜客：李少卿，歐陽旭德。午後，張協戎見，凌太守見，方伯未見。

會客：劉班侯；張柏林新甫；林孝廉錫麟；廣昌馬汝典。托克城劉兆瑞持北村函，求送出洋，自費；石哲卿；陳笙陔；劉權之；趙幼梅；李潤生。

晚，訪實翁，到工藝研究所、宣講所。十一鐘回局。

收信：詹壽山；志賡；日本三封，董汝珍、苗錫智、葉堅真。

發信：實翁，詹壽山。

八月十七日（九月十五日）

六鐘起。登樓簽判。寫信：復執中，曉珊，仲遠。會客：陳西甫，周熙民，周嘯麟，王少良，河間三韓，馬曉珊。

午後假寐。會客：渡邊，方伯，朱經田觀察，稚青，潤生。

拜客：陳笙陔，高六韓，詹壽山，盧世兄，張仲仁，張觀察雲逵，邱鎮軍，普大令，周熙民大令。

七鐘歸。芸生、秋皋來談。寫信。

收信：執中電，玉孫國民捐，仲仁安置學政稿，馬葑溪。

發信：執中，十如，中遠，曉珊，智惺。

八月十八日（九月十六日）

六鐘起。寫信：復順翁，執中。

登樓治事。會客：詹壽山，孫大令德成。

拜客：甯心普見，朱經田，孫大令，陳西甫，吴獻齋，俱未見。十二鐘回局。

午會客：潤生，稚青，李玉田，志賡，玉孫，劉班侯，趙新甫，柏林。

同稚青、雨田訪周緝翁。四鐘回局。

登樓簽判。會客：游歷官余廷桂，游歷紳王桂庵，生張見龍，師範生游歷魏賡江等七人，劉漸逵。備便飯請紫翔、秋皋。寫信。

收信：盧子泉，劉益齋，芝本爲一郎，朱雨亭令弟，李卓元，董錕金、秉燧，李香閣。

發信：董錕金、秉燧，馬葑溪，仲遠。

八月十九日（九月十七日）

六鐘起。薙頭。與約敏談保姆學堂及女子小學事。

訪渡邊於芙蓉館，談許久。訪江藤，不遇。訪藤井，問候其妻君。

回家食蟹。午，與玉孫、伯苓二公談。與何廷榆談。江藤來談。子椿來談。楊星伯來談。十鐘回局。

收信：日本學生吴明勤，奎翁，潤生。

八月二十日（九月十八日）

六鐘三十分起。與袁督帥賀壽。拜客：青縣高，獲鹿縣嚴，補用縣游歷官余，任邱縣阮。

會客：日本人濱名鐵吉，以金子彌平函來；謝藍田；鄧汝楫、汝欽、毓楨。

拜延慶州樊。回家早飯。與姪議延女師事。午後假寐。三鐘回局。

會客：尹寶真，胡恪三，馬慕蘧，閻致恭，燕世奇。

晚，赴星普約，九鐘散。到宣講所。與玉孫、吟笙、墨卿議遣教員出洋事。十一鐘半回局。

收信：趙景森，敬宸、芰孫，留學生劉玉田，仲遠《陸軍章程》一本。

發信：致緝之，附星伯清摺；復香閣觀察。

八月二十一日（九月十九日）

六鐘起。登樓治事。會客：幼梅，性初，仁府，張體仁，清苑霍生二人游歷，潤甫，久峰，子餘，定州谷鍾瑛，又李鳴湯、帥葆蓉、張宗哲俱游歷學者也，志賡，閻致恭，王大令祝三山西人。

午，訪朱經田觀察、凌芸臺太守。回家，託伯苓、子洲、夢臣三君子代商電報學堂事宜。

七鐘回局。墨卿、玉笙、芹香先後來談。

李幼香約便飯，飲陳酒。同坐王菊舫、趙幼梅、王少蓮、王竹林、吉潤泉、林墨卿、周綬卿。十一鐘回局。

收信：子餘，游歷生朱珊，禹堂、賡言，孫師鄭，胡敬宸，仲遠，李言如，試用府經王禮恭條陳籌學款。

發信：復胡敬宸。

八月廿二日（九月二十日）晴，寒暑表七十度以内

六鐘起。登樓治事。寫信：仲遠，益齋，清水芳吉，孫師鄭。會客：高邑周大令嘉德浙，長沙人，曾爲湘學堂提調，又久佐左文襄、周武壯幕；張友龍、夔典，張家口派游歷；杜潛；常國祥，昌黎自費生；歐陽旭德；隆平吕大令調元；束鹿游歷生六人。

午假寐。會客：張效梁，游歷生李文蘊、冉亮，馬慕蘧大令及其弟爲瓏【頁眉】

馬爲瓏辛亥畢業，籍亮儕，丁家立薦英文教習，詹濬字哲臣，徐六吉觀察。

登樓治事。

拜客：周大令，丁大令綸恩，徐六階觀察，張觀察翊宸，長少白將軍，潘觀察志俊。

會客：湘南，香閣，潤生，劉權之大令，潤甫，馮佩珂。

收信：徐潤吾，幼梅，方安墉，燕泉，誦裳，則久，梯雲，東京游歷紳董二封。

發信：仲遠，劉益齋，孫師鄭，則久。

八月廿三日（九月二十一日）

六鐘起。登樓治事。會客：李蓮西，蔡志庚，張仲仁，廣瀨忠三，賀湘南叔姪，渡邊，余廷珪，詹哲臣，張柏林，李香閣。

午一鐘後，聚第四期游歷紳董演説并議事。

三鐘半到廣仁堂，同緝之、桂辛看地勢。

四鐘半回局。會客：亮儕，玉孫，潤生，燕友三。晚，與玉孫、筱莊、芸生議學務。寫信：順循。

收信：木翁，順循，西島函南。

八月廿四日（九月二十二日）

六鐘起。未登樓治事。游歷諸君來局。原定謁見制軍，以改期而止。商訂分期起行。會客：執中，仲和，墨青，芷舲，庸卿，閻致恭。

午拜客：李慕皋，仲和，石泉，陳廉訪，賴、林兩大令，孫太守綜源，胡恪三，李香閣，陳一甫。

五鐘回局。會客：馬國傑，亮儕，留學潘毓桂及吴橋劉氏五人，丁惟注，唐演，王桐齡，于振凱。

寫信：順循，仲遠，智崇、智怡，潤生，幼梅，敬宸，仲仁。

晚，登樓簽判。

收信：紱臣，敬宸發，順循發，仲遠發，仲仁發，潤生發，幼梅發，菊人電。

發信：見前。

總稽查名譽員，但支夫馬費，每處月十金，或兩處，或四處；監學一人，廿四兩；司事一人，十四兩；堂役三人，四兩；支吏一人，三兩；教員四人，再議。北京所設北洋第一、第二小學堂。

八月二十五日（九月二十三日）

六鐘起。薙髮。率第四期游歷紳董謁制軍。拜顧卜臣觀察。

十鐘回局。與游學諸君議啟行事并演説。請李香閣、久峰、湘南、亮儕、何天根、張體仁同宴樓早飯。

午回局。登樓治事。晚，赴志賡約，陪香閣。九鐘到工業學堂。

九鐘半回局。劉際唐來，談極久。

十一鐘回家。與張伯翁久談。

收信：和甫，雨三，同鄉會，王祜臣。

發信：智崇附菊電。

八月廿六日（九月二十四日）

六鐘起。慰蒼來談。十鐘到民二小學觀合操。十一鐘到老龍頭與游學諸君送行。

一鐘回局。假寐。李嘯溪、胡玉孫來。遣李順接符曾，歸則聞北京車站暴動之事。

偕玉孫到民一小學。到宣講所。到李子香處。到民一小學。夜間誕祭，同人留飯，求與祭社。到工業學堂，與體仁諸君送行，未遇。仍返民一小學堂。與毓笙諸君談。

十鐘後回局。寫信：寄木齋。

收信：玉孫，仲仁，伯顔，燕泉，秋皋。

發信。

八月廿七日（九月二十五日）

五鐘起。赴新車站，送幼梅諸君赴日本之行，隨車至老龍頭乃告别。同玉孫共馬車到初級師範學堂。回家小食。答拜鄭親家。中島裁之來家見訪。

十鐘回局。會客：朝陽留學杜清寰，志賡，渡邊龍聖，張仲仁，高陽蘇震。午後會客：湘南，際唐，芷杉，仲子鳳，饒伯森，武備學生王世義東文科卒業生也。

寫信：沈子洲，菊人，梯雲，紱臣。

七鐘訪奎野，到城隍廟小學堂【頁眉】是時奎野寓城隍廟前。回家。

到宣講所。十鐘回局。劉權之刺史持周觀察信來，即復之。十二鐘後乃去。

收信：仲仁，子洲，張濟川，崔岫，留學孟維源。

發信：金子彌平，梯雲，菊人，子洲，紱臣。

八月廿八日（九月二十六日）晚風，天氣漸凉

六鐘起。赴車站，送亦香、獻廷。訪渡邊。訪緝之，議北京小學事，擬明晨親往一看。

十鐘回局。紱臣已久候矣。談甚久，留之早飯。范錦棠、劉嘯東來。

午後假寐。登樓治事。寫信。改稿。

范錦棠、劉際唐來談。寫信：致仲仁附還清摺及擬稿，仲遠附譯稿。

芸生來論學務。墨青來議送凌太尊牌傘事。

收信：黃輔周，曾孝谷，緝之。

發信：孚曾，仲仁，仲遠。

八月廿九日（九月二十七日）

六鐘起。七鐘赴車站。晤練兵處江雨臣，安徽人，直隸候補府。八鐘開車，十二鐘後到京。先至拴馬樁小學堂，履勘工程，商訂章程。

晚，赴輯庭約，於斌陞樓獻庭、潤生、亦香、弼臣、瑞安、幼樵、芋田同坐。

到華宅，與智舒談，與楚材談，與弼臣談。十一時睡。

八月三十日（九月二十八日）

六鐘半起。與弼臣、瑞安談。訪菊老，遇姚石泉、姜澤卿。到小學堂。

到華宅，陪獻庭飯，同坐哲臣、亦香、幼樵、芋田、瑞安。午後閑談。

晚，獻庭在萬福居宴客，同坐實甫、性安、弼宸。晚，同到喬宅閑談。

十一鐘回華宅，與瑞安談。十二時半睡。

【頁眉】楊少泉託爲豫學堂購理化器械、博物標本，俱要上等，買到交亦香。

九月初一日（九月二十九日）

六鐘起。與瑞安談。到車站，亦香來送，并託致韓芰舟函。十二鐘到津。看信。會客：天津出洋六教員，奎野。拜客：黄琴生見，夏薇卿，緝之，燕泉，瑞觀察峻，李筱溪，李搏霄。六鐘回寓。燕泉來談，留飯，以保定學務重託之。伯苓來談中學學生夏屋服毒事。鄧和甫偕大城游學生兩人來。

到民一小學觀習東文者。到宣講所一看。十一時回局。

廿九、三十、初一收信：和甫，李子周，順循，宋坡，幼卿，芷柃，幼梅，漸逵，執中，梯雲，翰亭，戟門，李北江湖南人，裕福田，楊名兆麟。

發信。

九月初二日（九月三十日）

六鐘一刻起。登樓治事，七鐘半，九鐘止。獻夫來談，昨自日本歸來也。湖北隨州李君北江來見，志在就教員，以現無機緣謝之。劉權之大令、大城楊大令同高、周緝之觀察先後來。鄭菊如來。日本東華石印局原田君來。

午後假寐。智惺姪來。亮儕、朱聘卿、韓碩甫、陳慰蒼、宋祝庭俱來辭行。夕，復登樓簽判。晚，劉鐸聲來談。徐毓笙來，爲督署延保姆事。

寫信：菊老，琴生，秋臯，執中，智怡。

收信：黄琴生，張戟門，鄧和甫，玉笙，士先，弼臣。

發信：菊老，執中，秋臯，秩昭，智舒。

九月初三日（十月一日）

五鐘起。至老龍頭送四期游紳行。拜客：程聽彝，蠡縣黄，赤城縣周，大城縣楊，鄧和甫，訪麥、彭二公不遇，賀凌太尊不遇。到民二小學堂，觀合操。

回家早飯。獻夫、璧如、子光俱至。午假寐。

到宣講所。是日爲研究之期。偉人、稚青來訪於宣講所。

到民一小學，遇蓮溪，留飯，談西路小學情況。到宣講所，是日演工商要理。

十一時歸。寫信。

收信：伯芝，黄藴真，熊承之，順循，紱臣，亮儕。

發信。

張執中代選四班學生可充教員者：郭振銓武邑附，魏咸臨廣宗附，鄭文林豐潤附，仇維垣雄縣附，麻樹人望都附，以上可充北京小學教員；段一恒深州舉，李緼青邯鄲拔，桑魁卯甯津舉，馬乃金冀州附，以上可充各縣小學教員。

閻仲安評初級畢業：龐筠，體操尤長；史聘三，歷史；俞文鳳，各科均好；牛國銓，算學；張席豐，格致長；劉耀曾。

九月初四日（十月二日）午暖甚

六鐘起。登樓治事。會客：胡恪三。拜客：張仲仁，徐六階，孫博臣。午假寐二刻許。會客：渡邊龍聖，王述高託請關道出口護照，饒伯森，賀嘉立偕美國大學總教 Pashward 來，朱桂辛、張伯苓。

同朱桂辛、張伯苓到普通學堂聽白君演説教育事。留伯苓晚飯。馮公度來談。芸生來談。體不適，憊甚，十鐘半即睡。

收信：梯雲，紱臣，緝之，清河道李。

發信：仲仁，敬韓。

九月初五日（十月三日）

六鐘起。登樓治事。馬君濬年，字叙五、慶君隆，望臣、率八旗高等學生出洋，過津見訪。游學生王樹田、查學王錫泉、宋則久先後來。拜客：張安圃中丞，楊杏城參議。赴制軍招陪張中丞飯。四鐘半乃散。賀李效溪太守、凌太尊。訪奎野，不遇。

六鐘歸家。約墨卿來談。到初級師範學堂參觀夜課。

收信：唐佩老；丁春農前輩；秋皋；新民府轉錢觀察電報，言已選工藝學生五十名，候電來津。

發信。

九月初六日（十月四日）

六鐘半起。到墨青處，託將錢電交周緝翁。模範小學開工已半月，今日過其地，略一周覽。保姆講習所參觀。同玉孫、夢臣、伯苓、墨青、芷柃、吟笙公請凌太尊早飯。談飲至四鐘半乃散。李子香來訪。

回局。安圃前輩來訪。通州周刺史之公子保鼇年十八，學於北京實業學堂年餘，現擬出洋學實業。來見，擬求請咨。以其係學堂學生也，未便代請，但告以到東後如何辦法而已。該生氣質頗清。訪奎野。

登樓清理積牘，約兩小時。寫信：寄梯雲。

收信：劉禹九。

發信。

九月初七日（十月五日）

六鐘起。登樓治事。徐玉笙來訪。訂《女子師範學堂章程》。弔王宅敖太夫人。回家早飯。

午後答拜馬叙五户，慶望臣吏，徐忻甫刑，蔣惺甫未遇，馮公度未遇。

二鐘半回局。登樓簽判。奎野來談。芷柃來談。紫翔來談。陳孝堅明經蘭圃先生喆嗣，蘭圃先生季子也，以凌太尊介紹函來訪，談良久。芸生來談。墨青來談。寫信：秋皋。

收信：陳小圃，順循。

發信。

致秋皋副箋九月初七：再懇者：京都新設之第一處初等小學，九月内外即可開辦，教員約須二三人，薪、膳與省城初等小學教員□初級師範者同例，擬就貴堂今年五月畢業班内選派。兹開去姓名五人，祈即傳知該生等或自函，或託人，務於二十日前來津聽候選擇派往，勿避爲要。此次落選者或另爲安置，或留待下次，須臨時斟酌。其來津川資俱按二等車價發給，或在保支領即由貴堂暫墊，或俟到津後補領，均無不可。

龐筠博野附，劉耀曾清苑附，張鈞武邑附，白玉潤藁城附，牛國銓南宫附。

九月八日（十月六日）

六鐘起。登樓治事。九鐘到考工廠，是日爲第一次發獎之期。

十鐘到城隍廟，陪安圃前輩參觀。十二鐘回家早飯。

三鐘出門拜客。拜凌太尊，凌太尊明日赴保，談片刻。

到工程局，與麥佐翁談片刻。到客籍學堂，晤蔡志賡、張綬甫。答拜瑞觀察峻、張觀察振棨，俱不遇。答拜棗强縣李大令，不遇。

六鐘後回局。登樓簽判。深州游歷優生劉鼎韶來考驗。寫信：致凌太尊，陳孝堅明經，羅順翁。

到宣講所。十一鐘回局。

收信：日本來信三封：同鄉事務所，閻毓春、齊熙，焦煥桐。海門言第八半日易教員事。陳孝堅回信。潤生。

九月九日（十月七日）

六鐘起。登樓治事。李太尊來談。津報館主人相文朗來拜。

午到學會處，公餞凌太尊，飲酒大醉。送太尊至停車場，至車開行始別。復至學會處，醉漫不省。墨卿扶余乘馬車歸。大睡徹旦。

收信。

發信：李子香，李潤生。

九月十日（十月八日）

六鐘起。困臥至二時，渡邊來訪。夕，訪仲仁，問矢板教員事。答拜穰卿。

六鐘回局。寫信：仲仁，潤生。與芸生談。送唐博文東游取道申江。

收信：言仲遠初九；銀元局問操帽式；李潤生兩次函第一次初九到；劉文欽思濬自蘇州，託楊渭清副戎建益帶來；仲仁見示楊大臣上宮保書，并矢板合同；幼梅葉書；劉權之。

發信：仲仁，潤生。

九月十一日（十月九日）

六鐘起。登樓治事。邀芷柃來議事。邱固真學慎、楊伯昭昌銘自都門來。速水一乳來。

李公祠赴周觀察約，同坐穰卿、師鄭、志賡、荔軒、桂辛，席未散，即辭歸。因矢板、渡邊約二鐘時見訪也。

歸則兩君已前至，談一小時。登樓簽判。夕，陳孝堅來。李少林來。南段巡警局史督操官來。

晚，玉笙、芷柃、芸生論學務。寫信：潤生，言如。擬電。

大清駐紮日本使署參贊官馬廷亮代總辦直隸法政學堂聘訂法學士矢板寬，充當法政學堂教習，彼此公同商定草約，大概於左：

一、此次聘請矢板寬學士充當直隸法政學堂教習，專教法律政治等學，每日所教時刻以五小時爲度，每逢星期即月曜日休息一日，惟所任科目暨教授時刻，或午前或午後，須俟教習到直隸後與學堂總辦斟酌訂定。

一、訂明每月修金直隸通用龍洋壹百五十元，自到天津之日起支。

一、教習應歸學堂總辦節制，一切課程須先商明學堂總辦，經總辦允許後方能照行。堂中事宜歸總辦主政，教習祗管課程，不得干預他事。

一、聘訂教習以二年爲期，期内不得無故請假，或辭退回國。如無故辭退，或請假回國，不給川資。倘教習實有疾病，其勢不得不請假者，亦須學堂總辦回明上憲允准，方可離堂由總辦酌給川資。倘教習不認真教授，或始勤終惰，或任意紊亂課章，不問期滿與否，學堂總辦有辭退教習之權。僅發川資壹百元，不得多索。

一、教習因病不能上堂教課，過十五日以上者，即須請人權代。如患病至三箇月以上，即將此合同作廢。

一、教習由日本赴天津川資發給日幣壹百元，兩年期滿，如學堂總辦仍欲挽留，月加薪水多寡屆時再議。倘教習不願再留，務於期滿之前三箇月通知總辦，以便另聘他人接辦。屆時由學堂發給教習川資龍洋壹百元。如學堂不願續聘，亦須先期三箇月聲明。

一、教習須住學堂。房内所需牀鋪棹椅等件内，學堂備辦。與教習應得禮遇相符，不得多索。火食由教習自備。惟教習眷屬不得在學堂居住，須在外租賃房屋。一切租錢、家伙、器具，由教員自備。學堂概不開支。

一、暑假年假各學堂均有定期。假内教習可回明總辦，許其回國。惟不得逾該學堂所定停課期限。除月修照給外，不給川資。倘逾限不回，修金照扣。

一、此次修金書目係彼此訂明，兩相情願，不得因直隸各學堂教習修金等項不同，遽議增減。

一、教習在合同限内不經學堂總辦允不得別圖他業，并不得私收學生，或在他處設教，致荒學堂正課。

一、教習如無過失，學堂總辦不得於合同未滿之時任意將教習辭退。倘遇不得已將教習辭退，除應給回國川資龍洋壹百元外，另給三箇月修金，以示體恤而昭平允。

一、此次所訂各條不過大概情形，其餘課程以及未盡事宜，須俟教習抵直隸後，由學堂總辦與之商訂可也。

一、本約繕華文三紙，彼此蓋印，簽名一存直隸法政學堂，一存東京使署，一存教習處，以昭信守。

參贊官馬廷亮
法學士矢板寬
保證人岩佐純
保證人黄　漢

大清光緒三十一年八月十九日
大日本明治三十八年九月十七日

【頁眉】矢板寬，宇都宮人。其所習學科如下：一、國法學即憲法、行政法；二、政治學；三、國際公法；四、財政學即國家收入支出論；五、經濟學；六、外國語英語及德語；其它民法、商法，若無人講授時亦可兼教，但非專門名家耳。

楊公使上袁宫保書：『大帥鈞鑒，敬肅者：前聘日本法學士矢板寬充直隸法政學堂教習。遵飭馬道代訂草約情形，并發給川資日幣壹百元。業於七十二號函内附陳一切，諒達典籤。兹該教習已定於日内啟程，頃據聲稱到津後即當趨叩崇轅，祇聆訓誨。乞爲紹介，謹特函陳，并將原訂草約附呈鈞核。至應訂詳細正約，仰祈行知法政學堂，轉知該教習商酌訂定爲荷。專肅敬敂崇安，統希霽照。楊樞謹肅，附草約一件。』

九月十一日收信：仲仁，芷柃，胡晴初，言如。

發信：亦香，璧臣，彭秋，緝之，潤生。

【頁眉】新民府電：『工藝學生何日來，師範學生容選派。』

九月十二日（十月十日）

六鐘起。登樓治事。改《勸學所章程》。答拜矢板寬，楊渭清參戎建益，俱談片刻；邱、楊二君，皆不遇。

淶水楊君惺本惕庵、高君步瀛海帆來津游歷。汪穰卿來談。矢板、渡邊來談。河南留學生監督殷柯亭直刺柏齡來見。

拜客：周大令，趙大令，胡太守，王觀察，夏直刺，見。訪鄭菊如。

晚，胡玉孫來談。寫信：仲仁，王炳輝、趙焕梅。

收信：湘南，錢紹雲，金嶋治三郎西嶋所介紹，秋皋，掞東。

發信：言如，保定師範學堂王炳輝、趙焕梅，電復錢觀察工藝學生須冬月初來津。

【頁眉】奉懇王君炳輝、趙君焕梅轉達，盧君嶽、張君維祺同鑒：東游習尋常師範之説尚未議妥，請兩君來津暫候。刻下津京初等小學需教員之處頗多，擬爲兩君暫謀庖代之席。望即日命駕，勿避爲幸。此請文安。愚弟嚴修頓首。

十二日。

九月十三日（十月十一日）

六鐘半起。登樓治事。會客：王杉緑，邊益園，高一山，王少年世德，王夢臣，殷柯亭，張仲仁，家江孫，游歷深州童生劉家璠。留仲仁早飯。

午，渡邊、矢板、芷柃來。

夕，復登樓。寫致錢少雲信，託王少年茂才世德帶去。少年明日東行。附前還三教員川資，餘銀三兩三錢二分。看《心理易解》。芸生來談。寫信：復言仲遠爲憲兵學堂薦譯人石叟。

拜客：答拜殷柯亭。德義樓赴洪翰香觀察約，同坐柯亭、小宋、巽之、陳寬仲與其兄枚高密令也、李幼香。

十鐘歸。過宣講所小坐，晤亦香。

收信：張楫川，石縵如，李子和復工藝學生來津事，幼梅明信片神户西村旅館，言仲遠兩次屬爲憲兵學堂求譯人，貝季枚一週後可至，花杏農條陳整頓研究所。

發信：復錢紹雲，復仲遠，復智颻。

九月十四日（十月十二日）雨

六鐘半起。登樓治事。擬《高等女學章程》，未畢。繆閿生太守鍾洛來，張晴園葵陽，石春熙本名李鑑來李侯王喆，屬其俟下次航期東渡。深州劉鼎韶來。午，登樓簽判。奎野來談。深州游學十三人、三河游歷一人來見。看《心理易解》。秋皋自保定來。寫信：復鑑塘，幼梅，致約敏。十鐘後即睡。

收信：鑑塘，彭秋附《白話字課》四部，部二册，智颻早午兩次。

發信：致林中丞，爲盧德璚、李琳謀官費；鑑塘；幼梅；張仲仁，附《勸學所章程》清摺。

九月十五日（十月十三日）先母忌日

六鐘起。登樓治事。會客：徐潤吾德源，王鑑泉，鄭菊如，宛平高等小學監督陳端禮。答拜繆閔生太守鍾洛。到家，看視女子小學講堂建築修改事宜。午到如意庵考驗學生。赴先塋祭掃。到第十二小學堂，與蓮兄談片刻。復回如意庵。回家小坐。到客籍學堂答拜潤吾。訪志賡，不遇。回局。登樓簽判。赴工藝學堂研究會，十鐘半歸。寫信：伯紳。收信：高彤疇等自湖北來函，言將東游；毛實翁；寶香翁；饒教士；李潤生。發信：林中丞。

【頁眉】應請示：查學；法政學堂地基；黎、稽、李到津時，應如何暫爲位置，其薪水應自到津之日起開支，應請批示數目并由何處支領。

九月十六日（十月十四日）

六鐘半起。看《心理易解》。登樓治事。會客：麥觀察，蔡太尊，張金城，徐潤吾。分課職員始定稿，攜示奎野。李效溪太守來。赴中和棧，爲殷柯亭及河南諸學生送行。

同宴樓赴子香、幼香約，同坐王朵園、郭蘭雪、武子翁、胡印川、馬子明、黄小宋、姚住二道街。

八鐘半歸。與仲宣談大城事。與秋皋談保定初級師範堂事。

收信：紱臣，仲遠，大學堂學生丁維霖，高一山。

發信：復仲遠，金嶋，寶方伯，毛廉訪，胡晴初，劉伯紳。

本年五月廿一日考驗普通科學館諸生：

曹鳳翥：樂亭，卅五。老親在堂，有田。在永平書院三年，在校士館三年。曾涉經史，尟心得，有嗜好。

孫大裕：清苑，三十八。老親在唐，有田。曾涉鑑書。少志願，文不足，分數列殿軍。

甄樹芬：祁州，廿三。老親在堂，有田。鄉居在家，學數年，在博野數年。新學《經世文編》。喜心理、倫理、理化、博物。少年有志。

張樹聲：隆平，廿三。老親在堂。從前在家就學。舊學《通鑑輯覽》。新學喜理化、東文、算學。文八十分。少年可造。

魯昉：獻縣，廿九。曾在天津就館。『前四史』《通鑑輯覽》《二十二子全書》。

倫理隔閡，餘尚有得。似非佳選。

趙管亭：鹽山，廿六。老親在堂，不指贍家。在家讀書，師楊杏林。《史記》《通鑑輯覽》《大學衍義》《八家古文》。理化、算學，性相近。可造。

王馨梅：甯晋，廿七。老親在堂。去年初來省，住書院。師葛之覃。《通鑑輯覽》《八家古文》《語》《策》。心理、博物、理化、東文。尚静。

王書升：定州，廿六。自祖父來寄居。前充蒙學教員。通《輯覽》《古文辭類纂》《史記菁華録》。疏懶。國文尚可。

王鴻誥：定州，廿五。今年初至省。廿八年在師範學堂六個月。在蠡縣教過學堂一年。《輯覽》《左傳》。教育心理、東文。平平，國文九十八分。

李士英：定州，卅。老親在堂，一弟。在校士館三年。從前在定州書院。考過武備，未取。舊學『五經』《詩》《易》尤長『前四史』《綱目》、子書、《古文辭類纂》、兵志。新學於行政管理爲近，代數至二次方程，文百分。

馬繼融：清苑，廿六。老親在堂，兄就館。居城。去年入校士館。舊學《史》《紀事本末》《通鑑輯覽》俱未畢，《古文辭類纂》選讀，《兵書十種》製造局本。公度、公倍劈生。自言理化、博物相近。文九十五分。

孔憲章：滿城，廿七。母在。去年十二月到校士館，庚子前在蓮池四年。舊學『前四史』《輯覽》《古文辭類纂》。倫理、心理相近。氣宇甚好。文九十。

王炳育：博野，卅四。父在。庚子前到蓮池。《史記》《周禮讀本》《周官精義》《莊子》《管子》。理化相近，算初通。

王毓麒：安平縣人，廿七。老親在堂，衣食裁足。庚子後入校士館，先在家用功。《史》《鑑》，讀過子書。心理、理化、博物、算學近。宜師範。

張冠卿：束鹿，卅七，癸卯舉。在校士館二年。《通鑑輯覽》《史漢選》《莊子選》，《古文辭類纂》數十篇。迂老。

陳堂：安州，廿六。去年來校士館。庚子前在本地書院，庚子後就館。《資治通鑒》『五經』讀過，八大家文選讀。教育原理，法律、公法近。平安。

何銘恭：正定居鄉，廿八，癸卯舉。在校士館二年。經全讀，深於《左》。史學涉獵而已。《古文辭類纂》選讀。教育原理、心理、算相近。蒼老。

九月十七日（十月十五日）星期，休息

夜三鐘始睡。與内子久談，晨七鐘起。九鐘同伯苓、芹香赴批評會，演習者展香谷、王翊廷，批評者渡邊。

十二時，到城隍廟，趙興堂來謝。約渡邊、芷舲來家早飯，并爲蓮溪補祝。
午假寐。夕，訪周觀察。六鐘後回局。晚，仲仁、仲宣、秋臯、墨卿來談。寫寄仲仁信。
收信：仲仁，附學堂圖二幅；潤生，附經費册三本已交緝公；杜錫麟；廣平回電；
馬拱宸電，言法政二十三開班；邱曙蓉；智惺。
發信：仲仁，附《分課章程》、職員清摺。

九月十八日（十月十六日）

六鐘半起。登樓治事。改白話告示。會客：宋晉之書升、張受黼，張玉淋滎陽，
閻懷慶，朱城豐潤，張仲仁，王錫泉。
午，假寐。會客：王喆，渡邊，玉孫。
拜客：增廉訪，宋京卿，趙侍郎，唐大令，俱未晤。
六鐘歸局。登樓判牘。赴張仁府約，同座朵園、衛瞻、崧生、性初、幼香。
八鐘回寓。毓笙、芷舲來。張玉淋來。
收信：仁府，張玉淋，幼梅，張君仲山，智鍾，墨青，竇方伯，劉嘯東并《農
學報簡章》十分。
發信。

九月十九日（十月十七日）

六鐘半起。登樓治事。核八月收支書目：銀存二百餘，錢存二萬餘，平餘一萬餘。訪仲仁，不遇。爲督帥請安。訪星伯。答拜閻、張二君於懷慶館。賀鄭姻伯壽。賀獻夫壽。在家早飯。

午，假寐一刻許時。到工程局，同麥佐之往新開河旁觀黃禮南測量師範堂地勢。

【頁眉】即今之北洋師範學堂也。辛亥注。*

六鐘回局。客相續至，十二鐘乃散：李言如，白玉潤，劉耀曾，王兆鵬行九，張鳳儀桐軒，由大稍直口警局改京鐵路車站，胡玉孫，華芷舲，宋則久，盧嶽，張維祺，徐玉笙，劉宗堯，李子香，李言如。

寫信：順翁。

收信：偉人、潤生，秋臯。

* 此爲嚴修於辛亥年自注。

九月二十日（十月十八日）雨至暮乃止

六鐘半起。登樓治事。寫信。午前王鳴臯來，交稟一件。午後看報。登樓或簽判，或寫信，至夕乃下。是日因雨故，客俱不至。晚，仍寫信。訪純甫談。十時半即睡。

收信：王覲侯索《學堂章程》，與以《五等官小學試辦章程》一本；楊賡亭公信底；執中；陳寯顥；花杏農；溥都護。

發信：順循託渡邊，秋皋，竇方伯二封，王書衡，石縵如，楊耕亭，偉人、潤生，李友白，吴辟畺，華瑞安，華秩昭智舒，陳小圃，執中託渡邊。

九月二十一日（十月十九日）

六鐘半起。登樓治事。芷柃來。蔡太守來。趙君鍾奇來。張晴園葵陽，金伯平，范棣臣來。

午，劉宗堯偕游學十四人來。夕，訪伯平并晤仲仁。五鐘回家。

是夕，請符曾、仁府、籲門、獻夫、詒臣、性初、崧生飯。留符曾宿於家，談至子正。

收信：章繼詩，楊渭清建益，小舫叔，秋皋。

發信：章繼詩。

九月二十二日（十月二十日）

七鐘起。陪符曾觀私立中學堂、保姆講習所、初級師範學堂、城隍廟小學堂、單級學堂，同到姚宅約召臣，陪符曾，赴同宴樓飯。墨青繼至。

午，同李、姚二君看藏書樓之房，擬設閱報處。又同訪子香。

五鐘，余回局。登樓簽判。

六鐘後赴張仁府約，同坐秋吟、弼臣、符曾、幼香、籲門、性初。十一鐘半回局。

收信：性初爲王殿樟稟事，柯；安少泉變通教職議；深州同鄉爲中學堂監督舉康思恒事；磁州留學生陳繼虞、柴石蓉爲薦薛省三充堂長；饒伯森約廿五日晚飯；錢紹雲師範教員七八人。

九月廿三日（十月二十一日）

六鐘半起。登樓治事。王鳴皋來辭行。至車站送范棣臣、高一山、王鳴皋、劉宗堯、張金城諸君。同宴樓公請秋吟姻叔、璧臣親家。

午，送璧臣、符曾至車站。訪周緝公，不遇。五鐘回寓。更名之李鑑來談。

赴卞詒臣約，同坐仁府、籲門、稚菱、性初、徐榕生，飯畢回家。

收信：清苑縣，方伯回信，旭德。

發信。

九月廿四日（十月二十二日）

七鐘起。到如意庵，是日中學堂開學。十鐘禮畢回家。見趙鍾奇。

午後邊益園來。往觀研習會。夕，往户部銀行賀喜。賀崧生壽，留飯。

晚，同潤生往初級師範學堂附設之講習科觀演習。十一鐘回家。

收信：梯雲，矢板寬有詩，孟和，同鄉會，韓鑄全，錫三。

九月廿五日（十月二十三日）

七鐘起。代約敏寫信稿。安徽同鄉公祭李文忠，往與祭。吴獻齋、星普、竹林。

回局，登樓治事片刻。

往同晏樓，約夏瑞方、張巽之、金伯平、張仲仁、錫三、小莊飯。

午答拜趙文廷、趙虞軒、王誠義。答拜李太令盛鑾。回局小坐。劉子坡、胡玉孫來。

謁小舫叔并叔母，晤漁三、陳孟子琴先生令郎。赴美教士饒柏森約，同坐墨卿、伯齡、子鳳、賀教士。飯後，同墨卿到宣講所。十一鐘歸。

收信：仁安，斂之，芷柃，辟畺。

九月廿六日（十月二十四日）暖

七鐘起。登樓治事。午前，見趙州出洋學生。王光訓、陳宗海、戎春田。

午後假寐。志賡、言如、玉孫來。湯覲臣嘉賓，四十八歲，安徽人，直隸試用知縣，廿八年到省，在發審局，尋丁憂回籍，今年八月起復，其世兄今年官費游學，入同文來見。登樓治事。

晚，趙文廷、虞軒、王誠宣來。赴小舫叔處，談圜法。漁三在坐。十鐘半歸。

寫信：仁安，梯雲，芷柃，仰之。十二鐘睡。

收信：秩昭，子洲并劉權之屏幅，冀州苗，志賡，工藝總局，花杏農，何翰廷。

發信：客籍學堂回信，工藝總局回信。

記事：答拜湯覲臣；信招初級師範畢業生；《女學堂章程》課程；趙鍾奇回信；劉大猷約四十金、楊蔭杭補堂，譯，約七十金以下，俱伯平薦；王喆、李鑑，資送習高等師範；張稚祺、盧嶽，資送習尋常師範；奉天需教員。

九月廿七日（十月二十五日）暖

七鐘起。登樓治事。寫復燕泉信：初等小學教員事，奎公辭學堂事，趙州游學生事。

午後登樓。赴李效溪約，同坐小宋、翰香、巽之、楊希仲、唐佩老、張仲仁。赴黃小宋約，同坐小舫叔、翰香、調卿、漁珊、幼香、朵元。

訪李子香，商國民捐事。十鐘半回局。

寫信：蓮溪，芰孫，秩昭。

收信：芰孫，蓮溪。
發信：詹壽山，芷齡，梯雲、仁安，燕泉。
九月廿八日（十月二十六日）
七鐘起。登樓治事。趙文廷、虞軒來。喬茂軒、孟紱臣自京來訪，約之同至同晏樓飯。
答拜劉子標。到車站送喬、孟，至則不遇。復訪之於三星棧，僅見茂軒。五鐘回局。
約文廷、虞軒、益園、言如、楨岩同晏樓飯。
到宣講所。墨卿商議事件。九鐘半回局。
到小舫叔處，以銀、銅圜法議屬商定。十鐘半回局。寫信：約敏私立中學食宿改良事。
收信：伯紳回信，仁府薦寫生，張耀曾，敬宸，獻群，金嶋治郎，唐博文。
發信：仁府，敬宸。
九月二十九日（十月二十七日）小雨◎普通學堂勻讓房兩進，是日騰交
七鐘起。登樓治事。會客：麻孟海，李慕溪、貝季枚。
午後登樓。晚登樓議事。

周子畏來。墨青夕來。晨，祁伯康來見。
收信：鎮海方耕硯積琳，爲女學生能否寄宿事，耕亭，約敏，海門回信。
發信：復張耕孫，方耕硯，約敏，金嶋，海門。
十月朔（十月二十八日）
七鐘起。登樓治事。十鐘赴客籍學堂，是日開學。隨同行禮。聽監督蔡演説。十二鐘歸。
一鐘後往觀普通學堂運動會。五鐘回局。登樓治事。
晚八鐘回家。袁慰帥是日自河間歸。
收信：湘南，王菊舫，金嶋，留學時炳辰、白寶珩，陳廉訪，順翁。
發信：仲仁，仁安，金嶋。
十月二日（十月二十九日）
七鐘起。與貝季枚略談，同伯苓、季枚赴單級小學堂，聽劉、龐、白、牛四君實驗教授法，即在城隍廟早飯。
午，赴宣講所議國民捐事。
晚，同飯於德慶館。飯後復到宣講所。十鐘半回局。

收信：性初問柯公到期，仲仁并書，潤生，趙智庵，智惺。

發信：趙智庵爲隄頭警務學堂事，楊敬甫代稿。

十月三日（十月三十日）

七鐘起。登樓治事。十鐘後到仲仁處，持帖謁督院，是晨見客，與仲仁談極久。到高等女學堂，看建築規模。到客籍學堂小坐。

十二鐘半歸局。陳伯平前輩來，談約一小時。午後登樓。昌黎游歷生二人來見。章月樵來見。徐虎臣來函，立復之，并與商章月樵退學事。

晚，到宣講所，是日工商演説。石縵如來津。十一鐘回局。

收信：約敏，徐虎臣，張仁府，王燕泉爲冒學生冠服事。

發信：智惺，智舒，虎臣，性初。

十月四日（十月三十一日）

七鐘起。登樓治事。日本僧黑田、井原、峯旗偕譯人常君來，談許久。

芷柃、墨青來，留飯。蔡志翁來。渡邊來。

登樓核稿。張協卿來。出門拜客：陳伯翁、竇方伯、瑞玉如、洪翰香、榮心莊。

五鐘回局。會客：于振凱，袁仲峘，李鑑。登樓簽判。梯雲、潤生、玉孫來。

到宣講所。十鐘回局。

收信：杜君聯陞，仁府，仲遠回信，竇方伯，游歷紳董三封。

發信：仲遠，王槐庭大章，秋皋調初級師範畢業生九人。

十月五日（十一月一日）

七鐘起。登樓治事。閱劉鐸聲所編《理科白話》。會客：張尹人，史督操官，楊紹丹兆麒，高岩勘次郎，竇燕峰，渡邊，井原、峯旗。

午赴梯雲約。同坐田桂舫步蟾、胡玉仙宗瀛、葉勤軒、潤生、墨青、益孫、幼章。

寫致徐虎臣信，復石臣信。寫致順循、執中信，未畢。

晚，到宣講所。十一鐘半歸。

收信：芷柃，虎臣，順循，紱臣。

發信：虎臣，石臣，楊紹丹。

十月六日（十一月二日）

七鐘起。登樓看《理科白話》稿數葉。檢點書籍。陳緝有與其族叔術之憲兵學堂譯員，曾學於大阪商業學校二年。陪日本人金嶋君來孫荔軒來。

到老龍頭車站，送梯雲諸君行。同益孫飯於同晏樓。一鐘半回局。

登樓治事。檢點書籍。龐廷桂、劉庭璧來見。

晚，赴昭明兄約，同坐小舫叔、吴調卿、詹丙生、胡錫章、王蔭人、陳叙祥、漁三弟。九鐘半席散回局。

收信：黄少鄉玉成，家江孫。

發信。

十月七日（十一月三日）

七鐘起。登樓治事。柯鳳孫少司成偕隨員璩公節、哈子希、楊蘭坡、李潤生來拜，談許久。

拜陳伯平前輩，竇方伯。到小舫叔公館，附入公請竇香士方伯、王穀卿廉訪之局。與毛實翁賀喜，談許久。

登樓治事。劉頌三祝齡來，求薦警務學堂。許以明年二月。張稚青來，留晚飯。潤生、芷柃來。則久來。

十鐘回家。與伯苓、季枚談。與智舒談，至十一鐘半。

收信：仲遠，芷舲。

發信。

十月八日（十一月四日）

七鐘起。七鐘半回局。登樓治事。九鐘出門。答拜柯少司成，不遇。答拜清豐縣馬大令覲臣，昌黎縣王大令春藻，靈壽縣張大令璞，唐縣田大令鴻文，撫甯縣鄭大令元濬，候補縣□*大令。答拜廖惠風。

十二鐘半回局。午後寫寄順翁、執中信。

乘馬車訪柯鳳孫，不遇。跡之於慈惠寺，又不遇。跡之於城隍廟，乃遇之。陪觀各齋功課及體操。又同至初級師範學堂，周覽一過。

晚，約柯、璩、哈、楊、李五君子飯，榮太尊至，遂邀之入坐。墨卿亦作陪。飯後同至宣講所。十鐘半回局。

石雯已薦入憲兵學堂充譯員。

收信：日本游歷生，王瑞生，王菊舫，華芷柃，茂蘐。

發信：寄順翁、執中。

* 原文留空。

十月九日（十一月五日）星期，休息

七鐘起。登樓小坐。到陳列館，陪柯鳳翁周覽。到院署聽戲。到明遠棧訪鳳孫，不遇。葉君桂以燕泉函來訪，求設策入官費習陸軍。石次翁來。到城隍廟。到初級師範學堂。回家，約竹生、玉孫、芷柃晚飯。與大野鈴子話。十鐘回局。

收信：喬藎臣。

十月初十日（十一月六日）

六鐘起。赴明遠棧，約柯少司成赴學會處。九鐘半行慶祝禮。十鐘回局。喬藎臣十一時來。柯鳳孫及隨員四君子來，留早飯。

夕，到民立第一小學，告龐、劉、牛、白四君明日偕芷柃北上。與同人飲酒。喬孟萱來，訪之於賑撫局，談一小時許。到宣講所。閱市散步。十一鐘歸。

收信：紫翔，紱臣。

十月十一日（十一月七日）

七鐘起。聞昨夜圖書課失盜。登樓治事。張仲仁大令來訪，以《高等女學章程》見商。

孟萱來。飯後隨孟萱到賑撫局。夕，送孟萱至車站至普通學堂觀試理化器。

晚，到宣講所。赴柯鳳孫約，同坐隨員四人，外性初、星垣、心農、芰洲、叔彤。

收信：潤生，仁安論納妾事，漁三并圖章三方，稚青，亮儕、何廷榆，田甲銘。

發信。

十月十二日（十一月八日）

七鐘起。登樓治事。奉天教員李杏田來。吴劍秋錡，江西人戊子、庚寅，外部司員，俄參贊，昨遇諸賑撫局，今日來訪。旭德來談。蔡太守來見第一期歸國游紳十六人。鄧元翊昶，三十歲，鐵香師之公子，將赴奉天，因該處薪桂米珠，恐去而賦閑，屬余電請趙軍帥示。嚴伯玉來，將赴北京。

夕，訪仲仁，託遞清摺。陳溪舟士房到局。

到賑撫局，毛觀察留飯。同坐吴劍翁、張少軒軍門。飯後毛方伯暢談箴余。至十一鐘半乃散。

收信。

十月十三日（十一月九日）

七鐘起。登樓治事。到城隍廟，陪鳳孫參觀。復到初級師範堂。在家約柯少司成暨隨員四人早飯。飯後陪觀女學堂、中學堂。到普通學堂觀發體育會獎牌。到同晏樓，約游歷回國撫甯大令鄭鏡泉元濬、唐縣大令田綸閣鴻文、清豐大令馬秋實覲臣，己丑，孟縣、靈壽大令張棫堂璞、藁城大令王子耕春藻、昌黎大令馬燮廷丙炎便飯。

飯後訪劉仲魯、鄧元翊，俱不遇。訪旭德於芙蓉館，略談。到宣講所。十鐘半歸。鐸聲、子蔚來談。潤生來談。

收信：仲仁，幼楳。

十月十四日（十一月十日）

七鐘起。登樓治事。到明遠棧。到新車站，送柯少司成。答拜朱經田、吴獻齋梁觀察，俱不遇。

一鐘回局。日本曾根俊虎、小泉清見來。午後假寐片刻。

答拜石次翁，談片刻。答拜張履翁，已歸北塘。五鐘回局。

答拜李友翁於長發棧，并晤蔣慶松廣文志中。六鐘半回局。

劉鐸聲陪其令叔來談，將出洋游歷。嗽甚頭昏，擁被早眠。夜食柿二枚，少覺清爽。

收信：中學堂曾威，秋皋，緝之，蘇州日本領事白須直，李菊農，馬葑溪、黄彬亭，仲遠，紫翔，金嶋治三郎。

發信：緝之。

十月十五日（十一月十一日）

七鐘後起。薙髮。登樓辦公。袁敬安來訪，談高等女學事。

午後，登樓核稿。假寐至暮。復登樓核稿，閱簽簿。

晚，寫信：毛方伯，吴彭秋，智怡。驗看公役。

九鐘回家。寫示𧸘兒帖。接智崇信。

收信：華少蘭。

發信：毛方伯、吴彭秋、宋則久，俱代幼梅，寄《商業補習學校規則》也。

十月十六日（十一月十二日）是日智𧸘出嫁

七鐘起。大媒十鐘後來李哲生、董綬卿（因有服請允卿代）、趙幼梅（赴日本）、魏梯雲（赴東三省）。花轎十一鐘來。陪媒者，榮卿、子洲、小舫叔。一鐘起轎。詒臣來謝妝。到下宅賀喜。晚治酒謝媒，俱不至，但謝陪媒者。與妹談。

收信：茂軒，性初，楊蓮帥電。

發信：性初。

十月十七日（十一月十三日）

七鐘起。八鐘半回局。登樓治事。齊懋軒談。

謝客：昭明，鄧元翊世兄，榮伯翁。十二鐘回家。

飯後考詢女子小學履歷程度。復謝客：唐佩翁，小舫叔。

五鐘半回局。王漢樵、高叔彤來。請李友白丈晚飯蔣慶崧、蕭曉春、武子翁、陳柘翁、星環、耕亭、小亭、竹叔祖。到宣講所。十一鐘回局。

收信：曾根俊虎，喬覲宸，芷柃，鄧元翊，張仲山，錢少雲，費屺懷訃。

十月十八日（十一月十四日）

七鐘起。登樓治事。方子香、楊渭清建益先後來。第一期游歷歸國者十五人來見。孫君榮緝督練處文案。執中函中言，擬招爲師範堂文案，即此人也。三十歲，清苑縣人，曾經隨宦安徽。來見。

午後假寐。登樓寫致楊蓮帥信。寫復孟萱信。

夕，到小舫叔處。饒生毓靈來見。訪麥佐翁。答拜袁敬安太守，不遇。答拜楊渭清略談。答拜鄧元翊昆弟，不遇。

回家，是日本訂請李友翁晚飯，友白辭以已製熟鴨請貝季枚諸君小飲。到宣講所。十鐘半回局。

屢誡號房不准聽丁役閑坐。余歸見劉順在號房，問何爲，則兩人對弈也。即時將王貴、劉順斥退。

收信：張鑑塘，曾根俊虎，潤生，執中爲趙州請教員事，凌太尊爲高等學堂教員風潮事。

發信：楊蓮帥、劉文欽，俱交楊渭清；喬孟萱。

十月十九日（十一月十五日）

七鐘起。登樓治事。甯星普、喬吉庭先後來。藁城、邢臺游歷紳董來。

到宣講所。約彤階、澤畬、吉庭、墨青、芷舲、吟笙飯於德義樓。答拜金嶋，不遇。答拜曾根俊虎、小泉清見，俱不遇。

三鐘回局。登樓治事。尹季清、鄧元翊兩世兄來談。寶晏樓約小舫叔、丙生、蔭人、錫章、康小亭、陳孟哲、昭明、漁三晚飯。

九鐘回寓。毓笙略談去。十鐘即睡。

收信：楊太史錫霖自東京；子貞；緝之以劉權之來信送閱，閱畢即交原价持回。

發信：子貞。

十月廿日（十一月十六日）

七鐘起。登樓治事。寫信：潤生，菊人，兆峰叔。楊星伯來。

午，登樓治事。大城鄧子輔字、王世臣名來。登樓治事。

到小舫叔公館。奎野來。

晚，觀普及社考驗。約敏來信，即答之。

收信：次帥電。
發信：潤生。
十月廿一日（十一月十七日）
七鐘起。登樓治事。寫信：復凌太尊章繼詩，復曾根，星普。會客：趙十如；江西游歷官章肖樓大令，浙江人；羅掞東。
午，登樓治事。寫信：復玉孫，志賡。會客：甯津大令吴字雲舫，名鍾英，譚大令芹仲寅，歐陽權，曾昭滄。
拜客：陳公爲鑾，章肖樓，趙十如，訪袁敬安不遇，訪彭禹門。
晚，墨青來談。回家晚飯，與惺姪議事。與智舒談，與妹談。
到初級師範學堂。聽伯苓講物理。與玉孫、伯苓談。十一鐘回局。
收信：星普，繼詩，獻夫，玉孫，志賡，曾根，漁三，喬藎臣，金嶋，彭秋，劉子舲。
發信：星普，繼詩，玉孫，志庚，凌太尊，曾根。
十月廿二日（十一月十八日）
七鐘起。登樓治事。到小舫叔公館略坐，知小舫叔廿四日始北上。尹教員寶真來。

午，宴尹季清世兄於同宴樓，兼約鄧元翊、茗文兄弟，陪客摶宵、奎野兩觀察。三時歸局。渡邊、志庚來談。保安州朱刺史來談。涿州游歷四國之楊爲章、李寶書來見，明日回里。登樓治事。寫寄凌太尊信，未畢。

清真館赴丙生、錫章約，坐客與十九日同。

九時歸。寫寄凌太尊信畢。寫復仲仁信。十鐘後回局。

收信：小舫叔薦胡祖安，仲仁，拱宸，智怡，茂萱，兵備處。

發信：凌太尊，仲仁，小舫叔。

十月廿三日（十一月十九日）

七鐘起。十鐘後出門。答拜王君傑，寓府署長新店，稅局委員、朱刺史保安州。王已行，朱未見。十一鐘後回家。

是日新婿回門。竹叔祖、六叔、蕉銘兄、崧生、哲生、庸卿、子洲俱來受禮。四鐘新婿卞俶成來，行禮後，五鐘入席。陪客爲劉子厚福年、朱儀平鳳鈞，皆與卞同班學生也。留蕉銘兄飯。綬卿、哲生、益舟、墨卿、武子翁、陳栢翁、蘭浦、芷柃、蓮溪俱留飯。十鐘散。十鐘半就寢。

收信：王鶴亭松□*，王文福申令郎也，同鄉會，柯鳳孫，楊蘭坡。

發信：凌太尊交子韓帶去，張仲仁，文報局。

*原文留空。

十月廿四日（十一月二十日）

七鐘起。七鐘半到局。登樓治事。藤井來訪。榕生來訪。午，假寐一小時。登樓治事。訪緝之。到客籍學堂。晚，到宣講所。趙興堂來。

收信：同鄉事務所，芷舲，墨卿，金嶋，耕亭，智舒。

十月廿五日（十一月二十一日）

七鐘起。到新車站送小舫叔、漁珊弟、陳孟哲行。

登樓治事。璧臣來。約璧臣飯於慶源樓，客有性安、彤階、澤畬、性初、仁府、蘭浦。

三鐘回局。丁奎翁來。郭鏡虛來。

訪緝之。答拜江西游歷官章、蕭二君章名定瑜，蕭名大鴻。訪劉權之刺史，不遇。訪饒明經毓靈。訪尹世兄，不遇。訪獻夫談。到家看。

赴仁府約，同坐仁府、性初。十一時回局。

收信：饒毓靈，燕泉，芝本，竹生，叔同，張金城，劉、龐兩生，貴陽電，伯顔、滌生、伯芝電。
發信。
十月廿六日（十一月二十二日）
七鐘起。登樓治事。復貴陽電，復金嶋信，復柯鳳孫信，屬芸生擬請院示清摺四條。
十一鐘，由局動身至新車站。璧臣已先至。智舒亦至。十二鐘十分開行。第二次車客車甚少，人多而地狹。智舒坐於煤爐之前，既局促且燥熱。劉權翁乃以頭等坐免票與之互易。五鐘二十分到前門。
璧臣約至斌陞樓飯，瑞安、亦香、幼樵別一局在樓上，俱來談片刻。飯後乘車至順治門内東城根北洋官立第一小學，晤程壽山、汪琴堂、侯漸逵、張稚青、李雨田、徐竹泉、劉北巡、白子温、龐秉彝、牛子衡。晚十鐘即睡。
發信：自京寄饒明經毓靈信。
十月廿七日（十一月二十三日）
六鐘半起。患腹疾。周視學堂工場操場并大門以外左右巷。【頁眉】敷地約十晦餘。
徐偉人來。寫致裕福田信。寫復邃翰信，未畢。亦香來。徐尚之、楊仲白來。

飯後同偉人、潤生、稚青、權之往皇城西北隅鼓樓西、鼓樓東看房，預備開第二學堂也。

五鐘回學堂。晚飯後與壽山、潤生、稚青談。

發信：裕福田并《實踐女學章程》，託尚之帶去。

十月廿八日（十一月二十四日）

七鐘起。接寫復再韓信，未畢。參觀甲班授課讀經，《孝經》「諸侯」章。徐尚之來談，并參觀講堂及工場。仁安來談。徐吉人商部來印履謙。

午後，陳鳳韶、書季年、白教員之江、廣東教員某同來參觀。徐尚之陪銅仁陳住三書培、邱子玉來觀工場。同權之、偉人、稚青往汪芝麻胡同及後門内太平街看房，歸已八鐘。

寫寄奎野信。寫寄芸生信。十一鐘睡。

收信：凌太尊，周澍元培藝，武問泉，張仲仁，劉芸生。

發信：寄奎翁信，寄芸生信，又仲仁屬寄還墨卿之清摺，均託稚青兄明早帶去。

十月廿九日（十一月二十五日）

七鐘起。參觀各教室授課。午，唐公柔、余崧生、饒岳生先後來。王瑞生來。

參觀教室操場。寫信：復芸生，則久，智惺，再韓畢。

晚，約仁安飯。李香閣來，談一小時。仁安談至十一鐘去。

收信：芸生，則久自行車，紱臣鼓號事，燕泉，饒伯森買儀器款，章繼詩薦學生，鸞坡。

發信：芸生，内附則久、智惺信。

十月三十日（十一月二十六日）

七鐘起。八鐘四十五分出門。訪仁安、仲仁交手摺。答拜余崧生、饒岳生、李香閣。斌陞樓約潤生、葑溪飯。同潤生游覽同德福，晤耀卿。又同潤生閱廠市。答拜徐吉人，唐公柔晤，徐尚之，陳位三，邱子玉。

赴璧臣約，同坐瑞卿、哲臣、亦香、潤生、幼樵、仁安、酌升、金門、益齋、瑞安。

十鐘回小學堂，失候胡芰孫、楊紹模楷。

收信：芸生書目，金嶋。

十一月初一日（十一月二十七日）

七鐘二刻起。十二鐘赴車站，與香閣同車，又遇舊識於小站之衛太守燕平。六鐘二十五分到保定。

王燕翁、趙虞軒、芝本、寺本迎於車站。諸師範模範教員迎於門。王蓋臣、顧少卿、何翰廷、花杏農四君子迎於庭，又小坐别去。芝本、寺本來，小坐。翰廷來談。潤吾來談。秋皋談。

寫信：奎野、仁安、潤生。

收信：芹香、柘浦。

發信：潤生、仁安、奎野，俱交文報局。

十一月二日（十一月二十八日）

七鐘半起。參觀食堂。花杏農、羅順翁、凌太尊先後來，張丹□*煦、吕敬亭、都重三、王仲華同來。

飯後閻鶴泉來。赴西關高等學堂，晤燕泉、獻夫。赴農業學堂，晤香閣、李潤堂、劉儀卿、劉嘯東。高等學堂留晚飯。

九鐘歸。禹堂、言如、彭秋來。禹堂談至十二鐘去。

收信：子年，芸生三件，則久自行車，紱臣高曦翁書局事，《金嶋談略》。

*原文留空。

十一月三日（十一月二十九日）

七鐘半起。到各教室參觀。拜客：凌太尊，王藎臣，王杉緑，李言如，歐陽旭德，徐六階，清真寺。

會客：段，朱，鄭，馬，田，劉六位大令。

拜客：顧少翁，毛實翁，張西翁，增廉訪，李觀察，羅大令，曾大令，馬大令，劉大令瑞璘。

會客：顧司馬，花大令，高亦韓，歐陽觀察，趙虞軒，何翰廷。

收信：芸生，小莊，子年。

發信：小莊，子年，芸生。

十一月四日（十一月三十日）

七鐘半起。會客：王蓋臣，花杏農，花硯香，王太尊守堃。

到師範堂周視各講堂，留早飯。飯後到藩署内法政學堂，觀太田平一郎授課。與矢板君談，劉蓺舟麟，湖北人爲譯人。與歐陽觀察談。拜客：韓總戎，王太尊，鄭大令，田大令，段大令，閻鶴泉，王大令，劉廣文，趙廣文。

六鐘歸。燕泉、古愚，閬仙來談。華陽王耕〔煙〕少尉率其子世沂來見，爲其子求入天津學堂功課七本。

收信：茂萱，芸生。

十一月五日（十二月一日）

七鐘半起。毛方伯來談。凌太尊來談。胡雨三并月舫令孫、楊子深、劉大令本清先後來。留雨三、禹堂及胡世兄飯。

午，到科學館聽北村授教授法及東文。

拜客：楊大令，劉大令，胡雨三，花杏農，高星黎，王太尊，張大令璞。訪順翁。

赴方伯約，同坐羅順循、劉班侯、李範之。十一時歸。

爲秋皋書屏條，爲天作書扇。王耕煙率其子來見。

收信：喬茂薐爲王耕煙介紹。

發信。

十一月六日（十二月二日）

四鐘起。五鐘出城。六鐘後開行。送者燕泉、芝本、秋皋、杏農、虞軒及初級師範諸教員。科學館提調、兩齋長送於門。車中遇王夢吉隆順兄弟、丁家立、陸幼香、王桐彩。

五鐘到新車站。伯芝、滌生、伯顏自滬來津。晚來談。十鐘回家。

收信：尹季清。

發信。

十一月七日（十二月三日）

七鐘起。與伯苓、季枚談。同伯苓到學務處。伯苓邀李、稽、黎三君赴德義樓飯，約予作陪。午，赴城隍廟觀批評會。晚，在家約李、嵇、黎、屠、劉、胡、貝、張諸公飯。

收信：唐佩翁爲河南約教員；端午帥電招滌生；張季直諸君函，并呈稿，爲津鎮鐵路事。

發信。

十一月八日（十二月四日）

七鐘起。七鐘三刻到局。登樓清理案牘。單司馬來，爲沈君之公子求入私立第一中學。榮太守來，自十二鐘談至四鐘。焦桐將赴滬，來辭行。

拜客：王太守維藩，蔡志賡，周大令登皞，苗刺史玉珂，高大令紹陳。

晚，赴宣講所聽榮太守演説。十一鐘回局。

收信：玉孫爲工程事；董紫封；趙次帥爲催鄧元翊前往事兼寄川資六十元；鄧茗文。

發信：電仲仁，電復端午帥。

十一月九日（十二月五日）

七鐘起。八鐘半登樓治事。李效溪太守來談。

午，拜客：王太尊，胡成之，陳儀臣觀察爲鑾，李觀察，李子香。

晚，寫信：紫封，智鬫、智舒，鏡波。核各課所呈事件。茗文、芷柃來談。

發信：茗文，并元翊之川資六十元。

收信。

十一月十日（十二月六日）

七鐘起。薙髮。八鐘半登樓治事。嵇滌生正擬赴京，適熊秉三來，暢談，約秉三及李、黎、嵇三君飯於德義樓。飯後同參觀公立女學堂。

接京電，奉署學部右侍郎之恩旨。

邱曙蓉偕費振甫來訪，言張繼三五十九歲壽辰，本月廿一日假小舫叔公館宴客，邀余往焉，并告壽屏列余名。

郭鏡虛接電，言其母病危，擬十二日買車還里。

奎翁來談。

收信：芷舲。

陳溪舟薦英文譯才：劉鑫原名葆初，天津縣人，水師學堂管輪畢業生，現就鐵路事，約每月四五十金，劉葆鈞天津人，水師管輪肄業五年半，王玉麟南皮人，同上，駕駛。

華芷舲函評小學教員：上：張國樾精神而沈著。上：王謙吉教音教態再加揣摩，可爲良師。中：上中：龐廷桂亦似熟於教授者，尚須加意揣摩，民八擬請，□□。上中：劉廷璧教態合再求英挺。中：楚之楹恐不善於管理。張秉鑾以下俱尚未試驗，祁之綸，李秉信，楊佩珍。

【夾條】若印《蟫香館京朝日記》似宜從十一月十日起爲妥。幼梅注。*

*此爲趙元禮（號幼梅）在本頁加籤。據此可知，嚴修後人曾有影印嚴修任學部侍郎期間日記的計劃。

十一月十一日（十二月七日）

七鐘起。至墨卿處，與墨卿、芸生、玉孫議出處，皆趣北上。又至卞宅會議，十二時回寓。

午後，答拜神尾司令官。夕赴京。慰帥以車迎。寓甯波館。詣菊人。

十一月十二日（十二月八日）

七鐘半起。詣項城。晤仲仁。回館早飯。午至練兵處訪菊人。訪璧臣。

十一月十三日（十二月九日）
訪華卿、茂萱。午訪璧臣。晤性初、瑞安。
十一月十四日（十二月十日）
訪璧臣。訪性庵。
十一月十五日（十二月十一日）
仁壽殿召對一刻許。訪菊兄。拜慶邸，不遇。拜鹿大軍機，談片刻。拜華卿、菊彭，俱不遇。
十一月十六日（十二月十二日）
終日拜客。或見或不見，不悉記。
十一月十七日（十二月十三日）
同前。
十一月十八日（十二月十四日）
早車回津。心莊太守來局久談。登樓治事。夜歸家。
十一月十九日（十二月十五日）
八鐘到局。登樓清理案牘。

十一月廿日（十二月十六日）

晨理案牘。午後拜客。

十一月廿一日（十二月十七日）星期

晨未出門。胡玉孫、胡克之來，留飯。午後拜客。夕到局。

十一月廿二日（十二月十八日）

晨登樓理案牘。午與奎翁談公。

十一月廿三日（十二月十九日）

十一鐘由家到局。午，與奎翁談公。夕車回京，仍寓甯波館。

十一月廿四日（十二月二十日）

拜客。

十一月廿五日（十二月二十一日）

同上。劉博老。

十一月廿六日（十二月二十二日）

辰正詣慰帥。巳正到學部公所，拜篆，并見同部諸公。拜客：徐花農，見。兩鐘復到學部，候小村、内田及其譯人高洲。至四鐘方到，談至六鐘乃去。至教場六條借寓、晚飯。夜歸館。

十一月廿七日（十二月二十三日）

晨，拜客：陸百翁，見。午二鐘至署。暮至寓。夜回館。

十一月廿八日（十二月二十四日）星期

晨候大學堂諸生議，問學堂事。江忼父、崔召和、王續雅來。十鐘後出門拜客。一鐘至新寓。二鐘半至署。四鐘散。到松筠庵，與三省會議。夕至寓。是日從城内移出。

十一月廿九日（十二月二十五日）

八鐘起。遣李順還徐菊老銀五十四兩，并借馬。薙頭時胡芰孫來。何翰廷來，代凌太尊求將科學館款明年撥數千金，助中學堂。許之。翰廷明日赴津，即屬其與丁會辦面商又科學館畢業憑照事，又科學館尚須補請七百金事。瑞安、仁安、秩昭來，留飯。午後璧臣來。吴聯笙晋蕃，鎮海人，户部。陸廣侯鋆，師範館豫科，今年畢業，畢業後入本科三年。馬積生吉樟，辦豫學堂，論普通學不中用，似未深考。陳杰士希彭，湖北試用知縣，五城學堂監督，福建人。茂萱言，其獨不上飯廳。卞詒臣。

到署。菊朋已先至，閑談數語。余周視各處集議處，文案處，庶務處。畫稿。菊朋言，以八旗口糧十之一辦學堂，即以口糧作爲津貼學生之費，凡無子弟入學者，不給糧。約計月用二萬金，可教小學生二萬人，甚盛事也。聞政府畏此舉之斂怨，不肯贊成。拜張少卿有恒，户部、張東觀有埏，光禄寺、子騰師之哲嗣也，俱未見。赴甯波同鄉約，主人到者十人，陳瑤圃邦瑞、周聽泉廷鎏、陳雪樵康瑞、楊德孫家驤、鄭幹人滋蕃、方耕硯積琳、陳鈞侯星庚、陳宇襄畬、凌菊齡寶澄、韓雲耕兆蕃。客則小舫叔及余也。八鐘歸。

過泰來店，謝胡克之，并送行。寫復約敏信，并寄還崇、怡兩信。

收信：李悦朋子光復，麥佐之交小莊復，約敏。

十二月初一日（十二月二十六日）

八鐘起。到國子監，隨同榮尚書行祀聖禮。拜客。三鐘回寓。飯後，到華宅，是日爲智舒生日也，坐片刻。拜客，暮歸。潤生來談，宿此。

收信。發信。

十二月初二日（十二月二十七日）

李讓溪來，李香閣來，俱會。

十二月初三日（十二月二十八日）

七鐘半起。

十二月初四日（十二月二十九日）

七鐘半起。徐班侯來。

十二月初五日（十二月三十日）

七鐘後起。順德中學堂郝君繼貞、李君衍熙監督、路君克讓教員同來。慶晴舫來。朱君道炎來永清。子光同年來。曹瑞占先生來。

十二月初六日（十二月三十一日）星期

七鐘半起。拜客終日。

十二月初七日（一九〇六年一月一日）

七鐘半起。午前到署。午後赴冶秋、百葵兩前輩約，同坐香士、少川、杏城、子修、弢甫。暮乃歸。

十二月初八日（一月二日）

七鐘半起。十鐘前到外務部，擾其一飯。飯後隨眾赴各國使署賀年。奔走周旋甚勞苦。三鐘畢。車殆馬煩僕夫况瘁，遂回寓。

十二月初九日（一月三日）

晚，姚石泉來。常濟生、張君廷元先後來。

晚，赴黃慎之前輩約，同坐小舫叔、嗣香前輩、祁景彝、幼香。

十二月初十日（一月四日）

尚君廷弼、張君玉麟、李佑周、王宋坡、張幼卿、沈子敦同年令嗣承熙、步君以墉先後來。到署。

晚，閻仲安致恭來。

十二月十一日（一月五日）忌辰

七鐘半起。朱班伯洞超，佑民令嗣也，來見。

晚，約仁安、瑞安、秩昭便飯。是日賡言來京，談津學務甚久。聲甫前輩來。

十二月十二日（一月六日）忌辰

七鐘半起。賀秩昭壽。到署。熊大令濟熙來。

十二月十三日（一月七日）星期

七鐘半起。原定今日接見國子監諸君，因係星期，又余有鹿宅飯局，改期明日。余恐知會未遍，諸君或仍有至者，故仍到署候之。午二鐘後，赴鹿太世叔約，同坐茂軒、菊農、仲弢、璧臣、瑞安。同璧臣至甯波館，闃無一人，遂歸。

十二月十四日（一月八日）

七鐘半起。蔣星甫來。

午前到署。午後同華老接見國子監諸君。是爲第一次。

晚，馬溆午來。

十二月十五日（一月九日）

七鐘半起。詹壽同來見。赴國子監拜廟。拜客數處。賀華姻伯壽，留早飯。

飯後到署。校閱摺件，明早呈遞。

晚飯後到華宅，與沈紫封談。

十二月十六日（一月十日）

五鐘半起。璧臣來，同行。是日本部遞摺，昨已遞膳牌，是日入候於九卿朝房，至九鐘乃出。

午到署。接見國子監諸君。

晚，到華宅。劉潤琴、劉益齋、朱哲臣皆在焉。到幹臣處小坐，聞是日爲幹臣生日。晚飯前，嗣香前輩來小坐。

十二月十七日（一月十一日）

七鐘半起。熊次堅來。歐陽崧生、雙君泰來。

午前到署。午後聞羅大令來京，訪之於湘潭館。拜客。赴楊德孫約。是日德孫四十初度，賓客甚盛。

十二月十八日（一月十二日）

七鐘半起。王緒雅來，王少泉來。羅大令來，留飯。

同順循至署。爲順循介紹於華卿協揆。

十二月十九日（一月十三日）

七鐘半起。沈子敦來。

接見國子監諸君。

晚，尚之來。劉際唐來。

十二月二十日（一月十四日）星期

七鐘半起。東城拜客，晤服部、胡雲楣前輩、溥玉岑前輩。至菊人處早飯，晤毓月華侍郎。

十二月廿一日（一月十五日）
七鐘半起。午前到署。夕歸。盧木翁自津來，暢談。芝本爲一良來。

十二月二十二日（一月十六日）
七鐘半起。十二鐘後出門，赴外務部，隨衆賀俄國新年。到署，接見國子監，末一次。答拜芝本。同華老往視菊彭疾，危篤矣。晚，備酌宴盧木翁。瑞安、性初來談。獻夫自保定來。璧臣十鐘後來，約明日會於菊老家。

十二月廿三日（一月十七日）
七鐘半起。訪仁安。訪菊人。拜東城客。性初、瑞安、獻夫來，留飯又朗亭令郎蓬仙，隨獻夫宿此。晚，訪瑞安。寫寄約敏信。

十二月廿四日（一月十八日）
七鐘半起。午前到署。午後辦公畢，木齋觀察至署見華老，暢談。弔菊彭，是日接三。晤鐵尚書，爲木齋先容，約明日午前往謁。與木翁談。獻夫宿此。

十二月廿五日（一月十九日）　獻夫第二次車回津

七鐘半起。拜客。午前到署。是日華翁未到。晚，約茂蘐來寓便飯。同木齋暢談至十鐘乃散。王少泉來，以手摺開寫通西學者姓名二十餘人。

十二月廿六日（一月二十日）　子光第二次車回津

六鐘起。送木齋行。復睡一小時。十鐘到署。午，晤華老，知左堂補張劭予前輩。又聞劭余前輩明日午刻到任。

十二月廿七日（一月二十一日）　星期

七鐘半起。奎野來，留早飯，暢談學務。午到署。是日劭余前輩到任，陪話片刻。拜客。答拜奎野，略談。訪王少泉，不遇。拜晤趙雲卿。晚，少泉來談。

十二月廿八日（一月二十二日）

七鐘半起。丁奎翁來。十一鐘到署。改致袁宫保信稿。陳士可來談。以子光所交《女學章程》示華老。華老以正言規余，其識遠出余上。拜客至暮歸。璧臣、哲臣來。

十二月廿九日（一月二十三日）回暖◎雲生、小莊是日還津

七鐘半起。寫賀簡。璧臣午後來。遣丁順赴津寄緝之信。孟紱臣、王君九、汪榮寶來談。夕，出門拜客，惟晤鑄言。晚，湘南來。

除夕（一月二十四日）

七鐘半起。九鐘出門拜客，兼拜年：孫師二十四兩，二兩，王師中堂，崑師俱八兩，四千，貴師母二十四兩，二兩。謁見王雲舫師母。晤曹潤田、洪鑄生。三鐘後回寓。寫信：耕亭，智𪾢附日記，禹堂附保安信兩封寄津。璧臣、亦香、幹臣來飲酒。

『十四五』國家重點圖書出版規劃項目
津沽筆記史料叢刊

嚴修日記

1898—1910

（下）

嚴修　原著
陳鑫　整理

天津出版傳媒集團
天津古籍出版社

下册目録

光緒三十二年丙午（一九〇六年）……〇六〇三
光緒三十三年丁未（一九〇七年）……〇七七一
光緒三十四年戊申（一九〇八年）……〇九四三
宣統元年己酉（一九〇九年）……一〇八九
後　記……一二七二

光緒三十二年丙午（一九〇六年）

◎《範孫自定年譜》：在京供職。轉左侍郎。是歲，各省學政改爲提學使。提學使未經出洋者補派出洋。請日本人講教育行政。考試畢業回國之留學生，各科皆授進士、舉人，唯醫授醫士，部爭之，乃從同。敬業中學始建新校於南開。孫仁葉生。孫仁芝生，十二歲殤。

整理者按：丙午日記分記於兩册：正月初一日至八月三十日記於《丙午北京日記（正月一日起，八月三十日止）》中。九月初一日至十二月三十日記於《丙午、丁未日記（九月一日起，五月二十日止）》中。

光緒丙午元日（一九〇六年一月二十五日）天氣和暖

六鐘起。七鐘出門入内朝賀。甫入東華門，遇陳堯老，約至政務處小坐。更衣，八鐘二刻詣皇極門外，隨班行禮。九鐘二刻，太和殿下隨班行禮。十一鐘回寓，飯後睡兩小時。亦香來，同亦香賀華宅。先賀錢師母。由華宅出，賀哲臣、益齋見、嗣香見、芰孫見、芋田、瀛甫、魏宅、聲甫、耀卿、幼樵、亦香見，喬宅留晚飯，九鐘歸。

正月初二日（一月二十六日）雪

七鐘半起。芰孫來談片刻。赴國子監行禮。拜年，至三鐘因雪大回寓。幼樵、璧臣、嗣香來，俱見。小莊、子光至自津。

正月初三日（一月二十七日）忌辰

七鐘半起。是日因忌辰未拜客。芸生早車來。伯苓、鶴籌、子周、春江、少溪、智惺晚車來。仁安、亦香來。幹臣、璧臣來。

正月初四日（一月二十八日）星期

五鐘半起。同鄉官謝恩，到者十人，八鐘行禮博老、益齋、石叔、幼樵、嗣香、璧臣、亦香、伯納、竹梅及余。到菊老處拜年，又拜若干處。未正到署，是日爲團拜期，四鐘散。

晚，仁安、亦香來，璧臣來。

始置電話機。

正月初五日（一月二十九日）

七鐘半起。

十二鐘出門，赴外部接待外賓。客既畢至，坐不能容，遂出。拜年。暮歸。

劉芷舲親家至自津。

正月初六日（一月三十日）

七鐘半起。

正月初七日（一月三十一日）

晚，璧臣約劉親家在本寓晚飯。飯後璧臣來談。

正月初八日（二月一日）

七鐘半起。到署。

晚，備酌請津友諸君飯。

正月初九日（二月二日）

六鐘起。劉芷舲親家、張伯苓先生、子洲、春江、鶴籌、少溪、約敏早車回津。到署。

正月初十日（二月三日）

晚，習英文。喬亦香來。

正月十一日（二月四日）星期

七鐘半起。訪梯雲小坐。到有益堂，約丁麗川游廠甸。回寓早飯。午後赴東城拜客，至夕乃歸。

習英文。

正月十二日（二月五日）

正月十三日（二月六日）

正月十四日（二月七日）

夕，伯舉父子至自其家。

習英文片刻。哲臣、璧臣、亦香來。談至十鐘半。復與伯舉談至十二鐘。

寫致約敏信，爲豫學堂買儀器事。

正月十五日（二月八日）

六鐘起。送李伯舉父子行，後復睡至九鐘。温英文。午假寐。晚小飲。

寫復智閑信。

正月十六日（二月九日）

七鐘半起。答拜錢大令、張執中、袁敬庵，晤菊老，答拜李偉侯。甯波館團拜，并請童次山同年。是日同坐陳堯圃、楊德孫、程如方、凌菊齡、韓芷庚、陳鈞侯，又張子騰師之兩世兄，他不盡識【頁眉】陳電樵。三鐘後到署。夕，梯雲來。錢大令錫疇來，言霸州擬立中學堂，留清摺一扣。

習英文《華英進階》第十一課。接仁府信，復之，并還所擬條陳稿。王少泉來。

正月十七日（二月十日）

七鐘半起。寫復渡邊精一信，復李子香信，復約敏信。

十鐘到署。磨勘戴邃庵所擬疏稿。午，檢閱仲弢前輩送來審定訖各書。劭余前輩三鐘來，五鐘後散，歸。

習英文。濯足。

正月十八日（二月十一日）

八鐘起。薙發。九鐘半出門。弔尹及郎之尊人，遇喀喇沁王談許久。十二時歸。午，田桂舫主政、宋友枚小濂、彭同九司務，又斂之所介紹之趙、陸兩君先後來。凌菊齡來陪余往看順治門大街之房，通商銀行所有産也。其局勢散漫，與住宅不甚相宜，且出售不出租，亦與余意不合，擬作罷論。夕歸。閣鶴泉兄來。學真來，薦書記生二名於學部。秩昭來。梯雲餽餚於芸生、小莊及蘭浦。是日恰食合子，因小飲焉。

正月十九日（二月十二日）

六鐘半起。七鐘到署。學部新鑄印昨日頒到。是日行拜印禮。張、嚴同人來賀，隨即答拜。

午後復進署，聞榮相午前至，小坐便去。劭余前輩來，四鐘散。

范君延榮、王稚虹來。

正月二十日（二月十三日）

七鐘半起。

午進署，正、左堂皆至。

正月二十一日（二月十四日）

七鐘半起。邊益園、孟紱兄、胡哲臣源濬、張仁府、江忼父先後來談。午進署，華、劭皆至。夕散。王藎臣忠蔭來見。

正月二十二日（二月十五日）

六鐘起。六鐘半駕車往西苑門，是日本署遞一摺三片。十一鐘回寓。微覺感冒。午後大睡。晚，習西文。夕，答拜仁府不遇。到萬順號小坐。到華宅見智舒略叙。

正月二十三日（二月十六日）

七鐘半起。濟樂農、汪昭晟、顧雲坡凌峰、馬香芹景芳、馬岫雲春峰、張效梁佐漢、劉亞卿續曾、朱幼山槐之先後來。早，因體不適未飯。午進署。劭公至、華公未至。四鐘散。到第一小學堂與偉人、潤生略談，到工場參觀。晚，益齋來。

王少泉來，因接到順天府照會事。

正月二十四日（二月十七日）

七鐘半起。答拜潤琴，不遇。訪仁安談。十一鐘到署。看集議處所議各件。十二鐘劭公至，二鐘華公至，五鐘乃散。訪嗣香，不遇。答拜幼山，遇趙樞密字敬臣者，武清人。到直隸老館，遇幼樵、寄雲、益齋、潤琴。

正月二十五日（二月十八日）

七鐘半起。貴州門生陳正猷、詹燦湘，師範教員段敏、侯建言、張星洲興周，從昌，陳鳳韶比部。答拜徐蓮士、濟樂農，均略談。拜李大京兆，不遇。到菊兄處早飯。答拜陳君驥、陳君國棟。答拜允卿、詒臣。弔王杏田之大夫人，并送庫。

正月二十六日（二月十九日）雪

六鐘起。六鐘半出門。京察之照舊供職者是日謝恩於勤政殿階下，余與智庵均因署無缺侍郎與焉。泥首三叩者再。

楊楨岩假滿回津，過此，留晚飯。

習英文。

正月二十七日（二月二十日）

七鐘起。于則翁、獻夫、蓬仙來。晚，淮生至自泃。賀瑞安太夫人壽。約璧臣來，與則、獻、益、筱諸君暢談。

正月二十八日（二月二十一日）

七鐘起。寫信。淮生乘中車赴津。

正月二十九日（二月二十二日）

二月初一日（二月二十三日）

路雨三來，留宿。習英文一課。

二月初二日（二月二十四日）

七鐘起。路雨三回津。伯顔、滌生至自津，將赴保定以所擬《法政學堂章程》見示。

晚，陳蔗叔至自津，臧幼臣亦至自津，均留宿，談至二鐘後。

二月初三日（二月二十五日）星期

七鐘起。幼臣中車回津。

二月初四日（二月二十六日）

午，學真來。

習英文一課。

二月初五日（二月二十七日）

七鐘起。本署考滿蒙文，往陪恩禄之學士，留早飯。川島浪速介紹泰東同文書局局員栗村君來談。王緒雅來談。

二月初六日（三月二十八日）

七鐘起。芸生、小莊來商訂文稿。

午未到署。擬電各省派送游學大概辦法。

智舒信商歸甯事。答智舒信。

晚，習英文一課。

二月初七日（陽三月一日）*

七鐘起。芸生、小莊仍來商訂文稿。

午未到署。改文稿。

晚，習英文一課。

* 此處陽曆爲嚴修自注。

二月初八日（三月二日）

七鐘起。仍改文稿。

午到署。答拜徐觀察、盧剛甫、李幼香。徐六階觀察來。徐尚之來。

二月初九日（三月三日）

七鐘起。丁奎野來。

午後到國子監時，演禮已畢，以其暇答拜凌菊齡，賀瞿中堂。答拜川島浪速，見其夫人及木村女士，又相蘇清五郎。到八旗學堂，與紱兄談片刻，并借地寄車。

晚飯後，與劭余前輩久談。十鐘睡。

二月初十日（三月四日）星期，大風

四鐘起。六鐘半致祭後殿。八鐘飯，飯畢答拜恩禄之、丁奎野。十一鐘還寓。仍改文稿，小莊、雲生俱來。到華宅。吴秀翁至自津。

二月十一日（三月五日）風未止

七鐘起。江忼父、卞詒臣來。

晚，與吴秀翁談。習英文一課。

二月十二日（三月六日）

七鐘起。吴秀翁午後赴通。命丁順送智舒還津。

晚，習英文一課。

二月十三日（三月七日）

午，弔謝太夫人。謁夔相不見，因稚夔之喪也。

晚，習英文一課。梅生復來見。

二月十四日（三月八日）

晚，習英文一課。李石臣來，談至十二鐘，留宿。

二月十五日（三月九日）

六鐘起。六鐘半赴國子監，是日覆考師範。九鐘點名發題。同劭余前輩在監早飯。五鐘後訪菊老，坐片刻。

二月十六日（三月十日）

七鐘起。盧選卿來。十鐘到畿輔學堂，尚無到者。因訪劭余前輩，小坐。答拜石臣、幼宸。答拜選卿。十二鐘復到學堂，留飯。飯後待至三鐘，行開學禮。禮畢到署。

晚，習英文一課。

二月十七日（三月十一日）星期

六鐘半起。到松筠庵，觀追悼潘子寅之布置。小坐，復歸。午，東文學社教員濱名鐵吉來談。李佑周來談。到松筠庵拜潘烈士之遺像。晚，約梯雲、石臣、幼宸、芸生、小莊、伯寅便飯。飯後議教育界事。石臣、幼宸宿此。

二月十八日（三月十二日）

七鐘起。濟樂農來。石臣、幼宸、小莊仍議直隸學務。白君家騏來。

午到署。夕答拜張太守學華、劉少岩、劉炳堂。

二月十九日（三月十三日）

七鐘起。張獻群來。白翼庵家騏，李友白先生之甥也，密雲人，爲其子謀入中學堂，因託溪舟爲電詢各處。

午到署。榮相因感冒未到。

晚，習英文一課。獻夫來京。石臣、幼宸來宿。

二月二十日（三月十四日）

六鐘半起。胡子静、張六階、執中、梯雲、朱俠黎及其姪致瀛先後來。寫寄玉孫信、致幼梅信、答淮生信。

午後到署。看文件。沈綬青、方耕硯來訪。與羅叔韞、陳士可談，與李柳溪談。與孟紱臣談。

晚，習英文一課。紫光自津歸。石臣、幼宸來宿。白翼庵來問五城考期。

二月廿一日（三月十五日）

六鐘三刻起。八鐘後到署。是日有滿蒙文落選而漢文明順之生九人來補考。發教育論題、算題二。寫信慰帥、實翁、順翁、鏡虛。在署早飯。午後看公事，兼與劭公談往事。五鐘半散。答拜獻群。六鐘回寓。晚，習英文一課。

二月廿二日（三月十六日）

晚，竹叔祖至自泃。孫俊之來。秋皋自保赴津，過此來見。

二月廿三日（三月十七日）

六鐘起。竹叔祖、伯恂叔、獻夫、溪舟同趁早車回津。石臣來商《勸學章程》。福壽宫道士劉雲卿來，留早飯。石臣擬晚車回津。

到署。

秋皋赴通州，晚歸，宿此。

二月廿四日（三月十八日）星期

七鐘起。張鐘伯來見，以所編《國際私法講義》見示。弔謝太夫人，留早飯。午後回寓。

晚，伯恂叔返自津。齊懋軒兄來宿此。

二月廿五日（三月十九日）

七鐘起。楊渭清來，王鑄言來，羅叔韞來。

午後，陳溪舟返自津。胡玉孫至自津。

二月廿六日（三月二十日）

七鐘起。前鄰張茂才崑，蜀人求差使。其貧可閔，周以十元，其室人通文墨，可充女學教師。陳士可來辭行。武幼邊來。綏陽門生周漸逵鴻文來見。到華宅看智舒，今日早車至自津也。

夕，訪壁臣，問徐梧生消息。晚，黎伯顔來，石哲卿來。係廿五日。

二月二十七日（三月二十一日）

七鐘起。紱臣兄來。陳卣甫世兄鴻年，襄夔夫子之第二公子也，歸自日本，來談貴州候補知府，曾任印江縣。午，竹叔祖送智舒至自津。王燕泉來。兩日所記頗有舛漏。

二月二十八日（三月二十二日）雪

五鐘半起。錫三、玉孫同趁早車赴保定。竹叔祖還沟。午到署。

二月二十九日（三月二十三日）

七鐘起。胡子静來談。東文學社學生孫蘭來見，意欲赴津，考入繙譯儲才所。

午前到署與劭公校閱摺稿。榮相未至署。

二月三十日（三月二十四日）

七鐘起。幼樵來。朱班伯來，余託伊代購《孺子歌》。朱幼山來。陳卣甫世兄來辭行。

三月一日（三月二十五日）

五時半起。七時至六項公所，是日本部遞封奏三件，候至九時膳牌發下，與劭公同至國子監祭祀。備早飯。飯後同拜李柳溪，不遇。回寓。蓮溪兄至自津。鄧峻山來。

三月二日（三月二十六日）

六時半起。

十時往弔王稚夔。十二時到署。

智舒來信，附二月日記。

晚，盧木翁自天津至。

三月三日（三月二十七日）

六時半起。與木翁談。紱臣、幼樵、芸生、伯寅、小莊先後來。周君鴻文來硯表叔率七表弟來。

午後到署，榮相以感冒未至。閲到文，看諸君所審定之書籍。到北洋小學堂，閲學生成績。六時歸。與武硯卿表叔談。芸生來。晚，與木翁談。

三月四日（三月二十八日）

六時半起。與木翁談，并爲酌定查學人數。朱班伯來，并送到代買之《孺子歌》。木翁中車回津。唐士行户部來。士行，慰慈之堂弟也。

午到署，將集議處所交各件分別粘簽，趣榮相發行。五時回寓。步訪璧臣，與智舒話。晚，固安萬鏡愚執機來。留璧臣飲。

三月五日（三月二十九日）

六時半起。尹馨山來談，并贈細竹籃、海參、海米。到草帽胡同看新租之房。答拜楊次典。回寓早飯。松筠庵議國民捐事。同魏梯雲赴劈柴胡同看房。晚，早睡。

【頁眉】尹香洲、松廷、亦屏、季清

三月六日（三月三十日）

七鐘起。臧幼臣來，學真來。改信稿。先哲祠演禮，候至午正人未到齊，余先歸。午後到署，閲到文，畫稿。夕歸。芸生代擬賀唐佩老詩及信草，極切當。筱莊來，略談。晚，與蓮兄談。

三月七日（三月三十一日）遷居◎天氣甚暖，是日易銀鼠爲珠毛

七鐘起。電告耕丈爲唐佩老送禮物。先哲祠行禮。壬午同年公請孫師相，預祝也，到者薇孫、芝房、菊人、閏支、新吾、孟符、仲信、瓣香、益齋、張采南官劭、何翽高藻翔、允卿及余，凡十三人。三鐘半散。到瑞安處。到六巷之宅一看。到新宅止焉。改《國民捐白話》稿，菊老所屬也。

【頁眉】李新吾述午坡師之世兄允徽，字慎原，現仍寓居揚州，中癸卯鄉榜而未覆試，其家計甚窘，寓揚城闕口街。

三月八日（四月一日）星期

七鐘起。督僕役掃舍，安置器具。哲臣、潤生先後來。潤生餽食品。午後梯雲來小坐。晚，新蔡紳士四人爲廟産事求見。抄『告白』稿一通，凡八頁。寫復約敏信，復芹香信，復曾禹翁信。寄七叔祖信。

三月九日（四月二日）暖

六鐘起。改集議處所擬《管理外國人設立學堂章程》。寫致菊兄信，附送『告白』稿。

保安王君映庚送其夫人至天津入學堂，過京暫住，映庚來見，意欲在津謀一席以便照料。午弔恩禄之之太夫人。到署閲到文。接木翁信，即復之。夕歸寓。獻夫兄率智開到京。是日來賀新居者，璧臣、詒臣、亦香、仁安。高曦翁來談片刻并交退换之照會。晚，趙、李、王、喬、陳諸公在此便酌。璧臣、詒臣、亦香、仁安俱餽食品。接金慎之信、約敏信、齊楙軒信、智舒信、智閑信。芸生、小莊、伯寅來。煩芸生代擬致賀章大令信稿。

三月十日（四月三日）

六鐘半起。寫寄慎之信。賀章大令信，寄賡言信。

午後到署。盧木翁來函，即復之。

夕，訪瑞安，謝璧臣，答拜高曦翁。晚，習英文一課。

楊楨岩來接奎野信，奎野將偕楨岩赴日本。

三月十一日（四月四日）

六鐘半起。寫復奎野信。楨岩來辭行。

午前到署，早飯時與叔韞、菊生諸君談。寫復獻群信。

夕，訪叔韞談。内田日使招飲，先一日以事辭。榮、張二公往赴約。

晚，亦香、詒臣、仁安來，留飯。洵差至，接竹叔祖信。接陳玉蒼信，屬薦中學堂監督。

三月十二日（四月五日）

六鐘半起。寫復竹叔祖、幼梅丈信。答拜亦香、詒臣、允卿。賀孫師相壽。到松華齋。午前到署。看師範生復試卷。與劭公談。夕歸。

杜卿、芋田、蓮西、獻夫共飲。

接智崇、智惺、智蠲、智圓、智閑等信，大野鈴子賀簡。張伯翁賀簡。復幼梅信。

三月十三日（四月六日）清明◎蓮溪還津

六鐘半起。子蔚、肖杭、朵園、大學堂德文教習薛錫成以所作論留閱先後來。答拜李新吾、李潤生、李佑周、陳玉蒼、魏梯雲。午前到署，仍看卷。午後樹五、小莊來談，將所撰『提要』持去，擬彙繕成册。叙五來，將所擬課程初稿交伊持去。晝稿。與劭公談。張菊生來談。夕，謝璧臣、楚材、秩昭，答拜鑄言。晚，習英文一課。收到東京法政速成科高、陶諸君信，并上袁帥手摺。小莊宿此。

三月十四日（四月七日）寒暑表六十二度

六鐘半起。薙發。胡子静來談。師範覆試卷是日定稿，取八十七本。

午前到署。師範卷請榮、張二公覆閱定稿。

智開始從溪舟學英文筆算。

習英文一課。芸生早車旋津，小莊晚車旋津。

三月十五日（四月八日）星期

六鐘起。八鐘赴國子監，隨劭予前輩行祀聖禮。飯後周覽文廟辟雍殿、成均學堂，至兩時乃畢。訪菊人。復孫夏峰先生後裔謀事事，劭公所屬也。又代朵園詢引見例。遇梧生。答拜花杏農之世兄及芝房同年。答拜王朵園，未遇。到有益堂。《國民捐白話》稿飭人送龍雲齋。賀朱班伯到部喜。夕歸。

門田來訪，留飯。晚九鐘後乃去。

三月十六日（四月九日）

六鐘起。朵園來訪。胡子靜來談。是日有出洋游學數人來部考驗。九時往，十一鐘始發題，僅到三人。戴邃庵擬論題一道，用之。君九、枚亮、肖項、儀曾各擬數題而未用，蓋所來之三人無一曾習科學者。

午前寫信：玉孫、芷舲、奎野、鏡虛、繼璞、忼父、瑞安、石臣、少林。

『裁學政摺稿』呈堂戴、吴、楊各一。榮相謂戴稿非會奏體裁。劭公謂吴稿太弱。

因擬交林朗溪合兩稿爲一稿。

收裕福田信去年七月託解鉛委員胡桐生（堯年）帶來。接伯苓信、約敏信，并周觀察手批時、俞兩教員信。張岱臣署良鄉，過京來訪。

習英文一課。朱俠黎來，其母若姊擬四月初赴津。寫致緝公信。致伯苓及智惺信。

三月十七日（四月十日）

六鐘起。致緝公信又改數處。答拜張仲青、彭君繩祖，賀汪年伯壽。答晤肖韓。到華宅看智舒，病已平復。將服部所售之《岡山孤兒院》入覽票與之。到署飯。羅叔韞之《管見二十六則》又復議各件余所條判者，經榮相核定。夕歸。

三月十八日（四月十一日）

六鐘半起。答拜端仲信，拜晤陳玉蒼，拜晤仲和兼晤楊補堂、張星五、胡伯平。十二鐘到署。將榮相核定之件分類寫出，或交文案，或交集議，或交叔韞。叔韞所擬致各省『急辦師範』之電，至少一年簡易科五百人，二年分類優級二百人，五個月體操教習五十人。是日畫行，又加數語。叔韞原稿有『提科歲考費作經費』節去，又有『他項學堂』『暫可從緩』二語亦節去。添入『其游學豫備科如未設立，暫可從緩，先請以全力注重師範』數語。因叔韞力持不宜設豫備科之説，榮相亦韙其説，余亦慮各省之辦豫備科者未必合法，故從羅議。

夕歸。小莊以疾未至。伯寅旋里，英文停一日。接辟畺信，爲嚴幼老事。

三月十九日（四月十二日）

七鐘起。答拜胡桐生堯年。訪亦香，久坐。訪允卿、詒臣。知芷舲來京，回寓候之，芷舲已前至。璧臣來，留飲。午後與芷舲談天津學務，是日未到公所。晚，與小莊、芷舲談。接郭鏡翁信，爲奎公欠款事。

三月二十日（四月十三日）

六鐘起。寫信：木翁、鏡翁、墨翁、章受翁、約敏、曾禹堂大令將東京同鄉請展理化速成期一函寄去。與芷舲談。午後到公所。閱五城學堂所取卷。看公文。學司奏稿是日晝行，候會政務處銜。夕歸。温英文一課。梯雲夜來訪。

三月二十一日（四月十四日）晚暖甚，寒暑表六十八度

六鐘半起。看集議處條議。接約敏信仁安帶來。午後，賀熙小舫，爲其世兄續室。到公所。看叔韞所擬《各省學務綱要》。夕歸。順天中學堂教員李北江皖人、李伯芝、丁奎野先後來談。收到日本東京直隸留學生會館公信一件。

三月二十二日（四月十五日）星期

六鐘半起。蘭浦率智開還津，智開有小病也。答拜龐萊臣。回寓用飯。飯後到

華宅，同智舒叙話。答拜學真、張菊生，不遇。答拜歐陽小帆。答拜崔少和、李搏霄、李伯芝，俱不遇。收到小舫叔信。

三月二十三日（四月十六日）

七鐘起。胡君堯年來見，言前年曾隨吾家紹光過津，至余家相見，余竟忘之矣。孟紱兄來晏君孝孺事、史學教科書。孫次雲世兄，燮臣師之胞姪，景周世兄之堂兄，勤軒觀察之叔，而李伯芝之岳父也。

寫復小舫叔信稿。寫復東京會館信未半，接璧臣信，知奉補授學部右侍郎兼署左侍郎之命。約仁安來商草奏，璧臣亦來共議。訪華卿告以明日擬具摺懇辭。璧臣將摺稿排定乃去。約秦蝦庵來繕摺，至十一時乃畢。十二鐘後睡。

三月二十四日（四月十七日）

四鐘起。先到菊仁處，示以摺稿。到六項公所遞摺，候至九鐘歸。仁安來。朗溪來，示以謝恩摺稿，始知今晨所遞摺未蒙俞允。璧臣來，畫策無策。榮華卿來。夕，璧臣去。摺稿送煩秦蝦庵繕寫。

三月二十五日（四月十八日）

六鐘起。到六項公所遞謝恩摺，八鐘歸。仁安來，潤生、梯雲、益孫來，留早飯。午假寐。喬總辦來。寫信：小舫叔、子均弟、樂農。

瀛甫來。

三月二十六日（四月十九日）

六鐘半起。傅潤沅來。孟紱臣來。鄒子東來。

午後出門答拜汪子静、潤沅。到公所。夕，謁壽州師相，答拜次雲觀察，均不遇。晚，看條議。尚之來。尹馨山來。

接芹香信、慎之信。

三月二十七日（四月二十日）

七鐘起。看官制等章程。胡子靖、濱名鐵吉來。答拜劭予前輩，坐許久。到公所。夕歸。晚，與芸生、小莊討論。

寫信：禹堂、芹香、智惺、墨青，俱託子靖明日帶津。

三月二十八日（四月二十一日）

七鐘起。芸生、小莊來討論學事。午後到公所，榮相未至。夕，拜客。

晚，寫信：馮俊甫、智惺。

接智惺信。

三月二十九日（四月二十二日）

七鐘起。寫信：敏齋，是日發。

拜客：治老、紱老、華老、佑周、世五、望臣、梯雲、鏡波、緒雅。回寓早飯。午假寐。四牌樓北三巷餘園公請日本公使并參隨軍隊教員等，七鐘散歸。接耕庭信附津、洵信章，灘鹽稟章、智惺信《自治勵學會簡章》。晚，寫信復之。

接：王槐庭大章，自西陽州學堂發信；吴彭秋賀信。

三月三十日（四月二十三日）

七鐘起。

午後到署訪劭余前輩。夕，蘭浦率智開至自津。接約敏信、智閑信。

四月初一日（四月二十四日）

五鐘半起。文廟行禮。師範學堂覆試。二鐘後赴學部。閱明日具奏摺件。

收信：紫若。

四月初二日（四月二十五日）

五鐘半起。入内遞摺，候至八鐘四十餘分乃出。訪叔韞，未遇。到李宅嗣香。回寓早飯。三鐘到署。夕，到華宅。到畿輔學堂。晚，約王幼山、韓小坡、石臣、佑宸、少林、芸生、伯寅、小莊便飯。

收信：鏡虚、約敏。

四月初三日（四月二十六日）

七鐘起。答拜益齋。賀哲臣令郎納綵。到公所與叔韞討論學務。往觀大學堂運動會，四鐘出。答拜華甫、耕硯、德孫諸君。六鐘回寓。張效良來訪，久談。石臣、少林、伯寅、小莊、芸生先後來，留便酌。

四月初四日（四月二十七日）

六鐘半起。寫致約敏信、致獻夫信、復芹香信。夜半枕上思日間所作，又思及所居之地，有跼天蹐地之象，小人長戚戚，哀哉！

爲子靖書贈日友之屏，凡三易紙，卒不減其醜。幼樵來談。寫信致玉蒼，薦貝季枚爲順天中學監督。馬葑溪來。袁麗瀛來。午到公所。夕答拜振卿。

晚習英文一課。寫信致約敏。

四月初五日（四月二十八日）

六鐘半起。八鐘出順治門，拜客數十家。晤哦夫前輩、卞詒臣、華允卿，一時回寓。三鐘到公所，六時歸。吴夢雛來宿此，留小莊陪之。

收芹香信、禹堂信、仲仁信。

四月初六日（四月二十九日）星期

七鐘起。十一鐘往祝張治老，十二鐘歸。寫信。岩熊金吾偕其弟加藤清繼陸軍二等軍醫，從七位夫婦，又日本公使館武官室〈内〉内藤惟行，又岩熊之子女三人同來，茶點款之。岩熊爲余照一像。仁安來，留飯。楊德孫來。

寫信：曾、李、陳、仲仁、智惺、胡玉孫。

四月初七日（四月三十日）

六鐘半起。夢初早車回津。分發湖南知縣鎮遠彭君繩祖來言，十三日引見。接小舫叔信，即復。答伯鵬信。獻夫兄來。

午後到公所。渡邊議派留學生入日本教育會行。收木翁信并圖表各十分，答木翁信。

晚，習《華英進階》一課39。蔡志賡太守來，談至十一鐘半乃去。

四月初八日（五月一日）

六鐘半起。

到公所。

晚約蔡志翁、王少泉便飯。

四月初九日（五月二日）

六鐘起。拜客：晤徐偉人、李子深。

伯恂叔來，帶來約敏信及先兄放大照像。習《華英進階》第四十課。張西園來談。

四月初十日（五月三日）

六鐘起。七鐘至公所。考試山西大學堂豫備科。到者五十五人，是日考代數、三角、八線三門。

演代數題。看法貴氏《倫理學》。電調陳榥、何燏時、李裕增。夕歸，吴醫光正來。梯雲來。寫信：袁宮保、芹香、玉孫。習《華英進階》一課41。馬葑溪來。濯足。

四月十一日（五月四日）晚偶雨

六鐘起。七鐘到公所，點名，到者五十五人。是日考化學周荃生擬題。

到梯雲所開公立第二小學堂觀開學禮，并照像。午前仍到公所。飯後假寐。

五城學堂卷覆閱，將正取中，稚弱兩卷抑置於末，餘如原擬。值日兩君封送佛教公所卷，交總辦。叙午交師範學堂估工細單。樹五交所擬咨江督飭查新書局冒稱學部審定之蒙學某書。菊生駁獎勵摺，不應與捐納保舉合而爲一。

五時後歸，小雨片刻即止。接約敏信，并智崇葉書。

答約敏信。與幼梅葉書，與伯華葉書賀壽。程博嘉湑來訪。

四月十二日（五月五日）

六鐘起。七鐘到公所，點名，人數如昨日。是日試天文、物理、動植物。看無機化學。胡玉仙、王君九先後來談。午後，看師範覆試卷四十本。榮相三時至。電覆趙次帥，不允留范源濂。咨江督查冒稱學部審定之《蒙學鏡書》。札五城學堂發還試卷，并禁止截髮覆額之某某兩生。第一次審定書目付印。馬溆午、李佑周、張祖廉交密舉學務官員單。『獎勵出身摺』并條議擬交大學堂、譯學館、八旗學務處三監督酌議。華南圭譯稿照集議處所議交文墨函復。『師範堂工程作法』并圖交支應處核。

爲梯雲送行并面交信一封，言華南圭譯稿事，晤石門、少林、執中、耆南。八鐘歸。晚，習《華英進階》第四十三課。

答約敏信告次帥留范、嚴，張久翁病勿用華醫。與潤章談。

四月十三日（五月六日）立夏◎寒暑表F六十八度，C二十度：，F68°，C(68-32)×5/9=20

六鐘起。看近世化學教科書。王輔臣敦銘來。幼樵來議佑宸、菊如之月謝。九鐘出門，答拜陳堯圃、訪菊人。東城拜客，到子丹處早飯。西河沿拜客兩處，王敦銘、程博嘉湇。三時歸。看《包探案》。黃彬齋來，丁麗川來。任君吟餽席一桌，晚借用款潤章。

袁宫保來信附中島信，請接收東文學社。燕泉信。

四月十四日（五月七日）

六鐘起。七鐘到公所，接考山西大學堂西學專齋畢業生，仍到五十五人，是日試地輿、地理、地質三門。看師範覆試卷，斟酌去取，自八鐘至十二鐘乃畢，計取四十六名。年幼送中學五名，不取二十四名。午假寐片刻。看叔韞改削之《各省學務綱要》劉秩庭來見。華老二鐘半到。

『内外官制摺單』『勸學所附宣講章程』等稿，俱發繕。

『議復丁制軍分別提留科舉經費摺』『陳小石中丞留學政經費摺』。兩稿俱畫行。

劉秩庭大猷來京。華老擬派歸審定處譯書。

『集議處聯名駁停止奬勵實官議』。亦抄稿送大學堂、譯學館、八旗學務處三監督議。

師範覆試卷發出寫榜。俟擇定開學處所再發。

林朗溪密舉學司并有意見書。

六鐘歸。溪舟因室人病回里，期半月折回。晚，醉飽逾量。英文停課，早睡。

《各省學務綱要》改本小莊攜去。

接徐潤吾自萊州中學堂來信。甯波同鄉周贈物多品，受石拓一張、地圖一本。

四月十五日（五月八日）

五鐘半起。七鐘到署。點名處發題後，到國子監行禮。拜客數處，十二鐘仍到署。榮相未來。

中島持袁宫保書來見，余許以半月内必有人接收。

唐爾鏞等電留裕福田。裕福田電告已就中學堂聘，須有替人方能來京。

集議處交條議數事。夕歸。

晚，寫復袁慰帥信草。

接芹香信附渡邊議師範實業科，芷舲信。接福田信附《物理新編》譯稿，黄藴真信，子洲信。

四月十六日（五月九日）雨

五鐘半起。寫復約敏信、智閑信，託王懷孫帶津。寫復芷舲信。楊渭清辭行。

拜李友翁。答拜王郁齋。與王少泉送行。

十一鐘到署。午假寐。看福田所譯《物理新編》。榮相至。

柳溪來談。柳談：服部合同滿後，擬續二年，明年師範新班第二類、第三類各一班另訂新教習。師範實地練習擬設附屬高等小學兩班。

與榮相閱『本部官制』稿，發繕。暮歸。

接伯恂叔信，約敏信附智崇信，曠生第三書，胡克之信浙杭中板兒巷，禹堂信。答芹香，于捷三，子洲附寄幼梅書，潤吾，藴真信。

四月十七日（五月十日）

五鐘半起。七鐘到署。點名，到五十五人。是日試史學、醫學、圖畫。

擬『奏簡提學司摺』稿。程韻生家樫見訪。十一鐘訪華老，款早飯。

擬『學使單』。先將衆所保薦者列爲一表，又按人注相宜之省分，又依品級列一清單。至暮乃畢。李先余至，將散時茂萱至，又談片刻，酌易一兩人。單凡開五十九人。七鐘回寓。

接洵信，七叔祖信。閱洵陽日記、盤查日記、洵店三月報帳。寫復七叔祖信。

接林同年介弼前江西知府自山東陸軍學堂來信。

四月十八日（五月十一日）雨（自十二鐘至六鐘）

五鐘半起。七鐘到署。點名，散卷，人數如前。

八鐘往賀胡雲楣前輩娶兒婦。途遇紱臣，適車阻不進，因對談許久。

十一鐘回寓。早飯。

飯後詣榮相，看朗溪寫『學使名單』。商酌『各省學務官制』摺稿。《女學章程》擬俟士可到京酌擬。《服裝制度》擬託柳溪酌擬。《教育會章程》擬交集議處覆核，因有與州縣學權限相似之處。本署辦事章程前屬菊生酌擬。十九日榮相復催菊生速擬。

三鐘復到署。改叔韞所擬《教育會章程》字句數處。畫稿，看集議處條議。

溆午持新街口房圖見示，房係出售者，價約二千數百金。溆午云，可留爲建設小學之用。

儀曾商山西學生補考圖畫，擬隨明日化學試驗爲一場。

七鐘回寓。同獻夫兄小飲。九鐘即睡。

接耕亭信附公信稿，約敏信，玉孫信設優級選科議。

四月十九日（五月十二日）晴

五鐘半起。寫信：復禹堂，將武清一稟寄去；又索玉書叔帶去之二等免票；復約敏，附去復伯齡信，還去約沖電一、函一、葉書二。薙髮。胡成之來談片刻。

到大學堂，是日山西畢業生試驗化學。看至十一鐘，第一班猶未畢。余至柳溪室小坐而去。

答拜棉達齋，未遇。

到署。閲摺。

明日擬遞摺件：『學部官制』一摺附學部官制清單一件，附改定國子監官制清單一件；『外省學務官制』一摺附『提學使辦事權限及學務官制清單』一件，附《勸學所章程》清單一件；『請簡提學使』一摺附『各省應設提學使缺單』一件，附『薦舉堪勝學使之選人名員數清單』一件。

肖項擬仕學館招新班章程。

暮歸。晚，與小莊、伯寅温前所習《華英進階》三十七課至四十一課。

接約敏信附堺鈴木君葉書，《天津美術展覽會章程》。

四月二十日（五月十三日）

四鐘半起。五鐘半出門。七鐘前到六項公所。候至八鐘後膳牌發下乃歸。

回寓。用飯。李堯琴來謁獻夫，投刺於余，因出見之。以所謂『籌辦國民教育呈請代奏稿』及『上長沙兼尹籌辦京師初等小學意見書』。留閲。張菊生來談。

午，史康侯、馮公度來商送學生習電學事。

三鐘到署。得見『簡放提學使單』。

六鐘後歸。緒雅、岳生候已久。七叔祖自沟來，明日還津。岳生來，留飯。飯後去。晚，與七叔祖談，王少泉談。齊茂軒來。

接李悦朋信，約敏信附約沖自奉天發書，幼梅信十八，伯舉信十九。

四月二十一日（五月十四日）

五鐘半起。送七叔祖於門，遇小杭，談刻許。杜立甫敬義，永年人來訪，談片刻。孟紱兄來。

拜客：胡成之，杜立甫，劉禹九晤，柯鳳孫晤。

到華宅，與秩昭、智舒談許久。留飯。飯後復賀黄仲弢前輩，晤談許久。到松筠庵，是日議國民捐事。

到署。閱稿，閱摺。

明日擬遞：『會奏學禮兩部劃分辦事界限』一摺，『具奏僑居日本華商創設同文學校請賞匾額』一摺，附『奏考驗游學畢業生每年八月舉行』一次片，附『奏請賞貢院片』。

五鐘後復到松筠庵。齊稧亭談高陽韓、李、王、張交訌事。余勸其排解。孟紱兄談督學局事。學真、益齋議修松筠庵大門事。七鐘回寓。

執中來，留飯。飯後談至九鐘半。別去，言明日赴保陽。

接魏梯雲信十八日發，智閑信廿日發。

四月二十二日（五月十五日）晚小雨雷電，頃刻即晴，夜有風

四鐘半起。六鐘出門。七鐘到六項公所，候至八鐘半膳牌頒下，歸寓。汪穰卿來，欲辭差回内閣。飯後擬『各司分配人員單』。璧臣來，留飯，兩鐘後去。余遂到署。

見仲弢前輩、陳子礪、劉幼雲、孟紱臣諸公。

曹東寅諫約日本人講教育學。張菊生辭差，因《中華報》及《京話日報》詆商務印書館爲日人所開設，菊生運動學部審定云云，恐累及全部也。榮相慰留之。

榮相明日赴頤和園隨扈駐蹕，以印鑰交余代管，凡三柄——學部印鑰、國子監堂印鑰、錢糧處匙。

七鐘散署，回寓。是晚，約禹九便飯。仁安、幼山、小莊、獻夫俱陪。飯後，仁安談警部事宜。小莊談學部事宜。十二鐘半乃就寢，留小莊宿。

四月二十三日（五月十六日）

五鐘半起。補寫日記。寫寄仲仁信，耕亭信附梯雲寄耕亭，託照料其在講習所附學之女公子。幼樵來，與獻夫、小莊談游歷日本事。

拜客：張西園晤，彭翼仲晤，陳子礪未晤。

十一鐘到署。潄午以新畫師範房圖見視。肖項交《研究所章程》。託肖項往大學堂，與柳溪商法貴演講事。『佛教學務公所稟批』改訖公所之名姑仍之。

五鐘歸，過第一小學閱視新拓之工場，晤偉人、稚青、潤生、壽山諸公。墨卿至自津。

晚，與墨卿、雲生、小莊閑談。

接芹香信，馮公度信，濟樂農信，張鍾伯信附《行政法攬要》四册，耕亭信密雲築春運，約敏廿一日發。

四月廿四日（五月十七日）

五鐘半起。寫復蓉生信蓉以堂長兼教員，潤以教員兼管理員，率均三十金，七叔祖信請在家多住數日。與墨青、小莊談。

會客：子丹，錫子常，吴子修。

午後假寐。兩鐘後到署。黄仲弢前輩見訪出洋略緩事。譯學正副監督事。陳士可至自鄂。孟紱兄談督學局事宜，小學堂長。

叔韞所擬《女學章程》集議處簽注數條，余攜回寓。

七鐘回寓。與墨弟談。

接袁慰帥信東文學社請仍由部接辦，接柘叔信自遵化發，言廿八可旋津，接賈洞元信已到保，爲張冠卿代庖，接張菊生信附程博嘉論山西學務狀況數紙書，接齊稧亭信論王、韓交閧事，接周仲宣信賀春，接韓渤鵬信，接彭翼仲信附覺先《佛教民小學章程》，并爲覺先介紹願來見，接七叔祖信追叙叔祖母前數日病況。

四月廿五日（五月十八日）

五時半起。與墨弟談。智開數日未寫日記，髮亂衣垢，嗔誡之。

會客：覺先和尚，濟樂農，晚徐尚之來。

寫信：復玉孫，託墨卿帶交論優級宜分科 純兄政文事情與墨弟商酌。

午，墨卿還津。

三鐘後到署。畫稿數件支應處數件。

喬茂蘐來，談法貴演講事，又溆午事。

溆午來談提學司以道員用者，吏部有酌定班次之説；成均舊學生有補到者，擬令赴八旗高等學堂報名。

夕歸寓。晚，與小莊、芸生、伯寅商確菊生所擬《部司辦事章程》。

接惺姪信附崇兒自大連、怡兒自東京所發信。

四月廿六日（五月十九日）

五時半起。會客：傅潤沅，張效梁，李堯琴。

十鐘到署。閱摺，畫稿。午，樹五來談。

到松筠庵，是日同鄉會議國民捐事，候至三時人到甚少。

到挂甲屯，宿榮相寓。晚與華老談，九時半睡。

接袁慰帥信，張執中信。津電話告智崇到家。

四月廿七日（五月二十日）

五時半起。江蘇拉導至外奏事處，候至八時歸。

過萬興居，與茂老略談。答拜崇君貴。

十一時回寓。嗣香前輩候已久，談至一時半國民捐事，實業學堂事。飯後假寐。

三時半出門：賀張季端，吴子修，陳蘇生，李守一，劉幼雲，葉伯高俱未晤。

答拜李堯琴晤。答拜程君遐師，鄒詠春，傅潤沅俱未晤。訪燕泉於齊魯學堂，并晤管

士一前輩。七時歸。

幼樵來訪留菊如事。

接信：仲仁，燕泉，鎮平言明日午前見訪。

電執中，請即來。

四月二十八日（五月二十一日）

五時半起。寫信：崇、惺、閑。遣張祥回津送信。寫上小舫叔父信，并寄食品。

接陳瑶圃信，介紹貽將軍之弟。即復之。接左子異信，贈《郭侍郎集》，復謝之。

會客：燕泉，鎮平，錢小村乃勳榆村同年之子也，年二十二，山東候補典史，來求謀事。

十一鐘半出門。到署已近十二鐘。看羅、張諸君所擬《外國留學章程》。

檢榮相閲過之集議處條議，發出凡六件：『國民科』，《官話讀本》，《學部官報》朗如，『四川請捐資獎勵摺』。

鄂派體操兩員已到，是日來見。

茂蘐來談研究科事，四川女學事，湖北所派體操教員事。溆午來師範堂樓房圖。儀曾美國留學報告。

三鐘到松筠庵，是日公請朱廉訪家寶、恩太守、杜提學彤。主人到者，益齋、幼樵、陳心齋、王鶴田、張心田、徐子光、王籌言、陳石叔、孟紱兄。七鐘回寓。

接信：陳蔗叔，李蓮兄，智惺，智閑。

四月廿九日（五月二十二日）

五鐘半起。寫信：木齋學使附抄去『官制』一分，復稚青附還師範生沈君原稟。陳瑤老介紹之吉林考察學務記名副都統峻瑤笙觀察昌來談許久。爲峻君寫介紹信致華卿。復惺姪信。寫致中嶋信告以執中不日即來。丁蔭圃貳尹來，將赴保定謁方伯也，談片刻。

十時出門。答拜丁蔭圃。十時半到署。閱稿件。樹五交『審定第二次提要』。寫致華卿信師範堂擬用貢院建築，派員清查國子監皂役，致紱臣信師範班擬請早開課。集議處交條議四件加批，屬送榮相閱。

六鐘後歸。俞揖辰先生午前至自津。房東馬竹坡來談，甚文明。

晚，置酒爲俞、陳二師洗塵。適執中亦至，遂約同坐。

接信：敏齋親家；小舫叔；惺姪；錢小村；河南高等學堂師範學堂、保定師範學堂河南班全體學生保舉議長、議紳；紱臣回信。

閏四月初一日（五月二十三日）換單袍褂

五鐘起。寫信：爲峻瑤笙改介紹書於木齋、紱臣。

七鐘半出門，赴國子監行釋菜禮，到南學視察師範生宿舍。

拜客：增侍郎崇，瑞仲剛，鄒紫東，杜子丹，錫子常，俱未晤；汪穰卿，陳瑤圃，峻瑤笙，周，俱晤。

一鐘回寓。飯後假寐。

三鐘到署。閱稿件。核改『辦公章程』。茂蘐四川女學堂行文飭查，外省提學使宜令到京一同出洋，儀曾使美大臣寄來書籍，函託津海關道提取，滶午王社松考期定於初四日；師範生請本省津貼者批駁，梓山李式典咨吏部截取。

七鐘回寓。晚，與執中、小莊、挹辰諸君閑談，并爲喬、嚴兩生酌定課程。

閏四月初二日（五月二十四日）

五鐘半起。鄒紫東來。

十鐘到署。看叔韞所擬『各省學務綱要』。批改張菊生所擬『本部辦事章程』并原稿交總辦。畫稿。榮堂來信。滶午持貢院丈尺圖來。派雙、崇、哈、林、宗清查皂役。派滶午、履安勘視貢院地基。訪茂軒話，約明日同詣華老。六鐘後歸。

范静生、崇兒、惺姪至自津。與静生談。

王少泉來，仍談辭兼查高等及中等事，至十一鐘乃去。

接信：武子翁謀鐵路事，胡玉孫，胡成之謀出洋隨員，沈子洲，胡雨三求學差。

閏四月初三日（五月二十五日）

五鐘半起。起信草致仲仁，爲少泉事。

十一鐘出門。到署，將鑰交張朗山。赴華卿處，茂軒先在焉。華老定『各司人員單』調汪袞甫。

六鐘回寓。保定監學范君宗陶來談。

接信：格林（gaily），錢小村乃勳。

閏四月初四日（五月二十六日）

五鐘半起。寫致仲仁信託小莊帶去，寫致小莊信。尹馨山來談，言將赴保定考法政學堂。

九鐘到署。考試南學期滿王社松。

覆閱叔韞所擬《教育會章程》《女子小學章程》。

電浙撫，師範津貼《章程》所無，未便代發。電盧學使，索履歷，復吏部。

范君在日本支川資，批准銷。發山西補考圖畫試題。

寫信：復胡雨三郵政局，胡成之，武子翁託王少卿交耕亭，周仲宣託執中，李伯舉邵恩初六帶去。

四鐘赴松筠庵，議實業學堂事。蘇雨亭、陳石叔、徐子光、李嗣香、益齋、璧臣、實甫皆至。六鐘後冒雨歸。

璧臣來。王少卿自夏塾。晚，孟紱兄來。第五小學擬約周政伯。八旗學務處還直隸學務處墊付公立小學教員楊潔熙川資四元。楊係保定科學館畢業生。

接信：耕亭。

寫信：復耕亭，并託交八旗學務處所寄銀、信，送武子翁信。

閏四月初五日（五月二十七日）

五鐘半起。王少卿還津。與崇兒、惺姪閑話。胡霖生泰年來見，將回貴州霖生與其兄貴生，余使黔時嘗應算學月課。午後，李潤生來談兩小時。

赴松筠庵議國民捐事。七時歸。

門田君來，留晚飯。仁安談至十二時。

接信：王少泉信，附燕泉電。接張效梁信，附條陳。伍仲文崇學信，附條陳。

閏四月初六日（五月二十八日）

五鐘半起。寫信：復李悦朋，還樂輸單及手版；致燕泉信，述少泉辭兼稽查之意；復錢小村，言《保定法政警務學堂章程》現未深知，代爲函詢；致秋皋，託豫選教員四五人，備第二小學之用，又託查『法政警務學堂收考客籍章程』。執中還保崇、惺與偕。十鐘半到署。研究所明日開課，是日豫備。王社松卷交宗梓山。午，假寐片刻。畫稿。六時歸。與静生談。晚，伯顔來。

收信：玉孫，附致李潤生信，言已代選教員數人。

閏四月初七日（五月二十九日）

五鐘半起。起信草：玉孫、少泉。

九鐘到署。是日法貴開講，聽講者五十餘人。九鐘半至十一鐘半止。陪法貴飯。午後簽判。樹五、小莊以張菊生辯明書見視。宗梓山以『進呈王社松試卷奏稿』送閲。王君九以所擬『編輯各科詞典略例』送閲。

五鐘半歸寓。小睡片刻。朱佑三來，託打電話。晚，與静生、小莊談。李振林來，言將赴日本監督武備學生。臧佑宸送來《女學章程》。

收信：智舒，王少泉，耕亭，石甫，貝季枚，連仲甫學使。

閏四月初八日（五月三十日）

五鐘半起。起信草：少泉，伯苓，耕亭，柘表叔。并繕發：峻瑶笙來託訂師範生二人。

九鐘半到署。校閲『第一次審定書目提要』。寫信，致寶甫。寫信，致榮相知照明日進呈王社松卷，注『留署』。午後，第二次聽講。一鐘半至三鐘半。畫稿。紱臣來談。叔韞來談。江叔海自蘇州至。

五鐘半自署歸。沈子雨、貝季枚至自津。寫信：致陳侍郎。晚，聽静生談，甚暢。接陳侍郎回信，又復之季枚不敢勞駕臨，擬往謁，四月薪水無須補送，擬留多住旬月。

閏四月初九日（五月三十一日）薄陰，F表七十二度

五鐘半起。起信草。答胡克之。命陳順侍季枚往謁陳京兆。余候陳順歸始出門。杜子丹來談。

十二鐘前到署。擬『督學局設學辦法』。畫稿。溆午擬專辦普通司；師範生不願赴八旗學堂合班；浙江學生領津貼，樹五辭圖書局；承認辦審定科兼參事廳。茂蓤自滎相直廬歸，談片刻。五鐘半歸。

寫復峻瑶笙信，附抄游歷請咨批令赴本省呈請舊案一紙。

温英文。晚習《華英進階》第四十四課。

閏四月初十日（六月一日）

五鐘四十五分起。繕復克之信。寫寄執中信爲吉林選教員二人。

九鐘出門。研究會第三次講演法律者，正義也；又旁及諸家學説。

午後簽判。文明局介顧枚亮送來書二種《中等倫理學》《普通理化問答》。李維藩《論微積》一卷，交審定處。

五鐘自署歸。崇、惺歸自保定，閑話許久。

晚，習《華英進階》第四十五課。與静生談。

收信：慰帥河南議長、議紳，燕泉，毛實翁，王少泉，鍾昌祚自河南來函，耕亭。

閏四月十一日（六月二日）

五鐘半起。復樸安，簡幹臣，簡智舒，復蓮溪，簡耕亭。

八鐘半出門，詣華卿。飯於海甸萬興堂。詣華卿東瀛派參事廳及普通司，擬丞發。詣菊人。

到署已六鐘。看集議條件，畫稿。八鐘歸寓。

幼梅丈自津來。徐尚之來，商黔省議紳、議長事。夜與幼丈談至兩鐘。

收信：柘叔，耕丈，王少泉，伯苓復，李叔同，徐子光已復，子均，王藎臣忠瀍。

閏四月十二日（六月三日）

五時半起。薙頭。起信草致木翁。終日未出門。看智崇日記。

張菊生，鍾山玉，畿輔學堂教員宋、侯、王，公立學堂教員李□聲先後來談。晚，與幼公談。

閏四月十三日（六月四日）

五時半起。重寫致木翁信。智崇、智惺還津。到北洋官立第一小學堂，同幼梅閱工場。

十鐘到公所。茂軒來談。晚，四鐘便歸。

陳柘叔自郎坊至。瀛甫來，璧臣來。與柘叔談。晚飯後與静生談。倦極早眠。

閏月十四日（六月五日）

五鐘半起。寫復子均信。賀小舫叔壽簡。獻夫還津。

九鐘到署。聽講法律之意義。午，榮相至。

六鐘回寓。稚青、潤生來。晚，便酌，款陳、趙、張、李四公。接木翁信，并清摺、履歷。寄孟紱翁信。榮相信。寫信：復木翁交來差，致惺、崇託幼梅。

閏月十五日（六月六日）是日趙幼翁還津

五鐘起。與柘叔談。國子監行上香禮。答拜鄞縣袁、慈溪高。

到署聽講。

午，拜客。全浙會館公餞黄、吴、葉三學使。飯後學生唱歌。陳介石、吴學使、孫慕韓演説。拍照。五鐘半散。

到華宅視智舒。候瑞安。松筠庵會議國民捐事。七鐘歸。

與仁安推拿，與柘表叔談。

收信：智惺。

閏四月十六日（六月七日）

五鐘起。答柘叔條問。寫致崇、惺信。陪柘叔話。鄒紫東來為俄文學堂不便作為實業。午後柘叔回津。

二鐘入署。邃庵、溆午送貢院所存木料件數單及木廠所畫師範堂建築圖。儀曾送所擬通行添實業科咨稿，又辦事章程本部各司。看到文。樹五、小莊來談，擬將審定書目中之《歷史》二種暫删。樹五送來所擬《圖書局辦法》。溆午交師範學堂領款單二紙。交同九核。

六鐘回寓。寫致叔同信錢君官費難謀，可否吾兩人分任。伯顔自津來。與伯顔、静生談。晚，楊冠如來就巡警部書記。

收信：鍾山玉，禹堂。

閏月十七日（六月八日）

五鐘起。九鐘半到署。十鐘後聽講兩點鐘。午假寐片刻。寫信：復慰帥。起奏草。閱到文。遂安擬師範學堂辦法。

拜客：王琴希，胡桐生明日還黔，鍾山玉。

七鐘歸。與伯顏、静生談。

收信：秋皋，執中。

閏月十八日（六月九日）

五鐘起。江叔海、王燕泉、王培孫先後來，俱久談。客去已十一鐘。

十一鐘半到署。溆午來，告警部運取貢院碎磚事。小莊商審定書目，中仍留文明書局《歷史》一種。午，小睡二刻許。袁樹五來談。看到文。閱總務司會計司稿，計閱摺片三件。寫復秋皋信，未完。茂蘐來談。

答拜燕泉、培蓀，培蓀以《育材學堂捐啟》屬向榮相募捐。

七鐘後回寓。晚，楊次典來久談。次典去後，與静生、伯顏、季枚、益臣談至十二鐘。

收信：玉孫附新改唱歌，幼梅附几倚尺寸單，智惺。

閏月十九日（六月十日）星期

五鐘半起。張效梁來。

午後一鐘詣華卿，商摺稿并商數事。

八鐘歸。與静生談。

收信：玉峰，周仲軒，芸生，耕亭。

閏月二十日（六月十一日）

四鐘半起。五鐘半赴頤和園，七鐘半到。是日奏事：揀員請補丞參及國子丞缺，『議覆吕大臣奏上海民立中小學堂請旨嘉奬摺』，附『奏請撰給提學使敕書片』，附『奏提學使於請訓後出洋并籌撥經費』一片。

答拜定鎮平。十一鐘半到署。屬總務司擬畫到格式、清查案牘格式。屬静生擬致楊公使電稿，派蹇梁江爲提學使招待員。閲稿，閲到文。喬茂翁、林朗溪來談。顧枚亮來談。

五鐘詣孫師相處，擬面辭明日飯局。比至，聞已改爲晚飯，遂不請見。過賀茂老。過訪詒臣，不遇。

單錫九來。午晴同智崇來京。晚，與午晴談，與智崇談。閲洵店報帳日記。洵店來信，即答之。

收信：智惺，錦波。

閏四月二十一日（六月十二日）旱既太甚

五鐘半起。沈子雨、鄧峻山、龔安、黄萬選先後來談。

九鐘到署。聽講兩小時。午假寐片刻。静生交所擬《教育會章程》。閱到文。

寫復幼梅信，復王藎臣信。

訪璧臣，不遇。賀朗溪，不遇。赴孫壽州師相招飲，同坐陸百葵前輩、李柳溪，其兩人非夙識。七鐘散。訪詒臣，不遇。

八鐘回寓。執中來。

收信：智閑。

閏月廿二日（六月十三日）

五鐘半起。温英文一課。嚴仲麟、閻鶴泉、巖熊金吾來。

九鐘到署。聽講兩點鐘又半點鐘。午到各司小坐。看稿，閱文。

四鐘出署。賀紱臣，不遇。答拜玉蒼侍郎，不遇。

五鐘歸。看報。寫信：内子，智惺，智閑。晚，詒臣來。

收信：王夢臣，于捷三。

閏月廿三日（六月十四日）

五鐘半起。七鐘到署。仕學館畢業考内場，到者三十三人。邃庵代擬經史題。丞、參到任。寫信：夢臣，秋皋，聘卿，于捷三，玉孫，盧木翁，曾禹翁，柘翁，湄洲，曹親家，張錦波。閲到文，畫稿。五時歸。

晚，約王培孫、洪鑄生便飯，談至十一鐘。

閏月廿四日（六月十五日）

五鐘半起。午晴、約沖回津。習英文一課。劉際唐來談。

九鐘一刻到署。聽講兩小時。午，巡視各司。樹五來談。閲文牘。

拜客：經田，史君恩培，曹君，敏齋令姪，駱君騰衢，鶴泉，嚴仲麟，章君翰，俱不遇。

六時歸。答劭泉信。致芹香信。

收信：少泉，丁心農前輩，智惺，幼梅，弼宸。

閏月廿五日（六月十六日）

五鐘半起。寫日記。

七鐘到署。仕學館内場第二場考試。七鐘半點名。寫信：復幼梅，復渤鵬，復玉峰。李柳溪來談約一時許。午，到丞參堂閲報。看肖項所簽奏章并附言一册。看稿。看到文。君九、小莊以所選宣講所應用書目及原書并擬通行各省之文來商。約紹希商師範撥譯學之學生五名分班辦法。與朗如商考勤格式。六鐘回寓。

答拜際唐，并拜路尚卿太史，俱不遇。收柘叔信，并營業學生售物册。收智崇信，并巖村君信，附所薦今井松五郎履歷書。寫信：答柘表叔，爲墨弟籌畫。

邵恩患痧症，服竇丹不效，夜延醫某君，以指骨刮其胸前，并處方服湯藥。吐瀉竟止。

閏四月廿六日（六月十七日）星期

五鐘半起。會客：曾綸襄，篤齋令郎，王孟平治邦，都匀選拔，黄伯青萬選，遵義，劉子□*天津水師學生，現在津張鐵路局，江忼父，陸性初。

寫信：答柘叔，寄崇、愠。

收信：柘公，鍾山玉，胡雨三，李叔同介紹曾綸襄。

拜客：崔召和，李振林，峻瑶笙晤，李柳溪晤。

天津試館議事，四鐘到，七鐘散。

*原文留空。

閏四月廿七日（六月十八日）

五鐘半起。梧生來談。同静生訪岩谷，談約一小時。

九鐘一刻到署。看稿。溆午以所擬『貢院建築圖』見示。紹希送昨日試卷來。午後到丞參堂坐許久。畫稿，閱到文。東寅、枚良、紱臣先後來談。

五鐘同紱臣往賀梧生，談至七鐘後乃歸。

飯後煩躁，疲倦早睡。仁安來，小坐即去。

收信：劭予送還榻匾價，渤鵬，智閑。

閏四月廿八日（六月十九日）

五鐘半起。與静生、筱莊談各省優級師範事。

八鐘四十分到署。九鐘半聽講，至十二鐘止。多警悚之語。早飯時與仲弢前輩略談。午後在丞參堂與茂、紱、朗三君談。閱稿件。五時半出署。

答詣性初。訪璧臣，不遇。歸時遇諸塗。答訪劭余前輩，談約一小時。晚，與静生、小莊談。

收信：柘叔墨青不便，請改名譽總董，玉孫，蓮溪添農學課程，肖杭兩封『官話字母』玉師將入奏，崇、惺，崇附照會，張伯翁附照會，楊同年同高，古城縣，賀午。

閏四月廿九日（六月二十日）

五鐘起。寫信：伯苓，崇、惺。凌太尊來談三刻許。

九鐘半到署。聽講至十二鐘止。午，在丞參廳談。閱稿件。五鐘半歸寓。

收信：王少泉，李芹香，辛蔚如。

閏四月三十日（六月二十一日）昨夜陰雲方布，忽繼以風◎風終爲雩

五鐘起。寫信：劭泉，芹香。會客：梧生。

九鐘到署。擬製本部人員薪水預算表。午，榮相到署。五鐘散。

過訪王培孫，小坐。回寓，聞四姑母逝世，悔恨萬狀。晚，子丹來談至十鐘。

五月初一日（六月二十二日）夏至

五鐘起。訪培孫，交育才助款五十元。

九鐘到署。預抄講義於册。十鐘聽講，十二鐘止。午後到丞參堂，與孟、林兩公談。

榮相兩鐘至，約喬、孟、林三公來議事。五鐘止。晝稿，看到文。六鐘散署歸寓。

杜卿、亦香、嗣香三公來。晚，與静生談。

收信：杜君敬義，芝本爲一良，劉禹九，王君恩友賀節，崇、惺。

五月初二日（六月二十三日）

五鐘起。馬蒓溪來。徐梧生來。張仲青來。九鐘一刻到署。到普通司。到總務司檢山西西學專齋全案。柳溪來談。午後，茂蘐來談。看稿件。五鐘散。答拜王覺生，不遇。歸寓後亦香來，留飯。晚，與静生訪岩谷談，至十二鐘乃歸。收信：林公介弼賀節。

五月初三日（六月二十四日）雨

五鐘起。張鍾伯、鍾岦來。九鐘出門。答拜楊德孫；崑中堂、王中堂、貴師母三處賀節；答拜朱君豪；訪梧生，不遇；訪季枚，周視其新建之講堂、宿舍等，約六月間方能畢工。一鐘回寓。聞瑞安今晨逝世，五鐘往弔，六鐘半斂。連次傷逝，意興嗒然。到華宅，與智舒略談。晚飯後與静生略談，早睡。

五月初四日（六月二十五日）早小雨

五鐘起。九鐘到署。看《法政叢編》。午，榮相到署。閱摺件。改定《教育會章程》。梧生來談。夕歸。張伯苓先生自津至。

收信：智崇，關道梁，徐六階。

五月五日（六月二十六日）

四鐘半起。五鐘半出門。入内奏事與商、巡兩部會奏。拜客：陳觀察爲鑾，廖君世綸，王師母家拜節，答拜曾篤齋、曾延年，拜夏厚庵晤，賀趙枝山，孫師處拜節，答拜陳傑士晤。十二鐘後回寓。與張、范、貝諸君談。午後，門田君偕平井平次郎君來。平井君持智崇書作介紹，早稻田畢業法學士也，曾習英文九年、德文三年。夕，到瑞安處送庫。賀班侯、海帆。七鐘回寓。收信：陸硯翁賀函，宓仲宣自三河税局，學務公所李、褚、董、白、劉、蘇、汪賀節，張天作，智開，大學堂師範館張國棣、李九華，王道元，靳瀛旭，梁兆璜聯名爲張效梁事。

五月六日（六月二十七日）午後大雨如注

五鐘起。寫致崇、惺信託希周。伯苓、希周兩君先後行，伯赴保，希旋里。八鐘半到署。抄講義。九鐘半聽講，至十一鐘半止。看稿，閱到文，閱摺。五鐘後歸。六鐘晚飯。飯後與静生兄立談片刻。連日憊甚，是夕早睡。

收信：董馥庭、楊少蓀賀節。

五月七日（六月二十八日）陰雨深透

四鐘四十五分起。六鐘出門入内遞摺請鑄印信，更正徐坊底銜。八鐘後折回。十鐘到寓，睡兩小時。十二鐘早飯。

飯後到署。核算仕學館分數。東寅來談。榮相至，議數事崇岱充八旗高等學堂提調；林棨代理進士館教務提調；翰林出洋先儘游歷東洋者；仕學館分數，缺一學期者減十分，缺兩學期者減廿分。畫稿，閱到文。茂蘐、紱臣來談。七鐘歸。

康侯、公度已候於客廳，爲出洋之兩學生，託作介紹：孫慶連字乾三，大興人，年廿二歲，習英文三年，擬習電學機械分科，四年爲期（普通一年專門三年），電燈公司給費，和爾謹字慎甫，廂黄滿洲人，年二十歲，曾習日文數月，擬習鐵路或他項實業，五年爲期，自費。

與静生談。九鐘即睡。

收信：玉孫，王杉緑，王藎臣，何翰廷，智崇、智惺。

五月初八日（六月二十九日）晴爽

五鐘起。馬葑溪來。静坐數息百人。寫信：純夫，玉孫，智崇、智惺。

方子襄來，託向周緝翁薦事，許以函託，幼梅轉薦。

寫致幼梅信。答拜子襄，託交幼梅信。

九鐘到署。與紱臣商仕學館考試分數事。十鐘聽講，至十二鐘。午後接榮相信，謂仕學館分數，止有最優及優等，未免太濫。屬與丞參四堂商量核實辦法，隨與茂、紱二公商量許久。看到文，看稿。五鐘歸。

回寓已六鐘。小莊來。飯後與小莊重校《教育會章程》。伯寅來，以所輯留學事宜留閱。小莊宿。

收信：江太守槐序賀節。

五月九日（六月三十日）晴

五鐘起。看《正則英語教科書》。寫小楷六行。與小莊談。劉藹棠中書，以熊秉三函來，談片刻。

八鐘半到署。簽改《教育會章程》。與朗溪談。飯後訪士可，小坐。與喬、孟、林三君，商仕學館定分數事。榮相到署，商定數事東寅諸君所陳籌款事，劉秩庭條陳買百科全書教書記生習英字母事。閱稿，閱文件。回寓已七鐘。

璧臣候焉。留飯，暢談。九鐘去。余即睡。花杏農令郎來，爲其尊人裁薪事。

收信：熊秉三自上海，花杏農，上海道瑞澂。

五月十日（七月一日）晴，晚霞，月暈

四鐘半起。薙髮。看《正則英文教科書》第一册。數息百入。閱恂叔日記及所寫字。寫唁子均信。陳儀臣觀察來，爲之寫介紹書致菊老。

八鐘出門。答拜錫子常，晤談刻許，見其令郎。答拜祁聽軒，晤談一小時。到松筠庵，華卿已先至，是日華、芝公宴十提學、五丞參。三時散席。與華卿、學真談一小時。拜客。賀徐偉人太夫人壽，答拜黄補臣太史壽衮，俱未晤。七時回寓。飯後與静生談。伯寅來，小坐即去。九時睡。

收信：熊秉三自東京，趙幼梅，丁大令綸恩賀節。

五月十一日（七月二日）早陰

五鐘起。看《正則英語教科書》第一册。數息百入。寫日記。寫復幼梅信，附還《勸鄉人游學啟》一册。

七鐘出門。到署。八點半聽講，至十點半止。

午後，在丞參堂與茂老、紱老談。榮相三鐘至。閲文牘。

七鐘回寓。沈子雨來，留飯。飯後即去。看英語教科書。八鐘半睡。

收信：黄補臣，耕亭，崇、惺，閑。

五月十二日（七月三日）前半日晴，夕風雹

五鐘起。數息百入。看《英語教科書》。寫日記。寫復黄補臣信。致學真信。寫復閻鶴泉信。看黄補臣太史所著書。唐叔襄來見，小坐即去。

八鐘半到署。法貴因病未至。與茂兄、紱兄談調陳曾壽、孫詒讓。彙抄本署所舉諮議官、視學官、編輯官姓名。午，看報。酌擬各司人員位置。看稿，閲到文。看本署各員履歷册。四鐘自署歸。

黄太史候於家，談刻許而去。看《英語教科書》。獻夫自津至。與獻兄談。與静生談。十鐘半睡。

收信：黄太史回信，學真回信，幼梅索官銜。

五月十三日（七月四日）

五鐘起。數息百入。看《英語教科書》。寫日記。劉嘯東來，談兩刻許。述保定農業學堂之近况豫科畢業五十四人，暑假後入本科，又稱滎陽兩生之勤勉。梧生來，談約兩小時。

九鐘到署。與茂老談造紙局、印刷局事。午後，與柳溪談。榮相來函，問連仲甫何以不出洋。聞柳溪言，仲甫曾於廿七年同蔣惺甫東游一次。看丞參堂交來章程條議數件。閲文牘。汪衮甫來見，是日到差。

寫復榮相信。仲和爲王君鴻年介紹并詢天津吾家有無閑住之保姆。即函復之。

三省堂店員某求見，辭以在寓相候，或早七鐘前，或晚六鐘後。

六鐘回寓。季枚來辭行，明日南歸。晚，與静生談。小莊至，留之宿。

收信：瀛甫，純夫，崇、惺，智舒。

五月十四日（七月五日）晴，夕雨一陣

五鐘起。梳髮時看《英語教科書》。數息百入。寫日記。寫信：瀛甫，崇、惺，玉孫，純夫，蓉生，潤章，幼梅。

九鐘到署。將堂存未清文牘分類理出，託朗溪檢閲。午後閲文牘。四鐘歸。與彤階談。李子琴、高蘭舫赴沟過此，宿。張伯翁自保定至，宿此。晚，與伯翁談。十二鐘始睡。

收信：子均，崇兒惺未列名，在乙班教幾何，黄補臣太史屬撰叙文。

五月十五日（七月六日）晴

五鐘起。看《英語教科書》。與伯齡談。寫日記。王紹前用先，來甯津來談。王魯璠來談。張伯齡先生回津，李子琴、高蘭舫回沟，同趁早車行。

補睡至十一鐘。寫復黃補臣信。復子均信。

一鐘後到署。看稿，閲到文。到丞參堂談。到督學局。閲視晤祁君榮緘。五鐘自署歸。

賀小舫，不遇。六鐘晚飯。飯後與静生談。張尹人直刺候於寓，談奉派赴任縣查學事，約二刻許辭去。八鐘半睡。

寫信：致燕泉，退還隨封五元張伯齡兄借邵恩赴省高等學堂，送隨封五元。

收信：崇、惺；幼梅；服部辭行，今日已出京矣；鶴泉。

五月十六日（七月七日）

五鐘起。看《英語教科書》。寫日記。清理几案間書物。寫信：幼梅。

八鐘半到署。到普通司與少希略談。擬致華老信并各單。

十一鐘半賀弼臣令夫人壽，留早飯，同坐于子昂、華雨村、楚材、汲泉及主人父子。

三鐘後回署。到丞參堂，與柳溪論仕學館分數事。又論設優級師範學堂事。至七鐘乃散。閲文牘，稿件。回寓已將八鐘。

晚，與獻夫、静生談。

收信：永定河道瑞觀察峻賀午節。

五月十七日（七月八日）星期◎早陰

五鐘半起。看《英語教科書》。薙髮。濯足。寫日記。曾綸襄來辭行。李仰白來，昨夕至自津，宿北洋第一小學堂。

拜客：法貴，談片刻；梧生，瑞臣，瑶笙，俱不遇。

午正回寓，佐伯、門田二君久候，留早飯。智崇至自津。夕，往候惺甫談片刻。并訪公度、康侯未遇。五鐘歸。與智崇話。李仰白復來。留飯，留宿。

晚，與静生談。十鐘睡。

收信：幼梅，并寄愛國通用紙，及研究問題；黄補臣仍索序。

五月十八日（七月九日）

五鐘起。看《英語教科書》。數息百入。寫日記。寫信：復幼梅。

八鐘到署。法貴仍未至。私擬諮議、視學等官，并本部員司缺，終日未定稿。

午到丞參堂小坐。陳主事曾壽到差。章一山太史來，談譯學館事。

六鐘歸。晚，子丹來談。寫横幅十餘，智崇擬攜贈日人者也。執中來宿。夕，張天作來，談片刻。

收信：智閑。

五月十九日（七月十日）晴

五鐘起。看《英語教科書》。數息百入。寫日記。寫致奎野第一號書。崇兒早車還津，將於二十二日趁大信丸東渡。

八鐘到署。聽講兩小時。閱静生所擬《管理日本留學生章程》。午後與紱兄談。楊儀曾之弟來見。黄仲老到署，談編書局事、譯學館教務提調事、到東後聽講事。閱文牘。寫致榮相書。四鐘半出署。

訪康侯，交寄奎野信，託孫、和兩君帶至東京。歸寓，瀛甫候焉，談約一小時。吴秀卿丈自沟還津，過此。閱三河報帳日記等。與秀翁談。小莊來。晚張天作、王魯璠先後來。與執中談至十鐘半。

收信：秋皋，附『初級師範本期簡明表』，又託交祁素園榮緘信；小幡勇治；智惺；錦波謀太陽宫監學；瀛甫代吴京卿之令郎託薦貴胄學堂，吴郎即小舫叔之壻也；吴熙元安徽徽州婺源縣人，年十六歲，曾祖嗣銘，祖宗濼，父懋鼎頭品頂戴、三品卿銜、候補四品京堂。

五月二十日（七月十一日）晴

五鐘起。看《英語教科書》。寫復小幡信，復智惺信，均託秀翁帶去；復錦波信，交信局。秀翁早車還津。李生道堃來，求向北洋師範學堂投考。余勸其自往報名。而李固請余與伯芝寫信。余謝不能。駁辨良久，語太决絶，既而悔之。執中往送中島行，余以刺送。

八鐘半到署。聽講兩小時。當講及半時，關本保定師範教員、内堀山東師範教員、阿多泰東同文局員、天津泰東同文局店員某忘其姓名，前在校場六巷，見過來訪，邀之至講堂旁聽一小時，又談片刻而去。客去已午正。

午後至丞參堂談。枚亮來談。四鐘自署出。答拜魯璠，已赴天津。到北洋官立第二小學一看，規模大於第一。六鐘回寓。執中亦歸。紱臣來，留飯。談至九鐘去。徐尚之來，言户部不准他調事，又仕學館學員争論扣算分數事。晚，與獻夫、執中、静生談至十鐘半。

收信：挹辰，蓉生、潤章。

五月二十一日（七月十二日）

五鐘起。看《英語教科書》。寫復蓉生信，復挹辰信，黄竹福來。八鐘到署。聽講至十一鐘半。飯後，與茂、紱兩公議事甚久。四鐘半自署歸。梅生復來梅後號子來。阿多及某店員來，談約一小時。徐潤吾、李佑周、楊紹模來。張柏翁來。晚，與静生、柏齡、小莊談。十一鐘半睡。

收信：徐尚之論分數事，曹敏齋徽省，渡邊爲内堀介紹，清水爲野口太郎介紹，幼梅言陳西甫將北上，求代决習藝所與學務公所兩處之去就，耕亭公信稿，盤查日記表，閏月津店報帳，智崇准廿二東行，附加藤洋行贈書，智惺，智閑，智開。

五月二十二日（七月十三日）

五鐘起。與静生論仕學館分數事甚久。致石斧函。

八鐘到署。聽講至十一鐘半。午到丞參堂，與四堂論仕學館事。四堂又來大堂，商本部補各缺事，六鐘乃畢。草擬一稿，待榮相决之。看稿畢歸寓。李芹香、王仁安俱在焉。夜，與芹、柏、執三君談至十一鐘半。

收信：仕學館，黄補臣附其世兄試卷，又《西洋史講義》，石斧復順直學堂事，熊鐵崖叙在東黔人情形，并黔中學務近狀。

五月二十三日（七月十四日）

五鐘半起。擬復渡邊君信稿。

八鐘到署。聽講至十一鐘半。午，到丞參堂談。樹五來談。兩鐘後到榮相寓，談至六鐘，回寓已八鐘半矣。飯後即睡。王小亭來。

收信：蓉生、潤章。

五月二十四日（七月十五日）

五鐘起。陳西甫充直隸學務公所會計課副長，特至京師來見，談許久而去。薙頭。上海東亞同文書院教員森茂君，以根津一君函來見并交《上海東亞同文學院章程》一册。王魯璠郵寄所纂書三種《國際公法提綱》《國際中立法則提綱》《戰時現行國際法規（上卷）》。王燕泉來爲友人瘵病至京。法貴君來答拜。王孟平來，託詢補朝考事宜及日期。岩熊金吾來。華浩如來，邀廿七日，爲瑞臣題主。

午前除會客外，與芹香、執中、小莊、伯齡、伯寅諸君談。午後又談約一小時。步虞軒以詔來新學法政歸。

兩鐘出門拜客。到華宅補祝璧臣，未遇。與秩昭、智舒談話刻許。弔蔣老伯於長春寺，惺甫令尊也。遇公度、康侯、幼山、心田、實甫，談片刻而（去）。爲學使之居西城内外者送行，劉幼雲本日已出京，季端以瘡疾來見，餘俱出門未遇。到喬宅，晤王幼卿及杜子丹之令郎。答拜劉中書棣芬出門。答拜陳西甫出門。答拜嚴觀侍已出京。五鐘三刻歸。

子修、伯高兩學使來辭行，談許久。智惺與王佩明至自津。

晚，治酒約伯齡、芹香，陪者静生、小莊、執中、岳生、佩明、約敏。王緒雅來小坐。飯後與諸君談至十一鐘。

收信：根津一，華表姑母楊四太太，耕亭，智閑，幼樵為濟舟堂期告假。

五月二十五日（七月十六日）晚陰

五鐘起。看《傳習録》數頁。重擬員缺單。

八鐘到署。聽講至十一鐘。與朗溪談。午寫致榮相信。到丞參堂。張、戴、范三君議致湘撫一電。肖項、印根來，言仕學館學生要求補考。發咨外務部文轉楊大臣為提學使出洋事。陳、李、陳三學使先後來辭行，談片刻。催小莊擬『教科目略例』。寫信：補臣，孟平。為子修送行。答拜任君臨。訪益齋於北池新居，尚未移入。訪華甫，不遇。答拜邵憩棠遵南，陳慷夫康黼，丁酉舉，俱擬分部，尚未掣簽。六鐘半歸。

張燕甫景仲來訪，新學法政歸國者也。餽詒臣壽筵，未受晚飯，即用以待客。曠生致静生信，言高等卒業而東京大學不許入，亦不許與試。晚與静兄論此事。小飲微醉。九鐘即睡。

五月二十六日（七月十七日）小雨，天氣凉，可衣袷

五鐘起。看《傳習録》。寫復蔚如信。余仲先來，杜子丹來。

八鐘半到署。聽講至十一鐘止。王韻泉、李匯東來談。飯後到督學局小坐，與紱翁商訂北洋小學教員。核本部豫算表。看稿件。喬、孟二公來談。閱到文。五鐘自署歸。爲執中書屏幅等件。劉馨吾來。晚，與張、李、范三君談至十一鐘。

收信：劉馨吾。

五月二十七日（七月十八日）晴

五鐘起。看《傳習録》。執中還保定。寫信：幼梅，耕亭，民一。

八鐘到署。聽講至十一鐘第廿三次。儀曾、筱莊接收編書局款及帳簿等件，交會計司存。與樹五論編譯局事。曹東寅願早出洋，求致書榮相，兩鐘後往華宅爲瑞安點主。與幼樵、益齋、性初談許久。

到璧臣處小坐。答拜姚觀察文棟，唐前輩，周政伯，王韻泉，馬曉珊，俱不遇。賀芋田壽，遇性初、幼樵。六鐘歸。

趙杭仙來談，以《漢譯警察法令類纂》豫約股票一紙，託求菊老爲是書作序文。

瀛甫來，持子均信見示，留之晚飯。晚，與静生、伯苓二君談。

收信：劭余前輩，并贈《吕子遺書》四部；子均，一寄訃文稿，一寄捐萬金稟稿；周銘久自漢口旅館，五月初八日剖辨，卒業師範、理化兩班；張佑之告就北洋師範學堂事；峻瑶笙仍屬延訂教員二人；鄧元翊求説項；智舒辭月費；榮相王、楊、彭、彭四員出洋，哈、璩、彭、劉暫歸奉祀典守班内，致湘電照發。

五月二十八日（七月十九日）午晴，夕雨

五鐘起。看《傳習録》。寫信：執中託伊訂教員二人，六月廿五前後來京，并瑶笙原信寄去，復幼芝。馬曉珊來，談約一刻許，言東鹿學務大概。分五區，初等小學二百餘處，學生約數千人。每學期各區設觀摩會，縣尊親晤，考其成績，奬罰有差。縣尊張公鳳台，總董焦君焕桐。

八鐘到署。聽講至十一鐘。與茂軒談。午，約樹五談編譯局事。與柳溪談。柳溪來談服部事，講義版權事，師範館事。枚亮交所議通信師範一件。印根來，言仕學館畢業日期事。閱文牘。五鐘弔瑞安於長春寺。飯後乃歸。

晚，與静生談静生談詩論章程事。與伯翁談至十一鐘。

收信：子澄以所爲『中學修身講義綱目』寄屬訂正；玉孫墨卿薪水事，國文教員事；優級撰科明年開辦，今年暫招附屬小學一班；張菊生上海北長祖里；佃一豫辭行；黄補臣。

五月二十九日（七月二十日）晴

五鐘起。看《傳習録》。寫信：復子澄、玉孫。張伯翁、智愷姪俱回津。徐梧生來，談一小時。崇光、寶鍾來，未得談，約初二日午後來。

八鐘半到署。聽講至十一時。午後到丞參堂，與紱臣談。閲稿件。與茂軒、朗溪談。六鐘歸。峻山來，留晚飯。小莊來。

收信：盧木翁木翁寄《法政叢編》《粹編》，補前闕也，陳西甫，江孫。

六月初一日（七月二十一日）晴熱

五鐘起。看《傳習録》。寫信：復子均。與静生談。

八鐘到署。聽講，至十一時。擬分派各司人員單。樹五來，議編譯局事。看稿，閲到文。到丞參堂商議各事。閲摺稿。寫致榮相書。七鐘歸。

飯後與獻夫、静生談。九鐘睡。

收信：陳栢叔，附『上提學司條議』；玉孫所製風琴歌；栢翁『家庭教育功課表』；第一半日學堂折紙底稿；張静山世兄永鎮，薦其令弟仁焜字晋侯者，係湖北英文館畢業生也，曾同英人出洋，於上年回國；獻夫兄交手摺一扣，係張文成履歷，張由南皮移居天津，光緒十一年復日本游學，十六年畢業，現年三十八歲。

六月初二日（七月二十二日）昨夜雨，晨陰午雨

五鐘起。薙髮。看《傳習録》。寫日記。廖惠風來。

七鐘到署。考驗自費留學生，到七人。臨時遞稟到三人，各照一像。兩參議同溆午、隆山、佑周、朗山監場。

九鐘半自署出。答拜喻子芍。訪唐蔚之，不遇。訪劭余前輩，值伊宴客，未見。答拜黄補臣，略談。答拜錢小村。答拜沈幼沂，不遇。

回寓早飯。飯後小睡。檢書十餘種，應做布套者擬送有益堂。李寶鍾、姚重光來談，備酌款之。夕，閻瑞庭、步芝村來。丁麗川來，陪蘭浦看房。

收信：民一附課卷，智愭，智舒，子澄附《修身講義》。

六月初三日（七月二十三日）小雨

五鐘起。看《傳習録》。閲民一小學寄來期考卷。寫致榕生、潤章信。大城留學生王翼如來，年廿。

八鐘半到署。聽講，至十一鐘。午後到丞參堂。三鐘至五鐘議事。閲稿件，至七鐘乃歸。

晚，與静生談。

收信：榮相，智愭，子澄，智閑。

六月初四日（七月二十四日）破曉大雷雨，雨至夕乃止

五鐘起。看《傳習録》畢。寫復盧學使信。毛方伯遣使送信至，即復之。

八鐘半到署。九鐘聽講，至十一鐘止。看伊澤修二君所著《教育學》。飯後睡約一小時。子誠所爲《講義編目》送審定科。屬君九覆閱游學試卷。君九以改正『優級師範選科課程表』來閱。到丞參堂商考書記生事。四譯館房擬租用事。游學生去取及翰林游歷兩事，均候柳溪一商再決。

五鐘自署歸。回寓已六鐘矣。寫信：復智愖，復張伯翁，復陳柘翁。晚，與静生談。静生言，今時治事宜，大振精神。

收信：執中附峻瑶笙原信，柘公二封將赴開平，伯翁，智愖。

六月初五日（七月二十五日）晴，夕雨，夜又雨

五鐘起。看《王文成年譜》。

八鐘半到署。聽講，至十一鐘。午後在丞參堂閱校明日應遞摺片。

三鐘後赴挂甲屯詣榮相。宿海甸之萬興堂。

六月初六日（七月二十六日）晴

五鐘起。看王文成《論學書》。

六鐘後，赴吏部朝房，晤奎樂峰尚書、李蔭墀前輩、堃子岩侍郎。

八鐘赴學部新設之公所，閱視工程。到榮相寓，早飯後回署。

三鐘議事，五鐘止。閱稿件。七鐘歸寓。

晤曠生、夢臣。梧生來訪。鏡涵來談至一鐘。

收信：柘叔戲曲改良，方伯上官保稟節録，玉孫墨青事，張伯翁益孫捐款，子均吴學生入學事，智惺四姑丈辭月費，智怡卒業日紀念糕點，飯村信吉少尉清國鐵嶺步兵第五十五聯隊，燕泉擬來京寓住兩三日，魏宅第一女學堂。

六月初七日（七月二十七日）晴

五鐘起。看王文成《論學書》。余戟門衆昌來爲學費事。會客：張晋侯仁岷，英文館，尚淺，仝酌泉寶廉，王達臣寶□。與敬韓、曠生談。

八鐘半到署。聽講，至十一鐘。午，陳次升、王秋皋先後來見。柳溪、梧生先後來談。閱稿件，閲到文。訂游學生去取。到丞參堂議數事。六鐘後歸。

與曠生、静生談。

收信：智惺，小幡勇治。

六月初八日（七月二十八日）晴

五鐘起。看王文成《論學書》。擬復子均信稿，未畢。岩熊陪畫師佐伯君、木商永田君來談。

八鐘到署。聽講，至十一鐘半。午，看稿，酌擬諮議官名單，擬調人員名單，寫致榮相信。樹五、瑩甫、儀曾、劭希先後來談公。夕，與茂老、紱老談公。六鐘歸寓。

金伯屏來訪。喻子芍太史來。王燕泉來宿此。與燕泉、夢臣、小莊談至十一時。

六月初九日（七月二十九日）星期◎晴

五鐘一刻起。薙髮。看王文成《論學書》。

會客：林朗西，馬晴川濘，李寶鍾，姚崇光。與燕泉、夢臣、小莊談。略備肴酒款燕泉。午後假寐。燕泉赴津。

夕，仁安、璧臣來，留飯，談至十鐘。與曠生談至十一鐘。

六月初十日（七月三十日）晴

五鐘起。看王文成《論學書》。寫信：復子均，復渤鵬。會客：江忼父。

八鐘到署。聽講，至十一時。午，樹五、菊農、瑩甫來談公。到丞參堂。夕，參事廳會議游學生事。閱稿件。六鐘歸。

王誠宣來。夢臣來。小莊來宿此。

收信：智惺附《朝日新聞》譯文一段，《萬朝報》山田鍠寄，保姆徽章，崇、怡葉書各一，芹香、紹溪信附中小學堂理科用品目録，山田鍠寄《萬朝報》一紙内有怡像。

六月十一日（七月三十一日）晴，昨夜風雨

五鐘起。看《王文成奏疏》。擬寄謝手島校長信稿，因智怡畢業也。與范、高二君談。

八鐘半到署。聽講，九鐘至十一鐘半。午後到督學局小坐。到官報所小坐。到丞參堂。少希來，談許久。到丞參堂，與朗溪、儀曾談。梧生來。四鐘半自署出。

答拜田太史智枚，談。答拜張觀察光宇，未晤。五鐘半回寓。

七叔祖自津來，談病况并鹽務事。九鐘睡。

收信：榮相，柘叔，耕亭兩函一與沟店往還函稿（附五月銷數單貳零肆），一丁奎野還銀五百兩，智惺附崇信（致惺、閑），智閑附閑信（致閑），智崇信六月二日到東京，西島良爾謀事，民一。

六月十二日（八月一日）晴

五鐘起。看《王文成書札》。改寄手島君信稿，屬子光繕真。曹東寅來。與范、高二君談。八鐘半到署。聽講，至十一鐘。與柳溪談。午，假寐一小時。酌畢業式。寫寄榮相信。元端甫到差。與朗溪談。四鐘半自署出。

亦香、詒臣、星環、耀庭、稚虹、尚之先後來。小幡、熊澤來京，宿此。晚鑄生來。

收信：榮相，趙德夫，宗梓山，侯雪農。

六月十三日（八月二日）晴，晚偶雨

五鐘起。看《王文成書牘》。寫致智惺信附崇信、手島信。吴止欺來。七鐘赴禮部會考優拔貢，溥尚書、綿侍郎俱到。八鐘點名散卷畢。八鐘四十五分到署。聽講，至十一鐘。與柳溪談。午，假寐約三刻。託芸生起信草嘉納，伊澤，手島，辻新次。閲摺王社松十五日引見。閲到文。紱臣來談。參事廳會議游學事宜。五鐘半散。約稿件。六鐘後出署歸。

與高、范兩君談，小幡、熊澤、竹叔祖、梅子光同游西山，十鐘歸。

六月十四日（八月三日）夜大雷雨，曉晴

五鐘起。看《王文成書牘》，其答王天宇兩書最足藥吾病痛。寫信：蓉生，潤章，玉孫，子澄。曠生今晨本擬回津，余與静生留之，改期十六日。

八鐘半到署。與茂蘐談。聽講，至十一鐘。茂老來談。

午後，陳啟榮琦，闓、黄笴腴瑞麟，湘同來見。到丞參堂。紱臣來談。

兩鐘後到挂甲屯榮相寓。徐、鐵兩尚書先在焉，留飯。朗溪至，談公。飯後附菊老馬車至菊寓小坐。到萬興堂宿。隔室有燕飲高歌者，甚喧，夜半乃寂。

六月十五日（八月四日）晴

五鐘起。看《王文成書札》。

六點到吏部朝房。八點後至宫門内，隨榮相帶領國子監南學肄業六年期滿王社松引見。是日蒙召見，皇太后垂問數十句。出，遇弼臣，告余轉左。

到工部公所訪劭余前輩，坐刻許。託梓山電告學部，爲余辦謝恩摺。

訪菊兄，踐昨日約也。朗西、弼臣同飯。午後，談約一小時，論立憲事。

三鐘到署。丞參諸公來賀，將昨條記與榮相商酌數事交丞參諸公。閲文牘。四鐘回寓。

薙頭。與范兄談。看信。朗西五鐘到，商改楊公使信稿。

是日爲朗西、書衡、東寅、印根、同九、儀曾餞行，静生作陪，九鐘散去。

託子光寫寄楊公使函。

收信：子均，王槐庭，張仁甫董儀亭事，伊集院土物銀瓶一具，李北江，自軍學司，附『順天學堂講義』及『地理例言』，河北譯書社附書兩種，排列變換式，智惺十三、十四兩封。

六月十六日（八月五日）晴，午後極熱

四鐘起。赴頤和園謝恩，隨劉子嘉、張劭余兩前輩於仁壽殿丹墀叩頭。

到榮相寓，留早飯。飯後子嘉前輩亦至。三鐘到署，憩二刻許。拜客：同九，儀曾，雨嵐，東寅，書衡，印根，朗西，錢辛甫同年，姚觀察文棟，已出京，周紹樸學使，陳觀察友璋，吴中書友炎，陳君承昭，錢君惟驥，武星環，黄耀庭，唐君延芬，佩老令公，崔君惠人師令郎，甯鄉館。暮歸。緒雅、岳生、季枚、芸生、伯寅、誦裳先後來賀。晚，與高、范、劉三君商改致公使信稿。十鐘睡。

收信：智惺十五發，十六到，伯翁，熊渭泉朝濱自天全州，錢小村。

六月十七日（八月六日）晴

五鐘起。看《王文成書牘》數葉。與竹叔祖談。與高、范二君談。仕學館行畢業禮。【頁眉】仕學獎勵照料員薪。周覽講堂齋舍。九鐘到署。到丞參堂。商推廣研究所坐位事。電催何、陳籌辦大學事。元端甫改歸調查局事。與肖項商調仕學館畢業學員，并選派出洋事進士館辦法。三鐘參事廳會議，六鐘止：德人立學堂，游學事，裁津貼，翰林游歷。閱文牘。七鐘歸寓。晚，與高、范二君談。小莊來留宿。

收信：耕亭，子澄，智舒、智閑。

六月十八日（八月七日）

五鐘起。看《王文成公書牘》數葉。改紫光所擬信稿。與竹叔祖談鹽務。答拜金門，略坐。候潤生、稚青并閱工場。答拜士可，談許久。

九鐘半到署。寫信：伯齡，柘叔，仁甫，墨青、芷柃。遂安、紹希、君九來談。午，到圖書局，談許久。兩丞堂來談。閱審定科送來宣講應用書二種：《兒童之感情》《冶工軼事》。閱稿件。

六鐘半回寓。接閱《冶工軼事》至晚乃畢。與高、范二君談。九鐘前睡。

收信：梯雲自塞伊爾烏蘇。

六月十九日（八月八日）晴

五鐘起。看《王文成書牘》數頁。寫復錢小村信。沈幼沂兆祎，山東試用通判來訪，談二刻許。竹叔祖還三河。

八鐘到署。研究所開講。聽講，自九時至十一時半。午，寫致榮相函商兩事：一咨商翰林院派員游歷先到研究所聽講；一仕學畢業學員調部及派出洋各數人。

看審定科所選《槒者傳》。〈開〉〔閱〕稿件。

五鐘半自署歸。與静生談。誦裳來辭行，詢以在日留學諸津人近狀，并問鑑堂情形。看《穡者傳》畢。九鐘睡。

唐世兄延芬送來書四種：《問答體物理初等教科書》《幾何學初等教科書》《大代數學》《中學適用算術教科書》。

收信：柘翁，湄洲估衣街恒豐泰轉交。

六月二十日（八月九日）晴

五鐘起。看《王文成書牘》數頁。寫寄約敏書，寄墨卿附劉湄洲信。王伯雨社松來，張鍾伯來。曠生還津。

八鐘到署。聽講至十一時，是日始講教育。午，茂、柳二公來談。到丞參堂。看審定科所選《魯濱孫漂流記》。夕，參事廳會議：簽改章程。五鐘半散。

六鐘回寓。徐尚之來。伯苓自津來。仁安、誦裳先後來，留晚飯。晚，與張、范二公談。十二鐘睡。

收信：秋皋又寄紱臣信一封，張稚青劉君考巡警事。

六月二十一日（八月十日）晨小雨

五鐘半起。看《王文成書牘》數頁。與張伯翁談。伯翁赴保定。

八鐘到署。聽講，至十鐘四十五分止。到圖書局，與樹五、小莊談。午，假寐一小時，覺體不適，回寓小憩。赴東城拜客。甯波館五人，益齋，張君仁琨，張振卿前輩，李柳溪令尊，徐雙崇諸君，訪馮華甫，侯雪農、李君北江。

午後，將出署時，李提摩太來訪，與茂兄同見之，談約兩刻許。晚，與靜兄談。

收信：唐蔚之，盧木齋，胡玉孫，劉蓉生，陳幼樵，陳西甫，江孫，吴彭孫，江太尊槐序，連仲甫電。

六月二十二日（八月十一日）午小雨

五鐘起。看《王文成公書牘》。會客：蹇先陶，趙景森，熊大令濟熙。寫信：芹香，玉孫，江孫，蓉生、潤章，盧學使，袁慰帥介紹靜生，子均。

八鐘到署。聽講至十一時。午，到調查局看報，到普通司議出洋學費事。到參事廳小坐。看公牘文件。到丞參堂。

五鐘歸寓。瀛甫來。

收信：張仁焜。

六月二十三日（八月十二日）終日雨

五鐘起。薙髮。公服爲小舫叔題主。徐梧生來，小坐即去。

八鐘到署。出洋學生來應考者六人。八鐘半點名，散卷、發題後九鐘出署。

拜客：蔣梅生棻，柯世五，王伯雨社松，饒岳生，喻子芍，吴止欺，文善，第四學堂，章仲和，沈子雨，梧生，晤佑宸，紱臣，緒雅。

到璧臣處早飯，談約兩小時。

午後復拜客：徐象先，胡雨嵐，蹇先陶，馮公度，學真，亦香，詒臣晤，嗣香晤，歐陽頫，許涵志，歐陽濬，劉果，徐尚之，李潤田，鄧峻山，丁麗川，宗梓山。再訪周少樸，不遇。

六鐘回寓。飯後與獻夫兄略談。

收信：任琴翁，張仁府，李叔同，陳柘翁，徐友梅介紹林右丞介弼，智惺附智崇葉書。

六月二十四日 晨陰，終日雨，夕雨益甚◎陽歷八月十三日*

五鐘起。看《王文成書牘》。檢點書信。郭鏡虛、鍾山玉來。

八鐘到署。聽講，至十一鐘。

回寓早飯，門田在焉。飯後答拜李提摩太。

三鐘後至署。會胡雨嵐。參事廳會議，五點半止。閱文牘稿件。

六鐘自署冒雨歸。范靜兄歸自津。趙幼梅之族人叔華大令賀榮來河南候補，現辦滿營學堂。

收信：羅順循，竹叔祖，智惺，智閑，幼梅。

智崇於本月十六日生一男，以其生於日本葉山也，命名曰仁葉。

*本日陽曆爲嚴修自注。

六月二十五日（八月十四日）終日雨

五鐘起。看《王文成書牘》。寫信：智惺，幼梅，柘叔，江孫，子均。

八鐘到署。寫信：張菊生，吴彭秋，李叔同，智崇。

午，看稿畢。兩鐘赴湖，宿學部公所。與柳溪談。

收信：燕泉。

六月二十六日（八月十五日）夜雨朝止

五鐘起。六鐘茂萱至，與喬、李二公赴仁壽門外行慶賀禮七鐘半。回至公所，三人談立憲事。寶瑞臣、劉仲魯來公所談。留飯。飯後客去，仍與喬、李二公談，三人復同至榮相宅。主人歸，四人復談立憲事許久。

七鐘歸至寓。車中看伊澤君所著《教育學》。飯後即睡。

收信：劉新桂馨吾。

六月二十七日（八月十六日）晚，大雨雹

五鐘起。寫復順循、伯苓信。溪舟赴保定。峻山來。詹壽山來。

八鐘到署。聽講至十一時。赴畿輔學堂，是日考驗實業學生之第二日也。留飯。商實業學堂出知單事。答拜胡雨嵐。

三鐘回署。參事廳會議。五鐘半散。看稿件。

到第一小學。七鐘回寓。

晚，與靜生談至十一鐘。靜生論醫學堂當立，及蒙古興學事之緊要。

收信：楊楨岩寄文部省報告一本，耕亭，智舒，曾符賀喜簡。

六月二十八日（八月十七日）

五鐘起。看《王文成書牘》。趙雲卿來，商齊魯學堂遞公呈立案事。張天作來。

八鐘半到署。聽講，至十鐘四十五分。看昨日到文。張效梁到圖書局。午到丞參堂。五鐘出署。

答拜黃棣齋大壎、顧德鄰、楊詩伯、榮韞山、林右丞介弼。

六鐘後回寓。與燕泉談。曠生至自津。與曠生談至十時半。

收信：柘公，智惺，俶成夫婦賀簡。

六月廿九日（八月十八日）晴

五鐘起。王玉麒、張肅尊、徐象先、錢乃勳先後來。

八鐘半到署。聽講至十一鐘。榮相到署。午後，丞參堂談公。

四鐘回寓。益齋來，談至暮乃去。黎伯顔、仲蘇來。留晚飯。晚，與燕泉談。

九時睡。夕，寫復竹叔祖稟，交郵局。

收信：丁伯厚，竹叔祖，江忼父。

六月三十日（八月十九日）

五鐘起。薙頭。八鐘出門，行至東長安街，腹痛不可忍，遂返。大睡終日，復睡至天明。

收信：木齋，錢小村。

七月初一日（八月二十日）星期一

六鐘半起。與曠生略談。

體雖憊，尚可支，仍入署。聽講，十時至十二時。鄭大令思曾、黃笴腴太史、恩詠春吏部華俱於本日到署。三鐘參事廳會議。履勘全公府地址。仍回參事廳議事。六鐘半乃畢。徐梧生來。

七鐘回寓。飯後寫信：耕，惺。九鐘睡。

收信：耕、惺、閑，蔚如、蓮如。

七月初二日（八月二十一日） 夕大雨一陣

五鐘起。看《王文成書牘》。曠生回津，寫信寄惺姪，託帶去貸高三百元。訪梯雲。

九鐘到署。聽講至十一鐘。樹五、紱臣、紹希、邃安先後來談公。史大令錫永到署，來見。周紹樸來談兩小時。六鐘回寓。

江都于歗僊碩來京，以自刻扇及圓鎮紙附顯微鏡見贈，持幼梅信見訪，談二刻許。朱幼山來，爲大學堂學生學費事。梯雲、石臣來與靜兄談蒙古事宜，十一鐘乃散。

收信：幼梅兩封一于交，一爲唐企林官費事，張晉侯，民一，羅順翁。

七月初三日（八月二十二日） 寒暑表八十度以内

六鐘起。看《王文成書牘》。濯足。寫信：復柘翁。

八鐘半到署。聽講，至十鐘四十五分。寫復幼梅信、民一信。午到丞參堂久坐。閱稿件。四鐘半回寓。

祁聽軒來。王玉麟、張肅尊來。石臣、少林、小莊、伯苓先後來。與伯翁談保定高等學堂事，至十二鐘半。

收信：吕碧城，王穆若，胡克之，丁大令綸恩賀喜五行。

七月初四日（八月二十三日）晴，華氏八十度

六鐘起。看《王文成書牘》。賈洞元來。

八鐘十五分到署。聽講，到十鐘四十五分。寫信：復木翁。午到圖書局。夕，參事廳議事，至五鐘四十五分止。看到文，看稿。

六鐘半回寓。晚，與静生、伯苓、燕泉談。

收信：墨卿，周緝翁。

七月初五日（八月二十四日）

五鐘起。看《王文成書牘》。送伯翁於門，是日返保陽也。寫信：復墨青、約敏。七鐘出門答拜：徐偉人，崔世兄，謝祖安，于歗仙，余戟門，熊秉三、二黎、姚、李，戴少懷前輩，王丹揆。到華宅小坐。

午前到署。飯後圖書局、督學局、調查局各坐片刻。丞參堂坐許久。閱稿件。六鐘歸。

小坐*來，留宿。

收信：智惺。

*疑爲『小莊』之誤。

七月初六日（八月二十五日） 晨雨

六鐘起。看《王文成書牘》。致雲卿信。冒雨至湖上學部公所會議，榮相至，未刻去。夕，秉三見訪，久談，留晚飯。九鐘睡。

七夕（八月二十六日）

五鐘起。是日奏事三摺三片。看《王文成書牘》。與茂、柳談。飯後詣榮相。午歸寓。與静生談。季枚來。王炳堉、李緼青來。晚，睡甚早。收信：孫中堂，智惺，雲卿，定鎮平，智崇。

七月初八日（八月二十七日） 晴

五鐘起。看《王文成書牘》。寫復孫師相信。梧生來。劭余、蔚若兩前輩先後來。陳儀卿觀察來。

八鐘半到署。聽講，至十一鐘。午前後俱在丞參堂。寫復蔚若前輩信。再復孫師相信。看到文，看稿。劉伯申到署。同茂萱赴李提摩太約六國飯店。九鐘歸。

寫致約敏信。

收信：閻仲安致恭，智閑。

七月初九日（八月二十八日）晴

五鐘半起。看《王文成書牘》。寫復智惺信。

七鐘半到署，是日張瑋、龔安慶出洋游學學生來部考驗。張爲劭余前輩令郎，字效彬。龔則懷希太史子也。八鐘半聽講，至十一鐘。午後到調查局閲報。丞參堂小坐。録諮議官及本部員缺單。核稿。黑龍江委員景仲華昌持陳東山瑋觀察函來見。仲華帶學生赴北洋，分入師範武備等學堂。伊亦自入武備學堂。

五鐘回寓。小莊來。晚，周枝山來。

收信：陳東山觀察瑋，幼梅，子澄，耕廷，墨卿。

七月初十日（八月二十九日）晴

五鐘半起。看《王文成書牘》。寫復陳幼樵信。寫復緝之信，未畢。

馮貴保定學務處舊人，來京後充司閽前以匿名帖訐告廚役李明曾，戒飭之矣。頃蘭浦接約敏書，言其又投匿名信於智閑。是日將馮貴開革。

八鐘半到署。看《泰西學案》。九鐘後聽講，至十一鐘半止。飯後，調查局閲報。丞參堂小坐，覆閲士可所擬《女子師範學堂章程》。君九、袞甫來，商編詞典事，擬分類編纂，以『見溪郡疑』爲目。核稿，看到文。看《泰西學案》。五鐘後回寓。晝短夜長，宜增夜課。晚，芸生來。

收信：張菊生。

七月十一日（八月三十日）

五鐘半。看《王文成書牘》。補寫寄周緝公信。寫復墨卿、子澄信。

八鐘半到署。九鐘半聽講，至十一鐘四十五分止。飯後看報。紱翁來談。三鐘會議，五鐘止。松筠庵同茂蔆燕李提摩太。十鐘回寓。

李叔陽偕金、陶兩生來。

收信：劉希陶，張晋侯，吴太守筠孫，唐秀豐，徐潤吾，張玉亭國榮，盧學使，魏梯雲。

七月十二日（八月三十一日）

五鐘半起。看《王文成贈序》。寫復張晋侯信。會客：杜立甫，峻瑶笙，張玉亭令郎家謙。

八鐘四十五分到署。與柳溪談。十鐘出城拜客：蔚若前輩，伯紳觀察皆晤張效彬，秉三，懷希，莘西，皆未晤。一鐘回寓早飯。飯後假寐。

三鐘復入署。王敬芳後改號曰搏沙來談，爲上海公學事。兩丞堂來談，商定明日赴湖園公所。看文稿。

六鐘歸。晚，與静生談。擬信稿，答貽藹人。

收信：貽藹人，李子香，西村虎太郎賀喜。

七月十三日（九月一日）奉豫備立憲之詔

五鐘半起。看《王文成序記文》。薙髮。

七鐘出門赴湖園公所。劭余前輩見訪。榮相及丞參三堂先後至。議事：江庸、高逸、伍崇學均調部；南洋興學事梁；蒙古興學事姚；查西洋留學情狀事，擬函商菊生；籌款事；補缺事；局長增津貼事。

兩鐘後訪菊老。訪慰帥并晤劉香孫、張仲仁、劉念劬、伯顔、雲搏、意城。

七鐘回寓。晚，與獻兄談。

收信：劉嘯東；鄧若文，介紹其戚黄大令元龍字叔筠；趙雲卿；張晉侯；吴紫洲、魏雲莊、時子周、劉；俞益臣；伯舉；邱曙蓉；智惺附怡致惺信。

七月十四日（九月二日）星期

六鐘起。看《王文成序記文》。與静生談。拜客：仁安，趙雲卿，崔世兄已出京，王吏部慶楨，陸天池，祁聽軒，姚石泉。德興堂獨酌。

午後復拜客：尹及郎，王紫翔，貝季枚，熊大令濟熙，周琴侶，蔡樸如，文伯英，峻瑶笙。

閲視國子監辟雍殿四周。閲視初級師範學堂。六鐘回寓。

王、張兩君吉林教員來。晚，楊次典來。夕，起信草：張玉亭，木翁，楨岩，趙式如。

收信：秉三贈物，受其半。

七月十五日（九月三日）

六鐘起。看《王文成贈序》。會客：小泉，小仙，仲愚，雁題，高世兄。

八鐘半到署。聽講，至十一鐘半止。午後茂公、柳公過談。

三鐘赴頤和園。過訪梯雲，留一簡焉。

訪菊哥，談至暮。詣華老，閲摺并商數事。

九鐘至公所，宿焉。

七月十六日（九月四日）

六鐘起。看《王文成公贈序》。看《西國歷史》。候至八鐘半歸。

拜客：崇岱，史錫永，鄭思曾，張有垣，楊兆麟，李湛田。

回寓早飯。午後過徐子光，商送香帥壽屏事。

到署。茂公、柳公過談島川事，爲日本人立幼稚園事。

六鐘回寓。晚，與静生談。八鐘睡。

收信：智惺，智閑，燕泉。

七月十七日（九月五日）

六鐘起。看《王文成序記》。起信草：嘯麟，曹親家，西村虎太郎，貽藹人。

梧生來談。

八鐘半到署。聽講，至十鐘，是日僅講一點鐘。商覆日本人自立小學校事。

到先哲祠，是日留學法政諸君歡迎梅博士於先哲祠。飯後照像。客：梅博士、服部博士、結城琢字治璞，號蓄堂，日本新聞報館執筆人，東京市神田區淡路町二ノ九、永原壽太郎號謙堂，光村公司理事，東京市麴町區内幸町壹丁目五番、沈子敦、唐蔚之及余，凡七人。主人：章宗祥、范源廉、吴振麟、曹汝霖、錢承鋕、陸宗輿、汪榮寶、王璟芳、祝惺元、陳承照、顧鰲、姚華、唐桂馨、李維鈺、鍾天祚、林棨、金恩科、楊侗、高崇祎、陶善璐。未到者：黎淵、富士英、李金榜。

夕歸。晚，熊秉三來，久談。

收信：劉宗堯，益齋，峻瑶笙。

七月十八日（九月六日）晨細雨旋晴

六鐘起。看《王文成序記》。會客：梧生，張子衡肅尊，張晉侯仁焜，宋星五直隸書局同事。與静生談。

八鐘四十五分到署。九鐘半聽講，至十一鐘半止。到丞參堂，與柳溪談。飯後到參事廳，坐許久。夕，會議：會議改章。看文稿。

七鐘前歸。晚，備酌，請小仙、仲愚、高言如、金小泉，適伯苓先生至，談讌甚懽。晚，與伯苓、小莊談，十二鐘睡。

收信：益齋回信，柘叔，耕丈，徐叔宇、張雪廬、陳幼蘇兄弟。

七月十九日（九月七日）晨微陰，九鐘後大雨

六鐘起。看《王文成序記》。復梧生信。叔陽及金、陶兩生來。

九鐘半到署。紱臣來談。午到丞參堂。夕歸。

與張伯翁談。性安來。叔陽明日歸津。小莊宿。

收信：梧生。

七月二十日（九月八日）白露節

六鐘起。伯苓赴保定。高星黎來。

七鐘赴頤和園議事。午兩鐘到學部公所訪瑞臣、仲魯。五鐘歸寓。

到第一書局答拜陳儀臣、宋星五。買書數種而歸。

收信。

星黎薦教員二人：一李仲文，年卅一，通州附生，師範畢業；一鄧雨田，廿六，通州高等小學畢業。

七月二十一日（九月九日）

六鐘起。看《王文成公序文》。梧生來，小坐。寫信四封：耕亭，錫三，燕泉，順循。梯雲來。田雨亭來交禹門所作功過格，潤琴來，崇光、寶鍾來。

十一鐘出門拜唐、聯、塔、廕四公，惟晤塔公。答拜峻堯笙、邵君式善、延世兄長。一鐘歸。午後假寐。

同静生訪梅博士於六國飯店，就其地請博士及結城琢、永原二君晚飯，十鐘歸。

收信：益齋，仁安。

七月二十二日（九月十日）

六鐘起。看《王文成集》説。陳儀卿觀察來，小坐。訪仁安，談渤鵬事。訪梯雲，不遇。

九鐘前到署。九鐘半聽講，至十一鐘半。午，兩丞堂過談。梧生來署。到丞參堂談公。閲文牘。六鐘半歸寓。

晚飯後，同静生赴車站爲梅博士送行。答拜張岱臣明府。燕泉自保定來宿。小莊來宿。

收信：渤鵬，智惺，智閑。

七月二十三日（九月十一日）晴，稍熱

六鐘起。看《王文成雜著》。王韻泉來。寫信：李子香，崇附信紙、惺，閑。

九鐘赴天壇凝禧殿視演禮。候至十鐘，俱不至，遂先去。遇梧生於途。

答拜閻鶴泉、陳介石黻宸，到華宅。

到署。丞參過談。閲文稿。夕到丞參堂。六鐘歸。

晚，同静生訪潤田，遇仲仁，共談甚久。

收信：曠生東京神田區猿樂町三丁目安田旅館，梯雲租房石駙街，梧生贊禮滿語，璧臣。

七月二十四日（九月十二日）晴

六鐘起。看《王文成雜著》。擬復任琴翁、陳西甫信，未成。林佑丞同年、張煥亭同鄉俱見訪。

九鐘到署。聽講兩小時。午，閱報，閱文牘。經緯學堂主事樋口秀雄見訪，談六刻許，静生傳譯寓東京小石川白山御殿町。董鴻祎來。柳溪過談。

夕，到公立第二小學堂參觀授筆算、授手工、體操、游戲，遇梯雲及商部諸公。歸已暮矣。

晚，小莊、伯寅來。

收信：張東觀有垣，張晋侯仁焜，梅紫光，芝本爲一良，璧臣。

七月二十五日（九月十三日）晴

六鐘起。看《王文成雜著》。寫信：任琴翁、陳西甫，張東觀，張晋侯，李子香，挹辰諸公，鄧若文，紫光。杜立甫來。魏鵬九來子椿之表弟。

九鐘後到署。聽講兩小時。約樹五來談。到丞參堂。參事廳會議。

六鐘歸。柬約仁安談。與静生談。

收信：黄小宋來訪，贈益壯圖并詩；雲生送來《憲政胚期》蔣觀雲著三十部；耕亭；芷舲。

七月廿六日（九月十四日）晴

六鐘起。薙髮，濯足。看《王文成雜著》。瀛甫陪慈溪秦君來訪日本山崎君來訪，順天時報社訪事人也。寫信：芷舲，耕亭。梯雲來。

十鐘前到署。部員演習引見禮節。午到圖書局、督學局查看。到丞參堂。六鐘歸寓。晚，與静生談。寫信：復仲雲，智惺。

收信：秦仲雲，趙式如，李福田，智惺，羅太尊，蕉銘奇。

七月二十七日（九月十五日）晨陰

六鐘起。看《王文成全集·墓銘》。梧生來信即復之。

赴湖園公所，車中看《立憲論與革命論之激戰》汪兆銘、胡衍鴻。

與榮相及丞參議事至六鐘。訪午橋。與丞參三公談。六鐘歸。

璧臣來談。晚，與小莊、静生談。蘭圃至自津。

收信：木齋來電，智惺，沈幼沂。

七月廿八日（九月十六日）晨陰

六鐘起。借静生《明儒學案》讀之。起信草：答友梅。

到天津試館，是日速成實業學堂演禮，余至時太早，乃先往虎坊橋舊編譯局内聽静生講教育學。是日普通教育研究所開始也。聽畢，復至試館，候至一鐘。始演謁聖禮。飯後照像。

訪小泉、詒臣。同芸生買書。答拜小宋，朱菜香，黄君元龍。暮歸。

梯雲、緒雅、子雨來。晚，梯雲與静生談工業學堂事。

收信：木齋，石臣自督練公所。

七月二十九日（九月十七日）晴，寒暑表六十六度

六鐘起。看《明儒學案》。起信草：復友梅。會客：林右丞同年，朱菜香余使黔時朱知貴定縣。

九鐘到署。聽講兩小時。

午後拜客：午橋，午樓，李柳溪令尊，胡雨嵐。

四鐘回署。看文牘。到丞參堂。六鐘歸。

到湖廣館，是日壬午團拜。飯後歸寓。小莊宿此。

收信：熊秉三，華芷舲，程韻孫。

八月初一日（九月十八日）

六鐘起。看《明儒學案》。吴甭臣來。

到署聽講兩小時。看地圖。午，榮相至，唐、聯、塔三公至，議考試留學生事。

六鐘散去。余秉燭閱文牘。七鐘歸。

晚，檢閲丁亥以來日記。讀蔣箸生先生、趙菁山先生文集。

收信：服部贈《文部省報告》《西京大學一覽》，許士先，胡玉孫，智閑。

八月初二日（九月十九日）雨

六鐘起。看《明儒學案》。薙頭。

到署，與柳溪談公。

午後到第二工場。答拜芝本君。到文廟，同梧生周視各處。

晚飯後小坐即睡。

收信：鄧元翊，程世兄允徵，張晋侯，智閑。

八月初三日（九月二十日）奉派祭文廟後殿

三時起。四時上祭，五時畢，六時歸。七時至寓。大睡。

十二時至署。丞參堂談公。夕，參事廳會議。六時畢。看文牘。七時歸。

陳杰士來談。七叔祖自三河至。蔡志翁來。與靜生談。

收信：梯雲，榮相，民一小學，伯鵬，伯苓兩封，徐潤吾，聯、唐兩侍郎，宓嵩齡，智蠲。

寫信：重光、寶鍾，德孫。

【頁眉】案前，索林呢珠勤哩伯；上香，先達布；獻帛，蘇者多伯；獻爵，努勒多伯；興，伊哩；跪，呢呀庫拉；叩首，何昂二字合音，讀如恒奇拉；復位，達伯德巴得勒；讀祝案，倭臣呢筆特賀呼拉巴德。

八月初四日（九月二十一日）

六時起。看《明儒學案》。寫信：惺、蠲、閑，玉孫。七叔祖回津。弔夏厚庵名敦復，先師子和夫子之次公子。答拜張君伏魔寺。答拜唐秀豐。訪重光、寶鍾。午前到署。午後看文牘。夕，參事廳會議。陳、胡、張三學生來見。

六鐘歸。益亭七叔自客棧移此。晚，食蟹飲酒。

收信：劉香孫介紹陳、胡、張三生，梁崧生賀節，麕午樓。

八月初五日（九月二十二日）

四鐘起。赴頤和園奏事。四鐘半起身，七鐘到學部公所會議，至一鐘半散。端午橋、路孝植來談。三鐘回車。
五鐘半到署。六鐘半歸寓。
趙硯田來。晚，與静生、獻夫閑談。
收信：梧生，張晋侯，陳柘叔。
八月初六日（九月二十三日）晴
六鐘起。看《吴康齋先生日録》。傅惕生來。
到署。爲翰林出洋領川資事。寫復玉孫信。午前歸。
幼樵來，留飯。午後假寐。張益卿志嘉來。
夕，季枚、秩昭、岳生來。晚，滌生來。同静生、滌生、季枚、溪舟往教育研究所觀演幻燈。至則已演畢矣。閑談片刻。與范、嵇二君訪潤田、鑄生。十一時歸。
收信：再韓，并贈物品；玉孫，爲元博將回里事；張晋侯回信；毛方伯。
八月初七日（九月二十四日）晴◎秋分
六鐘起。看《吴康齋先生日録》。郭賡虞、徐梧生、張卿五書雲，出洋進士、曹松喬岳申，再韓令郎、張仲青先後來。

九鐘到署。聽講兩小時。午，丞參堂談公。觀秩庭授書記生英文。閲文牘。七鐘歸。

晚，習英文一課，又習《英文初範》一課。與静生、小莊談。

收信：劉仲魯，附惠卿寄來書二册；胡玉孫；方子香；智惺附崇、怡信，仲符孫照片；服部宇之吉知照遷居東單椿樹胡同，電話總局五十八號。

八月初八日（九月二十五日）晴，早寒暑表六十三度

六鐘起。看《康齋先生日録》。改信稿。寫寄惺姪信，復蓉生信，託獻夫帶去。肖杭來。

九鐘半到署。聽講兩小時。午，議考試事，中心回惑無主。簽文牘。

答拜張卿五書雲。訪仁安，爲日本教員租房事。

張伯翁來。毛方伯之世兄勉初來。秀豐來。與伯翁談。十二鐘睡。

收信：伯苓先生，智閑，幼梅。

八月初九日（九月二十六日）寒暑表晨六十二度餘

六鐘起。看《呻吟語》。薙髮。寫寄幼梅信爲邢福來京事，寄智惺信爲張先生節敬。與燕翁、柏翁談。

十鐘到署。聽講兩小時。午，閱報，閱文牘。陳杰士、田福侯到署。觀秩庭授英文。丞參堂議事。寫信：熊秉三，方子襄，趙幼梅，智惺姪。梯雲來信，即復之。夕歸。

約旭德、燕泉、伯苓、勉初、静生、溪舟、小莊飯。

收信：梯雲，智惺。

八月初十日（九月二十七日）

六鐘起。看《呻吟語》。益亭叔、陳翼周赴洵。徐梧生來。

九鐘半到署。聽講兩小時。午，士可、樹五過談。夕，參事廳會議。

七鐘歸。食蟹。晚，石臣、少林、竹香來。同石臣、少林、竹香、静生、伯苓、溪舟出前門散步。訪耀卿。十一鐘歸。與伯翁談至十二鐘半。

收信。

八月十一日（九月二十八日）

六鐘起。看《呻吟語》。耀卿來。伯翁、毛勉初早車回津。璧臣、梯雲來訪。

九鐘到署。小坐即赴海甸訪菊老。留飯，遇毓月華、姜漢卿、吴伯勤御史鈁、朱子文。

三鐘赴學部公所。五鐘訪榮相，議事畢，復回公所。張仲仁、黄笏朕、金伯屏、曹潤田、汪衮甫見訪。

八月十二日（九月二十九日）

六鐘起。七鐘至吏部公所小坐。至宮門外，八鐘半帶領學部人員十八人引見。回至公所，喬、李、徐、孟諸公俱至，榮相亦至。商定摺稿。

三鐘自公所歸。弔綿達齋。崑中堂、貴師母兩處賀節。訪午橋。聚豐堂與喬、李、羅、江、錢、陳、范諸君公請端午帥。十一鐘歸。

收信：夏粹方，梯雲，熊范輿，智惺，又賀節諸函，燕泉。

八月十三日（九月三十日）星期

六鐘起。看《呻吟語》。拜客：訪仲和，答拜董懋堂，答拜鳳主政來。寫復李伯芝信。

到署。閱摺。榮相電話言，有專函即至，請余少候，因留署午飯。茂老至，改摺稿。兩鐘後自署出，拜客兼賀節，凡十餘處：與智舒話片刻，晤詒臣、小泉、梧生，餘未見。夕歸。

晚，與静生談。静生述叔韞之言，甚切直，可猛省。與燕泉談。

收信：智惺，魏鵬九雲程。

八月十四日（十月一日）夜雨連曉

六鐘起。薙髮。看《呻吟語》。赴海甸訪慰帥，不遇。訪榮相，留早飯。午，訪璧臣，談至夕，同訪菊仁，留飯。飯後回學部公所閲摺。看《英文初範》。十鐘睡。

八月十五日（十月二日）寒暑表五十四度

六鐘起。候至七鐘半，摺發還。訪慰帥，不遇。王師母家賀節。訪梯雲，不遇。回寓早飯。閻君懷璽來，託謀館。午，詒臣、小泉來。拜客兼賀節：王師相，啟子開，崇君貴。到謝宅，看尹姪女。賀戴遂安喜。夕歸。晚，聞静生論學部辦事因循，憬然思奮。寫信：伯翁，約敏，樂農。收信：濟樂農借三十金；石臣言，宣講所可借用大栅欄戲館；王大表兄令愛借四十餘元。

八月十六日（十月三日）晴，晨華氏表五十四度强

六鐘起。看《呻吟語》。梳髮濯足。檢點信函。拜謝子泉祖沅。賀潤生。十鐘到署。劉藹堂棣芬、夏小廊瑞庚、許中書寶蘅、董懋堂瑞椿是日到署。與柳溪談：通飭學界擬禁煙；電詢襄校官已否由滬起身；函楊公使，寄約束留學生章程；咨調襄校官并函致本人。

覆閲「女子小學、女子師範章程」。覆閲叔韞所擬「學務方案」。邃安、枚亮、仲剛、小莊先後來談。夕，往觀鮑家街新房。

晚與静生商「學務方案」。與小莊習英文一課。

收信：歐陽旭德，爲請岩谷每星期六赴保講法政事。

八月十七日（十月四日）晴，華氏表六十五六度

六鐘起。看《呻吟語》。林右丞來，劉佩五來。擬復毛方伯信稿，未完。午初赴瑞午帥約於北洋公所。觀陶氏小學堂學生體操，又聽唱歌。飯後照像。三鐘散，即到署。閲到文，閲稿。丞參堂坐刻許。六鐘歸。

晚，馮公度、虞含章來。看英文。

收信：吴蔚若前輩并所輯古文，屬作序；服部；陳栗堂；熊秉三。

八月十八日（十月五日）晴

六鐘起。看《呻吟語》。梧生來。小杭來。

到署。看稿，看到文。擬「司員職掌」草稿。國子丞屬官演引見禮。梧生來。過柳溪談。復旭德信。午後到丞參堂。紱臣過談。何見石奏旒到署。參事廳議事。暮，

理文牘。六鐘歸。

晚，與小莊、伯寅習英文。與静生、小莊談。

收信：汪藥階，智崇、智悭，江忼父，邱固真。

八月十九日（十月六日）

六鐘起。看《呻吟語》。寫致虞含章信，還稾稿，并爲含章寫紹介書，致張星五。

八鐘出門。詣袁制軍并預祝，不遇。訪仲仁，亦不遇。

到湖園公所議事：議决《留學章程》并信，考試留學規則，籌辦爪哇興學議，未决學生冠服。

復到署。屬司務廳數事。六鐘前歸。

晚閲摺。與静生談。

收信：張崑。

八月二十日（十月七日）晨陰

六鐘起。看《呻吟語》。薙髮。七鐘餘出門拜客：賀部中諸人補缺及奏留喜，林、顧、曾、張、汪、宗、李、祝、王、楊；答拜張劭翁之令姪不遇，晤劭翁，談片刻。答拜虞君含章。答拜李君德膏。

回寓午飯，食蟹。午假寐。夕，往教育研究所觀演影燈。十鐘半歸。

李芰香來，宿此。

收信：徐梧生薦正文齋送來書若干種；幼梅，附寄芸生信；李伯芝；桑園豐藏附書六本，又根津一介紹函一封；許士先；梯雲；益齋，附林右丞函，謀諮議官。

八月二十一日（十月八日）

六鐘起。廣平王之翰來。看《呻吟語》。梯雲來。燕泉回保定。

拜客：□臣，幼舟，伯寅，小莊，芸生，世五。

九鐘到署。與柳溪議事。午，詹眷臣、屈桂亭、吳述之同到學部，商發題事并驗文憑。至五鐘後始畢。

赴湖園公所，因明日奏補國子丞衙門官缺，帶領引見也。

收信：智惺報智怡八月十一日生一男。

八月二十二日（十月九日）

六鐘起。梧生到公所。七鐘往吏部朝房候片刻，即至宮門外候帶引見，八鐘後引見畢。公所早飯。飯後訪榮相商事：仍請慰帥招程經世來襄校。

一鐘半回署。與丞參議事。魏積渚京卿來署，晤談片刻。閱文，閱稿。五鐘歸。

執中來。寫答智惺信。

收信：黄藴真索《教育雜誌》；張君文成；智惺；智怡；智閑。

八月二十三日（十月十日）

六鐘起。看《呻吟語》。吕敬亭、王仲華來訪。毛方伯來留飯。邵君遵南來。午，公祭貴老師於阜成門外圓廣寺。拜客：崇岱，恩光，松蔭，孫慕韓，毛實君。到華宅，與秩昭、智舒談話。

晚，吴止欺來。

收信：喬、李二公，陳蔗叔。

八月二十四日（十月十一日）

六鐘起。看《呻吟語》。八鐘赴阜成門外路祭貴老師。拜詹眷臣、李繼香。十一鐘到署。午，拜魏、嚴、劉三襄校官。夕回署。暮回寓。

收信：歐陽旭德，趙幼梅，嚴肅，智惺。

八月二十五日（十月十二日）

六鐘起。看《呻吟語》。寫信：幼梅、智惺。會客：洪鑄生、李君德膏。九鐘到署。布置襄校官坐位。劉子貞、嚴幼陵、屈桂亭、吴仰之、詹眷臣、陳星庚、魏季渚先後到。唐、聯、塔三大臣十一鐘到。陪諸公驗文憑，并商考試事宜。十二鐘飯。飯後復議擬題事。四鐘散。端制軍見訪。晚，在署飯。飯畢閱到文。

八鐘回寓。與小莊、伯寅習英文。

收信：二妹，智惺姪，鄭經郛，孟芹香。

八月二十六日（十月十三日）

六鐘起。薙髮。改信稿：邱固真，張崑，李伯芝。拜客：屈桂亭，吴述三。

十一鐘到署。午，榮相到署。終日督飭豫備考試事宜。晚飯後，閱到文。

八鐘歸。與静生談。

收信：子誠，玉孫，樂群編譯局，鍾山玉，魏鵬九。

八月二十七日（十月十四日）**考試游學生第一場**

三鐘半檢題。四鐘到署。照料繕題至七鐘半乃畢。七鐘半點名，八鐘發題。晚六鐘前散場，照料分卷，七鐘畢。八鐘歸。

收信：伊集院總領事催高尾所交爲松方伯寫古稀壽典之件。

八月二十八日（十月十五日）

六鐘起。七鐘半到署。過紹川小坐。丞參堂坐。榮相到署。晚，過紹川、桂亭、幼陵各室。宿署中。看林琴南所譯《拿破崙本紀》。
收信：智惺，智閑。
八月二十九日（十月十六日）　考試游學生第二場，是日遷鮑家街新店
五鐘起。照料繕題。七鐘半點名。照料紹川、春卿、木庵三大臣閱卷。午假寐片刻。過樹五，談教科書事。晚，分卷後陪劉、詹、吴、程諸君飯。八鐘歸新店。與静生話。
收信：張崑，仁安，張祖詠賀節。
八月三十日（十月十七日）
六鐘半起。看《呻吟語》。
九鐘到署。過眷臣、季渚、子貞談。至閱卷大堂，與程書畬、陳星庚、屈桂亭談。午，在丞參堂。覆看中文卷。夕，閲文牘。暮歸。
晚，習文法兩課。
收信：吴蔚若前輩，高尾亨。

【封面】丙午、丁未日記（九月一日起，五月二十日止）

三十二年辛酬：

楊賡廷：月三十，端、秋共一百，年三百四十千，加坨酬五十千；

吴：月三十，端、秋共一百，年二百四十千；

王臣浦：月三十，端、秋共一百，年一百二十千；

臧幼臣：月一萬五千，年二萬。

三十六年工賞：

王禄：工十千，年二萬五；

紀升：工八千，年一萬；

韓升：工六千，年八千；

劉順：工六千，年十千；

張福：工四千，年六千；

王順：工四千，年四千；

曹奎：工三千五，年三千；

于順：工三千五，年三千；
劉泰：工四千，年四千；
張三來：工四千，年八千；
廚房：工一萬二，年四萬五。

九月初一日（十月十八日）

六鐘起。看《呻吟語》。寫復吴蔚若前輩信。還古文輯稿。九鐘到署。到閱卷大堂，與魏季渚、劉子貞久談。諮議官趙芷孫、汪穰卿、羅叔蘊來見。午，照料閱卷。晚，定分數。十鐘歸寓。瀛甫來。

收信：伯苓先生。

九月初二日（十月十九日）

六鐘起。看《呻吟語》。楊銘修來。九鐘到署。午，榮相到署。照料寫榜。照像。晚，七鐘發榜。與魏、嚴二公閑談。八鐘歸。

收信。

九月初三日（十月二十日）

六鐘起。看《呻吟語》。七鐘出門答拜周觀察，談一小時。復回寓。

九鐘後到署。閱文牘。午，丞參堂談公。四鐘後唁陳士可。出歸寓。

晚，魏梯雲來。芸生談。

收信：朗溪自高等工業學校發明信片。

九月初四日（十月二十一日）暖

六鐘起。看《呻吟語》。徐季龍來訪。十鐘出門。答拜……*訪梯雲。會賢堂與榮相公請閱卷諸公。三鐘散。

訪益齋，不遇。答拜邵、周兩同鄉甯波館，不遇。答拜阿紫石、馬竹坡、羅叔韞、富興阿。暮歸。

錫三父子自保定回里，過此留宿。

*原文留空。

九月初五日（十月二十二日）

六鐘前起。看《呻吟語》。錫三父子歸里。爲于歗仙書扇。爲日本松方伯書屏。

寫信：菊老，智惺，二妹。李潤生來。

十鐘半到署。紹希來談公。午，丞參堂、調查局小坐。谷福堂來，議山西大學堂事。晚飯後歸寓。

收信：智閑。

九月初六日（十月二十三日）

六鐘起。看《呻吟語》。馬葑溪來。祁君之綸來。北洋師範學堂教習中嶋半次郎來見。

十一鐘到署。訪魏季渚、嚴幼陵叙話。閲摺稿，擬初八日具奏。閲文件。晚飯後歸。

收信：端午橋。

九月初七日（十月二十四日）霜降

六鐘起。看《呻吟語》。劉幼樵來。王君佺孫來。寫信：慕韓，季枚，李新吾。十鐘出門到署。柳溪議增摺稿事。午，同喬、李兩公訪榮相。飯後往公所宿。

收信：沈翰卿，趙虞軒，燕泉，玉孫，馮公度。

九月初八日（十月二十五日）遞摺，會閲卷三大臣銜

六鐘前起。静坐二刻許，兩摺奉旨，一『知道了』，一『依議』。

聯、唐、塔三公來談。榮相、喬、李三公同議事。

午後，訪菊人，遇梧生，談約一小時私立中學捐款千金，是日面交。夕歸。緒雅來。寫信：緝之爲電燈公司工程師事，翰卿，柘公，幼梅丈，玉孫，智惺，二妹。與約敏電話。與墨青電話。

收信：柘公，智惺。

九月初九日（十月二十六日）

六鐘起。看《呻吟語》。清平羅門生來見。梧生來。梯雲來。朱幼山來。

十鐘後到署。丞參堂理昨日議定各事。陳錦濤來見。商謁見總裁禮節。午，樹五談雲南學務員紳，極稱秦瑞堂光玉之賢，可充諮議官。茂蘐來談菊生信，劉幼雲信，派優級師範監督堂諭。閱文牘。訪家幾道略談。夕歸。

晚，與静生立談約一小時。

九月初十日（十月二十七日）

六鐘起。看《呻吟語》。静生赴津訪張小浦。寫復趙虞軒信。

十鐘到署。閱前集議簽改奏定章程。丞參堂柳、紱兩公議事。擬考試山西畢業生考校及監考人員名單。夕，閱文牘。暮歸。

伯恂叔晚歸。教員張希謙來。

收信：張仁府。

九月十一日（十月二十八日）星期

六鐘起。看《呻吟語》。薙髮。璧臣來，攜交曹東寅所抄《日本小學施行規則》二册。小泉、穎伯先後來。夏瑞芳來。大城劉維霖來。午後家眷來京。夕，赴頤和園公所，先訪榮相，談片刻。

九月十二日（十月二十九日）陰雨

六鐘起。是日遞兩摺三片。留學畢業生引見。飯後詣菊人，不遇。訪袁慰帥，略談。兩鐘後回寓。黄君元龍來。與姪談。晚，寫信：燕泉，仁府。

收信：沈姑母。

九月十三日（十月三十日）

六鐘起。九鐘到署。與紹希談。聽講兩小時。午，丞參堂久坐。顔惠慶、謝天保來見。屬邃安擬摺稿，爲醫科出身事。

夕詣華老，商醫科出身事。宿學部公所。

九月十四日（十月三十一日）

六鐘起。九鐘回署。與左右丞商改摺稿。魏季渚京卿訪談。

午後攜摺稿訪榮相，又攜訪徐尚書。適袁慰帥約尚書晚飯，聞余在徐許，遂并約余，坐中又有孫京兆。

晚，復到榮相宅，久談。宿湖園公所。

九月十五日（十一月一日）寒暑表五十度

六鐘起。候榮相於公所。九鐘半至，談片刻。屬將所擬摺稿於十七日繕遞。黄琴生、張鳴岐兩大令見訪。答拜黄、張二公於朗潤園，遂拜晤仲仁大令，談許久。萬興堂早飯。

飯後復到署。酌定明日監考名單。閱文牘。孟紱兄談公。參事廳議事孫中堂摺，總務司擬覆奏稿。顔惠慶、薛錫成來見。閱到文。暮歸寓。

晚，與芸生談天津學界近事，兼論督學局事。復夔鈞函。

收信：夔鈞，柘表叔，玉孫，楊銘修，李柳翁令尊。

九月十六日（十一月二日）極寒，聞是日換珠毛袍褂，寒暑表四十四五度之間

六鐘起。八鐘三刻到署。考驗山西西學專齋畢業生，是日第一場。九鐘點名。

發題國文，經學，中史。訪魏季渚談。到督學局、圖書局查看，俱略坐。

夕赴湖園。訪菊公不遇。萬興堂晚飯。飯後復詣菊公，小坐。詣榮相，小坐。

宿公所。看《中國學生報》。

收信：盧木翁，王杉翁，王秋臯。

九月十七日（十一月三日）極寒

六鐘起。看《拿破崙本紀》。聞將召見，九鐘入宫門恭竢，十鐘入見，奏對刻許而出。到公所候軍機處交片，到乃歸。

一鐘到署。飯後閱文牘，閱試卷。與丞參諸公議事。顔生惠慶、董生鴻祎來見。閱《官報》稿。四鐘半回寓。

金小泉來訪，留飯。九鐘睡。

收信：家幾道還借款百金。

九月十八日（十一月四日）

六鐘起。薙髮。東城拜客：因路多淖，馬車困難，未拜畢而歸。墨青至自津。桐階來。張伯苓先生至自保定。潤生至自津。

收信：袁際雲，附張小帥電。

九月十九日（十一月五日）

六鐘起。到學部點名。寫復家幾道信。復際雲信，復筱帥電。顔惠慶辭行。夕，城外拜客，晤家幾道、劉子貞。

九月二十日（十一月六日） **改官制之詔下**

六鐘起。與伯苓、墨青談。日人西山君來。梧生來。午後拜客。賀華太姻伯母壽。十鐘乃歸。

【頁眉】東亞同文會總辦根津代理西山保壯，暫寄十景花園宫内宅。

九月二十一日（十一月七日）

六鐘起。濯足。八鐘到署點名。寫信：復相蘇，復東亞公司鈴木君，復盧木翁信。八鐘到署點名。午訪榮相，遇諸西直門外，因造其家。復到署。暮歸。夜，與林、張二君談至四鼓。

收信：張晋侯仁熀，錢君維驥，島田俊雄，柘表叔。

九月二十二日（十一月八日）

六鐘起。伯苓、智惺還津。吴君光正來。與墨青談。梧生來。薛生錫成來。午，徐雪杭太守來。到署。樊紹泉炳清到署。參事廳會議。閲文牘。七鐘乃歸。

收信。

九月二十三日（十一月九日）

六鐘起。張仁府來。王肖杭來。赴大學堂，是日山西學生考化學試驗及畫圖。飯後，點名散卷。一鐘出，拜客數處，至國子監小坐，出。覆車於途，復返借致齋所小坐，歸已暮矣。石臣、少林來，晝間約定也。談至三鼓。

收信：三河駐防營得介翁及同營諸君，王槐廷自上海發。

九月二十四日（十一月十日）

六鐘半起。九鐘到署。檢點紙件，記應辦辦事宜。午丞參堂坐。夕閲文牘。四鐘歸。改信稿：致程慎原世兄。王稚虹來。與墨青談。寫信：玉孫，子澄，沈翰卿。

收信：梧生。

九月二十五日（十一月十一日）星期

六點半起。與墨青談。薙髮。相蘇清五郎陪熊田隆來，談約一小時。安藤胖君持智崇介紹書來製麻商業。劉户部鳳奎。張家謙來。墨青、子春還津。

十鐘出門拜客：東城，是日晤華師兄堪。三鐘歸。

林琴南來拜，談刻許。貝季枚來。緒雅來。寫信：蓮溪，竹叔祖，智惺。

收信：智惺，智崇紹介安藤，黃君元龍，韓伯鵬爲徐少生引見託照料，張仁府附詩幅。

九月二十六日（十一月十二日）

六鐘半起。晉生延年來字子壽。

十鐘到署。聽講兩小時。梁小山侍讀慶桂自粵來京部曾電招，擬令赴南洋。榮相到署。查學委員羅、田、劉、張四君來見。彥明允來見。蔣伯福黼來見。陳蘭生錦濤來見。丞參堂議事。暮歸。

執中來。江翊雲來。習英文一課。與静生談。

收信。

九月二十七日（十一月十三日）

六鐘半起。教場六巷之舊鄰蜀人張崑來見。寫信：燕泉，秋皋。

九鐘半到署。静生有疾，研究所停講一日。督學局、圖書局閑坐。看李、劉、吴三君，閱視天津學堂筆記。看紹希改擬考試章程。閱分校所校山西畢業生試卷。午，丞參堂坐。王鴻年、彥悳來談。林朗溪來信。暮，閱文牘。五鐘半歸。

寫信：峻叔母，耕亭，張松泉世丈，李玉峰。【頁眉】煩幼舟復日本留學生李瑞萱信。

收信：張君文成，峻叔母，耕亭，智閑，李玉峰，劉子澄。

發信：秋皋，燕泉。

九月二十八日（十一月十四日）朝霧

六鐘半起。寫信：智崇，附寄李玉峰、李君瑞萱信。【頁眉】煩德夫復李心原丈信。

法貴來電話，停講一日。

拜客：順治門外一帶，晤璧臣、哲臣。

十二鐘到署。閱稿件。覆閱部員所簽奏定章程。閱恩部員所擬『統計報告章程』。

孟紱翁來談公。丞參堂小坐。五鐘半歸。

寫信：復三河駐防營諸公。晚，習英文二小時。

收信：陳柘叔附德人所論衛生十條。

發信：三河駐防營，浙江即補縣李心原丈思敬，住杭城十五奎巷，智崇、高輪南町三十番，李玉峰飯田町三丁目二十六柳橋方，李瑞萱謀官費事，本鄉東竹町九番目之出館。

九月二十九日（十一月十五日）

六鐘半起。寫信：王杉緑。徐梧生來。

九鐘半到署。聽講兩小時。午，丞參堂議事。荣相到署。參事廳議事。閱文牘。

五鐘半歸。

晚，與靜生談。寫信：獻夫，梧生。芸生來，談至九鐘去。

收信：獻夫。

十月初一日（十一月十六日）太廟陪祀

夜三鐘起。四鐘出門。至午門外國子監朝房候兩小時許。六鐘入太廟。聖駕七鐘後至，隨同行禮，約九鐘禮畢。

回寓用飯。飯後繙閱《大清通禮》《順天府志》，看報。

一鐘到署。榮相到署電北洋催江庸來京，咨調吴友炎、陳應忠、邵濟。閲稿，閲摺議後山西中齋畢業之舉人；駁粤省奏派諮議官；郭立山、劉焜充大學堂國文教習，奏明立案。

五鐘半歸。朱清泉來，候已久矣。談片刻去。晚，與靜生略談。寫信：幼梅，玉孫，智惺。習英文二課《讀本》《文法》各一課。與小莊談募畫師事『愛惜時間』宜入教科書。與伯寅談審定科須與圖書局聯絡又外省審定書籍宜先送部核閲，以歸畫一。

收信：玉孫，幼梅贈陳雄藩所著《原警察》，智惺。

十月初二日（十一月十七日）

五鐘起。六鐘出門。七鐘一刻到六項公所。皇上自坤甯宫還海，跕班候至八鐘後散。

九鐘半到署。擬電稿，致北洋約沈琦。看稿件。午，榮相到署。添調蔣黼。閱稿件、到文。閱『譯學館講義』。

四鐘歸寓。晚早睡。

收信：馬積生託覓教歷史教員，原信交紱臣。

十月初三日（十一月十八日）星期

六鐘半起。薙髮。會客：嚴大令肅，羅太常熙麟。

八鐘後出門拜客：高菊軒、谷福堂□□、朱清泉、屠元博俱已出京，黃慎翁、張心田、卓太守孝復俱未見。弔蘇潤民。

到華宅，與璧臣談，與智舒話。答拜松季雲。

三鐘回寓。假寐片刻。貝季枚來。胡君祖安來。

赴榮相約，於其家。九鐘歸。與潤生談。

收信：仁府；考察政治館送來官制原奏清單。

十月初四日（十一月十九日）夜雪，朝又大雪

六鐘半起。看『官制單』。臧幼臣來。

九鐘半到署。聽講一小時。午，賀鹿滋老娶孫婦。

三鐘後復回署。與榮相談。閲文牘。五鐘歸。
楊康侯同年令嗣信臣名文憲來見，屬爲請託。正言規之。
與静生談。寫信：曾延年，智怡、智鍾，仁府。
收信：日本公使林權助介紹柏田盛文，智閑。

十月初五日（十一月二十日）寒

六鐘半起。昨夜感風寒，今日頭昏鼻塞。朝食後睡一小時。
十鐘前到署。看圖書局新編之《國文教科書》并《教授書》。聽講兩小時。午，路壬甫、吴劍秋來見。接看《國文教科書》。榮相到署。閲文牘。擬再復袁慰帥電。山西覆試卷榮相覆閲訖。五鐘回寓。
晚，看報。寫信：智愃，沈姑母，伯鵬，仁安附幼梅所寄書一册。
收信：沈姑母，智崇，智愃，耕亭。

十月初六日（十一月二十一日）

六鐘半起。柴君石蓉來，持稟一扣『條陳强迫教育辦法』。
日本同文會幹事柏原文太郎來訪，自九時至十時半乃去。
十一鐘到署。聽講一小時。午，閲新編《國文教科書》《教授法》。閲文牘。

榮相未到。丞參堂小坐。五鐘前歸。

趙毓西來。芸生、伯寅來。看《使黔批牘》。

收信：張晋侯，鄧元翊。

十月初七日（十一月二十二日）

六鐘半起。九鐘同静生訪柏原文太郎，坐片刻。答拜高尾亨，談數語。林使出見，談一小時。

十二鐘到署。午後丞參堂論事校閲《國文教科書》。二鐘半同樹五周視圖書局。參事廳會議。五鐘閲文牘。答拜江翊雲。訪芸生、伯寅小坐乃歸。

晚，寫信：蓮溪，智惺，二妹。

收信：顔惠慶，智惺，二妹，李蓮溪。

十月初八日（十一月二十三日）小雪節

七鐘起。王桂生來，談約兩小時。訪黄芸孫小坐，面約伊今晚在惠豐堂便飯。回寓早飯。

午到署。看文牘。校《國文教科書》。

惠豐堂約芸孫便飯，陪者葑溪、吉臣、斌廷、蘭浦。訪耀卿，小坐。慶樂園聽演説兩段。步游前門大街，燈綵甚多。十鐘半歸。

收信：智惺。

十月初九日（十一月二十四日）

七鐘起。薙髪。壬午同年繩凖之武來貸銀。吴遂棻來。幼樵來。

十鐘後到署。到督學局小坐。午，閲文牘。范吉六來請假。校《國文教科書》。丞參堂談公。暮歸。

收信：錢念劬先生，附條議七則；安少泉廣文，自清河學署；盧木翁；謝仲勤、劉湘蓀爲袁宫保之次公子求婚。

皇太后萬壽 十月初十日（十一月二十五日）星期

五鐘起。七鐘到六項公所，隨衆至景福門外行禮。到大學堂舉行祝賀會。晚飯後觀影燈。

九鐘回寓。飲酒微醉。歸與劉子澄略談數語，即睡。

收信：吴蔚若前輩。

十月十一日（十一月二十六日）

七鐘前起。子澄來談，約兩小時別去。

十鐘到署。校閲《國文教授書》。午，丞參堂談公。袁樹五來談，商論編《農學課本》及學校唱歌事。江翊雲到署。沈慕韓來見。閲文牘。暮歸。

晚，倦甚早睡。

收信：耕亭，附信稿及報帳。

十月十二日（十一月二十七日）

七鐘前起。曹廩生友三來。寫信：復謝仲勤、劉湘蓀。復盧木翁。

十鐘到署。校閲《國文教授書》至午後，八十課畢。榮相到署。岩谷來談，約一小時。山西學生分數定議，擬十五日出奏。『管理游學生摺』擬十六七日具奏。暮閲文牘。爲馬溆午送行，至則行矣。六鐘回寓。

芸生送來謝袁慰帥助私立中學五千金信稿，又復謝韓紫石信稿。

收信：熊秉三，柘表叔，秋皋。

十月十三日（十一月二十八日）　連日晴暖

七鐘前起。徐梧生來。十鐘出門。弔饒侍山。拜客：鄒大令毅洪，吴君巽，嚴君寅亮，汪觀察文□，徐觀察樾。

十一鐘半到署。覆閲昨校之《國文教授書》。午，丞參堂閲報。肖項商，法政學堂旁之間房擬購拓。君九請添派李佑周兼專門司。何見石訴其弟被控事。叔韞諸君來函，商大學堂事。閲文牘。暮歸。

晚，同潤生乘馬車出前門游覽。九鐘歸。

收信：玉孫，燕泉，楊君澤濡。

十月十四日（十一月二十九日）

七鐘起。九鐘半到署。聽講兩小時。江翊雲傳譯。午，榮相到署。簡蔚若。夕，參事廳會議簡易師範獎勵無。閲文牘。暮歸。

楊炳初來，留之晚飯。早睡。

收信：子澄，智惺。

十月十五日（十一月三十日）

五鐘起。六鐘出門。六項公所聽候，至八鐘後乃歸。賀劉博老嫁孫女。答拜仲魯，談許久，遇明允。訪梧生不遇。答拜王魯璠，楊文憲。

十一鐘半回寓。飯後假寐片刻。

兩鐘到署。樹五、枚粱、丞參三公先後來談。閲文牘。五鐘半歸。

晚，看報。寫信：智惺，玉孫，子澄，蓉生。

十月十六日（十二月一日）

七鐘起。薙髪。看《呻吟語》。看《哲學概論》。游秀峰青田，新鄉舉人，光州學正持任琴孫世叔信來訪。游於廿九年到光州任，因停科舉光州因教案停科舉五年，與天津同，入不敷出，稟請開缺。去春回籍修墓。兹來京師，擬入法政學堂肄業。年約三十許，器宇甚好。

梧生來，將伊所擬『薪津單』攜去另擬。梧生言，宋紹興十年曾升孔子爲大祀，至何時復改中祀，尚未考得其詳。

出城，擬弔馮公度之夫人，至則輿從在門，將發引矣。遂折回到華宅，坐許久。十二鐘到署。校閲蔣智由氏《修身教科書》，未畢。紹希來談初等實業學堂事，順天中學、五城中學改良事，譯學館請調教員。榮相到署。閲文牘。閲《官報》稿。閲摺明日『奏上設游學生監督處』一摺，又『章程清單』一，又奏派王克敏爲副總監督片。陳蘭生來辭查學差，恐不能兼顧，因度支部事太繁也。榮相許以添派一人輔之。稿件甚多，閲至六鐘乃畢。

收信：任琴翁，智舒。

十月十七日（十二月二日）加班奏事

五鐘起。六鐘出門。七鐘到六項公所，八鐘後膳牌發下，遂歸。

到署用飯。校閱蔣輯《修身書》畢。十二鐘回寓。朗溪來，談二刻許。門田君來，坐約一小時而去。檢舊存朋友信函，至暮乃畢。子雨來，留晚飯。

寫信：復二妹，寄約敏。蹇季常、陳樂書自津來，館此。

收信：二妹。

十月十八日（十二月三日）

五鐘半起。六鐘一刻出門。七鐘半，到六項公所，同鄉官謝鬫緩恩。八鐘半行禮。九鐘半到署。聽講兩小時。午，榮相到署。朗溪到署。五鐘散。晚，習英文一課。與蹇、陳諸君談。

收信：西山保壯自保定火神廟東，約敏信兩件東京十二人照像一張，耕亭，張仲仁，王秋皋。

十月十九日（十二月四日）連日晴暖

七鐘起。梳髮，濯足。寫寄幼梅信，未畢。吴遂棻至。仁安來。十鐘前到署。聽講兩小時。午，朗溪來，商致楊公使電。樹五陪劉茂堂來見紱臣，來商應付佐伯事。路壬甫來，談擬《實業學堂章程》事。肖項來，説法政學堂拓地事。五鐘歸。
晚，備飯約蹇、陳、江、范、陳、劉、陳小聚。陳公孟來。
午後，楊杏城詢『山東學堂獎勵咨文』到部否。復以未到。
收信：二妹仍論閑兒宜俟畢業考試後來京。

十月二十日（十二月五日）

七鐘起。看《呻吟語》。九鐘到署。寫信：復仲仁，寄幼梅附《古文詞略》。聽講兩小時。午，丞參堂看報。榮相到署。看稿，改稿，看到文。柳、紱兩公來談公。五鐘散。
晚，習英文一課。與蹇、陳二君談。寫信：復伯齡，耕亭，智惺。
收信：伯齡，耕亭，智惺，子澄。

十月二十一日（十二月六日）　蘭浦弟回津

七鐘起。看《呻吟語》。于歗〈石〉〔仙〕來談，自八鐘至九鐘。
九鐘半到署。看稿。聽講兩小時。午，與柳溪談公。榮相到署。商改稿件。參事廳會議，擬簽改『學堂章程』。閱到文。五鐘半歸。
收信：翁季枚廉。

十月二十二日（十二月七日）

六鐘起。蹇季常早車赴津。朱效先念詒來。張仲昭世兄來。寫復翁季枚信。

十鐘半到署。參事廳會議，修改『學堂章程』。午，閲普通司修改考試章程。閲摺稿。閲譯學館卷十餘本。晚，與樂書商工業學堂事。與静生商師範學堂事。習英文法兩課。

收信：電燈公司所派學生孫慶連，張晋侯。

十月二十三日（十二月八日）

七鐘起。看《呻吟語》。薙髮。寫復張晋侯函託欽使難從命。

九鐘半出門，拜客：歐陽旭德赴津，張仲昭世兄出門，于晦若前輩出門，翁季枚出門，劉子貞晤，徐少生晤。

一鐘半到署。張菊生來署，談良久，謂南洋興學辦法宜慎。又謂今年考試游學生不拘宗教界限，頗爲外人所稱。

潘同知清蔭字季約到署。潘，巴縣人，癸酉孝廉，庚辰大挑二等，曾任教職，五年前到山東，在學務處凡四年。

看稿。閲到文。閲譯學館卷。五鐘歸。

晚，寫信：智惺私立收費不拘，《百科全書》可買否，帶去《上海儀器館目録》十册，玉孫論五十名額分配十八州縣之善，幼梅附《儀器目録》十本。

收信：翁季枚再論法政大學之當立，并有箴儆之語極可感；李君瑞萱仍求函致浙撫補官費；楊楨巖聞監督將撤，求爲位置；玉孫言，天河第一私師範學校第三完全匀額事。

大學分科文，法政，醫，工，理，農；師範；法政；高工；高農；高商；醫；譯。

十月二十四日（十二月九日）星期

七鐘起。看《呻吟語》。羅太常熙麟來，有所謀。余勸伊入法政講習科。

拜客：仕學館畢業生連捷，潘季約清蔭，于歗仙，性庵晤，梁小山慶桂，姜門生鎮藩，羅熙麟，朱警官德裳，朱桂辛，孔大令繁淦，劉度支鳳奎，晤，王輔臣敦銘，晤，王聘德珍，于太守宗潼。兩鐘歸。

芸生來。小泉來。董悦安廣文怡如自甯河來，詳問學堂辦法。

晚，赴日本公使約那、鐵、榮、姜、聯、趙、良、曹及外務部譯官唐子奇，神尾少將、清穆、高尾等。

七叔祖自津至。

收信：執中，張晉侯。

十月二十五日值日（十二月十日）

五鐘起。看《呻吟語》。六鐘出門。七鐘到六項公所。九鐘半隨榮相入對，問及天津巡警及賭風。答拜彦明允。

十一鐘到署。聽講一小時。午，丞參堂閲報時，樹五以所擬《習官音辦法》見示。榮相亦至。陳樂書到署。羅叔韞等四君子自山西查學歸。簽判至五時。枚亮來談實業教育事及教學講習會事。

回寓。執中先至，是日約執中便飯。

收信：唐秀鋒，孔少詹前輩，趙虞軒，王槐庭，仲仁，王槐庭，仲仁，獻夫，蓉生。【頁眉】神田區今川小路二丁目三番地三樓四十番

十月二十六日（十二月十一日）

七鐘起。看《呻吟語》。補日記。寫致惺姪信，交于順帶去。梧生來，談各員薪津事，又言孔子升中祀始於唐開元，升大祀始於宋紹興，元則自用中祀之典禮，故大祀終宋而止。

九鐘半到署。聽講一小時，因譯員患頭痛，第二時停講。與紹希商改『考試章程』數條。校《算學術》審定科交。榮相來署。茂老病愈來署。與華、茂二公談極久，

有辨論。簽判畢，還寓。

李琴齋盛衡來訪范、陳二公，遂及余。與之談甚久。琴齋，德化人，木齋之堂弟，畢業早稻田大學，應調赴奉天。

晚，以《算書》就正於希周。與七叔祖談洵事甚久。

收信：蔚州學界同人擬約賈洞元回里辦學務。

十月二十七日（十二月十二日）

七鐘起。看《大學》。寫復蓉生信。復燕泉信，未畢。【頁眉】燕泉信寄交濟南黃亭門口武公館轉寄。

九鐘半到署。聽講兩小時。午，榮相到署。叔韞所擬《山西大學堂辦法》酌籤數條。審定書屬交局長一閱。

五鐘歸寓。晚，習《英文法》一課。

收信：曹敏齋；胡玉孫，辨初級款事；智惺；翁季枚；同鄉會寄第五次報告。

十月二十八日（十二月十三日）

七鐘起。檢《史記·孔子世家》及《廉頗傳》。寫信：寄燕泉，由郵局發；復玉孫；復智惺。趙虞軒來。

九鐘半到署。聽講兩小時。午閲報，閲文牘。參事廳會議法政學堂，進士館出洋速成班，出洋入日本大學貼費。閲到文，閲稿。晚，起信草，復西山保壯。與竹叔祖久話。寫信：寄姪。

收信：董生匡經自滇補用直州，智惺。

十月二十九日（十二月十四日）

七鐘起。看《呻吟語》。寫信：順循，爲趙虞軒事。視智舒病。賀哲臣娶兒婦。拜客：林大令松堅，唐觀察子奇，張雁雲，彭同九。

十一鐘半到署。午後閲報。榮相到署，商定數事菊老分司，醫學堂辦法，派員管理工程，考試新章定稿。四鐘後回寓。

晚，寫信：玉孫，智惺，智蠲。習《英文法》一課。

收信：玉孫，智惺，智蠲，劉子澄。

十月三十日（十二月十五日）

七鐘起。看《呻吟語》。起信草：復曹親家。北村澤吉來。楊銘修來。

十一鐘到署。午，榮相到署。閲文牘。夕散。晚，因體不適早睡。

收信：智惺，玉孫，連仲甫。

十一月初一日（十二月十六日）

七鐘起。薙髮。看《呻吟語》。看《官制通則》。林魯生松堅來指分浙江試用知縣，曾署武清典史，廿八年游學日本，二十九年以病歸，又曾在南洋公學學英文、算學。謄復曹親家信。章一山來。李蘭澤來。姚儷桓來。高尾亨。午，到長福號，隨竹叔祖游陳列館。到有益堂。答晤邱曙蓉。答訪鏡孫，不遇。夕歸。看《官場現形記》。

收信：趙雲卿，伯鵬。

十一月初二日（十二月十七日）

七鐘起。看《呻吟語》。擬復仲仁信草。天津孫紹芸祖武，河東人，肄業於日英語學校，持任琴叔函來見。

十鐘到署，聽講二小時，與茂軒談公。寫致榮相信李提摩太來京，楊星使電。看稿，看到文。到普通司與諸君談小學年限事。晚，習《英文法》一課。

收信：任琴翁，智惺卅晚發。

十一月初三日（十二月十八日）風

七鐘起。看《呻吟語》。詹壽山來持琴翁信，是日將前交文憑還之。錢醫士澂來紹雲之族兄，曾在保定高等學堂充醫士。

到署。聽講兩小時。午，丞參堂談公。岩谷來。閱摺，閱文。

晚，寫復仲仁信。與幼梅電話。看《官場現形記》。晚，風止。

收信：饒岳生自漢口，十月廿九日發，智惺。

十一月初四日（十二月十九日）

七鐘起。看《呻吟語》。寫復仲仁信改寫。

十鐘到署。聽講兩小時。午，例事外但閑談。朱贊卿來署。

晚，寫復趙雲卿信。復玉孫信。楊耕翁、尹劼諶來。習《英文法》一課。門田君來還借款，談至十一鐘去。

收信：玉孫，子澄，幼梅，蓉生，智惺。

十一月初五日（十二月二十日）值日

五鐘起。六鐘出門。七鐘到六項公所。九鐘回寓。小食後，十鐘到署。

聽講兩小時。午看稿。谷福堂陪新選來鳳縣知縣田子琮應璜，山西渾源州，甲午舉人來談。叔韞伏候。昶雲昨日自津回京，今日到署。參事廳會議。簽判畢，六鐘歸。

與耕潤并家竹叔祖談約兩小時。

收信：黃藴真，詹壽山。

十一月初六日（十二月二十一日）

七鐘起。看《呻吟語》。寫信未畢。梧生來，談至十鐘。到署。榮相午前至。午後丞參堂與羅、張諸君議山西大學堂事。

弔許筠師於長椿寺。答拜王季樵前輩，張菊生，馬慕蘧。

晚，習《英文法》一課。看《官場現形記》。

十一月初七日（十二月二十二日）

七鐘起。看《呻吟語》。寫致玉孫信。渡邊龍勝來，談一小時，十鐘去，云今日赴保定。

到署。補看昨日到文。袁樹五來談公。午，榮相至進士館買房定議，實業司行文度支部定議。暮歸。

晚，看《官場現形記》。

收信：仲仁，自治局。

十一月初八日（十二月二十三日）冬至◎星期

四鐘起。天壇陪祀。五鐘起身，六鐘到，坐一鐘許。同壽子年進至二道壇門，又立候一鐘許。將九鐘聖駕到，隨同行禮，約一鐘許禮畢。

答拜邵君濟、立君保。午前回寓。

仁安來訪，留飯，午後去。大睡半日。

晚，與潤兄談，與靜兄談，與智舒話，與七叔祖、楊耕翁談洵事。十一鐘睡。

洵差送報帳至。

十一月初九日（十二月二十四日）

七鐘起。寫復仲仁信，未畢。梧生來。

十鐘半到署。松筠庵公請李提摩太。三鐘散，復到署。

改稿，閱文件。五鐘半回寓。

晚，習《英文法》一課。與耕翁、竹叔祖談洵事。

收信：唐萁廷。

十一月初十日（十二月二十五日）

七鐘起。寫信三封仲仁，幼梅，詹壽山。

十鐘到署。聽講兩小時。午，丞參堂。閱報，看稿件。五鐘歸。

晚，與智舒話，與劼謀話。寫賀年片手嶋，伊澤，坂田，嘉納，梅……*

收信：翁季枚。

*原稿此處至頁邊，裝訂時被裁去。

十一月十一日（十二月二十六日）

七鐘起。看《呻吟語》。盧選青來，談至十鐘。到署。聽講兩小時。午，肖項、樹五談公。看文牘。榮相未到。四鐘回寓。晚，寫信：澄甫兄，蓉生，智惺。習《英文法》一課。與耕翁、竹叔祖談家事。十二鐘睡。

收信：馮公度，張晉侯。

十一月十二日（十二月二十七日）

六鐘半起。送耕亭、劼諶，去後復睡一小時。看《呻吟語》。高尾亨來，談至十鐘去。

聽講一小時。午，榮相、茂、柳、紱諸公商酌數事。參事廳會議：師範獎勵，進士館考試。

晚，芸生、小莊來談。早睡。

收信：玉孫。

十一月十三日（十二月二十八日）加班奏事

五鐘起。看《呻吟語》。六鐘，向七叔祖略談，叩送訖即出門。兵部報房坐片刻。傳心殿坐片刻。十鐘半歸寓。飯後看報。六鐘歸。午到署。看文牘。擬『奏派譯學館監督片』稿。

收信：耕亭。

十一月十四日（十二月二十九日）

七鐘起。看《呻吟語》。薙髮。梧生來，談片刻。答拜林公使，談約一小時。答拜崔世兄有泰、李世伯仲元，俱不遇。答拜王季樵前輩，談約一小時。一鐘半到署。飯後閲文牘。樹五、紹希、君九、梧生、朗溪先後來。六鐘歸寓。稚虹來。静生自保定歸。與静生談。志賡來，談至十一鐘去。

寫信：玉孫，耕亭，智惺，智圓，曾符。

收信：徐静瀾觀察華清介紹科醫士；范吉六言不日銷假來京。

十一月十五日（十二月三十日）學部直日

五鐘起。看《呻吟語》。七鐘到兵部報房。晤奎少甫順。同榮相、達侍郎入對。晤梁星海前輩。

十二鐘回寓。午，姚儷桓同年、服部博士、黄君元龍、林朗溪、江忼父、沈子雨、貝季枚先後來。

晚，約紱老、志賡便飯。九鐘睡。

收信：服部，張晋侯。

十一月十六日（十二月三十一日）

七鐘半起。看《呻吟語》。寫信：復服部，復梧生。拜客：吴蔚若前輩，馮公〈慶〉〔度〕，王庶常慶麟，徐班侯，李吏部毓棻，盧剛甫選卿，華宅小坐，賀達侍郎。

十二鐘到署。照例簽判。答楊敏曾信論甯郡勸學所事。五鐘回寓。

璧臣來小坐。晚，習《英文法》一課。

收信：梧生，楊同鄉敏曾，華芷舲，陳柘叔，楊耕翁，智惺，智圓，智閑，翁季枚。

十一月十七日（一九〇七年一月一日）

七鐘起。看《呻吟語》。酌國子丞屬官薪津數目。訪梧生、仲魯，俱不遇。

十一鐘到署。達侍郎到任。午，劉子楷來署。簽判外無要事。五鐘回寓。

晚，同潤生、静生赴第一宣講所，聽講五段。十鐘歸。

收信：玉孫，智惺，吳述三附贈《化學新編》一本。

十一月十八日（一月二日）

七鐘半起。看《呻吟語》。寫信：玉孫，耕亭，約敏，蓮府，杏城，順循。杜子丹來。

午後到署。丞參堂坐許久。到圖書局，與樹五談。簽判畢，歸。

晚，與靜生、樂書談。劉子楷來，談至十一鐘半，留宿。習英文一課。

收信：獻夫，竹叔祖，高田早苗。

十一月十九日（一月三日）

七鐘一刻起。看《呻吟語》。寫信：玉孫。協和醫學堂院長科齡君來拜。

十鐘半到署。看《英文初範》。午，丞參堂坐談。榮相到署，達侍郎到署。參事廳會議：美禁華童入學事。

晚歸，約子丹、實甫飯。石臣、執中來，十鐘半散。

收信：陳哲翁，智惺，曾符。

十一月二十日（一月四日）

七鐘起。看《呻吟語》畢。擬致袁宮保信稿，未完。張天作來談。

十鐘到署。看英文。到督學局，與紱臣談許久。午，看文牘。榮相至。夕歸。晚，習英文一課。

收信：智閑，玉孫附《議事會章程》，耕亭。

十一月二十一日（一月五日）

七鐘起。薙髮。看《英文法》。西山保壯來。楊楷來。訪執中，談。訪梧生，不遇。十一鐘半到署。午，看報。辦公。夕歸。

梧生來。銅仁梅、徐、黄三生來。晚，與静生、樂書談。芸生來。

收信：楊杏城，徐班侯。

十一月二十二日（一月六日）星期

七鐘起。寫寄袁項城信稿。湖北舒義庵廣文來談。拜客：黄琴生，徐菊人。弔双宅卓太師母，李偉侯，劉、李兩度支，彭觀察，舒廣文，劉子楷，梁星海前輩。到公立小學堂。到魏宅。五鐘歸。子雨來。

收信：玉孫，陳西甫，耕亭。

十一月二十三日（一月七日）

七鐘起。看《中庸集注》。寫信：玉孫，柘叔，芷舲。徐梧生來。

十鐘到署。聽講兩小時。午，丞參堂久坐。同榮相、達侍郎看全公府房。看文牘。晚，習《英文法》一課。與三陳君談。與静生談至夜過半。

收信：章之鑫，蓉生，耕亭。

十一月二十四日（一月八日）夜無佳眠

七鐘起。看《中庸》。擬復班侯信稿未畢。訪榮相。答拜張岱臣、張菊生。十二鐘到署。與朗溪談。看公牘。彭、王、楊歸自日本來見。茂老、紱老、朗老過談。暮歸。

晚，芸生、伯寅、小莊來談。

收信：耕亭，智惺，李叔同，智舒，李石臣。

十一月二十五日（一月九日）學部直日

五鐘起。六鐘出門。于齡仙來，因考學治館事，謝以不能，乃出。到傳心殿候起。召見謂之叫起。

八鐘半，同華卿訪菊人，久談，留早飯。

午，賀寶瑞臣署缺。弔胡芸老。再訪張岱臣，不遇。看智舒。

到署。閱審定科交來《速通國文教科書》一種。閱文牘。夕歸。

送静生至車站，九鐘半歸。

收信。

十一月二十六日（一月十日）

七鐘起。看《中庸》。熕潤生寫送周玉師對聯。丁蔭圃來。

十鐘到署。聽講兩小時。午，看審定書。參事廳議事至五鐘。簽判畢，歸寓。

寫信：復叔同。習《英文法》兩課。《英文初範》至廿九課。廣西揀選州縣，吏部咨取銜名，余已開送，命李順明早入内聽宣。

收信：袁宮保，黃叔筠元龍，達將軍桂。

十一月二十七日（一月十一日）

七鐘起。看《中庸》。寫致執中信。張天作來。徐梧生來。李順歸，知余已奉派。

十鐘半往吏部。同派者溥尚書頲、恩侍郎順、文閣學海。吏部備早飯。飯畢點名，共到二百七十餘名，揀定正六十名，備十名。四鐘散。

到署。閱文牘。暮歸。

晚，習《英文法》兩課。

收信：執中。

十一月二十八日（一月十二日）

七鐘起。薙髮未畢，張岱臣大令至，談一小時。答拜王采臣同年，張岱臣大令，黄笥腴庶常。

十一鐘到署。紹希來談。午，丞參堂談片刻。

先哲祠公請梁節庵前輩、王太守、徐少荃大令。梁與王俱未至。暮歸。

晚，閱孫俊之致徐尚之信，并附件。早睡。燈下，科學館畢業生李士英來見。

十一月二十九日（一月十三日）

七鐘起。是日約本署尚書、侍郎、丞參小聚。十一鐘客到，五鐘席散。

貝季枚來。八叔祖來。小莊來。民一寄來課卷廿三本。

收信：榕生附課卷。

十二月初一日（一月十四日）日食

七鐘起。答拜袁雲台并晤菊人、少荃談許久。答拜林贊虞前輩，未遇。

到署。午閱文牘。五鐘半歸。

約齋藤恒雄便飯，筱莊、芸生、潤生陪。

收信：竹叔祖，芹香附渡邊强迫教育條議，智惺。

十二月初二日（一月十五日）

七鐘半起。寫信：七叔祖，約敏姪。會客：周俊林大令樹杰。

到署。聽講兩小時。

午，拜客：邵主政萬龢，王鶴田，朱贊卿，王采臣，俱不遇。王子名，范輯五，冀書升來。

晚，約袁雲台、徐少笙、王仁安、高彤階飯。

收信：智舒。

十二月初三日（一月十六日）

七鐘起。訪王采臣，談一小時。

到署，聽講二小時。午，例行事件。菊生、子楷辭行。暮歸。

榕生至自津，談極久。

收信：錢菊村瀓，柘叔，約敏附崇信，又匿名信言《尚書圖説》經手人有弊，唐秀豐。

十二月初四日（一月十七日）

七鐘起。王子名銘恩來。訪榕生、芸生，談一小時。訪佑宸，承導觀各講堂及織絨公司。

十一鐘到署。午，照例公牘。暮歸。

約榕生、芸生、小莊、佑宸、沈子雨、王劭芸便飯，飯後談至十一鐘。

收信：李君士英，附科學館畢業生現在職業表，劉子誠。

十二月初五日（一月十八日）

七鐘起。寫致約敏信。子丹來談。

到署。午閱摺。閱局撰《國文教科書》第二本。暮歸。

晚，榕生來告別。小莊來。

收信：耕亭，智惺。

十二月初六日（一月十九日）學部直日

五鐘半起。東華門外甫下車，遇蘇拉汪姓等，知起單已下，遂歸。

回寓睡一小時。邱曙翁來，留食點心。談一小時許而去。看報。

午，入署辦公。暮歸。

收信：耕亭，緝之謝信。

十二月初七日（一月二十日）考試進士館畢業

六鐘一刻起。到進士館，會考大臣孫中堂、陸尚書、壽尚書、張侍郎先後至，選擇試題。本館留早飯。飯後拜客：史仙舫菡，陸主政覲麟，周俊林樹杰。賀劉老伯壽。答拜彭印庚。到華宅。

暮歸。密雲業商張少洲來，留飯。

收信：順直學堂李蔭蕃。

十二月初八日（一月二十一日）

七鐘起。會客：曹少潭葆珊，王慶坨人，甲午舉人，現就知縣，分山東，羅大令葆彝，廣東癸卯舉人，揀選廣西知縣。

寫信：復李蔭蕃，張紹洲。午到署。暮歸。【頁眉】方耕硯送來書六種，本日交審定科。周緝熙令姪熾來。晚，梧生談至夜半。

收信：張蓮仙光煒，原名希白，送來硃卷及文稿，順循附論文一本，蓮溪，胡成之，智惺、智開，翁季枚，張紹洲黼章。

十二月初九日（一月二十二日）

五鐘起。入内謝賞臈八粥恩。到進士館，學員因搜檢罷考。訪榮相。到署。紱臣來寓見訪。訪榮相。

收信：竹叔祖。

十二月初十日（一月二十三日）連日雨水

七鐘起。寫信：智舒，智惺附辛酬單。會客：劉嘯東，坐甚久。到署。到督學局。午，覆看審定科稿件。閲文牘。閲普通司所擬《師範獎勵章程》。暮歸。

深澤王茂才宸楓來謀教員事。王係保定初級師範第二班畢業學生。晚，郭芸夫來自津。

收信：熊渭泉并贈土物四色，楊吉城，智舒，七叔祖。

王君宸楓述深澤新政頗具規模。該縣七十二村，已立小學六十處。警政亦頗認真。又每村種樹二千株，漸次成林。大令孫名毓琇，會稽人。

十二月十一日（一月二十四日）仍雨水

七鐘起。到署。會考大臣閲卷，九鐘至，午後四鐘散。閲稿件。暮歸。

答拜儀曾。晚，芸生來。習英文二課。

收信：智舒，智惺。

十二月十二日（一月二十五日） 夜有雪

七鐘起。王宋坡辭行。八鐘半到署。會考大臣仍閱卷。午後兩鐘後散。丞參來堂上議事，商摺片稿，明日具奏。七鐘歸。約楊、郭、武、程諸君便飯。九鐘半散。收信。

十二月十三日（一月二十六日）

五鐘起。薙髮。六鐘入内候批摺，至十鐘乃散。拜客：施植之，紹月千，邱曙蓉，方耕硯。寫致曾禹翁信，託曙蓉。午到署。暮往候梯雲。留晚飯。石臣、少林、幼宸、芸生、小莊共談，八鐘歸。伍仲文、王召前來。寫致蓉生信，託佑宸寄。收信：耕亭，智惺，李玉峰，蓉生。

十二月十四日（一月二十七日）

七鐘起。寫信：杏城，班侯京發，蔚若京發。會客：王肖杭，王伯雨，楊修德。拜客：楊杏城，孟紱臣。回寓早飯。紹月千來。拜客：晤王季樵前輩，餘俱未見。暮歸。

晚，張效良、楊炳初來。

收信：小林，鶴藏。

十二月十五日（一月二十八日）

七鐘起。寫信：約敏。會客：孟同和，馬鍾南，邱星章映斗，陳次升。徐菊兄來，留飯。

午，答訪班侯。賀華姻伯壽。答拜王伯雨。

到署。閲摺，畫稿。晤陳次方問咸。陳鈞侯來。

晚，小莊、伯寅來。秀卿至自洵。

收信：竹叔祖。

十二月十六日（一月二十九日）直日◎夜月食

五鐘起。六鐘出門。七鐘到傳心殿候召對，十一鐘出。訪菊仁，擾早飯。

拜客：于君德楙，孔君祥珂，張仲仁，陳鈞侯，汪衮甫，服部，法貴，俱未遇；晤聽軒、尚之。

到署。晤梁小山内翰。夕，弔吴朗如。晚，約邱曙蓉、橋梓、方耕硯、家瀛甫飯，八鐘散。

收信：陸硯香賀年。

十二月十七日（一月三十日）

七鐘起。會客：蕭大令鳳韶，郭教員增祿。

八鐘半到署。會考大臣來核分數。飯後散去。閱文牘。

暮歸。接張伯翁信，知今日自保定來京，遣人往迎。賈洞元、王季約、張天作、小莊、伯寅先後來。與伯翁談至一鐘半。

收信：服部，獻夫與謝鏡虛。

十二月十八日（一月三十一日）

八鐘起。與張伯翁談。候服部，不至。午，寶瑞臣來。同伯翁往訪格林。暮到署。閱到文。晚，貝季枚、陳筱莊來便飯。與伯翁談。

收信：約敏，格林。

十二月十九日（二月一日）

六鐘起。伯翁去後余復小睡兩小時。【頁眉】注早起，送張伯翁行。伯翁去後復睡也。薙髮。早飯後賀樂宅喜。

拜客：史仙舫，伍仲文，劉平西，馬曉珊。

到署。閱文，閱稿，閱摺。暮歸。
高朗仙、王小航來。
收信：熊承之，智鍾，陳柘叔。
十二月二十日（二月二日）加班奏事
五鐘起。傳心殿候事，十鐘出。答拜溥大司農。回寓早飯。
午到署。榮相未至。畫稿，閱到文。夕歸。
寫致姪信，致墨卿信。
收信。
十二月二十一日（二月三日）
五鐘起。潤生還津，内子還津。寫致圓、閑信。璧臣、性安、梯雲先後來。聚豐堂約法貴君飯，丞參四公，林、江、陳三君陪。
午，到速成實業學堂。
晚，聚寶堂議速成實業學堂事。冒雪歸。
是日蒙恩，賞袍袿料、普洱茶。
收信：貝季美，芷舲，二妹。

十二月二十二日（二月四日）

五鐘起。入内謝恩。十二鐘回寓。飯後假寐。

三鐘半到署。六鐘歸。

王秋皋來。周君熾來。柘叔至自津。子丹來，宿此。與柘叔談至一鐘。

收信：吴彭秋賀函，盧學使賀函，智惺。

十二月二十三日（二月五日）　立春

七鐘起。與柘叔、子丹談。

九鐘出門。弔唐太夫人。候張治老。答拜汪藥階。弔吴朗如。回寓飯。飯後小睡。

兩鐘到署。榮相數日未至，因攜應商各件往商之，至則知是日爲祭祀之期，未得晤談而歸。柘、梯、丹、芸、筱、樂諸君小飲，暢談。

收信：盧學使爲黎、稽保官職事【頁眉】黎爲黎伯顔，稽爲嵇滌笙。泉注*；陳西甫賀函；智惺；耕亭十一月報；張大令鳳臺并贈《東鹿籌辦學堂章程》。

* 此爲陳寶泉所注。

十二月二十四日（二月六日）

七鐘起。子丹來。芸生來。拜客：唐宗愈，梁侍讀，曹東寅，李世叔秉仁。

回寓午飯。玉孫來。寫致稚甫信，是日不到署。晚，秋皋、子丹、玉孫、芸生、柘叔、小莊聚談。

收信：榮相；秦蝦安；楊蓮甫炭敬，趙次帥炭敬，俱璧；錢小村賀年；黄補臣；林右丞同年；蓉生；小幡；熊澤；智惺；次遠。

十二月二十五日（二月七日）

七鐘起。與玉孫、柘叔談。

十鐘半到署。閱文牘。午，榮相至，閱摺。參事廳會議。暮歸。

柘叔、小莊、玉孫縱談。子光至自津。

收信：賀湘南，徐潤吾附劉子年謝帖，內子附崇兒寄閑兒信。

十二月二十六日（二月八日）

五鐘起。入内加班奏事。答拜于晦老、張大令鳳臺。訪仁安。回寓早飯。

蓮溪、芷舲來，終日談天津學務。夕，陳石翁來。晚，執中來。諸君聚談至十二鐘。執中商東文學社收束辦法。

收信：周緝之，沈幼沂，趙景森，直隸公所李子韓、陸蒓夫，褚、董兩書籍，耕亭，智惺，鄧和甫，崑小峰師相，馮問田文洵，涿州，王璞生自山東。

十二月二十七日（二月九日）

七鐘起。梧生來談。寫致盧木翁信稿復黎、嵇諸君保官職事，復崑相信。

午到署。閱到文。丞參堂小坐。夕歸。

晚，早睡。

收信：劉子年謝信，梯雲。

十二月二十八日（二月十日）

七鐘起。謝晋笙名汝賡，新化人，客新疆五年，戊子中甘肅舉人爲周容皆、孔少詹之弟子，壬辰會試，改回原籍，官光禄寺署正，在京多年。曾隨崑相使庫倫，進士館開辦，充文案三年。今晨來見，談刻許。

終日與胡、陳諸君談學務。貝季美、小莊、雲生、秩昭先後來。夜，談過十二鐘。

晨寫致仲和信。

收信：江蘭生太守，唐蓂廷觀察，仲和回信，李滋園蔭蕃，梁崧生，徐六階，阿公。

十二月二十九日（二月十一日）

七鐘起：寫信：致蓉生，致耕亭。徐梧生來。柘叔、玉孫兄回津。

午後到署。看稿件。發復楊公使電。暮歸。

晚飯後，與蓮溪、小莊談。
收信：永定河遵瑞，顏駿人，楊詔九，梯雲。
十二月三十日（二月十二日）
七鐘起。寫信：家庭賀節。又答謝韓升華、詠華、大野鈴。
拜節：王師母，慶邸振貝子，貴師母，崑師，延世兄，王中堂，陳堯圃，□□館、鄞縣館、鎮海海館。，竇師兄，孫中堂，錢師母。
三鐘回寓。寫信。寫復端午帥信稿。晚小飲。十鐘睡。
收信：端午橋，盧木齋，鍾山玉。
在官又一年，毫無建白。

光緒三十三年丁未（一九〇七年）

◎《範孫自定年譜》：在京供職。八月，張文襄公管部，女師範章程奏准。

整理者按：丁未日記分記於兩册：元旦至五月二十日記於《丙午、丁未日記（九月一日起，五月二十日止）》中，五月二十一日至除夕記于《丁未日記（五月二十一日起，戊申二月二十六日止）》中。

光緒三十三年丁未元旦（一九〇七年二月十三日）風止，天氣晴和

五鐘起。六鐘出門，入内朝賀。兵部報房無隙地，至景運門内九卿朝房坐候，又至皇極門北奏事處小坐。八鐘二刻詣皇極門外行禮。九鐘二刻太和殿下隨班行禮，傳心殿更衣。到徐宅，晤少生。拜年：劉年伯及欣蓮、吴世緗、張蘭浦、戈景韓、朱鐵齡、于晦老。十二鐘回寓。

飯後大睡。瀛甫來，秩昭、芸生來，門田、氏家來，均見。岩熊來，小莊來，均未見。法貴來，擋駕。晚，與蓮兄、蘭弟閒談。十一鐘睡。

收信：古爾第、桑田豐藏，俱賀年；張幼芝。

正月初二日（二月十四日）

七鐘起。八鐘早飯。八鐘半出門，赴國子監詣大成殿崇聖祠行禮。拜年：東城及前門以西天津同鄉，下車只兩處，喬宅、華宅。六鐘歸。晚，略談。九鐘睡。

收信：胡克之，順直同鄉知會初四日具折謝恩早六鐘到景運門内朝房齊集，并備帶蟒袍補褂。

正月初三日（二月十五日）忌辰◎星期五

六鐘半起。寫復端午帥信。起信稿：胡克之，張幼芝，盧木翁，楊耕亭。喬亦香、馬葑溪、丁佩芝來賀年，留飯。魏梯雲來。

正月初四日（二月十六日）

五鐘半起。謝蠲緩恩，到十九人：鹿、徐、王聘卿、劉、劉、劉、陳、徐子光、惲、孟、陳、李、張伯訥、史、華、盧、王酌升、孟、嚴。借政治館地用飯。飯後拜年：東城畢，前門内以西畢。四鐘半回寓。寫信：復幼梅，復蓉生，致耕亭，致智惺，致智閑。潤生至自津。

收信：智怡，智惺，智閑，沈子雨，劉蓉生，謝晋笙，汝賡，晋延年。

正月初五日（二月十七日）星期

七鐘前起。寫信：内子，閑兒，約敏。拜年：西單、西四之間。回寓早飯。未刻到署，是日團拜。閲到文。五鐘半散，拜年數處。梯雲來，留飯。飯後談至九鐘。

收信：連仲甫方伯，静生，木齋，禹翁，方子香，蕉銘兄賀，李石臣，孫慶連自電燈公司轉，崔少和賀，趙虞軒賀，内子。

正月初六日（二月十八日）

六鐘起。蓮溪回津。薙發。起信草：李滋園、盧木翁、曾禹翁、子均弟、方子襄。幼樵來賀節。

陳伯言同年令姪名覃恪字陟夫，湖北候補知縣，曾在南洋公學兩年、廣方言館一年。年前來京，擬謁治秋尚書謀調郵傳部，治老適病，不得見。是日來見余，擬考法政學堂，而難籌供給之費家眷尚在鄂，乞余爲之謀。余擬俟晤茂蘐左丞一商之。

天津人楊君紹宗自麻哈州卓異引見來拜談，知寄居保定多年，與成源楊宅同族，乙酉鄉榜。

詒臣來賀年。午，拜年：自上斜街起，至羊肉胡同止，六鐘回寓。晚，接到洵陽來信，即寫回信。秋臯來。寫致約敏信，論洵事。

收信：竹叔祖，洵店。

正月初七日（二月十九日）忌辰

七鐘起。起信稿：張鳴岐大令，趙總董景森，劉蓉生，沈子雨。梧生來，談約一小時。李悦朋來。

午到署。閲到文。檢點書籍。樹五、紱臣、君九先後過談。到督學局訪秋皋，小坐。夕歸。晚，八鐘即睡。

收信：玉孫，王劭泉，智閑，梧生，上海道瑞賀年。

正月八日（二月二十日）陪祀太廟

三鐘半起。四鐘出門。西長安門下車。到午門外國子監朝房小坐，與柳溪談片刻。將六鐘時入太廟，立候約二刻，聖駕到。約一小時禮畢。回寓，徐菊兄已前至，留飯，談至一鐘乃去。王誠宣來訪。

到署，與朗溪談。看稿。商折稿。暮歸。

晚，月甚佳。庭中散步久之。

收信：趙航仙，王太尊守堃，璧臣附東寅托交《國民教育》目録。

正月九日（二月二十一日）晴

七鐘起。夜半醒，有所感觸，輾轉不成寐，不能退，不能遂，如之何？如之何？起信草：王少泉，胡玉孫，范静生。寫致少泉、玉孫信，托潤生帶去。潤生、蘭浦午車還津。袁雲台來訪。十鐘半出門拜年，自西而北而東，曛暮乃歸。夕時到國子監休息約兩小時。在當月處與松季雲閒談，并飭夫役備小食賞一元。晚，貝季枚來辭行，明日南歸。芸生、小莊來。署中送稿兩件畫一件，加簽一件。與梯雲電話，與耕亭電話。

收信：梯雲，謝晉笙，陳陟夫，陳伯完，張西園。

正月初十日（二月二十二日）

六鐘半起。四鐘夢醒，枕上思學務要件。畢業之年限與鐘點宜核實；高等學堂監督宜定資格；初等小學改五年爲四年，去格致、地理、歷史而融入國文課本中，增國文鐘點；高等小學分二年、四年兩種；初等小學將《論語》讀畢；高等二年者將《孟子》讀畢；高等四年者將節本《禮記》讀畢；中學前二年讀節本《禮記》，後三年讀《左傳》；高等學堂擬入經科大學者讀全經，餘講大義。耕亭、約敏來電話。與梯雲電話。起信草：陳陟夫、謝藎笙、錢紹雲、張西園。寫信：陟夫，英笙，静生，約敏，智閑。來客：王君炳增，伯顔，箸薌，小泉，閬仙，鄭親家，白振民作霖。起信草：任琴叔，趙航仙，楊楨岩，權謹堂羅履平，謝鏡虛，趙獻夫，羅順循。出客單十二，准午刻約鄭〈獻〉〔親〕家諸公來寓便飯。

收信：錢紹雲并歷史、地理課本，鄧元翊賀節，權謹堂羅履平，耕亭兩封，約敏兩封。

正月十一日（二月二十三日）忌辰

七鐘前起。送恂叔赴沟，派陳順送至通州。寫致耕丈信，約敏信，智閑信。張蓮仙光煒來，談許久。出門拜客：答獻廷，拜年前門以西。三鐘到署。選考試師範題目。暮歸。晚，小莊暢談。與耕亭、約敏電話，與梯雲電話。

收信：梯雲，范吉六，王榮樹，淺草合資會社賀年，苗錫智賀年，杜荔甫。

正月十二日（二月二十四日）星期

六鐘半起。陳次升來談。樂書遷新居。在寓請鄭親家飯。晚，先哲祠赴嗣香、性庵二公約。十鐘歸。夕，寫致內子信，致姪信。

收信：耕亭，約敏，二妹。

正月十三日（二月二十五日）

六鐘半起。徐梧生來。拜年，前門外以東。到喬宅，是日亦香夫人壽也，留早飯。飯後仍拜年南大街。賀曹東寅、劉少岩簡丞參。到署。閱到文，閱稿。聞恩賞元宵，以電話詢榮相，知十五日謝恩，因明日系忌辰也。林朗溪來談。紱臣來談。樹五來談。到圖書局，與樹五、小莊談。暮歸。格林來談。與約敏電話。

收信：蓉生，劉子貞，陳儀卿爲鑾，華芷舲，和田純，嘉納校長，三省堂，東京泰東同文局，上海泰東同文局，馬慕蘧大令，姚畏堂大令，獻夫。

正月十四日（二月二十六日）忌辰

六鐘半起。寫致墨青信民一堂長事。寫致蓉生信。清理几案。江忼夫來。白星垣來公立第一教員。到署。喬、孟、林、徐談公。電催幾道，電詢留學貼費事。閱稿，閱到文。訪樂書新居。暮歸。潤生、蘭浦至自津。同潤生乘馬車出前門，游燈市。

收信：蓮溪，約敏，劉湄洲，小林鶴藏仍求謀館，遲之半年一年皆可，蓮溪寄來三學堂成績。

正月十五日（二月二十七日）早風

六鐘起。七鐘出門。八鐘到西苑門外六項公所小坐，同榮、鐵諸公至候起室内坐約一點鐘之久。九鐘半，謝恩於勤政殿階下御路旁，叩首三者再。答賀喀喇沁王、董穎伯。十一鐘回寓。

午，到署。屬紹希擬閱卷辦法，閱訖，令送榮相核閱。到督學局小坐。四鐘歸。晚，與潤生、小雨小酌。潤生家藏書畫請衆人評閱。寫致約敏信。

收信：方子襄。

正月十六日（二月二十八日）

七鐘起。梯雲來。電話擬十八日借地請客。閱保姆科成績。

十鐘到署小坐。拜年兩處：細瓦廠韓、福建司營張。寧波館府同鄉團拜，始識袁子莊，鄞人，名淦，在日本三十九年，熟於銀行事宜。

飯後到譯學館答拜白振民作霖，導觀前後院。到北洋第一小學，遇徐偉人，閱功課表。復到署。

赴同鄉約於喬宅，先遇幼樵，偕往第一書局買書。喬宅局十鐘散，歸寓近十一鐘。

收信：宋觀察友枚小濂，約敏、智閑，梧生。

正月十七日（三月一日）

六鐘半起。温《華英進階》。九鐘到署。服部、高橋、氏家、法貴諸氏閱卷。閱到文。丞參堂與紱臣、朗溪談部務。飯後閱《官報》。閱到文。與稚甫略談。

三鐘到松筠庵，是日直隸、山東、江蘇三省京官議津鎮鐵路事。答拜楊少泉。到喬宅，爲獻廷送行。暮歸。

收信：格林。

正月十八日（三月二日）

六鐘前起。七鐘赴大學堂，是日師範生畢業考試第四日也。閱視考生，第二類試中國地理，第三類試幾何，第四類試礦學。四類共百四人，第一類二十，第二類三十三，第三類二十七，第四類二十四。與柳溪閒話，并論師範獎勵辨法及就揀各生追繳學費數目。過訪菊人，不遇。答拜屈桂亭，不遇。拜鹿滋老、沈蘭秋同年，俱不遇。

十一鐘到署。閱文牘。飯後丞參堂商論各事。致管士一前輩信，附抄山東呈辦學堂稿。五鐘回寓。

鍾山玉來見，談片刻。梯雲假地請客。客爲袁雲台、耆壽民、仲和、星五、執中、石臣、潤生、王晥南及余，凡主客十人。八鐘後席散。客先後去。梯雲、執中、石臣談至十二鐘。王晥南廣州駐防，名汝淮曾在廣東同文館三年，京師同文館七年，游學英倫，習礦學五年，現爲商部主事。

收信：周緝之附庫平銀五百八十七兩二錢五分，□文社款也，鹿滋老附香帥電一紙，詢津鎮鐵路事，唐佩老附小像，尚在天津，內子，阿姪，閑兒。

正月十九日（三月三日）學部午時開印

六鐘半起。薙發。温《華英進階》。劉嘯東來談。韓紫石來，談許久。擬致盧木翁信稿未畢。擬復緝之信稿。

十一鐘到署。行拜印禮。同署諸公來見，隨即赴各室答拜。午寫復滋老信。寫致盧學使信。拜客：劉嘯東，韓紫石，謝通判，嚴肅。夕歸。

門田君來。王慶坨紳士張子安際康持林竹坡玉書，天津壬午武舉信來見，談片刻。

門田君來，留飯，九鐘去。寫復芷舲信。寫致約敏信。九鐘即睡。

收信：林竹坡玉書，王慶坨汛把總，壬午武舉，幼梅，芷舲，外務部約陪穆德。

正月二十日（三月四日）

六鐘半起。濯足。復王君芷升信。起信草。會客：張蓮仙光煒，徐梧生。

午後到署。參事廳議事。

夕，與摯甫同車赴外務部約於那相國宅中，客爲穆德、格林、布、羅四人，陪客爲榮、徐、鐵、摯甫及余，主人則那、瞿、聯、唐四公也。七鐘入坐。九鐘散。十鐘後到家。溪舟至自其家。小莊、伯寅來閑坐。

穆德者，美國青年會簡派萬國學生會之幹事長，因日本有世界學校青年會之大會議，代表東來，監督會務。

收信：陳陟夫，覃恪，王君芷升鑄言同年之姪也，曾充畿輔學堂教員及第三高等小學堂經史教員。

正月二十一日（三月五日）忌辰

七鐘前起。温《華英進階》。吴調卿京卿之大公子頌平觀察來見。田孝廉書年來見。寫復陳陟夫信，復幼梅信。訪菊人，遇吴相之。與菊老談甚久。賀亦香壽，不遇。

到署。看文牘。暮歸。

晚，芸生來談。寫信：約敏，耕亭，二妹，蓉生。小莊來談，至十一鐘。

收信：竹叔祖附盤查日記，恂叔，約敏兩封，閑兒，劉蓉生。

正月二十二日（三月六日）

七鐘前起。寫信：竹叔祖，伯恂叔。訪稚甫，偕詣榮相，稚甫繕保提學使單。暮歸。過署小坐。緒雅來。

收信：徐潤吾，夏瑞芳賀節。

正月二十三日（三月七日）驚蟄

六鐘起。温《華英進階》。改寫致智惺信。寫致柘表叔信。徐梧生來。十鐘到署。同稚甫到榮相宅，稚甫寫清單兩扣，因昨寫之件有脱誤也。二鐘後回署。閲折，閲到文。閲《修身教科書》中之圖畫。閲優級師範奬勵并效力義務章程。閲稿。暮歸。

稚昭來，留飯。冀書升來。小莊來。寫復法貴信飯局擬展至二月十八。

收信：河北譯書社于君振宗附書三種，法貴約二月初四午飯，尹澄兄補孝豐，約敏附崇信一、葉書一，楊蓮府中丞附嚴繩孫對聯。

正月二十四日（三月八日）學部值日

五鐘起。六鐘出門。七鐘到六項公所。九鐘入對。十鐘半歸寓。飯後小睡。張遠村太史之照來談。内人至自津。拜客六處，俱不遇。暮歸。寫致惺姪信附去唐佩老照像、崇信并信片，保姆成績一包。沈聲甫兄來訪，談尹澄兄事。

收信：耕亭，智惺，劉四伯母，張中丞鳴岐賀節。

正月二十五日（三月九日）

六鐘半起。温英文讀本。寫信：復盧木翁，復劉子澄之太夫人。會客：邊益園，楊明卿修德，王子實執中，唐仙令戚也，隨伯鵬來京。吊唐年伯母。答拜：吴止欺，王皖南，談片刻。

到署。是日公牘甚多，閲至暮乃畢。復錢菊村信。復二啟信言游學事二啟，一名彬，一名彰。

收信：錢菊村，啟氏兄弟，吴提學筠孫賀節，李啟人佑元，魏鵬九。

正月二十六日（三月十日）星期

七鐘起。薙發。温《華英進階》。寫復魏鵬九信，復錢菊村信。寫復澄兄信，未畢。拜客兩處：賀復潤枝同年守湖州。答拜王君佺孫。

約伯鵬早飯，陪客幼樵、璧臣、小泉、潤生，談至四鐘半。

收信：約敏，耕亭，蓮溪。

正月二十七日（三月十一日）

七鐘起。寫信：蓮西，約敏姪，朱雨亭。拜客：存箪政，賀華伯母壽，伯鵬，王子實，沈聲甫，劉仲良，王古愚，王仁安。

到署。紹希談公，伯寅談公，參事廳議事。王君國維到部。邃庵談公。訪樂書，小坐。訪芸生、小莊於新居，不遇。訪梯雲，不遇。到公立小學答拜白振民。六鐘回寓。

晚，子雨談學堂往事。小航來。寫致曹敏齋信，并鈔前寄未達之信。寫致沈聲兄信，托帶寄曹親家信附《初等小學書目》二本。

收信：朱雨亭，智鐲，二妹。

正月二十八日（三月十二日）

七鐘起。温英文。寫復張晋侯信。楊楨岩來贈西鎮錦六張。張效粱來。張仲青來其世兄將赴滬借川資二十元。答拜柯學使，未晤。湖廣館浙江同鄉團拜，余到小坐，與班侯略談。答拜楨岩、效粱，兼拜洞元、闐仙。回寓午飯。與蔣惺甫電話。

到署。閱文牘。商公事。暮歸。

滬寄樂書電，言眷於本日上安平船，到天津住中和棧，譯出寫信送樂書處。寫復李滋園信。

收信：魏朋酒，程慎原世兄允徽謝函揚州城内缺口門大街路北收到四十金，本年春末夏初北上，盧木翁回信，劉子澄信，李滋園信。

正月二十九日（三月十三日）

六鐘半起。温英文。會客：永年李曼生大令衍熙，新交卸順德中學監督，武繼勳繩緒，法政大學第三班速成畢業。威縣劉嘯東孝廉吟臯將接辦順德中學監督。清平唐秉文明經懿坤來京考職，兼擬考各部録事。

答拜姜竇軒及其嗣君醫科貢生海樓汝淮。吊劉子嘉前輩。訪菊人，遇謝大令愷，俱留飯。

午後到署。閱文牘，畫稿。商於初二日加班奏事。五鐘半回寓。

接鄂電，僅譯十餘字，知係寄鹿滋老、劉博老、徐菊老及余者，注『冰窑』二字，因無此密碼，函送鹿滋老處。與小莊、潤生、子雨、溪舟諸君談。

收信：梧生，竹叔祖，李蓮溪，約敏姪，智開并畫四小塊，武昌電。

二月初一日（三月十四日）

六鐘半起。温英文。寫上竹叔祖信。繕復唐佩翁信用芸生稿修潤。李叔陽來。答拜耆壽民。赴國子監，是日民政部堂司查勘地段，爲大祀日之豫備。約徐、毓、趙、榮、達五公飯於會賢堂。

三鐘後到署。畫稿，閲折。李柳溪來商師範獎勵奏稿。六鐘回寓。鹿滋老代譯鄂電送來。寫致徐菊兄信。

收信：鹿尚書，陳陟夫。

二月二日（三月十五日）加班奏事◎天氣甚寒

五鐘起。六鐘出門。七鐘至六項公所。候至九鐘，批折下乃歸。西直門拜客未遇。十鐘半歸。飯後睡兩小時。

二鐘後到署。六鐘赴方耕硯、凌菊齡約於鄞縣館，同坐吴向之、吴佩蒽、吴絅齋、沈綬青、陳瑶圃、章一山、楊德孫、陳鈞侯，别一席袁子莊、程曙舫、鍾、陳雪樵、周聽泉、陳宇襄、張少卿、張東觀、吴聯笙。九鐘半回寓。邢福銷假。

收信：徐菊兄送來譯出之武昌『冰密』電，李蓮溪，約敏。

二月三日（三月十六日）

六鐘半起。温英文讀本。寫致蓮溪信，寄姪信。唐秉文來。到華宅，與智舒話。松筠庵會議。

到署。閲文牘，閲折。訪高曦亭前輩，小坐。

收信。

二月初四日（三月十七日）**星期，未休息**

七鐘起。温英文讀本。接寫復澄兄信，未畢。田君書年來，交條陳清折。陸蒓夫至自津，來訪，小坐。松筠庵仍會議。答拜徐月濤、陸研香、于晦老，俱未遇。

兩鐘到署。閲折，閲稿。

晚，赴仲魯約，陪高曦翁。九鐘半歸。

收信：李偉侯。

二月初五日（三月十八日）

五鐘起。温英文。六鐘至六項公所，八鐘半批折下。回寓早飯。增君禄得介翁令郎、陸硯香來。

午，到文廟觀演禮。陪寶瑞臣觀禮器、石鼓。晚飯後，與喬、徐、孟三公談。宿。

二月初六日（三月十九日）

四鐘起。陪祀。跪送聖駕。始識衍聖公孔燕庭令貽。賀景東甫將軍。赴榮相飯局。午回寓。會客：邱曙蓉交名條一，謀發書局事，張鍾伯，梯雲，執中。洵差晚至。寫信：幼、柘二公，約敏，魏朋酒。閱報帳。濯足。

收信：朋酒，約敏，柘表叔，吴蔚若前輩還古文選本，贈古文選本，竹叔祖，恂叔，子澄，貝季枚。

年終餘 Salt：6370。洵費拉合 3.78……，解津 14.10……，丙午銷 4479

二月初七日（三月二十日）

三鐘起。社稷壇陪祀。四鐘往，至西長安門下車，至朝房，候二刻許，與朗溪、紹希談。六鐘陪祀，六鐘半禮成。七鐘回寓。假寐至午初，午後答訪嗣香前輩、陸蒓夫兄，俱不遇。

到署。暮歸。

岩村君至，留飯，談至十鐘半。

收信：梯雲，約敏。

二月初八日（三月二十一日）

七鐘起。温英文。復梯雲信。梧生、李君衍熙來，朱省三來。菊人、嗣香、稚甫、華卿、高老前輩、紱臣、仲魯先後來。一鐘半席散，兩鐘半客散。

三鐘到署。六鐘赴寧波館程曙舫、吴聯笙、陳宇襄約，十鐘歸。小莊來。

收信：智惺，二妹，梯雲，王炳堉，法貴。

二月初九日（三月二十二日）春分

六鐘半起。温英文。王季約來辭行。龐師範生廷桂求謀館。寫信：子澄、約敏。爲子雨寫致體仁、柘浦兩公信，求爲薦館。

十鐘到署。閲審定科呈堂書籍。飯後假寐片刻。董恂士至自滬。江叔海辭行。到先哲祠，津郡同鄉公請徐月濤、劉仲良、劉伯鵬、楊潤泉紹宗諸公。往看智舒病。

五鐘後到署。閲到文，看稿。六鐘回寓。與小莊談。

收信：顔駿人，鄭籲門武昌銅幣局東皇角巷鄭，魏梯雲，瀛甫。

二月初十日（三月二十三日）Saturday

七鐘起。温英文。賀卞詒臣補主事喜。

到署。到圖書局觀畫圖及制樂譜。與樹五談。午後榮相來簡，因感冒不能到署。

即簡復之。

華宅來電話，告蘭浦跌傷頭部。急往視之，爲延加藤醫治。暮歸。約岩村君，陪客門田君、小泉、聰彝、酌頌、小莊，又岩村之友鐵村。岩村偕鐵村宿此。

收信：蓉生，約敏。

二月十一日（三月二十四日）星期

七鐘起。温英文。煩小莊代榮相擬師範畢業訓詞。致約敏信。遣邢福回津接智閑。約純夫、伯寅、閬仙、芸生、小莊早飯。延醫爲蘭浦治瘡。胡雨三、黄倬卿來。午，璧臣來視蘭浦疾。晚，留小莊飯。致榮相信。李子鶴至自津，宿此。

收信：李子鶴。

二月十二日（三月二十五日）

七鐘起。蘭浦疾仍未愈。電招王鋭生來照料蘭浦。李友翁來，留早飯。亦香、詒臣、伯鵬來，留飯。加藤來視蘭浦疾。智閑至自津。

午到署。暮歸。

午後約酌頌來陪蘭浦往醫院。夕，延關醫士診蘭浦疾。秩昭來。子鶴晚歸。

收信：耕、敏、周君熾。

二月十三日（三月二十六日）雪

六鐘起。七鐘出門。八鐘半到大學堂，是日師範畢業，九鐘半禮畢。賀欣蓮補主事。訪菊哥留飯，談至十二鐘半。冒雪回寓。與智閑話。酌頌來。蘭浦病稍輕。璧臣來視蘭浦疾。

【頁眉】欣蓮爲劉欣蓮，劉益齋之弟。泉注。＊

＊陳寶泉所加批注。

二月十四日（三月二十七日）

七鐘起。寫寄智惺信。梧生來。閻君懷璽來。穆伯奇來。喬酌頌來。李謹如長綸來。友翁托薦書記生，薊州漢軍附生。

午到署。閱稿，閱折。暮歸。

晚，陳鏡涵來，談至十一鐘，留宿。

收信：約敏，子均詢商書墓誌之人，子澄，朱省三，泰晤士報館，蕭大令鳳韶。

二月十五日（三月二十八日）本部值日

五鐘起。六鐘出門。七鐘到六項公所。八鐘後批折下。十鐘回寓。朱俠黎來，馬葑溪來，華浩如、汲泉來，俱留飯。飯後假寐半點鐘。寫致服部信。

到署。閱折底，畫稿數件。

到法國醫院視蘭浦，勸伊駐院。答拜胡雨三，不遇。賀瀛甫令正壽。賀黄宅喜。暮歸。張孝廉景仲、孫君廷玉來。

收信：幼梅，陸莼兄。

二月十六日（三月二十九日）

三鐘起。文昌廟陪祀。四鐘出門，五鐘到，六鐘禮畢。

到聚豐堂小食。赴醫院看蘭浦，守坐至十一鐘，歸。十二鐘回寓。午後大睡至四鐘半。寫信：約敏，柘叔附寄康侯、公度信，蓉生。梯雲、執中、敬韓來，備小酌款之。晚，九鐘客散即睡。

收信：陳柘翁，約敏，馮公度、史康侯，子雨。

二月十七日（三月三十日）

六鐘半起。温英文。起信草硯香。趙航仙來，爲航仙寫介紹信於菊兄。張蓮仙來。寫致約敏信邵恩帶去。拜客：李曼生衍熙，鄧觀察琦。到醫院看蘭浦。

到署。閱文牘。劉愛棠來。樂書來。君九來。與榮相談。夕歸。

寫屏聯岩村，山名。晚，泃差至，閱報帳。寫致約敏信。孟紱翁來。

收信：梯雲，渤鵬，石臣送來執中領狀。

二月十八日（三月三十一日）星期

六鐘半起。温英文。薙發。趙航仙來，言昨已晤菊人尚書。郭教員增禄來。敬韓來。寫致石臣信换墨領。寫致墨青信告張長沙逝世。松筠庵議事。德昌館赴法貴約。到醫院。四鐘歸。門田君夫婦來拜。寫復鄭獻廷信。復陳伯完信。復子均信。

收信：柘翁，耕亭。

二月十九日（四月一日）

七鐘起。温英文。會客：周生熾。敬韓告辭，明日回津，交代考工廠務。寫信：周緝之附執中墨領，加藤。吊張治秋尚書。拜衍聖公孔燕庭令詒。答拜張鍾伯，并賀補缺。謝詒臣、品香步，俱略談。

到署。閲算學教科書一本。閲文牘。參事廳會議。

聚豐堂宴客。陳堯圃、袁子莊、程曙舫、陳雪樵、凌菊齡、陳鈞侯、張東觀、楊德孫、周芾南、周聽〔泉〕〈樵〉、戴熙功、邵國華、邵簪珊、方耕硯、張少卿、陳宇襄、家瀛甫。十鐘歸。與智舒、智閑話。

收信：耕亭，蓮溪，約敏，章受生縣尊，石臣。

二月二十日（四月二日）

七鐘起。寫致梧生信。代榮相求書挽聯。寫致芸生信，求代撰挽長沙尚書聯。訪菊人。答賀尚之。候蘭浦於醫院。

到署。校閱《算學教科書》畢。看《留學生公益協會意見書》。看普通司所擬復盧學司《論考試章程條議》。看文牘。與榮相閒談。六鐘回寓。

寫寄約敏信，復蓮溪信。晚，與智舒、智閑話。門田來。

收信：梧生，耕亭。

二月二十一日（四月三日）

七鐘起。趙航仙辭行。邊生斐章來。哲臣來。蘭浦自醫院歸。

到署。閱王季約所譯《體操教科書》一册畢。丞參堂與柳溪、朗溪略談。閱文牘。榮相到署。茂、紱商阻女學生每日入慈善會事。夕歸。

璧臣、小莊來。小莊留宿。

收信：約敏，縣房書陳名壽昌，自稱表姪，謀事。

二月二十二日（四月四日）**昨夜雨甚酣，夜半止，曉晴，午風**

五點鐘起。六鐘出門。蘭浦隨車回津養疴，鋭生侍往。七鐘到六項公所，八鐘後傳出二十八、九兩日帶領進士引見。

同稚甫到署。午前回寓。飯後與舒、閑閒話。三鐘出門拜客謝伯鵬并賀引見喜，謝步數客。先哲祠公餞徐悦陶、王鶴田、劉仲良諸公直隸同鄉。六鐘歸。晚，與舒、閑話舊。

收信：貝季枚附小照，言月杪擬先赴日本，沈姑母。

二月二十三日（四月五日）

七鐘起。張仁府、鄭尹人、劉伯棠來訪。

午到署。

晚，赴周芾棠、周聽泉、戴熙功約。

收信：約敏。

二月二十四日（四月六日） 寒暑表四十六度◎清明

六鐘半起。薙發。會客：王槐亭、楊銘修、丁奎野、徐尚之、嚴小秋、廖惠風。

到署。閲檢定教員章程。閲諮復廣西巡撫批評所報各處學堂文。閲議復俾侍御

拜客：奎野，惠風。

折。閲文牘。暮歸。

唐士行來。約奎野便飯，陪客爲槐亭、秋皋、閬仙、紱臣。九鐘半客去。陳順

銷假。李順告辭。

收信：幼梅二十日交文報局，子均爲請恤事，小秋帶來，約敏，仲和，趙虞軒謀官費出洋，仿文廷例。

二月二十五日（四月七日）直日

五鐘起。六鐘出門，七鐘到六項公所，八鐘批折下，九鐘歸寓。午，將出門，王太史會釐，唐尔銘來。拜客：王太史，劉伯崇同年，萬順荷包店。晤張仁府，談約一小時乃歸。鋭生歸自津。

收信：耕亭、約敏、玉孫。

二月二十六日（四月八日）

四鐘半起。先農壇陪祀。六鐘到，七鐘半行禮，八鐘禮成，九鐘歸。姜寶軒來。午，假寐一小時。到署。閱文牘。五鐘半歸。芸生來，留晚飯。王肖杭來。

收信：約敏。

二月二十七日（四月九日）

六鐘半起。詹壽山來。閻仲安致恭來。寫信：玉孫，智惺。起信草答章大令，未完。

黄倬卿來辭行。

午後到署。閲折。閲引見排單。閲文牘。松筠庵赴哲臣、梯雲約，六時往，十時歸。

收信：約敏，耕亭。

二月二十八日（四月十日）天氣極暖◎是日始換銀鼠袿，然重棉猶不勝也

五鐘前起。五鐘半出門。七鐘前至六項公所。是日進士館畢業庶常引見，學部會同翰林院帶領。九鐘畢。十鐘回寓。

先哲祠公請座師孫中堂。十二鐘往，三鐘半席散。

到署。閲明日引見名單及緑頭籤。閲文牘。六鐘歸。

晚，門田君來。

收信：智惺，燕泉濟南黄亭門口，王季約用舟，查濟南學二十餘處。

二月二十九日（四月十一日）

五鐘起。七鐘前到六項公所。是日進士館畢業之部屬中書引見，學部會同吏部帶領。八鐘三刻畢。六鐘回寓。

智閑隨黄宅回津之便歸去。

午後到松筠庵，是日約凌太守便飯。陪客爲幹臣、嗣香、幼樵、璧臣。至十鐘

半始散。

收信：芸生，張序元，沈子雨，章仲和，洵店解款弍千，還源豐潤，盧木翁附《教育法規》三十部。

二月三十日（四月十二日）

六鐘前起。傅潤沅、方耕硯來。寫信：復約敏。

雲山別墅赴榮相約。同坐孔燕庭、景東甫、彭剛直之孫、周文忠之孫雲字石臣，由庶常改主事，又改河南知縣、柯鳳孫、夏潤枝、徐梧生、達稚甫。赴璧臣約，至則席已散矣。

坐談約一小時。

到署。閱文牘。五鐘半歸。

小莊來。

收信：約敏，智鍾附通知簿、成績表，伊澤致鍾信，張伯翁，丁伯厚，曹敏齋。

三月初一日（四月十三日）

六鐘起。補寫復章縣尊信稿。寫復子均信。寫復子雨信。寫復沈姑母信。任堯章孝廉文煥、桂伯鑄孝廉詩成先後來。桂云，有王仲猷孝廉勳欲來見，并欲呈所著算書。朱俠黎辭行。玉孫自津來，赴長沙之感悼會。

三鐘到署。六鐘歸。

約芸生、小莊、壽山來，陪玉孫便飯。潁伯來。晚，暢談學制。

收信：幼梅，智閑，鄭籲門。

三月初二日（四月十四日）

六鐘一刻起。接起信草致燕泉，仍未畢。寫致張伯翁信，致約敏信。左雨荃編修來見。朱班伯來。約張仁府飯，五鐘客散盡。

收信：羅太尊電報爲圖書局聘曹君振勳事，姜少雲，鄭經郛。

三月三日（四月十五日）

六鐘起。寫信：晉子壽延年，趙虞軒，木翁，俱系起草。與玉孫談。賈君厚錕來見故城人，保定初級師範第二班畢業生。

午到署。改摺稿河南蠶桑學堂。看稿件。

晚，蔡志翁來。玉孫、小莊小酌。夕，闓仙、志堯來訪。

收信：柘公，約敏。

三月初四日（四月十六日）

五鐘半起。寫寄約敏信，托玉孫帶去。玉孫早車回津。訪菊人兄，留早飯，遇孟紱臣。

午到署。校《手工教科書》。校《官報》。閱文牘，閱折。暮歸。

赴袁子莊約，十一鐘歸。

收信：約敏，趙航仙。

三月初五日（四月十七日）

五鐘起。六鐘半到六項公所，七鐘半批摺下。八鐘半回寓。王槐亭來，徐梧生來，史仙航來，王偉泉來。

先哲祠演禮。飯後拜客。晤郭春畬前輩。三鐘半歸。

看《包探案》。大睡，自六鐘後，至十一鐘。遣車迎静生於西車站。

收信：朱省三，發電復順循，陳陟夫覃恪，自武昌候補街。

三月初六日（四月十八日）

六鐘起。起信草朱省三，張序元。拜客：答史仙航，賀耀卿、聲甫。

先哲祠公祭，議鐵路事。

三鐘後到署。静生來見。奎實之來見。茂老、肖項來商日文教員事。瑩甫商印刷事。柳老商工程事，師範分班事。閲文牘。六鐘歸。

收信：約敏。

三月初七日（四月十九日）

六鐘起。寫復燕泉信致王偉泉信，託代寄。起信草因智鍾畢業，致謝伊澤先生。靜生來，談約一小時。王仲猷孝廉來談。

到松筠庵會議，惟史康侯到，余小坐先去。

先哲祠陪星岩、墨卿、珅甫三昆仲，璧臣約也。陪客又有張劭余前輩、楊少泉學士。兩鐘散。

到署。閱山東高如恂條陳，進士館水祖培條陳。閱文牘。六鐘歸。

小莊來談。李少林來。

收信：王偉泉回信，陳柘翁信，芸生信附答幼梅問教員進退之權限，智絅信。

三月初八日（四月二十日）徐菊兄補東三省總督

六鐘起。寫復幼梅信。起信草蓮帥。會客：平松市太郎上海同文書院教員，前年畢業法科大學，同文書院學生，方耕硯託詢潤沅所述甯波金女史，劉蓴生澤熙，善化人，法政大學畢業，兼習銀行，陝西奏調，茲奉委來京考查鐵路銀行等事，陳鏡韓留早飯。

午到署。彥明允來談。格林來訪。胡綏之玉縉到署。閱文牘。暮歸。

丁奎翁來。晚，寫信：約敏，仲和，潤沅，受生。

收信：章受生大令并寄自治、審判章程各二十本，章仲和附合同稿，京足銀百四十五兩，作爲二百元，以百元爲加藤女史川資，其半托購恩物、書籍等，劉蓉生，約敏、約聰，余崧生雲龍，自廣東韶州仁化縣署發。

三月初九日（四月二十一日）星期

六鐘起。寫復蓉生信。起信草姜少雲。會客：王問渠其琛，唐秉文懿坤，楊銘修德懋，濟樂農，楊敏曾，張文卿鴻泉，平蘊山遠，伯厚之門人，李振臣，北洋第二之教員。拜客。先哲祠津郡同鄉公請凌太守，歸已曛暮矣。

收信。

三月初十日（四月二十二日）

六鐘一刻起。訪仁安，小坐，十鐘歸。江翊雲陪北洋師範教員中島半次郎、北尾鼎理化、大津源三郎博物、齋藤保次歷史，地理、瀧本潔算學，理化，持李伯芝介紹書來見。陳稺塘世兄鳳標來訪硯塘師第三世兄也，丁酉舉人，留心實業。董柳莊來訪。

午到署。閑談無正事。五鐘訪峻峰，坐約一小時。

晚，芸生來。

收信：幼梅，智閑。

三月十一日（四月二十三日）

六鐘起。寫信：約敏，寶瑞臣爲劉薄生介紹，蔣、史、馮三君附袁慰帥信稿。

會客：王槐庭，李育才士英。臨帖。

午到署。閱文牘。

晚，約敬韓來飲酒。秋皋來。

收信：梯雲附劉履貞信，約敏附林澄、韓昇華、李應蘭、王淑媛、惺、靄、圓、閑、仁曾賀壽箋，又中學堂照片三、惺父子照片一。

三月十二日（四月二十四日）

六鐘起。寫信：幼梅。拜客：高君如恂。賀孫師相壽。回寓午飯。飯後小睡。復拜客：謝欣蓮步，賀菊人，謝陳石遺、張中卿濂、董柳莊步。賀少川。六鐘歸。晚，及門田、小泉諸君飲酒。

收信：約敏，劉湄洲孝廉文治，耕亭，傅潤沅，益齋。

三月十三日（四月二十五日）

六鐘起。臨帖。寫信：方耕硯告金龍梅女士，現寓天津美以美會，與袁太太同居，約敏。臨帖。

看《環游月球》。午，拜客三處：林季湖龍恂，姚儷桓，湖廣館壬午、癸未團拜，户部銀行請客。

到署。閱文牘。議事。暮歸。

晚，洵差至。閱報帳日記等件。寫回信。寫復蓮溪信。

收信：濟樂農，董柳莊，李蓮溪，性甫、康侯、公度，六叔、七叔，魏鵬九。

三月十四日（四月二十六日）

五鐘半起。寫信：鄭經郛，魏鵬九。起信草：益齋，余崧生。臨帖兩葉。薙發。

拜客：華，歐陽、金、喬、卞、劉、胡、范、黄、李，晤小泉、嗣香。

到署。閱折。暮歸。

晚，看增米氏自著《萬里尋親記》。

收信：沈子雨，劉蓉生（張少元初十到堂，宋司事還三百四十元，武蔚庭幫算帳目。

三月十五日（四月二十七日）學部直日

五鐘起。六鐘半到六項公所，八鐘一刻批摺下。到菊兄處小坐，并晤友梅，訪凌太尊，小坐。午前回寓。小睡。

兩鐘半到署。閱文牘。五鐘半散。訪聲甫兄。暮歸。

石臣、小莊來，俱留飯。

收信：約敏，江孫，鄧元翊。

三月十六日（四月二十八日）星期

五鐘半起。寫寄澂兒信杭州候潮門内雄鎮樓北平吴公館轉寄。王槐亭來。王穆若歸自日本宏文習師範，專習心理、倫理、理、化，尤以理、化爲主課，理、化二科中化學致力尤勤。汲縣王小汀錫彤來見。王與李明修時燦同里，現充省視學，兼辦禹州礦務及蠶桑學堂。

是日約星岩、友梅飯，陪者渤鵬、紱臣、芋田、璧臣、詒臣、潤生。三鐘散。夕，赴嗣香前輩約，未入坐即歸。

收信：王小汀附馬積生爲其妹請游歷咨文呈，王槐亭附名條，約敏，蓮溪，耕亭，趙航仙，苗錫智，竹生。

三月十七日（四月二十九日）夜雨，朝未止，將午放晴

六鐘起。寫信：江孫，竹生，樂農。阻雨不得出門，擁被復睡。鶴籌來。静生午前來。

到署一看。賀延秋生世兄聘妹。賀朱子文升補侍郎。拜祁聽軒。賀哲臣聘姪女。

答拜秦佩鶴。先哲祠同鄉公餞徐制軍。五鐘半散。答拜王小汀。六鐘半回寓。與鶴籌談。
收信：孔祥柯，安南陳炳森自雲南學務處，張晋侯。
法政、理財：楊度、蹇念益、熊范輿、唐宗愈、趙宇航、陳錦濤。
實業、農：李煜瀛。
實業：韓國鈞。
學務：張紹旭，王大章。
礦學：何熵時。

三月十八日（四月三十日）

五鐘三刻起。繕寫楊蓮帥信，未畢。臨帖。敬韓來，胡子静來。賀桂月亭娶婦。
拜客：梧生，希周，石臣，北洋第二小學，芸生，小莊，賀孫慕韓使德國。
到署。暮歸。
與鶴籌小飲。蕭仰孫、李俶陽來宿此。
收信：李唐仙，章仲和，約敏，智閑。

三月十九日（五月一日）

六鐘起。寫致約敏信附仲和信、合同二份、證書一通，托岩村君帶津。臨帖。會客：夏益堂，陳陟夫，陳士可，朱芸廬代鈔丁酉貴州選拔行號。
赴榮相約，陪菊人，始晤吴季伯傳綺。午後答拜瑞仲信。
到署。閲文牘。静生交所擬復楊公使信稿，因與論監督留學事良久。初等《手工》《體操》各一册，交圖書局。
夕，到北洋第一小學堂參觀工場，與稚青、壽山久談。暮歸。
小莊來。
收信：峻孀母，子均弟。

三月二十日（五月二日）

六鐘起。臨帖。會客：鍾昌祚，李培瀛。訪伯鵬，送別。訪嗣香前輩。拜客數處。
到署。午，閲文牘。暮歸。
晚，臨帖試新筆。
收信。
頑固陸游《别曾學士詩》：『所願瞻德容，頑固或少痊。』—《劍南詩稿》第一首。

三月二十一日（五月三日）

六鐘起。薙發。幼樵來商出洋游歷事。楊君修德來。詣詒臣，往小甜水井看房。

詣瑶圃。答拜鎮海鄭君岱雲。
到署。表列初等小學至高等學各科細目。暮歸。
張蓮仙來。晚，與小莊、潤生談。
收信：柘叔，唐秀豐，約敏。

三月二十二日（五月四日）

六鐘起。寫寄子均信。寫寄墨青信。劍秋、梓山、世五來看房。周春熙大令歧，灤州人，曾在保定學堂充監學持燕泉信來見。伍仲文來，擬請假留學西洋。十鐘到署。北村見訪，談約一小時。接寫課程表。午，假寐片刻。到丞參堂與朗溪談。閱文牘。電催燮侯。映庚調機要科，伯寅調文牘科。茂翁、朗翁來談公。暮歸。【頁眉】哲學館
收信：胡子静附明德學堂信，梯雲附商部爲小舫叔請恤奏摺，王偉泉，智惺、智鑭。

三月二十三日（五月五日）星期

六鐘起。劉硯耕來見。寫致胡子静信。復張柏翁信。致王槐亭信附入場券二紙。陳笙陔、胡子静來見。
松筠庵公祭嘉興張受之辛。晤受之令孫字紹蓮者名思仁，電報委員也。【頁眉】是

日爲受之生日，其刻諫草之年係道光丁未，今周甲子矣。故余與嗣香前輩謀舉行公祭，而其文孫恰至。

訪積生不遇，將致楊公使函留交。答拜沖儀并賀喜，晤性庵，并晤趙子登。答拜笙陔，不遇。四鐘半歸。

復子雨信。韓鏡孫來訪。晚，約仰孫、俶陽小飲。

收信。

三月二十四日（五月六日）

六鐘起。會客：劉藜耕增禮，高肅忱如恂，馬振五鄰翼，邵陽人，分部主事，子静介紹，郭儀臣同年鴻賓。

十一鐘到署。校閲《近世物理教科書》。午，閲摺，閲文牘。暮歸。

信約梧生明晨爲内子診視。芸生來，談天津學務甚久。

收信：劉博泉前輩爲薦槐亭於菊老事，梧生覆信，早紱臣送來伊接燕泉信。

三月二十五日（五月七日）學部直日

五點起。六點半到六項公所，八鐘半散。

訪幼梅小坐。聚豐堂獨酌。松筠庵議事。答拜李新甫。拜高澤畬。

到署。寫致慕韓信。四鐘回寓。

復約敏信。復王偉泉信。致詒臣信覆慈溪館房租事。

三月二十六日（五月八日）

六鐘起。看《格物入門》。寫致梧生函，求爲内人處方。伍仲文來。

訪秉三於松筠庵。訪澤畬。

到署。與柳公談。擬電稿。閱兩日到文，閱稿。

吊張文達。答拜阮志道。訪梧生，不遇。訪梯雲托買房，議婚。

七鐘半歸寓。寫致秉三、子静、静生信，約明晚便飯。起信草代子静介紹於楊公使及嘉納校長。復益齋、少雲兩信，已屬子光繕真，臨封各加數行。

子静送來明德學堂國文課卷一本。

收信：子静，石臣，耕亭，孫慕韓。

三月二十七日（五月九日）風

六鐘起。爲胡子静書聯額。起信草，致楊公使、嘉納校長。梧生來。蕭生汝霖來。

唐仙來。敬韓來。看《格物入門》。

午，吊崑師相，是日接三。遇廖香浦太史。答拜王槐亭、余敏時。

到署。閱到文。與朗溪談公。六鐘歸。

約秉三、子静、静生便飯。九鐘散。

復芸生信。看《小説林》。

收信：約敏，芸生，魏鵬九。

三月二十八日（五月十日）風未止

六鐘起。薙發。梯雲、春江來訪。周静初宗潢來。訪璧臣，候秩昭。

十一鐘到署。寫致禹堂信，爲静生介紹。午，閲文牘。議定於舊學政衙門設工藝場。衮甫問《高等小學教科書審定書目》印若干本，君九問《物理學語彙》印若干部，俱告以千份。王静安派入圖書局譯書。《習字帖》及《教授法》發印。擬調進士館及師範館畢業生各數人來部。六鐘歸。

小莊來，留飯。周生熾。

收信。

三月二十九日（五月十一日）

五鐘起。歐陽薌衡、龔仙橋來。鄭伯華來。周芾南來。

拜客：城外前門東，繞至柳樹井，轉虎坊橋、琉璃廠，經順治門外大街。

到署。午，榮相未至，送一信來，係議復許觀察摺稿。參事廳會議復楊公使函，外國人設學堂事。暮歸。

爲智東講《修身教科書》。本部知照明日赴内閣會議幣制，因檢書略考究之。

收信：耕亭。

《貨幣論》湖北易奉乾編《經濟學》第二卷第二編第三章，法政叢編本、法政粹編本

《中國貨幣問題》中國之新民，《新民叢報》癸卯生計類，三百至三百六，甲辰春季第一號 67 至 76，第二號 55 至 58，第三號 49 至 55，夏季第□□*43 至 49

《貨幣政策》劉冕執譯，日本博士金井延原著，第四年第十四號 81 至 85

《幣制改革略談》劉冕執，第四年第十六號，27 至 34

《理財政策》吴興讓稿，其第一款論『鑄國幣』，《北洋政法學報》第二十四册

*原文留空。

四月初一日（五月十二日）

五鐘半起。檢書。訪菊老。

内閣會議閲度支部所擬幣制辦法鈔稿，稿僅一分，不勇輪觀，因於册内畫一『閲』字而去。

同嗣香、幼樵、伯納、玉雙、性庵、璧臣公請菊老，四鐘散。

看書。晚，看《叢報》及《法政粹編》。

收信：智閑。

四月初二日（五月十三日）

五鐘一刻起。仍檢書考幣制。會客：楊銘修，陳東山，鄒世兄應蘧，陳柱臣，張鏡原紹明，獨山人。赴第四高等小學參觀，約一小時許。

到署。午談公。理牘。夕歸。

是日約陳稺塘世兄鳳標、王偉泉孝廉景禕、王槐亭孝廉大章、唐仙大令、鏡涵晚飯。岩村、蘭浦、約敏自津至。晚，與姪談至十二時。九鐘散。

收信：幼梅，約敏，張伯納以「精琦條議及駁議」見贈，又以《銀價問答》及《說帖》《續議》共三種見借。

四月初三日（五月十四日）

六鐘起。李輯五大令瑞麟持劉芷舲親家函來訪。李前署四川灌縣，被議。與姪話。看《銀價問答》。午，到署，仍看《銀價問答》。理文牘。七鐘歸。

子均、漁三、瀛甫來。小莊來。

收信：周俊林大令樹杰自長沙藥王街雲貴會館。

四月初四日（五月十五日）

六鐘起。覆看《新民報》『中國貨幣問題』及『外資輸入問題』。自晨至午，未會客亦未出門。看書兩種，皆得終卷，此近日罕有之事。傍午門田君來，留飯。午到署。參事廳會議一升學獎勵之限制（畫一），一外國教員之獎勵，一本部會議之制。閱文牘。六鐘半歸。

芸生來。晚，與姪談話。

四月初五日（五月十六日）

六鐘起。薙發。閱賀璧理所上《銀幣合定金價條議》在說帖册中。靜生來談師範學堂事，又談幣制。鄒紫東來。十鐘後到署。樹五談局聘畢業各員事，談雲南議長事。看督學局所製《丙午年一覽表》。看圖書局所製《編輯書目表》。午，看日本人所著《清國行政法》。閱折，閱文牘。

看内閣送來度支部請飭會議幣制摺，并所擬虚定金本位甲乙丙丁法。六鐘後歸。與姪話。晚早睡。

趙芷孫以參劾不實，是日奉旨落職。

四月初六日（五月十七日）直日

四鐘三刻起。六鐘半到六項公所，七鐘半批摺下。答拜董君鳳儀，即參觀内府三旗小學堂，司馬繼焕臣、保穀臣導觀殆遍。答拜袁雲台，不遇。聚豐堂飯。賀經田，不遇。拜客：陳、二傅、鄒、李瑞麟、江小濤、顧、周誠、陳元棟、劉培良、張紹明。

一鐘半回寓。乾燥異常。吴子齋妹丈自津來。上賞暑藥，蘇拉知照明日謝恩。

振貝子辭尚書缺及御前等差，得俞旨。

四月初七日（五月十八日）

四鐘三刻起。六鐘到六項公所。候兩小時，又至内候一小時餘，至九鐘半，道旁叩頭。

到宛平小學堂參觀，與静生豫約也，愛棠亦候焉。晤堂長薛雨逵通州人。晤教務長韓志勤述祖及諸教員。參觀講堂。師範班授算學，小學班韓君授地理，又一班□*君授物理，又一班方課畢。又周覽食堂宿舍。十一鐘半回寓。

午一時半到署。柳溪、樹五、壬甫談公。榮相未至，達侍郎四鐘到。閲文牘。

五鐘歸。

與女話。朱經田中丞來拜，談約二刻許。是日爲稚青豫祝，約唐仙、敬韓、雨田、子齋、仰孫、叔陽、秩昭、鋭生陪，十鐘散。

收信：上海三省堂支店出雲彌助，曾禹堂附儲林所分數表。

*原文留空。

四月初八日（五月十九日）

六鐘起。傅公裕范初來湖州，諱雲龍之世兄，曾習英文、電學，其弟范翔字君高，曾習英文七年，庚子前在北洋大學堂。陳稚塘來。

到勸學所聽法貴講教育學。

拜漁三、子均，并晤小秋、瀛甫。午歸。看朱芷青詩稿。蒙賞緑豆。

晚，約子均飯，漁三、小秋、門田、瀛甫、岩村陪，十鐘散席。

收信：林大令世豐，黔人，宦蜀，在奉天充厘差。

四月初九日（五月二十日）

五鐘半起。六鐘出門，七鐘至東華門。先至兵部報房，人已滿。復至北屋，與滋老、菊老同坐。九鐘進景運門、乾清門，隨孫師入奏事處，坐約二刻，升乾清宫陛行禮。歸寓飯。

午到署。閲文牘。暮歸。

小莊來話於中庭。

收信：仁安，稚塘附其同鄉所著算書。

四月初十日（五月二十一日）

五鐘半起。會客：趙式如，朱芷清，袁國卿，華浩如，王其瑔，王有卿，劉祖光。改『私立中學沿革小史』稿，未畢。午，與姪話。到華宅，晤朱經田。先哲祠公請朱經田、梁崧生、高澤畬。六鐘散歸。微醺，早睡。

收信：柘表叔，墨卿。

四月十一日（五月二十二日）

五鐘半起。薙發。寫復叔同信，柘叔信，幼梅信。梯雲來訪。程慎原世兄來訪。劉黎耕、夏益堂來訪。徐梧生來訪。吳迪芬辭行。往崑宅公祭，到六人子年、燮鈞、佩鶴、芝坊、蘭秋及余。弔溥倬雲尚書。答拜王君廷珪，夏同甫太史啟瑜。

午到署。六鐘半散。九鐘前睡。

收信：木翁。

四月十二日（五月二十三日）先考忌日

五鐘半起。起信草：復陳卣甫世兄，林蔚森大令世豐。與姪話。

午到署。閱文牘。正堂、右堂皆未到。君九、枚亮、紹希、邃庵先後白事。進士畢業諸公調部者六人，是日來見。五鐘散。

訪候漁珊并晤子均。看嚴譯《名學》。

收信：漁珊。

四月十三日（五月二十四日）

五鐘起。擬信稿：復秀豐。

七鐘到署。十三、四、七、八，凡四日是日補考師範館三人三顧因丁憂未與畢業考。拜客：晤程慎原世兄。午又到署。閱牘，談公。暮歸。

晚，芸生來。

收信：唐蓂廷，李福田附《貴州教育官報》四册。

四月十四日（五月二十五日）

六鐘起。訪菊老。訪朱經田。回寓早飯。

午到署。閱摺。暮歸。

筱莊來。簡槐亭告今往見菊老。

收信：李福田同時發兩封，一寄天津，一寄京。

四月十五日（五月二十六日）

六鐘起。擬答唐蕢廷信草。答拜王殿撰。第一蒙養院考驗學生，往參觀焉，并送智安赴考。答拜增師範畢業生普。

午前回寓。大睡至五鐘。

晚，與潤兄話。

收信：王槐亭，陳稚塘托報考天津法政學堂。

四月十六日（五月二十七日）

四鐘起。四鐘半動身。赴湖園公所。六鐘半到。候至八鐘批摺下。與稚甫共飯。飯畢回寓。

午到署。

夕賀徐菊老娶弟婦。王槐亭來。

收信：稚塘，槐亭。

四月十七日（五月二十八日）午前雨，午後止

五鐘起。約敏回津，遣劉順送之。

七鐘到署。看商務館《修身教科書》十册。看文明書局《蒙學讀本》第五、第七兩編。看《農話》。十鐘飯。兩鐘散署，歸。安插架上書籍，至夕乃畢。璧臣來。寫致約敏信，附約沖所擬『女學條議』。收信。

四月十八日（五月二十九日）朝來寒暑表六十四度

六鐘起。薙發。

七鐘到署，一鐘三刻散。

太昇堂天津府同鄉公讌徐菊翁、高澤畬、王小鐵。答拜小鐵。松筠庵赴亦香約。七鐘歸。

收信：約敏，俶成，楨岩，永光寺謝君，玉孫。

四月十九日（五月三十日）晴熱◎傍午寒暑表八十四度

五鐘半起。張希文來。

七鐘到署。閱到文，畫稿。榮相未到。飯後，丞參堂小坐。十一鐘歸寓。

午睡一小時許。璧臣來，與璧臣合請朱經田、錢幹臣、玉雙、澤畬、伯納、仲魯、嗣香諸公，四鐘入坐，七鐘散。

收信：兆峰叔和遜〈叔〉〔弟〕帶來，陳東山觀察璋。

四月二十日（五月三十一日）晴熱

五鐘半起。趙航仙來。

到署。校閱《植物教科書》。榮相仍未至。閱到文，閱稿，閱折。

午後拜東城内外客。户部銀行赴伯納約。六鐘歸。

陳藴叔自沟回津，過此宿。

收信：王采臣自錦州府介紹向鵬南樗。

四月二十一日（六月一日）

六鐘起。七點到署。榮、達兩堂俱到。閱文牘。十鐘後散。

拜客：晤和遜弟、瀛甫姪。玉峰、問泉、智崇、智開自津至。與玉峰談。與問泉談極久。

晚，備肴款藴川叔及問泉諸君，適執中、石臣來，留與共飲。

收信：王小汀，張君文成。

四月二十二日（六月二日）

六鐘起。會客：賀良楨，曾應星，向鵬南樗，李榮紱，門田。傍夕步游舊醇邸牆外，循牆而至太平湖。李頌臣來。約和遜、瀛甫便飯。蒙賞紗袍褂料。

午後，静生來。晚，梯雲來。梯雲是日放岳州府。收信：盧木翁附蔡志賡稟稿。

四月二十三日（六月三日）

五鐘起。詣湖園公所，九鐘隨衆謝恩。十一鐘訪梯雲。到署。午後一鐘歸寓。爲門田書册葉數紙。歐陽曉帆來。收信。

四月二十四日（六月四日）

五鐘半起。與玉峰、問泉略談。七鐘到署。看師範補考卷。閱到文，閲稿件。榮相未至。看田譯《論理學綱要》。午賀梯雲。送汲泉行。訪璧臣。夕歸。

崇兒病。雙松如引見，至京來訪，久談。晚，與問泉談。薌衡來，久談。

收信。

四月二十五日（六月五日）

五鐘半起。李森然來。問泉回津。蕼發。梯雲來談。

八鐘半到署。十一鐘半散，歸寓。

午後祝王師母壽。答拜雙松如壽，不遇。爲菊兄、友兄送行。晚飯後乃歸。失候王槐亭大章。

致經田函，爲向鵬南事。

收信。

四月二十六日（六月六日）

四鐘半起。五鐘一刻出門。七鐘一刻至湖園公所，八鐘後批摺下，遂歸寓。

甯波同鄉歐平書主政仁衡來訪。向鵬南來訪。夏同甫來訪。葉琴仙梧春，慈溪人，同年葉君長春之弟，丁酉孝廉來訪。留鵬南飯。王槐亭來訪。魏梯雲、張執中、李石臣來訪。王稚虹來訪。

收信：朱經田，梅紫光。

四月二十七日（六月七日）

五鐘半起。傅君高來，求薦館。仰孫、俶陽遷行李於工藝局。七鐘半到署。談公，畫稿，閱到文。榮相十鐘去。余與右堂飯後約十一鐘半散。歸寓大睡。

三鐘，凌菊齡來辭行，將隨岑督赴廣東。

四鐘，出門拜客：貴州西館李森然，虎坊橋高升店許登瀛、賀良楨，前右江道嚴震，范棣臣、高一山兩太史，鄭蕙晨觀察世璜。到有益堂借書兩種《辨學啟蒙》《植物學啟蒙》。車中看《辨學啟蒙》。

七鐘歸寓。飯後散步。寫信：蓮西，玉孫，崇、惺兄弟。

收信：留學生會館爲王副監督事，崇、惺。

四月二十八日（六月八日）

五鐘半起。

七鐘到署。閱文牘。十一鐘半回寓。

午後，赴貴州門生約於先哲祠，一鐘往，七鐘歸。歐陽濬小帆，徐承錦尚之，張玉麟鍾伯，楊德懋銘修，楊榮卿，周文堃厚齋，張光煒蓮仙，王其琭問渠，劉增禮藜光，周宗潢靜初，鍾昌祚山玉，王延直劍秋，袁國卿相臣，楊昌銘伯昭，龔文柱仙橋，陳元棟柱臣，劉培良硯耕，許登瀛雲階，歐陽朝相湘衡，曾應星小魯，賀良楨南渠，李琳玉峰，王有卿賓六，張希文萃廷，吕啟瀛聚三，楊楷紹模，劉祖沅佐人，桂詩成伯鏞，朱焯芸廬，李森然暢原，梅復子來，徐鍾蕃，黄必方。

晚，小莊來。紫光至自津。

收信：陳陟夫武昌候補銜。

四月二十九日（六月九日）

六鐘半起。會客：周厚齋，張仲青，封汝諤，張灝，高一山，張德焱，遵義歲試入學，黄元龍。

小莊送來《普通學講義録》，臥看之，抛書大睡，自午抵申。

寫寄崇、惺信。晚，津宅來電，言智惺明日送崇婦及和、清等來京。

收信：羅順翁賀節，崇、惺。

四月三十日（六月十日）

六鐘起。七鐘半到署。榮相未至。與右堂閲文牘。看《辨學啟蒙》。飯後，與丞參三公談。步歸寓。

午後，惺姪送崇婦母子至。

先哲祠宴貴州門生三十餘人，七鐘歸。

與姪談至十一鐘。

收信：紱臣附馬積生信，言河南學務，瑞莘儒、吴彭秋、蔡述堂、王恩友俱賀節。

五月初一日（六月十一日）夜雨

六鐘起。七鐘半赴署。因體不適，九鐘即歸。

約敏回津。大睡至三鐘半。

拜客：李伯行，陸澍咸，王松壽。

甯波館公燕同鄉，十鐘歸。鄭蕙晨世璜，慈溪，己卯舉人，江西知縣，江蘇道員，奉調赴東三省，曾奉周玉帥派赴印度、錫蘭考查茶葉出産，夏同甫啟瑜，鄞縣，己丑、甲午，廣東奏調，張詠霓江蘇海運委員，鄞縣肖庵前輩之公子，子京，凌菊齡寶澄，鄞縣，廣東同治，鄭歗雲一夔，鎮海，永嘉教官來京就截取，鄭雲仲傳笈，鎮海，戊子舉人，泰順縣教諭，陳雁賓鎮海，安徽知縣，將赴廣東，施葉封宗銜，鎮海，鄭漢泉鎮海，陳倬雲，邵穀我，陸珠浦澍咸，寓張世兄家，史慎康，華玉卿翊運，又號孟亭，鄞縣，李久香廷翰，鄞縣，郭沅芷敦壎，鄞縣，陳艮初震福，鄞縣，韓芷湘鈞濂葉琴仙梧春，慈溪，陳蘭汀寓瑶老家，戴熙工。

收信：董馥庭，劉嘯東，袁慰帥賀節。

五月初二日（六月十二日）

六鐘起。八鐘到署。閱文牘。午後回寓。

鄭親家來訪。屈桂亭來訪。鄞縣陸珠浦澍咸來訪漁笙太史令公，壬寅優貢。芸生來，

與芸生商摺稿。晚，與玉峰立談甚久。

收信：直隸提學司盧木翁率同人，李子韓，董君耀曾，俱賀節也。

五月初三日（六月十三日）

五點一刻起。寫信：楨岩，董馥庭，沈子雨。神倦後假寐片刻。

九鐘到署。閱文牘。飯後在丞參堂談公，一鐘半散。

拜節兩處：錢師母，孫師相。訪友：璧臣，詒臣，鏡孫，程允原世兄，俱晤；

獻廷，亦香，性安，俱未遇。六鐘歸。

岩熊來。早睡。

收信：邱星章，王鶴籌，李君鏞，蒯觀察先轍，崇、惺，蓮溪。

五月初四日（六月十四日）晴

五鐘半起。寫信：崇、惺。

八鐘前到署。閱文牘，閱摺。飯後赴内閣，是日會議岑督奏稿也。

拜節：王中堂，貴師母，王師母。答拜屈桂亭。

過第二小學，略坐。看學生成績。五鐘歸。

希周、梯雲先後來。

收信：馬振五鄰翼條陳，王敬輿太守，林佑丞同年介弼，學務公所寫生三人。

五月五日（六月十五日）午後細雨，少頃便晴

五鐘起。頤和園謝賞糉子。六鐘往，十一鐘半歸。燕鄭獻兄、劉幼兄、亦香、彤階、詒臣、璧臣、楚材、小泉、潤生，三鐘後散。

和遜、瀛甫來賀節。玉峰至自津。晚，寫信：復荃士繳十五元、致滋老還原件，致傅君高薦浙學堂館，每週十一鐘，日薪五十元。梯雲附合同及收信收銀三紙。

收信：智崇，智惺附照片，芸孫，蕉銘，耕亭。

五月初六日（六月十六日）直日

五鐘起。五鐘半出門。七鐘半到湖園公所，候約三刻許批摺下便歸。十一鐘到家。午假寐。寫信：芸孫，柘公，耕庭。趙宇航航仙來。

收信：柘公。

五月初七日（六月十七日）瞿相出軍機

五鐘半起。寫信：蕉銘。

七鐘半到署。閱文牘，談公。午後一鐘半散。

拜客數處：晤嗣香、穉塘。四鐘歸。

王稚虹來。石臣、小莊來。夜，王少泉來。

收信：賀節者多，奎野、虞軒、翰廷，南宮典史王附運動會相片梯雲回信。

五月初八日（六月十八日）

六鐘起。寫信：性庵，伯顔。與少泉談學事。

九鐘半到署。閱文牘。談時事。十二鐘歸。

假寐。江蘇館壬午同年公餞李伯行欽使、蔡仙峰太守，八鐘歸。

晚，與岩村、潤生談，岩村以近著《日本語音訣》一册屬訂正漢文。

收信：王槐亭餽杭茶，陸硯香賀節，范吉六賀節，陳柘翁，湘南。

五月初九日（六月十九日）鹿滋老復入軍機，醇邸在軍機大臣上學習

六鐘起。薙髮，濯足。温英文一課。張蓮仙來，小坐。

八鐘前到署。茂翁以吴子修學使函江叔海致袁行南方伯信稿見示。達侍郎奉派

閲卷。丞參堂飯後談片刻。爲達〔侍〕郎預備書籍。兩鐘歸。

清理几案。向鵬南來談。劉生澤熙來。晚，與潤生談。

收信：服部附《文部年報》一包。

五月初十日（六月二十日）

六鐘起。温英文。寫復服部信。

七鐘到署。摘記去年章奏事要。榮相到署。茂老談公。飯後閲文牘。參事廳會議，余至時已散矣。與静生、肖項、君九談許久。兩鐘歸寓。

寫扇二、册葉一。閻鶴泉之世兄來京開弔，其長、次兩人來見。

收信：午橋，張仲仁，木齋附繙譯儲材所章程。

五月十一日（六月二十一日）

五鐘半起。灤州紳董秦庚、吴凌游、劉秉勛因事來見。該處去灤州城百里而近開平，距開平車站僅十餘里，缸窑爲業者三十餘家，此三人者皆缸户也。三人曾辦學堂兩處，歲需千金，即從缸户抽捐項下開支。近官場（有住紮某營官）擬辦學堂及巡警，復欲抽千金之捐，缸户具呈於學司。學司派本州耿君查復，未獲邀免。故三人來京，託余設計。余答以止能懇求學司，别無它法。蓋三人言：『重抽萬辦不到，必欲抽取，祇得將吾等學堂停辦而已。』王韻泉來。韻泉去年就徐州道袁世廉之聘，充師範學堂監督，月修百元，其教員多係保定師範生，段敏亦在焉。段教歷史、地理，教員無外國人。韻泉中式後未應殿試，此次擬隨應試之舉貢引見。

七鐘半到署。仍摘記事由。榮相至，邀丞參諸君談公。部視學羅、張來白事。午後余在丞參堂談許久。到圖書局，與樹五、小莊、君九談約一小時。

答拜伊仲平。仲平近經學部奏派，充滿蒙文學堂監督。答拜朱世兄綸，經田中丞之公子，現在民政部當差。訪梧生，至則知其患病已十餘日矣。欲入見，再言而再拒。其世兄應對明瞭可愛，問其年，才十一歲，讀過《四書》《詩經》，現讀《禮記》。答拜袁雲臺，未遇。五鐘半歸。

趙航仙來，言昨日場作點題處誤以『鄴侯』爲『令公』，謂已絶望，意甚沮喪。余勸之許久而去。

七叔祖自沟至，晚談至十鐘。

收信：伯顔，耕亭，崇、惺，天津河北實興公司五段遵義黎寓。

五月十二日（六月二十二日）天氣奇熱

五鐘半起。陳陟夫來見。電徐菊兄，爲陳陟夫事。徐榕生來。致稚塘信附伯顔信。

七鐘半到署。閲摺。閲到文。午，丞參堂談公。兩鐘半散。

到松筠庵，是日同鄉會議，六鐘歸。
爲七叔祖預祝，約稚青、穎伯陪。
收信：陳稚塘。

五月十三日（六月二十三日）

四鐘半起。五鐘赴湖園公所，候至八鐘半歸。十一鐘到家。倦憊不支。
静生來談。沐浴。寫信：仁安。灤州紳董秦、劉兩君復來。竹叔祖早車回津。
收信：李和軒，崇、惺，胡克之，仁安，幼梅附寄造紙公司所製紙。

五月十四日（六月二十四日）

六鐘起。擬致順翁信，爲約永井講博物事。李錫三至自保定。
八鐘到署。閲文牘。十一鐘歸。
與錫三、鵬南談。午，静生、小莊來議講習會事。錫三擬趁通州車，至則後時，復返。錫三、小莊、玉峰共談。
寫致鄭獻兄信爲薦吴子齋事。奉天電報送陳陟夫閲。
收信：連仲甫，陳陟夫。

五月十五日（六月二十五日）

五鐘起。錫三回里。

七鐘三刻到署。閱文牘，閱摺。午回寓。

劉際唐來，長談。師範畢業生之分部司務者，張鉅源郴、卓燡蜀來見。

收信：馬曉珊自廣東省城寶富巷内樂群行館。

五月十六日（六月二十六日）

三鐘半起。四鐘半出門。六鐘半到湖園公所，候至八鐘半歸。

訪梯雲於第一蒙養院。晤章仲和之夫人及加藤女史。晤佑臣。約梯雲飯於同和堂。午歸。小憩。

賀弼臣夫人壽，與弼臣談許久。王季約來。

收信：陳陟夫，服部并書。

五月十七日（六月二十七日）大陰，暑氣少減

六鐘起。遵義喻君弼元愷來見。通判分發雲南來京引見。陳陟夫來。

七鐘半到署。嵇滌生見訪，談極久。閱文牘。

午，出城拜客。到松筠庵行禮，是日忠愍生日也。答晤錢辛甫同年。三鐘歸。

柱卿來。幼樵來。贈以《教育法規》《華洋日記》。【頁眉】幼樵借去《東京明覽》。小莊來，梯雲來，益孫來。晚，與陳、王、魏談。

收信：直隸工藝總局，耕亭，崇、惺，怡，陳陟夫。

五月十八日（六月二十八日）夕大雨一陣，暑氣全退

六鐘起。到署。閱文稿數件。榮相未至。十鐘前散。

答拜益孫。到第一蒙養院訪佑臣，并參觀展覽會。十一鐘歸寓。

起信草，復周緝之、趙小魯、周銘久。敬韓、仁安、小莊、益孫先後來，酒席款之。寫家信。

收信：子澄令堂，崇、惺。

五月十九日（六月二十九日）

六鐘起。兒婦率孫輩回津。

七鐘到署。閱文牘。抄奏稿事由。榮相未到。伊仲平同年來，談兩事一支款，一借啟增相助。飯後與柳、紱、朗三公談。兩鐘回寓。

伍仲文來。毛實翁談至夕。起信草：兆峰叔，湘南，嘯東。

收信。

五月二十日（六月三十日）星期

五鐘一刻起。玉峰赴天津。寫寄聰敏信。薙髮。未出門。王瑞生來。假寐。加藤醫士來談。爲岩熊、加藤寫對聯。三鐘出門。

到夔石師相處請安。答拜于晦若前輩，賀王少臣侍郎，俱未遇。答拜盧君時利，答拜顧德鄰兄弟，答拜幼樵，答拜毛實翁，俱未遇。六鐘歸。

三河勸學總董張品三金城來，因赴通州研究會，順道來京一看。

收信：崇、惺兩封。

是册所記凡歷二百五十四日，就中有益於人、有益於己之事，求一而不可得。

烏虖！難矣！

【封面】丁未日記（五月二十一日起，戊申二月二十六日止）

五月二十一日（七月一日）星期一◎天氣平和，寒暑表七十餘度

五鐘半起。起信草：復謝季讓楠材、邱星章映斗。

到署。榮相因患溼瘡未到。閱審定科所閱教科書震東本甚劣。毛實翁來署，暢談留飯。午後回寓。

伯苓先生、孟芹香、智崇、智開至自津。終日與伯翁談，小莊亦至。和遜、瀛甫來小坐。

晚，仍與伯、筱二公談。梯雲來。寫復榮相信。

收信：姚畏堂大令，王清泉局長桂林，榮相，蓮溪。

五月二十二日（七月二日）

六鐘半起。七鐘半到署。閱文牘。榮相因頭面生癤，擬自明日起請假十日。因以應商事件就與面談。

三鐘，到四眼井工藝總局，實翁、班侯、伯翁、芹香皆至。參觀玻璃工科、箱工科畢，同到先哲祠飯。暮歸。

夜，與張先生、芹香聚談於中庭。十二鐘睡。

收信：鄭親家，楊楨巖，熊秉三長沙種福源朱公館寄。

五月二十三日（七月三日）

六鐘半起。八鐘前到北洋第一小學堂，陪毛實翁參觀講堂及工場。十一鐘到署。

午後賀璧臣壽。答晤王采臣及其令郎。答晤潤沅，并晤緝之令弟立之字學源，行七。訪實翁、範之、班侯，俱不遇。三鐘回寓。

晚，梯雲借地款客。芸生、小莊、伯苓、芹香、仲述、蘭浦、紫光、余及崇、開，凡主客十一人。

收信：惺姪，王槐亭，金同年鵬新選湖南臨武縣，贈留別詩册，劉北巡，柘叔。

五月二十四日（七月四日）

五鐘起。伯苓、小莊、伯寅、芹香、紫光、仲述、秩昭、智開游西山。智崇回津。余昨飲食失宜，夜患腹瀉，朝來倦甚，復睡兩小時。

九鐘到署。閱文，閱摺。次山前輩來訪。寫信致采臣、鵬南，約廿六日先哲祠小聚。

午，訪稚甫，今早出闈也，談片刻。答晤榮錦堂侍講。賀陳玉蒼尚書，談片刻。答拜袁雲台，未晤，留函辭廿六日之局。答拜雙松如、廣君源。三鐘歸。

飯後復睡一小時。會客：陳石叔，歐陽小帆，周子光熾，陳敬韓。

收信。

五月二十五日（七月五日）

六鐘起。八鐘到署。閲摺。九鐘赴東城，答拜趙次帥、周少樸，俱不遇。訪孫子文，不遇。馬葑溪來，留酌。午，假寐一小時。寫寄仲和信，爲静生令郎求入蒙養院。寫寄約敏信。

王召前來交《紡紗公司章程》及河郡同鄉齒録。王稚虹來訪。

收信：永定河道瑞賀節。

五月二十六日（七月六日）

四鐘起。赴湖園公所。八鐘半冒雨歸。

十鐘到署，坐片刻，回寓。

午，榮錦堂來小坐。先哲祠約采臣、鵬南小飲，七鐘散。八鐘回寓，甫入門，大雷雨。

收信：廣西中丞張賀節，陳陟夫自奉天西門内慶陞棧，邱固真自廣西學務公所。

五月二十七日（七月七日）星期

五鐘半起。長春寺弔閻鶴泉。督僕安排講堂，因明日開講習會也。小幡君、潤生兄同車至自津。與小幡、伯苓諸君談。弔劉年伯母益齋令堂。晚，備酌款小幡君，陪客伯苓、静生、小莊、潤生、蘭浦、紫光。

收信：智崇、智惺。

五月二十八日（七月八日）孟芹香同智開回津

六鐘起。八鐘到署。閲教科書。閲到文。飯後，丞參堂談許久。一鐘後歸。小幡君開講，自兩鐘至五鐘，聽講凡四十二人。晚，與伯苓、小幡兩君談。朱伯淵自津來訪。爲采臣寫介紹函二緝公，木公。

收信：接曹壽卿凱臣函，知敏齋親家於本月十三日逝世。

五月二十九日（七月九日）

五鐘起。補寫四日日記。小幡、伯苓兩君游植物園。八鐘到署。閲局編《國文教科書》。閲到文及稿件。一鐘後散署。講習會自三鐘開講，至五鐘止。講植物之分類，根、莖未畢、葉未講。性庵賀潤生壽，談許久。胡子静來。牛子西孝廉桂榮，静海人，甲午孝廉，出陳小圃門將分山東知縣，來京引見，過訪數次，今日始得延見。留子静飯。晚，聚談於中庭。

收信。

六月初一日（七月十日）

六鐘起。八鐘到署。閱文牘。飯後同達侍郎赴内閣，閱胡公使廿九年奏幣制摺。一鐘回寓。

聽講植物學三小時。是日新到者潘季約，未到者白振民、沙駿升。

韓鏡孫來。備酌爲李潤兄補祝。枕上看《包探案》。芹香至自津。

收信：梯雲原信交蘭浦收存，王偉泉景祎約期來訪。

六月初二日（七月十一日）

六鐘起。薙髮。八鐘到署。閱文牘，閱報。午後參事廳會議。學堂冠服，一鐘散即歸。

聽講兩時半。是日新到者孟芹香。武儀臣、周厚齋來。王偉泉來。晚，與小幡、伯苓兩君談。

收信。

六月初三日（七月十二日）

五鐘半起。張先生回津。

七鐘半到署。閱稿，閱文。午歸。聽講，兩小時。新到者榮棉、興文，承。

接華卿信，知柳溪奉使日本。訪稚甫，同詣華卿，商擬摺稿，八鐘歸。

柘叔至自津。實甫來談。

收信：崇、愃，李守一學使賀午節，李曼生大令衍熙，菊兄。

六月初四日（七月十三日）

六鐘起。與柘叔談。姚升辭工。

七鐘半到署。檢諭摺彙存，與稚甫商豫保丞參奏稿。閲稿。午，與稚甫再詣華老，復到署檢修律大臣咨文。一鐘半回寓。

聽講，三鐘至六鐘未到者秦。

梧生來，久談。晚，與柘叔、小莊聚談。寫復墨卿信。

收信：墨卿，崇、愃、舒，張稚青。

六月初五日（七月十四日）星期

五鐘半起。寫寄崇、愃信。會客：仁安，耕硯，棣生，仲蘇，班伯，俠黎。

拜客：蔡仙峰，向鵬南，趙航仙，劉際唐，李立成，嚴寅亮、寅畏，張百熙；到學部圖書局售書處一看；到中等商業學堂；牛子西，武柱卿，師範賀、周、伍三君。聚豐堂飯。飯後，拜甯波同鄉方方華葉，徐蓮士，王聘卿，陸幼香，大興學堂任廣文晤，袁雲台。賀柳溪出使日本。

五鐘前歸。感暑不適。仁安來，與商法律學堂事，仁安代擬摺稿。余又改易數處，抄送榮相閲改。寫寄榮相信。寫答榮相信。十一鐘睡。

收信：劉四太太，澄甫兄，榮相，島田俊雄介紹函，木翁。

六月初六日（七月十五日）

五鐘半起。寫寄稚甫信。復寫摺稿預保丞參，秦嘏庵來繕真，十鐘畢。

到署。閲稿，閲到文，閲摺。一鐘步歸。

妹至自津。七叔祖至自津。聽講三小時。潤田持民政部文及榮相所擬回文見示，爲拘黨人事。接茂老信，爲法律學堂事。詣榮相，商定法律學堂事，摺仍照遞。七鐘歸。

王問渠來。劉竹翁來。與竹叔祖談。與妹談。

收信：崇、惺，蓮溪。

六月初七日（七月十六日）

三鐘半起。四鐘出門。赴湖園公所，六鐘到，七鐘半批摺下，遂還。

答拜石表叔，晤。答拜榕生、竹生，未晤。

到署小坐遂歸寓。

與妹談話。聽講兩小時。湖北劉端甫、章侯來訪，并聽講。留佑宸、榕生、白星垣、小莊飯。夜雨酣。

收信：宋芸子，吴天成，仲蘇。

【頁眉】吕仲蘇寫介紹函致柳溪，交翊雲。

六月初八日（七月十七日）午雨

六鐘起。寫信：木齋，陸幼香。候高尾君至九鐘不至，電話來改期明日下午一鐘。拜客：程世兄，崔世兄，陳世兄，源豐潤，張稚青。十二鐘回寓。午，聽講兩小時。會客：廖君世綸，胡子静。

張伯翁、陶孟和、智惺、智開至自津。晚，與孟和談。

六月初九日（七月十八日）

五鐘起。八鐘到署。

午，聽講兩小時。璧臣來。陳穉塘世兄來。臺孫至自津。

六月初十日（七月十九日）

五鐘起。八鐘到署。閲教科書。右堂未到。督學局員張燕賓嘉齡來見。誦裳來。李伯芝來。午，聽講三小時。

會客：彭夢蓮書年，并科舉人、子猷贊皇，癸卯副貢。俱安順人，叔姪也，俱二十七歲，丁酉科試入學，來京考舉員取中，覆試叔一等，姪二等。

嗣香前輩來談津鎮鐵路，農會。歐陽薌衡、程慎原世兄，周熾來。劉竹翁來，留宿。夜聚於庭，向小幡君質問動植物類之疑義。

收信：張世弟曾志託謀事。

六月十一日（七月二十日）雨

五鐘起。八鐘到署。王少泉來談。榮相到。丞參談公。閱文牘。一鐘歸。車迎榕生、竹生來聚談。仁安來。胡子静來。

晚，與榕、仁、伯、柘諸君談。孟和述日本留學生事。

六月十二日（七月二十一日）雨◎星期

六鐘起。九鐘往先哲祠，是日請劭泉、蓉生、竹生、芸生、伯苓、小莊、仁安、柘叔、佑宸、潤生、誦裳、孟和、芹香、秩昭、臺孫聚於先哲祠，智惺、智開隨往。賞花、賞雨，登樓遠眺，圍坐聚談，十分暢快。四鐘後，出彰儀門游所謂南河泡者，至暮乃歸。

六月十三日（七月二十二日）雨仍不止

五鐘二刻起。八鐘到署。擬奏稿兩道。柳溪來談，并同飯。午歸。

小幡歸自津。聽講兩小時。
幼梅、喬梓至自津。夜談至兩鐘半。答穉塘信。答張幼謙信。
收信：穉塘。
六月十四日（七月二十三日）晴
五鐘起。二妹還津。智惺、智開還津信曹信帶去。伯、柘、孟三君還津。臺孫還津。
未到署。與幼梅談。采臣來訪醫，爲其世兄病肺也。
午後，達侍郎來訪，商奏稿。
聽講兩小時。聽小幡説用顯微鏡之規則。
晚，與幼梅小飲。
收信：王季樵前輩，沈翰卿。
六月十五日（七月二十四日）
六鐘起。八鐘到署。摺稿發繕。閱文牘。午歸。
聽講三小時。
雁峰、性初來訪。伯淵來。是日備酌款幼梅丈。

收信：陸幼香。

六月十六日（七月二十五日）

六鐘起。復沈翰卿信。訪璧臣，未得談，與華少蘭姻叔話片刻。

到署。閲摺，談公。午，會議。二鐘歸。

聽講兩小時。紱兄來。

瑕庵寫摺。胡子静來。張蓮仙來。庭中與小幡君話。

收信：獻夫附試驗題。

六月十七日（七月二十六日）直日

四鐘起。赴園所。十一鐘回寓。

竹生在此。謝叔年、季通來。午，聽講三小時。

晚，與幼丈、仁安談。洵差至。

六月十八日（七月二十七日）終日雨

五鐘半起。寫對七付、屏一條。寫復竹叔祖信。致崇、惺信。復恂叔信，均交洵差。

答拜雁峰、少蘭、性初，僅晤性初。答拜李明修，不遇。

午，聽講兩小時。是日講習會閉會。贈小幡先生《書畫品》。晚，設席酬之。

約靜生、壬甫、翊雲陪，兼款榕生、竹生、幼梅、芹香諸君。

收信：七弟。

六月十九日（七月二十八日）徹夜大雨，至曉不止，其勢絶猛，過午乃止，夕少晴

五鐘起。小幡君回津，丁順送往。陳儀臣來訪，因阻雨至九鐘乃去。

天甯寺約少蘭、雁峰、性初、幼梅、仁安、鏡涵、詒年、彤階、潤生暢聚，至夕乃散。

收信：崇、惺附怡致崇等信，寄卒業證書等。

六月二十日（七月二十九日）晨小雨

五鐘半起。芹香、詒年回津。八鐘到署。榮、達兩公俱至。一鐘乃散。

出城拜客：晤采臣，談許久遇班侯，爲采臣之令郎診疾；賀朗溪，不遇；訪詒臣、小泉，坐許久。到有益堂。送誦裳行。答拜陳儀臣。

五鐘歸。李銘修已候許久矣，陪談一小時。性初來。玉孫至自津。和遜弟、瀛甫姪來。與玉孫夜話至一鐘。

收信：崇、惺，劉文欽名思濬，託王伯英司馬，并寄贈紗補、蘇扇、普茶、蘭腿，錢幹臣託黄君兆鵬帶來，爲黄君謀事，江西廬陵癸卯舉，揀選知縣，徐友梅謝函，子均附壽芝、小莊稟稿規條。

六月二十一日（七月三十日）

六鐘起。到署。閱摺。

飯後拜客：賀紱臣、颸生；答拜客多處，多未見；看尹姪女；晤程世兄慎原。五鐘回寓。候袁雲台不至。會客：葉開寅，朱廷佐，黄兆鵬。雁峰、性初來。楊實君來今年卒業大阪高工。與幼梅、玉孫話。

收信：伯淵，栗堂。

六月二十二日（七月三十一日）

四鐘起。幼梅回津。赴湖園加班奏事。十一鐘回寓。順道訪雲台，不遇。午睡兩小時。偕玉孫、潤生、小莊游萬生園。晤誠玉如璋、葉希賢、鄧斯安振瀛，導觀許久。晚，偕胡、李、陳三君飯於同和堂。十一鐘歸。

儀妹至自津。

收信：崇、惺，蓉生，小幡君，黄，元龍，贈扇二，唐秀豐，天津工藝總局。

六月二十三日（八月一日）

六鐘半起。到署。接榮相信，即復。閱文牘。午，參事廳會議。

拜客：徐吉人、李符曾、李嗣香、唐爾銘、余子厚、華璧臣、李銘修。

六鐘歸。會客：趙航仙、歐陽湘衡、張萃亭。假寐以候玉孫，十鐘至。與玉孫談津學務至兩鐘半。

收信：臧佑宸。

六月二十四日（八月二日）

六鐘半起。九鐘到署。閱江叔海報告。閱第三册《國文教授法》。閱到文。十二鐘歸。

午假寐。璧臣來，同赴袁雲台約，七鐘歸。

晚，與玉孫、潤生談。

收信：盧雲書存甘之子。

六月二十五日（八月三日）

五鐘半起。寫信兩封：小幡，崇、惺。玉孫回津。

到署。榮相函託各事轉告丞參。閱教科書《國文教授法》。閱稿，閱到文。午歸。

武柱卿、竇雁峰、劉嘯東、許雲階、陳君佐堯，滄州人，習錢穀，燕泉介紹求薦東三省先後來見。薙髮。與七妹話天津女學事。

收信：幼梅，盧台安少泉，張晉侯奉天大南門内永昌店隔壁奉和工程局内，江孫西豐縣稅捐局文案處，崇、惺。

六月二十六日（八月四日）

四鐘起。七鐘到湖園公所，七鐘半仁壽殿門外行禮蟒袍補褂白羅冠，三跪九叩。飯後，同茂萱訪秉三，談約一小時。一鐘回寓。簡袁雲台。終日無所事事。晚，早睡。

收信：幼梅，王槐亭吉林省城糧米行街小學堂，袁雲台，崇、惺，雁峰。

六月二十七日（八月五日）

五鐘起。寫復幼梅信。復江孫信。臧佑宸來，言擬辦法政講習會，附理化講習會。

八鐘到署。閱文牘。到丞參堂，與茂、紱兩公談公新鄭小學堂以《中國魂》爲課本，宜禁；懸賞編教科書事，不宜中止；順天中學堂班次，宜釐訂以符奏案；書記生宜考選。午歸。寫致崇、惺信。改紫光所擬致李子香兄信稿。

會客：孫繼月陝西人，官湘三十年，以事被議，持江孫書來，謀薦函，曾孝谷，師範生山東蕭承弼已就本省師範學堂教員。

性庵來，代張杏孫元節以所編《日本國民教育》一部見贈，且言杏孫現在大理院用違其長。

聽七妹述津女學事。

收信：胡子静附贈所纂《修身約言》，并索序，華再雲同年自衛輝，陳君佐堯求覓免票。

六月二十八日（八月六日）

五鐘半起。七鐘半到署。丞參來談公。商保提學使，擬摺稿。閱文牘。兩鐘散署。

答拜孫繼月淼。訪程允原世兄，擬爲薦榮相書啟約辦。答拜曾孝谷、劉嘯東、王其慎、劉登瀛、華壎。

到勸學所，是日展覽會之第三日也。閱各堂成績品，聽恩古樵演説。四鐘歸。

智鍾至自津，與之叙話良久。瀛甫來。小莊來。

收信：伊澤，崇、惺。

六月二十九日（八月七日）午後雨

五鐘三刻起。寫復廞甫信。

八鐘半到署。閱摺，閱文牘。五城學堂擬改路政學堂事，已允陳玉蒼尚書之請，第要求以宛平小學堂相易。午歸。

卞埴自定興來。周金生觀察來。熊秉三來。顧德鄰昆季來。與鍾兒話。吴爵五天成來內閣中書，川南人。

收信：小幡。

六月三十日（八月八日）學部直日

五鐘起。五點半出門。七點至六項公所，九點散歸。

趙硯田來。午，苗井如來。張次勛銘彝來。步以崚來。飭役送趙次帥禮物。

七月初一日（八月九日）太廟陪祀

三鐘起。四鐘到西長安門。至國子監朝房小坐，同茂老話。五鐘入太廟，六鐘一刻禮成。歸寓大睡。

午，東城拜客，晤柳溪，談許久，餘皆未遇。到太昇堂，以車迎少蘭、雁峰、性初三公同飯。

晚歸。靜生先在。

收信：崇一，曾孝谷。

發信：復廞甫，復幼梅，復安少泉，復獻夫。

七月初二日（八月十日）

六鐘起。復幼梅信。致陳稚塘信告法政考期。復曾孝谷。

八鐘到署。閱文牘。梧生來談。叔韞、叔玉交報告。肖項來談。君九來談。午，出城拜客。到華宅看鵬九、次遠。松筠庵議賑。七鐘歸。仁安、小莊談。佑宸來。苗景儒來宿。

收信：幼梅，惺姪，稚塘回信。

七月初三日（八月十一日）

六鐘起。答拜吳爵五天成。訪佑宸，不遇，與白星垣略談。訪静生，不遇。訪榮相，談許久，彥明允在坐。十一鐘歸。

鵬九、次遠、秩昭來。午小睡。

李慎如長綸來訪，屬伊明日自赴圖書局見樹五、小莊。

約夢臣、井如、仁安、仰孫、敬韓、芸生、小莊、潤生在家便飯。飯後聚談，十鐘散。

收信。

七月初四日（八月十二日）

五鐘三刻起。寫信：柘叔，鑑泉，智惺。

八鐘到署。閱文牘。

午，赴長春寺，至夕乃歸。是日華允卿開弔。

雁峰來話。

收信：張西園總戎。

七月初五日（八月十三日）

五鐘半起。寫信：唐秀豐，子均，瀛甫，文欽。

八鐘到署。閱文牘。十一鐘歸。

倦臥。夕，亦香來。寫致方耕硯信。復瀓兄電。早睡。

收信：瀓兄，任君臨，自奉省，慈溪同鄉，美國德門内。

七月初六日（八月十四日）

五鐘半起。起信草：瀓兄，小幡。八鐘到署。徐顯廷見訪。師範堂工程圖定議。

屬丞參擬議復周侍讀條奏説帖。檢定《教員章程》定稿。閱督學局研究筆記一過。

十二鐘半歸。

小睡。與智舒話。會客：唐秀豐，任玉峰廣文寶徵，王秋皋。與崇、鍾話。小莊來。

收信：廞甫，李提摩太電。

發信：文欽，子均。
七夕（八月十五日）
五鐘半起。寫信：小幡，尹澂兄。以上兩信并復伊澤信均交崇兒帶去。
九鐘到署。催審定科編各科名目表。閱文牘。
拜客：吕，汪，葉，陸，方、方、范、陳，孫晤，唐，解榮輅，周開忠，胡，張仲昭晤。
到什錦花園舊學政衙門一看新設初等工業學堂。五鐘歸。
崇、鍾還津。會客：伯寅，方耕硯，方叔壯大猷，雲南同治，范高平運樞，農學畢業，墾務公司。
收信：夏同甫太史，侯雪農毅。
七月八日（八月十六日）
五鐘半起。寫信：王槐亭。會客：胡石青汝麟，河南高等學堂教務長。爲延教員王孟事，求與盧學使作書，乞以王孟見讓。
八鐘到署。閱文牘，閱摺稿。一鐘回寓。
曠生來。寫信：致木翁，致子雨。會客：顔曉峰，景嵐，胡子静，陳發檀，瓊州人，日本高等學堂畢業，將入大學。與曠生話。

收信：梯雲，崇、鍾，幼梅兩信，爲薦工程師，胡石青汝麟。

七月初九日（八月十七日）忌辰

五鐘半起。寫信：幼梅，梯雲。

八鐘到署。閱摺，閱文牘。伊仲平來署談公。午，柳溪來署談公。兩鐘回寓。

復侯雪農信。寫屏對。秋皋來。黄生必方來。

收信：顔曉峰，景嵐。

七月初十日（八月十八日）

三鐘半起。四鐘行。六鐘一刻到湖園公所，候至八鐘歸。十一鐘回寓。

訪梧生，未遇。静生在坐，與静、曠二公談。

希周來訪。候雁峰至三鐘半不至，遂出門。

先哲祠直隸同鄉公宴黄耔畬太守。七鐘歸。

收信：崇、惺。

七月十一日（八月十九日）

五鐘起。寫信：廞甫，栗堂，顔曉峰，復王槐亭，崇、惺。潤生因其兒婦故，回津。梧生來談公。

八鐘到署。閲文牘。與朗、紱二公談。

午，訪璧臣，同到松筠庵。是日請符曾、慎原、仲昭、緒雅、幼安、璧臣飯。

暮歸。早眠。

收信：少蘭，袁雲台。

七月十二日（八月二十日）

夜半起，兩次看彗星，爲樹遮，不得見。三鐘復睡，五鐘半起。顔曉峰來。

八鐘到署。十二鐘歸。

吴君肇華者，癸未小教習吴師錫漳之令嗣也，字次侯，分江蘇通判，來訪。劉君盥訓，山西蒲州人，大學堂師範畢業生也，回晋任義務充大學堂中學專齋教員，不見容於學生而退。陳仲騫、胡子静來。

收信：台孫，木齋。

七月十三日（八月二十一日）

五鐘起。起信稿：張西園。寫信：台孫，崇、惺。

八鐘到署。列本署官員表。丞參來談公。十二鐘歸。仍列表。

會客：周宗潢，吴欽承，鎮遠，原名親臣，袁國卿，張仲昭，陳稚塘，陳伯寅，楊楨岩，蔣性甫，學真，趙德夫，張式僑潤，其子柏年，國子監典簿，吴其林，武陵，留學日本師範生，子静介紹。與曠生、子雨談。閲洵信。寫寄崇、惺信。復洵信。復竹叔祖信。收信：柘表叔，子静，洵信。

七月十四日（八月二十二日）

五鐘三刻起。寫信：復柘叔，胡石青河南高等學堂教務長。八鐘半到署。是日榮相病，達侍郎進六班。閲文牘。丞參堂與朗溪談。參事廳會議約兩小時。一鐘散。賀惲薇孫嫁女。拜客。訪雁峰、性初，小坐。訪仁安，小坐。六鐘回寓。因明日同鄉官謝恩，擬早睡，而鍾兒自津至，乃與叙話。九鐘寢。收信：馬吉生。

七月十五日（八月二十三日）

兩鐘半起。三鐘一刻出門。五鐘到湖園公所。紱臣先到，嗣香、仲魯、康侯、酌升相繼至。候至八鐘後，到宫門外謝恩。到政治館，候至一鐘早飯。五鐘回寓。倦極，睡六刻乃起。與鍾兒話。與曠生談。

收信：伯芝，王表姪女。

七月十六日（八月二十四日）

四鐘起。看彗星未見。曠生與鍾兒回津，明日趁竹島丸東渡。

九鐘到署。閲文牘。接見新分本部諸君主事林、劉、劉、趙（用霖）、桂（詩成），小京官平（遠）。

午後，赴松筠庵。是日同府京官公請黄耔畲太守、齊照巖觀察。夕歸。

王聘卿中丞辭行。歐陽薌衡來。

收信。

七月十七日（八月二十五日）

三鐘起。彗星蔽於雲，仍不得見。復睡，五鐘半起。寫信：崇、愷。

擬本部補署員缺單。

趙航仙來辭行。午，拜客。嵩陽别業赴吴菊農約。訪璧臣。暮歸。

收信：李寶鍾、姚重光、陳國祥求游歷考查費；河北譯書社寄書數種并稟一扣，屬代呈學部；于君振宗函，事同上；耕亭；崇、愷。

七月十八日（八月二十六日）天氣漸爽，有秋意

五鐘三刻起。賀定王府喜事。賀林贊虞前輩，未遇。

八鐘半到署。閲文牘。午，柳溪星使來談。

東城拜客。賀象世兄家喜嵩犢師家。到北洋二學。五鐘歸寓。

寫復子静信。到法政講習所聽江、史、周三君演説，八鐘半歸。午後，鄭清山來。

收信：金瑞卿自岑溪，准補富川；胡子静；崇、惺；閑；開。

七月十九日（八月二十七日）雨

六鐘前起。薙髮。到署。閲摺，閲文牘。

午後訪璧臣，不遇，與智舒話。賀采臣升廣東臬司，略談。賀哲臣令堂壽。夕歸寓。

收信：陳陟夫，臺孫。

七月二十日（八月二十八日）直日

三鐘半起。四鐘出門。六鐘一刻到湖園公所，八鐘歸。十鐘一刻到家。

午睡。寫家信。陳艮初震福，鄭，并科舉人，現辦天一懇務公司，資本四十萬，田十二萬畝，公司設錦州來談。梧生、硯峰來。

到法政講習所，聽吉嘉甫講憲法兩鐘。

收信：方燕年，王偉泉，崇、惺，吴子齋即復，郭儀臣同年鴻賓。

七月二十一日（八月二十九日）

五鐘三刻起。寫致雁峰信。寫致二妹信，託蘭浦帶去。吴君欽承來辭行。

八鐘到署。接華老信，屬催陳、楊二君所擬説帖。二君以稿來商。衮甫擬定《編辭典條例》，批令試辦。衮甫、君九請添派董楙堂、劉秩庭相助。校閲《國文第四册教授書》，至廿一課。閲文牘。兩鐘半回寓。

小莊來。爲王偉泉寫屏、對。

赴講習所，聽周斗卿講憲法大意。九鐘歸。

收信：劉嘯東自北洋法政學堂，沈子雨自工藝總局。

七月二十二日（八月三十日）

五鐘三刻起。看楊哲子所編《法學通論》。

八鐘到署。閲文牘。接校《國文教授書》，第四册畢。

午拜客。四鐘歸。

會客：華孟亭翊運，郭沅芷敦壎，葉琴仙梧春。

接看《法學通論》。

收信：智鬮。

七月二十三日（八月三十一日）

五鐘三刻起。復子雨信。復嘯東信。徐潤吾來辭行，言二等用佐職，擬不就。傅君高來，言因與學生不洽，辭席。

八鐘到署。接榮相信。丞參堂談公。午，答拜沈雨人同年，未遇。訪榮相，談一時許。訪慰帥，因病未見，見劉湘孫、張仲仁。

到講習所，聽静生講理財學兩小時。又與静生談許久乃歸。智鐲至自津。

收信：榮相，崇、惺，甯波教育會，泃店。

七月二十四日（九月一日）

五鐘三刻起。薙髮。灤州李大令長春，保定師範生，癸卯舉人，會考舉貢，籤分河南、楊明修籤分浙江、李笠孫蘭馨，實業學堂本科學生先後來談。

陶然亭與達侍郎公餞柳溪星使。十鐘到，三鐘散。

到有益堂，小坐即歸。

小睡。寫復泃店信。復仲仁信。

收信：阿波松之助介紹吉田信夫法科大學學生，吉田是日來訪，未遇；張仲仁；吉田信夫留簡，仍欲來見。

七月二十五日（九月二日）

六鐘起。復華再雲信。

九鐘到署。榮相至。丞參來談公。兩鐘歸。

小睡。看《安徽高等學堂風潮紀實》郵局寄來，題簽字蹟類幾道。與尹姪女及兩女敘話。以電話詢約敏疾，甫發聲，則約敏之聲至，大慰。又聞張師疾亦漸輕。看哲子所編《法學通論》。與潤生談。寫致崇、惺信。

收信：陳陟夫。

七月二十六日（九月三日）華氏度七二零

六鐘起。張杏生元節來訪，談教育事，甚暢。馬葑溪來。

九鐘到署。閱文牘，閱摺。十二鐘歸。

小睡。吉田信夫阿波松之助所介紹、今中專大郎商人、母袋甕雄譯人同來。郭大令祖惠，河南候補，隨鍾臬司來辦引見來談。寫屏幅吉田等四人。

晚，與潤生兄談局事。

收信：高峰，熊秉三附常德京官公呈稿，爲朱、吴辯誣。

七月二十七日（九月四日）加班奏事（請簡會考游學生大臣）。

三鐘半起。四鐘後動身，以遠鏡窺彗星。六鐘半到湖園公所。余子厚來談，昨夕宿公所，今日請訓也。陸申甫昆弟來訪榮相，談片刻。同稚甫訪子厚，談片刻。讀《江忠烈集》文録一卷。小睡片刻。

汪蘇拉來報閲卷大臣，派出聯芳、唐景崇、塔克什訥、高而謙。又報袁宫保補外務部尚書。張、袁均補軍機大臣。在公所早飯。飯後賀袁宫保，談頗久。訪仲仁、湘孫，小坐，晤潤田、仲和、意城、衮甫。衮甫言，《大同報》求提唱銷路。三鐘歸寓。會客：楊仲環隨柳溪出洋，來辭行，廖主政瑞翔，修文人，乙未入庠，舉貢會考一等，分度支部，張德焱，謀入巡警學堂。沈子雨來，留飯。

寫對、屏劉權之，屈桂庭，扇王偉泉，屈桂庭。

晚，看英文《四書》。寫信：幼梅，峻峰，崇、惺爲怡兒代陳列館購物欠款事。

收信：性庵，幼梅，陳栗堂。

七月二十八日（九月五日）

六鐘起。八鐘到署。閲文牘。紱、朗兩公來談公。午，參事廳會議。

拜客：齊照巖，紀清郎，王樞，熊秉三，廖瑞翔，張德焱，李森然，黄籽腴太守，吴天成。四鐘歸。

寫對聯八。以電話約仁安來談，小莊亦至，談至九鐘散。

收信：楊鑑泉，崇、愳附鍾兒明信片，言廿一到門司，廿三可到東京。

七月二十九日（九月六日）

五鐘半起。寫致菊老信稿與性庵聯名。薙頭。

八鐘到署。慮考試游學應預備各事項。與紱老談保定師範監督事。午後，到丞參堂與柳溪談。

訪程慎原世兄，約初一日同赴十刹海。謁華五姻伯，與璧臣久談。三鐘半歸。

岩石熊夫婦來。抄英文《四書》。會客：吴止欺，劉際唐，熊秉三。答洵信。

因小女啼哭，不覺暴怒，不能自制。午，電賀蓮府、星岩。

收信：洵店。

七月三十日（九月七日）

三鐘半起。四鐘一刻出門，乘馬赴湖園公所，九鐘在公所早飯。

歸時赴東城拜客：柳溪，效溪，申甫，天池，張式僑潤，塔木庵，聯春卿晤，高子益，熊秉三。

到貢院巡視一周，登明遠樓，晤司事于熱何人，與雙履安有交誼。四鐘回寓。張岱臣大令已候半日矣。談片刻即去。楊子若來。劉芸生來。韓鏡孫來。

飯後赴講習所，聽静生講理財學。九鐘後回寓。收信：端午橋寄贈《列國政要》，蓮府、星岩復電，耕亭寄與洵店往還信稿，吴子修。

七月終。

八月初一日（九月八日）

五鐘起。致方耕硯附已寫對聯，《女學章程》價目，并託代辭邱軍門局。弔彭印根。訪程慎原，遇歙縣方駕部。同慎原乘馬車赴會賢堂飯，談極暢，復同返歙縣館。

答拜岱臣、子若，均不遇。訪亦香，坐客甚多。實甫在焉。實甫言，實業補習學堂之當立。又申言，速成實業學堂所需試驗費百元，屬爲籌辦。當託亦公墊付。

到第一書局買書。六鐘半歸。

子静來談。幼梅函言，《橡湖仙影》小説有哲理。是日購得一部讀之。讀一卷有零，目爲之疲，過十一鐘乃睡。

收信：顏孝廉景嵐。

從慎原假得午坡夫子日記五册。第一册起癸酉三月十一日，止是年除夕，題曰《記事之珠》。第二册起丙子正月初八日由漢動身，止丁丑八月十三日到通州。第三册起戊寅二月廿六日上北京輪船，至三月初三日止，以下中闕，又起庚辰正月十四日，止己卯八月初一日。第四册起壬午八月初一日，止癸未七月晦。第五册起癸未八月初一日，止是年九月廿二日。

八月初二日（九月九日）

六鐘起。楊銘修來。劉鐸聲來。徐梧生來。顏景嵐來。

八鐘到署。閱文牘，閱稿。午後知達侍郎奉充出使日本國考察憲政大臣之命。三鐘歸寓。

陳敬韓來。王心容來。林贊虞前輩來辭行。蒙賞袍褂料兩卷。

八月初三日（九月十日）

四鐘半起。五鐘起身。七鐘到學部公所。次山前輩在焉，談片刻。詣仁壽殿行禮。復至公所久坐。榮相、達侍郎、鐵寶臣、寶瑞臣先後至。聞瑞臣署學部右侍郎。

即與賀喜。袁大軍機亦來小坐。十一鐘余歸。

拜張杏生元節，張棣生孝移，林贊老，均不遇。兩鐘回寓始飯。與智蠲、智舒兩女話。蠲明日將回津也。約心容、支山、亦香、敬韓、詒臣、小泉、潤生晚酌。五鐘後客陸續到。九鐘散。敬韓宿此。與敬韓談至十鐘。

收信：家信，黄倬卿，張宜賢燦文，武星環爲李子鶴求親於城内本家六妹，洵信。

八月初四日（九月十一日）

六鐘起。智蠲女回津。蘭浦表弟送往。寫致惺、崇信。寫復洵信。答拜唐春卿前輩。

八鐘半到署。榮相到。午後一鐘半散。

訪達侍郎，不遇。訪璧臣談，五鐘歸。看《包探案》。袁相臣國卿來。早睡。

收信：柘表叔，胡克之，智鍾。

八月初五日（九月十二日）天氣復熱，華氏表近八十度

五鐘半起。薙髮。拜客：弔劉正卿，賀符曾補檢察長，唁采臣喪子并晤唐公柔、王穆若印劍秋。

十鐘半到署。柳溪來話別。君九、邃庵、紹希、樹五先後來談公。一鐘半散。

拜客：答拜王偉泉并送行，賀蘭秋補陝安道，答拜葉琴仙、方耕硯、邵遵南，賀寶瑞臣。再訪柳溪，不遇。答拜吴漢聲其林，劉唐劭，李竟成，羅熙麟，王心容，李景鉌，高星彩，李權。五鐘歸。

薌衡來議出處。秋皋來，言明日赴津，索名片二紙，將持訪幼梅、星伯。予之并作一書予幼梅。與小莊論憲政。蘭浦自津返。

收信：崇、惺，蠲。

八月初六日（九月十三日）晨起，余室華氏表七十四度

六鐘起。寫致崇、惺信，致怡、鍾信。

八鐘到署。同紱臣看房，備閱卷官住宿。閱文牘。午歸。

寶侍郎來。寫復王心容信。晚，食蟹飲酒。

收信：南宫縣典史王耕煙賀節，李子香回信。

八月初七日（九月十四日）

六鐘起。赴車站送柳溪。謁南皮相國，不遇。歸寓早飯。

飯後赴文廟觀演禮。到第一師範學堂看視一周。訪芝本君。晚，與茂、紱、梧三公話。

八月初八日（九月十五日）雨，至晚猶未止

四鐘半起。聖駕八鐘半到。分獻官四中堂、六尚書均在雨中行禮。陪祀跪送。飯後回寓。

睡約兩小時。張履翁來，留宿。

收信：陳陟夫，智鬫，盧木翁附吴君炷靈所著英文電學書，蔡觀察紹基，蒯觀察光斅賀節。

八月初九日（九月十六日）

三鐘起。社稷壇陪祀，六鐘行禮，七鐘前禮成。

回寓小憩。浩如來。

八鐘半到署。瑞臣來署。榮相未至，以函來商數事。閲摺，閲稿。三鐘散署。

訪順循，久坐。答拜余子厚，不遇。

收信：直隸學務公所賀節，純甫函，梯雲信，崇、惺信，閑女信，開兒信，鍾兒信，獻夫兄葉書。

八月初十日（九月十七日）直日

五鐘起。七鐘至六項公所，九鐘散直歸。

午，假寐片刻。齊照巖、高澤畬來，留飯。仲仁同年來，留飯。徐尚之來。

賀馮公度之太夫人壽。赴沈雨人約於全蜀會館，暮歸。實甫來，談禦霍亂之法。張蓮仙、張萃廷來辭行。收信：賀湘南，吴彭秋賀節，王恩友，賀節。

八月十一日（九月十八日）

六鐘起。張履翁昨夜宿此。余睡早，不知其來也，晨始見之，託爲其令公名耀曾者謀事，談舊事甚久。薙頭。方耕硯來。

八鐘半到署。正堂、右堂皆至。兩鐘半散。訪稚甫，不遇。訪程慎原世兄，略談。訪璧臣父子不遇，與智舒話片刻。答拜張蓮仙、張萃廷。

夕歸。小莊來。便酌款張履翁。

收信：方耕硯，徐尚之，陳卣甫世兄由興義寄來信一件附襄夔師所著《仕學初桄雜記》及卣甫《乙巳東游日記》。

八月十二日（九月十九日）

六鐘起。履翁還里。讀襄夔先師《仕學初桄雜記》。寫致耕硯信。寄怡、鍾信。

九鐘到署。閲奏底。賀楊蓮府。王師母處賀節。約順循、茂蘐、邃安、紱臣、靜生飯。六鐘散。早睡。
收信：孫慕韓，嚴幾道。
八月十三日（九月二十日）
六鐘起。賀南渠辭行。劉硯耕來。
八鐘到署。丞參來談公，議本署補署員缺事。
再詣南皮相國，不遇。詣趙次帥，不遇。
賀節：貴師母，崑師母，錢師母，孫師相。拜客：楊主事承詔，寓孟主事處。訪順循，不遇。答拜吴世兄肇華。訪嗣香，略談。過璧臣，不遇。曛暮乃歸。
瀛甫候已久。程明超、范熙士來見。
蒙上賞月餅，明早謝恩。
收信：性初，雁峰，幼梅劉德澤帶來，劉湄洲，唐蓂廷，張西園。
八月十四日（九月二十一日）
五鐘起。六鐘出門。七鐘至六項公所。八鐘到軍機院東厢，候約一小時，隨衆入内謝恩。
弔定郡王。直隸同鄉公宴袁宫保、楊制軍於會賢堂。三鐘散。

訪榮相，小坐。答拜辟畺、照巖，均不晤。六鐘歸。

小莊來談。是日奉旨著張相國管理學部事務。

收信：家信，洵信，韓升華賀信。

八月十五日（九月二十二日）

六鐘起。寫信：復洵信，致崇、惺信均交邱發帶去，復錫三信，再致崇、惺信。

静生來談，與潤生、小莊小飲。午睡至夕。晚叔陽來。

收信：廞甫；蕭瘦棱鳳韶，自桂林，附詩；梯雲并贈物自津遣高价；朱芷清自汴謀調；錫三詢警法部招考章程，牛乳牌號及用法；何翰廷；李子韓；褚、董兩司事，劉、汪、蘇三書記俱賀節。

八月十六日（九月二十三日）

六鐘起。訪朗溪。答拜連捷、宋芸子、姚儷恒。

八鐘半到署。閱稿，閱文牘。

午，答拜王杉緑、華少蘭，俱不遇。夕歸。

寫信：復幼梅，復梯雲。起信草：復午橋。子雨來。晚，静生來。

收信：林蔚森世豐，自復州釐局，獻夫介紹陸建三（定），上海人，留學法政，曹壽卿自杭，言家眷九月初六晉京，住吳公衕，唐秀豐自津福星棧，介紹其兄寶鍾。

八月十七日（九月二十四日）

六鐘起。薙髮。會客：張德鶚、陳師望，俱黔優貢；陳鳳光嘉會，湘陰人；孫海環奉化；達侍郎。寫信：吳子齋，崇、惺，性初、雁峰。

十一鐘到署。是日張相國到任，陪飯。飯後閱文。

夕，月壇陪祀。兩鐘半自署往，三鐘前到帳棚更衣。約刻許，聖駕即到，禮成時約過四鐘。

答晤奎野。晚，静生來。

收信：王太守守堃，晋延年，吳子齋，崇、惺。

八月十八日（九月二十五日）

六鐘半起。改紫光所擬信稿復粟堂，陟夫，壽卿，蔚森，于振宗。

八鐘到署。閲奏稿，增删數處。

午，弔嗣香之伯母并陪客。暮，往候弼宸，因伊近患疝氣也。

晚，敬韓來談。薌衡來宿。

收信：黄小宋，陸硯香，陳柘叔，智閑，智開。

八月十九日（九月二十六日）

六鐘起。内子回津，李叔陽隨行。周生開忠辭行。改紫光所擬信稿。賀張年伯母九十七壽。

八鐘半到署。閲摺。午後回寓。

會客：言仲遠，李玉峰，楊實君，熊鐵崖，李石臣。留二李、熊、楊諸君飯。小莊亦至。飯後縱談。

收信：端午橋賀節，李守一賀節。

八月二十日（九月二十七日）直日

四鐘半起。五鐘出門。七鐘後到湖園公所，與趙次山前輩久談。榮相、寶侍郎繼至。約次帥飯。張相亦至。兩鐘散。

賀袁大軍機壽。四鐘半歸寓。

會客：陳鈞俟。

收信：楊楨巖附統表表册及新譯小學規程，峻嬸母，瑞莘儒。

上諭：我朝以武功定天下，從前各省分設駐防，原以綏靖疆域起見。迨承平既久，習爲游惰，坐耗口糧，而生齒滋繁。衣食艱窘，徒恃累代豢養之恩，不習四民謀生之業。亟應另籌生計，俾各自食其力。著各省督撫會同各將軍都統等，查明地丁數目，先儘該駐防原有馬廠、莊田各産業，妥擬章程，分劃區域，計口授地，責令耕種。其本無馬廠、莊田，暨有廠田而不敷安插者，飭令各地方官於駐防附近州縣，俟農隙時各以時價分購地畝，每年約按旗丁十分之一或十數分之一授給領種，逐漸推廣，世世執業，嚴禁典售。而以所授田畝之數，爲裁撤口糧之準，裁停之餉另款存儲，聽候撥用。該旗丁歸農以後，所有丁糧、詞訟統歸有司治理，一切與齊民無異。至田畝之腴瘠、價值之低昂，各省互有不同，但以足敷養贍爲度。一面仍將各項實業、教育事宜，勒限認真分别籌辦，以廣旗丁謀生之計。其授田之始，應需廬舍、隄堰暨農具、牛種等項，并開辦實業各經費，准由裁停存餉内核實奏請，酌量協濟。并著各將軍、督撫等破除情面，實力奉行，不得任聽協參、佐領各員挾持私見，阻撓大計。先由度支部迅籌實在的款，以備撥發，勿稍誘誤。期於化除畛域，同作國民，用副朝廷一視同仁之至意。欽此。

八月二十一日（九月二十八日）

五鐘起。致耕硯信。改信稿。邱曙蓉來，留小食。馬振五、陳伯寅來。

九鐘半到署。榮相先到。午後三鐘散。

弔姜寶軒之令兄。答訪鐵崖、玉峰，不遇。

陳杰士來。晚，睡甚早。

收信：耕硯，廞甫，孔少雲，蕭仰孫，盧學臺電報，陳劍譚瀋然，桐城，孝廉，江蘇知縣。

來訪未遇，以所著《原人》及《憲法治原》見贈，孫海環，奉化人，留學日本。今日來訪，以其先人所著及伊自譯《生理學粹》見贈。

八月二十二日（九月二十九日）天氣寒，星期休息

六鐘起。體倦神昏耳鳴。復廞甫信，致崇、惺信。會客：芝本，周斗卿，趙制軍、凌觀察，徐梧生。留凌觀察、徐梧生小酌。拜客：朱愛卿，凌觀察，邱曙蓉。

收信：崇、惺，梧生餽銀盤菇。

八月二十三日（九月三十日）寒暑表六十四

六鐘起。改香蘅所擬信稿。會客：王君九，華舒民，程世兄，王蔚林令郎鑫鼎，古愚，韶九，戴贊。

午到署。四鐘半歸。

李潤田來。小莊來。晚，何燮侯、陳樂書來。

夕，寫信：復陳劍譚，致性庵。

收信：菊哥寄速成實業款千金，陳劍譚澹然，朱省三就天津初等工業學堂事。

八月二十四日（十月一日）

六鐘起。改信稿。會客：唐叔襄，唐秀豐，張子京壽鎬，張星五，胡綏之，陳劍譚，張弼余。

賀熊經仲娶兒婦。湖廣館壬午同年公請楊蓮府昆季。余到，小坐即歸。請蓮帥飯，陪者沈雨人、吴菊農、李符曾。六鐘散。

晚，與潤生、香蘅閑談。

收信：佛教學堂九月初二開運動會；江太守槐序賀秋；侯子貞薦木廠。

八月二十五日（十月二日）

六鐘起。改柘叔所擬《視學須知》。王古愚、李言如先後來。

午到署。部署考試事宜。嚴幾道至自滬。袁敬生到署。張星五到署。

拜客：古愚，秀豐，韶九，戴贊，燮侯俱未遇。

晚，與蘭浦談。

收信：幼梅。

八月二十六日（十月三日）

六鐘起。到署。是日設筵請四大臣及襄校官，凡三席。襄校擬題，先後收到。請唐春卿前輩選定。

晚，與君九配定題目。是夜宿署中。

收信：崇、惺。

八月二十七日（十月四日）

兩鐘半起。三鐘後督視寫題紙。寫者凡八人華文：芸生、潤生、厚庵、韞山、蔭庭、張君嘉齡。英文：儀曾、□曾庭。七鐘前寫畢。七鐘半點名散卷。終日在閱卷堂陪四大臣。

晚，仍宿署中。

收信：崇、惺，王槐庭。

八月二十八日（十月五日）

五鐘起。同紱臣、斗欽檢昨日卷，去浮簽。九鐘，襄校官來堂閱卷，袁静生長坤，吴述三仰曾，謝衛臣天保，李楠方芳，陳蘭生錦濤，曹潤田汝霖，王小宋璟芳，張星五奎，張執中鍈緒，何燮侯燏時，陳樂書梘，俱午前至。嚴幾道復午後至。

終日在署。夜仍宿。夜與襄校諸君談。

收信：華實甫，馬曉珊，沈金門。

八月二十九日（十月六日）

四鐘半起。七鐘半點名散卷。照料四大臣閱卷。是日襄校諸公評文憑等第。終日在署，夜與襄校諸君談。

收信：郭大令祖惠。

九月初一日（十月七日）直日未到班，注留署

六鐘起。照料閱卷終日。添請辜鴻銘襄校，是日襄校二場試卷者四人辜、嚴、何、羅。仍宿署中。

收信：幼梅，梯雲。

九月初二日（十月八日）

六鐘起。仍在署照料閱卷。午後請辜、嚴核文憑等第。仍宿署中。

收信：智崇、智慳，趙航仙，雙松如。

九月初三日（十月九日）

六鐘起。照料閱卷。下午助四大臣核算分數。晚，仍宿署中。

收信：凌潤苔，陳幼樵戶部銜，劉性庵，連仲甫。

九月初四日（十月十日）

六鐘起。寫分數清單四十二張，寫榜底一份最優七人，優十七，中十四，午後三鐘蕆事。四鐘，四大臣悉去。余五鐘後回寓。晚八鐘睡。

收信：智怡、智鍾。

九月初五日（十月十一日）

六鐘起。收唐春老信，即復。檢點應答函稿。

訪菊老於海甸民政部公所，留飯。一鐘歸。答拜關公冕鈞。訪梧生，不遇。到署。又陵來，久談。閱文牘。六鐘歸。

晚，與潤兄閑談。

電話告津宅，屬轉達凌觀察，初七日余不能歸里。回電至，知張伯翁同智崇明日晚車來京。

收信：伯鵬，崇、惺，性庵，唐春翁，丁奎野，服部。

九月初六日（十月十二日）

六鐘起。七鐘到署，春卿前輩已先到。覆校全榜分數，襄校官先後至，填榜，自巳至申乃畢。

答拜王采臣、錢幹臣、王劍秋，俱不遇。訪弼余，亦不遇。到華宅，與智舒話片刻。回寓已曛暮。

梧生來訪，談約一小時。

伯翁、智崇至自津，話至十一鐘半。

收信。

九月初七日（十月十三日）星期

六鐘半起。改信稿。顧鼎秋大徵、江翊雲來訪。小莊來。午，達大臣來，談約一小時。假寐。静生來訪。卞俶成自定興回津，晚過此小坐而去。

與伯翁、小莊談至十鐘。

九月初八日（十月十四日）

五鐘起。與會考大臣會奏考試情形，赴湖園候旨。與榮相，喬、林二公談。十一鐘半歸寓。

袁仲青觀察來答拜，談片刻。

一鐘半到署。丞參堂談公。閲初六日到文。

拜客：張仲昭，李季高，孟玉雙，陸軍小學堂，張寶賢，張鼎彝。暮歸。

華實甫來談與張伯翁評論速成實業學堂成績。薙髮。

收信：服部附論優級師範學堂辦法。

九月初九日（十月十五日）晨雨午晴

六鐘半起。寫復凌觀察信。改信稿復金瑞卿。同張伯翁率智崇參觀第一蒙養院，值七妹教唱歌，談話。又觀木村教舞蹈。遇玉雙、小莊、佑宸，參觀畢，飯於同和堂。飯罷，往私立小學參觀唱歌及游戲、體操。夕歸。

內子率五六兩女、和孫女至自津。晚，與小莊話幼年舊事。

收信：璧臣附張相謝恩摺稿兩件，毛子龍《教育談》小莊帶來。

九月初十日（十月十六日）

六鐘半起。改信稿：復吴子修。董悦庵來，託謀學界事悦安名怡如，青縣人，現官甯河訓導，兼勸學所總董。夏同甫來。單味翁自曲周來京見訪。

午到署。閲到文，閲摺，閲稿。右堂到。六鐘歸。晚早睡。

收信：幼梅附抄示昔年芸生挽陶仲翁絶句五首，智鬮。

九月十一日（十月十七日）直日

四鐘半起。夜夢不安，多驚恐，所養可知也。

七鐘到湖園公所。隨正堂、右堂入對，後同詣張相國談公。訪菊人，留飯。

三鐘到署。君九以所編《化學詞典》送閱，擬付印，先印千册。樹五來，久談。閱文牘。暮歸。

晚，李竹林、陳竹香來訪，與竹香談東事。與伯苓先生話。

收信：服部，榮卿表弟，怡、鍾，梧生，子均。

九月十二日（十月十八日）

六鐘起。送張伯翁至車站，遇王朵園，近往通州修墓畢，還津也。答拜單味仁，不遇。答拜謝君祖安、郭君祖惠、董君怡如，俱未遇。

訪獻廷於喬宅，遇詒臣、小泉，議定十四日在余寓作公局，公請幹臣、玉雙、獻廷、澤畬、仲愚、實君、汲泉、瑞卿，凡八人。主人則哲臣、向辰、詒臣、弼臣、性庵、仁安、亦香、子嘉、小泉、彤階、潤生及余，凡九人*。

答拜師範科畢業生二人、黔門生一人。

回寓早飯。飯後假寐。

到署。適游學畢業生演驗看禮。丞參堂談公。拜客：梧生，王畹南，稚甫，静生。暮歸。

收信：陳小圃介紹楊毅廷覲東。

＊人數誤。

九月十三日（十月十九日）

六鐘半起。平賀君來爲余診視肘間、臀間之瘤。留早飯。程慎原世兄來，談片刻。高廟與梧生公祝菊帥，陪客爲袁仲青，華卿、璧臣、榕生俱作主人。夕散。復同二徐、璧臣到菊老家晚飯。符曾亦至。十鐘回寓。

署中送奏稿來，定於十六日加班奏事。

收信：朗溪。

九月十四日（十月二十日）

六鐘半起。楊毅廷來談。常伯起來談。服部教習來談。

公局，自十鐘客陸續至，四鐘散。

收信：韓鏡孫。

九月十五日（十月二十一日）先母忌日

六鐘半起。復韓鏡翁信。瀛甫來，爲子均信商改廕子爲廕孫事。寫復端午帥信，未完。

拜客：賀王爵生聘姪女，答拜張子京，夏同甫，董柳莊。

到署。茂蘐、紱臣來談公。到丞參堂談公。瑞臣來，共閱文牘。閱明日所上摺。暮歸。

晚，寫信：端午帥，崇、惺，幼梅，仰孫，省三，伯鵬，陳幼樵，榮卿。改信稿：雙松如，趙航仙，連仲甫。

收信：怡、鍾遷居芝區南佐久間町二町目一番地，趙毓西，島田俊雄伊勢太廟參拜途上。

九月十六日（十月二十二日）加班奏事（遴員試署各缺摺，奏留各員片）

四鐘半起。五鐘出門。雨後路淖，行十刻始至學部公所。南皮相國本約今日游翠微山，在香界寺備飯。主人在靈光寺預候。榮相、茂翁、于晦老、仲魯、鄧太史邦述先後來公所齊集。風勢甚猛。主人辭不能往，而仲魯游興方濃，不欲中止，乃偕鄧太史往，而余隨之。

行十八里至山下，有山轎候於此，三人各乘其一。約行七八里，至靈光寺。僧名聖□*，出迎。小坐。游其前後各院。塔已毁，僅址存焉壁有端午帥詩，記其事。自靈光出，乘轎而上，至三山庵立片刻，樹佳、大悲寺、龍王堂有僧。南皮之差官候於此未去也，備素菜甚佳、香界寺僧外出，至其最後院之樓，憑闌眺遠，坐許久，其後門通寶珠洞路、寶珠洞最高處，紅葉甚鮮麗，屬香界兼轄。寺人云，丁韙良每歲避暑於此，納租七十元於香界寺。復乘轎而下，還至靈光寺已暮。乘轎至山下，曛黑矣。乘月而歸，至公所已八點鐘。

看奏定章程并閲各司所擬分科大學預算。十鐘睡。

收信：張三兄永濬、四兄永鎮，武昌花隄大坡下馬王廟間壁古皮張公館。

*原文留空。

九月十七日（十月二十三日）

六鐘半起。七鐘登車，九鐘半回寓。寫致幼梅信。寫致仲魯信還游費。爲閑女講《韓文》一首。

午到署。朗溪來堂，商各司烏布。新補署諸君來見。榮相至，達右堂亦至。四鐘散。

賀寶瑞臣娶兒婦，留飯。七鐘後到家。

熊鐵厓來談。小莊來談。寫上竹叔祖稟。

收信：崇、惺，開，洵店，七叔祖。

九月十八日（十月二十四日）

六鐘半起。訪馮星巖，不遇。賀喜五處：宗，戴、吳，張，曾，易恩侯。十一鐘到署。閱文牘。午，榮相至。茂老來談，且商摺稿。紹希所擬停招考摺稿，與之商榷，屬再酌改。静生來談服部意見書事。託紱臣寄朱總監督語。夕，赴車站迎伊澤君。王槐亭來，以所撰『吉林調查』記見示。智崇隨伊澤君來京。

收信：王聘卿，仲魯。

九月十九日（十月二十五日）

六鐘半起。會客：周刺史登皞，鄧峻山。與崇兒話。午到署。榮相、寶侍郎先後至。丞參諸公來談公。暮歸。約伊澤君飯，曹、汪、章、吳、張諸公陪。十一鐘散。

收信：張仁府言奉奏調赴陝；林、武兩生自日本來函，言入校之難東京牛入北町三十番福壽棧。

九月二十日（十月二十六日）

六鐘半起。改信稿：奎野，子均。寫信：兩復幼梅一交于順，附嚴聯、林扇，一託潤生，寄惺姪。晚，爲伊澤寫介紹書四封沈、潘、袁、孫。

會客：秦申潔岱源，孫錦齋海環。

午到署。閱摺。

拜客：訪梯雲。答拜林右丞同年。答拜仲愚石君，不遇，與彤階略談。小莊來。

收信：王燕泉電託物色農學教員；純甫致紫光信，屬爲陳襄夔師作《仕學初桄記》序。【頁眉】陳襄師之第四世兄字芸夫。

九月二十一日（十月二十七日）學部直日

四鐘起。五鐘出門，七鐘半到湖園公所。與榮相略談，因先後到政治編查館，同于晦老、寶瑞兄乘車赴翠微山榮相乘肩輿，張相備也，至陘子口換山轎。十二鐘到靈光寺。仲魯、茂蘐、孝先皆前至。山僧備飯。飯罷游眺，方欲上登，而張相至。余與劉、鄧兩公向張相聲明，前次未得到秘魔崖，此次擬補游。

遂分道行，約二三里抵崖下，形如黔之飛靈巖，而小不止百倍。多題詠，有寶竹坡侍郎詩兩首，癸未四月間題，而翁常熟師於乙酉夏題一律於詩後。『衮衮中朝彥，何人第一流。蒼涼萬言疏，悱惻五湖舟。直諫吾終敬，長貧爾豈愁。何時霜葉下，同醉四山秋。』低徊其地良久，去而趨香界寺，與僧蓮生話。時兩相國及喬、于、寶諸公方直躋寶珠洞未歸也。既歸而飯，素餚甚精潔。張相國特備所謂豆花者，略如津俗所云小豆腐，而潔白細膩乃遠過之。飯畢辭出，徑下至陘子口，乘輿而返。至公所已過八鐘矣。晚，與榮相、茂翁談。

九月二十二日（十月二十八日）

六鐘半起。小食後回城。到署。至司務廳發堂諭，考送軍機章京。邃庵商統計事。午，暫歸寓。又往法政學堂，會伊澤君。晚，在寓復約伊澤君及其友人藤山君、市橋君飯。陪客范、吴、江忼父、劉漸逵、劉芸生、陳小莊。談至十一鐘散。漸逵宿此。崇、惺早車至自津。

收信：章仲和，袁玨生，沈子敦，蒯少農，梯雲代博公索《奏定章程》，寶侍郎。

九月二十三日（十月二十九日）

六鐘半起。鄧元翊世兄來訪。現就奉天文案，月百八十金，不稱意，思就收木稅事，謀諸予。予謝不敏焉，勸其且耐。往訪伊澤君於六國飯店。談約六刻許。日使館之譯員大河平君及静生員外先後通譯。伊澤君此來專爲擴張泰東同文之生意而來，而漢字統一會亦其一端。訪曹壽卿，談二刻許，其景況極可憫。

十一鐘半回寓早飯。飯後補寫日記。寫復吴子齋信，致鄭獻翁信。本擬入署，因倦極而睡，至暮乃醒。

小莊陪王季約來，小坐。邱星章來。華秩昭來。晚，與崇、惺閒話。漸逵八鐘歸。

收信：吴子齋，王心容，電燈公司續招股本。

九月二十四日（十月三十日）

六鐘半起。爲閑女改信稿。改薌衡所擬信稿。與漸逵談。寫復榮卿信。静涵來談。錢鏡平應清來見。

會賢堂公請伊澤君，榮、嚴、寶、達、喬、孟、林、袁、徐、彦、羅、陳、戴、王鴻年、彭、楊、林棨、李廷瑛。兩鐘散。

與静生談約一小時。拜客：劉伯申，蒯若木，何燮侯，黎仲蘇。暮歸。芸生來，與漸逵、芸生談，楊石君來談。爲伊澤君寫介紹書含章、星伯。

收信：張堅伯中丞賀節。

九月二十五日（十月三十一日）

六鐘半起。崇、惺擬今日中車回津，先赴伊澤處送行。

八鐘到署。是日考試保送軍機章京。與考者十二人：許寶蘅、史錫永、徐亮義、祝椿年、周玉柄、劉唐劭、胡德驤、李權、李馥、劉善錡、張煜。九點一刻五分發卷，十點一刻五分繳齊。題爲『賈誼陸贄論』。閱卷，閱文牘。定烏布。

三鐘赴李符曾、吴菊農、袁雲臺約。至則客無一人，乃先赴孫師相處，賀世兄補缺喜。與師談學務甚久。復至李宅，客仍未至。六鐘乃入座。七鐘後辭歸。客爲星巖同年、劭余前輩、吴重彝姻丈。早睡。

收信：智鐲。榮相。

九月二十六日（十一月一日）

七鐘起。五更醒良久，復睡，而醒已逾每日起之時刻矣。王槐亭來。薙髮。李友翁小坐便去。林佑丞同年來，以所譯《陸軍刑法》稿見示。鄧君振瀛來見。拜客：李潤田，韓鏡孫，王君九，錢鏡平，二陸，楊毅廷覲東，常伯起，劉愛棠，陳杰士，陳仲騫，汪伯吾，陳伯寅，林志鈞，林蔚章，張鴻藻，孫錦齋海環，晏雲卿，顧枚亮，路雲甫，秦岱源，陳仁先。賀華太姻伯母壽，留早飯。

午到署。丞參堂久談。閱文，閱稿。

暮歸。順道拜秦蝦庵、重慶。晚，約仰孫、稚青、壽山、敬韓、仁安、漸逵、潤生飯。

收信：怡、鍾，晋延年子壽，張子京壽鎬。

九月二十七日（十一月二日）

六鐘半起。看《直隸教育雜誌》第十一、二期。寫信：復晋子壽延年，寄崇、惺爲晋子壽織機事，寄怡、鍾。

午拜客：王麗泉，邵濟，江叔海，彭同九，李又周，范静生。

到署。丞參來談公。閲摺稿。暮歸。

王季約還來。夜爲閑女講文。

余無剛强不屈之節，偶遇拂逆，徒有抑鬱，小人哉！

收信：得介尊。

九月二十八日（十一月三日） 寒暑表五十度有奇

七鐘起。夜夢殊惡，五更醒，展轉不成寐。寫信：復問泉、次和，復智蠲，復燕泉電。會客：王槐亭之姪勃山安富、王槐亭之子焜富，伍仲文，林辛平志鈞。午出門拜客。

丞參喬、孟、徐、林四公約陪于、達兩侍郎及朱總監督於龍爪槐。飯畢，東城拜客。

暮歸。

收信：吴子齋。

九月二十九日（十一月四日）

七鐘起。漸逵中車還津。祁景彝來。寫信：復七叔祖，復魏梯雲，致幼梅，致崇、惺。

午到署。閲稿數件。夕歸。

晚，全體不適，飯罷輒睡。

收信：七叔祖，榮相爲撤祝蔭庭卷事，吴澤聲其林，自常德初等小學堂。

九月三十日（十一月五日）

七鐘起。精神不振。安插架書以勞之。楊毅廷中翰來謀學界事。

午到署。閲文，閲稿，閲摺。正堂、右堂皆至。六鐘歸。

收信。

十月初一日（十一月六日）　學部直日　午後風狂似虎

四鐘三刻起。五鐘一刻出門。六鐘一刻到六項公所，候約一刻許，聖駕出，詣太廟，余隨溥、榮兩尚書站班。

拜客：恩詠春、啟增、彦明允、葉希賢、鄧振瀛、黄元龍。

十鐘回寓。午睡約一小時。宴客：祁、袁、孟、華到，吴、李未到。寫信：玉孫，崇、惺。

收信：度支部郎中劉次源，附印出《條陳要政》一本；玉孫；陳幼樵。

十月初二日（十一月七日）

七鐘起。昨風，徹旦始息。讀劉郎中次源所上都察院條陳，事理通達，諳習掌故，的未易才。復聞劭希言，劉係湖南桂陽州人，曾游日本，習法政速成科。

答拜祁景彝，并晤符曾，談許久。蔣季和太史炳章、漁三及其令嗣智祚同瀛甫來訪。答拜傅潤沅，不遇。訪張采南同年，不遇。答拜彭雲石主事聚星、吴世兄肇華，已出京，俱不遇。答拜邵君恒濬，寓先哲祠，不遇。答送羅叔韞，不遇。

一鐘到署，閱到文。參事廳會議河南高等學堂獎案通行統計報告格式。四鐘散。

答拜高一山，兼拜沈聲甫，俱不遇。答拜漁三父子，不遇。暮歸。

小莊來。晚，議學英文事，擬自明日起。

收信：崇、惺，怡、鍾。

十月初三日（十一月八日）

七鐘一刻起。寫家信：崇、惺，怡、鍾。

拜客：延太史昌，侍講，趙德普澍潤，常繼升堉璋，蔣太史炳章。到華宅，與智舒話片刻。賀性庵壽。午前回寓。

午後未出門，擁被大睡。

晚，鐵厓來，借去《後漢書》。與小莊、季約習英文《華英進階》貳集第一課。

收信。

十月初四日（十一月九日）

七點鐘起。龔仙橋來。王生有卿辭行四川縣丞。

拜客：答拜林右丞同年，將所譯《陸軍刑法》稿送還。到北洋第一小學，爲黄必芳之弟增芳擬赴津習染科事。訪仁安，小坐。答拜李佑三觀察經楚。答拜曹壽卿，小坐。答拜慶、潘、鳳、楊諸新補署缺者。

一鐘到署。閱文牘。四鐘散。

子雨來借衣帽。子若爲集款事來問計。接津電，言洵差赴津爲竹叔祖置辦衣衾，竹叔祖病勢增劇，因電請楊耕翁偕李子琴明日早車來京。王鋭生來，言明日赴津，問有無應帶信件，且述稚青之言，黄增芳可以自費入京工廠。因託薌衡信商黄生。

與小莊習《華英進階》一課（The boy and the cat）。

上賞袍褂料，明日謝恩。

收信：崇、愲；陳柘叔言九月二十日得子。

十月初五日（十一月十日）

五鐘半起。六鐘出門。七鐘一刻至六項公所，因人滿無坐地，隨溥玉岑前輩先入，候於軍機處院内之西廂，即向來候召對之室也。九鐘隨衆至勤政殿前謝恩。十鐘歸寓。

遣車迎耕亭、子琴，一鐘至。與兩公談竹叔病狀。門田來，聞竹叔祖之疾，自往日本試館代延下瀨醫士。其誠可感。門田既去，余思下瀨果赴沟必須譯人與俱，因電召崇兒即日晚車來京。通電話時已三鐘，距晚車開行時僅三十分，以爲已無及矣，已而竟來。門田君自使館〔來〕，言下瀨允爲一行。留門田君飯。静生來，聞延醫及需譯人情形，謂崇如不來，彼願隨往。可感可感！

晚飯間，下瀨電話來，謂因事不能如約。門田君又以電話商之川田醫士，川田允行。崇兒隨門田君同往訪之。十一鐘崇歸，言已議定明早同隨通州汽車東行。終日爲此事坐立不安，至是乃少帖然。

午後寫寄怡、鍾信。林碩田蔚章午後來見。

收信：得介翁。

十月初六日（十一月十一日）朝霧

六鐘半起。耕亭、子琴、崇兒率陳順同赴三河。

楊子若來，余勸其勿遽到省，彼甚謂然，但在京謀事亦殊不易，當爲妥籌之。

劉祖沆，四川縣丞辭行。

川田醫士來電話，言頃至車站，車已開行。好事多磨，如是如是！何僕自車站歸，知李、楊兩公隨汽車先發。崇兒率陳順往就川田，擬買車而行。十鐘時電詢川田醫院，云已發矣。

午後假寐。

兩鐘到署。張、榮兩相前至。談公，畫稿。至上燈乃歸。

晚，梧生來，久談，歎進奉之風日盛一日。與小莊習英文（These ears of grain）。

收信：陳柘叔自河間府中學堂，附寄《發起南運河商辦公益紡紗有限公司招股簡章》三十本，王召前之託也；天津寄來《天津河間兩級師範學堂一覽》兩册；吴漢聲其林寄來《武陵民立初等小學堂全學章程》一本、《湖南武陵吴氏初等小學堂簡章》兩本；湖南常德府東城外賀八巷初等小學堂；智駑來稟；小莊遣人送來《宸垣紀略》一套。

十月初七日（十一月十二日）换白風毛

七鐘起。楊子若來。王槐庭來，攜去《宸垣紀略》。接智舒女來，適余不出門，與叙話甚久。

午到署。閲文牘。榮相、寶侍郎奉派進講差使，商量具摺謝恩。劉太守鍾琳，自江南歸、辜員外湯生查譯學館畢來署。暮歸。

晚，與小莊習英文（Reading Lesson）。

洵差至，接李、楊二君及崇兒信，言竹叔祖病有轉機。復洵信，復崇兒信。

收信：劉文欽，子琴、耕亭，崇兒。

十月初八日（十一月十三日）陰

七鐘一刻起。温英文。寫對屏。寫寄約敏信。王古愚來。

午到署。閲文牘。夕歸。

季約出門，是晚未習英文。子琴及崇兒至自沟，與崇兒話。寫復幼梅信。
收信：石臣石臣寓奉天鼓樓南翰墨軒胡同探訪局，幼梅。

十月初九日（十一月十四日）

七鐘起。寫復幼梅第二信附《官報》四本，俱託子琴帶去。子若來。槐亭來。楊仲愚來。子琴第二次車回津。
十一鐘到松筠庵，是日餞于、達兩侍郎，并約寶、喬、孟、徐、林陪，四鐘散。答拜子若。訪璧臣，不遇。訪敬韓，承導觀新建各工廠凡設十一科。晤李伯良、謝季通、劉星垣、沈子雨。與敬韓談片刻，繞至前門而歸。天橋之北設燈牌坊，觀者塞途，行至西珠市口，許久乃得進，歸時已將八鐘矣。
與小莊習英文（Birds）。
收信：蕭守怡世兄德驗。自鎮江洋藥關。守怡，廉甫師之第五世兄也。；程慎原世兄允徽，言聞師母觸發舊疾，慎原擬明日還揚州；嚴漁三，言初九自津返滬；耕亭自沟陽。

十月初十日（十一月十五日）

皇太后萬壽。五鐘半起。六鐘出門，車行遲，七鐘半至西苑門，則見慶祝者已紛紛自内出，蓋禮成久矣。昨《官報》登辰正者，誤也。遇延紫澄，亦後至者。兩人同在西苑門柵欄内補行三跪九叩禮，又同至六項公所坐許久。待車馬漸少，路漸疏通，然後歸。

到私立第一小學堂，觀慶祝禮。十一鐘半回寓。

曹壽卿、王瑞生來，留食麪。午假寐。潤生赴五城學堂。紫光出游。蘭浦同壽卿、瑞生出城。内子率閑、安兩女及和孫赴蒙養院。門庭寂然者終日。晚，温英文。

收信：約敏，宋芸子送來所著《經世財政學》《經世公理學》。

十月十一日（十一月十六日）陰

七鐘起。寫致幼梅信寄議山東奬案奏底，致柘叔信賀得子，復石臣信。改信稿復文欽。

十鐘到署。檢插書籍。閲文，閲摺。君九復湖南學司、雲卿、伯吾復河南法政講習科先後來，商酌稿件。四鐘歸。

寫復怡、鍾信。竇侍郎來。大城劉主政維霖來，并餽茶葉。約毓生晚飯，小莊、芸生、季約、薌衡、潤生、紫光、蘭浦陪。留徐、劉、陳三君宿，夜話至一鐘。復稚青信。寫對王賓六（有卿），屏一張子京。

收信：怡、鍾，稚青附對聯一，吴權奇同年季昌自日本。

十月十二日（十一月十七日）星期◎晴，寒

七鐘一刻起。爲王賓六有卿書扇。與毓笙、芸生、小莊閑談。子若來，亦邀入談。劉嘯東來。留楊、徐、劉、陳早飯。

午，同徐、劉、陳游廠肆。至松華齋、第一書局、商務印書館、作新社等處買書物。夕歸。

孟芹香自津來，言明日早車回津。章伯初來。鄧峻山來。

收信：忼甫，崇、惺。

十月十三日（十一月十八日）

七鐘起。熊鐵厓來。改信稿。

午到署。閱摺，閱到文。

晚，習英文一課。門田君來，商酬州田醫士。身不適，早睡。

收信：周緝之廉訪附其伯兄澄之行述，耕亭。

十月十四日（十一月十九日）直日

五鐘半起。六鐘出門。七鐘一刻到六項公所，候批摺至八鐘。榮相約至會賢堂飯。飯後即歸，頭昏，遍體作冷，倦臥終日，夜作燒。

收信：陳稚塘，熙小舫。
十月十五日（十一月二十日）
七鐘半起。病已，避風一日。午後，七妹自蒙養院來視余病，談院中近事甚詳。
收信：菊老，濟樂農，耕亭，鄭獻廷。
十月十六日（十一月二十一日）
八鐘起。子若來。智舒來省余。
午到署。閱文，閱稿。四鐘半回寓。復與智舒話良久。課孫女。
收信：鄭親家，鄧元翊世兄，怡、鍾。
十月十七日（十一月二十二日）大雪
七鐘半起。和孫女赴女子小學附學。寫信：菊老，鄭親家，鄧世兄。
午大睡。夕，課孫女。是日未出門。
收信：耕亭，楊仲環是否此日收到記憶不清。
十月十八日（十一月二十三日）小雪
七鐘半起。薙髮。十鐘出門，答拜夏庚堂，謝紱臣步，答拜恩耀山主政，訪達侍郎不遇。

到署。與榮相、喬左丞議事。派王君九、張劭希接辦譯學館。閱文牘。暮歸。

晚，與小莊、季若談圖書局事宜書價，辭典，編書人到小學參觀。

課孫女。是日移硯於西複室。

收信：崇、惺，日本公使館阿部氏介紹星野錫君。

十月十九日（十一月二十四日）星期

八鐘起。星野錫并譯人杉木芳治郎來訪。魏梯雲、王益孫來訪。肖航來訪。張仲仁同年來訪。李教員緼青錦州學堂教員來，并餽物。

酬川田醫士於臥車飯店，約門田君，范、王、陳三君陪。到初等工業學堂一看。闞才小學堂約餐菊，同坐史子年、周斗欽、安輔臣、李傑臣、喬少甫、劉錫爵音樂教員、白星垣、梯雲、益孫、佑宸。八鐘歸。

洵差至，寫寄崇、惺信，交洵差。

收信：洵店，耕亭。

十月二十日（十一月二十五日）

八點起。王槐亭來。

拜客：俞廙臣侍郎；瞿士勳；賀嗣香壽，談學務甚久。訪梯雲於鴻陞店，即在伊處早飯。

午後到署。是日進講諸公來署，商訂講義。閱文牘。伊仲平來談公滿蒙文學堂監督。

夕歸。

約梯雲、益孫便飯。飯後暢談。益孫有志興辦實業。

收信：岩熊介紹刻圖章之津田勝吉；李仙舫。

十月二十一日（十一月二十六日）

八點鐘起。寫信：洵店耕亭、竹叔祖，仙舫。拜客：訪張仲昭，答嵇滁生，星野錫君。午到署。閱文牘。與朗溪談公。榮相、寶侍郎先後至。訪達侍郎，不遇。

晚，治小酌爲蘭浦表弟暖壽。寫復柘公信還《橡湖仙影》。寫致崇、惺信附伯芝聯。寫致智開信。

收信：山東護院吴，陳柘翁，崇、惺，開柘翁信附《幼稚園調查册》、日記、《橡湖仙影》，崇、惺信附《初師一覽》八册。

十月二十二日（十一月二十七日）

六鐘半起。送蘭浦登車。蕭世兄守怡來談。讀陳柘翁日記。改信稿：復周緝之廉訪，熙小舫觀察。寫致怡、鍾信。訪達稚甫，談兩刻許。答拜李緼青。

到署。閲文牘。到圖書局，與袁、陳兩君談。登著書樓，見王、陳、高諸太史。陳蘭生來問考期。王魯璠辭行。四鐘半回寓。

收信。

梯雲、静生來談，至九鐘静去，梯宿。梯雲談商部舊事。

留梯雲飯。

十月二十三日（十一月二十八日）

七鐘三刻起。與梯雲談。看《先正事略》。候稚甫至十一鐘乃至，談約三刻去。

午到署。閲摺，閲文牘。暮歸。

看《先正事略》《庸盦文集》。

收信：王心容餽雞絨麪。

十月二十四日（十一月二十九日）學部直日

六鐘起。六鐘半出門。八鐘前到六項公所。遇晦若是日請訓、朱桂卿有封奏、吴絅齋訪榮相、袁玨生訪晦老。九鐘散直。到署小坐用飯。

飯罷到車站送達侍郎行。拜客：焦桐，劉維霖，孫清源，蕭守怡世兄。

兩鐘歸寓。寫信：幼梅，蓮溪，崇、惺，藹，怡、鍾。李賓鍾來。

晚，與莊習英文一課 *The kite*。王純之表兄、榮卿表弟至自津，談甚暢。

收信：王表姪女求幫，玉孫為崇兒入諮議局事，崇、惺廿二，局寄，崇、惺廿三，王表兄便。

十月二十五日（十一月三十日）

【頁眉】孫相等自是日起每三日一周。

七鐘半起。薙髮。寫復玉孫信。蕭世兄來。東光孫月潭清源來游紳，曾充總董，被撤。候劉博老病。答晤仲仁，遇袞甫。答拜毓笙，不遇。弔吴正齋先生彭秋之尊人。答拜邵太史章，徐員外承錦。訪伍欽使，為蕭世兄事。答拜史治中廷華。會賢堂飯。

三鐘半到署。張相、榮相、寶侍郎俱先在。閱文牘。暮歸。

寫信：復崇、惺。與小莊習英文兩課 *Writing lesson, The soul*。與王表兄、表弟、小莊、潤生話。

收信：蕭守怡，吴述三并照片，藤山富太自上海，前與伊澤同來者，耕亭。

十月二十六日（十二月一日）星期

七鐘三刻起。寫致柘表叔信。寫致蕭守怡信。賀薇孫新居，未晤。訪璧臣，遇性庵及朱經田之世兄伯言。訪敬韓。約純之、榮卿、敬韓、子雨、鋭生飯於廣和居。訪梯雲。答拜王問渠其璪。

回寓小臥片刻。寫復吴子齋信。致謝鄭獻廷信。聽智閑鼓琴。與純之、榮卿話。看《池北偶談》。

收信：司務廳取印鑰，又送來電報一紙：『學部嚴師鑒：廿四抵黔，滇稟接否？祈電示。謨叩。有。』『謨』似是王紹謨，未具住址，無從電復。

十月二十七日（十二月二日）

六點鐘起。純、榮兩君回津。寫復幾道信。寫對四付純之，品三，杏生，叔陽，又單款一付榮卿代人。静生來談優級師範學堂事。袁雲臺電話安駕，候之過午，復來電話改期。起信草：擬寄郭潤丈。

一鐘到署。與林、孟二公談公五城學堂交換事，借地開師範豫科事。與晏雲卿談游學進士考試，學部所派留學生表。與紹希談譯學館大加整頓。與叔海談每星期會議，高等教育會議。閱文牘。丞參來談公八旗高等學堂監督，八旗高等小學畢業，勸學所總董。圖書局新刻《内則衍義》工太劣，駁還之。燈後回寓。

賀湘南來談。

收信：高田早苗寄該校廿五年祝典，崇、惺，唐蔚之索出洋經費章程及此案節略，山西大學堂送部考試案及奏稿，魏梯雲子若事不諧。

十月二十八日（十二月三日）

七鐘三刻起。孟紱翁來，久談。朱班伯來。約蕭世兄飯，陪客芰孫、愃庵、潤生，本定准十一鐘，候至兩鐘蕭世兄未到，遂請陪客入坐。迨飯畢，客始至，時已近五鐘，復設便酌款之。蓋蕭世兄誤記爲晚飯也。席散已曛暮矣。

晚，與小莊習英文 *Learning at home*。

收信：王以鍔現充北洋法政監學官，王敦銘輔臣，現在保定省城官硝總局。

十月二十九日（十二月四日）

七鐘三刻起。寫復崇、愃信。答拜朱桂卿前輩，訪嗣香前輩，俱不遇。訪亦香小坐。爲周支山學費事，亦香歲認百四十元學費歲四百元，星伯十之二，墨卿十之一，亦香與余各十之三五，分四季寄東。訪幼樵，遇張協卿，與幼樵談約一小時。

十二鐘到署。閱文牘。是日諸堂均未到。獨坐甚静。紱臣、朗溪、君九來談公。史子年將赴譯學館，來見。白振民銷譯學館差，來見。伍仲文爲審定科列表時來見。西洋留學畢業生、閩人曾宗鑑來見。彦明允來談公。外務部知照明日會奏貴胄游學事，余擬到班。五鐘回寓。

晚，與鄧峻山談。與小莊習英文一課 *The Ass and the mule*。寫寄幼梅信爲託峻山運書事，并純之、榮卿之對聯均託潤生兄明日帶去。
收信：崇、惺。

十一月初一日（十二月五日）

六鐘起。六鐘半出門。七鐘三刻到六項公所，與鐵尚書談，并看字畫。八鐘半散。訪梧生，小坐。答拜鴻太史志。

十鐘前到署。張相到，談許久。榮相、寶侍郎先後至。閱稿，閱文。至暮乃散。

晚，與小莊習英文兩課 *Language lesson, Harte to school*。與小莊、季若暢談，評論古今。

收信：魏梯雲，李蘭馨，陳敬韓。

十一月初二日（十二月六日）

七鐘半起。爲梯雲寫致楊制軍信。寫致梯雲信。王小東同年來訪。

十一鐘半到署。閱局編《初等小學國文教科書》第七册，加簽。閱文牘。晏雲卿、戴邃安談公。張彦雲辭行。丞參堂小坐。四鐘歸。

編家庭樂歌，使閑女譜之。改信稿爲蕭策五世兄致書馮夢華中丞。

便酌壽仁安，適伯苓、蘭浦自津至，談甚暢。飯後小莊至，仁安十一鐘去。小莊宿。余與伯苓、小莊兩君談至三鐘乃就寢。

收信：英文教員鄭國賢謀吉林學堂事；蓮溪附表；崇、惺附賀日人新年姓名單；梯雲回信。

十一月初三日（十二月七日）

九鐘起。蕭守怡世兄來。梧生來。劉葆良來。郭駿卿來。與張伯翁話。

午到署。榮相已去。瑞臣旋至。閱文牘。袁雲臺來寓相候，遂歸。

答拜章同年際治。賀仁安壽，留飯，痛飲大醉，車中大吐。鄭君國賢之信及文憑

今午交邃庵。

收信。

十一月初四日（十二月八日）星期，因明日奏事，故今日照常到署

八鐘起。薙髮。楊儀曾來畫稿。王瑞生來取去品三對。與張先生談。小莊來。

范先生來，商開師範班事宜。

午到署。閱摺，閱文。四鐘半歸。

寫致守怡信。寫家信崇、惺。寫復蓮溪信，復辛少蓮信。壽卿來。與淑儀妹話。

擬寄日人賀年箋。伊澤，手島，山根。梅謙東京市小石川區林町三十番。和田純東京下谷上根岸十。高田。青柳東京府下西大久保村二百十二番。松本順吉。廣瀨韓國京城南大門

外吉野町一ノ一，嘉納，鈴木音樂師，山口夫婦，大久保高明。辻新次本鄉區弓町二丁目。根津一由上海國文會來電。川本夫婦。鈴木壽一。田島菊子。西島神户市中山手通七丁目三十番尾敷ノ七十七。清水，山田，岩村，中川宗吉是否長治。長屋平太郎札幌區北五條西一丁目。平川嘉三郎大阪市西區□上通三丁六番。川本夫婦。大野捨吉。石塚大阪書商。奥村八郎。清水榮次郎大阪西區南堀江通三丁目四十三番。增田大吉東京市赤坂區青山高樹町十二番。石出精一、久子神户市奥平野村四七。河内一郎安藝官島雨蓮堂一人。岡本仙治大阪市南鍛治町二丁目，大阪郵便局官舍。石井甲二郎、久子大連駿河町七八。藤井勝一山口縣大津郡俵山村。

【頁眉】本京：服部。巖谷。桑田。氏家。法貴。杉。高尾。土井兵官。伊藤允美廣東兩廣師範學堂。鹽田真東京下谷仲徒町。藤山雷太東京日本橋區敷□町城邊河岸。門田淺草區七軒町二番，東京教育品製造合資會社。阿波松之助東京代代木村。中川長治大阪市西區南堀江上通一丁目。關本幸太郎步兵第十八旅團長。仙波太郎日本敦賀東洋社主。石川正作神田南乘物町十二番，非賀年。

保定：關本幸太郎。中谷延治。永井勇助。近森出來治。矢板寛。

天津：中島半次郎。桑野久□。江藤豐二。加藤洋行日租界。任。小幡。

十一月初五日（十二月九日）學部直日◎同鄉京官謝恩

六鐘起。與伯翁別，小莊與伯翁偕行。七鐘同出門，至石駙馬大街東口兩車分路焉。八鐘前到六項公所。八鐘半，同鄉官在西苑門内叩頭謝恩，三跪九叩。答拜郭駿卿。十鐘前回寓用飯。飯後睡兩小時。

長春寺弔華太姻伯母，坐約一小時許。答拜劉葆良、蕭守怡，俱不遇。

回寓讀《英文漢詁》。與兩女話。

收信：梯雲今日回津，留信告别；蕭守怡告别。

十一月初六日（十二月十日）

八鐘起。改信稿：山東吴護院，江蘇陸廉訪使日隨員，楊仲環，蔡觀察紹基。擬信稿：致得介翁。

答賀定鎮平升大理院正卿，略談。答訪沈雨人，不遇。

到署。閲文牘。覆閲曾經審定之《英文初範》。丞參堂談。夕歸。

晚，讀《英文漢詁》兼聽兩女奏風琴。

收信。

十一月初七日（十二月十一日）

八鐘起。看《英文漢詁》。賀鄭太史沅補侍講并謝步。答拜王筱東同年，談片刻。答拜蔣大令楷。訪璧臣，談子若事。答拜馮公度，談片刻。

到署。閲文。静生、紹希先後來談公。夕歸。

寫復辛少蓮信，復耕硯信。看英文。濯足。發寄温州電。

收信：上海電爲蘇杭甬鐵路集款事；澂甫兄。

十一月初八日（十二月十二日）

八鐘起。信致耕硯改明早往訪。鄧仲果世兄、王君九、楊星伯、孫實甫、沈喜孫先後來。

十二鐘出門，到署。閲文，閲稿。到丞參堂議事。丞參來堂議事，解決多件留學生事擬電擬稿，咨調陳嘉會，新調各員派司，續派視學。五鐘歸。

晚，看英文。小莊自津歸，談至十一鐘乃去。

收信：盧學使渡邊事，崇、愠小莊帶來，怡、鍾索商部《商法》及統計表等，王紹謨，自雲南由法國郵局寄。

十一月初九日（十二月十三日）

八鐘起。訪耕硯，小坐為滬上電詢集款事。答拜劉太史崐，章太史梫，屈觀察永秋，張內翰志濳，貴冑學堂七人。過詒臣新居，小坐。

到署。閱文，閱稿。仲昭世弟到署。寶侍郎到署。據述，前日進講西史，太后殷殷垂問，如羅馬之在何地，蘇彝士河之屬某國等等，極見注意，啟沃之責緣此愈重，不能不有望於諸公也。五鐘歸。

改信稿：復王輔臣敦銘。王槐亭來。與小莊習英文一課*Food*。耕亭至自洵，叙話，代竹叔祖寄語數事車腳求加明年解京款分兩次。

收信：洵店信，附冬、臘兩月四百金。

十一月初十日（十二月十四日）

八鐘起。改信稿：黃叔筠附還履歷，吳述三附對聯，高田博士謝贈書。鄧仲果世兄來留履歷一分。

午到署。袁樹五來堂談。閱文，閱稿。榮相閑談。暮歸。

看英文。與耕亭談。寫家信，匯去曹款四千金津平化寶。小莊未來習英文。

收信。

十一月十一日（十二月十五日）

六鐘起。耕亭回津。默英文。

拜客：沈喜孫，孫實甫晤執中、星五，袁雲臺未晤，嵇岑孫未晤，徐忻甫未晤，盛杏師未晤。

到詒臣新店照相、晚飯。同坐主客二十一人：王聲甫、丁厚齋、楊紹泉、王麗泉、孟玉雙、楊實君、王仁安、金少泉、李嗣香、喬亦香、李雁題、楊仲愚、劉幼樵、吉、金相臣、朱哲臣、孟、春小山、高彤階、卞詒臣及余，凡二十一人。十鐘後歸。

收信：栢公，華芷舲，崇、惺，楊韶九，劉葆良，張雁雲，總務司。

十一月十二日（十二月十六日）考試進士館游學畢業學員，閱卷大臣奉硃筆圈出陳璧、李殿、林紹昌、郭曾炘

八鐘起。增受之來是日就勸學所事。江藤豐二來託伊代約英文女教員。寫家信，寫復芷舲信，均託江藤帶去。留江藤飯。飯後尹馨山來訪，以鉅野縣屏盜碑見贈。

到署。李潤田、王君九、張紹希、高彤階先後來白事。約孟紱翁來話。四鐘歸。

約葆良、一山、振民、梧生、紱臣便飯。七鐘半散。與小莊習英文一課 *Ten friends*。與小莊、季若談編辭典事。

收信：吴子齋，王槐亭。

十一月十三日（十二月十七日）

七鐘起。七鐘半到署，候閱卷大臣，至九鐘一刻畢到。酌定襄校人員章宗祥、錢承誌、林棨、麥秩嚴、何燏時。至十鐘半，閱卷大臣皆去。閱文。同榮相、朱藹卿、王君九往醫學館參觀德國教育用品，又同往五城學堂參觀甲班試英文，乙班試算學；新宿舍二十六間工料三千金以内，講堂兩間各容六十人，工料一千八百金。復到署。閱到文。與瑞臣、朗溪話。暮歸。抄英文。寫團扇白庚款，潤生代。與小莊習英 *The gourd and the palm*。與小莊、季若閑談。

收信。

十一月十四日（十二月十八日）

八鐘起。拜客：谷芝瑞，水祖培，魏正鴻，鄭國賢，胡藻，李雁題，楊星伯，謝鏡虛。十二鐘到署。閱卷大臣午後到，選題，三鐘後散去。閱摺，閱文，閱稿。至暮乃畢。六鐘前歸。

看《教育雜誌》。小莊未至。寫白摺兩開。寫致惺庵信爲鄧仲果事。

收信。

十一月十五日（十二月十九日）考進士館出洋畢業學員，直日惟榮相到班

四鐘半起。五鐘到署。書記生以真筆板寫法政題。君九以墨筆寫普通學題。八鐘一刻點名。點名畢，閱卷大臣散去。九鐘，榮相至。閱文，閱稿。午後同榮相、寶侍郎到考場巡視。六鐘淨場。陪襄校五君子飯。晚歸。

收信：性庵回信，性庵來信，蔡志賡附清摺，崇、惺。

十一月十六日（十二月二十日）

七鐘起。寫致鄧仲果信。

八鐘到署。到襄校諸君宿室，略一周旋。請襄校諸君於大堂閱昨日卷政治題章、林分閱，法律題麥閱，理財題錢閱，普通學題何閱。紱臣兄衣冠來照料。借參事廳之複室繕提學使清單一扣，凡六百二十四字，十鐘至十二鐘畢。午，閱文，閱二十七期《官報》，校誤數處。五鐘，襄校官閱卷畢政治卷六十八，法律卷五十六，理財卷十四，普通卷二。陪襄校官飯畢，略談即歸。

梳辮。華浩如來，託謀東三省之文案、駐京委員。談約一小時，出城去。與智舒話。

收信：洵店。

十一月十七日（十二月二十一日） 考試第二場，閱卷大臣覆閱襄校所校第一場卷

六鐘起。七鐘到署。榮相因進講推至明日，是日亦來點名。八點半發題。陳尚書親書兩題於墨板『同律度量衡』義，『唐宣宗命令狐綯讀太宗《金鏡録》』論。丞參堂談。看《通鑑輯覽》。閱卷大臣覆校昨日襄校所閱卷，午前悉畢。飯後悉散去。閱文牘。與榮相談。五鐘場淨。六鐘回寓。

寫致耕硯信認二百股，致性庵信。電話招崇兒明早來京。

收信：仲果復誦履歷一份來，怡、鍾。

十一月十八日（十二月二十二日） 星期◎閱卷大臣閱第二場卷

七鐘起。薙髮。八鐘半到署。照料閱卷大臣。張相、榮相、寶侍郎先後至。午前閱經義畢。午飯後，同張、榮、寶三堂到圖書局坐談，至四鐘。四大臣閱史論畢，即散去。余等五鐘散，歸寓。

智崇至自津。晚，江忼父來，言明春决計出洋，欲將兩侍習所請督學局接管。余勸止之。與崇兒及舒、閑兩女兒話。寫致耕硯信，致嗣香信。

收信：耕硯，崇、愷。嗣香送來《黜華新語》，蓋先君昔年與同志刊行者也。

十一月十九日（十二月二十三日）冬至◎天壇陪祀◎閱卷大臣核算分數

五鐘起。六鐘出門。七鐘到壇。帳房小坐，與朗溪、紹希略談。入壇門立候片刻。聖駕八鐘到，九鐘十分禮成。回寓用飯。飯後少睡。

一鐘到署。是日會考大臣核定分數。四鐘半畢。南皮相國亦與參酌。計定最優等八名，優等十六名，中等四十二名，下等三名。張、榮、寶并丞參三君商議約束學生之法。至六鐘後乃散。

晚，姜寶軒來爲乃姪就職送謝，連鎮紡紗招股事。與崇兒、舒女、閑女閒話。

收信：耕硯回信，傅潤沅，吕碧城以上三人皆爲欲延悍姪教算事。

十一月二十日（十二月二十四日）閱卷大臣覆核分數拆封

八鐘起。洗臉畢即到署。至則李蔭墀前輩亦到。是日會考大臣覆校分數，慮有誤也，并拆封填姓名。余幫同料理，至十一鐘畢。瑞臣至，約朗溪、樹五來堂上共飯。適春卿前輩來閱講義，亦約入坐。飯後，倩朗溪繕奏稿内之清單，至五鐘畢。余閱文牘。五鐘後回寓。兒女話燈前。

收信：江伉父，洵店。

十一月二十一日（十二月二十五日）　辦奏稿

八鐘起。寫復泃店信。寫致約敏信。思州陳明經禮耕來見。陳在武昌就湖南蕭君幕。

十鐘半到署。榮相約喬左丞議事。自蘇杭甬路事糾葛，各省紳民紛紛發電直達樞譯各署，京外學堂亦聞風而起。兩月以來，以學堂全體出名電政府者時有所聞，反對憲政者或歸咎於主張之人，主張立憲者謂立憲國并不如此。是因有學務之責者寬縱所致，南皮相國連日入署，反復丁甯。榮相亦極措意，昨日預約茂萱今早來署，商議切實辦法。

閲文牘。兩鐘散。約瑩甫議《官報》事，因出報太遲也。

甯波館弔林君，晤方耕、周聽、歐陽平、楊德、鄭幹。答拜高雲路、沈學曾。訪周銘九於第一小學堂，談工業事。六鐘歸。

佑宸、小莊來留飯。課孫女習字。張尹人太守來訪。

收信：李福田附像片，合約購化學器具清冊，智惺，蓮溪。

十一月二十二日（十二月二十六日）大風

八鐘起。寫致徐菊老信。十鐘半到署。朗溪過談。參事廳會議譯學館，五城學堂，北洋大學堂畢業奬勵。午，閲報，閲文，閲摺。五鐘歸。

晚，與崇兒、舒、閑等話。課孫女習字。

收信：唐蔚之，方耕硯。

【頁眉】是日，奉嚴禁聚衆演説之諭旨。

十一月二十三日（十二月二十七日）

六鐘起。致耕硯信，認捐千股。六鐘三刻出門，七鐘三刻到東華門傳心殿候批摺是日會奏進士館游學畢業學員情形，奉硃批『知道了』。候至九鐘出。訪毓笙小坐。謁曹仲銘師，不遇。答拜路尚卿。還寓早飯。飯後假寐片刻。

一鐘二刻到署。袁玨生來談。丞參來談公。閱文牘。五鐘歸。晚，課孫女習字。與崇兒談家計。

收信。

【夾條】張祖年：字壽彭，年三十二歲，舊業儒，通書算。保：俞挹辰

十一月二十四日（十二月二十八日）

八鐘起。薙髮。答拜范中丞熙壬、許樞密寶蘅。答晤許久香同年，并晤張菊生參議、王勝之太史。答賀沈子封提學。

到署。是日張中堂到，榮相、寶侍郎繼至，談至四鐘後散。五鐘歸。

晚，課孫女。

收信：奎野，保定師範學堂之東文專修科。

十一月二十五日（十二月二十九日）直日（奏簡大學堂總監督）

六鐘起。六鐘半出門。七鐘半到東華門傳心殿候批摺。是日俄使覲見，事下甚早。買程荃篆書對一幅二金。到詒臣處。

十鐘半回寓。尹馨山來，徐玉笙來。午假寐。王緒雅之夫人來，託爲其子女薦入學堂及蒙養院。

三鐘出門拜客。答賀陳柱臣、尹馨山。訪敬韓不遇，晤子若。答晤李寶鍾、陳敬民、姚重光、劉硯耕。答賀芰孫。答拜劉君次源。

是日買《曾文正家書》一部五角。楊炳初來爲炳初寫致木齋信。

暮歸。晚，課孫女。

收信：厰甫，約敏，智躅。

十一月二十六日（十二月三十日）

八鐘起。幼樵來訪。改信稿：王伯廉，楊韶九。寫寄崇、惺信，復厰甫信。寫致鄧仲果信，將惺庵原信裝去，寫致郭春老信索《價章彙全》。

十鐘半到署。檢閲前所籤識《國文教科書》七、八兩册，是日送交圖書局。邃庵送來總務司所擬頒發各省統計報告表式，閲一過，加數籤是日交參事廳。紹希交答北洋大學堂問考試分數辦法亦交參事廳。静生持盧學使來言，數日内擬赴天津一行，考驗儲材所之畢業生。紹希商譯學館事。叔海來，與商擬奏摺稿大意，屬集同人共論之，并將譯學館、五城學堂兩處辦法妥籌星期四日決議。榮相至，閲文牘。紹希所擬譯學館課程，榮相閲過仍交紹希，屬其添具説帖，送張相、寶堂閲過即可決定。暮歸。

峻山來，留飯。與小莊談片刻。課孫女習字。

收信：伊澤修二，智怡，性庵爲鄧仲果事，言肅邸欲調伊到部。

十一月二十七日（十二月三十一日）

八鐘前起。寫復尹澂兄信附寄勸學所及教育會章程，雙挂號。寫復福田信令智崇、智惺存稿，即由津加封寄黔。寫對聯兩付尹馨山、啟周兄弟。寫致崇、惺信，致江忼父信。

一鐘到署，張相先至，陪飯閑談。飯後談公事甚久，并論學務。至暮乃散。

是日，張相所論各事多合啚意保參議，普通知識之要，初等小學推廣，中途改業者皆須略識字、略識道理，教授法，樂歌之要，而言之有序，不勝悦服。

六鐘回寓。晚，課孫女習字。看《曾文正家書》。寫致尹馨山信。寫致鄧峻山信還類函。

收信：郭春畬前輩，附《鐵路章程》三本。

十一月二十八日（一九〇八年一月一日）西曆一月一日

八鐘前起。操作片刻。賀朱藹卿太夫人壽。答拜陳生禮耕，方太史履中，董大令怡如。弔徐悅陶之太夫人。

到署。閱文牘。與瑞臣談。與林朗溪談。與茂萱談。暮歸。

晚，與小莊習英文一課 *Word lesson II*。課孫女習字。

十一月二十九日（一月二日）

八鐘起。寫致崇、惺信，復智飆信。

到署。參事廳會議至一鐘。午，閱文牘，閱摺。閱審定科所批教科書。枚亮辭行。邵君恒濬到部。叔海、君九先後來談公。暮歸。

課孫女習字。晚，與小莊習英文 *The wolf*。課女習字。閑兒從英女士學英文、算學自本日起。

收信：梯雲，董伯平，江忼父，崇、惺，鍾。

十一月三十日（一月三日）加班奏事

六鐘起。六鐘半出門，約一小時至東華門。到兵部報房坐候。晤裴韻山前輩、壽子年同年。候瑞臣跪安出，談片刻。

買閻文介八言對一幅一兩。謁曹竹師。十一鐘還寓。蹇季常、楊伯昭昌銘來。到署。知戴邃庵補參議。閱文牘。寫致有益堂信，代瑞臣索觀内板書。暮歸。晚，與小莊習英文一課 *Conversation in school*。課孫女。讀《黔報》。收信。

十二月初一日（一月四日）

八鐘起。薙頭未畢，仲昭來，挽髮出見之。與談甚久，留小食。寫致崇、惺信附小幡對，復廠甫信。傅子香嶽棻來見。傅，江夏人，瑞臣門下士也，現在官報局，人甚安詳。答拜惺安，并致謝談片刻。鄧仲果調部。小幡對聯。賀戴邃庵。看智舒，是日伊生日也。

十二鐘半到署。榮相，喬、孟兩丞談公。閱文牘。與朱愛卿話片刻，是日伊來圈講義也。暮歸。

小莊來，因伊感煤氣頭暈，未習英文。課孫女。

收信：芷舲。

十二月初二日（一月五日）

八鐘起。寫寄崇、惺第二信，附棉鞋一雙，又曾符棉鞋一雙仍交智舒帶去。劉孚若盥訓，現在豫學堂任教務來談。毓笙、佑宸、少林來談，今日本約三君及星伯、雁題、小莊、芸生便飯，十一鐘時學部來電話，言張相到署，有事相商，遂託蘭浦弟照料來客，不及候客齊而去。

兩相，喬、孟兩丞談公半日，又閑談許久乃散學生開會於先哲祠之傳聞，留學廷試覆奏摺，大學堂派邃庵佐理。

歸寓。課孫女。王鐵珊觀察瑚來談欽州防城匪亂始末，約兩小時。峻山來，與共酌。

收信：英文教員盧世模。

十二月初三日（一月六日）早風

八鐘起。起信草復奎野。寫信：復盧教員，復梯雲，復芷舲。

訪薇孫。訪性庵。答拜王鐵珊，未晤。

一鐘到署。榮相到署。林、戴兩參議談公。仁先、綏之來談公。閱到文。進士游學畢業諸公來署演禮。五鐘歸。

課孫女認字。

收信：毓笙還借衣。

十二月初四日（一月七日）

八鐘起。讀《黜華新語》。陳士可來。方太史履中來。

一鐘到署。榮相已前至。閱文牘。静生自津還，述繙譯儲材所考驗事。堂諭：派楊員外爲總務司總辦，蔣知州爲機要科主稿，又派陳主事會同范員外籌辦優級師範學堂建築事宜。待張中堂畫諾然後發表。暮歸。

課孫女習字。寫答崇、惺信。

收信：蓮溪附西鄉三堂成績，又雲清款對一付，崇、惺附民一成績，家書四册，達大臣自駐日公使館，歞甫。

十二月初五日（一月八日）直日

六鐘起。六鐘半出門，七鐘半至東華門傳心殿候事。買乾隆御筆一張十五元，彭雪琴畫一張十五元，陳玉方對一付二元，《松禪老人書》一部一元二角，《張壽齡集》一部八角。十鐘半回寓。

午到署，坐一小時許即歸。

舒民來。晚，課孫女。寫復程壽山信。閲天津民立十二小學成績，加批。

收信：蔡志賡，程壽山，中川長治賀年。

十二月初六日（一月九日）

八鐘起。黄生萬選來在第一師範學堂忤趙教員被開除。解子仁太史來談晋大學堂事。

到署。參事廳會議推廣小學，譯學館辦法。午閲文牘。

松筠庵議東安、武清振事。爲劉育湖老伯煖壽。十鐘歸。

閲民立十二小學成績。十一鐘睡。

收信：日本兵營土井氏約明日下午來訪；洵店；李茀田；陳陟夫月半請假赴鄂。

發電：貴陽黔報館轉李茀田兩函俱悉，事皆易辦，但盼六君速來，餘函詳。修。

十二月初七日（一月十日）

八鐘半起。因日本兵官昨約今午見訪，故午前未出門。陳敬民、李玉峰先後來。

查檢新託有益堂由津運來前贈陳列館賸餘之書，分别部居列諸案上。

午後，日本兵官土井市之進偕兩武人、一譯人似是西山保壯見訪，小坐便去。

到蒙養院看七妹病，近又患咯血。與佑宸、少林談片刻。賀劉育湖老伯壽。答拜解子仁，不遇。

五鐘歸寓。晚，静生來，談約三小時。閱民一成績。
收信：廞甫。
十二月初八日（一月十一日）
八鐘起。薙髮。楊次典、顧仰山、胡葆生三太史來，久談。寫屏對門田。賀華老壽。到署。松筠庵會議津鎮鐵路借款修造，外部擬初十入奏。到華宅，秩昭夫婦尚未回京。
梯雲來訪，留飯。李潤兄自津還京。課孫女。寫復志賡信。看《兩般秋雨盦隨筆》。
收信：智崇、智惺兩次，智鐲，吴子齋，星野錫贈畫幅《支那百景》。
十二月初九日（一月十二日）
六鐘起。入内謝賞臈八粥恩。九時半出。答賀左子異廉訪，未遇。答拜邵伯絅，談片刻。答拜陸天池，談片刻。答拜邵恒濬、傅子香嶽棻、楊次典、顧仰山、胡葆生，俱未遇。
十二鐘半回寓。小飲微醉。
午後，到闢才胡同師範傳習所，是日考驗也。四鐘半歸。
晚，約門田、星五、念慈、燮侯、星伯、梯雲、彤階便飯。九鐘散。看偵探小説。

收信：小幡謝代求肅邸書聯；胡葆生還朝珠，駢語可誦；蕭大令鳳韶，附詩一册。

十二月初十日（一月十三日）

八鐘起。張中堂、榮中堂到署，電話來告便往。午後同往文廟相度地勢。張相因既改大祀，擬照大祀規制拓築如九楹五陛三成之類，卒因限於地，不便展拓而止。聞順天高等學堂要求免考，遂回署。時丞參堂已擬牌示及札文，余匆匆三閲，遂令發行。燈後歸。

七妹自蒙養院來，擬明日回津。余留之多遲一日。

收信：沟店，臺孫，智舒。

十二月十一日（一月十四日）考試順天高等學堂學生甲乙班

六鐘前起。七鐘半到國子監考試，到五十七人。經學題『公家之利知無不爲忠也』義余所擬。國文及修身題，皆司員所擬，余與邃庵選擇之。飯後訪門田，送行也，談片刻。門田將赴大阪就漁業公司事。語次依依不認舍。

回寓。會客：朱敏人太史，張紹希，王小航，陳小莊，范静生。寫册葉爲門田。寫致李芹香信儲材所事。致崇、惺信四書成績品付回。與七妹話，服其見識正大、心地慈祥。

收信：蕭策五十二日到，自渦陽，余崧生十二日到，自瓊州，廞甫十二日到，王伯廉以鍔，十二日到，丁伯厚十二日到，廣東省城丹桂里太史第□，李錫三十二日到，崇、惺十二日到，開十二日到。

十二月十二日（一月十五日）

八點起。到禮部會考優拔生題：一經義，一史論，燮鈞所擬也。留便飯，飲酒一杯便辭去。到華宅賀秩昭二十正壽。

到署。閱文，閱稿數日所積件數甚多。朗溪簡易科奏稿、邃庵大學堂事、紹希譯學館事、儀曾商稿數件先後來談公。四鐘後回寓。

敬韓來談，留飯。飯後談至九鐘去。張仲昭來。

收信：岡本仙治賀節大阪市南區鍛冶屋二丁目大阪郵便局官舍，石井甲二賀節大連駿河町七八。

十二月十三日（一月十六日）大雪

八點起。到署。參事廳會議。午，閱文牘。瑞臣到署。夕歸。

吴秀翁至自洵，談洵事。寫復竹叔祖信。起信草，三鼓乃睡。

收信：竹叔祖，洵店，崇、惺，張浚川、張靜山，吴述三回信。

十二月十四日（一月十七日）雪

八點起。寫致津店信。寫致崇、惺信。魏梯雲來，留早飯。秀翁午還車。

到署。閲摺。榮相談公。同瑞臣驗津局解來教育品。暮歸。

課孫女。寫復雷使臣信德使遣其參贊來見，信來約期答，一十六日十一鐘。復幼梅信。

收信：幼梅，漸逵十三到，榮卿，雷克司，禮部咨文。

十二月十五日（一月十八日）雪◎直日

五鐘半起。六鐘出門。雪途窘滯，需時甚久。到傳心殿候旨。買崇雨舲横幅一張六元。

到署用飯。閲文數件。冒雪歸。

大睡。王君炳熿餽皮帽筒、皮珠盒。路壬甫來畫稿。江忼父來談。

約周銘九觀察飯，星伯、子若、稚青陪，主人則余與敬韓也，暢論工藝事宜。十鐘散。

收信：李芹香，沈子椿。

十二月十六日（一月十九日）

八鐘起。薙髮。王炳熿，錦州中學教員、薛楫貴筑入學門生，考職二等，以運庫大使分發長蘆、張吉甫之謙，碧岑令姪，久在關外就礦局事、郝愛禮德參贊先後來。

午後，馬溆午、張景山、范静兄先後來。

傍晚，嵇滌生、門田君先後來。

收信：張序元，崇、惺兩次，一由郵局，一邱發帶來，胡克之，怡、鍾。

十二月十七日（一月二十日）

七鐘起。赴車站送門田未遇，旋即回寓，而門田踵至，蓋誤時刻也。因留宿此。

劉樸生鍾琳、劉葆良、方玉山來。

十一鐘到署。榮相到署。張相到署。終日議論未理文牘，至暮乃散。

晚，與門田君談。

收信：馮夢帥回信，張吉甫之謙求賙濟。

十二月十八日（一月二十一日）

七鐘起。門田歸國，送之於門。讀《朔漠紀程》。簡約邵主政濟來寓，問以張吉甫，彼竟不知。答拜張吉甫、馬溆午。謁張小帆前輩，談許久。

到署。閱文牘甚多。丞參堂小坐。瑞臣夕至。暮歸。

陳希周辭行。紱翁來談。課女及孫女認字。寫寄崇、惺信。再復幼梅信。

收信：言仲遠。

十二月十九日（一月二十二日）

八鐘起。改信稿。擬《守梅館詩序》改名梅花館，言仲遠之太夫人之詩集也。

到署。封印。朝服行三跪九叩禮。同官來參見，隨即到各處答拜。午後，榮相、寶侍郎俱至。閱文牘。静生請十日假。暮歸。

收信：程師母訃文及慎原世兄信，吴世兄肇華。

與小莊談。

十二月二十日（一月二十三日）

七鐘半起。薛生楫求助，謝之鹽大使到省。劉璞生來。毓笙、舒民來辭行。

到署。參事廳會議。

午，答拜德副參贊郝君、日本兵營土井君，均不遇。答賀李季高，不遇。回寓已暮。

劉紫亭恩綬，鹽官廳舊學生，後入鐵工廠之圖算學堂，三年畢業，現就學部圖書局事，器宇開展，美才也。今日余往局間坐，遇之。晚間來見，勖以勉學立人。

詩序稿成，屬紫光繕真。課女及孫女。

收信：常用賓太守，朱芷清太守，竹叔祖。

十二月二十一日（一月二十四日）雪

七鐘半起。寫信：漸逵，榮卿，子椿，臺孫，崇、惺。寫復竹叔祖信。與槐亭商改挽程師母聯語。寫復言仲遠信還《梅花館詩集》二册，并寄序文。與智舒話。

午到署。榮堂、竇堂俱至。商八旗高等學堂監督之替人。閱文牘。

晚，小莊來寓。談教科書事。又聽小莊論詩。

收信：峻叔母，津學務公所諸君賀簡，張西園，王聘卿。

十二月二十二日（一月二十五日）晴

七鐘半起。薙髮。楊紫若、袁仲峘先後來。劉馨山新桂，現就畿輔學堂事，明年到館、張欽五太史書雲先後來訪。

審定科所交《中學教科書書目提要》，陳、羅所擬《視學章程》閱畢，加籤數處。午後攜以入署，交丞參堂。閱到文數件，畫稿數件，丞參堂坐談片刻。答拜鍾秀之前輩，談片刻而歸。

晚，課女及孫女。

收信：芹香，黃籽腴太守，查司馬美蔭，崧生，楊蓮帥，山東撫臺吴贊帥。

十二月二十三日（一月二十六日）

五鐘起。入内謝賞尺頭恩。十一鐘回寓。沈子雨來，留飯。午假寐片刻。拜客：晤張卿五太守，又拜陳敬民、黎伯顏、熊鐵厓、薛楫、劉盥訓，字孚若，俱不遇。訪春卿前輩，不遇。到華宅與智舒話。晚，約仁安、敬韓、子雨小酌，飯後暢談。伯顏來訪。李伯舉來，留宿，談至十二鐘。保定東文專修科學生閻志棨、劉維章來見。

收信：杜蔚森，張卿五，李悦朋，王汴生，趙航仙，崇、惺。

十二月二十四日（一月二十七日）

七鐘半起。與伯舉話。改信稿。

午到署。張中堂前至，商事數件。暮歸。

子雨餽翅席，即電約子雨來共酌，并款伯舉。余因感冒，未終席。早睡。寫寄崇、惺信。

收信：吴子齋，陳西甫，峻孀母，廞甫，崇、惺，閻、劉二生。

十二月二十五日（一月二十八日）

七鐘半起。病愈。寫信：臺孫，籲門，子齋，漸逵，李芹香，菊人，張序元。

看《杜詩》。

午到署。榮相至。閱到文，閱摺。覆閱順天高等學堂甲乙班卷。暮歸。寫寄崇、惺信。閻、劉二生，徐潤吾來，談約兩小時。小莊來。與小莊商量天津民一半日學堂辦法，擬改爲初等簡易小學堂。核算經費，歲須五百元。十一鐘半睡。

收信：菊人，漸逵，馮問田，文洵。

十二月二十六日（一月二十九日） 加班奏事

六鐘起。六鐘半出門。傳心殿候旨，九鐘散與子年、玉卿、瑞臣談。十鐘復到署。君九、儀曾先後來談公。紱臣來談。叔海來談。看洪侍郎所著《元史譯文證補》。閱文牘。瑞臣來，共閱順天學堂卷，即在署晚飯。九鐘散。

改信稿。

收信：錢小村，羅順循，陸申甫，周厚齋文堃。

十二月二十七日（一月三十日）

八鐘起。薙髮。十鐘半到署。參事廳會議，一鐘散外教員奬勵。閱文牘。與瑞臣談，四鐘歸。趁瑞臣馬車。瑞臣答拜薇孫，而余車不至，故趁以歸。

大野鈴子同智開隨早車來京。寫信：臺孫，崇、惺。看《杜詩》。

收信：尹馨山，芷舲，劉文欽，陳世兄鴻烈；王鑫鼐借錢，謝之。

十二月二十八日（一月三十一日）

四鐘起。太廟陪祀，七鐘禮成。回寓，未至八鐘。

清理案頭書物。廉礪卿來，久談。

午，答拜華太史焯，朱敏人太史元樹，嚴太守家熾。到華宅，與弼臣話。孫師相、錢師母兩處叩節。

晚，課女及女孫。與蘭浦議來年預算。看《杜詩》。

收信：黃小宋，盧木翁，李提摩太，凌都轉餽物，任同鄉臨，蒯觀察，趙子登，何翰廷，錢少雲炭敬五十金璧，蔡述堂，智怡。

丁未除夕（二月一日）

八鐘起。十二鐘出門。到王師母家拜節，謁談良久。師母以孫世兄承蔭及歲履歷十八歲，屬余代向吏部探詢辦法。慶王府拜節。貴師母家拜節。到第一初級師範學堂看手工成績品。芝本、次升導觀許久，約一小時許，乃辭出。崑師母家拜節。盛杏師處拜節。曹仲師家拜節。暮歸。

《學部送來到文一件。

檢點信件，凡可代答者均送交薌衡爲之。十一鐘睡。

收信：李仙舫民一小學，李衍熙，歸德中學監督，劉湄舟，賴仙竹，私立第一中學，趙虞軒，鄧元翊，端午橋，金瑞生，崔召和，津學務公所，東單中井洋行。

【頁眉】初師簡易一百三十七人，新班三十餘人，提優級選科者八十餘人，總共二百五十七人。簡易班明年暑假後畢業。優級選科明年正月開始，須三十五年年終畢業。新班到堂才一學期耳。

光緒三十四年戊申（一九〇八年）

◎《範孫自定年譜》：在京供職。派充考驗詢問各省保薦人才大臣。冬，兩宫大喪。爲袁尚書罷職，疏請留外務部尚書任，疏留中。孫仁蔭、仁澤、姪孫仁統生。

整理者按：戊申日記分記於兩册：元旦至二月二十六日記於《丁未日記（五月二十一日起，至戊申二月二十六日止）》中。二月二十七日至除夕記於《戊申日記（二月二十七日起，除夕止）》中。

光緒三十四年戊申元旦（一九〇八年二月二日）

六鐘起。六鐘半出門。七鐘半至東華門下車。先借憲政館地更衣，遇仲魯、子異同到皇極門外立候。八鐘半行禮畢，往太和殿前立候。九鐘半行禮畢，復回至憲政館。路遇瑞臣到館更衣，擾其一飯，同坐仲魯、瑞臣、伯英、袞甫、肖項。飯後拜年，南池、北池、東華門外以北，東四以北，乃至東單以南，下車止下宅一處。回寓已七鐘矣。九鐘便睡。

收信：服部宇之吉，桑田豐藏。

正月初二日（二月三日）

七鐘半起。改信稿。瀛甫來賀年，留飯。李嗣香前輩來賀年。午後拜年順治門外以東，至喬宅小食，歸已曛暮。

收信：朱雲甫，朱經田，王鶴籌。

正月初三日（二月四日）

七鐘半起。改信稿。寫復錢紹雲副箋，復夔鈞，復李仙舫。午假寐。夕，到華宅，朱哲、喬亦、金向、卞詒、于昂、楊若、高彤、華浩、李嗣共酌，十鐘歸。潤生、紫光至自津。

收信：朱佑三，梯雲，蓮溪，曠生，崇、惺，高田、青柳，中谷保，中島津，根津一電賀節，門田信片，□*出來治保。

*原文留空。

正月初四日（二月五日）

五鐘半起。同鄉官謝恩。七鐘半到景運門内九卿朝房，到十四人：吕□、嚴、劉仲、李嗣、史康、劉幼、孟紱、劉惺、張伯、李深、聶□、張石、喬亦、趙。借憲政館地備飯兩席。飯後東城拜年，繞北城，由西四牌樓歸寓，已曛暮矣。

智惺、智圓來京。看《杜詩》。

收信：權謹堂羅履平，王桂林，唐蕢廷，小幡。

正月初五日（二月六日）

八鐘起。改信稿。劉幼樵來賀年。十二鐘到署。是日團拜，飯後談至五鐘乃散。

西單一帶拜年數處。晚，課孫女。看《杜詩》。

收信：沈幼沂，王敬輿太守，加藤洋行，鄧茗文，許鏡波。

正月初六日（二月七日）

七鐘起。改信稿。拜年數十處，由上下斜街而東、而南，至潘家河沿折回。一鐘到署。寫提學司清單。瑞臣至。復商改數字，擬明日另寫一通。瑩甫、茂蓃、儀曾先後來談公。閱到文。暮歸。

改信稿。與蘭浦圍棋。

收信：卞俶成。

正月初七日（二月八日）

六鐘半起。大野女教習回津，送之於門。拜客數十家，西四之北、之南。到署用飯。飯後復寫清單。傍夕乃畢。閱文。暮歸。

晚，改信稿。早眠。

收信：茂老，錢幹臣賀，連仲甫賀，伯顏賀。

正月初八日（二月九日） **太廟陪祀**

四鐘起。五鐘至太廟立候聖駕，至八鐘半乃至，九鐘半禮成。回家用飯。周大令保琛來訪，談片刻。午，假寐兩刻。

到署。榮相、寶侍郎、喬左丞先後至。閱摺，閱到文，閱稿。五鐘散。

拜客數家。晚，改信稿。

收信：周熾，王璞寶生，王耕煙，王漢橋。

正月初九日（二月十日）加班奏事

五鐘半起。六鐘出門。七鐘半至六項公所候旨，至九鐘散。拜客。天壽堂飯。拜客至東四一帶，僕人將護書脱落，覓之不得，遂歸。倦臥許久。秩昭、仲述與惺、開打牌、打毬。小莊來。蔡志賡來，顧伯文來，留飯。伯文代吴學使託覓保姆及小學女教員。

收信：趙伯韜，任品高臨，江叔海附易女士著作，王酌升代查蔭生引見年歲，子均，陳鶴洲，郭賡虞。

正月初十日（二月十一日）

七點鐘起。改信稿七件。寫信：芷舲，柘叔，臺孫，緒雅，蓮溪，渤鵬，崧生。十鐘用飯。飯後拜年，順治門外之東、崇文門外之西俱畢。在萬順號休息約一點鐘。晚，與蘭浦、紫光圍棋。看戊戌年日記。

收信：渡邊明信片，沈翔雲空片一紙，范吉六，馬曉珊，怡、鍾等賀年。

正月十一日（二月十二日）

七鐘半起。午到署。榮相亦至。楊儀曾商德人在青島設大學事。北京日報詆去年視山東學之委員有受賄等事，榮相屬丞參擬稿行文嚴查。閱文，閱稿。四鐘散。回寓。芸生來。

收信：崔惠人師，蕉銘，鄭親家。

正月十二日（二月十三日）

六鐘起。智惺、智開同圓姪女回津，遣丁順送之。薙髮。杜卿來。陳樂書將赴鄂查看槍礮廠，來辭行。午前出門拜年，東北至東四牌樓三條胡同，東南至盔甲廠，歸途拜西城一帶。五鐘回寓。與蘭浦、紫光圍棋。王誠宣來談。

收信：臨漳縣令南中族人義豫。

正月十三日（二月十四日）

七鐘半起。改信稿九件。華舒民來賀年。鎮海李雲書篤祐，商部顧問官來見。李笠蓀孝廉來見。午，賀年，順治門外南至官菜園一帶、東至虎坊橋以西，順治門內北至林清宮一帶。五鐘歸。丁順自津還。晚，寫家信。圍棋。是日蒙上賞元宵。

收信：王榮卿，保定東文專修科閻、劉諸生，王生紹謨自成都，邱曙蓉。

正月十四日（二月十五日）

七鐘半起。補寫家信。寫復榮卿信。爲榮卿寫寄菊帥信。何玉崑增崙，貴筑人將就學北洋法政學堂，來見因曾應書院課，故以師生禮見，戊戌入學，庚子、辛丑舉人。劉樸生歸自皖，來見。

午到署。爲張相補書學使名單半開。榮相、寶侍郎俱至。喬、戴二公來談公。閱文，閱稿。暮歸。

收信：崇、惺，附民一預算單。

正月十五日（二月十六日）謝賞元宵恩（蟒袍補褂，聞昨日已有謝者）

六鐘起。六鐘半出門。八鐘前到六項公所，時孫師，榮相，鐵、戴、陳、溥四尚書，桂倉督先至，小坐即入德昌門。後至者那相，紹侍郎，熙、沈、聯諸公，瑞鼎臣中丞。聖駕至，跪謝於道旁，出又在六項公所小坐。是日皇上赴保和殿筵宴，候聖駕過乃步出柵門，上車歸。拜年，自北而西，出西直門，晤黄叔筠，又出城而北、而南。回寓已將三鐘矣。子雨、小莊、皓如已久候矣。穎伯繼至，談至四鐘散去。夕，楊石泉文清，貴陽人，學古書院舊生文海、文源之兄，《黔報》論説注『石』字者，皆石泉之筆也。偕徐伯龍等來入法律學堂來見。

晚，洵差至。寫復七叔祖信，致崇、惺信。佑宸來，談蒙養院事。與紫光圍棋。

收信：梯雲，竹溪叔祖，夏瑞芳，王藎臣忠廕，署懷來。

【頁眉】除夕辭歲，蟒袍補褂。元旦朝賀陪祀在貂褂期内并同，朝服貂褂。上元謝賞元宵，蟒袍補褂。花衣期，十二月二十八、二十九、三十小建則自二十七、正月初一、初二、初四、初五、十三、十五、十六。皇后千秋節，花衣一日。

正月十六日（二月十七日）

七鐘半起。寫寄崇、惺第二信，交邱發。寫寄鄭親家信，附報紙一條。寫寄賀澤畬信并託送寄周熾信。甯波館團拜，李雲書、周榮甫甲辰由橫濱同船、陳瑤圃、楊德孫、夏同甫、韓雲根、陳雪樵、歐陽平書、方耕硯同席，別一席程曙舫、戴熙功、邵簪珊、高雲路、歐平翁之世兄在民政部、竺潯賦、周芾甫、陳鈞侯、王毓丞。

飯後答拜李雲書於華東飯店，并拜周榮甫。答拜東裱背胡同鍾君音。夕歸。晚，寫摺兩開，教智閑習字。王季約至自其家。寫寄梯雲信。寫寄崇、惺信交王順，王順今日送七妹來京。

收信：梁孟亭。

正月十七日（二月十八日）

七鐘前起。寫致李仙舫信還成績。再寫致崇、惺信。徐潤吾來。劉潤琴來。十二鐘到署。兩相已前至，談片刻，用飯，飯罷已過兩鐘，又談片刻，張相先去。余與榮相、寶侍郎閲到文，閲稿。四鐘半散，歸。

曹壽卿來。寫白摺兩行。看《先正事略》文正公，徐元夢。敬韓來，共飲，微醉，飯後談至九鐘乃去。章仲和夕來，託爲育材學堂已改名小學堂學生向北洋大學堂介紹。

收信：孫海環，伯舉，徐虎臣，兩廣師範伊藤賀片。

正月十八日（二月十九日）

七鐘前讀《張清恪事略》。薙髮。何翰廷來。寫致王少泉信，仲和昨託也。赴榮相約，同坐鹿相、張相、喬左丞、劉總監督、徐國子丞，兩鐘散。答拜藝徒學堂諸教員，及門遇執中、亦韓，遂下車入談一小時。答拜姜漢卿并送行。補拜年數家。五鐘後歸。小莊來談。

收信：梯雲，崇、惺，石臣。

正月十九日（二月二十日）辰時開印，換染貂冠、白風毛掛

七鐘前起。八鐘到署。朝服拜印，丞參以下來見，赴各司局答拜。拜客：智舒話片刻，喬亦香、韓芰舟談片刻，餘皆投刺而已。十二鐘復回署。飯後，閲文稿。榮相至。五鐘散。

晚，課孫女。寫白摺十行二百字。

收信：陳儀臣爲鑾，胡克之，葉伯高，李石臣附劉石孫信，徐友梅炭壁。

『赤芾在股』疏曰：『太古蔽膝之象。《易·乾鑿度》注云：「古者田魚而食，因衣其皮。先知蔽前，後知蔽後。後王易之以布帛，而猶存其蔽前者。重古道，不忘本。」是亦説芾之元由也。』

正月二十日（二月二十一日）

七鐘起。讀《詩經》。寫白摺十行。改信稿。鄧仲果來。十一鐘到署。參事廳會議，一鐘散。飯後閲文數件，畫稿數件。看《中國歷史課本》。四鐘回寓。陳希周來。張仲昭來。徐太史潞持紅氈來行禮。

晚，約亦韓、静生、石臣、執中、緘三、毓笙、佑宸飯。石臣談鴨緑江口岸事甚悉。十鐘散。

收信：王式金令弟澤生鎣來信爲其令姪商入學堂事，吴子齋。

正月二十一日（二月二十二日）

七鐘起。讀《詩經》。校《植物學講義》。寫白折六行。十鐘出門。訪性庵，代仲果問奏留章程。性庵言，編查館年前有奏准通章。賀亦香五十壽，未遇。遇耀卿、芰洲、雁題、皓如。

十二鐘到署。看《歷史課本》及《大學堂歷史講義》。閲到文，閲稿。四鐘散。訪益齋，談刻許，其世兄與之耳語，乃辭出。益齋之世兄育瑚、育瑶貢揚、育珙璧人，十九歲，俱英秀。晚，會客：古愚，壽山，白教習玉潤。小莊略談。寫白折十行。

收信。

正月二十二日（二月二十三日）雪

七鐘半起。讀《詩經》。寫白折十二行。會客：梧生，忼父，次典。午，張紹希來，述丞參所擬『議覆福建奏請於南北洋設實業學堂摺』稿，張相以爲窒礙難行。

湖廣館癸未團拜，兩鐘到，五鐘歸。

晚，寫白折六行。寫致錢新甫信退請帖。

收信：泰東同文局賀年，怡、鍾。

正月二十三日（二月二十四日）

七鐘半起。夜睡倦憊殊甚，細究其故，蓋昨日團拜觀劇爲時稍久而然，甚矣吾之寙敗也。薙髮。會客：梯雲，儀曾，鐵崖，華焯。改信稿。

午到署。閱文，閱摺。榮相、寶侍郎、左右丞、戴參議先後至。六鐘半散。

晚，寫白摺十二行。

收信：崇、惺。

正月二十四日（二月二十五日）學部直日

六鐘起。六鐘半出門。七鐘半到六項公所。八鐘十分起單下。八鐘二十分批摺下，遂散。大學堂拜晤劉幼翁。訪沈雨人，不遇。訪梧生，談甚久。十一鐘半歸寓。午後睡兩小時許。寫白摺六行。梯雲來，留飯，七鐘半出。看《列子》。

收信：鄭親家，川島浪速。

病從口入，禍從口出。王氏《易》注「頤」◎《明日歌》《履園叢話》◎嘉慶元年以後限制非尚書以上不得呈進如意。《竹葉亭記》◎竈下黄土山中楛《詩·大雅》箋◎先知蔽前，後知蔽後。《詩》「赤芾」疏◎幼稚《詩》「反爲駒」箋◎進步《王文成集》◎衝突《王文成·奏疏》

正月二十五日（二月二十六日）

七鐘半起。寫致沈雨人信，寫致曹潤田信。吴棣軒前輩來，談許久。午前到署。張、榮兩相皆前至。夕，兩相去。余閲文牘。七鐘歸。課孫女。與小莊談。

收信：沈雨辰，曹潤田，劉幼雲，崇、惺。

正月二十六日（二月二十七日）陰

八鐘前起。鄭伯華來。孫實甫來。徐尚之來。午前到署會議，一鐘乃散。兩鐘後到松筠庵，與芰孫、幼樵、潤生合請王爵生世兄，暢飲至暮乃散。王五表姪來，爲其弟金柱謀事。

收信：張彦雲，劉嘯東，孫師鄭，留日學生余戟門等，董姑丈，七叔祖，崇、惺。

正月二十七日（二月二十八日）小雨

七鐘半起。寫家信，寫寄怡、鍾信第一號，附商律等四本，由津轉，交邱發帶去。寫致墨青信。王杉緑觀察來。浙江館團拜，十二鐘到交份金四兩，小坐即去。到署。閲到文，閲稿。顧枚亮銷假。陳杰士談公。四鐘後歸寓。

顧枚亮來，以其尊人行述求余作墓誌。晚，與小莊同習英文一課。

收信：蔡志賡。

正月二十八日（二月二十九日）

七鐘半起。梯雲來。徐伯龍、劉純之來見。補祝浩如之太夫人。到署。榮相至。閱文牘，談公。五鐘散歸。

晚，與小莊同習英文一課。寫復王式金令弟澤生信。復伯舉信。

收信。

正月二十九日（三月一日）

八鐘前起。玉笙來。劉北巡來。寫復董姑丈信稿。張岱臣大令來。到闢才胡同小學堂。與徐、臧、陳三公談至兩鐘歸。寫復竹叔祖稟。峻山來。希周來。玉笙、小莊來，留飯。飯後，芸生來談，至十二鐘。玉笙、小莊宿。

收信：崇、惺邱發帶，怡、鍾第二號，獻夫自東京，唐秀豐，邱曙蓉。

正月三十日（三月二日）

七鐘半起。玉笙、小莊已先去矣。薙頭。梯雲來。答拜張岱臣，不遇。又順路拜客數家。

到署午飯。閱文牘。一鐘半先散。

東城拜客兩三家。到文廟。梧生導觀彝倫堂及東西兩廊各神位。夕，與劭余前輩、紱臣、梧生談至十鐘。宿西厢。

二月初一日（三月三日）雪

四鐘起。候睿王至七鐘始至，冒雪行禮。欽遣睿王，分獻陸、溥、戴、陳四尚書，張、陳、景、壽、紹、郭六侍郎，陪祀嚴、寶、喬、孟、林。飯於西厢。飯後回寓，睡兩小時。

午到署。榮相、寶侍郎俱至，商摺稿。閱文牘。暮歸。

寫復崇、惺信。寫復仲遠信。早睡，因明日仍陪祀也。

收信：凌大京兆，楊仲環，言仲遠，崇、惺，肖杭。

二月初二日（三月四日）寒

六鐘起。六鐘半出門。七鐘到西長安門，至午門外國子監舊朝房小坐，與朗溪、鎮東少談。聞鐘聲即同赴社稷壇下立候。聖駕八鐘前至，禮成約八鐘二刻。復至朝房，與嗣香前輩談片刻。九鐘半回寓。飯後又小睡。

到署。閱文牘。五鐘後歸。

甯波同鄉歐平翁是日招飲於東興樓，以電話謝之。

收信。

二月初三日（三月五日）

七鐘半起。寫信：曠生，問泉。答拜同年趙直刺巽年。答晤仲遠。聚豐堂赴呂尚書約，是日約三省同鄉議鐵路事宜也。兩鐘辭出。

到署，商議摺稿。閲摺。至八鐘乃散。劉艾唐來。

收信：肖杭，佐藤藤太郎，又匿名信一件許冀堂長酒後在青樓滋事。

二月初四日（三月六日）

五鐘半起。六鐘出門。七鐘到六項公所。八鐘後散。賀朗貝勒襲爵。答拜北洋第二小學諸教員。回寓飯。劉叙五紫綬來見。飯後睡約一小時。薇孫來，託爲順直學堂約漢文教習。賀壽州師相，因重宴鹿鳴晋太子太傅。答拜李松圃，并履勘醫學館房舍，樓上下可作八講堂，樓之南房十六間，樓之北房十七間。到五城學堂觀建築工程。五鐘歸。

繙閲《皇朝通考》。小莊來。鋭生及其堂弟名金柱者來。與小莊習英文一課。

收信：黔報館年終報帳。

二月初五日（三月七日）晴，猶寒

七鐘前起。看《吾學録》。看《通禮》。景星府林，三河駐防之守禦，自三來訪，爲其嗣君崇華字繼棠，二十八歲謀事曾經行文。接李錫弟信，知李三伯母於正月廿六日逝世。

午到署。閱到文，畫稿甚多，皆新自南皮許取回者也。茂老來堂談許久。暮歸。

晚，與小莊習英文一課。七妹來與話。

收信：李錫三，洵店正月銷數單及日記。

二月初六日（三月八日）

七鐘前起。玉笙來。顧生大徵、邊益園、宋星五來。科醫士齡及其友李小川武清人，在醫院已二十八年來。訪薇孫，小坐。訪嗣香前輩，訂購定州王氏所刻書數種。湖廣館壬午團拜，公請壽州相國。五鐘歸。李君春膏，字露生來訪。

收信：崧生，陳陟夫。

二月初七日（三月九日）

七鐘前起。夜有偷兒攫去小客廳内磁帽筒兩對、檯布一方、煙碟一箇，飭陳順報警局。校《植物學講義》。弔張太夫人燮鈞令堂。答拜李露生，已出京。答拜景星甫，遍問不得。答拜劉叙五紫綬，青谿人，雲南知縣，乙未科試一等，係劉明經天錫之叔。午後到署。閲到文。丞參堂略談圖書館事，簡易小學事。閲『各省議覆羅叔韞十年興學計畫』三本。閲理科教科書棚橋、樋口所著，王君九譯本。瑞臣到署。五鐘半散。芸生來。與小莊習英文一課。

收信：崇、惺。

二月初八日（三月十日） 昨夜風狂如吼，未曉即止，晝仍寒

六鐘半起。薙髮。改信稿孫師鄭，唐秀豐。校《植物學講義》。答晤沈子封學使。先哲祠團拜，并公請鹿、張兩相國。十二鐘到，五鐘歸。晚，與小莊習英文兩課。伯恂叔至自沽。

收信：竹叔祖。

二月初九日（三月十一日）

六鐘半起。寫寄崇、惺信交邱發帶去。伯恂叔中車還津。校《植物學講義》。十一鐘到署。閲文，畫稿。寫復志賡信。看《理科教科書》。四鐘散，歸。袁玨生來訪。晚，與小莊、潤生月下立談，寒漸殺矣。與小莊習英文一課。濯足。

收信：蕭瘦棱，楊銘修，廞甫，朱哲臣。

二月初十日（三月十二日）

七鐘起。寫寄菊兄信鄭親家送引見事。寫寄王杉緑信代嗣香前輩尋美國棉種。寫唁李錫三信，未就。胡晴初來，擬請咨赴日本游歷。

十一鐘到署。參事廳會議，十二鐘畢。午，榮相到署，略談。

赴袁海觀侍郎約，同坐茂萱、叔海、東演、邃安、梅舫、儀仲，五鐘半散。答拜李季高，不遇。爲鹿中堂送行，未遇。回寓已七鐘。

與小莊習英文一課。課女及女孫認字。

收信：李欽使致學部公信，爲各省解款逾期，現正墊借十九萬元。

二月十一日（三月十三日）

七鐘前起。八鐘到署。考試書記生，共到七十七人，發兩題任作其一。榮相、寶侍郎同飯。飯後寫提學使清單。閲摺，閲卷，畫稿，閲到文。六鐘歸。智崇至自津。晚，寫唁伯舉信。寫復竹叔祖信。與小莊習英文一課。與智崇、智舒話。

收信：崇、惺，澄兄。

二月十二日（三月十四日）

六鐘起。清理内室之几案桌屜。王宇伯主政汝榆少卓先生令孫來。爲官費游學西洋事。九鐘出門。十鐘到協和醫學堂。科齡君、潘君、華人李小川文教習導觀講堂、寢室、養病室、割病室殆遍。十一鐘辭出。

到署。清單又空補兩字。君九來，談山西大學堂試卷分數及王汝榆君游學事。丞參堂小坐，論順天高等學堂事。

弔連仲甫之尊翁，晤蔣性甫、汪蘭楣、占世兄。謁壽州傅相未遇，留呈《帝國英文讀本》一部。爲劭余前輩送行，至則已隨早車南下矣。五鐘回寓。

與蘭浦圍棋、小飲。是日内子生日，有客餽肴，因佐以酒。英文停課。兒女作葉子戲，余亦與戲爲之，十年不見此物矣。與智崇話家事。

收信：梯雲，衮甫。

二月十三日（三月十五日）

七鐘起。清理桌屜。静生來談圖書局研究，高等教員極須豫備。劉樸生來。與智崇話，智崇隨晚車回津。答訪性庵，因性庵昨將肅邸之命來寓，問前日失竊情形，故今日詣謝之。答拜胡晴初，不遇。到北洋第一小學堂，答拜壽山、北巡、子温，北巡以學生成績見示，予屬其注意於國文。晚，王麗翁來送閱摺簿并奏底。張鶴年厚彭小字彭年，小雲之令嗣也來見，謀事。

收信：伯舉，晴川西廠友王名廣權，王澤生鋆，式金令弟，帶其令叔名片一，王鳳輝字桐岡，吉林學司寄官銀，庸卿自瀋陽，梯雲留別，西京大學畢業曾儀進等四君子信。

二月十四日（三月十六日） 學部直日

五鐘半起。六鐘出門。七鐘一刻到六項公所，候至九鐘半歸。午後方擬小睡，芸孫來訪，談刻許而去。

到署。丞參堂商順天高等學堂試卷事。榮相到署。閱到文，閱稿。六鐘前散。晚，小莊來談，未習英文。

收信：謝芷泉同年祖沅爲化石橋租房事，幼梅。

二月十五日（三月十七日） 寒，是日止罏火，渾覺不禁

七鐘前起。薙髮。寫復幼梅信。訪茂蘐，因伊十七赴鄂也，談許久。答拜芸孫，不遇。答拜張鶴年厚彭。

到署。擬書記官書記生額數，并擬書記生考選法。瑞臣到署。閱文牘。直隸、江蘇、山東、東三省京官公宴吕尚書、楊觀察、馮太史於大清銀行。九鐘散，歸。

張鶴年來見，爲寫致澤畲信，并贈以川資二十元。

收信：菊兄，李露生附履歷。

二月十六日（三月十八日）

七鐘起。寫寄崇、惺信，託紫光帶去。梧生來。服部來，商譯稿明治二十三敕旨譯成漢文。畿輔學堂二週紀念會，電話來招，即往赴之。照像，擾飯。

飯後到署。兩堂俱未到。坐至三鐘遂歸。

過太平街之小學堂，入而參觀，凡分四齋，學生一百二十餘人，尚屬整齊。四鐘回寓。茂翁來辭行，談許久而去。晚，約芸孫、嗣香、續雅、幼樵、潤生飯，亦香、性庵、詒臣、小泉俱預辭，因飭人約馬葑溪、黃斌亭來陪飲，甚酣。九鐘後散。

收信：榮卿奉天大西關豫豐棧，張晉侯，仁焜。

二月十七日（三月十九日）

七鐘起。寫復澄兄信。寫復菊兄信致謝。寫致吴世緗信。寫復榮卿信。

到署。丞參堂會議，一鐘散。飯後閲文牘。榮相至。畫稿多件。五鐘半歸。

梧生來，留飯。請梧生爲内子醫牙。閣生致恭來。與小莊習英文一課。

收信：王杉緑棉花種子三斤餘。

二月十八日（三月二十日）晴，仍寒，朝八鐘余書室之寒暑表不及四十度

七鐘半起。王宇伯來，仍爲出洋事。黃叔鈞來。安插書籍。午到署。寶侍郎至，閱文，共閱書記生卷，至暮乃歸。

小莊未來。與女兒話。

收信：崇、惺。

二月十九日（三月二十一日）春分

七鐘起。楊子若來，談甚久。郭駿卿來。午前到署。兩相先後至，談津浦路股事，南皮謂外人既有儘華人買小票之許，若竟不買未免見輕，三省紳民至少能買十分之一約四百萬金方覺顧住面子，十年期滿，凡入股者皆先儘舊東以示優異，亦通例也。且自言將游説八旗之貴顯者，首先入股以爲之倡。書記生卷去取已定，計最優八人、優等十七人、中等四十一人、下等八人。最優前四人試署三等書記官；後四人加膳金四兩，派在三等書記官上行走；優等加膳金四兩；中等照舊當差；下等開除。

電詢嗣香，擬往訪之，言晚車回津。電詢璧臣，知已到京，因造璧臣，與商路股事，擬電稿，請嗣香明早回京。與璧臣赴便宜坊、廣和居，均以人滿不納，遂别。余過萬順，爲具肴酒飽餐一頓。以其時，命劉順赴電報局發電。九鐘回寓。以電話招崇、惺明日來京。與智舒話。嗣香自津來電話，言明日爲人點主，可否緩至後日。因復以緩一日亦可。

收信：蕭鳳韶。

二月二十日（三月二十二日）

七鐘起。凌大京兆來，談約一小時。吴紫洲至自津。往工藝總局，敬韓、子雨導觀陳列品及繡工、圖畫、竹木各科。松筠庵同鄉補祝亦香。工藝商局，三省京官會議。六鐘歸。

蔡志賡來談北洋大學事，約一小時。崇、惺至自津。晚，與紫洲談，留之宿。

收信：梯雲自太原，李福田介紹尹贊卿，盧木翁《圖書館章程》十本，《法學通論》四部，趙星南，智開。

二月二十一日（三月二十三日）

六鐘起。薙髮。陳世兄來并餽物。周厚齋文堃來。滿蒙文學堂開辦，行禮，攝影，留早飯。午，答拜緒雅、駿卿。賀曉航。訪嗣香前輩。謁張中堂。暮歸。與嗣香電話。崇、惺晚車回家。

收信：曾應星。

二月二十二日（三月二十四日）

七鐘起。楊儀卿觀察來訪。訪嗣翁，同謁張相國。又同至太昇堂，赴吕尚書及山東京官之約，小食便辭出，晤曹竹師、吕尚書、王益三、田介臣。到署，閱文改稿。晚，接仲魯信，附英德公司廣告一紙，立答復之。曹壽卿來，言已買妥取燈胡同之房。紫光至自津。

收信：貝季枚，廣東學會攻訐王君舟瑶優師監督，劉仲魯，崇、惺。

二月二十三日（三月二十五日）

七鐘起。濯足。賀金少泉壽，略談片刻。訪晤吕尚書，答晤楊觀察。答拜閻懷璽、嵇滌生。答賀高子益觀察、凌潤臺大京兆，俱未遇。答拜甯波同鄉歐殿勛、陳震福、程利川。

到署。飯後閱摺，閱文，閱稿。榮相、寶侍郎俱到。

夕，到孫師處問候，因昨日請假也。訪嗣香前輩，遇仲魯、璧臣。暮歸。

收信：顧仲康德鄰。

二月二十四日（三月二十六日）

五鐘半起。七鐘到六項公所，候批摺至八鐘。訪静生不遇，歸寓。嗣香、璧臣、薇孫來，留飯。午散去。夕，静生來，談許久。晚，圍棋。

收信：熊鐵厓。

二月二十五日（三月二十七日）

五鐘起，又睡一小時。寫致李露生信是日交郵局。王宇伯來。改信稿。

午前到署。飯後閲文，閲稿。

夕，答謁盛杏師，不遇。答拜袁珏生，不遇。答賀彦明允、鳳子儀、何燮侯、楊儀曾、江叔海。答拜王叔魯，不遇。暮歸。小莊來，暢談天津學務。

收信：李石臣，崇、惺附《西清古鑑》一包，隨小莊帶來。

二月二十六日（三月二十八日）

七鐘前起。寫復姚石泉信附吴紫洲履歷。寫復汪衮甫信。寫寄崇、惺信。寫致王澤生信。王叔魯來，談許久。叔敏、開敏顧不甚以立憲爲然。訪璧臣，遇秋吟姻丈。與智舒話片刻。歸寓早飯。午，弔潘問樓之夫人。

到署。丞參堂談。瑞臣至。閲到文。先哲祠赴同鄉京官七人之約：楊以儉，陸，張珣，李寶祥，李金榜，金紹曾，楊承詒。九鐘歸。劉博老今晨逝世。

收信：陳幼樵，菊人。

日記又滿一册，册中事實絶少，幾於了無一事。西人論人，其事實愈多，其價格愈高。《荀子》曰：『其爲人也多暇日，則其出人不遠矣。』由斯言之，吾其居於何等乎？

自乙巳十一月重來京師，所識之人物故者：張文達，溥倬雲，熙菊彭，顧康民，綿達齋，劉博老，劉子嘉，管士一，黄仲弢，閻鶴泉，葉肖韓，華瑞安，華蘊卿，蘇潤民，吴朗如，鄒叔旦，彭印根。

【封面】戊申日記（二月二十七日起，除夕止）

戊申二月二十七日（三月二十九日）星期 晴

七鐘起。薙髮。王秋皋來貴州習博物標本科，字贊卿，貴陽人，公立師範三期生，福田有介紹書。尹克襄來見年二十二歲。

拜客：訪張小帆前輩，答賀吴菊農、陳仁先、路壬甫。先哲祠同府京官團拜，并請凌大京兆，自午正候至申初二刻客乃至，六鐘席散，七鐘前歸。圍棋。

收信：王宇伯爲游學西洋事。

二月二十八日（三月三十日）

七鐘起。弔劉博老。訪華秋吟姻丈。弔張燮鈞之太夫人。答拜唐端銅。答賀胡綏之。

到署早飯。閱文牘。閱參事廳所擬外國教員合同，簽改數處。暮歸。是日約華秋丈晚飯，劉、喬、卞、金及璧臣、潤生陪。璧臣、潤生外，俱不至。因約季若、湘衡、小莊、紫光、蘭浦同坐小飲。

實甫來談速成實業學堂事。實甫預計延長接辦之策，但常款一無所有。余勸其將畢業生送凌大京兆所設之農林學堂。

收信：顧衡如，附許竹篔前輩尺牘二部，珊瑚箋對一副，託陸春翔明府熙帶來。

二月二十九日（三月三十一日）

六鐘半起。璧臣來談。王宇伯來，仍爲游學西洋事。校《植物學講義》。

午後到署。丞參堂談許久。閱到文。四鐘後歸。

郭潤丈來，談許久。晚，與小莊習英文一課《華英進階》貳集第三十五課。濯足。早睡。

收信：王宇伯，崇、惺，司務廳。

三月一日（四月一日）

七鐘起。華皓如、查厚齋、范晴軒同來。錢紹雲來。寫對聯。寫家信。

午到署。華、寶兩堂俱至。暮歸。

與小莊習英文一課 *A good animal*。

收信。

三月二日（四月二日）

七鐘起。改信稿。賀呂小蘇前輩。訪嗣香前輩。訪王宇伯。訪璧臣。到署會議。

飯後東城拜客：楊星垣，胡馨吾，呂印道象，周銘九，郭潤甫。訪益齋，談許久。

暮歸。

晚習英文一課，*A young heroine*。

三月三日（四月三日）

七鐘起。吴棣軒前輩辭行。張仲昭世兄辭行。劉馨吾新桂來訪。校《植物學講義》。

午到署。丞參堂談公。瑞臣侍郎至。閲文，閲稿。五鐘歸。

芸夫、敬韓、小莊來。是日約芸夫、敬韓便飯，并約潤生、小莊陪。八鐘後散。

收信：日本阿部參贊，李仙舫，蠡縣小學教員楚之楹。

三月四日（四月四日）

七鐘起。改復吴學使信稿。是日發。日本神宫皇學館教授廣池千九郎偕使館譯人西田來訪。與薌蘅談。薌衡有意就職。胡晴初來。寫家信。

午到署。致叔韞信，爲廣池君介紹。擬改摺稿。閲文，閲稿，閲摺。六鐘前散。答拜緝之，晤；棣軒前輩，未晤。接服部信，即復之。王澤生率其姪慎頤來。致廣池君信。

收信：内藤虎次郎爲廣池君介紹，叔韞，服部，廣池，魏鵬九，竹叔祖。

三月五日（四月五日）清明

四鐘起。六鐘前到西苑門。皇上詣奉先殿等處行禮。站班於西苑門外北向立，約六刻。復還海，仍站班南向立。候批摺，至八鐘回寓。

客已在門，連會數起：胡馨吾星使，伍仲文，趙重卿同年巽年，于則久先生。松筠庵赴向辰、小泉、詒臣約。午，候仲魯、紱臣議事。訪敬韓，不遇。工藝局三省同鄉會議。暮歸。

晚，佑宸來。李露生至自津，明日往謁吕大臣。

收信：志賡，楚之楹，崇、惺。

三月初六日（四月六日）

七鐘起。寫復七叔祖信。復陳幼樵信。寄崇、惺信。寄獻夫信。劭詢昨日到京，宿謝宅，今早來見，與之叙話許久。尚之來，留之飯。津宅電話，報智崇得男午前十一鐘。王慎頤赴畿輔學堂考驗，午前歸，傍夕移宿於堂。

兩鐘後到署。榮相已前至，瑞臣繼至。暮出城。

松筠庵燕客：于則久、查厚齋、李幼安、朱哲臣、高彤階、劉幼樵、胡芰孫、楊紫若、陳小莊、華璧臣、華浩如。十一鐘歸。

收信：七叔祖附名條三紙，日記兩本，二月銷數單，崇、惺，柘浦表叔。

三月初七日（四月七日）

七鐘起。王宇伯來。到畿輔學堂。到華宅。答拜查厚齋并晤浩如。回寓早飯。午到署。飭人送胡星使、吴學使《官報》及各章程。丞參堂談公。君九來商廷試卷式。丞參堂談五城學堂課程應整頓事。四鐘歸。

與紫光圍棋。晚，與小莊習英文一課，*Fulling and grumbling*。

收信。

三月初八日（四月八日）

七鐘起。接崇、惺信，即復之。答賀謝衛臣。答賀汪蘭楣。訪姚石泉小坐。答訪劭詢於謝宅。晤季達并看尹大姪女，坐片刻。答賀邵簪珊式善。

到署早飯。飯後擬奏稿就劭希兩稿集而爲一。榮、寶兩堂俱至。五鐘散。晚，與小莊習英文一課，*The bat, the beasts and the birds*。

收信：崇、惺，錢少雲。

三月初九日（四月九日）晨雨數點

六鐘起。爲智閑改日記。潤生送來家藏劉文清七言對聯一副、劉幼樵家藏劉文清詩楷册葉一方、祝蔭庭家藏劉文清册葉兩方，合之余所藏劉文清册葉一本，擬送曹東寅參議，乞其評定。答拜趙重卿同年巽年。答賀胡晴初。訪東寅，交劉文清字四種。答拜王太守孝繩，至則行矣。

到署會議約兩小時。午，將所改奏稿交邃庵覆審。静生、樂書來堂。君九以卷式來商。閱到文。四鐘歸。墨青至自津，電約小莊來寓。談至十二鐘。

收信：蓮溪，崇、惺。

三月初十日（四月十日）

八鐘起。寫復幼梅信，復蓮溪。陳士可來。敬韓、墨青閑談。午到署。閱文牘。榮相至。四鐘散。嗣香前輩約至先哲祠會議賑事、鐵路事、農林事。余略坐即歸符曾、薇孫、華甫、子深、紱臣、性庵、康侯、鶴田、酌升、仲魯、嗣香、範孫。與墨青閑談。

收信：怡、鍾，景星府，幼梅。

三月十一日（四月十一日）

六鐘半起。薙頭。羅掞東來，談路礦學堂考選學生事。陪墨青參觀第一蒙養院，規模整飭，保姆成績尤佳，國文頗有可誦者。歸寓早飯。午，弔文宅。

到署畫稿多件。暮歸。

敬韓、子雨、紫若、墨青、潤生共飲，甚酣。高延儒來。姪、姪婦、姪女、姪孫是日同來自津，墨青令嫒林瀓同來，智開來。

收信：陳幼樵，張紹希，保姆科學生聯名賀壽，李應蘭賀壽，私立第一中學諸公賀壽。

三月十二日（四月十二日）生世四十八周歲

五鐘起。與墨青談。静生來。同人來賀壽。家庭賀壽。往祝壽州師，景周世兄陪行禮。答拜陸君熙、趙子登。

廣和居約墨青、敬韓、子雨、紫若、劭詢便飯，飯未畢而璧臣、亦香、詒臣、向辰、小泉、彤階、芸香、舒民、鶴生、秩昭繼至，又設一席，酣飲。夕歸。小睡。晚三席：子雨、季若、薌衡、槐庭、劭詢、紫光、約敏爲一席；緒雅、壽卿、墨青、延儒、蘭浦、潤生、楊雲庵爲一席；小泉、紫若、彤階、仁安、小莊、璧臣及余爲一席。十一鐘散。

收信：華芷舲。

三月十三日（四月十三日）

六鐘起。理化專修科畢業生武文斌來謀事。赴榮相約，冰相、瑞臣及余，凡主客四人，談至六鐘。

到署小坐，閲到文。

福全館公局請墨青亦香、詒臣、敬韓、紫若、潤生及余爲主人，墨青及智惺爲客。十二鐘歸。

收信：伯舉賀壽，凌大京兆辭直省同鄉公局，悟鼎賀壽。

三月十四日（四月十四日）

六鐘起。芸生、小莊先後來，與墨青共談，談天津學務。梧生來談公。

午一鐘到署。榮相、寶侍郎俱至。閱摺，閱稿，閱文。暮歸。

墨青在致美齋款客。紫光、劭詢、蘭浦、智惺俱往。早睡。

收信：三河店。

三月十五日（四月十五日）直日

五鐘前起。寫復蔡志翁信。還伊所擬章程清摺。呼智惺起，與之談家事。

六鐘出門，七鐘一刻至六項公所，與凌大京兆談。買《清愛堂帖》石印本一本，二元。又買《觀海堂帖》一本，賜智惺。

九鐘，同瑞臣到大學堂。候榮相、候冰相，過午乃齊。周覽講堂畢，用飯。六鐘乃散。

拜胡星使，未遇。賀秦佩鶴同年壽。是日，洵遣專差至，知七叔祖病危篤，因電請楊耕翁偕伯恂叔來京。晚車俱至。墨青、劭詢、智惺姪、姪婦、姪女、姪孫與林二姑俱晚車還津。

晚，以電話告智崇，令伊明日來京，并約劭詢同來。

收信：澂甫兄商出處。

三月十六日（四月十六日）

五鐘半起。耕翁、恂叔赴泃。補四日日記。謝小帆步。

同瑞臣宴胡星使、吴棣翁、幼雲、紱臣、朗溪、邃安、叔海於雲山别墅。

先哲祠直隸同鄉公局，踐吕小蘇前輩。暮歸。

智崇早車來京。劭詢晚車來京，與商致澂兄電報。幼梅之夫人自津來京，以家事見商。

收信：臨漳令裕生族弟，獻夫。

三月十七日（四月十七日）

六鐘半起。幼夫人赴王宅訪仁安之夫人。謝步向辰、季達、詒臣、小泉。賀袁海觀中丞，答拜楊哲子，俱不遇。

到署會議，自十一鐘至一鐘。榮相、寶侍郎至。閲文，閲稿。

湖廣會館赴王爵生約，小坐便歸。閻小山來，留飯留宿。昨智崇電約川田赴泃，川田已赴滬，因改約加藤，定於明早趁通州早車同往。

收信。

三月十八日（四月十八日）

六鐘起。小山赴王宅，送幼梅夫人隨早車回津。劭詢回津。智崇赴通。

赴大學堂，同幼雲、朗溪、邃庵、伯吾，金、商兩提調往黄寺前看地。地約二千九百餘畝。周覽畢，在布帳房内坐論許久。午歸。

劉小山致蘭浦信，言七叔祖已於夜三鐘逝世，小山赴津買棺。以電話告津宅，令小山勿買棺，棺已在京買妥。飭邢福出城買妥柏木行材一具，飭丁順運往三河。七叔祖自同治十二年入號，由津店而洵店，由洵店帳房作峪口鎮，復調歸津店，其後理廠事、理坨事，總理津店事，總理洵店事，先後幾四十年，一旦舍去，哀哉！

晚，檢閲大學堂章程。

收信：劉君維霖，私中諸公，洵店，智惺。

三月十九日（四月十九日）星期

六鐘起。天津官立中學學生郭生心培持增方伯函謀出洋官費。告以學部現無擬派學生之説。法政學堂教員教日文松本龜次郎、井上翠來訪，談兩刻許。袁潤臺來訪，爲大學堂辭退英教員事。看《顔習齋集》。

午，祝銘將軍壽，坐片刻。再訪晢子，不遇。謁盛杏孫師，不遇。答拜張君壽鏞鄞，海運差，張敬效甯波館。謝亦香步，晤談片刻。謝惺庵、幼樵步，俱不遇。謝徐吉人步。謝芰孫步。謝嗣香前輩步，晤談片刻。七鐘回寓。

晚，課女及女孫認字。與蘭浦圍棋。

收信。陳君問威來訪，留《勸學所章程詳解》四本。

三月二十日（四月二十日）

六鐘三刻起。補日記。看《萬國商業月報》本年三月出版，每年二元五角，每册二角五分，總發行所：上海四川路七十九號立發洋行。新奏派諮議官黄笥腴侍御來訪。看《顔習齋先生年譜》。

午到署。接榮相信，立復。瑞臣至，商酌稿件。暮，謝曹壽卿、楊次典、章伯初三處。

晚，課女孫字。

收信：程慎原，智崇自洵。

三月二十一日（四月二十一日）

六鐘起。看《習齋年譜》。擬復玉孫信稿。擬復程慎原信稿。王輔臣來。陳杰士來。賀唐鄂老壽於湖廣會館。答拜王書衡、王其慎、陳伯寅、陳希周。

到署，擬遵旨保薦人才摺稿。與瑞臣商定廷試事宜。七鐘半回寓。

晚，擬復羅掞東信。晝蘭浦督僕種棉、種花。

收信：羅掞東附路礦學堂季考功課表。

三月二十二日（四月二十二日）

六鐘起。謝季讓來辭行。寫對聯。到五城，學生陳杰士導引查勘地基。志賡、劭泉、君九談北洋大學課程，至兩鐘，因飯於該堂。

午到署。閱文，閱稿，閱摺稿高等以上停招考，簡易小學課程。高曦亭前輩見訪於督學局，談許久。暮歸。智崇歸自沟，與談沟事，并商調動人位事宜。

收信：智崇。

三月二十三日（四月二十三日）

六鐘半起。薙髮。賀鐵尚書娶兒婦。

借瑞臣宅，與瑞臣合請張、榮兩相國。符曾、幼雲、梧生、君九、仲魯。六鐘乃散。

晚，約椵庵來寓，寫對奏。與紫光、蘭浦圍棋。

收信。

三月二十四日（四月二十四日）

六鐘起。賀壽州師相娶孫婦，晤景周世兄。賀周緝之嫁女。訪敬韓兼晤潤甫、紫若。先哲祠春祭，十鐘半到，候南皮相國，至一鐘半行禮。余西廂分獻祭畢飯，飯後，又陪相國談許久。

五鐘到署。閱摺，閱稿，閱文。七鐘回寓。

收信。

三月二十五日（四月二十五日）蘭浦歸省

五鐘起。七鐘到六項公所。是日覲見葡使，故事下極早。訪凌大京兆、胡星使，俱談許久。赴張相國約，夕散。

到署小坐。君九談試事。七鐘回寓。

小莊來寓暢談。

收信：崇、惺，雷玉峰令嗣名述，自東京。

三月二十六日（四月二十六日）星期

六鐘起。紫若來。廿四早，面託紫若電致萬生園，擬於廿六日陪劉幼雲往游，并約紫若與俱。及到先哲祠，則同鄉訂廿六午初公祭劉博老，遂擬將游期權展廿五晨。蘭浦將行，余託其電告紫若，不知何以電竟未達，故紫若仍準前約而來也。

同鄉會齊於聚豐堂，飯罷往祭劉博老，陪張相國飯。與仲魯、薇孫談答拜袁雲臺、鄭尹人，俱不遇。訪仲仁，不遇。謝仁安、彤階步，不遇。先哲祠赴幼樵、輯廷、性安、亦香、仁安約。飯罷約仁安來寓。是日宴客，客爲晳子、志賡、邃安、愛棠、紹希、静生、少泉、仁安、小莊，九鐘半散。志賡、少泉談北洋大學事。十一鐘乃去。

收信：陳陟夫。

三月二十七日（四月二十七日）

六鐘起。敬韓來。陟夫來借川資，余屬其函瀋。王君九來。鄒世兄應慮來。到華宅與智舒話片刻。先哲祠與仲魯宴客，客爲竇瑞臣、耆壽民、梧生、薇孫、嗣香，十一鐘往，七鐘半歸。小莊來。

收信：陳陟夫。

三月二十八日（四月二十八日）

七鐘起。寫寄崇、惺信，改所擬致洵店信稿。

午到署。正堂、右堂俱至。閲文，閲稿。函幼雲，約明日往看萬生園，先於四慶園聚齊。

晚，欲習英文，因季約室有客未果，遂早睡。

收信：陳陟夫言明日赴瀋陳郁文令公鴻年，陸軍小學堂學生也，因踢失皮毬，例應賠償，向余假款。吴子齋言，已隨□眷歸，仍託謀事；崇、惺。

三月二十九日（四月二十九日）

六鐘起。赴西直門外四慶園，與幼雲會食，後同往萬生園。葉希賢、鄧斯庵兩君導游殆遍。留午飯。兩鐘辭出。

到署。晤田伏侯。閱文稿。五鐘歸。

晚，與小莊習英文 *Language Lesson III*。發寄菊帥信月公事，又問學款從何處領。

收信：徐惺初敬熙，江西湖口人。寄駱公肅所作《漢字統一會表序》及徐自著《西北大問題》三本，張尹人，尹澂兄。

四月初一日（四月三十日）

七鐘起。發寄澄兄電報。薙髮。寫對聯六副。

到署。參事廳會議，一鐘散。正堂、右堂至，商酌游學生廷試事宜。閱文，閱稿。八鐘乃歸。

瀛甫來，留飯。晚，習英文一課 *The dog and The frog*。

收信：吴肅堂附女教員川資三百金，託韓伯秋汝庚寄來，華再堂附炭敬五十金，當時即璧高曦亭前輩。

四月初二日（五月一日）晨，細雨而風，風吹雲散，午晴

七鐘起。韓伯秋來，爲寫寄潤沅信。即託韓君赴津面交。寫對壹副爲瀛甫。微覺感冒，小睡。吴止欺來，問襄校事宜。

午到署。幼雲來議分科大學辦法。丞參同議酌辦法數條。閲文。看胡君棟朝所著中國鐵路指南。五鐘歸。

寫寄崇、惺信附壽山匯銀信。

晚，與小莊、潤生談圖書、督學兩局事。與小莊習英文 *The house*。

收信：王大表姪女。

四月初三日（五月二日）

六鐘起。弔徐子光之弟婦。

九鐘半到署。榮相到。張相到。午，寶侍郎到。談至暮乃散。

晚，與小莊習英文 *The just king*。

收信：崇、惺。

四月初四日（五月三日）星期

六鐘起。王秋皋來。李響泉來。答拜楊康侯、阮斗瞻、馮華甫。爲袁海觀送行，至則昨已出京。聚豐堂飯。

到署。瑞臣亦到，豫備廷試事宜。閱摺。閱初六日所上摺，請邃庵來商改。

晚，寫家信。

收信。

四月初五日（五月四日）

五鐘起。五鐘半出門，到六項公所，是日奏請簡派閱卷襄校等官，候至十一鐘，奉到硃筆及硃圈。閱卷大臣：硃筆張德彝、聯芳，硃圈唐景崇、寶熙。襄校官：圈出袁嘉穀、游敬森、陳驤、汪鳳藻、陳梘、羅振玉、徐潞，又圈出受卷官胡大勛，彌封官萬本端，收掌官伍銓萃。稽查中左門：伊立布子壽。

十二鐘半到署。榮相至。胡星使、田參贊來署議事。閱文，閱稿，閱摺。

收信：洵店。

四月初六日（五月五日）中左門點名

四鐘半起。五鐘半到憲政館，坐候至七鐘半。到中左門點名。點名訖，門尚未啟，又候一小時，考生乃入場。

訪益齋并晤欣蓮，談一小時許。

到署。午，幼雲來。喬茂翁歸自鄂，是日來署。閱文，閱稿。夕歸。

晚，於庭中設坐，與小莊、季約、潤生談。静生來談優級師範事，力辭監督之席。

收信：伯厚附公牘，惺庵，崇、惺。

四月初七日（五月六日）

七鐘半起。薙髮。馬蔚溪來，言福壽全等五處俱歇業，有警兵守其門。復睡兩小時。

午兩鐘前到署。閱到文。丞參堂小坐。夕歸。

方玉山來訪，久談。晚，賡廷至自洵，談公。與小莊習英文 *Learning to write*。

收信。

四月初八日（五月七日）

六鐘起。孫鏡占來。訪亦香，聞耀卿校河事。車迎聲甫來喬宅。寫致商會王、甯二君信。在喬宅早飯。

飯後到署。閱文牘。榮相、喬左丞、林參議談公。

晚，與小莊習英文。

收信：崇、惺。

四月初九日（五月八日）

五鐘起。七鐘到六項公所。隨衆謝賞緑豆恩。廷試揭曉。回寓用飯。午到署小坐，略繙廷試試卷。内閣會議三儒從祀，余三鐘到，闃其無人，僅晤禮部司員端仲剛，攜奏稿而歸。復到署。閲文，閲稿。

晚，與小莊習英文。獻夫至自津，梯雲至自晋，俱宿此。

收信。

四月初十日（五月九日）小雨未久即止

六鐘起。邊益園來。邱曙蓉、朱芷清來，陳鏡涵來。亦香來電話，約同往訪王竹林，爲閻耀卿家事。先過惺庵處，賀芋田除蘇州通判。到喬宅，知竹林已約定在喬宅相見，惺庵、幼樵、小泉俱前至，竹林繼至。談閻家事，託竹林轉託本京商會爲之清理。同喬、金、二劉飯於聚實堂。拜客十餘處。趙航仙來訪，求説項。勸以少時。

四月十一日（五月十日）

六鐘起。弔劉伯紳之夫人。弔劉年伯母，題主、點主。賀塔木庵嫁女。赴榮相約同坐張中堂、寶侍郎、喬左丞、徐國子丞、陳石遺、陳士可、田伏侯、陳次方、袁樹五、羅叔韞、胡綏之、楊儀曾、陳仁先。六鐘散。

收信。

四月十二日（五月十一日）先君忌日

五鐘半起。入内謝賞紗葛。回寓早飯。午後入署。七鐘歸。拜飯。

收信。

四月十三日（五月十二日）

六鐘起。陳石翁來。潤沅來，久談。訪林權助，不遇。訪幼雲，小坐。訪胡星使，不遇。到署。先哲祠與紱臣、愲庵公請楊星垣、張杏生、張元博、彦明允、劉仲魯。

收信。

四月十四日（五月十三日）

六鐘起。西車站送胡星使。到喬宅，晤吉庭，再擬致津商會信稿，爲閻氏家事。拜客。到署。

收信。

四月十五日（五月十四日）改早衙門

六鐘起。八鐘到署。閲摺，閲文牘。劉幼雲來，同在署早飯。午，會議至三鐘散。賀溥仲璐尚書壽。五鐘回寓。亦香、敬韓、錫三俱在。張相翁來京。耕亭至自沟。收信。

四月十六日（五月十五日）直日

五鐘起。五鐘半出門，行兩小時到湖園公所。終日談公。幼雲亦往。五鐘散，歸。約伯苓、耕亭、錫三便飯。飯後聚談。收信。

四月十七日（五月十六日）

六鐘起。耕亭回津。蔡志賡來訪，爲大學經費事，并擬往謁榮尚書。八鐘半到署。閲文牘。午，拜客，并赴勸學所觀展覽會。四鐘歸。崔慰村來訪。芸生來訪。晚，梯雲、春江、華石甫來訪，俱宿，談至兩鐘半。收信。

四月十八日（五月十七日）星期

六鐘半起。許太史承堯，字際唐來訪，并餽程氏所製墨。太史與午坡師至戚也。同梧生往釣魚臺勘地。梧生約至和順居白肉館飯。弔王子箴先生。吴、桂、吕三公於先哲祠宴客。余至時主人尚未到，繳帖而還。請凌大京兆、阮府丞、唐章兩京縣、督學局正副長、總務科正副長、王秋皋在寓飯，八鐘散。是日辰刻，仁安電囑以電話請幼梅來京，因信懷民將軍，欲約同赴綏遠城也。張伯翁午車回津。

收信。

四月十九日（五月十八日）

六鐘起。陳生正猷來見。到署。午到賢良祠。是日崑文達師入祠，余至已後時，獨詣位前，行禮而去。答拜章受生，不遇。答拜張在初，略談。赴凌、阮兩公約，同坐紱臣、闓仙、秋皋、周熙民登皞、駱。十鐘回寓。幼梅、敬韓、錫三俱在，夜談至兩鐘有半。

收信。

四月二十日（五月十九日）

七鐘起。到署。午拜客，晤蕭滌帆世兄德驊。到工藝總局，與趙、李、郭、朱諸君參觀售品所等處。晚，約趙幼梅、李錫三、郭潤甫、朱蘭浦、陳敬韓、劉星垣、沈子雨、楊子若廣和居便飯。

收信：澄兄、子均弟、子均諸君所開銀行。

四月二十一日（五月二十日）

六鐘起。朱蘭浦來同趙、李兩君往游公園。到署。寫復澄兄信，復丁伯厚信，復劭詢信。午歸。

秦岱源、黄立猷來。王君九持本日諭旨來，知醫科之原擬知縣者俱改司務。楊子深來。曹東寅來。晚，與趙、李二君閑談。

收信。

四月二十二日（五月二十一日）

六鐘起。是日不入署。約仁安來，與幼梅、錫三談竟日。小莊來。静生來。廷試醫科，李、陳、虞三君因改部司務來見，欲求設法挽回。蓋因前年改醫士爲進士、舉人，余嘗與有力也，不知事勢不同，未可援以爲例，婉勸之去。

收信：劭詢。

四月二十三日（五月二十二日）

六鐘起。梧生來談圖書館相地事。到署。午拜客，晤箸薌、虞颺。

收信：蒯觀察賀節。

四月二十四日（五月二十三日）

六鐘起。小杭來云，已就段都統事，行將挈眷赴保陽。

到署。閱文牘。復達侍郎信。午前回寓。周宏業、陳仲篪、趙學、鄭豪來見，略談。靜生來。與幼梅夫人論幼梅就館事。會賢堂赴仁安約，同坐梯雲、幼梅、文彝初良、敬韓。稚青來，即宿此。

收信：崇、惺、怡、鍾，幼雲。

四月二十五日（五月二十四日）星期◎瑞臣實授右侍郎

六鐘起。錢君應清來。幼夫人還津，趙星送往。萬生園赴止欺約。兩人乘小舟行一小灣，因他客至，遂下。客有佩蔥、夢巖，余以事先辭歸。

到署。閱摺。寶侍郎至。夕歸。

張竹亭名普田來，因旅順生意衰，擬在京津就事。是日大兒婦率兩孫、一孫女來京寓。

收信：幼雲、張伯翁。

四月二十六日（五月二十五日）

五鐘起赴湖園公所，談公竟日，意見分歧，爲之鬱鬱。夕歸。行至單牌樓北，馬車損，失轄，輪欲脱，僕輩强脩治之。到蒙養院小坐，候許久，既行未數百步，損如前，乃下車雇人力車以歸。于幼卿來。與幼梅、錫三談。

收信。

四月二十七日（五月二十六日）

五鐘起。赴湖園公所聽宣，至則傳出已派定矣。陳璧、載昌。昨日考試御史，奏派閲卷，余送衡。袁少保約午後一鐘便飯。遂在公所睡以待時。傍午瑞臣來公所，一鐘同赴約，三鐘散。晤仲仁，登袁園之樓。五鐘歸寓。爲錫三寫寄彭秋信備而不用。與趙、李二公話别。

收信。

四月二十八日（五月二十七日）

六鐘起。幼梅、錫三還津。是日瑞臣到任。馬積生來，談甚暢。屠君師韓來見。瑞臣來拜。午拜客。先哲祠赴嗣香前輩約，同坐凌大京兆、前紹興府貴福，字壽〇*、段太守、武德清、楊少泉、惲薇孫。暮歸。

收信。

*原文留空。

四月二十九日（五月二十八日）

六鐘起。早到署。閱文牘。午，亦香來，談閻耀卿家事，言今晚同鄉諸君在喬寓會議。

四月三十日（五月二十九日）

六鐘起。爲奏駁新律事訪茂萱，談許久。拜客。到署。閱文牘。午歸。易恩侯來見。静生來。訪榮相，談奏駁新律事。晚，菊如至自津，宿此。耕亭至自津。

收信。

五月初一日（五月三十日）

六鐘起。與菊如談，梯雲至。到署。閱文牘。午前歸。陪菊如飯，食湯麪，久不嘗此味矣。午後，小莊、梯雲、玉笙先後來。晚，留飯。梯雲、玉笙俱宿此。

收信：志賡仍問漢律輯本，幼梅，錫三，澄甫兄，子深大令，崇、惺。

五月初二日（五月三十一日）星期

六鐘起。菊如還津。耕亭赴洵。爲奏駁新律事函茂蘐，并附説帖。陸太史夢熊、伍仲文先後來。午，約仲仁、晢子、次典、箸薌、翊雲、静生飯，七鐘散。復菊人信。

收信。

五月初三日（六月一日）

六鐘起。接茂蘐回信。董伯平來見。肖項辭行請假一月修墓。午前接電話，知華老來署，遂往，少頃瑞臣亦至。商改奏稿竟日。閲文牘。晨擬訪朗溪，預遣人安駕，朗溪隨即來此。

收信：茂蘐。

五月初四日（六月二日）

六鐘起。薙髮。常德李鑑澄孝廉致楨來訪，談許久。李君與邃庵、晢子皆宏文第一班師範學生也。拜節：曹竹師，王師母，貴師母，崑師母。訪璧臣於官報局，留飯，飯後談許久。出城拜節：孫師，錢師母。訪亦香，談許久。到華宅，晤舒民，與秩昭、智舒話，晤唐公柔。暮歸。儀曾送畫奏稿。

收信。

五月初五日（六月三日）

五鐘起。赴湖園謝賞樱子恩。回寓小飲，午睡。秩昭來。夕，閱摺，因有未安數處，詣瑞臣處商改，并約儀曾同往。八鐘後歸，至家已十鐘。玉笙、小莊候於此。又談片刻，余始用飯焉。

收信。

五月初六日（六月四日）直日

五鐘起。赴湖園公所。南皮相國至，談公。又將摺稿改數處。兩鐘歸。洵差至。錫三至自津。

收信：崇、惺，李提摩太索余照像。

五月初七日（六月五日）加班奏事

五鐘起。錫三還里。赴湖園公所，候膳牌發下即歸。行至四牌樓，馬驚逸，撞一人力車，毁焉。余乘騾車到署。閱文牘。午後參事廳會議。

答拜李鑑澄，不遇。訪嗣香前輩，不遇。

公善堂約凌大京兆、符曾、子深、鶴田、華甫、康侯、紱臣、嗣香、薇孫、仲魯、酌升、性庵飯。公善堂係光緒三年奏設煖廠，亂後歸惲學士經理，住廠貧民百餘人。歲蒙上賞小米三百石，有種養地數十畝，蔬菜取給焉。義學一所，學僮二十人。教師山東人，月俸六金。規制頗好，惜皆一仍舊習，貧民終日坐食，學僮終日喊讀，略無改良之意，可歎也。是日議興林業事，晚歸。

收信：耕亭，張鶴田厚彭，小雲令郎，陳稚塘，吴肅堂學使。

五月初八日（六月六日）旱乾太久矣，午後寒暑表過九十度

五鐘半起。復耕亭信遣陳順送往，爲陳藴叔患病假款事。致幼梅信。寄崇、惺信。王君汝榆來，伊知試英文普通學不入格，擬仍赴日本，但求牌示勿過加貶斥之語。景星甫令郎名崇華，字繼堂，來京謀事。

到署。正堂、右堂俱至。飯後歸。

督女及女孫灑掃。看《先正事略》。潤生話於庭。晚，静生、實甫來。

收信。

五月初九日（六月七日）

五鐘半起。補寫日記半月有餘。董伯平來。陳公猛來。改信稿。午，梯雲、毓笙、寶君、希周、佑宸來談，留晚飯。藤井恒久來訪。張桂孫來。智舒歸甯。

收信：志賡，少泉，林蔚森。

五月初十日（六月八日）

五鐘半起。周生熾、陳仲篪先後來。嵇庶常岑孫，字洛如來見。

到署。閱文牘。飯後拜客：巖谷、藤井、高曦翁已出京、夏薇卿、郭虞颸。賀徐偉人之太夫人壽。三鐘回寓。獻夫至自津。接凌大京兆信，即復之。王長卿檢討建祖來見。服部得寶星來謝。小莊來談。看政論。

收信：凌大京兆，崇、惺，孟和，李茀田四月十四洪江發。

五月十一日（六月九日）

五鐘半起。寫復木翁信。復志賡、少泉二君信。寫寄朱經帥信請勿調志賡。高閬仙來。陳君仲篪來擬請假南旋。

到署。閱文，閱稿，閱奏稿。談公。午後兩鐘散。歸寓。

看《先正事略》。薇孫來，久談。小莊來。晚，張席豐來定州人，保定初級師範第一次畢業生。寫信：復幼梅、伯苓、崇、惺。

收信：孟和，伯苓，木齋，胡克之，性庵還公份，幼梅。

五月十二日（六月十日）

五鐘半起。改信稿。拜客：訪瑶圃，不遇；晤服部；答拜王長卿、嵇洛如、周熙民、施呼本、杉榮三郎。午，看《先正事略》《履園叢話》。晚，寫信復伯苓。

收信：段甲嶺張友三兄信，附其壻前撫甯教諭劉君錫福所爲《驪學筆記》劉在撫甯十餘年，去冬以不謹填計，友三託爲位置；李茀田五月初六漢口發；李伯芝留鄭菊如并託向梯雲言之；崇、惺。

五月十三日（六月十一日）

四鐘半起。枕上聞雨聲，喜而不寐，未明即起，坐廊下賞之。惜不久即止，又放晴矣。寫信：致梧生，復菊如，復臺孫，致崇、惺。改信稿。

到署。是日奉派揀選官缺。已刻到吏部，同派者載克臣閣學、陳夢陶副憲，計揀選宗人府漢主事一缺，到三人，揀二人。又本年三、四兩月分截取舉人八十三人，吏部原擬一等十三人、二等六十人、三等十人，臨揀不到一人。克臣提二等中之福建駐防李存穀一名歸一等，餘俱如舊。計一等十四人、二等五十八人、三等十人。十二鐘散。復到署與梧生談許久而歸。

看《動物學講義》。青島德國醫院教員尉禮賢來見。大雨如注。圍棋。飲酒。

收信：張席豐，梧生回信，馬曉珊。

五月十四日（六月十二日）涼

六鐘起。改信稿。到署。正堂、右堂至。閱文牘，閱奏稿，閱行稿。午後一鐘散。訪梯雲，賀哲臣壽，俱未遇。答拜胡觀察嗣芬、陸太史夢熊，兩鐘回寓。小睡。接鍾兒信，言本月初三日移居本鄉區千馱木町十三番地朱深方，與潤甫、伯淵同居。又言，競爭試驗之期在西七月中旬。【頁眉】本鄉千馱木町十三番朱深方

黎仲蘇來。看《動物學講義》。

收信：蕭疲棱，黄補臣，幼梅，智鍾。

五月十五日（六月十三日）

五鐘半起。兒婦率孫輩回津。改信稿。到署。閱文牘，閱摺。看《身理啟蒙》。瑞臣午前到。一鐘散。

賀金向辰壽。答拜李、虞兩孝廉。答拜樊稼軒前輩，不遇。四鐘回寓。郭潤丈來，久談。寫信三封：耕亭，幼梅，陳香士贈兩元璧酒□。先君生日，拜飯。晚，執中來，談至十鐘去。

收信：梯雲，耕亭，陳香士。

五月十六日（六月十四日）星期 直日

四鐘半起。七鐘前到湖園公所。傅潤沅太史商女學事。丞參俱至。議事。三鐘半散。

五鐘到寓。子雨來。晚，腹作瀉，早睡。閻生致恭來。

收信。

【頁眉】《動物進化論》國民叢書社譯。《最新動物學教科書》，日本大森千藏著，戴麟譯。《博物教科書（動物界）》，日本理學士岩川左太郎著。《動物學》，宏文書院安東伊三次郎講述。

植：《植物教科書》，日本理學博士松村任三、齋田功太郎合著，直隸學校司編譯處譯。《普通植物學教科書》，日本三好學原著，亞泉學館譯。《中學植物教科書》，日本三好學原著，鎮海王本祥、王明懷譯。《普通教育植物學教科書》，吳縣彭樹滋編纂。《植物學教科書》，作新社譯日本五島博士本。《植物學》，宏文書院高橋章臣講述。《植物學啟蒙》，西學十六種之一。《博物教科書（植物界）》，日本齋田功太郎著。

礦：《礦物學教科書》，作新社編譯。《博物學教科書（礦物界）》，日本理學士石川成章著。《礦物學及地質學》宏文書院佐藤傳藏講述。

五月十七日（六月十五日）

四鐘起。泄痢。復睡連續過午。看《身理啟蒙》。看陳少湍《丁未秋冬之政見》。寫屏對。晚，仍早睡。

收信：自來水公司附招股章程二千本，郭芸夫，梯雲，崇、惺。

五月十八日（六月十六日）

六鐘半起。到署。兩堂俱至。腹仍不適。午歸寓。安插架書。幼樵、子若先後來。車迎静生，談至十一鐘，與小莊同去。吴秀翁來。

收信：志賡，崇、惺，耕亭。

五月十九日（六月十七日）午後小雨約兩小時

六鐘半起。寫復崇、惺信，託秀翁帶去。與秀翁談洵事。是日未到署。看楊參議所著《國會與旗人》。檢書。晚，赴薇孫約，同坐李經宜、馮聃生，皆主人之戚也，又陳夢陶、李省吾，凡主客六人。十鐘散，歸。

收信：智怡明信片言十四日由東京啟行，十九日由神户乘山東北旋，計二十七八日可以到津，智崇信言李茀田改乘官陞船來津，約二十三四到津。

五月二十日（六月十八日）

六點三刻起。劉愛棠來，爲順天學堂添班事商量辦法，屬其與戴參議先議大略。到署。閱摺。兩堂俱至。改稿，閱到文。午，一鐘半散。拜客：仲蘇，李太史湛田，芋田晤，方玉山太史，陳揀選一等壽芝，李寶晋，董伯平。訪梯雲略談，晤于叔賢、喬少甫。又同梯雲訪敬韓，久談。六鐘歸。黑雲自北擁出，天色頓暗，雷電交作，然雨止一陣而已。晚，看《生理學粹》《動物教科書》。

收信：智鍾，陳陟夫。

五月二十一日（六月十九日）

五點三刻起。寫致芋田信。薙髮。秋皋來，談順天學事。到署。閱文，閱摺。十一鐘飯。十二鐘歸寓。崇兒至自津，話家事半日。

收信：王雲浦表兄。

五月二十二日（六月二十日）加班奏事

四鐘半起。五鐘出門，行七刻，到湖園公所。與榮相談，候膳牌發下便歸。午，與崇兒話家事。姜崑山與伯恂叔同自津來。

收信：執中。

五月二十三日（六月二十一日）

五鐘半起。寫復惺姪信。寫復王三表兄信。寫復耕亭信。智崇回津。恂叔同崑山赴沟。仁安來，芝本爲一良來。陳少湍來。張君邦傑、孟運之、查潤齋、沈子□先後來。賀璧臣壽，未遇。與秩昭、智舒話片刻。又晤舒民、浩如。劉嘉樹前輩來，久談。賓甫、梯雲、敬韓、希周、實君、紫若、玉笙、廖綬卿來寓研究實業，款以晚餐。楊儀曾來白事。

收信：程世兄，陳陟夫，王采臣嘉樹前輩帶來。

【頁眉】山本喜之助，能華語，曾識之於大阪川口，今日來拜，意在謀充教員。

五月二十四日（六月二十二日）夏至

四鐘半起。地壇陪祀，至則後時，於帳棚内與紱臣、静生談許久。拜凌大京兆，談許久。訪幼雲，未遇。留刺拜吕庶務長道象。

到署。兩堂俱到。幼雲來署。閲文，閲摺，閲稿。三鐘散。

日本同文會幹事大原武慶以柳溪星使之介紹書求見瑞臣及余。瑞臣來余寓，同見之。

治酒爲潤生豫祝，獻夫、湘衡陪。酒半，紫光自津還，入坐共飲，甚酣。收信。

五月二十五日（六月二十三日）

五鐘半起。沐浴。八鐘後到署。榮相至已久矣。閲摺，閲文。九鐘半散。答拜連仲甫。賀詒臣壽，留飯。同坐梧生昆仲、幼樵、仁安。飯後出崇文門，經打磨廠、西河沿，答拜劉嘉樹前輩，未遇。回寓。看報《萬國商業月報》頗佳。收信。

五月二十六日（六月二十四日）

四鐘半起。五鐘出門。七鐘到湖園公所。與榮相、寶侍郎候批摺。是日張劭余、朱桂卿兩前輩准開缺。柯鳳孫、吴肅堂調京，學部丞參上行走。陳石叔署黔學使。曹梅訪補吉林學使。張相到公所談公事女師範學堂，大學分科德學。飯時，張相與寶侍郎論立憲事，齗齗不已。四鐘散。

六鐘回寓。是夜楊參議度訪寶侍郎，論立國會事。

收信：楊萃廷附礦樣，芷柃，周緝兄附灤礦招股章程百本，自來水公司附啟及預算單各二千份。

五月二十七日（六月二十五日）雨三寸餘（據順天府奏報）

六鐘半起。薙髮。看《植物啟蒙》。

到署。豫備進士游學畢業試事。擬法政別科講習科奬勵。答瑞臣信，爲曹庶常典初與考事。欽派閱卷大臣葛寶華、秦綬章、郭曾炘、載昌。于晦若侍郎調吏部，禮侍郭春畬前輩補實缺。是日憲政編查館議開國會年限。次日聞主五年者七人，主七年者三人，主六年者二人，主十年者十一人，主二十年者一人（高种），主遲開而未定年限者二人（華璧臣、吳向之）。閱稿。閱到文。午後三鐘回寓。

王雲浦表兄至自曲陽，告假還津也。華次遠來，爲農林學堂事，留宿。孟紱翁來。再爲潤生預祝，陪客敬韓、湘衡、槐亭、獻夫、季約、次遠、紫光。接津電話，知性初之夫人董三表妹病歿。接津電話，知怡兒到家。

收信：澂甫兄，崇、惺。

五月二十八日（六月二十六日）考試游學畢業進士館學員第一場

五鐘起。五鐘半到署。榮相已前至，寶侍郎、四大臣先後至。點名，到五十七人。發題經：『正德利用厚生惟和』義；史：『能通一藝以上補文學掌故缺』論。陪飯。四大臣十鐘散。榮相午後去。與瑞臣商別科、講習科奬勵。閱各報《時報》消息甚靈。瑞臣六鐘去。七鐘净場，余遂歸寓。

收信：顧衡如，蔡志賡。

五月二十九日（六月二十七日）

七鐘起。寫復芷舲信。寫復瀓兄信。十一鐘到署。瑞臣已前至。午後，四大臣到署閱卷。七鐘散。

李茀田、瑞西林湘、胡桂生書年、譚景周、張，是日早車至自津。盧學使來，留飯。曾禹翁繼至，談至十一鐘。

收信：梯雲，陳陟夫。

五月三十日（六月二十八日）

四鐘半起。寫信。留盧學使再住一日，晚在寓備酌。

五鐘到署。監視寫題。七鐘後點名、發題憲法、財政、政治、法律各一題，任作兩題，農學兩題。四大臣覆閱頭場卷。陪飯。傅潤沅來署，商摺稿。余兩鐘散署。往全公府勘工。答拜盧、曾二公，不遇。遂歸。與李、瑞諸君略談。嗣香、少乾先後來。盧木翁、曾禹翁、秦君岱源來，小酌，談至十鐘散。次遠、秩昭來宿。

收信：伯舉，秩昭。

六月初一日（六月二十九日）

七鐘半起。與次遠、秩昭談。與福田諸君談。訪璧臣，爲秩昭擬赴津就學事，談極久。答拜增子固，不遇。

到關才胡同小學堂擾其一飯。開手工講習會。三鐘起，六鐘止。芝本爲講師，而静生爲通譯。聽講者踰六十人，小學教員居多數。

智怡早車至自津。晚，與福田諸君談。與智怡話。

收信。

六月初二日（六月三十日）

六鐘起。梯雲來訪。智怡偕智閑率和子回津。到署，陪四大臣閲卷。潤沅來商摺稿。午後閲卷，核算分數，計取最優十名，優十九名，中二十七名，下一名。三鐘散。回寓。

龐志清自津返洵過此。揀選一等第二知縣山西陳紫眉壽芝來見已三次矣，今日始見之。陳仲謙來白事。與福田諸君話於庭。幼梅、錫三同時至，不約而同，喜出望外。

收信：劉馨吾新桂，熊渭泉。

六月初三日（七月一日）

六鐘起。梯雲、敬韓、稚青先後來。章受生京縣來。

到署。張相昨來告今日到署閱卷。榮、寶兩堂，四閱卷大臣午前俱至。商定試卷最優改爲八名，優等改爲十八名，中等改三十名，下等仍一名。拆封填名。畫奏稿。四鐘散。答拜勞玉初參議，不遇。賀陳表叔使黔喜。到小學堂一看，時方講畢，下堂略與静生、小莊立談片刻歸。

收信：王寶光，朱經田中丞，陳幼樵。

六月初四日（七月二日）

六鐘起。梯雲第三次來訪。性安來訪獻夫。仁安來訪幼梅。李言如來。穎伯來約幼梅、錫三、性安、獻夫、仁安、敬韓小聚於廣和居。

午後到工藝局，借子若榻假寐一小時。訪梯雲，不遇。迹之於松筠庵則已去矣。到講習會。六鐘歸寓。

張伯翁至自津。小莊、伯苓、苇田、幼梅話於庭。

收信：王慎頤，家信，王寶志，蔣藝圃前輩。

六月初五日（七月三日）

六鐘起。梯雲第四次來訪，與細陳智怡不敢到工廠之原因。

到署。閲摺，閲文牘。午後歸寓。

伯苓、小莊、紫光往游萬生園。金鞏伯推事紹城來訪。鞏伯與子均爲至戚，曾留學於英，善畫。談約一小時。漸逵來宿此。

收信：耕亭，家信。

六月初六日（七月四日）

四鐘半起。寫家信。五鐘出門。七鐘到湖園公所。四閲卷大臣先後至，留飯。飯後，與榮相、茂萱談。午後歸寓。

余妹偕大野女史率智開及舒、閑兩女至自津。晚，雨甚酣。與幼梅、漸逵小飲。

收信：次遠。

六月初七日（七月五日）星期

六鐘起。伯苓、幼梅還津。朱俠黎來。茀田諸君來辭行，擬午車還津。赴那相約，議查驗詢問人才事宜，午散。答拜華敬臣，談片刻。訪幼雲，不遇。訪康侯，訪嗣香，爲灤礦事。訪梯雲，不遇。到講習會，七鐘歸。與妹話。

收信。

六月初八日（七月六日）

五鐘起。六鐘出門，訪緝之、訪潤苔，均久談。潤苔導登新築之樓。十鐘到署。閱文牘。一鐘散。訪嗣香，談灤礦及農會事。訪亦香，爲速成實業學堂停止捐款事。到松華齋買扇。全蜀館浙江同鄉公局請增子固、王秬雲、李菊農、勞玉初、章受生，余厠末座。七鐘歸。與妹話。與漸逵談。

收信：梯雲，智鍾兩次，槐亭。

六月初九日（七月七日）

六鐘起。漸逵赴新城。北洋法政學員何增嵛，東京大學畢業朱獻文、黄德章、顧德鄰來見。

到署。閱文牘。瑞臣侍郎至。午後一鐘散。

回寓。書扇十九私中畢業最優十一人：金邦正、卞肇新、梅貽琦、張彭春、張樹珊、高肇夔、魏有萬、李麟玉、羅浚瀛、喻傳鑑、顧壽頤，人各一扇；手工講習會譯員范静生、堂長臧紹宸、教員安輔臣，人各一扇；又書贈大野女史及二妹各一扇，又爲子雨、鋭生書扇各一。書對五贈私中監督張，教員魏、俞、時、吴各一。寫家信。晚與妹話。

收信：幼梅葉書，崇、怡、惺，王聘卿士珍謝送幛份函。

六月初十日（七月八日）晚大雨

六鐘起。妹與大野女史率開兒回津。

九鐘到署。正堂、右堂俱至。治公談公。午到手工講習所，是日發證書，閉會。與梯雲約相見於小學堂，談開天津會一事，余意不甚謂然。備肴四簋，留范、陳、梅、王飯於學堂内。晚歸。

北塘張履謙丈偕學董劉少卓來，爲漁船納捐事，宿於此。

收信：緝之。

六月十一日（七月九日）

六鐘起。胡成之來言，磁州沙河煤鼇收數甚旺，屢起争端，不如由學司派員抽收。劉北巡來辭行。復周緝之信。江忼夫來，爲俾侍御條奏將内外傳習所改歸官辦，伊擬來部具呈。

到署。閲文稿。午，參事廳議事新加坡等處華僑學務；鐵路卒業生應否與試；駐日大臣咨請會法律大臣定專律。

訪嗣香前輩。訪梯雲，不遇。訪敬韓、紫若預寫客單，明日假松筠庵議灤州礦事。致性庵函。暮歸。與張、劉二君談漁户捐事。

收信：服部兩封，一約期來訪，一贈《家政學》兩部。

六月十二日（七月十日）

六鐘半起。爲張履翁改節略。復服部信，約十三午四鐘在寓相候。張仲昭來，新自南京續娶事畢，來京銷假。訪勞玉初京卿，久談。

十鐘半到署。爲榮相擬翰林游學奬勵等差。閲文。次典、静生、邃庵、君九先後來，談公。兩鐘散。

到松筠庵，梯雲、性庵、符曾、康侯、薇孫、嗣香、仲魯、紱臣俱到，薇孫擬公信稿，擬致楊蓮帥。七鐘散，歸。

收信：崔世兄有泰，由楨爲家族訟事，回信寄蕪湖城内詹家巷崔欽差宅崔叔平收。

六月十三日（七月十一日）

六鐘起。周緝翁來，談灤州礦局事。

到署。閲文牘。正堂、右堂俱到。午後散。

服部來談。晚，陳栢叔、崇、怡、惺、開、怡之婦及子女及日本女子長谷川氏均至自津。長谷川常在怡婦東京寓所助理家事。此次回國，長谷川送至神户，而怡婦有病，長谷川未攜旅具，毅然相送。可感也！與柘叔談。

六月十四日（七月十二日）星期

六鐘起。余生棨昌、朱生獻文先後來。弔胡太史藻。訪梯雲。十鐘歸。潤沅來談。梯雲、玉笙繼至。約柘、梯、玉、紫率崇、怡、惺，開赴西直門外四慶園飯，梯雲攜麥酒甚多，飲甚酣。飯後游農事試驗場。夕歸。少溪、孟和、次和、問泉、冠如至自津。

收信：江忱夫。

六月十五日（七月十三日）查驗第一期報到之人才第一日

五鐘起。六鐘出門，赴税務處查驗考詢内外保薦人才。是日見八人分兩班。第一班：周嵩堯、袁嘉穀、郭則澐、林炳章。第二班：曹汝霖、延鴻、章宗祥、陸宗輿。長案環坐，每班談約一小時。税務處留飯。到署小坐，三鐘歸寓。

亦香、獻廷候已久，談至五鐘去。鄧斯安來。薇孫約飯，同坐凌大京兆、仲魯、嗣香、紱臣、康侯、公度、華甫、子深，性庵、符曾。

六月十六日（七月十四日）

五鐘起。赴園，七鐘到，候批摺至八鐘半發下。在公所早飯。張相未至，遂散。到法政學堂。是日講習會第一日開講。燮侯講《物理易解》。李桐岡令郎聖章麟玉持桐岡信來見。

收信：桐岡，緝之。

六月十七日（七月十五日）查驗第二日

五鐘起。寫復緝之信。七鐘到稅務處查詢保薦人才，仍分兩班。第一班：張允言、傅蘭泰、曾習經、程利川。第二班：晏安瀾、管象頤、江瀚、惠崇。九鐘半談畢。留飯。飯後到署小坐即歸。

李嗣香前輩同其堂弟熙銘來訪，因約同訪薇孫，請薇孫擬摺稿。與亦香請客三席，凡三十六人。

收信：樂農，梯雲，雲莊。

六月十八日（七月十六日）查驗第三日

五鐘起。第三日考驗人才。七鐘到稅務處。是日僅到四人，作爲一班：陳棍、朱顯廷、胡祥鏶、成昌。九鐘即畢，未擾飯。到署。榮相、寶侍郎俱至。閱文牘。

午，講習會聽講物理。夕歸。

鄭君國賢來見。伊就黑龍江中學教習，月百金，苦寒思欲遷地，年二十七，未婚，尚擬赴美洲留學。有志之士也。

晚飯後，與智惺、智怡先後談家事。薇孫來交摺稿，小坐便去。

收信：陳君逢伯驤自金井胡同吴宅來信，爲王炳元家求助事。

六月十九日（七月十七日）**查驗第四日**

五鐘起。寫致嗣香信，附惲擬摺稿。第四日假税務處考驗人才，到〔六〕人，分兩班。第一班：誠璋、熙臣、李熙。第二班：紹彝、胡鼎彝、熊范輿。飯後散。到署。

講習會聽講，翊雲論理。五鐘畢。松筠庵會議灤州礦務，酌定摺稿。七鐘後歸。

寫致仲魯信。與冠如諸君話。

六月二十日（七月十八日）

六鐘起。栢叔、冠如、問泉、孟和孟和午車歸、次和、少溪、怡、惺、開并怡之家眷早車回津。剃髮。誦裳來辭行。

到署治事。榮相至。午後散。

候凌大京兆，阻雨不至。大睡。

收信：凌大京兆、李嗣翁、梯雲。

六月二十一日（七月十九日）星期◎雨

六鐘起。假先哲祠公請茂蘐左丞，因茂老本月廿七日六十初度也。主人榮、嚴、寶，客則喬、傅、江、劉也。看字畫，内有勵文恭自壽詩册，其第一章第一句云：『花甲初周歲戊申。』榮相喜其巧合，相約各壽茂老一詩，首句即用此句。以下次元韻。飯後登樓賞雨，至夕乃歸。

收信：凌大京兆。

六月二十二日（七月二十日）

六鐘起。梯雲來訪。拜客數處，晤瑞鼎臣。太昇堂飯。到法政學堂講習所聽講，論理學。

收信：林蔚森，徐潤吾，日本代理公使，伊立布，爲報考師範事，菊帥述陳覃恪之謬舉，崇、怡、惺。

六月二十三日（七月二十一日）

六鐘，林生稷楠來，周仲宣來。

到署。榮相、寶侍郎俱至。閱文牘。赴講習所聽講物理。江蘇館赴璧臣約，有張元博諸人。

收信：幼梅，榮相，嗣香，智鍾。

六月二十四日（七月二十二日）

六鐘起。敬韓來訪，談周支山事。赴榮相約，商定保薦人才考語。留飯。到署小坐即歸。寫對聯。鄭、喬、華、趙共飲。

收信：陳稚塘，仲魯。

六月二十五日（七月二十三日）

六鐘起。陳太史正猷、劉孝廉新桂、宋君發祥先後來訪宋係午後。爲茂蘐寫詩、扇、壽聯。復李子香，商國民捐辦法。

收信：柘表叔，孟運之廣堯。

六月二十六日（七月二十四日）　慶祝萬壽

四鐘起。六鐘半，到公所更衣，往仁壽門祇候。八鐘二刻行禮。蟒袍補服白羅冠。午初回寓。

與獻夫小飲。午，寫信：臺孫，仲魯，家信。劉覲生、楊紫若、華浩如來訪。

徐部員焕來，言余遣招來寓寫履歷。許也。

收信：張履謙世丈，服部送年報，智鍾。

六月二十七日（七月二十五日）

六鐘起。到署。寶侍郎至。辦公用飯畢，出城拜客。晤聲甫、伯淵、班伯。赴向辰、小泉約，五鐘至，十鐘歸。

收信：耕翁，家信。

六月二十八日（七月二十六日）

六鐘起。曙蓉來，贈對筆、水筆。稚塘來，昨贈畫、扇。到署。閱摺。天津同鄉京官公請陳石翁、鄭獻翁。陳石翁未到。

收信：茂萱。

六月二十九日（七月二十七日）直日

四鐘起。六鐘半到公所。假翰林院新建公所用飯。兩相、寶侍郎均到，議論公事。兩鐘散。暮歸。

任玉峰廣文來。張伯苓兄至。趙次原憲曾、王君雙歧自日本早稻田大學畢業回國，來見。

收信：墨青，黄補臣，日本參贊代理駐使。

七月初一日（七月二十八日）

六鐘起。仁安來訪。訪梧生，爲智閑問方。訪仲魯，爲仁安事。赴榮相約，那相、瑞、梁兩侍郎俱至。閲摺及清單。飯後散。到署小坐便歸。次遠來。與張師談。

收信。

七月初二日（七月二十九日）

五鐘起。寫信，致俞侍郎，知照明日作公局請兩相。訪凌潤苔，爲任廣文保案及黄村實業學堂事。到署。加札派赴爪哇之和參贊、王廣圻到署來見。聽講論理。暮歸。伯淵至。小莊來。伯翁辭中學監督。是夕約小莊商議此事，談至兩點鐘。電招崇、悍。

收信：俞廙老。

七月初三日（七月三十日）

四鐘起。是日同那、榮兩相，梁、瑞、俞三侍郎覆奏查驗人才摺俞公注假。同梁、瑞兩侍郎公請兩中堂，假翰林院公所。十鐘半歸。一鐘回寓。崇、悍至自津。熊鐵崖、黎伯顔、陳芝秀英才，高師學生，與子龍同學、李芹孫、韓步青、楊少蓀先後來。晚，早睡。

收信：鄂電槐亭速往，王杉緑謝信。

七月初四日（七月三十一日）

六鐘起。王劭泉、胡玉孫昨夜宿此，爲張柏翁辭監督事也，小莊隨至。陳石翁、方守六來。王、胡二公因潤琴電話相約，傍午出城去。函留芹香再住一日，芹香夕至。午後，秋皋、芸生來，述及任廣文謬稱大興小學功課已與余面定，其舊教員概不更動，云云。殊屬荒唐，當告秋皋轉致順天府選派辦處，勿聽浮言更初議。晚間王、胡、李、陳共議張先生學堂事，許明日往見學台，請改歸官辦。十鐘散去。

收信：智鐲、智鍾。

七月初五日（八月一日）

六鐘起。赴車站爲張、王、胡、陳、李五君送行。晤高等學堂監督張太守、劉潤琴、崔子餘。崇、惺歸津。

到署，榮相未至，寶侍郎至。閲文，閲稿，商量公事。午後歸。

楊同年同高便衣來訪。鐵崖來，留飯。

收信：吕小蘇前輩。

七月初六日（八月二日）

六鐘起。候梧生爲智閑診視。午正至，一鐘去。拜客，晤毛子龍、伍仲文。松筠庵會議津浦鐵路及灤州礦務事。津浦鐵路四省應各舉總理一人、協理二人、幫辦四五人，總理已公推鹿滋老。是日投票公舉協理、幫辦，協理以余與嗣香前輩票數爲多，幫辦票數最多者史康侯，次公度、伯納、性庵。暮歸。

收信：耕翁，王教員自尚炎旅店。

七月初七日（八月三日）

六鐘起。到署。寫致緝之信。閱文牘。榮相未到。寶侍郎到。聞電話，知王春江、陳小莊同崇、惺來京，遂歸。

春江力爭中學歸官辦之〈之〉議，擬就時、嚴兩人中公舉一人代張柏翁爲監督，且言合堂之人皆願發熱力，無一人贊成官辦之議者。小莊亦言，學台云私立學堂方患其少，豈有改私爲官之理。余遂從春江之議。夕，李生克歧來。赴康侯約，同坐嗣香、筍腴、伯英、仲魯、薇孫，十鐘散。

收信：緝之并《灤股章程》三百本、收條百張；臺孫。

七月初八日（八月四日）

六鐘起。春江、崇、惺回津。朱班伯。是日榮、寶兩公俱不到署。余亦未往。因於酷暑，終日昏睡。夕，子龍、仲蘇來談，留便飯。

收信。

七月初九日（八月五日）

六鐘起。到署。榮、寶二公俱至。閲摺兩摺均有未妥恰處，酌改數處。午後三鐘散。聽講論理。

收信：崇、惺。

七月初十日（八月六日）

四鐘起。四鐘半出門，六鐘半到湖上公所。九鐘歸，十一鐘半到家。與獻夫飲酒，午酣睡。晚，耕亭丈至自沟，途中車覆，衣襪盡溼。與耕翁談沟事。陳厚莊表叔銷假回沟，并送武表叔世祥赴工藝局充工匠。是日來宿。

收信：崇、惺兩次。

七月十一日（八月七日）半月以來暑氣甚酷，人俱不堪

五鐘起。厚莊叔赴沟。吴質欽郎中桐林來，談南洋華僑興教興學事甚久。吴今年五十，到商部七年，未補一缺，行將仍赴南洋，仍治礦業。

到署。榮相至，寶侍郎未至有信至。潤沅來署，談女學事，留飯。午到講習所閱報，聽講論理學。補寫家信。改寫寄柘叔信。夕歸。喻太史長霖見訪，長談。趙伯韶來省獻夫，宿此。

收信：智鍾，崇、惺。

七月十二日（八月八日）熱不可堪

五鐘起。爲柏翁寫介紹信三封伍、顏、貝，俱託耕翁帶津。耕丈早車回津。改信稿。到署。閱文稿。寫信：幼梅，伯鵬，緝之還九件，仲魯附英堂判詞。飯後回寓暫憩。赴講習所聽講物理夔侯講至本日止。訪石表叔。訪梧生，爲閑女改方。設肴酒餞槐亭、喬梓，約彤階來陪。

收信：崇、惺。

七月十三日（八月九日）

五鐘起。沐浴。薙髮。會客：王進士守榆，曹學使廣楨。答信：俞廙翁。補寫日記，自六月廿二日至本月十二日。邇來志氣昏惰，在家時恒高臥，今夜夢静生以正言規予，矍然而覺。寫信：崇、惺，鍾。夕，拜客：曹梅訪，陳福頤。先哲祠赴性庵約，凌、李子深、孟、王鶴田、陳華甫、李符曾、史、劉仲魯、李嗣香及予。暮歸。

《灤礦招股章程》不足三百本，并收條交性庵。

收信：潤沅附《女師範招考告示》，崇、惺，開。

七月十四日（八月十日）熱度少減

五鐘半起。寫致菊老信，未畢。會客：鄧仲果。

到署。丞參先至，商議日本一高山商宣言本科仍分班教授事。榮相、寶侍郎先後至。是日畫稿甚多。潤沅來署議事。午後，偕瑞臣同到參事廳會議，仍議兩校分班事。羅謂如爭不得，不如停送。擬電稿兩件，分致胡、李兩大臣。

到講習會聽講論理。是日截止。

訪達侍郎，長談約一小時而後歸。佑宸、小莊先後來，談續開講習會事。

收信：崇、惺，張中丞鳴岐賀午節。

七月十五日（八月十一日）雨後凉爽

六鐘起。赴車站送陳石叔，候至開車未至，與章一山在官廳談片刻。答拜崔召和曝。訪稚青，復李克岐升學事。遇偉人，長談。

十鐘到署，是日榮、寶兩公未到。閱文牘。周大令景濤來見。周字崧生，壬辰庶常，甲午散館，改刑部，辛丑改選知縣，現官如臯縣，由學部奏調來京。施呼本銷假。閱勞京卿所進簡字書。校閱《國文教科書》第六册、第七册。三鐘後歸。歸即用飯。晚，與潤生、獻夫略談。早睡。

收信：崇、愲，曾少卿訃文。

七月十六日（八月十二日）

六鐘起。蔡志賡、劉嘉珍，住李宅、顧德鄰先後來。勞玉初來長談。十鐘到署。閱奏稿，閱文牘。陳石翁來辭行。三鐘歸寓。命車接小莊來討論化學名目。李嗣香前輩、惲薇孫同年先後來，留飯。伯芝來長談。

收信：崇、愲。

七月十七日（八月十三日）

六鐘起。微覺感冒，睡至過午，未得入署。晚，次遠來。飲酒至醉。

收信：崇、怡、愲、開後省文曰津宅。

七月十八日（八月十四日）

六鐘起。余仲先、唐企林、魏梯雲先後來。賀鹿中堂壽。弔熙太夫人。到署。閱文牘。午後回寓。

李生麟玉、白教員玉潤來。夕，李書記官來送閱摺。

收信：澂兄，幼梅。

七月十九日（八月十五日）

六鐘起。是日直隸同鄉公請楊制軍、袁大軍機於頤和園之外務部公所。余七鐘自寓往，先拜蓮帥，小談而後往。主客凡十二人：兩相之外，爲吕尚書、劉大理、李學士、孟左丞、張監督允言、張樞密，兩直年性安、符曾及余也。一鐘散。

隨嗣、性二公往祝朱伯母，觀二公圍棋。

收信。

七月二十日（八月十六日）直日◎夜大雷雨

四鐘半起。五鐘出門。七鐘到公所。張中堂十鐘到，談約兩鐘去。余與榮、寶二公飯後散歸。四鐘回寓。

晚，食新摘之蜀黍及倭瓜。獻夫是日得侍講銜。與紫光圍棋。

收信：津宅兩封，東斌學堂長寺尾亨，黄必芳。

七月二十一日（八月十七日）

六鐘起。直隸留學畢業學生馬鑑沅、紀文瀚、劉志仁來見。訪余仲先，不遇。

到署。閱文牘。幼雲來署談分科大學事宜，留飯。午，候孫師相疾。湖廣館六科同年公請楊蓮帥。暮歸。

收信：黄必芳。

七月二十二日（八月十八日）

六鐘半起。王輔臣大令率其喆嗣正鈞來見。鄭雲軒來。俞廙老來。張太史啟藩、陳太史培錕來訪。寫家信。

到署。閱文牘。閱審定科所校書。寫復菊兄信。兩鐘歸寓。

小莊來談編譯事宜。柬約實甫來寓。與小莊、實甫談化學名目，并聽兩公講化學。九鐘散。

收信：家信壽卿帶來附仙舫信、子澄信，嗣香前輩爲改協理爲總理及農學事，改奏爲呈，李薌閣自高陽。

七月二十三日（八月十九日）

六鐘半起。胡海門來。程世兄來。傅沅叔來。

到署。榮相已先至。瑞臣後亦至。閱文牘。瑞臣以憲政所擬預備事項及《憲法綱要》見示。午，約朗溪商文憑式樣。

拜客：朱老前輩晤，崔磐石前輩、楊星垣俱未晤，孫觀察多森、竺同年、郭甯同鄉均出京。五鐘歸。

槐庭交所擬《都門新記》稿。

收信。

節抄房師程午坡夫子壬午、癸未日記：

壬午八月廿三日。晚，閲二場卷，得貝悦卅三號一卷，典核華瞻，因找出頭場卷來，因是以『偃陪』作起講，未薦。復爲細閲，竟非尋常手筆，三藝及詩均矯矯不群，遂擬補薦。

廿四日。將昨卷補薦。

廿五日。午後徐師將昨補薦之卷與三位主試傳觀，頗爲得意，已定首選。予以昨承徐師條索多字號卷，二場文尚未進來面回，即蒙以『新得之卷才力甚佳，可以冠場』之語相告。予唯唯。後思此卷《禮記》題有誤，不能不回明，重復提及。徐師頗爲驚訝，説俟回房細看。後知定作副榜第一，甚爲惋惜。

九月初六日。補薦之卷仍列正榜，喜出望外。

初八日。出謁徐師，仍提及補薦之卷。據云，經孫燚悳，兼貝卷二場壞者太多，決意仍改正榜，惟名次稍低。畢亦以爲然。

十二日。拆彌縫。十二名，貝號卷爲定州附張湛，年廿歲。四十四名，滿本號爲崇壽，廂黃滿廩，年二十五。五十一名，貝審，李錦源，天津增，卅一。八十二名，陳善同，東莞副，四十六。高，廿八。百十四名，筌，夏廷槐（撥）通州附，廿四。百十四名（對六），吴士清，南海副，候選訓導，卅七。（【頁眉】百十四名復見*）百廿名，何文燿，香山廩，黃，卅五。百四十九名，張國彬，新會監，四十五。百六十名，（北皿車）展學尊，（撥）定興拔，四十一。百八十七名，（北皿，高）張澍（撥），河間廩，廿六。百九十一，（貝悅）嚴修，天津縣府學廩，廿二歲。二百七名，（北皿千）徐聰，邢臺拔，四十一。二百十名，（貝百）李桂芳，武清縣附，廿二。二百廿四名，（滿懷）覺羅恩魁，正黃滿文生，廿四。二百六十二名（貝孔）晉榮，內務府正黃漢軍廩，黃，卅七。晚，填副榜。四名，蘇之純，天津附，十八。十五名，范恢文，清河廩，卅三。二十名，李碩臣，豐潤廩，四十六。四十六名，黃麟元，四川重慶府永川縣附生孝廉方正，候選直隸州州判。

*當爲嚴修眉注。

十七日。嚴生來謁，見之。

廿四日。徐師見請覆試名單一閱。晉榮一等十三，嚴修十八，餘分列二三等。

十月十五日。爲範孫斟酌詩文成。

十月十六日。將範孫文詩批語做好批上。

十七日。柏掌櫃來訴説嚴老爺招呼刻卷要照尋常放寬，刷印用香墨，訂用綾色角，而不肯加價，實難賠本遵辦，請予字代申説，量加費用，即將改就闈藝交其帶去，并作字爲之一言。

十八日。著戴升持片送嚴生行，并取原文回重改數語，而嚴已動身。見其乃兄説片，不敢當。仍帶回文，已交付刻字店送信寄天津。

十九日。出門晤煦卿，久坐。著戴升將李卷送交刻字店，并取嚴卷、取筆，即在煦處借筆重改數語，仍送交店中。

癸未二月廿三日。範孫來，見之。

三月初一日。範孫、瓚廷均片候。

十八日。春洲、範孫來，均見，并送闈藝。

廿三日。赴餘慶，三張、徐、嚴、恩、吴、何、夏、李、陳、鹿皆到。即入坐，輪流敬酒，極歡而罷。

廿五日。回請諸通家，餘慶堂兩棹。春洲、愚齋、斗辰、植三、碧瑚、範孫、策甫均先到，朗珊、心渠、瓚廷後至，鶴汀、蔗潭、錫三均未到。策五已回去。杏儕前日面辭，昨已下通州，因得海運差事也。

四月十二日。見全録，琯香得元，子虞、範孫均掄魁，深爲快慰。

十三日。嚴範孫早來，見之。

十六日。進城。徐師處見。與庚辰庶常崔君同坐。蒙告知嚴生卷爲貴塢樵侍郎擊節歎賞，愛才之意溢於言表。

十八日。範孫來少坐，呈卷子四開，筆畫粗細尚未勻。

廿一日。（前略。）予復至中左門，嚴範孫適出來。有伊同鄉爲之檢勘。予作旁觀，看出一竄字，屬改，餘有一二處已自行看出，止須刮補。

廿六日。範孫來，未晤，留下朝考卷一本。寫得行款不甚相宜，以中間太寬、兩邊太窄，想因襯格以中爲邊。又刮補太劣。即將首開略批。明早送還。

五月初六日。嚴範孫以館禮來謁，衣冠見之。

二十日。項詩侶見，索得卷一本，又交出斗方二件，一託桂書，一乞嚴範孫書。

七月廿六日。範孫來辭行，未見。

七月二十四日（八月二十日）

六鐘起。梯雲、仁安先後來。寫家信，寄潤吾信，均託壽卿帶津。勞玉翁來。

到署。瑞臣亦到。閲文。午，參事廳會議考試留學生事宜。兩鐘後回寓。徐伯龍來借書。實甫、小莊來留飯，談化學。兩君將去，立而小語，忽天放明，如乍曙者然，已見一流星，自西北來，過吾輩頭上向東南，半途而滅。初見時光極强，如水月電燈，又如元宵煙火，中〈所〉〔如〕金盤托月，其將滅有黄緑一道，此生平未見之奇也。姜崑山赴蘆坨，過此一宿。

收信：津宅信，性庵送來袁項城徵壽文啟一本。

【頁眉】七月廿四徐伯龍借：《法學通論》一册盧、黄譯，《憲法》一册同上，《國際公法》一册同上，《漢譯民法講義》梅謙著一册。十一月廿日還。

七月二十五日（八月二十一日）

六鐘起。寫家信，託崑山帶去。到署。榮相至。瑞臣奉派崇文門副監督。丞參來談，午後散。出城拜客。晤程慎原、李嗣香、俞廙軒，餘多未見。到喬宅，鄭獻兄未在，與亦香談片刻，享其茶點。暮歸。智舒歸甯，與之叙話。

收信。

七月二十六日（八月二十二日）

六鐘起。答訪勞玉初京卿，談刻許。會賢堂與瑞臣、仲魯、紱臣公宴楊蓮帥、達侍郎、喬左丞、李符兄、祁景彝，過午入座，傍夕乃散。
收信：津宅。

七月廿七日（八月二十三日）星期

六鐘起。楊子若來訪。湛簡之大令大受因鄧仲果世兄介紹來拜，談片刻。顧教員德鄰來拜。芝本回國假滿還京，來見。弔常冠卿熙敬，裁缺助教，借補書記官。賀盧剛甫堂上雙壽。答拜曾孝谷。廣和居同獻夫、稚樵、伯韜、紫光、敬韓、子若小聚。飯後到工藝局小憩。夕回寓。
瀛甫陪其居停葉又新名璋，澄東先生令嗣來訪。來客：曾君載幬，鏡孫，緒雅。
收信：高熙翁，張履翁，盧木翁，徐潤吾。

七月二十八日（八月二十四日）

五點半鐘起。内人回津。張仁府來拜，談極久。
到署治事。屬專門司答盧學使信游學生應考之不合例者。
午歸，擬校算書未果，徘徊於庭，墨青自外入，喜出望外，絮談半日，晚酌以酒。

七月二十九日（八月二十五日）

六鐘起。與墨青叙話。

到署。閲摺，閲文牘。午後歸寓。
智怡至自津。程慎原世兄來訪。曾孝谷來訪。魏梯雲來訪。夏同甫來訪。與福田、西林叙話於中庭。晚，墨青觀劇，歸偕吴紫洲、郭芸夫來。余因明日入直，早睡。

收信：丁伯厚。

七月三十日（八月二十六日）直日

五鐘起。五鐘半出門。七鐘到陸軍部公所小憩。因是日本部酬謝那、世、鹿、袁四公爲請賞農科大學地址，承諸公贊成，假那相之巴溝别業，是處相去較學部公所爲近也。九鐘同榮、寶兩公至那園，十一鐘入坐，一鐘半散，又談至三鐘乃回城。

與福田叙話。墨青觀劇七鐘前歸。與墨青小飲叙話。高閬仙來，交所擬直隸同鄉公祝項城壽文。讀一過，商改數處。倦而早眠。

收信。

八月初一日（八月二十七日）

五鐘半起。與墨青談。墨青午車回津。

到署改稿，閲到文。午後四鐘散。

回寓。寫致惺庵信，附閬仙所撰壽文稿。改小莊所擬《化學講習會簡章》。與智舒話。子若來，爲子雨事。王緒雅世兄蒙瑞臣派充半壁店委員，來謝介紹。晚，與智怡論學生中之性格、學力俱優而未有家室者。智怡舉數人以對，記於眉上，以備爲人作冰。

【頁眉】祝瑞霖字雨農，北京人，三十歲，肄業明治大學，卅六年畢業，喪偶未娶。孫慶澤字潤甫，豐潤人，二十八歲，工科大學土木工，卅六年畢業。朱豪字達齋，浙江人，二十四五，曾在清華學校畢業，現在北京陸軍部測繪學堂充教員。馬仁聲，天津人，二十三四，曾習俄文，現入私立第一中學由周支山、華芷舲引薦，斷弦未娶。

是日奉九年内將預備立憲事宜一律辦齊之諭旨，恭録於左。

上諭：朕欽奉慈禧端佑康頤昭豫莊誠壽恭欽獻崇熙皇太后懿旨，憲政編查館、資政院王大臣奕劻、溥倫等會奏進呈憲法、議院、選舉各綱要暨議院未開以前逐年應行籌備事宜一摺。現值國勢積弱，事變紛乘，非朝野同心不足以圖存立，非紀綱整肅不足以保治安，非官民交勉互相匡正不足以促進步而收實效。該王大臣所擬憲法暨議院選舉各綱要，條理精密，權限分明，兼采列邦之良規，無違中國之禮教，要不外乎前次迭降明諭，大權統於朝廷，庶政公諸輿論之宗旨。將來編纂憲法暨議院選舉各法，即以此作爲準則。所有權限，均應固守，勿得稍有侵越。其憲法未頒、議院未開以前，悉遵現行制度，静候朝廷次第籌辦，如期施行。至單開逐年應行籌備事宜，均屬立憲國應有之要政，必須秉公認真，次第推行。著該館院將此項清單，附於此次所降諭旨之後，刊印謄黄，呈請蓋用御寶，分發在京各衙門、在外各督撫府尹司道，敬謹懸挂堂上。即責成内外臣工，遵照單開各節，依限舉辦。每届六箇月，將籌辦成績臚列奏聞，并咨報憲政編查館查核。各部院領袖堂官、各省督撫及府尹遇有交替，後任人員，應會同前任，將前任辦理情形詳細奏明，以期各有考成，免涉諉卸。凡各部及外省同辦事宜，部臣本有糾察外省之責，應嚴定殿最，分别奏聞。并著該館院王大臣奏設專科，切實考核。在京言路諸臣亦當留心察訪。倘有逾限不辦，或陽奉陰違，或有名無實，均得指名據實糾參，定按溺職例議處。該王大臣等若敢扶同諱飾，貽誤國事，朝廷亦決不寬假。當此危急存亡之秋，内外臣工同受國恩，均當警覺沈迷，掃除積習。如仍泄沓坐誤，豈復尚有天良？該館院王大臣，休戚相關，任寄尤重，倘竟因循瞻庇，詎能無疚神明？所有人民應行練習自治教育各事宜，在京由該管衙門，在外由各督撫，督飭各屬隨時催辦，勿任玩延。至開設議院，應以逐年籌備各事辦理完竣爲期。自本年起，務在第九年内，將各項籌備事宜一律辦齊，屆時即行頒布欽定憲法，并頒佈召集議員之詔。凡我臣民，皆應淬厲精神，贊成郅治。如有不靖之徒，附會名義，藉端構煽，或躁妄生事，紊亂秩序，朝廷惟有執法懲儆，斷不能任其妨害治安。總期國勢日臻鞏固，民生永保升平，上慰宗廟社稷之靈，下答薄海臣民之望，將此通諭知之。欽此。*

*上文中圈點爲嚴修標注。

八月初二日（八月二十八日）

六鐘起。支山來。薙頭，濯足。九鐘半到署。平藴山、傅潤沅先後來。閲文。校算書。午後同兩參議往看五城學堂新工程。又到舊五城學堂小坐。又同往京師女子師範學堂一看。

訪鄭親家談良久。訪惺庵小坐而歸。小莊來寓，晚間暢論簡字利弊。

蒙賞綢緞。

收信：薇孫。

八月初三日（八月二十九日）謝賞綢緞恩

五鐘起，又二刻出門。七鐘一刻到學部公所，坐約二刻許，大雨傾盆間以風雹，南北窗皆滲透，移坐中央以避之。九鐘雨勢漸殺。假榮相之騾車往宫門前，時宫門廊下有兩人持帚掃雨，自門内順流而下，水深爲渠。余即迎涉而入。見先至者皆避雨于軍機處廊下，余亦從之。又刻許，詣仁壽殿下叩頭。幸是時雨止，下溼而上不霖也。

往祝南皮相國壽。還至公所更衣，遂回寓，一路雨仍不止也。十二鐘半回寓。濯足，易韈履焉。夕，赴文廟，宿於西廂。

八月初四日（八月三十日）星期

三鐘起。卯正行禮。正殿恭王、溥、鐵、陳、溥四尚書，陳、郭兩侍郎，東西廡殿嚴、寶、楊、恩四侍郎。

拜客：紹太守彝，越千侍郎之兄也。答拜唐秀豐，已回津。

八月初五日（八月三十一日）

三鐘起。社稷壇陪祀，至時稍後，僅及九叩而已。午前到署。

八月初六日（九月一日）雨

六鐘起。到署。到憲政館，仲魯相約商『三儒臣從祀奏稿』。賀卞親母壽，留飯。飯後復詣憲政館，議定於禮部議復稿之外另行聯銜具奏。聯銜者五人：吴蔚若前輩、定鎮平同年、瑞臣、仲魯及余也，因序銜門余乃居首，余非發起人也。顧辭之不可，遂亦不辭。冒雨歸寓。

八月初七日（九月二日）

六鐘起。到署。

八月初八日（九月三日）雨

六鐘起。早未出門。張新之來。午，赴陸彤士、傅潤沅、李堯琴、華蘭石、蔡溥如五君子約於雲山別墅，五君子者皆獻夫分房所得士，是日邀余陪其師也。先過工藝局小坐。飯後訪梯雲於陳列所。

八月初九日（九月四日）

六鐘起。到署閲摺。午歸。

幼梅來。歐陽小帆翁爲辭提牢差是日來見。余勸以勿辭。與幼梅談。

八月初十日（九月五日）直日

五鐘起。午後自湖上歸。晚，幼梅、錫三俱來宿。

八月十一日（九月六日）星期

六鐘起。張興之來宛平高等小學教員。玉笙、梯雲、穉青、錫三、穎伯、幼梅共飲。煩幼梅書壽聯。夕，亦香、獻廷來，晚宿此。

八月十二日（九月七日）大雨終日

五鐘起。獻廷借馬車赴湖。與亦香話雨。午前到署。訪康侯。前門外拜客數處。穉青約飯，同席偉人、幼梅、錫三、幼卿及工廠同人。同幼梅、錫三歸。

八月十三日（九月八日）

五鐘起。赴園謝賞月餅恩。到署。晚，偉人假工廠約便飯，吉人亦到，客唯幼梅及余，餘則工廠同人數人而已。與幼梅同車歸。

八月十四日（九月九日）

六鐘起。幼梅歸津。到署。午拜節：王師母，貴師母，崑師母，曹師，孫師。江蘇館直、蘇、齊、皖四省同鄉公請吕大臣。

八月十五日（九月十日）

六鐘起。寫復和甫信。電約仁安來，以朝審册請教。小莊來。希周來。留仁安、小莊飯。午，同小莊、潤生游廠肆。

八月十六日（九月十一日）

六鐘起。到署。午，賀吉書紳同年娶兒婦。拜客。

八月十七日（九月十二日）

六鐘起。檢點書籍，費半日之力。袁潤台來約十九、二十兩日陪客。午，東城拜客：晤樊稼軒前輩。過袁宅，晤潤台，并晤彭秋、謝仲翁。

八月十八日（九月十三日）星期

六鐘起。稼軒前輩來訪，談片刻。到署。午，賀那中堂娶姪婦。復過袁宅，觀所懸屏聯。觀音院弔李子香夫人并送庫。薇孫、嗣香約明日同祝項城，預於東興樓會齊。是日晤益齋。

八月十九日（九月十四日）

六鐘起。到署閱稿。午刻到東興樓，惲、孟、劉、李先後至。午，同往祝壽。觀劇至六鐘，歸寓。智惺隨津學界同人至自津，同人俱宿於蝎子廟朱班伯騰出之空房，智惺一人來寓。

八月二十日（九月十五日）直日

五鐘起。赴湖園公所。張相至，談公。榮相因赴世相約，先去。張相小坐，亦去。余與瑞臣飯。飯後歸。行至挂甲屯大雷雨，一路未止。到署小坐。冒雨歸。晚，榕生、竹生見訪，二君自津來，祝項城壽也。

八月二十一日（九月十六日） 自是日起改晚衙

六鐘起。到署。大堂坼去板隔，爲明日甄録法政學生設坐位之用。午閱文牘，預備明日試事。

晚，設兩席款津學界之來京祝項城壽者：李子鶴、金榮軒、李簡臣、胡玉孫、林墨卿、宋祝廷、高嶲嵋、張虎臣、劉竹生、劉榕生。

八月二十二日（九月十七日） 甄録游學日本法政畢業生

五鐘起。六鐘到署。與瑞臣點名，到八十九人。肖項、静生分考書取，又發題繙日文一篇。午，考地理、歷史、算學、博物、理化，十題任作其五。是日借丞參堂閱文牘。寫致吕大臣信，繳照會。寫致嗣香前輩信，辭總理。看襄校諸君閱卷。十二鐘回寓。

是日天津學界諸君俱旋里，惟玉孫宿此。

八月二十三日（九月十八日）

六鐘起。到署。督專門司核算分數，過午乃畢。最優等、優等、中等共四十三名，下等十七名，最下二十九名。華相、寶堂均到。閱文牘。

玉孫仍宿。玉笙、小莊均至。幼梅至自津，錫三亦來，暢談至兩鐘。

八月二十四日（九月十九日）風雨

六鐘起。内子欲取棉衣，手捉最高一箱之環，躡方櫈，將上箱隨人墮，人仰臥於櫈下。余聞聲趨視，以爲必受重創，乃竟無恙。玉孫還津。辰刻赴天安門會朝審，候兩小時乃入坐。是日有陸軍部某官喊罵法部，爲步軍統領部下拘去。朝審唱情實、緩快、改可矜、改情實及留養等項，約一小時畢。回寓。飯後睡一小時。兩鐘半到署。榮相已去。閱文牘。晚，與潤生、幼梅談。與幼梅聯榻。

八月二十五日（九月二十日）星期

六鐘半起。會客。與潤生、幼梅、炳如飯於廣和居。午到工藝局，聞署中有電話速余入署。到署發榜。拜客：晤亦香，瀛甫，仲遠，聲甫。回寓已八鐘。幼梅十鐘歸。與幼梅聯榻。

是日簡派閱卷大臣：唐、梁、麐、達。

八月二十六日（九月二十一日）是日換暖帽◎查驗第二期報到人才第一日

六鐘起。赴稅務處，考驗詢問第二期保薦報到人才，是日見九人。飯後到署。四大臣來署。同榮相、寶侍郎閱視新衙門，此次考試游學即借用其地。

八月二十七日（九月二十二日）查驗第二期報到之人才第二日

六鐘起。再赴税務處考驗人才，是日見十人。飯後拜客兩處：錢少雲已出京，劉輔卿亦出京。到署閲奏稿，理文牘。

往祝壁臣令堂，與智舒話片刻。

八月二十八日（九月二十三日）

六鐘半起。爲蕭五世兄寫寄菊兄信。復李伯棠信。此信於九月三日託晏雲卿代寄。接幼梅信，屬滙百元，即作回信，託源豐潤代寄。

十一鐘到署。達大臣已先至，與同往新衙門，留早飯。午後，唐、梁、廕三大臣，榮、寶兩堂先後至。唐、達二公擬題。晚，分配題目，徹夜不睡。

八月二十九日（九月二十四日）頭場

七鐘半點名，到百二十七人。點名後，陪四大臣飯。飯後假寐一小時。閲文牘，閲摺。晚，監視收卷。十一鐘睡，宿考場。

九月初一日（九月二十五日）直日

五鐘起。是日原可注留署，因『三儒從祀摺』係余領銜，故不得不到，借坐於陸軍部公所，昨與榮相約定也。十鐘歸考場。襄校閲卷。午，唐、達兩大臣來。睡兩小時。晚，訪又陵、挹清及其他褰校諸公，久談。余仍宿考場。

九月初二日（九月二十六日） 游學畢業考試第二場

四鐘起。六鐘寫題。七鐘半點名，仍百二十七人。褰校閱卷。大臣閱卷。午，假寐片刻。閱文牘。丞參來談幼雲所約各事。晚，薙髮。督專門司收卷。仍宿考場。

九月三日（九月二十七日） 進士游學畢業考試第一場

五鐘半起。六鐘寫題。四大臣閱卷。梁、曕兩公午前去，唐大臣六鐘去，達大臣留晚飯。與又陵同席，暢談。九鐘，達大臣去。瑞臣十鐘去。

榮相昨交余以俞廙老所擬考驗人才考語，屬余校閱，今晨覆看一過。籤注數處。改周熙民信交閬仙，託代繳華次遠所奉照會。是夜，仍宿考場。

九月初四日（九月二十八日）

六鐘起。唐大臣七鐘到。達大臣八鐘到。補寫一箇月日記。照料唐、達兩公閱頭場法政科卷。褰校嚴、羅兩公閱二場國文卷，紱兄照料。午，寫復定鎮平信，復錢少雲信，復梧生數日前信。榮相至，以所改考語見示，較余所改加多，輕重適宜，視余稿遠勝，遂廢余稿勿用。瑞臣來。茂老來談幼雲事，擬明日往謁冰相。瑞臣是夜宿考場。余因暫歸。

寫寄崇、惺信。與獻夫話片時。與智舒話片時。

九月初五日（九月二十九日）進士游學畢業第二場◎天氣寒

五鐘起。六鐘到考場，紱老已前至，少頃唐老前輩亦至。榮相及梁、𪊲、達三大臣先後至。七鐘半點名，隨發題。重商文憑分數，許久始定。吳、嚴、羅三君皆與議。照料閱卷。午後梁、𪊲二公去，唐、達二公至夕乃散。閱文牘。茂老自冰相處歸，與余及瑞公略談。寫復崇君信，復梯雲信。擬復子均信草，未繕。致蘭浦信。宿考場。

收信：蔣蓺圃前輩，梯雲，崇，武，元泰，孟運之廣堯。

九月初六日（九月三十日）是日換毡冠絨領棉袍褂，然天氣較昨日回暖多多

六鐘一刻起。未及盥漱，唐春老已至，七鐘達侍郎至。二公仍閱二場國文卷，午前閱畢。余寫家信，附答唐秀豐信。寫復耕丈信，附答高曦翁、張履翁信各一。寫復子均弟信。復李香閣信。寫復陳翼周信。改信稿。午後，將頭二場之卷按號數套起。復屬晏司員檢正。夕，閱到文。静生來談公。同九來畫稿。佐春老算分數之概略。春老欲斟酌等第，故欲先知其略數。六鐘兩公皆散去。

余寫復吴子齋信。答鍾兒八月第二號信。改蘭浦信。晚飯後，獨坐試習小楷，四無人聲。專門司劉司員來回公事，留談片刻，問其家世。宿考場。

收信：智鍾八月第二號稟現寓南寮三番，崇、惺，李子琴附沟店日記及八月銷數單，吴子齋，蘭浦。

九月初七日（十月一日）

六鐘起。春老六鐘半到。終日與春老對核分數，春老執筆，余運珠。午飯時，與唐、達兩大臣辨論計算分數法之得失，斷斷不已。余拙於語言，幾不能勝。榮相至，始一言而定。晚，約紱臣到署，將卷箱交紱臣，因余明早赴湖帶領人才引見也。余仍宿署中。

九月初八日（十月二日）是日换棉袍褂

五鐘起身赴湖，先到學部公所小坐，遂往外務部。與那、榮兩相，梁、瑞兩侍郎會，小坐片刻。往仁壽門外候焉。九鐘帶引見，跪處近御座，仰瞻天顔，既瘦且黑，小臣不勝憂悸。

十一鐘半回署。唐大臣、達大臣、寶侍郎、孟右丞、王郎中、晏主事方核校分數，隨核隨填，余亦相助。日暮乃散。晚，回寓。

九月初九日（十月三日）

六鐘起。張仁府來，談甚久。余邀之來宿。薙髮。午前到署。監視專門司覆算分數。夕歸。

九月初十日（十月四日）

六鐘起。是日法律學堂行畢業禮。榮相、寶侍郎往，余來署候唐大臣核定畢業之游學進士八卷分數。唐、𪎊、達三大臣俱至。梁大臣以將赴厦門迎美艦未至。張中堂兩鐘後至，覆閲試卷，并談公事。夕散。

是日，仁府還來。

九月十一日（十月五日）直日

五鐘起。赴湖，借兵部公所坐候。十一鐘回署。填榜。余助唐春翁填卷面姓名。榜字甚多。嘏庵、君直合寫至六鐘乃畢。

同春翁賀瑞臣娶婦喜，小坐即歸。與仁府談片刻。

九月十二日（十月六日）

六鐘起。鄭教員國賢來。梧生來。小泉來。午後到署。閲摺，閲文牘。是日仍還舊署辦公。

九月十三日（十月七日）

五鐘起。赴湖園公所遞摺。是日會同閲卷大臣覆命也。唐、𪎊、達三大臣到，梁大臣昨已請訓，故不到班。九鐘散。同榮相往祝林贊老，有戲，坐片刻出。拜客兩三處，因人馬力倦而歸。

九月十四日（十月八日）

晚，静生來。爲陳鳳光令弟謀充駐德使署官費學生。

九月十五日（十月九日）

芸生來。問繙譯儲材所畢業生充優師助教事。楊尚之清高，冕甯人，分發陜西，林杏翁之門人也來談。到署。閱文牘。

先母忌日，拜飯。晚，伯寅來，言已遷鐵匠胡同新居，房東即曹壽卿也。

九月十六日（十月十日）

馬振五來，爲回民學堂籌加學費，擬求崇文門監督於牛羊税項下加收若干。午到署。先哲祠直隸同鄉公請姜漢卿、張仁府、戈景韓、孫景裴。祝黄笴腴之太夫人壽。拜客數處。

九月十七日（十月十一日）星期

葛順荷包店約早飯，同坐仁府、董儀臣、丁君亦仁府内弟。午，答拜李桐岡，不遇。回寓假寐。

晚，約仁府、董、丁諸君來寓飯。是日蘭浦同曹壽卿赴津，明日曹、鄭過粧。

收信：孫少元同年贈《女子師範講義》，并約期來訪。

九月十八日（十月十二日）

孫少元同年光庭，雲南人，内閣中書，留學日本法政速成來訪，久談。少元之夫人亦留學日本著有《女子師範講義》。

九月十九日（十月十三日）

到署。晚，仁府、蒳溪小飲，因穎伯餽仁府果席也。

九月二十日（十月十四日）

靈壽芝來訪，談許久。弔賡言於長椿寺，與延逵臣、嚴迪□*、哲臣、亦香共飯。到署。

* 原文留空。

九月二十一日（十月十五日）直日

五鐘起。赴湖園公所。六郎莊赴南皮相國約，至夕乃散歸。

九月二十二日（十月十六日）

程進士樹德、魏生宸組來見。譚組安太史來久談。紱臣來談，言將還里展墓。

日本人山田烈藏以服部、土佐兩君之介紹，是日同下瀨醫士及譯人來訪，談二刻許，即夕持名刺答拜。

午到署。與朗溪約明日訪幼雲。

九月二十三日（十月十七日）

九鐘到大學堂，談片刻。幼雲擬訪執中，屬余預爲先容，因到藝徒學堂。適午飯，余共餐。飯後，參觀各工場，成績頗優，以皆從學理來也。到署。

九月二十四日（十月十八日）

是日帶第二班人才引見。豫候於奏事處。九鐘帶入，仰瞻天顏，較前次見時似稍豐腴。在公所候仲魯、茂萱，同往樂民花園地名東四墓。是日予與瑞臣、茂萱公請張相、榮相、仲魯、士可，凡主客七人。飯後，張相辭去，餘六人乘山轎往碧雲寺，宿焉。與瑞臣、仲魯登塔院，暗中摸索而上。晚，與士可同榻。

九月二十五日（十月十九日）

未明即起，拾級登塔院觀日出。仲魯極賞朝霞之麗，謂雲纈酷似海上景物，帆檣島嶼一一可識。就澗泉盥漱，清凉無比。乘山轎往玉皇頂，風景無多，惟松林茂密耳。是處爲仲魯昔年讀書之所，留連許久而去。仍還碧雲寺用飯。飯後，茂萱回城，餘五人往游獅子窩。其地絶高，曲折盤紆而上，舁夫甚苦。將至未至時，滿山紅樹迎面而來。已而，身入其中，夾道叢林，霜葉如染。同人贊歎不置。山上有長廊，坐息其下，俯瞰諸山，俱在眼底。萬壽山、昆明湖、北京全城樓闕以至南苑之平原、蘆溝之鐵道，皆歷歷可見。右顧則夕陽紅樹，自山頂迷漫而下，有如錦屏。戀戀不忍別去，近四鐘乃下山。循玉泉山之麓，曲折而歸。到公所已曛暮矣。五人俱宿於公所。晚間暢談。

九月二十六日（十月二十日）

六鐘起。是日聖駕還海，扈從既多，而樞臣以下遷家回城用車頗多，途爲之塞。九鐘回寓。到仁府室中小坐。而壽芝正談間，新科畢業生接踵而至。至午乃見畢。是日見江庸、何福麟、趙連璧、談荔孫、范鴻泰、王鎮南、方時翮、李鴻謙、劉崇佑、陳籙、齊鼎恒、鼎頤、鄭聯鵬、許炳堃、陳振先、陳文哲、朱孔文、金慶章、葉子蘭、徐敬熙。

徐君振清，仲虎先生之喆嗣，雪村先生文孫也，以南皮電招至京。是日來見，人甚和平。

九月二十七日（十月二十一日）

王君其慎、陳鳳光先後來見。見畢業生馬德潤、胡文藻、章毓蘭、張聯魁、鄧鎔、周珍、羅兆鴻、孫雲奎、王永炅、吴憲仁、姚焕、黄炳言、盧弼、鄭文昜、吴洪元、曹文淵、孫成。

午到署。閲文牘。

九月二十八日（十月二十二日） 優級師範第一場

八鐘半點名。發卷後，東城拜客。飯於會賢堂。點名時，五城中學之學生時來窺覘，兼之喧笑，因招杰士來彈壓，而許久不至，乃留一函而去。

九月二十九日（十月二十三日）

見陳同紀、朱紹濂、林先民、陳承修、洪鎔、程良楷、汪澐、潘去懎、陸家鼎、安當世。陳杰士來見，誡以約束學生。赴榮相約，同坐蓮士、景裴、茂萱、仲魯。到署。

九月三十日（十月二十四日） 優級師範第二場

八點半點名。發卷後小坐即去。到署閲摺。

十月初一日（十月二十五日） 星期，直日

五鐘起。赴六項公所。九鐘前散直。松筠庵餞仁府，并約靈壽芝、徐子光、幼樵、璧臣。飯後至順治門，門已扃，由前門歸。

十月初二日（十月二十六日）

肖航、稚甫先後來。見許炳堃、郭祖培。赴幼樵約，同坐靈壽芝、張仁府、瑞臣、性庵、璧臣。午後拜客一兩處，歸寓。是日，蒙賞綢緞。

十月初三日（十月二十七日）

謝賞尺頭恩。九鐘散。

到署。理文牘。祝性庵。晚飯後由前門回寓。

闞丁沽學界荊榛，公寔先導，居心誠懇，涖事勤劬，接物和平，立言忠厚。方冀大攄宿抱，遂一鼓作氣，化啟文明，俾諸生沐浴春風，長依有道。耗辛苦累年汗血，我忝同舟，實力分勞，虛懷讓善，無形補過，曲意全名，豈知甫息仔肩，忽二豎爲魔，變生俄頃，歎此後蒼涼古調，難覓鍾期。改林挽下作

十月初四日（十月二十八日）

見黄德章、任允、張中翰國淦。陳栢叔至自津。

到署。收楊性成信，詢山東獎案。

丁家立來函，言有女教士自煙台來，擬借一處所，演試教授啞生之法。余初復以擬於十或十一日在勸學所演試以公衆覽。丁復信言，該處恐太嘈雜，因改於六日

請其來寓試驗。

十月初五日（十月二十九日）

到署。晚約柘叔、稚青、静涵、錫三、芸生、小莊便酌。

收信：智鍾。

十月初六日（十月三十日）

榮相餽菊十盆。

丁家立陪美國女士梅姓并啞生三人、山東孫君來寓，演試教授啞生之法。內一啞生甫十齡，入學一年又九個月，而英文、漢文皆粗通，且能發音。教法之善，匪夷所思。

晚，符曾自高廟局散來訪，談至十鐘。

十月初七日（十月三十一日）

到署。臨散時小食。赴闢才胡同小學堂。

實甫第一日開講，余往聽焉。講《化學新書》。

十月初八日（十一月一日）星期

尹馨山來訪。陳稺塘來訪。秋皋來訪。梯雲招飲於同和堂，客爲潘子忻、力軒舉、鄧斯安、陳希周、陳伯寅、陳小莊、鹿洛芬、劉芸生及余，凡主客十人。午，隨梯雲遍視伊所營建女工廠、殖邊學堂等工程。議拓展小學之東學舍。希周估須百金。余任之。

是夕，餞薌衡。薌衡明日移至城外。

十月初九日（十一月二日）

辰初起。訪符曾，爲嗣香辭辦振事，託其向定興説明，電報列名不必限至三品而止。訪伊集院、高尾亨，談約兩刻許。到署。

【頁眉】薌衡回黔。

十月初十日（十一月三日）

皇太后萬壽，辰正行慶賀禮。約符曾到廣和居飯，并約嗣香、性庵來聚。晨晤定興相國，言電報列名之説，原謂除辦事人皆須列名外，限至三品而止也。以告嗣香，仍不釋然。到勸學所，遇王仲香廳丞。

晚，約稚青、紫封同柘叔、潤兄、紫光飲。孟芹香來宿此。

十月十一日（十一月四日）

同柘叔、小莊往太昇堂，遣車迎墨青、稚青同飯。晚，毓笙、小莊、芸生、柘叔議津邑勸學所與董事會交涉事。毓、小、芸三君商量起草，至夜兩鐘始畢。諸公均宿此。

午，到勸學所觀美國梅女士授啞生，有丁家立及美國某女士與偕。

十月十二日（十一月五日）

沈燕孫觀察、樂書、性庵、蕭世兄德驊均來談。與墨青諸君話津學事。午到署。榮、寶兩堂俱至。夕乃散。赴稚青約。同坐墨、柘、錫、敬、潤、若、北及錫三之令郎，主人則壽山、稚青也。盡歡而散。智崇至自津。

十月十三日（十一月六日）

爲墨青書對聯。墨青還津。午到署。理文牘，閱摺。

晚，與智崇談家事、學堂事甚久。柘叔偕墨卿同歸，爲復盧學使以小莊對於勸學所之意見也。

十月十四日（十一月七日）直日

五鐘起。七鐘前到六項公所。散直後拜客，熊鐵崖來辭行，將赴津稟到也。智崇歸去。曠生至自津。晚，聽講化學。

十月十五日（十一月八日）星期

劉嘯東來。廣和居約子忻、斯安、軒舉、梯雲、益孫飯。飯後益孫辭去，餘五人同赴南苑觀軒舉所植桑株。軒舉又留飯。晚五鐘回城。復踐薇孫約，同坐嗣香、性庵，賞菊也，肴饌約而極精。柘叔復自津來，明日赴通，將查北路廳。

十月十六日（十一月九日）考試譯學館畢業生第一日（連考五日至二十日止）

七鐘起。八鐘到署。八鐘半點名發題。與君九、紹希談公甚久。午後，榮相、寶侍郎俱至。理文牘。

松筠庵同鄉議農工學會事，余至已日暮，未及待畢事而歸。

十月十七日（十一月十日）譯學館考試第二日（孟紱老點名）

英使朱邇典請赴茶會，余以夜深不耐未往，午間以柬賀之。聞是日係英君壽日也。

李立臣來，爲送何宅壽幛擬不列余名事。梧生來，久談。

到署。梧生所擬建圖書館奏稿交余手。榮相到署。梧生亦至。瑞臣侍郎亦到。哭劭余前輩於香爐營四巷之寓所。聽講《化學新書》。

十月十八日（十一月十一日）譯學館考試第三日（茂萱點名）

鄭生國賢來。弔張劭余前輩及其太夫人。賀潤沅，未遇。東城拜客：晤耕硯。

弔準仲來同年。

到署已兩鐘矣。榮相、寶侍郎俱至。理文牘。

十月十九日（十一月十二日）譯學館考試第四日（朗溪點名）

馬葑溪來，留之小食。葑溪代戈景韓約余補點舊木主，余許以二十四日。因是日直日，散直後甚就便也。祝梯雲。

榮相、寶侍郎俱至。潤沅來辭行。與榮、寶二公議，三人公送早稻田大學千元。

聽講《化學新書》兼試驗。

十月二十日（十一月十三日）譯學館考試第五日（邃庵點名）

北村澤吉來，有求書之件。梯雲來謝步，略談片刻。祝嗣香，留早飯。飯後到署，恩詠春來，言聖躬疾篤，傳言已晏駕，特祕之耳。驟聞此話，如喪魂魄。余是夕本約定青柳諸君晚飯，急作簡反辭之。電詢榮相，言往慶王府。電詢瑞臣，言往西苑門。余亦遂往西苑門。至則寂然無事。有一茶夫，余問之，則曰皇上病見好，兩日未傳膳，今傳膳矣。爲之少慰。因訪榮相。知是日奉醇王爲攝政王及醇王之子溥〇*在宫内撫養之懿旨。

【頁眉】攝政王

*原文留空，即溥儀。

十月二十一日（十一月十四日）

劉子廷清晨來，邀與談，覺其言語太易，未之奇也。至晚復來，則瘋狂大作。十鐘到署。汪蘇拉來報日內情狀，知聖躬之疾危篤如昨日。午，理文牘。茂萱來談。茂萱與瑞臣約往見南皮。余贊成之。兩公於燈後同往，余將馬車借與茂老乘之。午後，榮相來署，小坐即去。

晚，聽化學甫畢，聞大行皇帝賓天之耗酉正二刻，亟歸。易衣冠。赴六項公所。瑞臣、仲魯、紱臣俱在。坐至子初二刻，知明日巳刻大殮，遂歸。

【頁眉】尊奉太皇太后。攝政王監國。

十月二十二日（十一月十五日）星期◎劉子亭自夜中喧談，至旦不休

侵晨到六項公所，摘帽纓，易素服元青褂，入西華門，步至景運門前，候於兵部報房。近午，到乾清門外舉哀一次。

午，訪璧臣小坐。到署。方與朗溪談，又聞太皇太后於未正二刻賓天之耗。急往西苑門，門已扃，闃寂無所見聞。往東華門，亦不得入。乃回寓。

十月二十三日（十一月十六日）

侵晨入内。太皇太后斂奠，白袍反羊皮袿哭於皇極門内。大行皇帝朝、晡、日中三祭，哭於乾清門外。午祭後，訪璧臣於官報館，談許久。晡祭後，到署一看。歸寓後，同九來訪。

十月二十四日（十一月十七日）

八鐘到署。寫提學使清單一份，榮相轉述南皮之意也。檢《搢紳》，借《玉堂譜》校改官銜之異於前者，至一鐘乃畢。陸軍部謝君來，商留學外洋文武學生持喪辦法。午，到憲政館。乾清門外舉哀。到陸軍部矮屋内，與鐵、壽兩公商學生服色事。榮相、寶侍郎亦至。暮歸寓。

晚，課孫女。寫寄津宅信。

十月二十五日（十一月十八日）

辰初到景運門外，在兵部報房小坐。朝祭在乾清門外行禮。舉哀畢，同紱臣到東華門大街宣講所小憩，食湯麪。三鐘復入内。午祭在皇極門内。行禮畢，往憲政館久坐。晡祭先在皇極門内。行禮畢，復往乾清門外，行禮畢，仍至憲政館，與茂萱、瑞臣、仲魯、玉初同訪南皮相國，不遇而歸。

晚，檢閲《東華録》。補寫日記。寫復梯雲信，附小學堂捐款百金。收幼梅信。

【頁眉】年號圈出「宣統」。

十月二十六日（十一月十九日）

六鐘起。七點半到憲政館，與玉初同詣皇極門與朝祭。又至乾清門外行禮。與茂軒諸公商具議禮説帖。午祭，皇極門行禮。瑞臣來簡，約往冰相宅，同仲魯、玉初往，四〔鐘〕散歸。飯後睡兩小時。華甥鶴生來。

十月二十七日（十一月二十日）

大行皇帝殷奠，卯刻行禮。朝、日中與祭，晡祭未與。與瑞臣來署，閲各司局所擬議禮説帖，選擇圈識，至晚乃散。三丞參俱在署晚飯。繞前門回寓。

十月二十八日（十一月二十一日）

是日寅刻恭頒大行皇帝遺詔。三鐘往候於天安門外帳房。四鐘行禮，五鐘畢。同仲魯、鎮平到憲政館小睡。皇極門朝祭，巳初行殷奠禮。假憲政館後院上方與丞參四人、樹五、子安商改説帖，至夕乃散。

歸寓。飯後便睡，失候璧臣。

十月二十九日（十一月二十二日）星期

辰正起。課兩女孫識字。傍午復睡，至夕四鐘乃起。

楊子安以説帖稿子來述榮相之意，擬改兩三處。

十月三十日（十一月二十三日）

卯初三刻起。辰初一刻到憲政館小坐。皇極門與朝祭，又至乾清門外行午祭。祇在皇極門一處，因兩處時刻同也。每日兩處，或同時祭，或先後差一刻許，不可豫知也。

到署。閲到文，積壓甚多，許久乃畢。夕回寓。

課孫女，爲女學生改文。

十一月初一日（十一月二十四日）

卯初三刻起。辰初二刻到皇極門立候刻許與朝奠，又至乾清門外行禮。午奠在皇極門行禮。

到署。張、榮兩相，寶侍郎、喬左丞咸來署。議禮至暮乃散。

鄭經郛來宿此。獻廷夫婦今早乘快車赴鄂。課孫女。

十一月初二日（十一月二十五日）

辰初起。午初二刻到皇極門，行禮畢，又到乾清門外行禮。在憲政館談。三鐘到署，閲到文。晚歸。課孫女。

【頁眉】飲冰食蘖浪自苦。集黄：春〈風〉〔楓〕白歐付心賞。青春白日無公事。雨棟風簾豈來處。紫燕黄鸝俱好音。茶鼎薰爐與客同。又，山色江聲相與清。又，明月清風共一家。蘭荃盈懷報瓊玖。虎豹文章非一斑。天生材器各有用。風流小謝宣城後。相如名獨重太山。持心鐵石要長久。于家買桂炊白玉。

十一月初三日（十一月二十六日）大風

寅正二刻起。是日恭領大行太皇太后遺誥。卯正行禮畢，回寓小憩。復進内，到皇極門行禮，乾清門行禮。晚祭在皇極門外行禮。四鐘半回寓。

晚，課孫女。夜風息。

得津宅電話，智惺生一男今日午後三鐘。

十一月初四日（十一月二十七日）

辰初起。寫對聯九幅。寫絹條一。

午後到署。閲文，畫稿。到丞參堂談公。暮歸。

執中來，留晚飯。是日怡兒偕鄭經郛世兄回津。

十一月初五日（十一月二十八日）

卯初三刻起。入内行禮朝奠東西兩處，午在西。午後到署。瑞臣亦到。閱到文。閱《簡易課本》。晚歸。是日爲姪孫三朝補食湯餅。

十一月初六日（十一月二十九日）星期

卯初三刻起。入内行禮朝奠在東，午奠在西。午後訪璧臣於官報局，談約一小時。兩鐘歸寓。

耕亭至自津。復李生蘭馨信。復服部信。與耕亭談未畢而苐田及瑞、譚兩君來。留飯。飯後去。穎伯來。晚，課孫女。劉子廷竟於初四日故，可惜。

十一月初七日（十一月三十日）十五日不奏事之期已滿，今日始有直日，直日者，外務部、欽天監、侍衛處也

卯初三刻起。朝奠在皇極門行禮。訪幼雲於其家，談甚久。十鐘到署。是日閱卷諸君閱譯學館試卷篤齋，樹五，仁先，鐃（叔光），象頤，樂書，伯起，熊崇志，王孝緗，洪鑄生，鄒（恒濬），魯璠。午，遂庵來堂上談《簡易課本》事、考試留學事。紹希回公事。閱文牘。暮歸。將卷箱加鎖攜鑰而歸。課孫女。

十一月初八日（十二月一日）

辰初起。安插書籍。八鐘半到署。將卷箱交陳仲騫。閱《簡易識字課本》。在署飯畢入内。午奠在乾清門外行禮。在憲政館坐許久，與瑞臣、哲子談。晚奠在皇極門行禮。與榮相、瑞臣談幼雲事。訪幼雲於大學堂，已回寓矣。復訪之於其家，瑞臣亦至，談片刻歸。到署，鎖卷箱而歸。

晚，與耕翁話片刻。課孫女。枕上讀幼梅丈日記。

十一月初九日（十二月二日）天氣晴明

卯正三刻起。赴乾清門外朝奠。借憲政館小坐。九鐘半易朝服，出三座門，入協和門，入太和門之左門，登太和殿，略一瞻仰，出至丹墀下仗外立候。午初初刻，皇上升太和殿，行登極頒詔禮。隨班跪叩畢，隨詔亭出太和門、午門、端門、天安門至金水橋外跪聽宣話，先清文、後漢文，凡二刻許乃讀畢。至長安門内帳房，仍更縞素。出長安門回寓。

課孫女。假寐兩小時。幼梅、梯雲、菊如先後來。梯雲、菊如九鐘去。智崇至自津。與智崇話，問以吴司事揭告北洋法政學堂報銷不實事之緣委，屬告伯顏必須請大吏派員查帳，不得含胡和息。與幼梅話，自十一鐘至一鐘半。是日接澂甫兄函，知一時不得離溫。

十一月初十日（十二月三日）

卯初三刻起。入內。乾清門外行朝奠禮。是日巳刻太皇太后大祭，余在憲政館與紱臣諸君叙話。九鐘一刻往，則禮已畢矣。返故處。午奠時復往行禮。託蝦庵從內閣取來軍機處所擬監國禮節稿底，內有與己意未同者，簽記數條。晤榮相，晤茂萱。各部院上太行皇帝廟號、尊謚、徽號初奏摺稿。是日在內閣書奏。在憲政館終日與瑞臣諸公商擬簽注攝政禮節說帖。日暮乃歸。

與幼梅、錫三話至夜半。

十月十一日（十二月四日）直日◎百官謝加級恩，但具摺不拜闕

起時同昨朝。皇極門外行朝奠禮，乾清門行午奠禮。午奠後，同唐春翁、瑞臣到吏部朝房論遞說帖事。到內閣閱三台諫所上封奏。在憲政館，唐、林、沈、吳、嚴、竇、劉、喬、戴、林、汪凡十一人，擬說帖。暮歸。

與幼梅、錫三話。

十一月十二日（十二月五日）

起時同昨朝。朝奠在東，晡奠在西。內閣所擬摺稿是日書『閱』。終日在憲政

館討論説帖中條目，傍夕送内閣。暮歸。

飯罷小睡。仁安來。幼梅自城外歸。談至十二鐘半。

十一月十三日（十二月六日）星期

八鐘半乃起。幼梅偕機器科畢業生張君隨午車赴正定。大睡竟日。

十一月十四日（十二月七日）

卯初三刻起。皇極門朝奠。傍午到署。閲文，閲稿。各部院奏上大行皇帝廟號摺，是日午刻在内閣書奏。明日具奏。余在憲政館時未及知也，到署始知之。方擬折回，而瑞臣電告已代書矣。可感！暮歸。

十一月十五日（十二月八日）

起時同昨朝。寫家信。皇極門朝奠。協和門外觀演槓。是日大行皇帝几筵前行啟奠禮，初傳在常例午奠之後，午正行禮。余等午初二刻往，則禮畢久矣。候行午奠禮而去。同仲魯到内閣閲史、葉、謝諸公奏稿。暮歸。飯罷便睡。

十一月十六日（十二月九日）

起時同昨朝。寫快信兩封。是日巳刻大行皇帝奉移觀德殿。余先到大學堂與喬、戴、劉三公同到帳棚坐候，張中堂、鹿中堂先後來小坐。午初靈駕至沙灘，漢大臣孫、張兩中堂以下，凡千餘人跪道旁哭迎。駕過即起。隨行至觀德殿，隨同行禮。

到大學堂飯。飯後到內閣。內閣等奏上大行太皇太后尊謚初奏，是日畫奏。夕回寓。

十一月十七日（十二月十日）

起時同昨。寫快信。皇極門朝奠。觀德殿午奠。至永恩殿、壽皇殿前周覽。一鐘到署。

十一月十八日（十二月十一日）

起時同前。寫快信。觀德殿朝奠畢，同紱臣、梧生循景山之麓而南出北上門，入神武門，到憲政館坐。皇極殿午、晡兩奠均到班。內閣會議攝政禮節奏稿。是日書奏，又公簽十條。復伊集院信，約高尾亨二十日午後四鐘來寓。

十一月十九日（十二月十二日）

卯正起。辰正二刻到觀德奠殿，朝奠適畢，候至巳刻行大祭禮。禮畢，到帳棚易青長袍褂，帽綴纓。與幼雲議試事。內閣書奏上太皇太后尊謚。到署。閱文，閱稿，閱摺。茂萱自冰相處來署，談良久。暮歸。

十一月二十日（十二月十三日）星期◎是日奏上攝政王監國禮節

卯初三刻起。到憲政館小坐。與茂萱、紱臣、梧生、袞甫。在憲政館擾飯，縱談一切。午歸。夕，會高尾亨、胡子靜。

十一月二十一日（十二月十四日）直日

卯正起。到憲政館小坐。遇榮相，小食後同往觀德殿。是日爲初滿月，午初行禮。謝子静步。弔徐太夫人偉人令堂。

到署。寶侍郎到。閲文，閲稿。潤沅來談。

十一月二十二日（十二月十五日）

辰初起。詣皇極門外，是日初滿月，巳初行禮。與茂、紱、梧三君談。

到署。鳳孫來署。午，參事廳會議。寶侍郎到。閲文，閲稿。潤沅來談。與林、戴二公商量大學堂考試事宜。暮歸。

鐲兒來歸甯。

收信：蕭世兄守怡德騟，日本留學生，薌衡。

十一月二十三日（十二月十六日）

辰初起。寫致仁安信，附幼梅來信。復日本留學之直隸四學生信欲由早稻田補習科改大學選科。

十一鐘到署。寫信六封：復菊人，復守怡，復鶴籌，復槐庭，復子均，復梯雲，致錫三附借去《吕氏春秋》四册。寶侍郎到。閲到文，閲稿件。五鐘歸。

與小莊談。寫家信附復鶴籌信，託祐臣代寄。補寫日記，自初十至廿三。

收信：梯雲，桂五。

十一月二十四日（十二月十七日）

辰初二刻起。檢點書籍。以電話安潤沅。十鐘往訪之，談一時許。導觀講堂，甲班授地理，乙班授國文，丙丁合班授修身。答拜吴肅堂，談片刻。

到署。覆閲《簡易識字課本體例》。榮、寶二公先後至。議補署事，議大學堂考試事。茂萱、朗溪先後來談公。潤沅來。暮歸。

曠生來，晚去。

收信：陳石翁。

十一月二十五日（十二月十八日）

辰正起。劉愛棠來。敬韓來爲周薦汾令郎先容。梧生來，談約兩小時，過午乃去。是日内子率鬮、閑兩女參觀女師範學堂。余以無車未到署。假寐一小時。

十一月二十六日（十二月十九日）

辰正起。協和醫學堂之教員四人來見。一高姓者，英人，以所著《醫學辭典》等書求學部審定。譚組盦來辭行。寫擬補缺單。到内閣畫稿，晤鐵尚書。

午到署。瑞臣至，榮相亦至。閲文，閲稿。吴肅堂是日到署。

十一月二十七日（十二月二十日）星期

卯正起。卯正二刻出門，到九卿朝房。是日會奏上列聖、列后尊謚初奏摺，又同鄉京官謝蠲緩開州等處錢糧恩。在編查館飯。飯後訪樹五。答拜組盦。兩鐘歸。

大安插書籍。江亢父來小坐。晚，静生來。益齋來。曠生來。

十一月二十八日（十二月二十一日）

辰正起。會客：賈洞元，鄭教員國賢，李丹孫，易中書恩侯，紫若陪周世兄。留紫若及周世兄早飯。

午到署。閲文牘。夕歸。

墨青至自津。與墨青連牀夜話至三鐘。和衣少睡。

〔收信：〕王輔臣敦銘。

十一月二十九日（十二月二十二日）冬至

卯正二刻起。辰初一刻出門，東華門索門照，示之，乃聽入。到編查館小坐。入皇極門行禮。時衆已環跪，聽講祭文，余亦跪焉。編查館飯。與紱臣、梧生訪益齋，坐二刻許。觀德殿行禮。是日内閣畫稿，余託瑞臣代畫，遂歸寓。

與墨青話，亦香來談竟夕。留晚飯。

十二月初一日（十二月二十三日）

卯正起。墨青將歸，與之話别。

辰初二刻出門，到編查館。是日覆奏上列聖、列后摺也。候瑞臣至十鐘不遇，乃到署。榮相、寶侍郎先後至。丞參來議事。暮歸。

路雨三來，留飯。與小莊談。

〔收信：〕梯雲，幼梅自上海後馬頭志遠街開泰棧寄。

十二月初二日（十二月二十四日）直日◎查驗第三期報到之人才，第一日

卯正二刻起。辰初出門，進東華門，遇汪蘇拉，知達稚甫在傳心殿，就與小談。復到編查館小坐。瑞臣至，以度支部條奏見示。十鐘到税務處，第三期考驗人才，是月接見十人。

飯後到署。參事廳會議。丞參諸公來堂議事。大學堂考試事宜，該堂職員頗有爭論。閱文，閱稿。

晚，到小學堂聽講化學。是日爲最末一日也，試驗金屬。與實甫、小莊談良久。十鐘回寓。

〔收信：〕文伯英送《玉堂譜》。

十二月初三日（十二月二十五日）查驗第三期報到之人才，第二日

辰正起。巳初出門到税務處，是日接見人才十一人，三期全畢，擬初八日覆命。

飯後到署。到圖書館與樹五、次典、小莊談論，并閱諸君所編課本。閱文，閱稿。四鐘後歸。

仍安排書籍。補寫日記。

〔收信：〕李香閣寄其太夫人之訃聞。

十二月初四日（十二月二十六日）

辰正起。秦右衡同年來，談許久。安插書籍。寫家信，爲還源豐潤欠款。

午到署。閱文牘。將散，而瑞公至，又留一小時許。六鐘歸寓。

查檢舊日函件。

〔收信：〕源豐潤催還欠款；槐庭。

十二月初五日（十二月二十七日）星期

辰正起。仍查檢舊存函件。梧生來。梯雲來。戚同年耀珊、金太守道堅來，俱晤談。

榮相電約有事商量。四鐘往，商改查驗考語。留晚飯。飯後歸。

實甫來，談許久。寫信三封：王輔臣，秩昭夫婦，家信。

十二月初六日（十二月二十八日）

辰正起。仍檢點書籍。寫對聯。會客：王聘三同年，黃平張小謙樞。

午到署。榮相至。閱文牘。丞參來議事。夕歸。

緒雅來，留飯。寫信兩封：芷舲，景星府。濯足。

十二月初七日（十二月二十九日）

辰正起。蔡志賡來。鄧仲果來。任寶徵來。服部博士來。寫家信。寫寄楊耕翁信。

午到署。閱文牘。幼雲來，商量考畢業事。六鐘歸。

再寫家信。

〔收信：〕家信，王鐵珊瑚，附《高孝子事蹟》。

十二月初八日（十二月三十日）第三期查驗人才覆命，大學堂豫科、師範科考畢業之第一日

卯正起。辰初二刻，到夾道新修之學部朝房坐，候榮相來，揖而壽之。膳牌下即出。

到大學堂。選題。監視刷印題紙。至暮散歸。

壽卿來。小莊來。

〔收信：〕服部信辭行并贈小像；仲果信送履歷。

十二月初九日（十二月三十一日）

辰正起。今日原擬候服部諸君，因大學堂電請速往，遂不果候。十鐘到大學堂，仍選題。午後，服部、法貴、芝本、氏家、矢部、高橋、坂本、桑野凡八人來大學堂辭行，贈以小像各一葉、庸兒《遺文》各一本。暮歸。

十二月初十日（一九〇九年一月一日）

辰正起。吴君桐林來，久談，言將回南洋，有志爲華僑興學，索部中學堂及各項章程。午到署。榮相至。夕歸。

十二月十一日（一月二日）

辰正起。十鐘到署。與朗溪鈞考順天府册卷及本部查學員説帖，商擬復張御史世培摺稿。午到署。茂翁來談公。閲文牘，閲摺。燈下乃歸。

項城是日開缺。

十二月十二日（一月三日）直日 星期

卯正起，又二刻出門。到傳心殿小坐。到夾道朝房小坐，候膳牌發下乃出。到編查館，與瑞臣略談。候項城，不遇。訪雲台、玉笙、仲仁，俱不遇。到大學堂選明日題目。答拜日本人之曾來辭行者。在第一師範堂飯。答拜第三期人才之曾來拜者。訪茀田，并晤胡、瑞二君。晤梯雲。

陳柘叔自津赴通查案，過此一宿。玉笙來商去就。余謂此時衹有『就』而已，不忍言『去』。與梯雲之意同。

十二月十三日（一月四日）

辰正起。車迎小莊、芸生來，與柘叔談。錫三、紫若亦先後來。稚甫來，言理藩部有應帶引者二人，擬與第三期人才同日。嚴豫生弟來言，因官項未齊，擬向大慶元借款，煩余作保。江亢父來，爲女學傳習所交收事，談極久。柘叔赴通。

午到署。榮相先至，瑞臣亦繼至。潤沅來談公。閲文牘。晚，歸寓。有寶香士中丞函介之山西大學堂總教習、英人蘇某來見，談約一小時。再候項城，不遇。訪仲仁，談至十鐘以後。

十二月十四日（一月五日）

辰正起。寫家信快信。復王輔臣大令信，告以順天高等學堂擬招中學畢業生。鍾介卿、陳鳳先、陳柱臣、陳稚塘及税務學堂陳總辦鑾，新會人，曾學於港先後來。訪稚甫，告以第三期人才准於明日帶引。答拜王小東同年。

到署。到丞參堂談女學傳習所事。畫稿一件。潤沅來，言石駙馬街之空地勉可敷用。到售品所小坐。

送項城於車站。遇仲魯、瑞臣、慕韓、杏城、雨人。梧生來，談約兩小時。薛舉人錫成來。吴秀翁至自洵，談洵事甚久。

十二月十五日（一月六日）帶第三期人才引見

卯正出門。到夾道朝房小坐。榮相至，坐片刻。同到景運門内九卿朝房，與梁、瑞、俞三公會。同到遵義門内路北小房，與那相會。九鐘帶引見於養心殿。自攝政以來，此爲第一次引見也。答拜江毓昌、陳鑾、周緝之世兄。

到署飯。子安白事。擬上封事，腹稿未就，回寓足成之。煩紫光繕寫。

晚，李書記官正棻送印片、膳牌呈閱。即將封奏屬伊入内呈遞。

得津宅電話，智怡得一男。

十二月十六日（一月七日）

卯正二刻出門。到夾道朝房。榮相先至，談良久。候膳牌發下，封奏傳留中，乃出。

到卞宅，爲詒臣賀升員外喜。見詒臣父子，見觿女及兩外孫女。到謝宅晤季通夫婦，均坐片刻。午初回寓用飯。

午後到署閱摺。

十二月十七日（一月八日）

辰初二刻起。鄭生國賢來。曹世兄岳峻來。午前，伊集院、高尾來訪，談約兩小時。午到署。

十二月十八日（一月九日）

卯正起。加班奏事，仍到夾道朝房坐候，膳牌下乃歸。

午到署。閱譯學館卷。

十二月十九日（一月十日）星期◎封印

辰正起。梯雲、玉笙、性庵、石曾先後來。

午前到署拜印。飯後，閱譯學館卷。

十二月二十日（一月十一日）

辰初二刻起。徐潤吾來，久談。張仲昭來。邵郎中濬來。周緝之來。

午到署，仍閱卷。閱到文，閱稿。回寓。

智繈來。晚，幼梅來，談至二鼓出城去。

十二月二十一日（一月十二日）

辰初二刻起。巳正觀德殿二滿月齊集。到署。午回寓。

智舒來。與繈、舒話。晚，仁安、錫三、幼梅、喬梓先後來，小酌。淑瑜妹自

蒙養院來。

十二月二十二日（一月十三日）

辰正起。午刻皇極殿二滿月齊集。訪幼雲，晤陶杏南。

到署。顧石臣、孫子文來署見訪。暮歸。

十二月二十三日（一月十四日）
辰初二刻起。聞瀓兄來，往羊肉胡同訪之。同車到聲兄處，談許久。余先歸。
飯後到署。晚歸，與澄兄夜話。
十二月二十四日（一月十五日）
辰初二刻起。與瀓兄話。
十二月二十五日（一月十六日）
辰正起。梧生來。伯顏來。石曾來。卞壻來。
午到署。閱稿，閱摺。
晚，與劭詢、蘭浦飲，瀓兄赴聲兄約。晚雪。
十二月二十六日（一月十七日）星期◎雪
辰正起。劭詢回津，帶去家信一封。梯雲、静生、敬韓來。留敬韓小酌。瀓兄赴張小帥約。
十二月二十七日（一月十八日）大雪
卯正起。加班奏事，入内，夾道朝房坐候膳牌下乃出。回寓。
槐亭昨至自鄂。小莊來。午後假寐。晚，楊子安送摺稿。與尹瀓兄暢談浙事。

十二月二十八日（一月十九日）雪後寒甚

卯正起。加班奏事，入内，傳心殿坐候膳牌下乃出。到署。閲到文。畫稿兩件。飯後回寓。與瀓兄争論女學，斷斷如也。華汲泉來談。補寫日記。

晚，看瀓兄所購之《易形奇案》。與瀓兄話，瀓兄明日赴津。

十二月二十九日（一月二十日）尤寒

寅正二刻起。寫家信一紙。陪瀓兄話至六鐘，未及送别，余先入内。是日歲暮祫祭也，皇極殿辰刻行禮，觀德殿巳刻行禮。貴師母、王師母家送節敬。午前歸。秩昭來，談刻許。午假寐。夕看《古文詞略》。

除夕（一月二十一日）

辰正起。看《古文詞略》。午到孫師處送節敬。到有益堂。到石曾處。到華宅。四鐘歸。智開至自津。彤階來訪槐庭。晚，看《偵探案》。十一鐘睡。

商務印書館《國文教科書第一册》生字：天，地，日，月，山，水，土，木，父，母，子，女，井，户，田，宅，耳，目，口，舌，人，犬，牛，羊，上，下，

左，右，大，小，多，少，一，二，三，四，五，六，七，八，九，十，入，出，
池，內，外，几，中，丈，尺，寸，分，孔，指，爪，眉，手，足，高，長，風，
雨，首，角，毛，水，石，工，夫，竹，林，茂，冷，明，兄，弟，朋，友，城，
市，村，舍，布，帛，柴，米，斗，文，字，姓，名，夜，旦，夕，初，起，東，
西，南，北，伯，叔，我，姊，妹，長，男，幼，好，哥，青，草，紅，花，春，
夏，吹，降，先，生，良，至，來，坐，立，前，烏，飛，兔，走，穴，虎，馬，
力，行，速，枕，被，帳，牀，船，乘，車，陸，魚，野，鳥，在，浮，加，冠，
披，衣，匹，杏，柳，枝，門，白，黃，豆，斤，升，皮，毯，筆，作，習，瓦，
屋，向，垣，居，晨，星，朝，雲，去，雀，紡，紗，采，桑，有，客，室，迎，
側，見，問，兩，平，伸，屈，能，視，言，知，味，庭，畔，松，百，桃，開，
筍，書，案，紙，幅，每，間，宜，畫，硯，射，乾，持，粉，黑，版，拭，答，
早，眠，快，耐，苦，事，兒，爲，列，到，將，彼，兵，後，年，時，曰，秋，
冬，正，孟，仲，季，海，棠，窗，牡，丹，打，千，同，游，止，面，江，河，
湖，垂，泉，光，沙，孤，帆，遠，麥，皆，伏，雉，晴，清，游，逐，童，釣，
竿，散，直，柱，橫，梁，渴，思，飲，飢，食，執，弓，抽，矢，空，肩，荷，

槍，腰，挽，叫，鹿，猴，柏，盆，方，背，牧，短，笛，往，豕，臥，泥，陽，喚，棉，成，絲，可，帶，珠，玉，形，圓，色，他，家，安，不，回，無，已，單，忙，婦，送，飯，茶，香，杯，奉，自，取，册，教，節，放，假，設，宴，黍，尖，美，場，近，茅，學，堂，誦，階，看，欲，急，摇，老，少，仰，没，果，梅，解，李，甘，削，筐，閒，拾，將，歲，鼓，虹，現，氣，巾，扇，步，貓，鼠，伺，敢，登，狂，吠，荷，舟，晚，提，買，尾，農，秧，針，岸，旁，復，唱，歌，缸，畜，金，動，定，巢，啼，引，捧，共，求，胸，脣，鼻，央，古，或，俯，狀，并，行，孝，敬，毋，忘，此，乞，穿，暗，息，招，凉，院，汝，和，量，用，合，斛，瓜，命，剖，半，給，國，科，完，炎，暑，喜，温。

學部圖書局編輯之《國文教科書第一册》中生字去其與商務館緟複者：杖，扶，栽，流，稀，板，橋，路，張，火，爐，燕，葉，緑，圖，讀，亦，煮，粥，蜂，蟹，告，講，禮，必，聽，對，盤，枚，修，身，算，法，心，操，體，拋，競，各，輪，舵，請，雞，雄，雌，鳴，暮，雜，樹，羣，鶯，亂，研，墨，汁，洗，種，編，昨，今，籃，採，鄉，村，最，稻，驚，照，差，忠，君，再，愛，過，蝶，捕，使，煎，新，蜘，蛛，網，蠅，誤，挂，園，盛，蝴，翅，黏，既，漸，未，是，彼，榴，晚，舊，課，類，獸，羽，公，數，與，波，如，橘，其，球，罷，戲，旗，積，蟻，溺，葦，救，全，觀，鏡，瓶，摘，愧，頭，結，呼，蓮，雙，陰，啄，蟲，肯，裹，哺，熱，功，輕。

【頁眉】黄聯：白眼醉來思阮籍，碧雲吟罷對湯休。小雨對談揮麈尾，青燈分坐寫蠅頭。萬籟參差寫明月，一家寥落共清風。蘭荃盈懷報瓊玖，冠纓自潔非滄浪。觀山千尺夜泉落，快閣六月江風寒。

釋氏小乘經典概言世界邪惡，謂人以十事爲邪惡，即身三、口四、意三。身三者，殺、盜、淫。口四者，兩舌、惡罵、妄言、綺語。意三者，嫉、恚、癡。

《馬可講義》第一條

宣統元年己酉（一九〇九年）

◎《範孫自定年譜》：在京供職。派充考試留學生閱卷大臣。張文襄公葬於位。冬十一月，奉派赴東陵。游盤山第四次。十二月，請假修墓。回津度歲。

整理者按：己酉日記分記於兩册：元旦至十月十一日記於《己酉日記（正月一日至十月十一日）》中，十月十二日至除夕記於《己酉、庚戌日記（十月十二日起，四月二十九日止）》中。

【封面】己酉日記（正月一日至十月十一日）

【内封】己酉日記（正月一日起十月十一日止）

幼梅：開平鎮西關内直隸灤州礦地有限公司經理處。

伯鵬：濟南按運前街。

伯淵、孟和：東京本鄉道千馱木林町一九六朱方。

伯厚：省城丹桂里。

蓬蘭：廣東省城天官里後街法政學堂用卿同。

毓笙：彰德郭家灣。

慎原：揚城缺口街。

鐵厓：貴陽花牌坊庫廳對門熊宅。鐵崖之弟熊繼成，繼成之妻熊姚蘭俱留學日本，託余爲熊姚蘭謀官費。

趙效曾字復臣：貴州安順府大十字東街義豐祥京菓鋪。

王鶴籌：安慶小南門内文昌宮測繪學堂。

智鍾：東京本鄉區第一高等學校南寮三番。

己酉元旦（一九〇九年一月二十二日）

卯正二刻出門。至東華門遇汪蘇拉，知皇極殿行禮已無及，遂徑往觀德殿，先候於帳棚。瑞臣先在焉。辰正一刻行禮，十鐘回寓。亦香、性庵已候許久。是日同鄉諸君咸會於此。亦香、性庵外有向辰、小泉、幼樵、哲臣、璧臣、彤階、仁安、詒臣、敬韓、蘭浦，夕散。

正月初二日（一月二十三日）

辰正起。終日未出門。課孫女識字。讀英文課本。

正月初三日（一月二十四日）

辰正起。仍未出門。

正月初四日（一月二十五日）

辰初二刻到九卿朝房。辰正隨同鄉京官謝恩，行三跪九叩禮。訪幼雲談許久，爲大學分科奏派監督及訪訂工程師事。答拜慕韓，不遇。玉孫、伯齡、雲莊、柘公、仙舫、芷舲、春江、崇兒、惺姪至自津。陪話終日。夕，静生來，留飯。夜復然，睡甚晚。

正月初五日（一月二十六日）

辰正起。仍陪話。午到署，正堂、右堂俱到，丞、參俱到。託茂蘐詣張中堂宅，商分科監督事。夕歸。哲臣午前簡約便飯，辭謝。

正月初六日（一月二十七日）

辰正起。未出門，陪諸君話，夜談至一鐘。

正月初七日（一月二十八日）

辰正起。晨話舊。午到署。夜仿射覆例，猜字爲戲。小莊宿此。

正月初八日（一月二十九日）

辰初起。玉孫諸君本擬今晨還津，爲小莊遮留，改期明日。是日同往觀文廟及國子學，諸君遂不果行。余同仙舫訪幼樵，是日適幼樵生日也。午假寐。夢臣來久談。春江回津。

正月初九日（一月三十日）

辰初起。赴車站送諸君行。崇、開留待晚車，適兩女同日歸甯，共食一席，甚樂。

午到署，閲文牘，看蒙學歷史教科書。夕歸。崇、開猶未行。又丁甯數語，乃去。兩女亦去。晚，課女孫。

收信：幼梅託還工藝局九十元。

正月初十日（一月三十一日）太廟陪祀

三鐘起。四鐘出門，遇斗瞻於天安門。回到學部朝房小坐，邃庵、君九亦在焉。同入太廟，立候，〈均〉〔約〕兩小時乃行禮。遇性庵、亦香、仁安。八鐘回寓。午訪敬韓，小坐交幼梅還款。訪實君及譚、張、胡三君，不遇。到松華齋、商務印書館、第一書局等處買書。夕歸。

晚，課女孫識字。

正月十一日（二月一日）

辰正起。會客：汪勳西昭晟、馬溆午、傅潤沅。

午到署。紱臣久談。到丞參堂，晤茂萱，知大學分科事冰相仍主八科同時并設。閲文牘。屬同九擬核算各省教育費辦法。夕歸。

正月十二日（二月二日）

辰正起。訪嗣香，交鹿相國灤礦股票。答拜溆午、銘伯、胡元吉。午，薇孫來，同訪仲魯，會紱臣，往宛平小學堂看地，凌大京兆約也。夕歸。李世兄秉銓至自津。

正月十三日（二月三日）

辰正起。顧世兄大徵來，現在吉林充教員。李司馬焜來秋圃令郎。李生蘭馨來。李生克歧。

拜客：潤沅晤、憩伯、懷西、岱臣。午到署。閱文牘。閱章一山太史所編中史教科書。答拜梁燕孫、吴質欽。

正月十四日（二月四日）

辰正起。王生正鈞來。李秉銓是日回津。

正月十五日（二月五日）

是日未出門。蓮溪至自津。

正月十六日（二月六日）

鄭國賢來。農事試驗場赴誠玉如之約，商議農學會事宜。到者嗣香、仲魯、紱臣、符曾、華甫。晚歸。

正月十七日（二月七日）星期

晨，幼樵來。是日未出門。早與蓮、獻、蘭、紫飲酒。晚又增敬韓、錫三、紫若、槐庭、潤生。

正月十八日（二月八日）

午到署，仲昭因得烏布，來見於堂。晚，訪金相臣、張仲昭，俱見。相臣失職而無怨聲，可服。

正月十九日（二月九日）

午初到署，行開印禮。閱文牘。寶侍郎夕至。簡約静生或今晚或明晚來寓，有事面談。

正月二十日（二月十日）

晨，梧生來，談至傍午。午到署。晚，静生來談。

正月二十一日（二月十一日）

卯正起。觀德殿行三滿月禮。禮畢回寓。玉笙來留飯。午到署。參事廳會議許久。寶侍郎亦到。

正月二十二日（二月十二日）

辰初起。皇極殿行三滿月禮。是日恭上孝欽顯皇后尊謚册寶，巳刻在錫慶門外跪迎。午刻在皇極門外隨同行禮。午，弔溥侍郎顧。南城拜客數處。到署。

正月二十三日（二月十三日）

辰初起。王君炳堉來似曾研究易學。天安門外聽宣詔，禮畢回寓。午到署。

正月二十四日（二月十四日）直日，星期

卯正出門，夾道朝房坐候。是日王公百官謝加級恩。弔阿子實之夫人。到順天高等學堂，愛棠導觀各處殆遍。午回寓。劉子厚、卞俶成來。邵監督來。

正月二十五日（二月十五日）

吴質欽、孫寶甫、魏梯雲先後來談。午到署。

正月二十六日（二月十六日）

叔韞補實缺來見。到署。

正月二十七日（二月十七日）

午到署。

正月二十八日（二月十八日）

是日恭上德宗景皇帝尊謚册寶，觀德殿前行禮。尹澂兄來京。午到署。

正月二十九日（二月十九日）

天安門外聽宣詔，跪約三刻鐘，咸以爲苦，而壽州師相屹然長跪，曾無倦容。

回寓早飯。午後到署。

二月初一日(二月二十日)

百日祭。皇極殿前辰刻行禮，觀德殿前午刻行禮。是日王公百官謝加級恩。午後回寓。晚薙髮。薙髮匠極忙，自午後候之，夜二鼓始至。梯雲來。幼卿來。菊如來。錫三來，言軍機處有招考録事之説，錫三擬應考。

二月初二日(二月二十一日)星期

辰初起。弔張紹希之夫人。鄧斯安來。袁雲台來，因《時務報》誣蟣慰帥，憤欲控訴。余勸止之，并誡以勿多發議論。鄭國賢來小坐。到女工廠訪梯雲。吴質彬來訪澂兄，留早飯。午，維芬、梯雲同來，商蠶業講習所事。溪舟來，留晚飯。

二月初三日(二月二十二日)

午後到署。晚，静生來。

二月初四日(二月二十三日)

芝加高校長畢爾敦偕王臻善、宋發祥來見，爲電致大學堂、譯學館、實業學堂三處接待參觀。訪茂蘐，論議復言官學務條陳事。午到署。晚，鄧蔭卿來。

二月初五日（二月二十四日）直日

七鐘入内，九鐘散直。訪益齋略談。答拜孫實甫，已出京。壬午年世兄張恩壽，進士館畢業，法部主事，調郵傳部來見。宋致長發祥來，告以爲畢校長介紹參觀外省學堂事，須外務部先有游歷護照，學部但能知照學堂而已。朱哲臣答拜獻兄，延入小坐。晚，稚青兄來，留飯。稚兄因明日余到徐宅題主，特來述題主禮節也。

二月初六日（二月二十五日）

辰初起。子若來。杜蔚森、蔣則先、陳鳳光、邵雲農恒濬先後來，俱見。午後赴徐宅題主，劉巨卿參議、顧壽仁郎中襄題。到署。

二月初七日（二月二十六日）

文廟陪祀。三鐘往，四鐘到，五鐘半行禮，六鐘禮成。梧生留飯，飯後又談許久。到戈宅題主，襄題者薇孫、端甫也。候薇孫至十一鐘後乃至。題主畢，主人留飯。飯後到署。晚，小莊來寓，留飯。午前智舒來歸甯。

二月初八日（二月二十七日）

社稷壇陪祀。四鐘半到長安門，遇伊仲平副憲，同至午門外朝房小坐。五鐘同仲平、朗溪、篤齋至壇前立候，約兩小時攝政王至，禮成約近辰正。簡約梧生爲智舒視喉症。寫家信。午到署。梧生燈後來，爲智舒診視處方。紫光回津。

二月初九日（二月二十八日）星期

辰初起。梯雲來。吴紫洲來。農工會在農事試驗場第二次集議，陳華甫備飯。四鐘散歸。訪星五，以紱臣所交某學生採集磁州、禹州等處礦石數種，求星五化驗。是日鐲兒歸甯。星五謂，吾國宜立高商學校，恰可以譯學館改爲之。晚，白星垣來。舒兒服藥甚效，函商梧生改方。李子琴至自沟。寫家信。

二月初十日（三月一日）

辰初起。鄧斯安來。彤階來。王曙生佺孫來。午到署。晚，餞澂兄、彤階、槐亭、獻夫、潤生、蘭圃，陪飲甚酣。

收信：馮華甫送來壽言一本。

二月十一日（三月二日）

辰初起。澂兄回津。補寫日記正月十二至二月初十。邵監督來，因譯學館開除學生一名，風聞學生有聯名向部稟訴之舉，先來通知。胡芰兄答拜澄兄，匆匆一晤。到署，正堂、右堂俱到，是日畫稿多件。

二月十二日（三月三日）

辰初起。早未出門。瀛甫、壽卿來賀内子壽。留壽卿飯。早飯小飲醺醺。午後假寐。夕到署。瑞老先在焉。坐一小時，閲文牘。暮歸。

收信：陳卓安表叔因娶兒婦借款，并定分月扣還。

二月十三日（三月四日）是日署中遷移書物

辰初起。蔚森辭行。張雁雲初到京來見。宋坡來見。午後兩兒婦率孫輩來京。午，延平記主人來照像。怡歸津。

收仁府信，并捐蠶業講習所五十金。菊兄信，并私中半年常捐一千二百金。俱由大德恒匯。

二月十四日（三月五日）

辰初起。訪梯雲，交仁府所捐款，并仁府上定興相國書。弔胡雨嵐於長椿寺。答拜張恩壽、梁恩湛。訪符曾小坐，約定十六日同看棉花頭巷房。回寓飯。

午到署。瑞臣到。閲摺，閲文。復仁府信。致幼雲信，附畢君所贈芝加高圖。致凌大京兆信，言農林章程姑請緩奏。

收信：玉孫、陸廣侯、路雨三。

二月十五日（三月六日）

卯初二刻起。卯正出門。辰初到夾道朝房。是日同正堂、右堂入對，先到兵部報房小坐。入乾清門，出月華門，入遵義門。門内北房三間，其東門軍機大臣先在焉。入各一揖，乃至其西門少候。軍機下，余三人乃入。先向御座一跪，興，三人雁行入東暖閣，向攝政王肅立。王以頤指命坐，乃坐。開口即言，近日上封事論學務者大都揣摩迎合，命傳諭署中，王實不爲所動，云云。其言甚長，且云已告軍機宣布諭旨。蓋即是日所奉上諭也。奏對約刻許，王顧向榮相云：『無事矣。』乃退出。歸寓，幼樵先在，交仁府託寄函也。留食餃子。午到署。是日係遷新署之期，兩相以下皆到。未刻向御書扁額前行三跪九叩禮。南皮相國談至六鐘乃去。閱文牘。燈後歸。小莊、子蔚候於寓，留飯。飯後共談。

二月十六日（三月七日）星期

卯正起。劉北巡來與論小學教授事宜。訪符曾，紱臣先至，三人同往棉花九巷看房南向四十間，讓至五千金。又到棉花頭巷看房南向二十八間，索價八千金。訪潤沅，暢論小學事宜，一鐘歸。午，幼雲來訪。張在初來訪，以手抄《八述奇》稿本屬余校閱，并商如何付印之法。静生來。石臣來，留飲。晚，閱《八述奇》。

王曙生侄孫送來伊自著詩一卷。

二月十七日（三月八日）

卯正起。寫祝澄兄信，寫家信，俱交邢福帶去。復琴南同年信。午到署。閲文牘。答拜羅叔韞、王曙生。紹熙、静生、同九先後白事。與茂萱論大學建築事宜。述幼雲之意，大學建築事上年規畫之初，幼雲本欲請學部派專員辦理，而已不與聞。余與朗溪再三諉之，榮相亦韙。予言：『今幼雲方規定大略，而學部又欲歸本部自辦，事之反覆無常大率類此。余真遜謝不敏矣。』潤沅來署談小學事，聞南皮相國之意於初等小學仍主放任，且不以潤沅所言『小學課本宜與立憲相合』之説爲然。朝廷日日言立憲，而政府之所見乃如此，將來之結局不堪設想。派人閲保定農業學堂卷。晚，弄孫。習畫。中心行軫不可言狀。致星五信續託化驗礦石。收信：唐佩翁言，周生霖夫子之世兄欲售其化石橋之住房，價八千金，典則五千；王曙生信，并自著詩一卷；梯雲。

二月十八日（三月九日）

卯正二刻起。答拜楊德孫同年家驥，新補撰文、夏同甫太史、鹿雒芬俱未晤。弔那宅那相之太夫人今日接三。訪幼雲，不遇。答晤張在初都護。答拜周緝之世兄，未晤。

訪唐佩翁，不遇。謝徐梧翁，晤談片刻。回寓早飯。到署，幼雲在焉，方與榮相談公。閱文牘。六鐘歸。

收信：澂兄；阿子實薦栽樹某姓於大學堂。陳七表叔謝借款。伯苓言，廿三日來寓。

二月十九日（三月十日）午陰

卯正二刻起。寫信：復澂兄、復蓮兄、復陳卓安表叔、復玉孫、復伯齡、家信、復梯雲、復石臣、復陳石麟表叔、復鞠兄、復仁府。

午到署。篤齋、君九白事。閱文，閱稿。寫提學使清單一份。暮歸。

晚，看孫輩積木。復耕亭信燒鍋房子修理。

收信：家信十七日發；蓮溪信，附學生分級表；家中存酒四料七十五丙寅1、乙亥3、丙子2、壬午17、乙酉5、戊子11、庚寅4、癸巳27，女貞2，不辨年者3，料半一壬寅1、甲辰1。

二月二十日（三月十一日）夜雪

卯正二刻起。寫信：復阿子實、復趙航仙、復蕭策五世兄、擬復成子蕃信稿、復邱曙蓉。劉幼雲來訪。鄭國賢來。

午到署，正堂、右堂至。楊子安等交京察批單及履歷單。望臣、同九白擬咨復度支部商交款辦法。君九商廿四、廿六補考庶常畢業事宜。閲文牘。畫稿。暮歸。

因申符孫病，電呼崇兒來京。習畫。

收信：李伯芝爲向大學堂借植物標本，今晨將原信面交幼雲。

二月二十一日（三月十二日）晴

卯正二刻起。寫寄陳石叔信爲趙孝曾久客不歸，託爲查訪。觀德殿行四滿月禮。巳刻齊集，禮成後到帳棚。玉初、幼雲來談進講事甚久。訪唐佩翁，復周世兄住房託覓售主事。【頁眉】周生霖夫子之世兄，名承栿，字慎夫，現在審判庭，寓潘家河沿。午正回寓。

一鐘半到署。閲文，閲稿。榮、寶、喬三公議進講事宜極久。晚，獻夫以酒肴賜崇兒，因共小飲。李叔陽至自津。復丁家立信。

收信：丁家立爲其友柏君擬參觀中小學堂，答以明日到署知照；梯雲附代定興及余擬致農工商部三堂信稿。

二月二十二日（三月十三日）微雪

卯正一刻起。致梯雲所擬信稿。皇極殿前，行四滿月禮。九鐘到，門已開，隨班行禮畢，借憲政館小坐即歸。午後到署閲文閲稿。君九、紹希、則先、子安、子開先後白事。邵監督白事。暮歸。晚，無所事事，看諸孫積木。

收信：丁家立言柏君明日即行，不及待矣；家信，智開課程程度。

二月二十三日（三月十四日）

卯正一刻起。寫復梯雲信。寄幼梅信。弔謝鏡虛令尊。答拜黃琴生、姚仲實，俱未晤。訪周世兄承彬不得。答拜張濟川國浚，已回保定。午前回寓。午後假寐。張伯苓來。曾伯厚、福謙。癸未同年，名宗彥之弟也。庚午舉人，丙戌進士，榜下分刑部，改就知縣，分四川爲護督趙季和所劾，改教職。家眷仍在四川，貧不能歸。伯厚率其子來京營謀，去年張仁府曾爲之先容。今日來見，其窘可憫。璧臣來，談約兩小時。晚與伯苓、小莊談至子正。

收信：凌大京兆送來昌平州三處荒地圖。

二月二十四日（三月十五日）進士館畢業之庶常補考◎夕雪甚大，寒如深冬

卯正一刻起。卯正三刻到署。孫師來會考，自帶經史各一題，又擬清文繙譯一題，計補考者四人，皆庶常也。點名發題後，孫師小坐便去。榮相九鐘來署看稿，閑談。午後喬茂兄來堂談公。瑞臣三鐘至。五鐘余歸寓時雪正大。晚，與伯苓、小莊話。唐蓂廷由吉林赴皖，過此來訪，談許久，贈予皮褥兩件。

二月二十五日（三月十六日）直日

卯正前起。卯正二刻到憲政編查館候起，九鐘散歸。晤凌大京兆，將議復張世培摺奏底面交，并商奏留劉監督事。食後小睡片刻。與伯苓話。伯苓回津。余到署，榮相至。閱文牘。閱譯學館卷二包，因分數寬嚴不均，榮相復託鳳孫并約丞參明日覆核。暮歸。孫子文、顧石臣來，待飯，談至十鐘别去。

二月二十六日（三月十七日）考試畢業庶常第二場

卯正前起。卯正三刻到署。壽州師相辰初至。壽州選題。點名後壽州閱首場卷共七藝，因腰痛，閱畢即去。瑞臣辰正二刻到署。商擬考試游學生章程。榮相午後到署。閱文，閱稿，閱摺明日加班。茂萱來，與榮相商講義稿。幼雲來，商工程事宜。紱臣來，託伊明日督率襄校官閱卷。邃庵言，澤公擬派伊爲財政學堂監督，託榮相、寶侍郎見澤公時代爲力辭。催專門司辦譯學館畢業。催宗梓山估考棚工程。暮歸。

二月二十七日（三月十八日）加班奏事

卯正起。辰初二刻到東華門，遇蘇拉，知起見已下是日攝政王祇領册寶，故辦事甚早，因至憲政館小坐，與勞玉翁略話片刻，又到夾道朝房訪榮相，遇進講諸公。是日諸公奏進講事宜也。小坐辭出。回寓。九鐘用飯，飯後小睡。劭余前輩之世兄效彬瑋來訪，言已卜吉，三月爲其尊人安葬。伊擬四月仍赴英倫就學，蒯監督已代請豫撫爲補官費矣。效彬習財政，按新章不得補官費，但效彬之入大學前於新章奏准之日幾一年，尚屬有詞。

午後到税務處，第四次查驗人才也。那相穿孝，榮相領銜。仍借税務處者，以梁尚書遣人問榮相是否仍借該處，榮相重拂其意也。是日赴驗者，汪詒書字誦年、俞明頤字壽臣、李德順字子元、徐宗蔭字子延、金還字仍珠。兩鐘入坐，三鐘散。冒雪歸。習畫。李叔陽是日回津。

收信：幼梅、蕭瘦棱。

二月二十八日（三月十九日）大雪竟夜，朝景甚佳

卯正二刻起。庭前賞雪。寫致幼梅信。致墨青信。致敬韓、伯舉信。

午到署，閱文，畫稿。校《七經綱領》。樹五來堂談公。瑞臣四鐘至。六鐘散。

收信：梯雲即復、家信廿七發，快信。

二月二十九日（三月二十日）

卯正二刻起。濯足。寫致勞玉初信，附書八種共八册《憲法》《憲法汎論》《憲政歴論》

《明治四十年政黨史》《政府及政黨》《日本國會紀原》《比較國會論》《日本議院法》。祝貴師母壽。到署兩相已前至。是日京察過堂。點名一週，先實缺，次候補，最後國子丞屬官。酌定一等、備一等、上二等，許久乃畢。飯後榮相因有晚祭先去。冰相又坐片刻亦去。余同瑞臣閱文牘畫稿。茂萱來談公。朗溪來談公。六鐘歸。晚習畫。夕答伯鵬信。寫家信。

收信：伯鵬；王寶光；農工商部三堂覆蠶桑講習所捐款，允每年助三千金；榮心莊附書數種，榮韞山帶來。

二月三十日（三月二十一日）春分◎星期，午前晴，午後陰，寒未退

卯正起。清理几案。周世兄承楙來訪，見之，午廿四歲，充審判廳委員，李麟玉、李克歧來。九鐘半到署。京察揭曉，彦明允唱讀一遍。

計一等司員六員：楊熊祥郎、王季烈郎、慶隆郎、鳳來員、晏孝儒員、宗樹楠員。

備一等司員三員：李廷瑛主、徐致喜主、敢勳主。

上二等司員十三員：林棨參事、江瀚參事、羅振玉參事、曾培五，郎、陳毅四，參事、張緝光郎、恩華員、彦悳員、范源廉員、顧棟臣員、彭祖齡員、恩光主、秦錫純司。

書記官一等二員：榮輝一等書記、崇貴一等書記官。

書記官備一等一員：啟元一等書記官。

書記官上二等一員：趙允元一等書記官。

國子丞屬官一等三員：松廷典簿、文鼐典簿、韓杜。

國子丞屬官上二等五員：高文彬、寶綸、崔侖、文聯、富興阿。

辦理京察者六人：楊、彥、鳳、啟、李、秦俱來謝。慶、彭、榮、崇亦來謝。

校《七經綱領》約三十頁《周官》《儀禮》《春秋》。午後校圖書館所編《初等國文教授書》第八册，凡十一課，約八十葉。是日星期，堂司俱不到署，文牘亦不到堂，獨坐明窗，且讀且校，清静恬適得未曾有。五鐘歸。鄧元翊來，屬爲菊帥作函，因爲發一電報。晚，習畫小有進境。接校《國文教授書》五課。

收信：梯雲還幼梅信；家裕生自臨漳。

閏月初一日（三月二十二日）

辰初前起。接專門司信，始憶今日有自費出洋之錢泰來署考試。遂赴署選題。接校《七經綱領》。午後，榮相到署。商酌人才考語。丞參來議大學建築事。閲文，畫稿。接校《七經綱領》，至七鐘乃畢。

回寓。晚習畫。

收信：菊兄電復鄧元翊差未撤；澄兄寓小西關外十字街茂林館；家信，附蓮溪信；嗣香前輩信；敬韓、錫三信。

閏二月初二日（三月二十三日）大風

卯正二刻起。校國文教授書第八册一課。黄平張生樞，分四川州判，是日辭行，并假川資，卻之。安插書籍，補題書籤，自朝至暮。

是日知正堂、右堂俱不到署，且大風寒甚，署中煤氣可畏，故余亦不往。夕，孟芹香來談天津姜廷珍殺妻之案。晚，小莊來暢談，先談圖書局局務，次及南北文學之優絀。

寫家信。寫復嗣香前輩信。寫復蓮溪信。寫致梯雲信。

是日奉大計諭旨趙智庵侍郎原品休致。

收信：傅學司，爲譯學館改中學堂事；家信盧學司求婚事。

閏二月初三日（三月二十四日）風未止

卯正二刻起。清理書物。寫寄瀓兄信。薙髮。梯雲來談。午，往視梧生疾，遇益齋。

到署。閱文牘。校第八本《國文教授書》，自廿四課至三十四課。五鐘歸。

幼梅自周宅來電，言將見顧。假寐以候之，備夜話也。十鐘至，談至一鐘。

收信：瀓兄自奉天，王三表兄。

閏二月初四日（三月二十五日）

卯初三刻起。入内謝照舊供職恩。買書兩部：《廣陵詩事》一元、《桱華館文集》三元。

到下宅一看詒臣夫婦及俶成壻。因賡言發引回津於上月廿七日，本擬三兩日即還京，以連次風雪，發引屢屢改期。又詒臣患病，醫治需時，故一時尚不得歸。其京寓上房僅躅女及兩女僕，頗慮空曠，擬再遣一女僕往伴之。

答賀德孫升撰文。

聚豐堂候嗣香、性庵、體仁飯。飯後同訪緝之，商灤州礦事。訪聲甫，與商澄兄出處。

到署。閱文，閱摺。宗梓山呈考棚估單，最少者二萬四千餘金，遂定議宗、柯之外，又添派彭、恩兩人。邵監督來白事。暮歸。

鄧元翊來。稚青、敬韓、紫若、錫三來訪幼梅，遂留飯，談至九鐘後散。

收信：仁府。

閏二月初五日（三月二十六日）直日◎天氣漸暖

卯正起。入直，在憲政館小坐。九鐘後回寓。電約仁安來，與敬韓、幼梅同話，俱留飯。

午後，同幼梅往松筠庵議灤州礦務。仲魯、仲昭、公度任擬稿。

晚，假第一工廠約偉人、幼梅、潤生、敬韓、子若、錫三、仁安、壽山、稚青飯。十鐘歸。

收信：路雨三，耕亭寄二月銷數單。

閏二月初六日（三月二十七日）

卯正二刻起。與幼梅、錫三話。幼梅赴周宅，錫三回工藝局。寫復路雨三信。假寐兩小時。

午後到署。閱文，畫稿。暮歸。

今日懶散特甚，晚早睡。

收信：幼梅留信一封，託稚青遣人送來；稚青説片。

閏二月初七日（三月二十八日）

卯正二刻起。電喚智崇來京。寫致張星五信。寫復澂兄信。

十鐘到署。閲大學堂師範科卷，自午前至暮。傍夕，在丞參堂與瑞臣、邃安商榷分年籌備事宜約一小時。

智崇至自津。與智崇話家事。

收信：緝之附紳股清摺，星五。

閏二月初八日（三月二十九日）第五次查驗人才，是日覆命

卯正起。入内至學部朝房坐候，與茂萱談。茂萱是日進講義也。榮相，梁尚書，瑞、俞兩侍郎先後來朝房。九鐘散。

與茂翁到文華殿前一看，因十一日爲攝政王班見王公百官之期，豫審出入之路及拜跪之地也。

到蒙養院視七妹病。與章院長談。章因七妹患病，魏考蕙出嫁有期，教員缺乏，擬約智閑暫爲庖代。許之。又言頭班蒙養生不日畢業，就中有男學生數人年歲漸長，擬送私立小學，入初等一年班。余亟贊成其議，因往小學晤白星垣，問有無空位。星垣慨然允許。復往蒙養院告司事，即日開寫姓名送去。

到署。看大學堂卷科學題，余不解者多，其分數寬嚴無從評斷，姑就批語之褒貶而上下之。榮相午後至，同閲試卷，上燈時乃止。閲到文，閲稿。七鐘回寓。

收信：幼梅自津發電報云，同鄉官説帖候津信再遞；王雲生表姪喪偶借款；雁峰、性初告口岸仍歸商辦；劉嘯東收到扁字；子均信附兆峰叔收到百元信。

閏二月初九日（三月三十日）

卯正二刻起。仲魯來訪。訪嗣香前輩。

到署。瑞臣先至，同看試卷。幼雲來署，將工程圖册等件交出。閲卷至五鐘止。閲文牘。六鐘回寓。

收信：幼梅述天津因灤礦開會事。

閏二月初十日（三月三十一日）

卯正二刻起。訪仲魯。訪璧臣，并視秩昭疾。訪嗣香前輩。答拜客數處。午前到署。閲卷。午，閲文，閲稿。丞參來談大學工程。聞緝之候於余家，遂歸。與緝之談灤州礦事。緝之力促余等往見張燕謀，而余意以成立董事會爲急。擬明日約嗣翁同到緝之處細商。

收信：緝之，山西農林學堂農科舉人張聯魁。

閏二月十一日（四月一日）

卯正起。攝政王於文華殿班見王公百官，余七鐘半自家動身。甫入外東華門，車馬已填溢塞路，步行出入於車陣，許久乃得至東華門。時百官已聚集文華門内外，二品以上在甬道上候先王公行禮，次一二品行禮，以次遞推，俱一跪三叩。慶邸昨奉諭免，本日諭免者澤、振、潤等皆平輩而年長者也。孫、張、鹿三相亦奉諭免。然仍入班行禮。

約嗣香、符曾、性庵、仲魯至憲政館之前院借地談灤州礦事。同仲魯、嗣香訪緝之。聚豐堂早飯。

飯後到署。閱文，畫稿。七鐘後散歸。遂庵所擬九年籌備事宜，攜歸覆閲。

智崇夫婦率孫男女回津，和孫女仍留京。

收信：王桐岡，張尹人署臨洺關同知其孫（字聰吾），分直隸候補，是日來見。

閏二月十二日（四月二日）

卯初二刻起。是日帶引見。至東華門遇蘇拉，知榮相昨夜患風邪，今日不得到班。因至吏部朝房，會梁、瑞、俞三公。八鐘後引見事畢，引見者二人，一第四次考驗之金還，一第三次考驗之陳宗蔭也。往候榮相，遇周松生、彦明允又醫士某君。裕世叔陪話許久，擬入内房看視。裕世叔辭謝，遂不果入。

回寓候李、劉二公，至四鐘同訪張燕謀，談灤州礦事，至六鐘乃散。

到署，代榮相閲摺，明日呈遞。閲到文。閲范静生所擬分年籌備事目，八鐘歸。

收信：張仁府，家信。

閏二月十三日（四月三日）

卯正三刻起。薙髮。臧佑宸來談。張聰吾來見。周緝翁來談。午前往候榮相，值其方睡，未得見。往候梧生，談片刻。伊言榮相之疾宜用西醫，若用中醫萬不能效，因託其作一信，詳言其故以備轉商。

到署。閲文牘。請紱老商量勸榮相用西醫之法。瑞臣到署。

收信：性庵。

閏二月十四日（四月四日）星期

卯正三刻起。往候榮相病，延入内室，握話許久，神氣尚清，但動轉不易耳。到小學堂訪佑宸，不遇。遇梯雲，約看殖邊學堂。

到署。翻閲大學堂試卷，自午至暮。午後閲摺。七鐘後歸。

希明、幼梅豫候於家。武君經笥、姬君治同來，談南樂、元城學務近況。武云，以該兩處言，學齡兒童入學者，幾有三分之二。果若所云，殊爲可喜。

希明、幼梅論灤礦事。緝之意欲同鄉京官具呈於北洋，先爲張燕謀開復原官。余意不可，談至四鼓。賡翁、陳仲明自沽來。

收信：家信兩封，舅母爲三表兄謀事。

閏二月十五日（四月五日） 清明

卯初二刻起。本署直日，入内，先至憲政館坐候。清明祭，巳初皇極門行禮，巳正觀德殿行禮。

約仲魯、性庵、紱臣、嗣香同到聚豐堂。希明、幼梅、璧臣後至。兩鐘散。

到署。李堯琴來談唐山路礦學堂罷學事。閱文牘，畫稿。核戴、范諸君所擬分年籌備稿。

暮歸。張執中來。

收信：瀓兄，武柱卿補中軍。

閏二月十六日（四月六日）

卯初三刻起。寫致性庵信附英堂判詞，致嗣香前輩信，復李提摩太信。

九鐘到署。核籌備事宜稿。邃庵、明允赴唐山查案來見。宗、柯二君言，本部東北隅空院内掘出鎗彈一鐵櫃，由司務廳函告警區，遣人運去。

午後，至東院踏勘建考棚之地址。瑞臣至，同閱大學堂卷。閱文，閱稿。瑞臣商籌備事目。八鐘後乃歸。

閏二月十七日（四月七日）中祀齋戒

卯正三刻起。復李提摩太辭飯局。致嗣香信附判詞，致性庵信附判詞五十本。紀君文瀚來見。

八鐘半到署。覆閱大學堂試卷。核分年籌備事目。寫致榮相信，勸其勿遽請派署，暫續假半月，不可遽增至一月，不納。茂軒來談。是日瑞臣未到署。寫籌備事宜稿。八鐘歸。

子琴至自津。

收信：仲魯，附賈佩卿信，論開平礦；幼梅自開平；伯舉信并還書；榮卿自奉天茂林賓館；凌大京兆，贈農會槐株二千五百。

閏二月十八日（四月八日）中祀齋戒

卯正二刻起。子琴赴沟。致嗣香信附仲魯、佩卿信。致敬韓信附幼梅信。

十鐘到署。接閱試卷。寫籌備事目。瑞臣來署，商酌籌備事目。

八鐘後歸寓。耕翁至自津。

收信。

閏二月十九日（四月九日）

卯正三刻起。耕亭復回津。致嗣香信。將訪仲魯，已電訂矣，而志賡、少泉來談甚久先大學堂事，次及灤州礦事。仲魯又以電話來催，蔡、王二公乃去。敬韓候許久矣，略話數語即辭去。

訪仲魯，將賈信還之，又託其代覓廿七年李文忠奏開平礦局辦法稿。視榮相疾，略談數語。

十一鐘到署。接閱試卷。午，幼雲來。瑞臣來署，適戴、彥二公歸自唐山，談唐山學堂罷學事宜甚久。與瑞臣商酌籌備事目。閱文牘。助瑞臣閱卷。是日覆閱均畢。八鐘後歸。與潤兄話。

收信：嗣香，梯雲，王誠宣，家信，西人明恩溥函告廿三日上午來訪。

閏二月二十日（四月十日）

卯正二刻起。復雁峰、性初信。復子均信。復仁府信。復澂甫兄。復庸卿信。收到家稟，知圓姪女親事已妥，因擬放定辦法，發快信寄之。多日不在家午飯，今日飯後始出門。

一鐘到署。致梯雲信附增中丞來函，桑工兩名攬單一紙。督專門、普通兩司人員檢點試卷，備送張相處。閱文牘。六鐘後瑞臣至，仍商酌籌備事目，凡丞參所簽商者，一一酌改。八鐘回寓。

收信：梯雲增中丞致鹿相及余函，寄桑秧萬株隨來，桑工二名。

閏二月二十一日（四月十一日）

卯正起。觀德殿行閏滿月禮。同瑞臣詣張相，留早飯。三鐘散。赴農工學會。是日，凌大京兆、嗣香、子深、符曾、仲魯、紱臣、華甫、玉如到。議定由凌大京兆行文農工商部請關防，并照部章舉總協理。誠玉如到館萬生園。暮歸。寫復澂兄信。靜生來，談至十鐘。靜生意欲續辦速成政治科，謂與憲政有極大關係，但余意不敢苟同。

收信：澂兄言，奉牌示委署東平縣，地甚荒寒，缺亦不優，但到省不足二十日即蒙委署，似不宜辭，云云；廞甫；庸卿；耕亭；仲魯送來辛丑五月張燕謀奏稿。

閏二月二十二日（四月十二日）

卯正起。到署。是日覆試山東高等學堂畢業生，并補考譯學館、大學堂兩處前因丁憂未得與考之學生。與瑞臣一同點名，發題，選題，監視印題。樹五、邃庵來大堂談公。閱王季若所輯《人名地名表》。閱文牘。

六鐘歸。楊子若來，留飯。

收信：家信、陶孟和信俱邢福帶來。

閏二月二十三日（四月十三日）

卯正二刻起。讀《小戴禮》十餘葉。薙髮。王誠宣來已辭唐山學堂監學差。陳子京來求代託楊蓮帥位置。美教士明恩溥同治十年到天津，後居山東二十餘年，現居通州以李提摩太之介紹來訪，論學堂宣講道德及各科名詞之宜畫一，語多戇直，類山東人贈余對音書一本，是日交樹五。科醫士來訪問德宗奉移日學堂有何禮節。梧生來訪，病已愈矣，氣尚未能復元。

午到署。選題。閱文，閱稿。丞參四位來堂談公派修訂章程總纂坐辦，派大學堂工程規畫核算監修各股。

暮歸。晚飯小飲。課孫女等習算。

收信：李子琴。

閏二月二十四日（四月十四日）

卯正二刻起。讀《曲禮上》【頁眉】《曲禮》「左右有局」注：「局，部分也」。寫摺楷十二行。

擬寫信件，倦而假寐。

十一鐘到署。楊子安白事。閱文牘。選題。閱《體操》。閱摺。閱四川優級卷。閱《地名人名表》。

八鐘歸。静生來談。槐亭求見，就而見之。

收信：幼梅，劉文欽，葉伯高。

閏二月二十五日（四月十五日）直日

卯初起。七鐘前至憲政館，候至八鐘半，别瑞臣而出。拜客數處：訪澤畬，不遇；晤晳子，談良久。視蠲女。

傍午到署。閱文牘。選題。閱到文。閱《地名人名表》。與瑞臣再商籌備事目。

六鐘後歸。晚，課孫女輩習算。

收信：伯鵬，家信。

閏二月二十六日（四月十六日）

卯正二刻起。讀《曲禮下》。章馥庭來。翁弢夫前輩來。張石臣家柱來石臣係紹熙令叔，癸卯舉人，先在京師湘學堂教算學，以考職得鹽大使，分浙江。兩女來歸甯，與之叙話。

午到署。仍商酌籌備事目。閱文牘。選題。八鐘後歸。

課孫女。

收信：耕亭，王三表兄。

【頁眉】陳氏《禮記集説》説「干」字從一從十，故言「若干」。案《説文》𢆉，從反入。

閏二月二十七日（四月十七日）

卯初二刻起。是日考試山東高等學堂末一場。輪應紱臣兄點名，余因題多且長，故往助理之。六鐘半往，八鐘寫題畢，仍請紱兄點名。看嚴譯《名學淺説》終卷。説理明快，措詞安雅，斷非近譯日人《論理學綱要》等書所能比擬，欣賞無已。校閲《國文教授書》第八本。

假寐片刻，微有腹疾，飲濃茶以已之。幼雲來談。茂萱來談。閲摺，與瑞臣對讀，添改數字。

七鐘後歸。課孫女習算，苦無善法。紫光回津。

收信：張西園，梯雲附凌致鹿、鹿致魏信，又復謝增中丞寄桑秧信稿。

閏二月二十八日（四月十八日）

卯初二刻起。是日加班奏上分年，籌備事目。辰初一刻到憲政編查館，讀韓詩。仲魯約令在憲政館相候。候之至十鐘乃至。

擬回寓，過學部牌樓，署中差役迎，告知冰相到署，遂往晤焉。商定學堂學生恭送梓宮事。冰相十二鐘去。

余在署飯。飯後訪梯雲於女工廠，導觀校舍許久。答拜弢夫前輩，不遇。回寓方四鐘。

尹及郎來，暢談。【頁眉】尹及郎借去《説文義證》《説文釋例》《説文句讀》《苗氏説文》，李嗣香前輩所著《字訓》。

晚飯後與小莊、潤生、獻夫談時事。

寫信：復幼梅，致梯雲附復浙撫信稿，寫家信。寫致浙撫信，燈下用紅箋寫端楷，殊覺喫力。

讀《英文漢詁》。

收信：幼梅附張燕謀稟稿，梯雲。

閏二月二十九日（四月十九日）

卯正起。讀《檀弓》十六葉。山西農科舉人張星五聯魁來見。答拜張石臣鹺尹，面交復浙江信，并還墊款三百三十八元七角五分。答拜汪頌年，未遇。訪嗣香前輩，談片刻。

視榮相疾，漸能起立矣。談數分鐘。

到署。接閲國文教科書第八本。午，閲文牘。紱臣、明允爲勸學所地基事來談。

瑞臣夕到署。七鐘散。

晚，課孫女習算。讀《英文漢詁》。

收信：武子香太表叔，家信。

三月初一日（四月二十日）

卯正起。顧枚良來，以所商擬《優級師範學堂開學訓詞》稿呈閲。

十鐘到優級學堂。冰相、瑞臣、左右丞、戴參議，江、陳兩參事均到。十二鐘，行謁聖禮，先向萬歲牌前行三跪九叩禮，次謁先師，禮如前。學生向堂官、丞、參行三叩禮，向監督各員行三叩禮，向來賓行三叩禮。小莊讀訓詞，監督陳次方自讀訓詞。張中堂勗勉學生數十句。北村教員演説。學堂留飯。三鐘飯畢。撮影。

松筠庵同鄉會議。

到署。瑞臣先在焉。七鐘半散。

歸寓。峻山在焉，與小飲，留峻山宿。

收信：家信，壽卿帶來。

三月初二日（四月二十一日）穀雨

卯正二刻起。薙髮。屈桂庭來見。李嗣翁來。十鐘後到署。是日閱卷諸君在大堂校閱終日，紱臣右丞監視。寫寄木翁信爲徐森玉事。閲《國文》第八册教授書始畢。幼雲來，商分科辦法次第。閲文牘。王捍鄭來見，以所著書見貽。凌潤苔函送農工會經費，庫平足銀乙萬兩。即函復，隨函送李嗣翁處。

七鐘歸寓。蓮溪兄至自津。李芹香赴保定，過此見訪，談至十一鐘乃别去。收信：家信蓮兄帶來，凌大京兆信附學會經費萬金。

三月初三日（四月二十二日）

卯正二刻起。讀《檀弓下》十餘葉。

十鐘到署。紱丞監視閲卷如昨日。接閲《地名人名表》。閲文牘。瑞臣午至。夕往工藝局觀圖畫孫慕韓、金鞏伯諸君開華德圖畫博覽會與仲魯商改佩卿所擬説帖。

七鐘歸寓。與蓮溪、潤生、獻夫、蘭浦飲酒。

三月初四日（四月二十三日）

辰初起。臧佑宸來，以所擬小學兩班、女學三班課程表及國文研究會英文、數學研究會簡章見示。會賢堂同鄉議灤礦事。嗣香、性庵、君立、仲魯、澤畬、仲昭及余凡七人，九鐘至兩鐘乃散。

答拜鴻太史志，屈桂亭觀察。訪梧生小坐。

到署。瑞老先在。閱稿，閱到文。紱臣、君九先後來談公。七鐘散歸。

晚，與蓮兄談津小學事。看《英文漢詁》。

收信：蕭瘦棱，蕭策五，家信，盧木翁，鍾兒信。

三月初五日（四月二十四日）

卯正起。寫復蕭瘦棱信。復武子翁太表叔信。致王竹林信。寫家信。敬韓來，談約一小時。張燕謀來，談約兩小時。

兩鐘後到署。閱摺，畫稿，閱到文。大學堂卷自張相處取回。是日填寫分數，仍由紱丞監視。枚良署普通司總辦，是日謝堂。

七鐘歸。晚，課孫女習算。與蓮溪茶話。

收信：張仁府，增受之。

三月初六日（四月二十五日）直日

卯初起。借憲政館坐。與仲魯略談。拜東城客李仲宣，汪芝房。訪雲摶，不遇。

回寓午飯。

三鐘赴農工學會。與李、劉、孟三君遍游試驗場。暮歸。稚青、蓮溪、潤生、獻夫、蘭浦叔姪共飲。

收信：澂兄，洵店，章彥女院長。

三月初七日（四月二十六日）

卯正二刻起。浙江蠶業女教員之家屬姚永元、蔡之宜來見。王宋坡辭行，仍赴廣西。陳劭吾兄來訪，暢談許久，贈余書帖多種。高太史振霄過訪。午到署。閱文稿。與朗溪商分年籌備事宜應分任。篤齋辭行。與邃安商唐山學堂辦法。

六鐘歸。獻夫備酒肴見饗，稚青、蓮溪、潤生、蘭浦仍同席。

收信：家稟。

三月初八日（四月二十七日）

卯正二刻起。爲曾篤老送行。答拜孫師鄭。訪璧臣親家。與智舒話片刻。到署。閱文，閱稿。寫信：菊兄，柱卿，增受之，張尹人。與瑞臣覆閱補考卷。瑞臣招飲，以體不適未往，面謝之。

晚，蓮、潤、獻、蘭共飲。

收信：程慎原世兄。

三月初九日（四月二十八日）

卯正二刻起。到仲魯處，同仲魯、嗣香、康侯往見楊蓮帥。訪凌大京兆，不遇。晤周熙民。治中將農工學會墨領面交。答拜李光絅、汪伯唐，俱不遇。

到署。與紱、樹二公同飯。午後幼雲至，瑞臣繼至，丞參俱至，羅參事亦至，議分科辦法。閱文牘。暮歸。

課孫女習算。智怡至自津。

收信：江孫兄弟三人并贈壽物。

三月初十日（四月二十九日）

卯正起。薙髮。答榮相父子信。丁奎野、陳西甫先後來，俱久談。王鶴籌來。訪劭吾昆弟，不遇。訪聲甫兄，爲溦兄事。回寓早飯。

兩鐘後入署。士可來，屬其擬地學會及古物保存會簡章。潤沅來交一説帖，爲熱河中學何遥自入奏不由學司考核事。朗溪擬出分科辦法。宗、秦二君商十二日外國教員瞻禮處所。五鐘歸。

晚，與芹香、鶴籌、小莊、蓮溪、潤生、獻夫、蘭浦共飲。

收信：華芷舲、楊鷺賓，俱賀壽；榮相贈朱竹垞硯，張得天字幅，附熙輔臣信。

三月十一日（四月三十日）

卯正起。赴觀德殿行祖奠禮。是日本擬往謁冰相，以幼雲患病，茂蘐未攜衣冠，不果往。

回寓早飯。午假寐。春江、智惺、智開至自津。哲生至自津。晚，槐亭、鶴籌、潤生、哲生、蓮溪、獻夫、芹香、蘭浦共飲。幼梅繼至，紫光至自津。

收信：在初。

三月十二日（五月一日）德宗奉移

卯正起，與幼梅話。蓮、芹、鶴、蘭、槐、潤、哲、紫、獻諸君先後來賀余壽。往祝壽州師相，因梓宮奉移，未收祝敬。

到署。改竄朗溪所擬分科辦法說帖。小食後，往阜成門外圓廣寺，一路行人擁擠，外國人尤多。圓廣寺內設帳棚，候至兩鐘餘。梓宮至，跪送於寺外道北。三鐘半自圓廣寺歸。路闐塞不得進，約一小時始得入城。復到署。瑞老已前至。六鐘後歸。

晚飯三席：芸孫、耀亭、穎伯、蓮溪、芹香、芝舫、鋭生、壽卿、紫光、獻夫、鏡涵、稚青、幼梅、潤生、鶴籌、彤階、春江、槐亭、幼卿、蘭浦、怡、惺、開。

佑宸來，以所擬國文研究會第一次文題見示。

收信：子文、淮生，俱賀壽。

三月十三日（五月二日）

卯正起。與幼梅話。蓮、芹、幼與智怡俱回津。午前小睡。午往候榮相。訪劭吾。答謝亦香，不遇。訪向宸，小坐，遇性庵。到有益堂小坐，遇張安帥之第十二公子，字庚樓者，譯學館丙級生也。

回寓。晚，設席酬客：穎、鶴、敬、錫三、獻、春、潤、紫、蘭、槐、惺、開。與敬韓久談。

收信。

三月十四日（五月三日）

卯正起。與姪久話。袁雲台來訪。潤沅來訪。王勝之太史來拜。

午到署。高等學堂監堂商太史來署久談。譯學館畢業生分學部者六人，是日來署：秦錫銘俄文，錢文選英文，姚長庚；黿厚，王瀛，王建中。閱普通司所擬《小學用費章程》，未畢。改丞參堂所擬議覆《唐山路礦學堂辦法》摺稿，亦未畢。總務司分股各派專員，與瑞老商酌擬定，候冰相核准再行。閱摺議覆閩高等學堂教員、管理員獎案。七鐘歸。

收信：純甫，瀓甫。

三月十五日（五月四日）

卯正起。謝壽：陳列所，工藝局，顧石臣，韓敬孫，陳桂臣。拜客：王勝之，未晤；王季樵前輩，久談。傍午到署。寫復瀓兄信。幼雲來談分科事，擬先辦五科，而商與醫辦實科，法政仍用初議。五鐘後乃散去。閱摺。與瑞臣商改戴擬『議覆唐山路礦學堂摺』稿。七鐘歸。

收信：潤沅還所借《静志居詩話》。

三月十六日（五月五日）直日

卯初起。答謝瑞臣侍郎，未見。借坐憲政館，九鐘散直。拜客數處，晤高雲麓太史，以所書對聯與所臨蘇字見示；晤曉泉大中府。

十一鐘回寓，聞張相到署，遂亦到署，談約一小時。張相去。余與紱、邃二公同飯。飯後改奏底，未畢。兩鐘回寓。

鶴籌、智惺回津四鐘半車。智舒回夫家。

晚，卞宅電話告詒臣親家逝世，驚悼之至，疑其誤傳。復電詢津宅，果信。人生朝露，有何意味！

收信：王竹林，耕亭。

三月十七日（五月六日）

卯正起。電詢津宅，問卞宅情狀。復竹林信。日人宇野《順天時報》記者，以根津一之名刺來見。述根津君言，調查北京中學以上各學堂年級課程。陳一甫來訪。拜訪彤階、仁安。車中讀吴紫洲擬上海軍大臣之條陳，極親切，文亦整鍊，不知何人手筆也。答謝于幼卿、臧佑宸。

午前到署。改奏稿畢。閲文牘，閲稿。閲考書記生卷。閲山東高等學堂卷未畢，接蘭浦信，知卞姻伯亦逝世。又言，詒臣之夫人不進飲食，家人慮其殉也。請轉告梧生昆仲來津，勸慰云云。爲之慘沮不甯。自將卷箱鎖鑰交紱兄，并託紱兄順道訪梧生，徐徐告之，因梧生病久新瘥，且車馬勞頓，恐驟告而驚之，不宜也。梧生恭送梓宫，午後電問之，尚未回津，約今日晚間可到。

三鐘前回寓。勸内子回津解勸卞親家母，内子擬趁明日早車回津。楊紫若、華秩昭先後來。女孫輩聒令教算，强命數題。晚，早睡。

收信：王三表兄。

三月十八日（五月七日）

卯初二刻起。誦《檀弓》數葉。『則將肆諸市朝而妻妾執』，此『執』字即《英文漢詁》所謂柔聲云謂字也。

寫家信內附復竹林信，交內子帶去。

午前到署。閱山東高等卷。閱董懋堂所編《修身教科書》。午後，瑞臣、幼雲、邃庵諸公商量分科大學辦法。暮歸。

墨卿至自津。晚，梧生來述卞宅情況。與墨青談至一鐘半。

收信：張雲摶，家信墨青帶來。

三月十九日（五月八日）

卯正二刻起。薙髮。與墨青話。言仲遠來訪，談約一小時。午，弔東鄰桂兵部。到署。山東卷、大學豫科、師範科、譯學館補考卷均閱，四川優師、直隸高農辦法均議定。閱文，閱稿。七鐘散歸。

芸生來，芹香來。與墨青、紫光小飲。飯後即睡。

收信：家信。

三月二十日（五月九日）　星期

卯正三刻起。小雨。答拜仲遠，未晤。答拜哲臣，未晤。答拜芰孫，晤談良久。法源寺、崇效寺看牡丹，廣和居飯，瑞臣侍郎約也。同游、同飯者，劉仲魯廷尉、恩詠春員外。

弔高俊峰前輩於廣會寺。訪幹臣，未遇。暮歸。約芸生、小莊、墨青晚飯。飯後暢談至十一鐘散。

收信：宇野海作謝昨餉送《京師學堂簡明表》。

三月二十一日（五月十日）

卯正二刻起。邱曙蓉來訪。爲墨青書屏聯。

午後到署。閱文，閱稿。閱直隸高等學堂卷。幼雲來署。暮歸。

晚，與潤生、墨青、小莊談。

收信：華雨村。

三月二十二日（五月十一日）

卯正起。墨青還津，送至於門。孝欽顯皇后几筵前行五滿月禮。訪冰相於會議政務處，瑞臣、幼雲二公俱在坐。

午到署。閱直隸高等學堂倫理卷畢。閱稿。樹五談編《珠算教科書》晏、顧在坐、《農業課本》壬甫在坐。瑩甫來，談調查局立考勤簿事。閱到文。七鐘歸。

耕丈至自津，談沟境新錢行使事。佑宸來談講習會事。

收信：家信兩次，智舒，韓伯鵬，沟店盤查日記。

三月二十三日（五月十二日）

卯正起。仁安來訪，自七鐘談至十鐘。

午前到署。閱摺稿，并校楊子安所擬課程表。閱到文，閱稿。晚，七鐘歸。

崇兒至自津。

收信：聲甫兄。

三月二十四日（五月十三日）風雨

卯正起。十鐘出門，到先哲祠東廡分獻。因雨，在東廡階上行禮。兩中堂、紱臣、仲魯、薇孫、符曾、際雲同飯。飯後散步東偏院。

隨冰相到署，商改摺稿。八鐘乃散。

約澤畬、槐亭、獻夫便飯。

收信。

三月二十五日（五月十四日）

卯正起。伯符孫等隨其母回津。蘭浦假歸。槐亭南行，今日遷住松筠庵。八叔祖來。

午後到署。閱到文，閱摺。晚八鐘半乃散。

潤生至自津。

收信：梯雲。

三月二十六日（五月十五日）直日

卯初起。卯正二刻出門，入内借憲政館地小坐。幼雲來談。東城拜客，出崇文門，次第而西，晤程世兄，談良久。十二鐘歸寓。午假寐。

四鐘入署。閱文，閱稿。將散矣，適幼雲信至，屬將某某卷送冰相處。開單加注，七鐘乃畢，然後歸。

收信：仲遠附師鄭著作。

三月二十七日（五月十六日）星期

卯初二刻起。便衣出門。訪璧臣，不遇。與秩昭、智舒話。謝王子益。謝稚青、壽山、北巡、芝舫、鋭生，俱晤芝舫赴鄭州。謝穎伯，未晤。候榮相，略談，遇梧生。同梧生訪紱老。約之同車，就便談卞府事。回寓飯。飯後大睡。

收信：伯舉留別，言已辭事還里。

三月二十八日（五月十七日）是日改早衙

卯初二刻起。劭吾兄來訪，談約一小時。

九鐘到署。冰相到署，午正去。是日丞參均赴得勝門外勘地，司員俱赴吏部過堂，公事甚簡，兩鐘即歸。

格林來訪，談約一小時，意在購津邑舊東門内藏書室之房，婉卻之。起信草：復謝子文、淮生、朱蘭圃、陸純夫。

改詩未就。

收信：耕亭自洵，范熙壬，袁雲台。

三月二十九日（五月十八日）

卯初二刻起。許孝廉炳堃來見。王生汝始，印江人，大學堂師範四類畢業來見。

八鐘到署。紱臣至大堂，與之共飯。爲言部中事務，有必須丞參與知者。如補署官缺、核給獎勵及校閲奏摺之類。閲保定高等學堂畢業卷心理。

兩鐘後回寓。沐浴。睡一小時。答拜周清任，生霖師之孫。擬訪梧生，遇諸途，邀同馬車談下宅事。到梧生新居小坐。訪亦香，遇二金及獻夫。訪劭吾不遇，與吉人談片刻，約兩君明日晚飯。訪慎原，約晚飯。

收信。

四月初一日（五月十九日）

卯初二刻起。八鐘到署。接閱試卷心理畢。與林、戴兩參議談部務，開出應辦者數條，交朗溪。兩鐘歸寓。

睡一小時。何燮侯來見，爲大學建築宜用外國工程師事。請劭吾、吉人飯。八鐘散。

收信：伯齡已復，家信，智斶信已復。

四月初二日（五月二十日）

卯初二刻起。肖航來訪。接閱試卷理財畢。閱文，閱稿。兩鐘歸寓。寫復智斶信寄俶成。與潤兄談其家事。

收信：兆峰叔，因娶兒婦借百金；家信。

四月初三日（五月二十一日）

卯初二刻起。寫復裕生宗弟信臨漳縣，起稿。梧生來談。到署。劉幼雲來，林、戴兩公先後來談公。閱稿，閱文。午後五鐘散歸。陳表叔至自通州，紫若來訪，均留飯，暢談至夜半。方玉山太史薄暮來訪，談銅官山交涉甚詳。

收信：渤鵬，仁安。

四月初四日（五月二十二日）譯學館行畢業禮

卯初二刻起。十鐘到譯學館，行禮畢，與瑞臣及專門司王、陳兩君酌改奏咨稿，皆廷試事也。三鐘散。

答拜程雪樓中丞，不遇。耕亭丈至自沟。柘浦表叔、小莊、潤生聚談。

收信：洛芬、梯雲，紹乾。

四月初五日（五月二十三日）星期

卯初二刻起。緝之來。梧生來，均談極久。午小睡。夕，赴農工學會。嗣香、紱臣、子深、華甫俱在，六鐘散歸。

柘叔、小莊是日亦游農事試驗場，夕歸，晚聚談。

收信：唐企林。

四月初六日（五月二十四日）

卯初二刻起。劭吾兄辭行。黄中書立猷來見。九鐘到署。閱文，閱稿，閱摺。答拜劭吾并送行，不遇。答拜李香閣，已回高陽。答拜孫少元同年，不遇。蘭浦至自津。

收信。

四月初七日（五月二十五日）直日

卯初起。入内，借坐憲政館。同瑞臣到内務府朝房候冰相談公。訪菊兄，遇幼樵，均留飯。菊兄鬚半白，精神尚好，豪氣不減於前。

飯後到署。閱文稿。潤沅來署。紱臣致定興之意，屬檢覓科學書，以備擬題。訪日本公使伊集院君，談兩刻。紱臣、璧臣來查書三更始散。

收信：梯雲，自勸工陳列所，家信。

四月初八日（五月二十六日）

卯初二刻起。到署。答拜肖杭，不遇。圖書局會議，九鐘入坐，十二鐘散。復回署。閱文，閱摺，閱稿。四鐘散。腹不適，睡約一小時。程世兄來辭行，談片刻去。

收信：寫信快。

四月初九日（五月二十七日） 加班奏事

卯初起。借坐憲政館。聞冰相到署，余與瑞臣同車入署。談至三鐘，冰相去，余與瑞臣始共飯。飯後閱文、畫稿。五鐘散。賀瀛甫壽，未遇。訪亦香、梧生，俱不遇。答拜家伯玉，不遇。賀曹親家太太。六鐘歸。亦香已候多時，留亦香飯。飯後聚談於中庭。洵差至，帶來楊莊稻六斗。

收信：柘叔，瀓兄，梧生，何生培琛。

四月初十日（五月二十八日） 游學生廷試

卯正起。聞李宅昨夜來電話，崧生逝世，潤生今早第一次車回津。開年以來親友故者三，寯峰、詒臣、崧生，皆暴病而亡，令人沮喪無生趣。寫家信，交洵差帶去。

四月十一日（五月二十九日） 奏派廷試閱卷大臣

五鐘起。六鐘進内，借坐憲政館。冰相招赴内務府板房，候瑞臣同往，至則軍機已出，冰相遇於階下，立談一二語，遂還。至學部茶房，與瑞臣坐片刻。世相復招余入，授以圈出之清單。知閱卷已派出，就原單圈出者唐春老、朱愛卿，硃筆添寫者梁崧生及余也。持單復至學部茶房又到憲政館小坐，九鐘到文華殿。唐、朱兩公已前至，監試御史葉芾棠、廖基鈺亦前至，襄校至者章宗元、程明超、曹汝霖、羅振玉、何燏時也。梁尚書未至，候至十鐘，遂先分卷收掌伍叔寶，梁尚書十鐘後至，襄校嵇鏡過午乃至。

余初次分卷十三本，飯前閱六本，飯後閱七本；第二次分卷七本，第三次分三本，又代梁尚書閱四本，五鐘閱畢。將四人所擬上等者彙交愛卿、宗丞總校之，得一等三十本，餘則二等五十七，三等十五。黏籤包裹，曛暮乃畢。晚飯後閱摺。

便衣坊兩御史及六襄校俱略談數語。九鐘半就寢，宿於文華殿之西廊。

四月十二日（五月三十日）廷試閱卷覆命◎先君忌日◎星期

五鐘起。兩御史來訪，六襄校來訪，梁尚書來訪。聞卷箱已發下，四人同詣軍機處面領。借景運門内郵傳部茶房拆封，三書記分繕清單約一小時，即畢交奏事官呈進，隨即將原單發下，傳諭散直蘇拉省曰「傳散」乃出，復同愛卿到文華殿東廊午飯。飯畢乃散。

到署。督令專門司寫榜，俟榜發始回寓。

拜飯。晚，早睡。

收信。

四月十三日（五月三十一日）

六鐘起。彭生敬時來見。郭觀察則澐執弟子禮來見。督僕役安排南客廳。午後到署。

四月十四日（六月一日）

卯正起。到署辦公。

夕，到麻線胡同爲卞姻伯題主，陪者亦香、小泉、梧生，其詒臣一座弼臣題焉。主人堅留飯。小坐興辭。答拜陳鈞侯，至則先期回南。訪晤玉雙，遇性庵、亦香。

四月十五日（六月二日）

卯正起。陳鶴杉、王肖杭先後來。二君本有瓜葛，陳家豐潤之豐台、王家甯河之蘆台，今日乃初相見，肖航託寄《簡易識字樣本》。到署。夕，赴廣會寺弔卞氏喬梓，并爲卞詒臣親家點主。

四月十六日（六月三日）

卯正起。盧生弼，木翁令弟、王生永炅來見。到署辦公。閱摺。

四月十七日（六月四日）直日

卯初起。入直。訪菊兄，遇欣蓮。答拜鹿洛芬。答晤緝之。午正回寓。是夕與獻夫兄爲戒酒之盟，向宸、亦香、幼樵、玉雙來主盟，相約痛飲一醉，自明日起遂不得飲，此戒非獻兄入覲來京，或官成還里，不得開也。自六鐘入坐，十鐘乃散。

四月十八日（六月五日）

卯正起。蹇季常、孫少元俱辭行。江南高等商業學堂教務長陳君福頤持端午帥函來見。程生樹德來見。到署。三鐘歸。芝加哥校長畢爾敦、王生臻善同來，畢君明日出京回國。

四月十九日（六月六日）星期

卯正起。黄村順天中等農學堂開學，凌大京兆約順直紳士往行開學禮。八鐘前至東車站，兼尹陸、府尹凌、府丞阮治中、周熙民、學務處王秋皋、順天中學堂劉芸生均至。順直同鄉有子光、子深、酌升、紱臣、性庵、露波、幼樵、康侯。八鐘後開車站，約一小時至黄村。學堂去車站約一里。主人備馬車、轎車，渡送。學堂係庚子後意國駐兵之所，廣約三百里，因其舊改爲講堂宿舍。學生甲乙兩班，各五十人，甲爲本科，乙爲豫科。霸州崔蔚村炳爲監督。余等始至，周覽堂舍，至十一鐘始行禮。禮成，款飯。飯後，出圍墻，周覽一過。回至門内小亭茶話。是日天氣頗凉，有雨意。四鐘偕康侯、幼樵、性安不候主人之車，步至車站登車。六鐘津車至乃綷以行。七鐘到前門，乘家車回寓。

四月二十日（六月七日）

卯正起。薙髮。王生家駒來見。葉小韓之世兄稟請自費出洋赴英留學，批以是日早八鐘來部考驗。比余至，則葉生以忘攜筆墨爲言，一去不返。閱文牘。午，訪亦香，訪梧生。候璧臣，璧臣患脚氣。訪晤張效彬，談許久。七鐘回寓。稚青兄以電話約見訪，遂候與同飯。

四月廿一日（六月八日）

卯正起。八鐘到署。幼雲來，商分科大學法科辦法。午，接蘭浦電話，知徐子光同年今晨來寓見訪不遇，約今夕四鐘在福隆堂有事商議。三鐘散署。拜客數處。到福隆堂，韓麗生在焉。麗生以與石小亭因債務涉訟，在天津被警局拘送審判庭，以爲大辱，浼同鄉，電託大府究懲。余以爲不可，擬用公函託祁觀察一查。燈後席散回寓。

四月二十二日（六月九日）

寅正三刻起。卯初出門，進内，至皇極門行六滿月禮。禮畢，借憲政館小坐。與喬、孟、徐、劉四君談。訪瑞臣，同詣冰相議事。一鐘辭出。

到署補飯。閱文牘。三鐘回寓。
仲遠、仁安爲渤鵬事來訪，談良久。
四月二十三日（六月十日）
卯正起。秋皋來見。王生汝炲、徐生鍾藩、吴生炳樅、吴生家駒來見。
到署。午歸。
晚，約中遠、仁安、敬韓飯，十鐘散。
收信：湘衡自貴陽。
四月二十四日（六月十一日）
卯正起。姜君錫金來。通州初商堂長朱蓮溪濂來見，捐二十元助之。殷君軨來見。
到署。閱文，閱稿。起信稿致袁項城。
收信：柘浦表叔，津宅。
四月二十五日（六月十二日）
卯正起。祝王師母壽。
到署。閱摺。夕歸。
嗣香前輩來談許久。寫復幼梅信。復槐亭信。以《五十述懷》四律屬紫光以謄寫板印之。寫致仲遠信附項城信，託其隨前託帶去之菸筆等物寄衛輝。

收信：槐亭。

四月二十六日（六月十三日）早小雨

卯正起。北村澤吉辭行。林太守際康見訪。白振民來。鄧仲果來。冰相到署，以電話相招，客散既往。同冰相、紱老飯。午訪嗣香。答晤林太守。答拜介卿。訪菊兄，遇郭嘯麓、施植之。答拜欣蓮，不遇。大學堂議聘教員事。十一鐘歸。

收信：梯雲，高等巡警學堂。

四月二十七日（六月十四日）

卯初起。入直，八鐘散。回寓補睡，過午始醒。訪榮相，車至四牌樓，黑雲如墨，雷電大作，遂折回。

寫復幼梅信，復梯雲信。看《樫華館文集》。追寫舊作詩及聯語。

收信：仲魯，幼梅。

四月二十八日（六月十五日）

卯正起。伯顔復執贄來見。擬信草：經田爲鶴籌事，幼香爲少安事。

八鐘半到署。閱摺，閱文。起信草：經田，幼香。致敬韓信附曹氏幼稚園規則課程。議升祔説帖，屬丞參擬稿。

爲李慕皋襄題。訪榮相，談約半點鐘。賀緒雅壽。訪曠生，不遇。六鐘歸。小莊來。劉伯崇同年、林同年介弼、印刷生陳澍、房士珍先後來。

收信：張世兄厚彭，幼梅屬煩高雲麓書七言聯。

四月二十九日（六月十六日）

卯正起。獻夫兄回津，與話片刻。章馥庭、黄滋萱先後來。梧生來。徐少生令郎名二萬者擬入天津私一中學，是日來見。菊兄來。熊秉三來。曠生來。

午前始到署。閱文牘。習帶引見禮節。丞參議聘工程師事。四鐘散。訪紫光同年，示以祁景彝回信。

六鐘回寓。寫絹幅兩條。房、陳兩生來辭行。小莊來，擬致墨青信，勸其勿因賈家沽道事，延不交款。讀《元遺山詩》。姜君錫金來。

收信：潤生。

四月三十日（六月十七日）

卯正起。會客：洪鑄生、程子箴。寫家信附寄朱經帥信，交秦有帶去。復幼梅信。

到署。閱文牘。起信草答張厚彭，湘衡。午後事簡，臥看《古文詞略》。兩鐘，丞參俱散。余亦歸寓。

讀《元遺山詩》竟夕。蘭浦編葦爲籬，累日不倦，其耐久之性可法。

五月初一日（六月十八日）

卯正起。會客：梧生，朱獻文，朱紹濂，方時翮，錢應清，許炳堃。

十鐘到署。演引見禮。理文牘。

赴緝之、芸台約於先哲祠。暮歸。

讀《遺山詩》。李潤兄至自津，談其家事甚久。

收信：范熙壬，家信。

五月初二日（六月十九日）

四鐘一刻起。五鐘一刻出門。到學部朝房。到郵傳部朝房。七鐘三刻帶引見黃德章等五十一名。

答伯崇，未見。答楊星垣，談許久。

大學堂行畢業式，留飯。

午，回寓小睡。會客：亦香，秩昭，紱臣，渡邊，梧生，唐津田，瞿根約。留孟、徐二公飯。耕亭至自津。

收信：端午帥賀節，幼梅，熊秉三介紹瞿根約，家信。

五月初三日（六月二十日）

五鐘前起。進內，仍到朝房，是日帶引五十一人。出城訪渡邊君，約同游農事試驗場，紱老亦至，遍游各處。是日農工學會到者甚少，惟嗣香前輩、玉如京卿、紱臣及余而已。暮歸。

繼友棠來述冰相之言，今日攝政王令冰相傳諭，因余帶引生疏，命時常練習。余詣冰相處，欲問其詳。冰相云，王第言『生疏』，且疊言曰『很生疏』，究未指出某處錯誤，俟明日入見時再請宣示云云。乃歸。

收信。

五月初四日（六月二十一日）

六鐘起。會客：劉君同彬保定師範生，送入日本早稻田大學肄業，畢業後入研究科，熊鐵崖接管北洋法政學堂，向青柳君電託代選歷史地理教員，以劉應選，今春回國，齊性存昆仲，陳編修振先。

孫師相宅、錢師母宅、王師母宅賀節。訪璧臣，略談。與智舒話。到署。

收信：孫子文。

五月初五日（六月二十二日）午大雨◎夏至

五鐘半起。孝欽顯皇后几筵前加祭，巳刻隨班行禮。貴師母處、崑師母處賀節。回寓飯。飯後大睡。

收信：洵店、津宅，學務公所。

五月初六日（六月二十三日）

卯初二刻起。會客：張鋭甫春濤。到署閲摺。夕歸。黄君右昌來。

收信：木翁，黄叔筠，王韞章臻善。

吏部公文知照『奉仍派考驗第五期報到人才』諭旨。

五月初七日（六月二十四日）直日

卯初起。入直，仍借憲政館坐。晤玉初京卿。答拜歐平西，訪高雲麓，賀虞和卿，俱不遇。到署辦公兩鐘歸。芸生、佑宸先後來談。紀君文瀚來。趙次原、張子綱來見。

收信：純甫，萬廷，航仙。

五月初八日（六月二十五日）

卯初二刻起。會客：何仲蘇，楊雨廷霆垣，黄汝鑑。税務處考驗第五期人才，陶員外葆廉、王觀察玉麟、鍾觀察文耀、魏太守家驊、丁孝廉保樹十鐘半入坐，談約兩刻許。飯畢辭出。

到署。瑞老亦至。三鐘後歸。

方京卿碩輔來見。幼梅來。約稚青、幼梅、仁安便飯。九鐘散。小莊來，言明日因事赴津。

收信：楨岩。

五月初九日（六月二十六日）

卯初二刻起。會客：程蔭南，王永炅，何培琛，金慶章，朱孔文，陳文哲。

九鐘到署。寫信二封秉三，程雪樓。幼雲見訪，約林、戴兩參議共談，即留飯，一鐘半散去。閱文牘。三鐘回寓。

檢甲午以後朋僚來信，擇可存者，擬付石印。晚，早睡。

收信：俞廙翁，劭吾，津宅。

五月初十日（六月二十七日）星期◎小雨

卯正起。會客：梧生，曠生，周棫，周伯伊世兄清任。看《嘯亭雜録》。午酣睡。

楊子安來。晚，静生來。楊蓮府制軍今日午刻逝世。

收信：尹馨山自熱河農學堂，王槐亭附和詩，渤鵬。

五月十一日（六月二十八日）

卯正起。會客：張星五聯魁。

到署。寫信。辦公，談公。

夕歸。會客：王孝綑，彭敬時。

收信：中遠，張旭初，家信。

五月十二日（六月二十九日）

卯正起。考驗人才覆命，進内，在學部茶房坐候，八鐘散。賀那相、孫慕韓中丞。

回寓，體不適，大睡終日，未到署。

收信：陳香士，蕭策五。

五月十三日（六月三十日）

卯正起。會客：鍾介卿，鄭聯鵬。

到署。寫信。理牘。看《明史》。

三鐘回寓。寫信：耕亭，錫三。梅貽琦、張彭春至自保定。小莊來。會客：瞿根約，盧弼，楊華，戚運機。與小莊話。

收信：梯雲，王酌升，顧衡如。

【頁眉】《讀書紀數略》二十一卷。宏治七子：李夢陽北地、何景明信陽、康海武功、王九思鄠杜、徐禎卿吳郡、王廷相儀封、邊貢濟南。嘉隆七子：李攀龍子鱗、王世貞元美、徐中行子與、宗臣子相、梁有譽公實、謝榛茂秦、吳國倫明卿。

五月十四日（七月一日）

卯正起。答陳香士信。會客：徐鍾藩。弔賈佩卿令尊天壽堂。賀哲臣壽。

到署。理文牘。看《明史》。瑞臣未至。三鐘回寓。

楊子安以所擬電稿、信稿呈閱電致各國欽使，信復外務部。李嗣香來談灤礦事。

收信：仁府託送郭春老信。

五月十五日（七月二日）午前小雨

卯正起。會客：沙維山祖烈，江陰人，曹慧齋之内弟也，分省知縣，言有所著古文，後擬送來，黄滋萱編修爲何仲蘇游學事，李茂林姻丈。賀金向宸壽。訪渤鵬，小坐。

到署。瑞臣到。看稿，閲到文。三鐘散。訪榮相，談極久。

到蒙養院參觀，并與七妹立談片刻。渠决言辭保姆之席，從翁姑命也。賀子安、子翼、望臣京察記名。

夕歸。看《官報》柳溪條陳憲政甚顯明。吏部司員來畫帶引奏稿。

收信：楨岩，智鍾十四日到津。

五月十六日（七月三日）

卯正起。會客：程餘九辭行蔭南。讀《明史》徐溥、邱濬等傳。賀華親家母壽。訪梧生。賀亦香。答拜數處。

到署。理文牘，閱摺。

三鐘歸。讀《明史》。

五月十七日（七月四日）

卯初起。卯正出門。入直，在憲政館看《化學鑑原》。與茂蘐談，與瑞臣談。傷風疲倦，回寓大睡，至夕乃起。讀《明史》兼《明紀》。王恕遣少子日見賓客，與今冰相略同。

收信。

『强弓大羽射名王，馬革舁尸汗血香。』袁簡齋詩。許進語：『男兒報國死沙場』。

有明孝宗恭且儉，李謀劉斷謝侃侃。

【頁眉】袁隨園弔襄勤伯詩：『男兒欲報君恩重，死在沙場是善終。』按《明史・許進傳》云：『男兒報國死沙場，幸也。』袁詩本此。

五月十八日（七月五日）

卯初前起。卯正前入内帶引見一名。

回寓小憩。午正崇、鍾、開兄弟三人率清孫至自津，話片刻。

余入署理文牘。瑞老午前至。訪嗣香前輩訪梧生。

寶宅赴鼎臣昆弟及仲魯、稚甫約，客爲菊人、慕韓、幹臣、俊甫及余。十鐘散。

回寓已十一鐘。

收信：幼梅，卞俶成，耕翁。

五月十九日（七月六日）蘭浦假歸

卯正起。會客：許炳堃。與兒輩話。

到署，寶侍郎未到。煩德夫代擬致支學使信稿，余改定，復倩伊謄真送許中書處。

辦公兼繙閲《明史》。夕歸。會客：紫若，顧石臣。晚叙話。

收信：耕亭，梯雲。

五月二十日（七月七日）

卯正起。會客：陶拙存，陳鳳光，周世兄清任。

到署。寶侍郎未到。看稿甚多，看畢。擬製本部歲出款目表。夕歸。晚，看兩兒圍棋。傍夕梯雲以電話招赴小學堂議小學辦法，兼晤菊如、星垣。梧生來。

收信：劉如周顯世，仁安。

五月二十一日（七月八日）晚雨

卯正二刻起。會客：鄭和昭禮□，王曜夫永炅，楊子安。到署。寶侍郎亦到。閱稿。參事廳會議整頓各省已設學堂辦法。女學生服色。五鐘後歸。與女智舒話。會客：朱太守其懿令姪朱經。字經甫？

收信：熊秉三。

【頁眉】成化時，楊繼宗爲嘉興知府，大興社學，民間子弟八歲不就學者，罰其父兄。《明紀》十九卷二十四頁

五月二十二日（七月九日）晚雨

卯正起。會客：張雪廬，鍾紫垣觀察文耀。到署。瑞臣未到。看《明史》。辦公。三鐘歸。性庵來，談至暮。張效良來。孟芹香來。

收信：丁家立，書四本。

五月二十三日（七月十日）崇兒回津

卯正起。會客：區，樞。祝璧臣。候茂蘐疾。

到署。看《南史》。瑞臣侍郎至，商量改稿件。朗溪來談公并改稿。三鐘散。

拜客三處：沙祖烈，陸仲芳，鍾紫垣。

官報局公請徐菊兄、趙獻兄幹臣、玉雙未到。十鐘歸。

收信：林蔚森，周静初宗瀵。

五月二十四日（七月十一日）星期

卯正起。星期不到署，亦未出門。會客：幹臣。

收信：程慎原，王輔臣，家信。

五月二十五日（七月十二日）

卯正起。會客：楊昌銘。到圖書局談兩小時。

到署。瑞臣亦到。看稿。議事。訪慕韓，不遇，留信一件爲周世兄薦事。拜客數處歸。

看《化學指南》《陸詩》。

收信：子均，林蔚森。

五月二十六日（七月十三日）

卯正起。會客：蘇道衡。看《通鑑》。到署。瑞臣亦至。李佳白因尚賢堂學生要求考試獎勵，辨駁十四刻之久乃去。閲摺，閲文，閲稿。五鐘歸。

會客：范吉六。晚，同兒輩認星座。

收信：慕韓，魏鵬九。

五月二十七日（七月十四日）直日

卯初起。到憲政館借地坐。八鐘後散直。松筠庵津邑京官公餞獻夫。余三鐘往，六鐘歸。備小酌，爲潤生煖壽。

收信：李玉峰。

五月二十八日（七月十五日）

夜患腹疾，困憊不能起，臥睡竟日。

收信：華世瑜，王表姪女。

五月二十九日（七月十六日）大雨

卯正起。小愈，午前到署。雨勢甚猛，司員到者絶少，到丞參堂與紱、邃二公談許久。兩鐘歸。
接瑞老信，即復之。張伯苓至自津。
收信：瑞臣。
六月初一日（七月十七日）
卯正起。汪甘卿來。余戟門來。
到署。理公事。接瑞臣信，言在憲政館有事，不得來署。
伯、潤、小、紫偕鍾、開兄弟往青雲閣打毬。芹香、秩昭來，俱宿此。小莊亦宿此。
收信：幼雲，端午橋，華芷柃。
六月初二日（七月十八日）星期
卯正起。王鋭生來，小坐便去。與伯苓、小莊談。偕伯、小、紫、芹、秩及鍾、開兄弟赴同和樓飯。飯後游農事試驗場，舟中遇雨甚樂。暮歸。
晚與伯苓談。
收信：槐亭。
六月初三日（七月十九日）
卯正起。王觀察玉麟來。到署。理公牘。權謹堂、林肖頊先後來談公。靜生、枚良、君九先後來白事。樹五來談公。接瑞臣信，即復之。三鐘歸寓。

接瑞臣電話，往幼雲處相會，因幼雲有引退之志，當面懇留也。六鐘歸。

與伯苓夜談。

收信：崇、惺。

六月初四日（七月二十日）

六鐘起。會客：徐敬熙，劉子楷崇傑。是日張相、寶侍郎俱假。

到署。夕歸。與伯苓談、小莊來。智崇至自津。

收信：毓笙自彰德郭家灣，附袁公子試卷兩本。

六月初五日（七月二十一日）

六鐘起。會客：于君錫垚。到署。

陳柘翁、林墨翁至自津。夕，王用先來。柘浦表叔、墨卿弟至自津。

收信：梯雲。

六月初六日（七月二十二日）

六鐘起。與柘浦、墨青、伯苓三公談。小莊晚宿此。

收信：耕亭。

六月初七日（七月二十三日）張伯翁、陳柘翁、林墨翁俱在京

六鐘起。到署。閲文，閲摺。

收信：房山模範小學教員張席豐，林蔚森。

六月初八日（七月二十四日）數日熱甚

五鐘起。直日入直。訪菊兄，因其四令叔逝世也。問冰相疾，候兩刻乃見，談約兩刻辭出。

到署。閲文牘。午後歸。

收信。

是日正班遞摺，兩相及寶侍郎俱注假，惟余一人到班。

【頁眉】是爲晤張文襄之最末一次。

六月初九日（七月二十五日）星期

六鐘起。會客：陸賡侯，梧生，沙姻兄。

同柘、墨、伯、紫宰崇、鍾、開往十刹海賞荷。假會賢堂飯并約曠生、仲先。飯後赴農事試驗場周游，遇孫潤甫，邀之來寓，止宿焉。

晚熱甚，偶來風雨一陣，熱氣稍減。

六月初十日（七月二十六日）

六鐘起。到圖書局一看，樹五未到，遂辭出。柘公、伯公今早擬回津，强留止之。

到署。閱文牘。拜客。

暮歸。柘翁已回津，執中在焉。與執中、伯苓兩公話於中庭。

收信：林蔚森。

六月十一日（七月二十七日）

六鐘起。與伯、墨、潤諸君閑談，未到署。午，智惺至自津。夕，張伯翁回津，送於門，揖而别。

收信：李茂翁，仁府，天津官小學堂爲挽留墨卿事。

六月十二日（七月二十八日）

六鐘起。會客：梯雲商墨卿事，吴洪元。到署辦公。拜客。

收信：伯厚。

六月十三日（七月二十九日）

六鐘起。會客：吴學海、楊昌銘、周文堃，均黔人。李伯芝帶去灤州案牘若干件。

到署辦公。午後三鐘，赴梯雲約，墨青繼至。陪客有敬韓、雒芬、星垣。登陳列所三層樓，游土地廟。六鐘入座，八鐘歸。遇問泉，今夕始至自津也。

收信：柘表叔。

六月十四日（七月三十日）

六鐘起。王觀察玉麟率學生楊芳來見。午前到署。演引見禮。夕歸。張效良託向徐尚書謀事。

六月十五日（七月三十一日）

五鐘起。六鐘半到學部朝房。七鐘後大雨，冒雨帶引見，冠服衫履俱溼透，倉皇遂歸。午後未出門，與墨卿談。

收信：瘦棱，吴漢聲。

六月十六日（八月一日）星期

六鐘起。會客：熊鐵崖，朱紹濂。

同墨卿赴敬韓約於天甯寺，同局者楊訒齋叔姪、劉星垣及工藝局監工某君。游覽甚暢，素肴絶佳。

午後到工藝局，得電話，知幼梅來京，遂約訒齋、紫若、星垣來寓，候幼梅飯。

飯後談，極暢。

收信。

六月十七日（八月二日）

六鐘起。巳刻到署。閱文。閱摺。

夕，傅雨農來，久談。丁酉一別十三年矣。雨農以道員分發山東。

收信：北洋法政學堂楊、籍、鄧三君爲擬設中等班事。

六月十八日（八月三日）直日

五鐘起。入直。到署。壬午同年公宴端午橋於江蘇館。余十一鐘往，兩鐘客乃到，又兩鐘席散。答拜傅雨農。雨農寓陳孟扶同年處。

收信：支學使前輩，槐亭，梯雲。

六月十九日（八月四日）

六鐘起。午後，鹿賓、智惺、智開歸津。

六月二十日（八月五日）

六鐘起。昨夜睡夢中吐痰於枕席，今晨視之皆血也，甚自驚異。智崇、智鍾隨墨卿、潤甫歸津。到署。

晚，甫就枕，復嗽如昨，喉間作癢，口作甘，痰出則色又鮮紅，且涌出不止。急静坐定攝以止之。旋即成寐。津宅電話來問疾。

六月二十一日（八月六日）

六鐘起。謝客不見。午前到署。

午後出城拜客。到喬宅，遇梧生，請其診脈，爲立一方，攜歸。余終以不信華醫，不敢服藥。

收信：栢叔，幼梅託購書一本，鄭親家。

六月二十二日（八月七日）

六鐘半起。電話約曠生來寓，同訪法國醫士，爲予診疾，先於胸前偏左旉赭色水藥，又授藥水兩種乃歸。曠生談至夕。小莊來。智鍾至自津。

是日未到署，命人取公事在家閲之。午後梧生、亦香同來候余疾。

收信：仁府，雲摶，栢叔，華覲宸。

六月二十三日（八月八日）星期

六鐘起。實甫、支山、亦香、秩昭來，留早飯。午，洛芬、梯雲、璧臣、誦裳先後來，至夕乃散。

支山習造玻璃畢業。余勸其自設一工廠，招集股本，先自試辦。實甫極贊成此議，且許就伊現寓之房開辦。

收信：蕭瘦棱。

六月二十四日（八月九日）

六鐘起。會客：唐企林，哲臣來候疾。

午前到署。閱文，閱稿。瑞公至。答拜緝之，談片刻。訪菊兄，候一小時乃見，遞名條數紙，皆戚友，託謀鐵路事者也。夕歸。智崇至自津。

收信：吴觀察同年家修。

六月二十五日（八月十日）

六鐘起。會客：蕭鳳韶，趙憲曾，彭世俊。德壽，友松，曾因式金識之，今在順天高等學堂充管理員。楊子安來以青島學堂奏稿商量。

到署辦公。瑞公亦至。夕歸。

嗣香、小泉來候疾。實甫、支山來，商玻璃廠事，留飯。池田來診予疾。

六月二十六日（八月十一日）

六鐘起。會客：林先民。是日未到署。午後趙蓬仙來。得劉育湖老伯逝世之訃，夕往弔，遇哲臣、璧臣、協卿，坐片刻歸。育瑚老伯壽八十有八，精神强固，耳目聰明，不意一病遂竟不起。吾邑老成人存者無幾矣。

收信。

六月二十七日（八月十二日）

六鐘起。會客：李響泉爲圖書公司事，蕭瘦棱，誦裳。到署閲摺。

晚，川田醫士來，意欲爲吾診疾，吾方倦，不願受診，使鍾兒見之。

收信：于表弟士俊，瑞莘儒。

六月二十八日（八月十三日）

五鐘起。鍾兒回津。六鐘出門。到學部朝房。八鐘前帶引見會吏部一名，進士館魏元戴，本部四名，官缺。

拜客：雒芬，賀瑞臣壽。

到署。閲文，閲稿，閲摺。明日加班。四鐘散。

劉宅送三，所遇熟人甚多，俱問交部察議事。過楊少泉，小坐。津電話言，崇等趁竹島丸行准三十日。

收信：向蓬蘭魏鼎章八方，夏用卿帶來。

六月二十九日（八月十四日）

五鐘起。是日奏青島學堂事并述旨。拜客。到璧臣處。訪敬韓、紫若爲支山事。到署。閱文。閱稿。李玉坡令郎十三歲及其族孫來見，并攜果品見餽，談片刻去。

俶成來，因誤報投考第一年，商更正之法。余爲致書伯初。俶成親往投之，不遇而返。適梧生亦來，爲擬清摺説帖，帖梧生致陳鷺賓一函，附入送去。與津宅電話，崇等俱不在家，但知明日准登輪。

收信：澄兄，崇等家稟。

【頁眉】上諭：本日學部帶領引見侍郎嚴修、寶熙奏對錯誤，殊乖體制，均著交部察議。欽此。

六月三十日（八月十五日）星期

七鐘起。會客：林蔚森，邱曙蓉。訪訒齋，敬韓、紫若先在。約訒齋會賢堂飯。敬韓、稚青、穎伯、芹香、紫若陪諸君暢飲，甚樂。兩鐘散。

穎伯無車，余邀之同乘，即到伊學堂一看，周歷工廠、學堂兩處李氏父子亦陪導。赴農工會，到者僅嗣、紱、華及余，才四人耳。遇鄧斯安，談其近況甚久。歸寓已七鐘。

收信：子澄，潤吾，伯初俶成事允更正。

七月初一日（八月十六日）

三鐘起。三鐘半出門，到長安門聞編磬聲，知已行禮至禮次，去禮成僅片刻耳，祇及三跪九叩而已，昏暗不辨色，不知到班者皆誰何也。回寓復大睡。大雨如注。午前到署。閱文，閱稿。瑞公擬信稿，公致冰相，爲派游美事宜處總會辦事。夕歸。張憩伯來，久談。

收信：經帥，蔣藝圃前輩，武幼邊，蓮溪。

七月初二日（八月十七日）

七鐘起。蔚森、禮卿、少岩、犖伯、伯屏先後來。留伯屏早飯。午，卞俶成、蔣則先、王臻善、高延儒、敬韓、支山先後來。是日未到署。

復程慎原信。寫家信。

收信：程慎原，家信快信。

七月初三日（八月十八日）

七鐘起。會客：范君熙壬。寫信：寫信，江孫，崇、惺等附胡欽使聯，芷舲復墨公事，張雲摶復朱紹濂事，仁府，伯厚復平君查學事。

午前到署。閲文，閲稿。起信草，與瑞臣聯名致冰相咨商度支部事。拜客：訪符曾不遇，留信一封，爲汪蘇拉之戚謀充郵部大堂蘇拉事；謝哲臣、枚良、亦香、梧生步；答拜方守六，已出京；答拜金伯屏，已回津；答謝林蔚森；答拜曙蓉，已行；答謝少岩。

晚，接梧生信。寫致智怡信附與帳房諸公約數條，告仁曾、仁緒各一紙。

收信：子均附文録一本，崇等自煙台。

七月初四日（八月十九日）潤生回津

七鐘起。復梧生，附奬章一本。會客：陳鶴山。到卞宅遇梧生。答拜：王孝緝已回閩，王秋皋。謝小泉步。

十一鐘到署，適遇大雨。瑞臣未到。閲文，閲稿。假寐。四鐘回寓。

會武翰臣，言中遠，王鴻臚字魁聲，勝芳人，天河師範優級選科畢業生，因璧臣介紹來見。大學師範第一類畢業方敦素普定方策之姪、陳與椿來見。接午帥電。智怡電話言，接長崎電。

七月初五日（八月二十日）

六鐘起。會客：嘯東，符曾，達稚甫，陳蘭生歸自西洋。寫信：耕亭。

十一鐘到署。閲文，閲稿。起信草：復吴挹清欽使、李佳白俱與瑞臣侍郎會名。寫復幼梅信，復潤吾信。

答拜中遠，已行矣。答晤夏用卿，別五年矣。謝歐陽小帆步。到華宅，晤朗泉、支山、舒民、秩昭，與智舒話片刻而歸。

鄧斯安來。燈下教孫女寫家稟。

收信：燕泉附《勺滄泉銘》《瀛谈剩语》，柘、幼、耕、新吾各一件。

【頁眉】吏部察議是日奏上。罰俸半年，係公罪，應否抵銷？奉旨不准抵銷。

七月初六日（八月二十一日）夜雨連曉

七鐘起。補寫日記。復智怡。

午前到署。閱文，閱稿，閱摺。

四鐘後歸寓。稚青來談，極暢，留飯。接冰相信擬奏派周君自齊在學部丞參上行走，遂致書瑞公并原信送去。夜半復接瑞公回信，約明早到署。

收信：玉孫論師範課程。

七月初七日（八月二十二日）

六鐘半起。補日記。九鐘到署。鳳、傅、秦、趙四人先至，預以電話招致也。瑞臣十一鐘到。閱文，閱稿。屬總務司擬片稿奏派周自齊丞參上行走。則先來見，擬初九出京。

拜客：延達臣，陳儀臣，余仲先。松筠庵議事，六鐘歸。

傅子湘來畫稿。

收信：子澄，新吾。

七月初八日（八月二十三日）直日

五鐘起。六鐘出門。入直，九鐘散。

十鐘到署。閲文，閲稿。閲樊少泉所編《簡易識字課本》。子安、君九、静生先後白事。邵雲農來，談極久。

四鐘回寓，時雨方止。

七月初九日（八月二十四日）

六鐘起。八鐘到署。改稿。憲政研究所開講，程郁庭太史講憲法兩小時，九鐘至十一鐘。閲文牘。陳次方、范静生、顧枚良、袁樹翁先後來白事。四鐘散。

拜客：賢良寺小舫叔母，幼雲，益齋。

暮歸。小莊來。潤生至自津。

收信：秩昭，俞廙老，程慎原。

七月初十日（八月二十五日）

七鐘起。會客：王季樵前輩擬告假出都。

九鐘到署。周子廙參議到署。閲文，閲稿。寫信：向蓬蘭，俞廙軒，王燕泉。

午閲新改《修身教授書》第一册。四鐘散。

到華宅。到性庵處。到茂蘐處。

暮歸。楊德孫來。紫封來，留飯留宿。

收信：張石樵。

七月十一日（八月二十六日）

七鐘起。八鐘到署。静生講財政兩點鐘。閲文。幼雲來，議大學分科辦法，至三鐘始去。閲稿。閲局編《初等教科書》，四鐘散。

拜客：陳蘭生，左太守霈。

暮歸。紫封之弟季高來。梅悦韓來宿。與紫封略談。早睡。

收：王聘卿表弟，徐潤吾，孫子文，幼梅。

七月十二日（八月二十七日）

七鐘前起。未起時夏用卿已來拜，攩駕不可，遂急起出見之，談兩刻許。王永炅、歐陽小帆來。陳子雲、金心栽、李範之。

九鐘到署。閱文，閱稿。樹五來談。静生來商游美學生考試事。瑞臣未到。閱《修身教授書》一册完。寫信：孫子文。

拜客：季樵，師鄭，鑑塘，範之。

俶成來。柱卿來。

收信：崇、愠，子澄，芷舲，曹姻世兄。

七月十三日（八月二十八日）

七鐘前起。張星垣？聯奎來。

八鐘後到署。林宰平講政治學。閱文，閱稿。四鐘散。

答訪紫封，不遇。訪榮相，談約一小時。暮歸。

楊耕翁至自洵。張鑑塘來。止宿。

收信：郭孝鹿，夏用卿，朱幼山，伯鵬，伯芝附書三包，玉峰。

七月十四日（八月二十九日）星期

七鐘起。與楊耕翁談。金仲蕃來，與梅生同温習。將出門，阻雨。看《先正事略》，少睡片刻。會客：顏景嵐，薛大可子奇。

午，到劉宅弔祭性庵令尊。到農學會，紱臣、華甫先到，夕歸。

約紫封、耕亭、鑑塘諸君飯。

收信：林蔚森。

七月十五日（八月三十日）

六鐘起。黄箾腴來。與耕翁談。進内，皇極殿前行禮。西珠市口路祭劉育湖老伯，送殯至車站。

到署。閱文，閱稿。叔韞、静生先後來堂。丞参堂坐許久。託朗溪代擬謝賞蔭摺稿。四鐘歸。

寫復曙蓉信。陳稺塘來。本家十叔來。

收信：邱曙蓉奉委署威縣。

七月十六日（八月三十一日）

六鐘半起。會客：李方漁。

八鐘半到署。程郁庭講憲法。閱文，閱稿。子安、枚良先後白事。四鐘散歸。

王君希曾來，面託其代校算學教科書。熊鐵崖辭行。周支山來。稺塘送來書畫五件懷素、夢樓俱手卷，笪重光畫、董邦達畫，王□俱挑山。

收信：李茂翁夫人茂翁本月初一日逝世，智舒。

七月十七日（九月一日）

五鐘半起。因得賞廕生，入内謝恩，四丞參、國子丞俱前至。散後回寓。

飯後到署。閲文牘，閲明日奏事摺。夕，祝鹿中堂壽。赴甯波同鄉屠、陳、陳三君約俱大學豫科畢業。答拜楊德孫，知王友萊至，遂詣之并晤夏同甫。

九鐘回寓。緒雅、佑宸來。

收信：志賡爲學堂學生應游美考試事，原信即刻送静生處。

發信：賀曙蓉，復玉孫。

七月十八日（九月二日）直日

五鐘半起。入直。瑞臣詣世相，議圖書館事，候之至十鐘，乃同散直。

午前到署。静生來商游美試事。屬子安以奏稿與梧生商改，候梧生不至。

夕歸。雨。晚，何閬仙瀛元，夢蓮令公、汪昭晟同來。志賡、潤吾同來。漸逵送乃姪來名頤，字養齋，應游美試。

收信：嘯麟，在初。

七月十九日（九月三日）

六鐘起。静生來商考試事。復在初信。

到署聽講林宰平政治學，因明日考游美學生提前講。梧生來商改奏稿。閲文牘。到考院閲視，至暮乃歸。

備肴八簋爲諸生送場，并爲漸逵洗塵。諴僕役豫備明早送場事宜。金仲蕃、梅悦韓、張仲述、楊冠如之姪（字夢賚）、劉養齋（名頤），凡五人。

收信：玉茂桓，吴子齋。

王大表姪女來。智怡至自津。

七月二十日（九月四日）

五鐘起。六鐘後到署。寫信：石樵，潤沅嗣香所交書目，石表叔，子齋，朱幼山。

督視書題紙，書畢而點名猶未及半。爲時太久，慮有漏洩，乃易他題。命更書之發題，時過十鐘矣。午前與寶侍郎到考院閲視。午後閲文牘。夕復獨至考院一看。收卷畢，督視封鎖，以鑰送交紱臣。暮歸。

與漸逵談。李仙舫來，暢談。

收信。

七月二十一日（九月五日）星期

五鐘起。漸逵還津。將出門，未十步遠，遇伯芝，復還與談。伯芝攜午帥信，并諮議局圖來。屬其直詣仲魯，商量以電話爲之先容。

八鐘到署。紱臣前至，督書記官揭浮籤。午前紱臣去。余閱到文畢。仍寫信：幼梅，錫三，仁府，墨青，穉塘。夕歸。

與智怡、智舒叙話極久。晚，見王大表姪女，略話片刻。與仙舫久談。

收信：澂兄，毓笙，寶軒，東京家信。

七月二十二日（九月六日）

五鐘半〈鐘〉〔起〕。仙舫還津。薙髮。入内，行九滿月禮。至東華門，遇馮華甫，知已禮成，時大雨如注。命僕詢仲魯所在，仲魯約見於憲政館，并晤稚甫侍郎。訪在初，談片刻，攜其《八述奇》後十册歸。

到署，幼雲、瑞臣先至，閱卷諸公俱在。閱文牘。夕，詣孫師相問安。訪肅堂勸勿請假，得允許。訪寶軒，不遇而歸。

於家書中見墨卿所記東游快事，擬系以詩，未脱稿。金少安來。

收信：槐亭，智蠲。

七月二十三日（九月七日） 風起漸寒

六鐘起。補寫日記。

到署。聽講憲法。閱文。午後同瑞臣、邃庵閱試卷，余將平均不足四十分剔出，另存其四十分以上者，請瑞、邃兩公覆閱。一面屬專門司諸君核算粘簽，至晚十鐘粘有眉目。計七十分以上一本，六十分以上四本，五十分以上八十三本（以上爲正取）；備取四十分以上九十三本；次備四十分以上四十三本。總正、備取得二百二十四本。又三十分以上一百廿五本，二十分以上八十八本，十分以上三十八本，不及十分二十本，逾限不取者七本，未完卷者十三本，共落卷二百九十一本。（515）

十鐘歸。是日孟紱臣自晨七鐘來署照料閱卷，晚又照料核算分數，十鐘乃散，辛苦倍於他人。紱臣勤懇耐勞，數十年如一日，可敬可法。

是日智怡回津。王大表姪女亦回津。

收信：吴子齋，津店寄來日記，張蘭浦世兄。

七月二十四日（九月八日）

六鐘起。李方漁來。

到署，將卷箱鑰交專門司。瑞臣九鐘到署。閱文，閱稿。答幼雲信。致李方漁信。游美學務處發第一次榜，取六十八名。三鐘歸寓。

静生兩次來白事。王君祖訓來。

收信：幼雲爲屈監督不收薪水，亦不到堂會議事。

七月二十五日（九月九日）

五鐘起。加班奏事奏建圖書館，一摺三片。散直後，同瑞臣到署。聽講憲法。閱文閱稿。假寐片刻。兩參議來大堂談公。三鐘散。

賀張中堂，因君立補郎中、稻孫得選拔生，晤君立，談片刻而歸。爲孫女講課本。

收信。

七月二十六日（九月十日）

六鐘半起。會王竹孫倫章，爲起咨文事，菊莊（倫正）之兄。改詩擬寄墨卿五律四首。

拜客：到華宅，晤璧臣，與智舒話片刻；答拜方玉山已出京；周厚齋、楊昌銘、李方漁、武柱卿俱出京；答拜樂警余，談片刻；答拜鄧仲果、王小東，俱不遇。

過午到署。閱文，閱稿。四鐘散。

答拜鴻太史志。五鐘歸。

李茂翁之戚鄭文鼎來浙江省城警務長。課孫女。

收信：崇、惺。

七月二十七日（九月十一日）

六鐘三刻起。姜寶軒來，緒雅來。

到署。聽講政治學。閲文，閲稿，閲摺。

答訪仲昭，不遇而歸。

寫信：辭和卿局，致東京信、津宅信。課孫寫信。

收信：王鐵珊，陳柘叔，楊銘修。

七月二十八日（九月十二日）

五鐘起。入直，至夾道直房聞榮相在隆宗門外法部朝房是日榮相銷假請安，因往就之。過乾清門，知其已到内務府板房，余亦到該處，談片刻。待其入對，送至乾清門。余仍還直房，與瑞臣、幼雲談許久而散。

訪菊人兄，知伊有萬生園飯局。余亦擬赴李嗣翁約，遂與同車偕往。至則嗣翁已前至。康侯、仲魯隨至。余與二公步游至燕春園，凌大京兆已先至。後至者子深、華甫、紱臣，凡主客八人。食西餐，兩鐘散。又至農工會一談，乃各散歸。

車中看詩。四鐘回寓。復雲搏信。

收信：于士俊，仙舫，崇、惺自日光山中禪寺萬屋。

七月二十九日（九月十三日）譯學館畢業生是日試國文、人倫道德、外國文論説

六鐘起。張雲摶來。

譯學館畢業學生第一日開考，余往考院點名發題七鐘半。聽講憲法兩小時。閱文，閱稿。叔言、君九、静生、履安、子山、子安、子儀先後白事。屬綏之擬歷史地理題，選題。選外國文繙譯題，託吴肅翁明日點名發題。五鐘散署。

拜客：卞樾庭，汪衮甫，張雲摶晤。

到國子監，與梧生共飯。飯後紱臣亦至。三人聚談至十一鐘。宿於西廂之東廂房。

收信：庸卿，仙舫。

八月初一日（九月十四日）丁祭◎是日試譯學館畢業生外國文、繙譯、歷史、地理

兩鐘半起。四鐘行禮，余陪祀，禮成後回寓，才六鐘。

補睡約四小時。薙髪。寫信：梯雲，庸卿，仙舫，智怡。

到署。閲文件。選題。夕到考院一看。暮歸。晚，備酒肴款金、梅兩生。

收信：魏鵬九，江孫。

八月初二日（九月十五日）是日試譯學畢業生教育、算學代數、物理

六鐘半起。余戟門來。

到考院點名發題。假寐一小時許。幼雲來署，交手摺一扣。監視印題。瑞臣到署，商量稿件。選題。是日有懷挾一名，牌示扣本門分數。夕到考院一看。赴張中堂宅預祝，因是日中祀齋戒期，得衣常服也。晚，寫信：復梯雲，復雲摶，復魏鵬九。寫寄崇、惺信。李響泉、張效梁先後來。收信：梯雲，雲摶，津宅。

八月初三日（九月十六日）是日試譯學館畢業生理財，幾何、三角，化學

六鐘半起。是日仍到考院點名發題。聽講憲法。游美生四十七人來見於大堂下。是日監場稟有懷挾一人，牌示扣考。閱文牘。閱稿。夕歸。牛子衡國銓來，留晚飯。王鋭生來。爲金少安治行裝，明日赴張家口税局差。收信：崔磐石前輩賀節，崇、惺，鄭國賢。

八月初四日（九月十七日）是日試譯學館交涉、圖畫、博物

六鐘半起。是日瑞臣侍郎點名，余未往。九鐘署中電告榮相到，十鐘往。閱文、畫稿甚多。暮歸。

楊述齋世兄來訪，談許久。吴肅翁令郎元甫鍾善來見。收信：袁慰帥、袁雲台，梯雲。

八月初五日（九月十八日）是日試譯學館體操，紱臣右丞往監場

六鐘半起。沙維山來謀館，糾纏許久，至於叩頭。余許以如欲回南，當送川資，其他非力所及。

到署聽講政治學。閱文，閱稿。是日有自費游學請咨之學生二人來部考驗，五鐘後乃畢。一准一駁陳樸准，連彝駁。暮歸。

候信：雲摶，槐亭，洵店，馮華甫，智怡。

八月初六日（九月十九日）星期

六鐘半起。會客：黄滋宣，章馥庭，鄧元翊，袁雲台，李柳溪留飯，伍仲文，陳伯寅。午後拜客：許太史承堯，王杉緑，唐士行，陳稚塘，張新之，以上俱未見；晤璧臣、述齋。

暮歸。曠生來，留晚飯，暢談。

收信：魏鵬九，崇、惺。

八月初七日（九月二十日）

六鐘半起。薙髮。九鐘到署。閱文，閱稿。覆閱教科書。傅學司來署，久談。飯後西花園散步。閱項鎮方所爲《化學名目表》。閱張在初所爲《英文話規》。復幼雲信。
五鐘回寓。寫信：復杉緑，復幼梅。晚飯後早睡。
收信：杉緑，幼梅。
八月初八日（九月二十一日）
六鐘半起。八鐘一刻到署。聽講憲法。閲文牘。飯後散步。會毓少岑，爲宗室學務處事來商酌也。閲摺。
六鐘歸寓。鄧仲果來。電招智怡明日晚車來京。
收信：李玉峰，王臻善，智怡快信。
八月初九日（九月二十二日）直日
五鐘半起。入直，與榮相、勞玉老、寶瑞老談。
答拜柳溪，不遇。到卞宅看智鏻。訪元翊、仲果，談片刻。訪奎野，不遇。
到署。閲文牘。校學部司員官階住址單。畫稿。是日瑞臣未到署。復玉峰信。
復銘修信。夕歸。
臨書譜。智怡至自津，話至夜半。
收信：寶香士賀節，王杉緑，李長綸，崇、惺。

八月初十日（九月二十三日）

六鐘起。李方漁來信，即答之。會客：武柱卿令兄，黄蘊靈内翰家琮。到署。聽講憲法兩小時十鐘至十二鐘。午，閲文牘。閲審定科稿多件。六鐘前歸。復臺孫信，致子琴信，致嘯麟信。晚臨書譜。

收信：李方漁。

八月十一日（九月二十四日）

七鐘起。馮司務士元來。沙維山來。張星五聯魁來。答賀萬禹生放遺缺知府。訪梧生，不遇。訪蒯禮卿，久談。

十二鐘到署。午，潤沅來署。瑞臣至。閲文牘。燈後乃歸。

晚，臨草書、隸書各一紙草臨譜，隸法臨《華山碑》。

收信：崇、惺，智鍾，耕亭，緝之。

八月十二日（九月二十五日）

六鐘半起。寫致嗣香信，附緝之信。

八鐘到署。覆閲譯學館卷。聽講政治學一點鐘，林宰平因外務部電招，故止講一點鐘。閲卷，閲文，畫稿。午到考棚一看，與王君九、彦明允、宗梓山諸君論試事。潤沅來署，談許久，論及補習學堂辦法。渠躍躍欲試。閱卷至燈後乃歸。所謂閱卷者，閱其批語，證其分數，加蓋一章而已。分數間有加減，然至不多是日閱畢者，外國文、理化、幾何、代數、圖畫、博物諸卷。

晚，臨帖如昨。

收信：幼梅，伯芝，秀峰，梯雲，智怡。

八月十三日（九月二十六日）星期

六鐘半起。訪袁雲台，談許久。訪菊人不遇，聞其在東四五巷新宅，乃追訪之。渠方指麾匠役改定房圖，其眷屬亦在焉，不得多談，不辭而出。崑宅拜節。答拜德友松。貴宅拜節，適飈生世兄得賞廕生，并賀喜焉。王宅拜節。回寓中飯。嗣香前輩電約赴農會，兩鐘後往。紱臣、華甫後至，談甚暢。夕歸。

過署外，聞寶侍郎未散，入坐片刻而歸。

李福田來，留宿，談約兩小時。臨帖如昨。

收信：楊韶九，何福麟游學畢業生*，現在河南法政學堂，崇、惺，楊鹿賓。

*原注『貴州門生』，後又删去，改爲『游學畢業生』。

八月十四日（九月二十七日）

六鐘半起。薙髮。山西大學堂總教蘇慧廉來見。梧生來。希明、幼梅來，留飯。仁安來，留飯。

午到署。閱文牘。梧生來，登後樓度量安置内閣所發大庫書籍之所。暮歸。

小莊來，談約兩小時。臨帖如前。

收信：盧木翁賀節，楊同年同高，賀節，林蔚森賀節，端午帥賀節，于海帆。

八月十五日（九月二十八日）

六鐘半起。到陳列所賀開辦之喜。晤梯雲、菊如、石君及瑞西林、張鑑塘、胡霖生三君。石君導余登樓周覽，未歷其半，因有他事辭出。答拜陳稚塘、瞿根約。錢宅、孫宅賀節。答拜蘇總教、孫蔭庭觀察。

十一鐘歸寓。候仁安不至。小莊來留飯。飯後，小莊同潤生出城。余假寐片刻。仁安來縱談，仁安夕去。余起復項城信草，并寫寄壽慳姪詩。與蘭浦圍棋一局。小莊復回，留晚飯。飯後與潤生、小莊談。臨帖如昨。看小説。

收信：孫慕韓，陳栢叔八月十二〔名〕〔日〕自平谷發，附上端午帥條陳稿。

八月十六日（九月二十九日）

七鐘起。潤生回津，因明日崧生發引也。改信草。致袁雲台信、託帶信件送項城豹皮坐褥一封、香胰兩匣、官燕、普茶、蜜件等物，以爲壽禮且報其施。廣和居約述齋世兄飯，陪客彤階、敬韓、梯雲、璧臣、芹香、述齋之世兄、紫若。兩鐘後散。

到署。閱文，畫稿。暮歸。

鋭生偕其弟寶□*來。臨帖如昨。

收信。

*原文留空。

八月十七日（九月三十日）

六鐘半起。讀帖。改信草。

九鐘到署。聽講憲法兩小時。午，嚴幼陵、袁樹五到大堂，談審定名詞事。閱文牘。

晚，同瑞臣赴達稚甫約坐客柳溪、紫東、伯棠、雨人、仲魯、璧臣、瑞臣及余，凡主客九人。歸時將十一鐘矣。

收信：仁府，智開，楊鹿賓賀節。

八月十八日（十月一日）

七鐘半起。九鐘到署。閱卷三包。同君九、静生相度考院地勢，預籌甄録事宜。午，閱文牘。瑞臣到署。同紱臣談督學局與八旗學務處交代事。點派監場收卷官。畫稿，改稿。六鐘散。

晚，臨分書單出各一紙，寫大楷三十六字。潤生自津還，與話片刻。幼梅來電話言今日同李希明、陳一甫來京。

收信：智怡，劉嘯東，黄叔筠賀節。

八月十九日（十月二日）直日

五鐘起。入直，榮相約瑞臣、茂萱及余到聚豐堂便飯，茂萱今日進講也。十鐘散。聽講政治學兩點鐘。午睡一小時。閱視考院。畫稿，閱文。四鐘歸寓。寫大楷百餘字。幼梅來，談至二鼓，留宿。

收信：崇、惺，吴世兄賀節。

八月二十日（十月三日）星期

六鐘起。與幼梅話。會客：馬慕蘧大令，燮侯，孫君士楷爲乃弟求收考，孟玉雙，李伯芝。

午前到署。閲視考院。校閲馬振五所擬『統計表格式』。閲卷數本譯學館。閲文牘，畫稿。瑞臣至。紱臣過談。暮歸。

稚青來訪幼梅，留同食蟹。寫致劉仲魯信，託幼梅帶交。

收信：顧衡如，吴醫官光正，李子勤附盤查日記。

八月二十一日（十月四日）

四鐘醒，未到五鐘即起。近兩日聞南皮相國病劇，頗爲憂懼，夜輒入夢。

六鐘到署。照料考試官，擬題考默寫，江、熊、施、高試法政，范試教育。七鐘點名散卷到三百八十二人。八點考默寫。十一點發繙譯題。兩點發普通學題。五點淨場。

六鐘半回寓。寫信二封黄藴靈，沙維山。與幼梅談話，忽聞南皮相國薨逝之耗九點半，即往。因内外紛忙，未得入哭。晤李符曾、梁崧生、宗子立幼樵師之甥、沈朗齋、張曾疇、陳伯潛前輩及學部司官楊、陳、傅、繼諸人。得聞南皮臨終情狀，改正遺摺、處分家事，神明不衰。古云『生有自來』，公之謂矣。吾國危迫已至萬分，又喪元老，不能不爲天下慟。夜兩鐘回寓。

收信：沙維山，黄藴靈。

八月二十二日（十月五日）

五鐘半起。就幼梅，談甚久。奎野來，余已將出，遇之於門，延入小坐。八鐘到署。督視諸君閱卷。法政：林、施、高秉、黄、程、王魯璠。文科：范。英文：陳蘭生。歷史：石遺、綏之、振民、小莊。實科：陳樂書、虞、路、高逸。余覆閱昨日諸君所校書取卷。閱文，閱稿。閱審定科所閱教科書。因失睡，終日精神惝怳。夕，同紱臣往弔冰相，不覺哭之哀也。與伍叔寶、繼友棠話片刻歸。晚，薙髮。答李子勤信。看小説。候幼梅至十鐘未歸，因先睡。收信：仲果，智開，李子勤爲縣署出示新錢一律行使事。

八月二十三日（十月六日）

五鐘半起。張宅具帖邀陪。天使七鐘到。議禮許久，張小帆前輩以杜文正時親臨賜奠禮節，李符曾以其父文正時遣員奠醊禮節，互證定之。孝子孫縞素跪迎送於大門外。候至兩鐘後，天使濤貝勒乃至。終日出入起坐，殊覺無謂。四鐘到署。閱文，閱稿。覆核繙譯卷三百八十三本分數。又核普通學卷五十本分數。十鐘回寓。

讀小説以息腦力。寫致伯寅信附槐亭退還文憑。

收信：王槐亭。

八月二十四日（十月七日）

六鐘半起。七鐘半到署。覆閲甄録卷，批語，自朝至暮。寶侍郎十鐘至，亦同校焉。中間閲文，畫稿。

晚，監視拆彌封，定榜、寫榜。取二百八十五人，不及格者九十八人，皆法政科也。十一鐘歸寓。

收信：崇、惺十四日自東京，智怡廿一日自天津，項城回信。

八月二十五日（十月八日）

六鐘半起。陳幼樵來。馮司務士光來。與尹大姪女及智蠲話。體倦而臥，遂大睡，越三小時乃醒。

兩鐘後到署。閲文，閲稿。與朗溪商數事，屬其赴榮相處關白。暮歸。晚，寫致怡兒信。

收信：沈姑母；匿名信許周祚昌、陳緯係插班；伯舉。

八月二十六日（十月九日）

六鐘半起。陳幼樵率其世兄用九來見。王小汀錫彤來訪。君九來白事。李福田、瑞西林來。

電告智怡，請傅惕生來京。約費一時之久，電乃到津，而津宅與造胰公司兩處智怡皆不在彼，乃託蘭浦候其來電。余先入署。

預備試事，料理文牘。燈後歸寓。

張伯翁至自津，敘話至十二鐘。

收信：智怡，張雁雲代擬輓張文襄聯語。

八月二十七日（十月十日）星期

五鐘起。入內奏事。聞榮相在內閣住班，往就之。遇幼雲，既而瑞臣亦至。四人同入三座門，將詣學部朝房。途遇菊老，因至伊所憩之農工商部朝房，候旨，九鐘乃散。

是日奉派人員如左：

主試官：聯方、張德彝、李家駒、塔克什納。

監臨官：嚴修、寶熙。

內場監試御史：葉芾棠。

又奉派人員如左：

襄校官：章宗元、黃德章、程樹德、洪鎔、虞銘新、王孝絅、嵇鏡、汪與準、陳榥、林棨、何燏時、路孝植、章毓蘭、程良楷、王國維、張奎、葉基楨、張鍈緒、陸家鼐、江庸、沈琨、傅汝勤。

提調官：戴展誠、王季烈。

内收掌官：晏孝儒、徐亮熙。

外收掌官：繼宗、劉善錡。

彌封官：高凌雯、張祖廉。

堂派内場庶務官：柯興昌、徐致喜。

外場庶務官：宗樹楠、雙泰、慶隆輪班住宿。

隨同監臨照料員：張志潛、興安、恒鈞、秦錫純、重慶、高逸輪班住宿。

監場官三場俱同，分早、午班，每班十六人，兼司受卷者派入早班：劉經繹、王章祜、劉寶和、李春澤、王澤澄、龐厚、秦錫銘、史錫永以上八人兼司受卷，邵濟、存忠、李維藩、張嘉齡、吴思訓、德啟、陳寶泉、李馥、胡德驤假，改傅嶽棻，又改劉唐劭、陳清震、壽昌、李權、祝椿年、崇本、王建中、王瀛、姚澄、吴友炎、恩光、趙用霖、錢文選、温燾、啟元、孫培基。

午前到張文襄宅，是日直隸同鄉公祭。

午正，由署到考院，終日周視指麾。是日未到者：襄校程良楷、外收掌繼宗、彌封張祖廉。晚宿考院。

收信：幼梅，梯雲。

八月二十八日（十月十一日）

六鐘起。張祖廉晨到。程襄校午後到。提調擬内外場事宜，爲改易數字，自本日午後實行。擬監場官規則。張仲昭到差。閱文牘。寶瑞臣到署。夕來考院。終日在大堂監視内場調取書籍者，相續不覺。午後寫信：復梯雲，復幼梅。

收信：崇、惺。

【頁眉】此次奏派襄校，因防漏洩，故事前并未知照。及奏上，得俞旨倉猝關照，多不在家，且有乘汽車他往者。程襄校今日即由天津趕回，故遲出場之限期一日也。嗣後擬先期一日，密爲知照，雖有漏洩之嫌，然較諸奏派之後越日乃入場者，猶差勝也。

八月二十九日（十月十二日）游學畢業考試第一場（中外文字）◎大風驟寒

四鐘即睡。六鐘起。七鐘半點名。八鐘後發名。外收掌繼員外到差。終日巡查東西兩場。

改輓聯。擬手教，誥誡本司編《國民讀本》諸君，榮相意也。今日與瑞臣侍郎酌定後函送榮相。榮相復改數字送回。隨即請子安來考院，將原稿屬伊轉送諸君公閱。

六鐘淨場。晝到文，晝稿。晚飯後，候試卷進畢回寓。是夜瑞公宿考院。

收信：智開。

【頁眉】嗣後，彌封外收掌均須於奏准之日到差。

八月三十日（十月十三日）

六鐘半起。薙髮。看《直隸教育雜誌》。

九鐘到署。閱文牘。到丞參堂，與紱臣談公。朗溪來商審定名辭館事宜。晝稿，

理文牘。子安白事，仲謙白事。李明溥赴青島，辭行。寫致順循信并還論文一本，

託明溥帶去。

兩鐘半來考院。與瑞老同見派赴新疆充教員之時經詮、張啟聰、崇文、恒隆，

派赴黑龍江充監督之文元。

晚，與仲昭立談甚久。宿考院。

收信。

九月初一日（十月十四日） 游學畢業考試第二場

五鐘半起。七鐘半點名。袁樹五在頭門先點一次。八鐘半發題。是日每人發給四題，皆須全作。間有因學科未合請試他題者。終日巡察。晚六鐘淨場。八鐘後進卷仍係二百八十份。

照料員恒石峰言，三場坐號俱同，易生弊端，宜少遷還若改號則太煩勞，且於發題太不便，僅可移其排列之次耳。因議每字之以一二三四五六七爲序者，使二與六互易，四與七互易，則前場之毗連者，此場皆有間隔矣。屬高、恒兩君明日照行。【頁眉】嗣後自第二場起即可照行。

收信：李伯芝。

九月初二日（十月十五日）

六鐘半起。八鐘半進内場供給，率庶務官監視。高曠生、恒石峰督役遷移號桌。彦明允、陳仲騫來理文憑，并函約陳蘭生審定西洋文憑。午後大睡約兩小時。瑞臣侍郎午後至。顧枚亮來畫稿。孟紱翁來白事。寫復伊集院信與瑞公聯名，伊所介紹之井水三郎君須出場訂期再見。

收信：伊集院介紹東亞圖文會井水三郎，崇、惺，鍾。

九月初三日（十月十六日）考試學生第三場

五鐘起。七鐘半點名。吴肅翁在頭門點一次。八鐘後點名畢今日約點三刻鐘，先查號一次，防其仍狃前場之地位而誤也。八鐘半發題。考生請試他題者，酌換數題。

政治經濟科未習民法者，易一貨幣題（其曾報民法者不許）。因早稻田大學新章第二年以後有聽人選習之例也。製絲科未習蠶體等學，易機織兩題（内場無蠶業講習所詳章，故選題之人不能恰合。）西洋商科未習保險轉運者，另易二題（裹校官以該學校章程之某條令示該生此條謂所有課程必須全習也。該生即就是書摘出某條以對，此條蓋謂每星期可選習若干點鐘，聽習某種某種也。因其所陳有據，故許之。）又理化科自言未習解析幾何，又政治科自〔言〕未習外交史，均未之許。【頁眉】宜預告監督處，凡庭考由某校之生，即將某校最新之章程、課程先期寄來。

因換題之故，與内場交涉至十一點鐘乃定。西場監場官查出『收』字四號，懷挾因搜出其書《農林家必攜》，照章掣卷扶出。隨頭牌出場。六鐘淨場。『成』字二號塞先槊第四卷未繕一字，已曛暮矣，遂令交草稿進卷時例將草稿副本撤出，此卷特别將草稿夾入，於卷面批數字曰：『未繕寫，交草稿。』端老又批數字曰：『草稿若全，似仍可酌給分數。』

八鐘進卷，書記四人出場，外場收掌二人暫出。彌封官張祖廉亦暫出，高凌雯留。

外庶務官雙泰出，慶隆留，照料員高逸、興安留。

晚，與曠生話日本留學舊事。浙生濮登青習鐵路工程笑所發題俱不切要，此科實無解人，無怪其笑也。【頁眉】宜預防專門畢業之人。

收信：幼梅，慎原，泃店。

九月初四日（十月十七日）雨◎星期

六鐘半起。補日記。彌封官高凌雯暫出。緝之約今夕在太昇堂飯，告家中以電話敬辭之。與瑞臣侍郎商定文憑分數。明允、曠生共檢文憑審定之從嚴從寬，俱難平允。最後議定，文憑等第仍從嚴，而甄録一場分數在九十以上者提升一級，於是得叁等者三十三人，四等者五十二人，共餘一百九十九人，皆列五等。議定後，填寫校對。燈後乃畢。是日襄校官出場者張執中、張星五、章伯初、沈朗齋、傅惕生、汪與準、王彦臣、陸家鼐、洪鑄生、葉希賢，凡十人。閲到文。改覆命摺底。

收信：崇、惺，陳柘叔，王書衡代撰輓聯。

九月初五日（十月十八日）雨甚酣

六鐘三刻起。寫信：梯雲託詢博公公子之性格；智怡匯東京款。覆閲譯學館歷史卷七十本，胡綏之原校。午前王君九隔窗告知卷已閲畢，即午可以拆封。

午後兩鐘，同瑞臣入內場。同入者彌封張彥雲、收掌劉作霖善鑄、照料員與竹平安、重月亭慶、高曠生逸、恒石峰鈞。繼入者彌封高彤階、收掌繼友棠，照料員張仲昭、秦嘏安，專門司彥明允、陳仲騫，庶務官雙履安、書記官王君直、李柏林正棻。先拆强封，依千字文先類其句「天地元黃」爲一疊，「宇宙洪荒」爲一疊，等等，次類其字從「天地元黃」一疊中理出「天」爲一疊，「地」爲一疊，等等，次類其數從「天」字疊中理出「天一」至「天七」，「地」字中理出「地一」至「地七」，等等，次理其卷三場之「天一」合爲一，三場之「天二」合爲一，每人三場共十卷，次謄寫分數另有記分數之條，將十卷之分數依次填入，次平均其十卷之分數以上俱眾人共爲之，次覆校其謄寫及平均之分數提調戴、彌封張爲之，次查文憑之分數并填入分數條內，隨即平均標注等第張在初、塔木庵檢文憑等第底册，余與瑞臣填寫并注等第，次覆校平均與等第有無錯誤李柳溪。此爲第一周。

其後又覆校分數之總數一次，覆校文憑等第一次，覆校坐號、紅號一次，至十鐘始填榜。填榜者秦、王、李、雙、重、梁，凡六人。三鐘半乃畢。計取最優等十三名，優等五十二名，中等一百九十名。四鐘散。睡三小時便起。

收信：李嗣香前輩，泃店，日使伊集院。

九月初六日（十月十九日）

七鐘起。入内場送閲卷大臣及監試御史出場。答日使信。檢點文件。屬彤階檢點借外書籍。屬庶務官督僕役交代所領器具等。

十鐘回寓。幼梅、庸卿俱相候，談約兩小時。午後大睡至夕。福田來。約庸卿、福田飯，并約稚青兄陪鋭生亦來。晚，與庸卿話。九鐘半睡。潤生回津。

收信：智開。

九月初七日（十月二十日）

七鐘起。補日記。王芸生炳焴新得選拔，來見。與話片刻。渠欲應考經科大學。假寐兩小時。看《滑稽外史》畢。

兩鐘到署。紱臣、朗溪來堂談公。瑞臣到署。積牘頗多，料理竟夕未畢也。七鐘回寓。

晚飯後臨《華山碑》數十字。枕上，看柘浦表叔日記。潤生至自津，帶來家信。

收信：智怡。

九月初八日（十月二十一日）監臨事竣覆命

六鐘起。六鐘半出門。七鐘一刻入内，起單已下矣。近日攝政王蒞政甚早。

與聯、塔、張、李四位話片刻。補畫內閣所擬德宗升祔位次奏稿。答拜王小汀、連仲甫俱未晤。答晤玉雙。到署。閱文件甚多。改稿多件。日本東亞同文會評議員井水三郎來署晤談。閱摺。七鐘歸寓。

李少林候焉，與談片刻。牛子衡見訪現充第二學區半日學堂教員。接灤礦公司開董事會啟并提議事件單，作函繳之。

收信：范内翰熙壬，灤礦公司。

九月初九日（十月二十二日）直日

五鐘半起。改昨晚之信，另書一通。六鐘出門入直，仲魯先在直廬，是日會奏德宗升祔位次也。榮相、瑞臣侍郎、紱臣右丞、梧生國子丞先後俱至。幼雲總監督入對後亦至。談至九鐘散。

同瑞臣、仲魯、梧生往內閣觀所藏殘書，先至大庫一看。內儲題本極多，任檢一二本，皆乾隆前物也。本上有硃批，殆皆批本處所代寫也。此外則殿試策堆積充棟。遠則乾隆，近則光緒。縱橫狼藉，不可爬梳。中書某君檢出奎星師一本，以予瑞臣。瑞臣稱謝攜去。又至文華殿西配殿一看。是處爲內閣清理書籍諸君辦事之處，有包裹之書甚多，皆備次第送學部者也。其殘本極有精者。是日得見宋本《文苑英華》《二程文集》，《文苑英華》尤精。

十一鐘散，到署。飯後至西花園，登假山以當登高。閱文牘。與馬振五商改《統計表》內字句，又以《憲政館教育統計表》託振五代校。此原係榮相託之於余者，以振五於此事熟悉，故轉託之。到丞參堂與吴肅翁商論視學程期。《視學章程》交邃庵覆核。夕，復至丞參堂，與紱臣、梧生談至暮乃歸。

晚，復范内翰信。

收信：朱伯淵，孫師鄭，崇、惺。

九月初十日（十月二十三日）

七鐘起。會毛子龍。寫復陳表叔信，寫寄智怡信俱交洵差帶去。寫致静生信，爲余戟門事。

九鐘到署。聽講政治學兩小時。午，幼雲、静生先後至。預計大學全體人數，肄業館房圖。邱心榮爲爪哇學堂請御書匾額事求見。屬林參議見之。改稿。閱文。六鐘前歸。

福田、小莊、榮卿共飯。晚，與小莊閑談。復幼梅信。見鄧峻山訃文，爲之慘

會。

恒。致梯雲信附洵布二種寄陳。

收信：梯雲，徐伯龍，蘆坨店十一過末關，十三還津，幼雲灤礦擬約梯雲爲議員，發照會。

九月十一日（十月二十四日）星期

七鐘起。會客丁奎野。同榮卿、苐田、小莊游萬生園。飯於燕春園，食洋餐。到農工會，是日到者李、李、劉、袁際雲。暮散。

仲魯約至同和店飯，同坐者李葆初德州人，廣西知府，被議者、符曾、嗣香、紱臣及仲魯之學生三人。九鐘回寓。

收信。

九月十二日（十月二十五日）雨

七鐘半起。會客：胡子巖釗，興義人，指分江西巡檢。賀竹泉德深，武强人，今科法政試中等，張蓴樓棣，雄縣人，大學堂師範科三類學生，在河南高等學堂充理化教員，擬就新疆之聘，既辭河南之席矣，而新疆三類教員已滿額，兹來求爲設法他薦云。

拜客：陳稚塘，劉邦驥，王書衡，俱未晤。晤王竹林、喬梓。

到署。閲文牘。閲審定科稿十餘件，俱畫行。

夕歸。晚，寫致子勤信。小莊送來《廣雅堂詩集》兩册。

收信：武子翁，李仙舫，陳栗堂，智怡。

九月十三日（十月二十六日）小雨

七鐘起。讀《廣雅堂詩集》至竟。同興堂弔鄧峻山，遇張嘯岩丁。拜端午橋，不遇。賀菊人壽，不晤。

到署已過午。是日爲講憲政之期。余適忘，未及聽講。觀游學畢業生演禮。閱文牘。派押槓之司員來請川資。楊子安、王君九、鳳子翼、范静生先後白事。燈後歸。

崔蔚村來見，爲黄村農業學堂請教員事張星五聯魁因省親辭席回晋。

收信：凌大京兆崔蔚村持來，智開。

九月十四日（十月二十七日）會同吏部補考進士館出洋畢業學員

六鐘前起。七鐘前到署。唐春翁七鐘半到。八鐘後點名，凡主事二人，知縣一人。春老留經史各一題，發卷、發題後春老即去。閱圖書局所編教科書。閱文，閱稿。紱臣、朗溪、子安諸君先後談公。燈後歸。仲魯預候於家，留飯，言明晚假會賢堂公請端午帥。陳柘叔來，談至十鐘半。商量試辦簡易識字學塾。

收信：梯雲，法貴，矢部因得奬，寶星函謝。

九月十五日（十月二十八日）會考第二場

六鐘半起。薙髮。八鐘前到署點名、發題、散卷。覆閱局編《國文教科書》兩册。李庶常^{榘}、江庶常^{孔殷}、唐主事^{桂馨}演禮。閱摺。

午後到張文襄宅，是日闔署公祭也。鹿相國點主，陳伯潛、郭春畬兩前輩、瑞臣及余四人襄題。會賢堂與菊、嗣、仲、紱、康公請午帥，談至十一鐘乃散。

收信：崇、惺，習郵政畢業長沙胡光智。

九月十六日（十月二十九日）

五鐘前起。入内帶引見三名^{唐桂馨、李榘、江孔殷}。約榮相、寶侍郎在會賢堂飯。飯後到署。夕，至太昇堂候孫蔭庭、李伯芝、李希明、趙幼梅并約潤沅、嗣香、康侯、仲魯、紱臣。飯後同至自來水公司，議灤礦事。一鐘後乃散。

收信：新公學，張伯齡。

九月十七日（十月三十日）

七鐘起。八鐘前到署。唐春卿前輩來署閱會考卷。余改稿。留春老飯。飯後春翁去。夕，答拜阿簡臣、李少林，俱不遇。到張文襄宅。到自來水公司。

與幼梅赴車站，迎諮議局諸君，未至。復同幼梅回至公司，公司留飯，仍議灤礦事。兩鐘乃散。少泉、潤琴、芹香、藹臣、亮儕、和甫、古愚至自津，亦宿公司。

收信。

九月十八日（十月三十一日）星期

八鐘起。會客：唐少珊有恒，陳敬元學釗，梧生。到梯雲處，觀鑑塘督工，安鑪竈。同梯雲至勸業場周覽。訪禮卿談。

到署。閱摺。小睡而瑞臣侍郎至。到張宅坐約一小時。復至公司。留晚飯。觀所擬上那相信稿。十鐘歸。

收信：正金銀行實相寺，張國楝。

九月十九日（十一月一日）直日

五鐘前起。入直。到張宅陪弔，飯後出。到署。閱文牘。晚，到公司，八鐘歸。

收信：崇、惺。

九月二十日（十一月二日）

七鐘起。朱生芾煌來，爲中國新公學事。爲之細説利弊。到天安門外，是日朝審法部備飯。飯後始入坐，約一小時畢。答拜奎野，并遇玉雙。

到署。榮相、寶侍郎均到署。嚴幾道率名詞館諸君來堂參見。閱文牘。爲朱生寫致袁雲臺介紹信。夕，復到自來水公司。八鐘歸。

收信：黃蘊靈贈莫友芝書小對；瀛甫；智開。

九月二十一日（十一月三日）

七鐘起。是日張文襄發引，余所與路祭凡三處，直隸同鄉燈市口、學部崇文門外大街、天津府同鄉東珠市口，三處與祭畢，步送至前門車站，又行禮一次。

仲魯約同弼宸、瑞臣至太昇堂飯。

飯後到署。閱文牘。夕，復至自來水公司。七鐘歸。耕亭至自津，少安至自張。

收信：智怡，臺孫，盧木翁并書一大包，張仲仁同年語語真摯，當熟讀自惕。

九月二十二日（十一月四日）

七鐘起。皇極殿前行十一滿月禮。答晤徐少生并晤菊兄。約幼梅、耕亭、梯雲飯於裕珍園。

午到署。治文牘。暮歸。

幼梅、小莊暢談。幼梅宿。

收信：崇、惺；敬韓；鄧世兄寄來《上諭存問恭紀》一本，紀鐵香師行誼極得體，文亦樸健。

九月二十三日（十一月五日）

七鐘起。日本人副島八十二偕正金銀行實相寺來談，約曠生陪譯。敬韓來。幼梅還津。

余到署。擬摺片稿。夕，訪榮相，商留禮卿事。榮相慨允。榮相言，擬乘遂安省親回籍之便令其查視河南、兩湖等處學務。七鐘歸。

收信。

九月二十四日（十一月六日）

七鐘起。答賀沈愛蒼方伯，談許久。賀定興相國，大拜。訪瑞臣談禮卿留部、遂安查學事。答拜甯波館盛氏昆弟。石橋別業請菊仁、少生、鳳孫、益齋便飯。主人梧生、仲魯、璧臣及余也。三鐘散。

到署。閱文牘，閱摺，閱稿。六鐘半歸。

智開至自津。

收信：灤礦辦公處，智怡，牛子衡、何師富俱謀館。

九月二十五日（十一月七日）

五鐘前起。加班奏事。隨班行祖奠禮。與榮相議事。

回寓早飯。飯後，爲裕小翁、榮相寫致三河、夏塾、段嶺等處信。拜客四處：陳伯完，張玉亭，曾彝進，賀稚民。賀樹五，晤談片刻。【頁眉】袁樹五署浙學使，徐友梅補登萊青膠道，李少□*補鄂臬。

到署。改《整頓學堂章程》。寫信：田伏侯，子均，木齋。

尹劼諶來。智怡至自津，午前以電話呼之來也。

收信：孫蔭庭。

* 原文留空。

九月二十六日（十一月八日）

七鐘起。會客：王述勤繼勇。拜客：毛邦偉，金天禄，李家桐，王治昌，王繼曾。

午前到署。以明日將赴東陵，往返須十日，將應行交代事宜書於備忘册内。樹五、紱臣、邃庵先後來談公。静生、枚良、曠生、子安先後來白事。

五鐘回寓，整裝。黄芸孫父子來訪，少坐便去。劉仲魯來，談灤州礦事。寫信。

收信：邵雲農，魏鵬九，菊兄，崇、惺。

九月二十七日（十一月九日）宿燕郊李姓宅◎孝欽顯皇后梓宫奉移

四鐘前起。寫信：復武子翁，復仙舫，致菊老爲張玉庭謀事。怡、開兩兒隨行李車先赴前門車站。余五鐘自家起身。到車站，遇吴蔚若、錫聘之兩前輩，鄒紫東、伊仲平兩同年，岳柱臣、景佩珂、熙俊甫、李幼三、李偉侯、陸繼良、曹東寅、汪伯唐、孟紱臣諸君。近八鐘始開車。怡、開隨至通州。九鐘到通州。先過寶通寺站，同行諸公有下車易轎者，余至通州車站乃下，兩站相去止三里。遇衍聖公。怡、開回京。易車行，兩次渡河初次船，第二次橋。十二鐘至燕郊。

租丁街路西丁五房十九間，約距蘆殿二里。同紱翁飯。飯後閑談。未正後乘車至帳棚，周視蘆殿内外凡兩次。又訪東寅於禮部帳棚，坐許久。又同東寅、紱臣至蘆殿後門外徘徊以竢。過七鐘，梓宫乃至。後門外跪迎，繞至南門，擬隨排行禮，忽主位車至，奄人揮逐兩旁人之妨車路者，不能立足，乃回丁寓。

令陳順以食品餽李湘亭丈，并持刺請安。初意行禮後當不至暮，擬親造湘丈之廬，不意禮成如是之晏，遂不果往。又以食品餽松浦，比陳順歸，乃知湘丈已於去年逝世，且居所距此尚遠也。前議作罷。

收信。

九月二十八日（十一月十日）宿白澗李姓宅

三鐘起。四鐘乘車至帳棚，冷甚，復易棉襯、加棉套袴，易皮背心焉。

五鐘後至蘆殿前，昏黑不辨人。頃之，則聞行禮畢矣。不知何時，亦不知何處也。既而梓宮出，跪送於前門外。

九鐘半至泃店。梳髮。繼友棠、曹東寅、彭同九、平蘊山、孟紱老、李潤生、立子常先後至，備飯兩桌款之。縣署爲鳳禹門都統借地早尖，答以鳳都統本至好，即請來店，毋庸縣署備辦。已而禹門來，待飯。飯後暢談普及教育。

一鐘前自泃起行。兩鐘過段嶺，即遥見白〈間〉〔澗〕之蘆殿。時梓宮方過段領之北郊。車中遥見山麓一帶，村人聚觀者亙數里。黄轎三乘，册寶兩抬，自西漸移而東，最後即棺罩也。至蘆殿左近下車，候於殿之北門約兩刻許。已到，跪迎後，繞至前門行禮。禮畢，在帳棚小坐，便至村内寓所寓行宫之西，路北李春如房。時甫過三鐘也。

仲昭來話。五鐘飯。看《湘綺集》。九鐘睡。寫信數行，擬寄智怡。

收信。

九月二十九日（十一月十一日）宿桃花寺西南二里之倉上屯李姓宅

三鐘起。四鐘往帳房小坐。至蘆殿前則朝奠已畢。須臾啟槓。跪送後登車行。將曉極寒。

過邦均，因車簸太苦，步行數里。十鐘過薊州，路循其西城，繞至南城，又至東城，由是而東。是日所經之路，御道與官道截然爲二，各樹木牌爲識，極有條理，但車馬悉出官道之一塗，壅不得馳。偶遇寬廠之地，僕輒加鞭，顛簸彌苦，屢呵禁之。薊州去白澗四十里，又二十里至桃花寺。一路循山麓而行，四面俱山，風景絶佳，仿佛黔之安順府。行宫在山半，尤爲得地。

兩鐘跪迎，繞至前門，候極久。而主位車又至，衆辟易。余方覺體不適，乃徑往所租倉上屯寓舍憩焉。寓舍爲李、尹兩姓東西各院，西較軒敞爲宿舍，西置庖焉。

九月三十日（十一月十二日） 宿隆福寺山下苑副某宅内

三鐘起。四鐘半乘車至蘆殿前，甫立定，即行禮。是日有禮部人在外傳呼恭送梓宫的行禮，故得不失時，亦不愆地。隨行三日，今日第一日得與朝奠之禮也。跪送後即登車行。車馬争道，較昨朝尤甚。余力遏僕夫，勿使争，恐其鬭禍也。後聞繼員外言，有某公之車爲他車所擠，墮入溝中。繼過而見之，未知其究竟何如也。

九鐘，至隆福寺蘆殿前跪迎如禮。繞至前門，立許久而主位從太后至，主位車横排門外，占地甚多。太監復麾人，且訶斥内一豎，喋喋不休，大略似言『官任何大終是奴才，胡乃不知警避』云云。余固立於遠處，不伊妨也，但厭聞其語。繞黄布城外，擬出後門，則已塞，又自網城内繞至其地，仍不可出，又返出網城，乃得出。與紱老同回帳篷，乘車至寓所。王君直所看定之房，其上房爲景東甫所佔，同人不平，余嘿以已之。

梳辮。看湘綺詩。《湘綺集》，瞿根約所贈也，前日車中遺失《文集》第三本，索之不得。看湘綺詩，至九鐘睡。王汴生來訪充藩司委員，專辦酒席煤炭。

所見各部院人列後：内務府大臣奎、景、增；吏部瑞鼎臣；度支部紹、曾剛甫；禮部景、郭、曹、李；學部嚴、孟；陸軍部姚石泉；法部吴蔚若；農工商部溥、熙俊甫、李偉侯；郵傳部汪、李幼山；理藩部恩子宸；翰林院錫鈞、周克寬、景禐、周爰諏、王壽彭、黎湛枝，王、黎係派埽青；八旗都統鳳禹門、岳柱臣、顧漁溪、明；都察院伊、陳田；閣學瑞玉如。

肅邸乘馬車。内務府大臣景、奎，禮部堂官景，民政部堂官林皆乘轎。法部左堂吴蔚若前輩獨乘一雙轅外雇之車，無引馬、跟馬，已儉矣。錫聘之前輩則在通州雇車，往返以通州爲起止，既收駕輕就熟之效，又無勞民傷財之慮，尤爲可法。吴蔚老宿帳棚内，不另租房，尤爲得法。但帳棚須氊裹，且須内外兩重。

十月初一日（十一月十三日）晴，午風◎宿裕陵小圈李姓房

三鐘起。四鐘至帳棚略坐，既往蘆殿前行禮，跪送如昨日。九鐘至定東陵將至，十里内外松林夾石路，蔥蔥鬱鬱。先至所租民房小坐，即同紱翁步至陵前，立候約兩小時，跪迎神輿。又於丹陛下行朝奠禮一次，又行時饗禮一次。乃回所租民房内地名裕陵小圈，房東李姓。看《抱冰堂弟子記》，書名『弟子記』，而時有近於抱冰自述之語，殊所未喻如『賢王之意則可感矣』『似尚不悖於古人「不攜一硯」之義也』等語。再寫家信數行，封入廿八信内，託仲昭弟帶至薊州交郵局。又爲仲昭寫介紹書二一致雍波，一致洵店。

恭送梓宮。三人俱旋京立、繼、張，惟君直留。嗣聞立以車遲，今日恐不能抵桃花寺，改期明日回京。押槓三人亦旋京周、李、榮，惟同九留。曹東寅、王書衡來訪。共閲《廣雅詩集》。書衡談文襄遺事。

同紱老訪榮相，小坐歸。高延儒來訪，談約一小時。晚，約立員外來，同飯榮相餽肴。飯後，仍看《湘綺集》。九鐘睡。沿途所住寓舍以隆福寺一處爲最偪仄，今日所住爲最軒敞。

擬答繆曉珊前輩信稿，未畢。

十月初二日（十一月十四日） 孝欽顯皇后饗奠

五鐘半起。小食後同九來，同赴帳棚略坐，即到隆恩門外。七鐘行饗奠禮有祝文。冠服往燎所，隨行行禮。禮畢回寓。

梳辮後同紱翁步行出門，至裕大圈訪東瀛，小坐。又到鹿中堂寓所，中堂未歸。與洛芬談片刻。洛芬導至工程處，晤魏梯雲、陳敬韓、馬仁甫、高延如，小坐。約延如來寓共飯。東瀛隨至。

午正出門，延如導東瀛、紱臣及余步行，先瞻仰高宗裕陵，前面蟠松四株，左右各二，左右如有一絶大者，姿勢甚佳。循龍鬚溝北行，登其後面之砂山，四面多有障礙，不得縱觀。東行里許，見一大石橋，坐憩其上。少頃，乃北行瞻仰世祖孝陵北面山勢極佳，坡左右漸侈，而下如人字形。前面亦有蟠松，但僅東面一邊有之，其西則無。孝陵神路甚長。讀碑樓中所樹碑孝陵碑樓僅有短栅，故得見碑文，此外皆通栅，不得見碑也。坐碑亭階下憩焉。延如向守陵某官尋得茶來，某官增姓，來致殷勤。

四人步回寓所小息，飲茶約一小時。復同東瀛、延如出門紱翁倦，未同行，北行，折而向西中經緑瓦園寢一處，在定陵之東，定東陵之西，瞻仰文宗定陵。裕陵、孝陵俱在平地起築，定陵則殿阯甚高。登隆恩門丹陛上南望，寥廓無障，對面之喜峰口、龍門口等口歷歷在目，景色最佳。惟北面山勢不正，未知堪輿家評論如何，但據形勢言之，似覺未愜。定陵前碑樓之外石坊一，石坊之前朝服石人二，戎服石人二，馬二、象人獅二瞻仰既畢，南行繞過定小圈、定大圈至裕大圈，入其南門。與東瀛、延如別，余訪鳳禹門，小坐而歸。途中見清文學堂在裕大圈南門内路西，現爲順王公館。門外有榜示，列甲班優等、乙班優等云云，合計學生才九人。榜之前門署總管郎中、查學官哲。

五鐘一刻回寓。定興相國餽肴，約同九、子常來共食。飯後又談良久乃散。

今日約行十里許，行時未免喫力，既歸，乃覺暢適異常。運動之有益衛生，此其明驗。終年在京，非車馬不出門，真非計也。

與紱翁談至九鐘。夜夢中聞端午帥餽食品，卻之，語殊不和。翌晨追憶，頗以爲悔，當時蓋惡其深夜喧擾，而忘其主人之美意也。

十月初三日（十一月十五日） 孝欽顯皇后遷奠

三鐘半起。五鐘至齊集處，爲時尚早。榮相、紹侍郎約同至東配房小坐，因與紹侍郎談學部預算表事。天將明始行禮，至燎所。行禮畢，復回齊集原處。内外隔絕，渺無聲息。向例視階上人揚手則跪叩，此次見揚手而跪，已乃知彼乃唤人，非作行禮手式也。一叩之後遂各散去。

東瀛來寓共食。食畢，延儒、洛棻先後至，復爲設食。食畢，洛芬去。延儒導游各處。先瞻仰聖祖景陵景陵規制與裕制相似，惟石人石獸之數與定陵同。出圍墻俗謂風水墻，至馬蘭峪。是日爲大集之期，廛市闐溢，乃下車入。自西門步行出東門，城内街道甚長，尚屬繁盛，出城後與車相失候，約一小時乃俱至。由馬蘭峪行十二里中穿過一山，又涉一灘河，至水繪寺觀湯泉有聖祖御碑刻《御製温泉行》一首，七古三十六韻，康熙十七年刻石。又西行一里許，至茅山。茅山有亭，在山腰。登其上，四望豁然，憑眺片刻。其下有寺，寺有道士，以天晚未及往訪也。

五鐘半回寓。魏梯雲、馬仁甫、陳敬韓餽肴，頗豐，約立子常、王君直來共食。是日行路較多，加以登陟，晚飯後頗覺疲倦。薙頭。

敬韓偕寶侍郎之大世兄名志庚字伯辛者來訪，談許久乃去。

今晨有人在定東陵後山照像，拿交民政部，民政部又送交直隸。

十月初四日（十一月十六日） 孝欽顯皇后奉安，是日并行虞祭禮

六鐘半起。到裕大圈答拜王書衡、陳卓齋、□伯强。曾剛甫參議詩録後：

《恭送孝欽顯皇后梓宫奉安定東陵恭紀》：風動高原見羽旂，萬山雲氣接霏微。悠悠輦路空秋草，兀兀琳宫閟寶衣。扶日正瞻元祐治，曉星迴望建章稀。十年樹木饒松柏，耐向霜晨作翠圍。

九鐘前花衣往候行禮，至十一鐘由禮部官導入隆恩右門，在丹陛下齊集，隨同行禮，跪送神牌，候過輿。

回小寓。一鐘登車往大圈之南門外，會東寅、剛甫同行。入喜峰口，下車步行，登高北望諸陵，歷歷在目，氣勢極佳。又登車迂折，行將下陂，又下車偕曹、曾二公步行至山麓，即隆福寺之山之麓也。剛甫云，穿喜峰口較之繞龍門口近可十五里。登車復行，沿路御道有綠頭粉牌書『槓夫若干段』者，因其號數可以知已行路程之遠近。隆福寺與桃花寺之間有村，曰榆各莊。去桃花寺數里，有村曰……*門其外設黄幄，聞係皇太后回京時茶尖之所。

五鐘後至倉上屯，尹氏宿焉。

聞昨日拘送之照像人，本日又交大理院。大理院奉派陵差之堂官唯有書衡。書衡原約定同爲盤山之游，有此枝節，竟不能通行。

*原文留空。

十月初五日（十一月十七日）

三鐘起。四鐘前登車，行過薊州城外，天尚未曙。下車小步，僕夫買餅餌。復行。

曙後過一老嫗，手提雜色秫稭織成之圓筐，向東行。余問：『此物〈買〉〔賣〕乎？』嫗止步曰：『然。』買其三個，問：『此地距盤山若干里？』答曰：『十二里。』初下官道時，僱一村人爲鄉導，告以赴天成寺下院，比至見一寺，非余所識。問寺名則天祥寺。此寺又名下天成，故誤以天成下院，即此也。余僱一童，改道趨天成，凡數折乃逢舊觀。東瀛、剛甫一同步登。兩君且行且贊，贊不絕口，咸賞山石之巨。東瀛詫爲生平所未見云。到寺，遇雍波，年七十矣，精神不衰。詢其徒性存，則已於乙未年化去。今一雛僧，又性存之徒也。少焉，雛僧歸，一見如故，以嘗聞諸雍波，稔余昔年宿該寺故事也。名照林，丐余字之。代乞諸剛甫，字之曰『慧初』。曹、曾、彭、立四君游萬松寺，余未同往，與紱翁登後山徘徊翠屏峰下，尋舊日舊題，追念乙酉同游。竹軒表叔、小雲世兄墓木已拱，感愴不能自已，益流連不能舍去，既下復登者再。

剛甫題壁云：高臥田疇記舊聞，捫蘿攀葛一相存。風霄已限樵蘇路，只有蒼髯似隱君。

僧備早晚饌俱精。余欲宿中樓，曹、曾慮其寒也，爭之甚力，乃移與二君同榻。夜與二君縱談時事。酧僧香資四十元，敬使四元。

十月初六日（十一月十八日）

四鐘半即醒。將六鐘起。復登後山一次。七鐘將行，又至翠屏峰下作别乃出。步行下山，隨路休息，流連眺玩。

九鐘至山下登車，僅一小時已過邦均，十一鐘半過段嶺。曹、曾、孟三君因時甚早，欲今晚宿夏塾，而早尖改至三河。余見志青、錫三尤忙已甚適逢大集，遂贊成此議。一鐘前到泃店，六人共飯曹、曾、孟、彭、立、嚴。飯罷，五人俱行，惟余獨留，因錫三來訪，余不忍速别，又欲小憩也。

邀錫三同往高等小學堂參觀。堂長盧心田守存、教員任海航步瀛、學董楊星垣辰俱見。略詢學堂情形，至講堂參觀，又索觀學生成績，又至學生宿舍一看，約歷時一小時許，乃辭出。學堂歲入東錢萬餘竿，而歲出千餘金，不足則取之於洋線捐、羊市捐、船捐。學董可省，省則月節十六金。勸學所總董十六金，勸學員三人各五金，每年須四五百金。此款疑亦可省。學堂膳金月三元，學生出一半。紙筆、燈燭、操衣俱學生自備，辦法尚屬覈實。所以費多之故，一由辛酬多，一由膳費尚須貼補一半也。

同錫弟至魏宅。魏三伯母及如齋令正、莘耕令正、劭純令正皆見，直夫老伯之長女所稱魏九姊者亦見，郭同禮之夫人亦見，蓋三家同居一院也。先在魏伯母室久坐，既出，又至魏姊室。魏姊爲余兩人言魏宅娣姒不和情形，懇爲設法。又至郭同禮室一看。同禮煙癮自云已戒，而其妻則言未戒。其妻能制其夫，使不得盜買衣物，又能買田宅長子孫。余以爲是女中之豪傑也。

回店已曛。錫三、秀翁、耕翁、子勤飯於草廳。盧堂長持該堂教員、管理員、學生姓名單來見，談許久。所談該堂大略已記前半葉。到門櫃，與劉桐軒、孫輔臣、馮澤寰、陳少堂談刻許。與錫三談魏家家事，與錫弟商贈魏家錢數魏三伯母，如齋夫人，莘耕夫人，魏九姊各十元；劭純兩女，同禮兩男每人兩元。與楊、李、吴三公略談公事。十鐘後睡。

十月初七日（十一月十九日）

三鐘起。將行李命車載以先行，余復睡約兩小時。六鐘後起，至東大院閲視，即昔年與幼梅、伯舉習射之地也。七鐘後與伯舉及諸位同人作别登車。車行甚利，過夏墊甫過九鐘，午正後至通州。在城内西大街興勝棧早尖。未正後乘車至鼓樓北靳家胡同高等小學堂參觀，先見漢文教員詹葆庸名中，導入講堂，一教員方教音樂。詹亦應上課，余趣之去，獨留此堂，方周覽壁上所揭規則。而堂長李鶴孫至，又導至後層講堂。詹教員方課習字。立觀片刻，與李出，至接待室談刻許。

辭出，出南門，至寶通寺車站。時距開車尚有兩小時之久，與站長鄭卓雲話。

又出至木橋上徘徊，復入坐，遇提督衙門幕友桐城張念先。五鐘後登汽車。六鐘後至前門。智怡率邵恩來迎回寓。

收信：李伯芝廿七；直隸第一小學，沈姑母，劉維霖，崇、惺俱廿八；李伯棠廿九；魏鵬九，實相寺俱卅；崇、惺，胡克之，李伯芝，上海老晋隆洋行俱初二；韓伯鵬初四；李伯芝初五；沙維山初六。

十月初八日（十一月二十日）

五鐘起。是日遞安摺入内，在學部直房坐候。與孟紱翁遇，東寅、剛甫亦來，候膳牌發下即出。回寓午飯。

吕大令啟瀛來辭行分四川。有復旦學校教員江陰王培元來訪，見則知其本係訪幾道，而誤詣余也。自幾道來學部，又適寓石駙馬大街，投信者往往誤送余，嘗既拆閱而悟其非，復遣人送幾道。幾道亦嘗誤拆，與余同。今日王君又誤訪此，亦一趣事也。王君深致不安，余則以爲可喜。

赴蓮花寺弔姚重光之太夫人，遇尚之、柱臣、彭君汝疇。到署。閱公牘。閱《算學教科書》。閱摺。傅潤沅來署談。燈後歸。飯後，與支山、茀田話。寫屏額六紙，崇、惺代竹島丸船員求書也。十鐘睡。

收信：田伏侯，王槐亭初七，張晴園葵陽，初七，崇、愷。

十月初九日（十一月二十一日）直日

五鐘起。入直。九鐘回寓早飯。楊楨岩來，與略談。昨寫屏額太劣，更書之。執中來，因伊保案事。伊在保定師範學堂已六年，應得異常獎勵，但外省不能保京秩，若交部核獎必致獎直隸州，非所願也。惟督撫專摺奏獎者，即保京秩亦往往得邀恩准云。

十鐘往迎神牌，甫入西長安門，神牌已先到，進天安門，因徑入太廟陪祀。十二鐘禮成回寓。假寐約兩小時。

三鐘入門，至湖廣館觀展覽會。督學局所辦初等工藝，文寶卿所辦右翼工場，大學堂所設博物實習科，成績俱優。託鳳子翼回署辦謝加級恩摺，與紱臣聯銜。五鐘回寓。

晚，朱芾鍠來。曠生偕王叔勤同來。小莊來。張晴園葵陽來。

收信：通州高等小學堂寄職員、學生名，趙式如。

十月初十日（十一月二十二日）

五鐘半起。謝加級恩，入直房，遇榮相、紱臣、鳳孫。鳳孫因署右參議謝恩也。

賀定興大拜。訪午橋，遇榮相及書衡。答拜朱桂莘。訪仲魯大理，不遇。

到署午飯。紱臣、朗溪、樹五、次典、明允、芷庵、君九先後來大堂談公。閱文牘。訪禮卿邀其明日到局。回寓，仲魯已候許久，相約明日往見那相。

收信。

十月十一日（十一月二十三日）

七鐘半起。薙髮。會張玉亭。到憲政館，訪仲魯，聞陶齋已落職，遂不往見那相，小坐而出。

答訪格林，不遇。見其同會之兩牧師及一華人。

到署午飯。寶侍郎已前至。午見江監督國珍，長洲人，人甚明爽。幾道、禮卿來大堂談公。曠生辭行。鳳孫到署任。同寶侍郎訪榮相議事。答拜曠生。燈後歸。

鑑堂來談，聞將辭陳列所之事。

收信：曹再韓，智開。

【封面】己酉、庚戌日記（十月十二日起，四月二十九日止）

【内封】己酉、庚戌日記（十月十二日至，四月二十九日）

己酉十月十二日（十一月二十四日）

七鐘半起。會客：曹俶甫，陳笙陔，張卿五、馮士光訪嗣香前輩。到署。幼雲來談。到丞參堂與禮卿論補習學堂辦法。閲文牘。閲《視學章程》。閲《檢定教員章程》。梧生來談，七鐘乃去。八鐘回寓。小莊以《英語話規》印樣見示。收信：菊兄薦伯崇同年；寄廬天津仁壽里。

十月十三日（十一月二十五日）

七鐘半起。會客：梁志和志和，王槐卿治昌，劉芸生。到署。聽講憲法兩點鐘。瑞臣同飯。飯後蒯京堂過談。閲文摺。改《視學章程》《女學生服色章程》。到名詞館一看。晚，赴夏同甫約於甯波館，同坐晦若、玉初、瑤圃、幼雲及甯波梁同年壬午，甲午。十鐘歸。寫寄雍波和尚信，又致耕亭信。

收信：范熙壬，劉仲魯附洋文報，屬寄交天津寄廬。

十月十四日（十一月二十六日）

七鐘半起。九鐘出門。拜訪晦若前輩，不遇。訪梯雲久談。訪敬韓略談。答拜俞君晉玢廙軒侍郎令孫。答拜劉用民禮部，晤惺庵，略談。答拜蔣則先，已出京。答拜龔君心銘。

到署飯。飯後瑞臣老……*閱文牘。

暮，答拜衍聖公，談刻許。賀鳳孫，不遇。赴幼雲約，同坐沈愛蒼、瑞臣、符曾、木齋及李君林清。十一鐘回寓。

收信：同甫辭十六日飯局，鄧仲果，劉嘯東，耕亭，貝季枚，張仁府餽春茶、帽架。

* 原文留空。

十月十五日（十一月二十七日）

七鐘半起。拜陳伯潛前輩，不遇。訪小莊，略坐。

到署。聽講政治學兩小時。午，榮相到署商數事。閱文牘。四鐘赴紫光、鑄言、子深、鶴田、鷺坡、康侯六君之約於電燈公司。候至八鐘始入坐。十鐘散歸。

收信：田伏侯，陳棠贈對聯，崇、惺。

十月十六日（十一月二十八日） 星期◎暮風夜益狂

七鐘半起。余仲先來。訪張卿五，不遇。赴東瀛約，是日其家幼稚園開一週年之紀念會，十時到十一時半辭去。石橋別業約柳溪、禮卿、樹五、鼎臣、稚甫、瑞臣、仲魯飯，四鐘半乃散。

同仲魯訪緝之，不遇。訪梧生，不遇。候壽州師疾。六鐘歸。

晚，治酒爲蘭浦表弟豫祝，招伊令姪三人來陪。智舒歸甯，與叙話。

收信：子均，勸學所，王，劉蓉生、華芷舲。

十月十七日（十一月二十九日） 早風未止

七鐘半起。金伯屏來。于君士俊來。項進士驤來。

午前到署。寫提學使清單，底稿一分。閱文牘。

壽州師相今日辰刻逝世，暮往弔。約緝之、伯芝、紱臣、仲昭、仲魯、嗣香、次原、壽山、潤生晚飯。十二鐘乃散。

收信。

十月十八日（十一月三十日）

七鐘起。蘭浦回津，已登車矣，追及於門外，揖送之。薙髮。

八鐘到署。寫提學使清單一份。十一鐘到壽州師宅，約陪天使也。至則聞天使須兩鐘乃至。因復回署午飯。瑞臣亦至。一鐘後，復到孫宅。天使朗貝勒兩鐘至。鐵、徐兩尚書，楊杏城同年及余四人陪。三鐘自孫宅出。

答拜陳卓齋觀察元祥，卓齋前永定河道，鶴靈先生令孫也，爲夏薇卿之内姪，月初遇之於東陵，昨復來拜，今日答之，談片刻而出，遂回寓。

鑑塘來。晚飯後濯足。寫信：李伯棠廿一日交晏雲卿，幼梅，仁府，仲和十九發，格林二十發，智怡二十發，紱臣。簽總務司稿。閱摺兩摺兩片。

收信：東寅送圖景葉書。

十月十九日（十二月一日）風

五鐘起。入直。與榮相、寶侍郎談公。散直後同寶侍郎到憲政編查館，商改咨稿咨各部院、各督撫選送碩學通儒充議員。訪午橋，小坐。

到車站迎墨青，至則僅見崇、惺兄弟，與之聯車同歸。智惺所乘車行過鮑家街，騾驚逸，車觸石而覆。惺口輔之間劃破，幸未受他傷。與崇、惺話。訪伯芝小坐。

到署理文讀，約一小時。

到孫師宅，候送庫。送庫至梁園，同伯芝、鑄生借宛平模範小學小坐，候車。晤其堂長齊君奉天人及張教員淳。

復到車站迎墨青，與之同載而歸。周嘯麟同華實甫來，十鐘去。改電稿同鄉公電陳小帥，留洪述軒直刺。

收信：壽山，仲魯，耕亭，伯芝。

十月二十日（十二月二日）

七鐘半起。會王誠宣，楊伯昭，鄔浙江留學日本早稻田大學師範生，名學韶，程壽山，彭禹門，唐演。

午前到署。午後榮相到署，商量數事。

夕，復過伯芝。伯芝交所擬致陳小帥信稿。

晚，約小林、墨青、朗泉、支山、實甫、敬臣、壽山、舒民、紫若、梯雲、仁安、小莊、雲生、穎伯、鑑塘、茀田、菊如、秩昭、潤生、紫光、芹香飯，兩席。留宿者鑑、茀、芹、秩、嘯五人。

收信：章仲和，劉仲魯，陶孟和。

十月二十一日（十二月三日）

七鐘半起。會于君士俊，交伊津浦鐵路局所發劄充雜務司事。同嘯麟往東城參觀初等工業學堂，晤堂長侯華國，導觀各處內凡六科，金工、機器爲優。十二鐘辭出，福全館飯。飯後嘯麟出城。

余到署，瑞臣繼至。理文牘。次典、雲農先後來談公。燈後歸寓。

晚，與墨青、潤生話。

收信：梯雲，雨三，鄔學韶，康侯。

十月二十二日（十二月四日）

七鐘起。智愷隨墨卿回津，送之於大門外。會周祚章，王淮琛。

十鐘往訪康侯，商改伯芝所擬致陳小帥公信稿。候仲魯，久不至，乃辭出。

到署。改會計司所擬覆度支部稿清摺。理文牘。是日瑞臣不到。

收信。

十月廿三日（十二月五日）星期

八鐘起。會王煥文，高近宸，王侃。拜客：孫君士頤，張太守啟藩，俞同奎，晤，何育杰，張雲摶，鄭滋蕃。

午回寓飯。飯後復出門拜客：萬通笙太守，吕啟瀛。到孫宅陪弔，坐約一小時。

夕歸。

收信：張靜山永鎮，紫封。

十月廿四日（十二月六日）

八鐘起。會客：梁志和，馮士光。寫致澤畬信爲張世兄事。午到署。理文牘。梯雲預約今夕偕鑑塘見訪，商鐵工廠事。鑑塘夕至。晚麟君趾來。梯雲來。幼梅至自津。

收信：梯雲。

十月廿五日（十二月七日）

八鐘起。會客：談通判文熙江蘇人，生長於黔，其尊人曾知興義縣，王叔魯。到署。聽講憲政兩小時。午，榮相到署。是日參事廳會議女學生服色。趙幼翁往訪李、劉、史三公。暮歸。

芷舲至自津。晚，閑談。

收信：程慎原爲許太史承堯薦事；嘯麟；蓮溪。

十月廿六日（十二月八日）

八鐘起。李嗣香前輩見訪昨日歸自東陵，今日請安。候丁家立及艾醫士，至十鐘半不至。乃同幼梅至工藝局，約紫若同至廣和居午飯。飯後余偕幼梅訪梯雲。企林導觀陳列所樓上下。夕，同幼梅至第一小學。少泉、希明至自津。晚，在第一小學爲開平事會議緝之、嗣香、仲魯、伯納、仲昭、康侯、紱臣、少泉、希明、伯芝、幼梅，又周君某及余凡十二人。十二鐘散歸。

收信：沈姑母，槐亭，美以美會劉教士，丁家立。

十月廿七日（十二月九日）

八鐘起。會客：袁樹五，陳幼樵令郎。訪紹越千，爲豫算表事。到署。理文牘。閲明日引摺。芷舲午後回津。紀文瀚來見。

收信：耕亭，丁家立，邵雲農。

十月廿八日（十二月十日）

五鐘起。入内，帶引見擬正馬鄰翼，擬陪張煜。

到第一小學。訪熊秉三，談許久。

石橋别業與同鄉公請張燕謀嗣仲、伯納、仲昭、紱、範、庚、希、少泉、伯芝、幼、藹堂，凡主人十二人。飯後討論開平礦案。燈後乃散。

回寓。閲明日正班摺片。墨卿率智惺至自津。

收信：路雨三。

十月廿九日（十二月十一日）直日

五鐘半起。入直。與菊仁尚書談，菊仁是日加班。到憲政館擬同仲魯、紱臣詣定興相國，候嗣香前輩不至。余以先與丁家立相約十鐘相見，遂不得同往。

到丁處，并會艾醫士，談約一小時。

到署。理文牘。瑞臣未至。静生、樹五、次典、叔海先後來談公。燈後歸。

收信。

十月三十日（十二月十二日）星期

八鐘起。會客：邱星章，晋延年，張卿五，楊次典，胡子静。

壬午公祭孫師。廣和居赴梯雲約。先哲祠公請張鑑塘、華朗泉、林墨卿，主人廿五人。

晚，約張燕謀及同鄉十二人在寓飯，討論開平礦案。十二鐘散。

收信：天津勸學所，晋延年。

十一月初一日（十二月十三日）

八鐘起。會客：丁韙良，劉海瀾，明恩溥，瑞。

午到署。理文牘。

夕，到自來水公司。會仲魯，往訪洪述軒直刺，不遇而歸。晚，與芸生、小莊、墨青、幼梅話。實甫來，交伊五百元，入玻璃廠作股本。伯芝來，小坐。

收信：張葵陽，智開。

十一月初二日（十二月十四日）

七鐘起。赴西車站送樹五行。訪符曾。答拜次典。回寓午飯。幼梅回津。午答拜德友松、吴象之。賀菊仁遷居、洛芬得獎。王少農娶孫婦，劉澄如京堂錦藻嫁女。訪鐵尚書爲晉延年事。

三鐘到署。理文牘。嚴幾道來大堂談。暮歸。

收信。

十一月初三日（十二月十五日）

八鐘起。寫復燕泉信，復慎原信，發復玉孫信。薙髮。會客：劉鍾華。

今日恭上隆裕皇太后徽號，養性門外午刻行禮。

答拜劉伯崇同年。回寓早飯。午，答賀王君直世叔。

到署。理文牘。傅潤沅來署。

晚，賀仁安壽，留飯。飯後到西單牌樓北宣講所，見日間教員授簡易識字札記。八鐘半歸寓。

寫信：紫封，芷舲，于君士俊，槐亭，韓麗生，蓮溪。

收信：燕泉，吴挹清欽使。

十一月初四日（十二月十六日）

五鐘起。同鄉京官謝恩。聚豐堂小食。

到署。聽講憲法兩小時。是日程郁庭講畢。午，欽派考驗專門人材大臣梁、于、紹三公來署商議。理文牘。

收信：魏梯雲，執中，幼梅，吴子齋，次遠，劉鍾華。

十一月初五日（十二月十七日）

五鐘起。入内謝加級恩因崇上皇太后徽號，文四品、武三品以上俱加一級。

回寓午飯。崇兒赴吏部演禮。

到署，瑞臣已前至。理文牘。閱摺。

燈後歸。小莊來，談甚久。

收信：張玉亭，張卿五，幼梅，耕亭。

十一月初六日（十二月十八日）

五鐘起。是日入内帶領引見進士館學員長期留學三人。智崇亦於是日引見。到署。閲教科書。聽講政治學兩小時。午，改考核學司奏稿。理文牘。傅學司、邵監督先後來談公。

晚歸寓，約墨青、稚青、星垣、敬韓、小莊飯。適李茀田、胡貴生亦至，并約入坐。王緒雅來。

收信。

十一月初七日（十二月十九日）星期

八鐘起。訪梯雲。答拜范棣臣，不遇。同墨青至車站，迎陶世兄，遂至太昇堂飯。支山、菊如、梯雲繼至。

飯後訪實甫，觀新建一鳴玻璃器具公司。弔范舍人熙壬令堂，遇士可。士可商立地學會，擬請圖書局發開辦費二百元。訪茂蘐，不遇。茂蘐之幼孫才十一歲，因業師辭館，乃自縊而死。奇甚！慘甚！答訪沈子惇同年。

夕歸。廞甫弟來。與墨卿、孟和、支山談。王槐卿來。

收信：梯雲，賀千總，伯芝。

十一月初八日（十二月二十日）

五鐘起。因子内用入内謝恩。與榮相談公。回寓，飭价請李書記官正棻來寓寫摺。至午後三鐘寫畢。與墨青談。墨青與廞甫趁晚車回津。晚早睡。

到署。閲摺。理文牘。嚴幾道、白振民談《國文必讀》事。梧生、子安談圖書館事。

收信：奎野，智開，菊兄附代譔輓聯。

十一月初九日（十二月二十一日）直日

五鐘起。入直。與榮、寶二公談公。榮相盼《國民讀本》成書至急，屬余催督，至於長揖。訪梧生。訪亦香。

到署。理文牘。檢查《國民讀本》已成之稿本，與朗溪、幼陵熟商。暮歸。倦極早睡。

收信。

十一月初十日（十二月二十二日）

一鐘半起。天壇陪祀，三鐘至，立候至六鐘始行禮。禮成而歸。至寓已八鐘矣。復睡三小時。薙髮。

午到署。賀瑞臣之太夫人壽。弔周太夫人子翼令堂。到菊兄處，同鄉公請陳制軍飯主客十二人。十鐘回寓。

收信：胡雨三，因有友人擬報效學堂經費，意在得奬實官。

十一月十一日（十二月二十三日）

八鐘起。劉進士鍾華、徐舉人敬熙、李寶鍾、傅惕生先後來。劉將就天津學務公所事，傅已辭天津醫院事，寶鍾謀郵傳部法制科事。

午到署。瑞臣因事未到。理文牘。暮歸。

收信：伊集院擬派西田繙譯官來；陸軍部三堂復晋延年事告假，逾限不能送學。

十一月十二日（十二月二十四日）

八鐘起。寫復伊集院信。虞和卿，晋延年，李鏞，邱曙蓉，李員外景銘先後來。虞謀調部。邱爲其子星章謀甯波招商局總理。晋擬自備資斧再赴日本，姑一試之，乞余代求陸軍部文送。吴彭秋午前來。

午到署。理文牘。暮歸。

崇兒同孟和還津。瑞臣、仲魯請酒，以微恙不赴，函辭之。

收信。

十一月十三日（十二月二十五日）

八鐘起。爲晋延年事，特訪石泉一商。到署已近十一鐘。聽講政治學第二堂。是日講畢。午，榮、寶二公俱到署。丞參來談，并商酌新增郎中五缺，應補某某。暮歸。

張久安先生是日去世。電約鋭生來，將劉王氏房契交還。

收信：紱臣信，催取余入爲吳先生刻評本子書股銀百元。

十一月十四日（十二月二十六日）星期

八鐘起。西田繙譯官來因該國人有願入經科大學者，問該學章程。梧生、胡晴初、許梓巽、邢贊廷、王季約先後來。信致紱臣，附百元。

午拜客。晤華璧臣，沈子惇、俞廙軒，餘俱未見。智安生日，向余叩頭。寫致次典信，爲徐伯龍謀繕校事。

收信：紱臣回信，胡玉孫，王表姪女，津宅。

十一月十五日（十二月二十七日）

八鐘起。訪菊仁，爲邱星章、李寶鍾事。訪幼雲，爲日本學生入經科事。

午前到署。理文牘。瑞臣以事未至。傅學使來署一談，今夕即回天津。暮歸。

圖書公司寄來《曾文正手書日記》一部，今日始開閱，繙檢甚久。收信：洵店，次典，送張在初信附《英文話規》四百九十九本。

十一月十六日（十二月二十八日）

八鐘起。劉芸生爲黄村農學堂物色監督，劉聞長晃執，湘潭人，大學派赴日本留學法科，今年畢業，因病未得與試，有志編教科書，注重國民教育。二劉俱係十七晨來，誤記於此。晋延年來將余致胡公使函交伊帶去。唐企林爲其妹謀奉天官費，其妹在日本習油畫，距畢業尚差一年，而費不給也。金鞏伯、朱俠黎先後來。

早寫屏、對數事，極劣。

午到署。榮、寶二公俱到。茂蘐來堂談。理文牘。燈後歸。喉緊聲啞疑感煤氣。看《曾公日記》。起信草，未畢。

收信。

十一月十七日（十二月二十九日）

八鐘起。芸生、聞長來詳前日。嚴晴初來。王季樵前輩來。

午前出門，答拜趙楚江太守毓楠，青縣人，年六十九、楊階平榮泰。訪胡子静，知明德學堂向大清銀行借款事已諧。到松筠庵，是日同府同鄉公請趙楚江太守。余到時客已先到，陪話約兩刻許。余以署中事忙，先辭去。

到署。瑞翁已先至。理文牘。商酌摺稿。七鐘後乃散。余秋間曾在内上房臨帖，已而中止，小女智安暨兩女孫嘗以爲問。今日晚飯後，復臨《〈義〉〔華〕山碑》一紙。起信草。

收信：幼雲附《外國學生入堂簡章》，金仲蕃（mr. Chin Pan Ching）自威立斯登學堂。

十一月十八日（十二月三十日）

八鐘起。晨起，聞孟慶與六弟抗辨聲甚厲。呼而詰之。伊便請辭。遂聽其去。寫家信。薙髮。寫復張在初信收到書三捆。寫致盧木翁信爲唐企林事。寫致姚石泉信。補初十至今日日記。

午後到署。理文牘。閲摺。七鐘後回寓。重司官慶復來，將改寫之附片送閲。

收信：家信，快信。

十一月十九日（十二月三十一日）直日

五鐘起。六鐘入直，九鐘散。

弔徐雪航，其弟朗秋堅拒不令行禮。固讓不可，乃已。與符曾談片刻。答拜吳彭秋，因伊將出門，未久坐。彭秋以伊在保定警務處時所印《直隸全省圖》見示。

此圖共印千份，俱存藩庫。答拜嚴晴初，至則伊已出京。

回寓飯。飯後臥看《曾文正手書日記》一本。賀黄慎老嫁孫女。賀錢幹臣嫁女。夕歸。

午前，臨《華山碑》兩紙。晚，臨《書譜》兩字。課孫女識字。是日嗽甚。

收信：家信，快信。

十一月二十日（一九一〇年一月一日）

八鐘半起。檢書，搜輯先外曾王父王秋坪公事蹟。嗽未愈。

午到署。改奏稿兩件。理文牘。暮歸。

晚飯後，臨《華山碑》字。

收信。

【頁眉】《東華録》七十九卷二十二葉『乾隆三十九年六月丁未諭軍機大臣等浙江甯波府范懋柱家所進之書』一段，應鈔記以備圖書館參考。

十一月二十一日（一月二日）

八鐘起。小疾不適，未會客。

午，赴榮相約，同坐喬、李、孟、劉幼雲、瑞臣及余，凡主客七人。主人以自製信箋索書。四鐘後散。

晋生延年來。爲晋生致范静生員外書。寫寸楷。

收信：槐亭，柘表叔，姚石泉，墨青爲楊春翁題主事，家信。

十一月二十二日（一月三日）

八鐘起。會客：晋延年，武叔寶，楊德孫，王友萊，劉澄如錦藻，李春山。【頁眉】劉公借去《王公世系表》一本。

午後到署，獨坐治事，頗覺清静。改審定科稿兩件。閲文牘。夕歸。

晚，寫寸楷百餘字。午前寫復墨卿信，寫復崇等信。嗽小减。

收信：家信。

十一月二十三日（一月四日）

八鐘起。華舒民來。武柱卿來，留早飯。

飯後到署。榮相、寶侍郎俱至。治文牘。

暮歸。小莊來，静生來暢談，至十二鐘乃散。督學局所擬《教授細目》交静生。静生擬辦學會。

收信：凌大京兆。

十一月二十四日（一月五日）

八鐘起。張仲昭來。李春山率其子來。顔駿人來。答拜王太史慎賢。答謝緒雅，談片刻。答拜班伯、俠黎，俱不遇。
到署。瑞老先至。飯後，治文牘。次典來堂久談，請叔海擬『告戒各學生不可開會致荒本業』通飭。
夕歸。晚早睡。
收信：家信；金宅定於十二月初十日送帖，十五日换帖。

十一月二十五日（一月六日）

八鐘起。答拜許梓巽并訪梯雲。梯雲導觀試驗所，晤茀田及張、胡、瑞三君，又晤石君鑑塘。答賀伍叔寶太守。到孫文正宅，是日開弔。訪亦香，不遇。
訪梧生，談片刻，遇宗子山。
到署飯。飯後榮相至，于侍郎亦至，約二十八日來署商定考驗專門人才奏稿。三鐘半于侍郎去，少選榮相亦去。余閲文牘，改奏稿籌辦分科。七鐘後歸。
潤生至自津。與潤生談，知伊家事糾葛，猝不易了。借潤生《津門詩鈔》一部。已還。
收信：唐蔚芝侍郎。

十一月二十六日（一月七日）

八鐘起。子惇侍郎以電話約見訪，乃往就之。子惇爲劉澄如京堂薦事。余謂澄如通習掌故，與官報局局長一席最宜，許向瑞臣説項。

答拜夏同甫、王友萊、楊德孫、鄭滋蕃、朱桂辛。弔慶世嫂。

到署。仍改奏稿。理文牘。燈下散歸。李伯芝來訪。小莊來。薙髮。

收信：魏雲莊，魏梯雲。

十一月二十七日（一月八日）

七鐘半起。赴禮部會考，補朝考之拔生一人。賀景敦甫嫁女。會賢堂便飯。河東館前路祭，祭孫文正師，到十餘人。

三鐘到署。理文牘。閱摺。同瑞臣賀章馥庭娶婦。七鐘歸。

飯後課孫女。智崇至自津。看《嘯亭雜録》第一本畢。

收信：墨青，幼梅附小莊字屏四張。

十一月二十八日（一月九日）

八鐘起。赴中佐門驗看月官，余充此差是爲第一次。大臣八人南北對坐，御史八人坐於大臣南一排之又南。余次第五，面北坐，不及見御史位次何如也。官到者百八十餘，京員及州縣大使以上立背履歷，縣丞以下跪背履歷夙識者有道員徐堎芝、孫宗麟，約兩刻許而畢。

答拜江雨臣朝宗於午門前朝房，小坐片刻，遇廷用賓尚書。

到一鳴玻璃廠參觀。答拜金伯屏太史於曹潤田家。答賀李蔭墀前輩。

到署。榮相、寶侍郎午後至。閲文牘。明日奏事十摺兩片兩單，自設部以來奏事之多，以此爲最。閲摺至七鐘後乃歸。

接智鍾信，知其迷信宗教，爲之不怡，夜無甘寐。崇兒有請問之事，覩余狀，囁嚅不敢遽吐也。

李鎖來接其弟李五，李五病類痰迷，余命其幼弟李十亦伴送同去。

收信：俞揭辰，智鍾。

十一月二十九日（一月十日）

五鐘前起。入直。榮相入對，候其出後，談片刻乃散，已近午矣。

到署。午，擬烏布新章草單。閲視考院，備初四法律學生考試。閲文牘。閲課本。七鐘歸。

董潁伯來。寫復澤畬信，復揭辰信。看《嘯亭雜録》。崇兒早車回京。

收信：澤畬。

十二月初一日（一月十一日）

七鐘半起。九鐘前到署。進士館學員游英畢業，是日在部考試。吏部正堂李蔭墀前輩來會考，余陪之。點名、散卷、發題後，李公小坐即去。余往賀廷用賓尚書，未遇。答拜周廉訪，談許久。答拜金小泉，又談許久。

到署。午飯。飯後，榮相、寶侍郎俱至。催辦《國民必讀》。嚴幾道來，談《國民讀本》事。閱文牘。復菊仁信。寫寄弼忱信。燈後歸。

佑宸、小莊俱來，略談擴充私一小學及添辦簡易學塾事宜。飯後，佑宸先去。余與小莊至二區宣講所參觀。至則是日并不試授簡字，僅聽博輔臣宣講一段。聽畢，博君以圖書局諸君札記見示，皆參觀教簡易課本時所記也。又以學生所寫字本見示。據博君云，幼童兩月可習簡易課本一本生字約五百餘。由此推之，一學期可三本，即不能三本，習兩本則儘從容矣。又由此推之，一學年可四本，即不能四本，習三本儘從容矣。一年習三本，則兩年可畢業矣。兩年畢業，識三千餘字，果使普及，豈非大快事乎？爲之忻悦者久之。

同小莊至其家。芸生亦出見，談兩刻許而歸。

寫致凌大京兆信。薦舒民充農學監督，暫作試辦。復幼梅。

收信：幼梅，晋延年。

十二月初二日（一月十二日）

八鐘起。到署點名給卷。閱文牘。閱課本。榮、寶二公因政務處會議未來署。寫復璧臣信，凌雲台信。送榮、寶、喬三公《曾公日記》各一部。華秩昭薦廚一名，留用。

收信：璧臣，正惇，瞿根約，墨青，凌大京兆。

十二月初三日（一月十三日）雪

八鐘起。致子光信。出城拜客。

到署。李蔭老來閱卷，未飯即去。午後，考驗專門人才大臣梁、紹、于來定稿。閱法律學堂畢業卷大臣廷、于、李三公來署會晤選題。榮、寶兩公俱到。燈後乃散。

寫復廞甫信、墨青信。

收信：子光，梯雲，灤礦公司。

十二月初四日（一月十四日）法律學堂畢業考試第一日（到百零九人）

七鐘前起。八鐘前到署。閱卷大臣來選題。余與寶侍郎點名散卷。于晦老商改考驗專門摺稿。閱文。閱稿。暮歸。

秋皋來訪。墨卿至自津。晚，與墨卿久談。寫致菊兄信、沈惇翁信、梯雲信。

收信：季樵前輩。

十二月初五日（一月十五日）法律學堂畢業考試第二日（到一百一十八人）

八鐘前起。即到署。閱卷大臣來選題以後除初六日外，初七至十一逐日如是。閱文。閱稿。

楊子安督司員寫覆奏摺并請單，初擬明日呈遞，以清單太長，趕寫不及，改至初七再遞。

收信：耕翁。

十二月初六日（一月十六日）星期，停考一日

八鐘起。與墨卿談，客來，俱謝不見。約稚青、敬韓陪墨卿小酌。

午到署。榮相亦至。候閱摺。摺寫不出，乃不候而散。

出城拜客。松筠庵議紗廠事。暮歸。

晚，閱摺。張肇敏字春棠率其第四公子字瑞田來京，託余謀事。

收信：七叔祖母，芷舲。

十二月初七日（一月十七日）法律學堂畢業考試第三日

五鐘起。會奏考驗專門游學人才摺。

到署。墨卿是日回津。寫復耕亭信、幼梅信。閱文牘。

收信。

十二月初八日（一月十八日）　法律學堂畢業考試第四日

八鐘起。到署。陪閲卷大臣監視印題。

閲文牘。榮相到署。隆裕皇太后賞臘八粥，又菜十二盤，仍孝欽顯皇后例也。

收信：智開，吴其林。

十二月初九日（一月十九日）　法律學堂畢業考試第五日，經科大學考試

四鐘起。五鐘入内，至大椙椙謝賞，北向三叩隨至隨謝，不相候也。回寓小憩。

八鐘到署。晦老已前至，方監視印題也。閲文牘。閲摺凡九件。吴秀翁來京，明日還津。張春翁父子來辭行，匆匆一談即去。

收信：天津府黄，吴子修。

十二月初十日（一月二十日）　法律學堂畢業考試第六日，本署直日

五鐘起。入直奏事。與勞玉翁談簡字。回寓睡一小時，遍體不適。

到署。閲文牘。閲引摺。邵雲農不願引見，開導約一小時。寫致孫寶甫信。

賀林贊虞前輩娶孫婦。借菊仁宅，與仲魯、紱臣公請陶齋、孝先、玉初、梧生。

十鐘歸。

收信：墨青。

十二月十一日（一月二十一日）法律學堂畢業補考者一人

五鐘起。入内帶引見三郎中，各一正一陪，進士館游學王世瀲。

東城拜客：萬順號小坐。

午前到署。陪閲卷諸公飯。閲文，閲稿。小睡片刻，仍不適。榮相、寶侍郎俱到署。暮歸。

收信：許炳堃，幼梅。

十二月十二日（一月二十二日）

八鐘起。到華宅，是日秩昭生日也。王誠宣來，李幹臣致楨來。與璧臣談。小泉亦候於此。與智舒話片刻。

到署。陪閲卷諸公飯。閲文牘。榮、寶兩公俱未至。暮歸。

寫復幼梅信。

收信：墨青，梯雲，趙輔臣大定協。

十二月十三日（一月二十三日）**星期仍入署**

八鐘起。到署。閲卷諸公俱來。余訪伯屏一談，并晤潤田，仍回署午飯。榮相、寶侍郎俱到。閲文。閲稿。
晨寫復墨青信，復梯雲信辭飯局，家信附賀家嫂喜簡。
收信：孟和，王慎頤。
十二月十四日（一月二十四日）
八鐘起。會客：邱星章，劉冕執，胡子静，曾福謙，傅學使，邵常清。
午到署。閲文。閲稿。是日閲卷諸公俱未來。拜客：晤孫伯鸞。
晚，閲民立十二、十九成績。幼梅至自津。復孟和信。
收信：家信，郭孝陸賀稟。
十二月十五日（一月二十五日）姪女智圓許字金生邦正，是日换帖
八鐘起。到署。于、廷、李三公先後來，填分數一面，飭專門司拆封，寫分數單，至晚八鐘乃畢。
晚，約稚青、幼梅、仁安、穎伯、敬韓小酌，是日爲智圓换帖也。晚，與諸君叙話。
收信：耕亭，家信。
十二月十六日（一月二十六日）
八鐘起。會客：吕敬廷，王仲華。

九鐘到署。填榜者猶未至。寫信：趙式如、李錫三。于晦翁到署。閱榜并標硃，坐片刻即去。

午，柳溪來。榮、寶兩公先後來。閱摺。夕散回寓。

張鶴年厚彭來止之宿。到小學堂少泉、伯芝本日到，李、孟、史、劉、張諸公來會議。十二鐘後同幼梅歸。

收信：蒯觀察賀年係十四，樹五，伯高，家信。

十二月十七日（一月二十七日）

五鐘半起。會奏法律學堂考試清單。散直後拜客：賀雙、彥、范三郎中，答王君汝淮，曹世兄亮臣，謝李伯芝作媒，賀詹、吴、嚴三進士。

午前到署。寫信：葉、袁兩學使。閱稿改稿。假寐一小時。

傍夕，出城拜客。賀馬、顧兩郎中；答許太史承堯；訪季樵前輩，不遇；答李響泉，張協卿，喻志韶，曾大令福謙。

晚，署中送來民政部會奏稿，明日呈遞。劭吾電話約相見，期以明日午前往訪之。井上醫士見訪同譯人山東孫君。

收信：梅訪，趙楚江。

十二月十八日（一月二十八日）

五鐘半起。入内會奏。八鐘後散。過幼雲、瑞臣兩處問疾。答拜顔駿人。到下宅，小坐。訪劭吾并晤一甫、緝之。

到署。起信稿。余擬請假修墓，今日預將應交代事宜籍記。午後小睡。榮、寶二公至丞、參三公來談公。閲到文。畫稿。歸尚未暮，半月以來今日爲最早。

金少安、華舒民、張鶴年厚彭先後來。倩紫光寫請假摺。

收信：魏鵬九，家信，賀千戎，西田。

十二月十九日（一月二十九日）大風極猛，窗紙多破碎

八鐘起。黄藴靈來求薦事。寫信：李石臣。梯雲、鑑塘來談。鑑塘將回里也。

到署。封印如禮，免參賀。飯後，訪榮相，告以明日遞請修墓假摺。榮相諒余，亦不甚阻。

訪許梓巽於蠶業講習所，面託一切偏勞，從梯雲之教也。

出城答拜何方伯。答拜單君寓伯訥處。

復到署，覓遞摺之人，各司均已散去。訪嘏庵亦不遇，歸後復以電話招之。

興竹平來，以昨所繕摺交伊帶去。今夜入内呈遞。大風猛烈，令伊勞動，心甚不安。

寫信：西田，江雨臣朝宗，魏鵬九，華實甫。

收信。

十二月二十日（一月三十日）復半夜風止

五鐘起。入内聽起，適菊兄因充經筵講官謝恩，來訪久談。八鐘半膳牌發下，摺留中。訪璧臣，久談。訪伯鵬，不遇。

回寓午飯。飯後檢點書籍。

兩鐘後興竹平來，知已奉旨准假兩月。李柳溪署余缺。

王鶴籌來信，附寄蝦子腐乳四匣，託顧伯文中翰帶來。

王慎頤隨其令叔來訪，并贈稻米等物。

夕，赴松筠庵會議。是日到者甚多。

答賀夏同甫，賀柳溪，訪瑞臣，俱不遇。源豐堂甯波同鄉公請夏同甫，共兩席。九鐘散，即歸。

收信：王鶴籌，咨議局，耕亭。

十二月二十一日（一月三十一日）

七鐘起。拜客：茂萱，不遇；季常、晴初，遇；賀幹臣，不遇；亦香，不遇。

賀梧生嫁女，陪大媒飯大媒劉少岩、孟紱臣，陪者周政伯、田介臣、菊仁及余。午，訪朗溪，遇，談片刻。訪榮相，不遇。訪紱臣，留片；鳳孫，留片。

到署。與榮、寶、喬三公談，次典亦來談。各司因余請假，多來揖見。

夕，出城訪嗣香，不遇。謝次典步。訪紫若、敬韓，不遇。到華宅，僅見舒民、秩昭。

暮歸。客候於前廳者，季若、閬仙、伯寅、小莊、壽卿、彤階，俱留飯。枚良，未飯即去。飯後至者，静生、芸生，談至九鐘，别去，俱有依依之意。與智舒話。

收信：盧木翁賀年。

十二月二十二日（二月一日）出都抵津（余以乙巳冬至前三日入都，今以己酉冬至後四十日始歸，在陽歷爲四年四十四日，陰歷則四年又三箇月也）

六鐘起。寫信：晦若前輩，張卿五，徐伯龍附膏火廿金，隨第二次汽車回津。來車站送者：徐忻甫、李潤田、楊次典、高閬仙、劉芸生、鄭國賢、楊子若、陳小莊、陳伯寅、王季若、王秋皋、劉秩庭、王叔鈞，又與叔鈞同來一人，忘其姓名。

十一鐘半，到新車站。迎者：仙舫及崇、怡、惺、開四人。

到家。見大嫂。二妹、姪婦、兒婦、姪孫、孫男女皆來見。周視庭院。

客陸續來訪：芷舲，伯苓，蓮溪，玉孫，臺孫，孟和，少溪，春江，午晴，鶴洲，枯臣，墨卿，次遠，哲生，夢臣，趾周，黄耀亭，小幡，勇□，吴紫洲，仙舫。同吴紫洲率崇、愰步至南開中學堂，途遇挹辰，亦同往。周視各室，留飯。飯後看彗星。時子洲與挹辰作象戲。九鐘後，同伯苓歸。

沈子洲表弟候已多時。與張伯翁話至十一鐘，别去。

收信：李長綸。

十二月二十三日（二月二日）

七鐘起。赴福壽宫前展墓。敂拜畢，周視墻外，過大姊、大姪女、智庸墓前低徊久之。登縴道，步行里許，至道之東端，復折回，觀道邊新種之樹有官種，有民種，數年不見，已成桁矣。

至福壽宫，訪雲卿。命人持刺拜紳董，旋張永慶，年七十、陳村副吐屬尚雅、周君某來廟相見。余謝其照料學堂及贈余扁額之雅意，談約一兩刻。到官房小坐。張三訴家計之苦，求爲其子姪謀事。余面許之。

到老塋展拜。眺望許久乃歸。

失候客十七人：芸孫，蓉生，朱聘翁，海門，陳仲嶼，閻潤章，金榮軒，李簡臣，張錫臣，張少山，韓寶甫，周紹勳，高寯嵋，郭子明，李達生，宋祝亭，王芸生。

會客七人：俞淮生，李頌臣，伯芝，周筱麟，劭詢，經邦，鑑塘。同嘯麟到初師學堂。答拜小幡、玉孫、鶴洲。玉孫導引遍觀各室。到小幡寓宅小坐，見其夫人。王叔掄來見，明年夏季畢業，成績頗優，手工尤長，但國文程度不佳耳。玉孫云。

訪墨卿，不遇。入其客廳一看。

到模範小學，晤筑生，導觀各室。明净爽豁，見所未見，無怪交口稱譽也。

到沈宅，見姑母，叙話許久。適沈六嫂今日病故，隔院有哭聲。

到峻嬸母院，見嬸母，見六妹及四弟之子、五弟之子、七弟之兩女。七弟之兩女，長者有福相且安穩六妹令其唱歌一章，安詳之至。

到民一小學，將下車，遇張小亭先生，亟攀話。始知王用霖姻叔於十月病歿於太原，一子一姪伶丁無依。商所以拯救之法。談次，李堂長自内出，乃同入。復談許久，小翁辭去。仙舫及鄭教員子周導余周視新建築及改造之各講堂，又觀府學大成殿之新建築。

到勸學所，晤蓉生、海門、幼芝、賡宸，皆舊雨也。

訪則久，談片刻。則久每發一語，俱有觔兩，的是異人。

六鐘半歸。栢表叔、俞挹丈、沈錫三、王佩明、王祐臣、尹勖誠承歡俱來相候。同栢、挹兩公飯。飯後會客四人：筑生，墨卿，星環，庸卿。

午後失候顧石臣，江孫、廞甫兩弟。

夜十一鐘祀神。同人互相賀喜。自庚子以後此禮久不舉行，今乃規復。

收信：小莊，唐蓂廷，子澄，蘭圃，李守一。

十二月二十四日（二月三日）

七鐘起。薙髮。濯足。八鐘半出門。賃馬車往高工學堂，擬訪淮生，未至而車軸折，因步詣之。談片刻。淮生導觀禮堂、講堂。未遍而馬車至，遂辭出。

答拜伯芝。答拜孫蔭庭。

到學務公所，登樓至公事房，舊人大半在焉。至芹香室内，諸公皆來就談：袁觀瀾、李芹香、陳西甫、吴夢雛、吴鼐臣、李子韓、楊紹孫、圖書課陳君伯鳳。

到新車站，同伯芝往開平縣觀察十一鐘半開，預電唐山李希明，屬其由唐山伴送至開平。車上遇陳諸濟、王清泉、鄧效先等，過塘沽，入食堂。車至唐山，希明即至，登車同行到開平。

幼梅率价來迎。乘壓車約行六七里，至礦地公司。晤郭潤甫、孫鼎吉名葆琮，行十、張定庵岱臣堂兄，名泰靖、姚振軒菊孫兄弟行諸君。趙、陳二公伴行，先壓車後平車往印字溝觀附礦遇孟菊、陶廣愛。又往陳家領觀土法所開礦，遇賈春農作楨、陳竹泉金坡，後乘平車歸。下車到洋灰公司分廠，遇孫繼伯傳一。穿墻出一門，即至馬家溝總礦局，遇監督孫志筠傳棡，文正師之姪。程栘園堂怡，午坡師之姪，李叔陽亦在焉。孫監督留飯。飯後，同幼梅步回礦地公司。路經工□房，遇謝夢魚豐年。到礦地公司，郭、孫、張三君又金受若礪亦來陪話。猜詩爲戲，一鐘始睡。

是日失候：王叔魯，洪翰香，陳麗生，梁著鄰，徐、陳、回、王、儲五君皆學務公所舊雨，陸杏初，王雲浦，張幼芝，劉子澄。

十二月二十五日（二月四日）

七鐘起。希明、伯芝、稚筠先後來。因述昨夜猜詩之趣，遂又賡續爲之。本擬晨赴唐山，由唐山登汽車，至是乃變計。遂在礦地公司飯。飯後登所謂摩天嶺者，土阜也，可望灤州礦井之全部。

幼梅繪草圖模之如左：

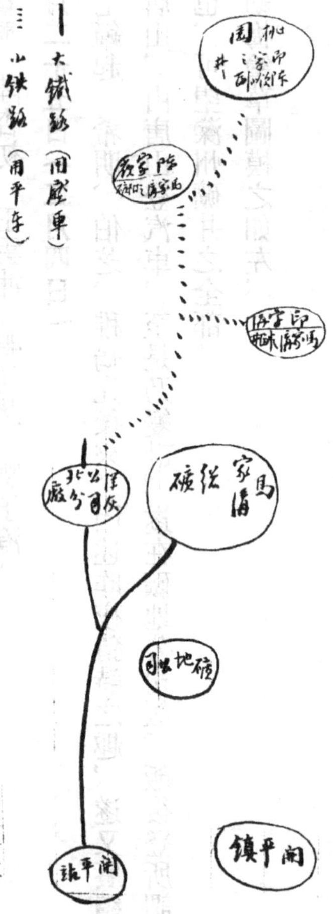

到車站，趙、郭、孫、李四君俱送至站。孫監督是日亦回津，四人同登車。至唐山，希明辭去又贈鴨緑江魚及香稻米。三人入食堂，食訖閒談。四鐘三刻至新車站下車。與伯芝分手。余乘洋車回家。鑑塘、福田候焉。

會客：陳笙陔，符少臣，金少安。晚飯後會客：馬子書，鄧澄波。

鑑塘來談，爲則久寫書簽。鑑塘明日回里，今日往私中宿。

是日失候：黄芸孫，程玉孫，王正鈞，邱星章，王吟笙，戴襄甫，李子香。

收信：自京寄來者，菊兄附私中費千二百金，又食物四色，家幾道京堂，趙航仙，蘭浦，智閑，梅悦韓；自開平來者，幼梅。

十二月二十六日（二月五日）

八鐘半起。會客：張稚兄，孫稚筠，陳西甫，楊紹孫，吳夢雛，劉子澄。午後拜客：育德庵學堂，朱聘翁，李蓮兄，如意庵學堂，慈惠寺學堂，官立中學堂，城隍廟學堂，簡易小學叩門不應，初等工業學堂，王少泉，陳柘叔。

墨青約飯於其家，八鐘歸。

失候：著薌，志賡，穎伯，劉芷齡，梅紫光。時子洲來，單壽豫來。尹劼諶勖誠、勷詰率劭詢之長男小字建來者來。井上醫士來，命智惺見之。

收信：自京寄回者，吳挹清欽使，唐少珊有恒，趙虞軒，王汴生，陸申甫俱賀年；王槐亭，張晴園葵陽，張維祺，蘭浦，智閑。

十二月二十七日（二月六日）

七鐘起。乘轎往弔宋太姻伯母。到華宅，與妹話片刻。到李宅，見子香、嗣香兩公，談許久。到民一小學候楊宅催請。

十一鐘半，往楊宅點主，襄題者幼樵、益齋，大贊朱亦韓，引贊陳翰香，執事有王吟笙、蘇朵生、李子鶴、喬輯廷、沈佑生、黃子明諸君。禮成後，易素服至春農世叔靈前叩奠。主人留飯。飯後，與少農略談。三鐘後歸。

會客：武問泉令尊，益孫，李幼香，邢冕之，王壽芝，王槐卿。

飯後，到南開中學堂，與孟和、少溪談。張伯翁亦在焉。旋芷舲偕蓉生、潤章、賡宸來訪，談片刻去。是日宿中學。

晝間失候*。

收信：高閬仙附代作四絶，題俞侍郎臥游圖

*未記失候人姓名。

十二月二十八日（二月七日）

七鐘半起。九鐘乘馬車拜客：督陳，學傅，道洪，俱會；關道蔡，府黄，縣胡，俱未會；孫稚筠，金伯屏，王叔魯，梁著薌，顧石臣，戴襄甫，王竹林，李子赫，陳一甫，徐樸安，邱星章，俱未遇；北洋大學堂，直指庵小學，藥王廟小學，女子師範學堂，河北大寺小學堂，俱入小坐。訪緝之，遇少泉，久談。暮回家早飯在民一小學。

晚，答拜劉子苓，不遇。訪幼梅，小坐。

赴益孫約，同坐墨青、午晴，外有智崇、智惺。九鐘散，仍赴中學宿。

是日失候：陳小帥，武柱卿。

收信：袁宫保信附食物。

十二月二十九日（二月八日）

七鐘前起。寫信：再韓，幾道，閬仙，季樵前輩，菊兄，兆峰叔，子均，小莊。幼梅到中學堂見訪，因求其代書喜聯送漁三令郎夢吉。同在學堂午飯。飯後，同幼梅乘馬車至洋灰公司出門遇潤甫，三人同車訪劭吾，并晤一甫，談片刻。出，與趙、郭兩公分手。余到西方庵、行宫廟、過街閣三處小學堂，到稚青處。到王宅見舅母，話許久。歸，過造胰公司，入焉。汪慰農先生導觀後院場所。觀畢辭去。復回學堂。伯翁以鍋貼餃子見饗，并約玉孫、墨卿、幼梅、竹生、芷舲、嘯麟、則久、夢臣。適小莊至自京，一并入坐。飯後爲猜詩之戲。夜深始散。小莊亦宿學堂。漸逵來學堂見訪。

收信：蘭浦，王聘卿表弟。

除夕（二月九日）

七鐘半起。與小莊略談。九鐘出門拜客：吴紫洲，晤其令弟；武宅，晤六表弟；劉翊廷、漸逵，未晤；陸性初，未晤；董穎伯，未晤；董四姑丈，晤談許久；魏劭純，未晤；華洋書莊，晤紫洲；馮商盤，未晤；李宅，晤哲生、叔陽；武桂卿兄弟，未晤；黄宅，晤芸孫、武星環；鄭宅，晤墨翁姻伯；楊鑑泉，未晤；尹宅，晤劭詢，晤并見其子女；王輔臣大令，晤并見其子女；

回家早飯。小莊、伯苓先至。午，薙髮。志成銀行同事王志卿來新農之令弟，人精明。魏雲莊來。

復拜客數家：劉子澄，晤并見劉四叔母；苐田，晤并見其子女；王輔臣大令，晤并見其嗣君子衡正鈞；武子香太表叔，未晤。

將新領誥軸五軸懸諸正廳，率子姪、姪孫謝恩，三跪九叩。

晚，祀神、祀先師、祀祖先。家庭辭歲。劉翊廷、俞挹辰、李仙舫先後來家。九鐘後，仍赴南開中學堂。夢臣、挹辰見訪。余以假寐，俱未得見。伯苓先生知余在學堂，亦來相就，陪王、俞二公話。王、俞去，余亦醒，復與伯翁談約一小時。伯翁去。余解衣睡。

是爲宣統元年，余五十歲時最後之歷史。

收信：劉湄洲令郎謝賻；菊兄寄七律一章；李潤兄自京寓帶來新收信件；蘭浦及智閑、智開具有信；丁衡甫中丞；胡省吾星使；吳次侯世兄蘇州侍其巷；汪濩、施植之肇基、夏粹芳、賴仙竹、林佑丞俱賀年；鄧和甫。

己酉年畢。

後記

『勿志爲達官貴人，而志爲愛國志士。』這是嚴修先生在將近一百二十年前，對第一班南開學子的畢業寄語。他說：『鄙人所期望諸生者在此，本堂設立之宗旨亦不外此矣。』以世俗眼光觀之，嚴修先生既是『達官』也是『貴人』——官至侍郎，進可入閣拜相；家境優渥，退也可優游享樂。但他卻在歷史大潮中將自己置於進亦憂、退亦憂『輾轉不成寐』的境地，夜半醒來，他所憂的不是個人得失，而是開民智、救國難的事業。看過這十年的嚴修日記，才能真正體會這句『勿志爲達官貴人，而志爲愛國志士』絶不是喊給別人的空洞口號，而是先生自己的人生寫照。

按照中國傳統，雙甲子是兩個輪回，日記中的干支又成爲今天的紀年。戊戌變法一百二十年、庚子之變一百二十年、南開學校建校一百二十年，時間流過這些節點，每每引起學界與社會的研究、紀念與反思。在本次出版的日記中，嚴修先生記録了他的四十年華。巧合的是，大約一百二十年後，筆者逐字逐句整理這些手稿時，也正開啟自己的四十年華。爲了儘量減少工作中的錯誤，筆者反復校對文稿，也反復閱讀這一時期嚴先生的心路，對他的家國情懷，肅然起敬。觸摸嚴修先生的筆跡，更是不禁生起穿越時空對話的衝動。

這一部分日記的整理工作前後歷時近十年，幾乎等同於日記內容的時間跨度。對比嚴修先生的生命密度，筆者爲自己的低效汗顔。遙想當年來新夏先生曾對我説：要準備十年時間來完成嚴修日記的整理。那時無知的我心裡竟然暗自覺得未必要用這麼久。哪知十年已過，工作僅到半途。這真是事非經過不知難！所幸整理中常常被嚴修先生的精神鼓勵、被日記中的珍貴史料信息吸引，聊以忘憂。

稍可告慰的是，在這十年中，我們成立了天津市嚴修研究會，《嚴修畫傳》《嚴修集》《嚴修紀念文集》《嚴範孫先生手札》《嚴修傳》等先後在同仁們的努力下推出。圍繞嚴修先生與南開先賢、南開校史的研究，讓我們收獲了和學界同道以及各界朋友交流的機會。在此期間，先賢後人和許多領導、師友對日記的整理給予親切關懷與大力幫助。太老師馮爾康先生之前已爲《嚴修日記》前兩部做過導讀，這次已九十高齡的他又從日常生活史、政治生態史的角度爲日記寫下兩萬字的長文，還堅持署名在後，要求我一定聽命。天津古籍出版社的唐艦老師爲本書出版精心策劃，責編金達兄付出大量心血。鄭偉師兄給與重要幫助。在此謹致以誠摯謝意！

本書出版恰逢嚴修先生誕辰一百六十五週年。經過了百餘年的風雲變幻，一方面我們的國家在一代代先輩前赴後繼努力下，發生了天翻地覆的變化，前賢餘蔭至今造福人間。另一方面，那一代人思考的問題，仍然值得我們不斷自省。嚴先生爲當時中國制定了『尚公、尚武、尚實』的教育宗旨，目的是改變國人『私、弱、虛』的大病，從個人的角度來看，這些『病』是不是隨著時代發展在我們自己身上都根除了？這是需要時時警醒的。讀嚴修先生的著作、日記，想見其爲人！高山仰止，景行行止，雖不能至，心嚮往之。在AI時代來臨之際不禁遐想，真希望能將這些文獻與不斷發展的技術結合，讓我們有機會更真切、生動地感受先賢的思想和人格。

二〇二五年三月